# 源流论

## ——源流刑法学体系新构架探索

YUANLIULUN

主　编　夏吉先

**副主编**（以用文先后为序）

向朝阳　　夏　雪

黄一欣　　欧　亚

四川大学出版社

责任编辑:孙滨蓉
责任校对:周 洁 张 玲
封面设计:墨创文化
责任印制:王 炜

**图书在版编目(CIP)数据**

源流论:源流刑法学体系新构架探索 / 夏吉先主编.
—成都:四川大学出版社,2012.2
ISBN 978-7-5614-5694-1

Ⅰ.①源… Ⅱ.①夏… Ⅲ.①犯罪学-研究-中国
Ⅳ.①D917

中国版本图书馆 CIP 数据核字(2012)第 025171 号

| 书名 | 源流论——源流刑法学体系新构架探索 |
| --- | --- |
| 主 编 | 夏吉先 |
| 出 版 | 四川大学出版社 |
| 地 址 | 成都市一环路南一段24号(610065) |
| 发 行 | 四川大学出版社 |
| 书 号 | ISBN 978-7-5614-5694-1 |
| 印 刷 | 四川和乐印务有限责任公司 |
| 成品尺寸 | 210 mm×285 mm |
| 印 张 | 31.75 |
| 字 数 | 1002 千字 |
| 版 次 | 2017 年 11 月第 1 版 |
| 印 次 | 2017 年 11 月第 1 次印刷 |
| 定 价 | 180.00 元 |

◆读者邮购本书,请与本社发行科联系。
　电话:(028)85408408/(028)85401670/
　(028)85408023 邮政编码:610065
◆本社图书如有印装质量问题,请
　寄回出版社调换。
◆网址:http://www.scupress.net

# 目　录

# 第二编　治本治标流程论

## 第一章　未罪学：防治体制论 ……………………………………（123）

# 第三编　源头研究学步论

# 第四编　"源流论"对自然、社会、人生研究中的身影

# 前　言

理论在一个国家实现的程度，总是决定于理论满足这个国家的需要的程度。

——马克思

### 一、未罪学的学理——源流论

研究预防犯罪的学科，是犯罪学。研究惩罚犯罪的学科是刑法学。关于二者的位置，是争论不休的问题。为了科学地进行学科定位，笔者把老子的"道法自然"具象为"道法江流"，把东汉政治理论家荀悦的"三字经"古为今用。荀悦在其《申鉴》中论道："先其未然谓之防，发而止之谓之救，行而责之谓之戒。"从而把"道法江流"与防救戒"三字经"相稼接，就构成从源头着手称为"防治"，流程着手称为"救控"，终端着手称为"戒惩"。这样划分，就分为源头时空、流程时空、终端时空三大时空。前二时空均为犯罪学研究的天地，第三时空才为刑法学的用武之地。

因其犯罪学本属类学名，无论国际还是国内大多学者都作为学科名使用；同时"我思故我学"的研究已成普遍现象，不能聚焦在犯罪预防的研究上来。为了真正聚焦犯罪预防的研究，尽可能做到"未违法、未犯罪、未再犯罪"的"三未"功效，笔者在"已罪学"即刑法学的溯源上，提出和建立了一门新的对称科学，即未罪学。

### 二、"法治防范"已经到来

把权力关在制度的笼子里，这是在运用制度防治腐败，亦是法治防范的首举之作。整个社会上的犯罪如何防范呢？亦必须把法律利用起来。宪法有原则要求，几十个部门法都各有"警示法"，对违法犯罪进行规定。据笔者统计已达1000多条，问题是徒法不能自行，需要学术研究，需要全社会各领域、各行业和全体公民把法律主动运用起来发挥作用。人大立法部门更要立出防范程序法来，使之与"警示法"的实体法配套，从而形成法治防范的全新格局。

未罪学以教科书的形式，以其"总论""分论"结构与广大读者见面。本书围绕源头、流程空间按法律规定作出系统研究。未罪学的教学，不搞灌输教学法，而是提出问题，共同探讨进行教学。未罪学是一门新诞生的学科，不可能一问世就十分完美。因此，请读者多提宝贵建议，为完善该学科贡献一点儿自己的智慧。

### 三、有感于"举案说学"

2015年6月中国政法大学以"青少年犯罪研究与少年司法"为题同吉林警官学院在长春举办了"中国犯罪学第八届高端论坛"。论坛上，笔者对《源流论——源流刑法学体系新构架探索》《未罪学——预防犯罪新学科结构探索》两书的核心内容作介绍后，当场就有听众提问道："有实证案例吗？"我答总会有的。

千里之行始于足下，毕竟有了实务界的发声，请看举案：

## 运营商为电信诈骗部分担责冤吗?

75 岁的杨姓老人因两年前遭受电话诈骗损失 48 万元,将电信运营商告至法庭。日前,广州天河区法院认定运营商未履行显示实际来电号码的义务,这是导致当事人蒙受经济损失的原因之一,因而判决该电信运营商赔偿当事人损失 1 万元。

这应是国内罕见的明确运营商在电信诈骗案件中法律的判例。假如能成为最终判决结果,很可能倒逼运营商肩负起更多把关责任。

电信诈骗十分令人痛恨,它的把戏虽然老套,却屡屡得逞,而且往往伤及老年人群体。但除去每个人自身的警惕、侦查机关的办案之外,电信运营商的守土责任又在何处?

分析运营商的责任,须两个方面。首先,它有没有能力制止这种现象。其次,责任又包括道义责任和法律责任。

那么,运营商有没有能力过滤虚假来电号码?显然是有的。中国移动曾发表声明:坚决反对虚假主叫行为,已于 2013 年建立了虚假主叫监控拦截系统,月均拦截国际改号诈骗电话 207 万余次。这说明,运营商有能力做这个事,但需要投入。愿不愿意投入,就涉及第二个因素:责任。

道义上讲,付费使用你的服务和产品,你有保障基本安全的责任。你的网络,让各种诈骗犯肆意进入,起码你没有尽到把关责任。做任何生意,这都应该是一个没有争议的行业基石,否则何以立足?但在这一道义基石的坚守上,一些运营商做得很不够。今年央视"3·15"晚会曾曝光,中国移动、中国铁通在为骚扰电话提供各种支持,甚至给"10086、110"之类的诈骗电话一路开绿灯,即使发现诈骗电话显示虚假主叫号码,仍允许骗子将虚假电话号码显示在用户手机上。

如此看来,一些运营商的内部约束机制非常不到位。假如不能给运营商的利益驱动机制套上缰绳,假如运营商不能从内部强化有效的约束机制,假如行业监管部门不能真正从严监管,那么这种道义上的沦陷是不可避免的。

再从法律上讲,究竟法律有没有规定运营商屏蔽诈骗犯的义务?坦白说,这一点此前一直是争执所在。运营商一直声称,根据现有电信规范,无义务核实主叫号码是否为虚假号码。现在,广州天河区法院的判决认为,运营商应承担显示实际来电号码的违约责任,这其实也是一种法律责任上的定性。但面对此判决,运营商不会轻易服输,此案中的运营商正在谋求上诉。法律法规对相关方民事责任、权利的界定,不该继续留有模糊空间了。这需要法律和相关行业规范的修改、完善。

但无论是出于道义责任缺位,还是出于利益冲动,在电信诈骗面前缺乏作为,运营商都要被打板,并不冤枉。

(作者:王玉宝 本文载 2015 年 7 月 14 日《新民晚报》)

凡行为的变革,无不源于思想模式的变革。互联网的精神是什么?减少中介,便捷高效。换句话说,即缩短时间,缩小空间,提高效率。此精神如何用于犯罪减少治理呢?那就是在治理时间和空间的提前以及减少危害损失的提前。从学科而言,实现提前的具象载体,《源流论》《未罪学》就是其中之一矣!《未罪学》统计了我国各部门法远超 1000 条的"警示法"规定,即涉及各用法部门的依法防范问题。当然,在立法上还有待细化及完善其责任的规定。我们今天既然有了起步,又何愁千里之行呢?

夏吉先
2015 年 3 月 30 日

# 含苞的行为法学花朵

## ——苏州河畔的三十年变迁①

《源流论》第三版的增添和修订出版、《未罪学》的著就，从空间而言，就是依靠的坐落在苏州河畔的华东政法大学的"六三楼"108室。这也就是中国行为法学会上海研究基地的所在处。所以本文置于此，并非与本书写作无干，故将本文列为开篇矣！

苏州河弯曲折起伏，犹如长江母亲美丽的身体曲线。河弯上突起的圣地，就像母亲挺直的胸脯般宽阔。前身为久负盛名的圣约翰大学，被当今的法学界誉为东方明珠的华东政法大学，就坐落在这尊丰满的"胸膛"之上。作为该校的一名教师，多年来我生活在这里，工作在这里，也在这里感遇和见证了苏州河畔三十年的变迁。

俗话说："上有天堂，下有苏杭。"苏州河，怎能不让人联想到秀丽怡人的天堂美境？然而谁又可曾想到，三十年前，苏州河的河水黑如墨池，污浊不堪；一到夏天，其散发出的阵阵恶臭，刺人心脾。苏州河，这条"沉淀了这个城市的繁华、往事、传说"的河流，在工业时代初期的漫天烟尘黯然失色。

20世纪80年代初，改革春风吹临了浦江两岸，蜿蜒绵长的苏州河水，亦见证了这座东方巨城在改革开放后的辉煌巨变。三十年中，苏州河两岸带有污染源的诸多工厂先后搬迁，河底淤泥的不断清除，沿河两岸新播绿色，绿色延伸促成了希望和憧憬的延伸。

就这样，苏州河又焕发了青春，河水清澈如许，鱼儿回游嬉戏；河面上船只穿梭，梢公歌声回荡；岸边加固防范，两岸居民住得更安，睡得更香。我们曾经期待有朝一日苏州河能重现烟雨中的灵秀，夕照下的妩媚，水中鱼游，岸上鸟鸣。而这一天，早已悄然米到。

在苏州河畔华东政法大学的前面，是上海著名的中山公园。随着改革开放从宏观走向微观、从经济大潮深入文化娱乐，中山公园逐渐向游客免费开放，此举措一出台，顿时为其注入了青春的活力。免除门票后的中山公园，不仅在大范围上为市民提供了琴乐、交谊舞、太极拳等各种活动的自由平台，每逢周六，雷打不动的市民业余乐队的演奏和歌唱，更是每每引来听众热烈的鼓掌和喝彩；时或有区和街道组织的文艺团体表演，潜移默化间丰富着市民的精神生活。人民愉悦适怡的生活标示着改革开放三十年以来，老百姓物质生活水平提高的同时，精神生活的充实与享受！

改革开放三十年，祖国发生了翻天覆地的巨变，百姓生活红红火火，苏州河畔的变迁虽然只是改革开放三十年的一个小小乐章，但她同样奏响了撼人心魄的华彩旋律。

作为东方法学明珠的华东政法大学，是培养法学之子的殿堂。法学有法学的生机和命门。法学的生机源于"知"，法学的命门贵于"行"。推动"法律施行"的中国行为法学会刘家琛会长把学会在上海的研究基地落实在华东政法大学。华东政法大学党委书记杜志淳、校长何勤华、主管后勤的副校长叶青等领导，在学校办公用房并不宽裕的情况下，为研究基地提供了办公室。换句话说，美丽的苏州河畔又迎来了行为法学会的耕耘。行为法学会的研究，也将为苏州河畔增添一枚鲜艳的花朵。

夏吉先

**2012 年 3 月**

---

① 此文曾获上海市老干部大学改革开放 30 年征文"青松奖"。

# 主编简介

　　夏吉先，华东政法大学教授。于 1939 年 1 月生于四川省射洪县。1964 年毕业于西南政法学院，分配到华东政法学院教学。在"文化大革命"期间，因并校调复旦大学哲学系任教，后调上海市高级人民法院工作，后又回到华东政法学院任教。1985 年出版《法学入门》（与云南省司法局罗德银、省高院段贵荣同志合作）。1987 年出版《犯罪源流与对策》。1989 年出版《国际海上货物运输》（与西南政法学院徐静村教授、华东政法学院张梅生老师三人合作）。1990 年先后在上海人民广播电台、四川人民广播电台主讲《家庭社会共同的神圣职责——保护青少年》，并且于 1990 年出版该书（与四川省司法厅郑文举厅长、最高人民法院鲁嘉薇法官、华东政法学院雷裕宁老师合作）。1993 年出版《经济犯罪与对策——经济刑法原理》。1997 年出版《经济刑法清廉剑》（与江苏省高级人民法院李佩佑院长共同主编）。2001 年出版《举案说法》丛书（最高人民法院副院长刘家琛大法官任主编，本人为副主编之一）。2005 年出版《刑事源流论》。

　　社会兼职曾经作过：四川大学法学研究所副所长、客座教授。中国行为法学会理事及上海研究基地主任。中国犯罪学研究会常务理事。上海法学家企业家联谊会法律适用研究中心主任。四川省射洪县人民政府驻上海市长宁区办事处法律顾问。陈子昂诗社上海分社社长。《法制与社会杂志社》新闻中心主任编辑、特约记者。北京市蓝鹏律师事务所上海分所主任律师。

# 副主编简介

　　向朝阳，男，四川大学法学院教授，中国法学会刑法学研究会理事、四川省刑法学研究会副会长。兼四川大学法律适用研究中心主任。美国华盛顿大学、圣路易斯大学法学院、日本东京大学等大学访问学者。向朝阳教授先后主持《拐卖人口犯罪的调查与研究》《新时期犯罪转型问题研究》《赔命价习惯法的刑法学研究》《恢复犯研究》《灾后法律适用问题研究》等国家社科和四川省社科项目重点课题和合作课题，先后主编或副主编《拐卖人口犯罪的调查与研究》《刑法若干理论问题研究》《杀人、伤害罪个案研究》《国际禁毒概览》《刑事法问题研究》《走私罪立案追诉标准与司法认定》等学术著作十余部。先后在《法学研究》《中国法学》等学术刊物发表学术论文 70 余篇。

# 副主编简介

　　夏雪，女，中共党员，华东政法大学外国法制史法学博士。现任上海航运运价交易有限公司副总裁。兼任上海仲裁委员会仲裁员，上海浦东新区法院人民陪审员。

　　**一、工作经历**

　　1990 年至 1996 年，上海市第二律师事务所合伙人律师；

　　1996 年—1997 年，中欧国际工商学院；

　　1997 年—2011 年，上海证券交易所；

　　其中 2003 年以访问学者身份公派英国工作交流 9 个月。

　　2012 年 1 月至今，上海航运运价交易有限公司。

　　**二、理论成果**

　　自 1997 年起参与《经济刑法清廉剑》、《举案说法丛书》等书的编写，公开发表《从股市黑客案看金融网络犯罪的防范》、《论建立我国证券市场信息披露的责任机制》、《证券法与刑法的接轨机制》、《"法律过剩"了吗？论法律秩序的形成与法律适用学的建立》、《股权分置改革中的流通权定价之研究——公共投资者权益的保护》、《以人文艺术教育法改造犯罪的探索》、《重防"庇黑"论》等论文。另外，完成博士论文《上市公司关联交易法制演变的研究》。

# 副主编简介

　　黄一欣，男，大学本科学历，公共管理硕士，现任上海市司法局法制处（研究室）副处长（副主任），分管调研工作，任《上海司法行政研究》副主编、上海市法学会法学期刊研究会副会长、上海市司法行政工作研究会副秘书长，参与多项上海司法行政改革发展重大课题研究。曾任上海市监狱管理局办公室副主任，分管信息调研、对外宣传等工作。

# 副主编简介

　　欧亚，女，华东政法大学党委宣传部部长，《华政报》主编，副研究员。近年来，发表论文数十篇，编辑或参编出版著作十余部，主持和参与司法部、教育部、上海市及校级课题多项，系 2012 年度上海市教育系统"阳光学者"。

# 第三版言

本书第一版于 1987 年由上海社会科学院出版社出版，由上海市法学会徐盼秋会长作序，华东政法大学史焕章院长作序，书名为《犯罪源流对策论》。本书第二版于 2005 年 3 月由法律出版社出版，由最高人民法院原副院长刘家琛大法官作序，中国犯罪学学会会长王牧教授作序，书名为《刑事源流论》。现在出版的是本书的第三版，书名为《源流论——源流刑法学体系新构架探索》。

本书宗旨在于通过对刑事源流学派学术原理的探索，不断地丰富和修改本书的内容——自本书所载首篇文章发表时算起至今日已经经历了近 30 年时间了①——这是不可避免的学术途径。当下何以要再版呢?（一）自第二版后五年多以来的社会实践经验的积累，促成了许多内容需要增添;（二）初始的原理得到近十年来一定的社会实践的检验，亦要求在理论上有一定程度的系统化和哲理化升华;（三）从社会存在中抽象出来的理论，回到社会具象中去运用，也需要"书"作媒体。这里需特别指出的是:《未罪学》的出台，是刑事学科科学体系新构架的重大标志和体现，亦是预防犯罪理论研究和行为实践新构架台阶的开端。当然，理论是与时俱进的，在其具体应用的实践过程中，笔者深信其将会得到进一步的修正、丰富和发展。

《青少年犯罪问题》杂志 2011 年第 3 期《犯罪学茶楼》专栏，刊登了福州大学法学院肖剑鸣教授的《"理"与"实"之间的飘渺——与王牧君共品犯罪学之"茶素"》一文②。肖教授在文章中提出的五大学术问题，不仅是向中国犯罪学会王牧会长提出的，而且是向整个学术界提出的。因为这五大问题都是当前学术界存在并且需要作出回答的普识性问题。

然而，肖教授所提出的问题，主要又源自于王牧会长为本书第二版《刑事源流论》所写的《序》，乃所提问题和《未罪学》的出台，自然与本书相关联了。因此本书的再版，其重要意义不仅在于上述内容，还在于对肖教授及整个学界存在的共识问题的回答。但所作的回答，仅仅是作为抛砖引玉，故还望学界广大同仁对两书不吝批评指正。

夏吉先<br/>2011 年元月于华政园

---

① 书中相当一部分的文章，笔者在本次修订中，在原文基础上做了调整或者新增了更多的内容。因新增的内容是在原文发表或者出版之后充实的，所以在时间上有一定的跨度性。

② 关于肖剑鸣:《"理"与"实"之间的飘渺——与王牧君共品犯罪学之"茶素"》请参见本书目录中第九十四篇。

# 第一版序

徐盼秋

在浩瀚的法学领域中，有许多问题亟待研究。而研究犯罪规律的问题，无论从法律科学的门类上看，还是从社会生活的需要来看，都具有十分重要的地位。因为要了解人怎样会犯罪，又怎样才不犯罪，这是与个人、家庭和全社会休戚相关的问题。

人们一般都只看到犯罪的现象，并未洞察其中的秘密所在。你要了解犯罪内在的秘密么，不妨读一读探索犯罪规律问题的新书——《犯罪源流对策论》。

《犯罪源流对策论》，是夏吉先同志近几年来探索社会主义条件下，犯罪产生规律问题的一本专论。作者从纵向与横向，从宏观与微观，多层次、多侧面地阐述了犯罪产生的规律和应采取的对策。本书对理论观点的阐述，采取分篇行文方式，而各篇都始终围绕着论证犯罪形成的三大规律，即：①从历史因素对犯罪产生的作用上，阐明了"犯罪源流规律"；②从物质文明与精神文明的相互关系对犯罪产生的作用上，阐明了"犯罪同步规律"；③从犯罪的形成机制与消除机制的消、长作用上，阐明了"犯罪离合规律"。

人们认识规律是为了利用规律。对于犯罪规律的利用，就在于根据规律的作用程度和作用范围，采取与之相对应的各种措施，限制乃至杜绝这些规律对个人、企业、家庭、社会团体和全社会成员的致罪作用，以最大限度地减少其犯罪的产生；对于已经犯了罪的，国家则根据法律的规定，科学地做到有效制裁；对于被制裁对象，做到科学的有效改造。如果全社会都能认识和把握犯罪的规律，预防犯罪的水平就会大大提高。这无疑对我国的长治久安和社会主义精神文明的建设，都具有十分重大的意义。

夏吉先同志对犯罪规律的探索，是我们探索法学领域中许多规律性问题的一个可喜的开端。为了繁荣我国法学的花园，希望在"百花齐放、百家争鸣"中，能不断有更多更好的探索的科学成果问世。

华东政法学院院长
上海市法学会会长
徐盼秋
1986 年 2 月 4 日

# 第一版序

史焕章

　　研究我国社会主义条件下的犯罪课题，是法学研究领域中一个十分重大的课题。特别是对其中的青少年犯罪问题的研究，更为我们的党和国家所关怀。因为这个问题涉及千家万户，关系子孙后代。在我国，由于一些众所周知的原因，长期以来没有重视对犯罪问题的研究。在党的十一届三中全会正确路线的指引下，社会科学中一些长期被禁锢的领域开始振兴起来。现今对犯罪问题特别是对青少年犯罪问题的研究，就是其中一个很有生气的领域。

　　华东政法学院刑法学副教授夏吉先同志撰写的《犯罪源流对策论》这本专论，就是作者近几年来，在马克思主义基本原理的指导下，对我国的犯罪潜心研究所获得的一个科学研究成果。这本专论，作者采取分篇行文方式，写作时间始于1979年，止于1987年，专论中的部分篇章曾在《法学季刊》、《法学》、《上海社会科学》等刊物上公开发表。尤其是《犯罪源流规律的探索》一文，曾被评为上海市哲学社会科学学会联合会1979年至1985年度优秀学术成果特等奖。《同步防犯论初探》、《论我国少年司法体制的创建》等篇，亦分别荣获上海市委宣传部、中华人民共和国司法部颁发的科学论文奖励。还有数篇论文发表后，曾为《新华月报》的《新华文摘》、《光明日报》的《文摘报》、《理论信息报》等报刊文摘全文转载或摘登。

　　作者这本专论，从纵向与横向，从宏观到微观，多层次、多侧面地阐述了我国社会主义条件下的犯罪问题，特别是青少年的犯罪问题。专论注重透过现象揭示本质，阐明犯罪赖以产生的客观规律和应采取的治理对策。所以，这是一本内容比较丰富、值得一读的著作。这本书所具有的特点是：

　　第一，从微观上，揭示了犯罪形成因素的多元性，提出了建立微观比较犯罪学的重要见解。本书详尽地论证了形成犯罪的因素不是单一的因素，而是犯罪主体受多种因素的作用，并且能动地综合多元因素的产物。这些因素主要有：①与衣、食、住、行有关的经济因素；②与社会制度有关的政治因素；③与文化知识道德水平有关的智力、伦理因素；④与模仿学习有关的社会心理因素；⑤与人体物质机能有关的生物性因素；⑥与精神病态等有关的医学因素；⑦与对社会危害性认定有关的法律因素；⑧与地理气候条件等自然环境有关的自然因素等。基于我国幅员辽阔，各地区经济文化的发展很不平衡，地区与地区之间存在的犯罪因素差异很大，为了使犯罪问题的研究和治理措施更具有针对性和收到更好的效果，作者提出了在我国建立微观比较犯罪学的建议，这是值得我们重视的。

　　第二，在比较一般人犯罪与青少年犯罪异同的前提下，本书详尽地论证了青少年犯罪是我国整个犯罪问题应注意的重点。为了搞好青少年犯罪的治理，作者强调了制定《青少年保护法》和创建我国少年司法制度的重要性。为此，作者和有关同志一道曾参加草拟了《上海市青少年教育保护暂行条例》建议讨论稿，并在总结长宁区法院少年犯罪审判合议庭的经验的基础上，提出了如何建立少年司法体制的构想。

　　第三，在综合治理犯罪的问题上，本书在强调严厉打击严重犯罪的同时，着重阐述了预防犯罪的极端重要性，并提出了对犯罪的综合治理，应当实行五结合的原则。这就是：①治本与治标相结合的原则；②加强政治思想教育与完善管理制度相结合的原则；③犯前积极防治与犯后依法惩治相结合的原则；④宏观合治与微观分治相结合的原则；⑤专门机关主治与全社会参与辅治相结合的原则。

　　探索我国社会主义条件下犯罪产生的规律与治理对策的工作，是一项重大的开拓性的工作。万事开头难，要迈出一个新领域的第一步是不容易的。同时还需看到，像任何新的事物一样，产生之初都不尽完美。希望这一领域的研究能够与日俱增，同时亦希望能有更多的学者从事于我国新的法学领域的开拓工作。但愿在我国法学科学的大花园里，有更多更好的科学研究成果争奇斗艳。

华东政法学院院长
上海法学家企业家联谊会会长
史焕章
1987 年 2 月 5 日

# 第二版序

刘家琛

本书作者夏吉先同志请我写一篇序。我知道夏吉先同志在 20 年前发表了名为《犯罪源流规律探索》的一篇论文（载《法学季刊》1984 年第 3 期），曾被上海市哲学社会科学联合会评为优秀学术成果特等奖。20 年来，他始终没有间断过对该问题的研究，其研究所得，大多以单篇论文形式予以发表，直到现在才集成一书出版。在请我写序前，我曾问他为何对此如此执著？他的回答只有一句话："旨在关注社会少存在产生犯罪的土壤，而不是多存在制定惩罚犯罪的刑罚。"

本书所论的是犯罪的治理之策。我看过多本，甚至也为多本类似的书写过序，但为以单篇论文集成而写序的还不多。论文最能反映出作者的学识和功底，虽不能说篇篇论文都是佳作，但可以说大多数论文都材料翔实、结构严谨、真知灼见、富于创意。而且这些论文虽然自成独立的篇章，但它们之间又有着深刻的内在思想联系，故能浑然成为一体。这是该书的一个特点。

富于探索，是作者的精神所在。从首篇读到尾篇，都体现了这种精神。为了探研问题的需要，作者提出了不少具有科学性的新的术语，其中在全书中具有引领价值的即是犯罪源与犯罪流这一对概念术语。这一对术语也是纵贯全书的核心术语。其他的相关术语，如源发性犯罪与流发性犯罪，犯罪人流、犯罪意识流、犯罪经济流、犯罪制度流、犯罪国内流与犯罪国际流等，都是从犯罪源与犯罪流这对核心的术语里引发而来的。而且在此基础上，又建立了治源治本与治流治标，以及源流互治的刑事犯罪对策的术语概念。当然，这不仅仅是一个术语的创新问题，主要还是在于这些术语的使用，为犯罪问题的认识提供了新的视角，增添了新的内涵，使我们从动态中、从深度上和广度上、从源头上和流程上、从治本上和治标上，形成了一个联动网体观，或者说整体观。其价值作用乃是不言而喻的。这是该书一种特有的表达方式。

我们对该书的总体内容可以概括为是对三个层面问题上的研究。这三个层面问题也可以称为"三论"，即是：

（一）刑事学科群论。作者把"源"与"流"组合到一起进行研究，体现的是作者的刑事一体化思想。各门刑事学科固然都是独立存在的学科，因为它们都有其各自独立的研究对象、研究方法，而且发挥着各自不同的功能作用。但是，它们又是一个亲缘性的学科群体，有其密切的相互依存性、相互关联性和相互作用性。源与流概念的运用，就从载体上形象地表达了它们之间既相互区别又相互联系的群体属性特征。既加强分科研究，又重视整合性研究，无疑对提高整个刑事学科的学术水平，促进刑事学科的创新和协调发展有着重要的作用。在刑事学科群中，作者认为犯罪学是群学之首。这倒不是说犯罪学高于其他刑事学科，而是说它所在的位置可以称之为开"源"之学，它承担的首要任务是研究犯罪的形成问题，而且这个问题的研究是与时俱进的。在同行研究该问题的众多之"说"中，作者提出了"犯罪胎儿拟制说"，认为犯罪是在社会母体中多种犯罪因素，以一种"综合结构"的模式机制而形成的。此模式之说与我国现今的"综合治理"的犯罪治理对策是相一致的。我们应当把对犯罪形成课题的研究正式提上研究的日程，而且置于更科学的地位上，从而推进今天的"综合治理"举措更具现实针对性，更达目标到位性，更有社会成效性，也更符合与时俱进性。关于整合性研究的组织形式，作者提出了建立刑事源流研究协会的构想。而目前我们所见到的刑事法学研究中心一类的组织形式，显然名称有所不同，但这种名称不同的组织形式，在本质上却是一致的。

（二）刑事源论。本书的核心是对犯罪源的研究，即寻找治本之策的研究，换句话说也就是对刑事之源的研究。作者认为犯罪之源有二：一源在社会（包括社会的作为与不作为的行为），一源在个体（包括自然人主体与法人主体）。只有二源的相互媾和，才能形成犯罪。我国古代的《易经》把万物的相对抽象为"阴与阳"相对，并以女性生殖器的象形符号代表阴，以男性生殖器的象形符号代表阳。只有两性交媾才有可能产生出新的生命个体来。同理，社会源的象形符号和个体源的象形符号也代表了类似的含义，只有二源交媾，才能形成犯罪的个体。基于此，作者提出了"犯罪拟制胎儿说"。人类可以顺其自然法则，无限生育，同时也可以根据社会规则，控制生育。同理，任其二源的存在与媾和，自然增长犯罪；减少二源的存在与控制媾和，可以减少犯罪。犯罪是可以从减少社会源来起关键性的减法作用的。社会总是以无罪者来主导有罪者的。个体有罪无罪、无罪有罪位置的互换，一方面在社会，一方面在个体。社会之源的存在，是国家预防犯罪重任的主要依据。个体之源的存在是国家惩罚犯罪任务的主要依据。因此，犯罪问题主要是由国家起着主导性的制控作用的。犯罪是刑法之源，只有减少了犯罪量，才能减少刑法量。关于犯罪源的分类，作者把它分为：人本源、意识源、经济源、制度源。其中，又特别强调了对制度源和人本源的研究的重要性。但该书指出从制度着手研究预防和减少犯罪的问题，迄今涉及的不多，对源头问题的研究，更缺乏力度、深度和广度，真正从源头上研究犯罪与实践预防和减少犯罪的时代，还未真正到来。但是，我们应当从现有的实际情况出发而做起。

（三）刑事流论。作者把对整个犯罪问题的研究分为对犯罪源头的研究与对犯罪流程的研究。在刑事学科领地的划分上，作者认为犯罪学的学科领地在源头上，其他学科的学科领地则在流程中。所谓其他学科则包括刑事侦查学、刑事证据学、刑事司法鉴定学、刑事检察学、刑事诉讼法学、刑法学、监狱学、刑事人权学等。这种划分方法，显然把犯罪学提到了一个空前的高度。作者指出，对犯罪源头的研究，并非一个单门学科能胜任，只有由国家组合针对预防和减少犯罪为目标的人文的和自然的学科群进行整合性研究，才能产生出具有真正效力的科学对策来。刑法学在流程中处于惩罚犯罪的中心地位，因此作者把犯罪的构成问题和量刑问题作为研究的聚焦点。有人说对犯罪构成理论研究是研究刑法学皇冠上的宝石，对此理论研究作为一家之言，作者提出了有别于"苏式犯罪构成论"的"龙式犯罪构成论"，其构成模式为："主体—行为—违法—责任"一条龙，而且强调了"龙式犯罪构成论"的模式，更适合于对市场经济领域行为罪与非罪的准确认定。在量刑问题上，作者从形成犯罪的原因出发，提出了从"罪因源头—行为结果—最后态度"的全过程来考查社会危害性，以从总体的刑事政策上来考量刑罚量问题。在具体的量刑问题上，应当根据现有刑法规定，作十分细化的量刑指南研究，以指导具体的量刑操作。同时，作者从刑法适用角度，从理论上提出建立适用刑法学的问题。这与我在多年的刑事审判工作实践中，坚持的"刑法学的价值，重在适用"的观点不谋而合了。我认为，不仅刑法需要专门的适用研究，各门法学都需要有适用研究，应当建立新的一门学科，名曰法律适用学。尽管这个问题将会引起一系列相关问题的出现，但值得探讨。

作者在本书中提供的学术思想，在读者那里能不能产生出信息反馈，又产生出什么样的信息反馈，这只有读了这本书才知道。如果你对刑事源流研究有兴趣的话，那就请读读这本书吧！

时任中华人民共和国最高人民法院副院长、大法官

刘家琛
二○○三年三月十五日
于北京

# 第二版序

王 牧

夏先生的著作总会给人耳目一新的感觉，不仅观点新鲜，而且语言也新鲜，甚至体现在观点中的思维逻辑也与众不同，自然，他的理论结论也往往不俗。我最早接触的他的著作是著名的犯罪源流论，那还是 80 年代中后期的事情，在我国学者对我国犯罪根源的热烈讨论中，他的《犯罪源流与对策》问世，并从此留下了他自己独特的印记，以至于 20 年后的今天，当中国学者们对那段时间的犯罪根源探讨的内容大都逐渐淡忘了的时候，他的犯罪源流论却依然是大家津津乐道的话题，可见其影响之深远。不断创新是夏先生一贯的学术追求，因此，他总会给人留下令人难忘的新东西。为了追求新，他甚至做得有些"过分"，"过分"到在其新中常常含有某种"奇"的成分。他认为，绝了源，并不等于断了流。在社会主义社会里，虽然消灭了犯罪产生之源，但是产生犯罪之流还仍然存在。按照源流的本意看，无源则无流，源绝而流必断，绝了源还有流，这是不可能的事情，但是，那是在自然界。没有人会说这种现象在人类社会生活中是不能发生的。道理不错，说法却有几分险奇，也因而使人印象深刻，难以忘怀。在他对学术创新的这种由"新"以至于"奇"的追求中，虽然有时带有某种刻意的痕迹，甚至是在其所追求的过程和结果中还难免留下某些有待推敲的东西，但是，让我们看到的却是一个认真的学者不断探索、努力拼搏的创新精神，他所留给我们的不应当是遗憾，而应是努力进取的激情和对先生的景仰。因为，一切新的探索都是一个新的过程，代价的付出是难免的，当然是值得的。

众所周知，我国的刑法学家关注犯罪学的人并不多见，而夏先生则是这不多见中的一位。这在我国刑法学极为繁荣发展的今天，确实是难能可贵的，因而值得称道，令人钦佩。

法律，主张一体遵行，一律如此，拒绝特殊。彻底贯彻之，有利于实现法治。然而，在具体问题具体分析、具体对待时，它却教条主义十足，缺少或没有灵活性，因而，解决社会生活中实际问题的效果较差。这在人们把法律视为至高无上的追求以后，会逐渐有所体味。在人们不折不扣地认真贯彻罪刑法定、罪刑相当原则而为实现刑事法治的热情追求中，逐渐发现，所谓的公平、正义得到了一定的实现，而犯罪现象却丝毫没有减少。这种从对法治和公正的关心转而关注法律运行效果的转变，把学者从对刑法学的专注转移到对犯罪学的关注。在法律之内研究法律的注释刑法学，在逻辑上排除对刑法之外的问题的关心。因此，要关注法律运行的效果，就必然要把刑法放到现实社会生活中去研究，到刑法之外去研究刑法，去研究犯罪问题，到刑罚之外去思考解决犯罪问题的对策，于是，犯罪学就成为他们的首选学科。无论是李斯特的"整体刑法学"，还是储槐植教授的"刑事一体化"，以及夏先生的"犯罪源流论"，尽管他们所用词语不同，但其思想是一致的，目的都是为了突破学科壁垒，克服专业的片面性，而最终是为了更好地解决犯罪问题，从而也可以促进刑法和刑法学本身的发展和提高。确实，只要不是纯粹地从法律和逻辑出发，而是稍微注意一下刑法、刑罚适用的实际社会效果，就会充分地认识到单一的注释刑法学研究是远远不够的，必须提倡所有涉及犯罪问题学科的整体发展。因为，犯罪问题绝对不是一个刑法（刑罚）所能解决得了的问题。尽管国外在李斯特那个时代就已经萌生了这样的思想，但是，对我国来说，这仍然是属于一种远见卓识的见解，因为我国目前的学科制度存在很多不利于学科发展的问题，法学学科就更为严重，学科壁垒森严，学科的行政和学术制度在权利、利益和职业的格局中，把学者和学科同时限制在狭窄的道路上孤立而艰难地发展着，严重地影响了学术的健康发展，最终影响了犯罪的治理成效。

在刑事科学的发展中，犯罪学有着特殊的意义和作用。按照夏先生的说法，在刑事学科中犯罪学属于源头学科，它对其他刑事学科起指导作用。其实，犯罪学的这种作用，德国著名刑法学家耶塞克早就说得很清楚。他曾说，在近代刑法史中，许多刑事政策的重大进步均要归功于犯罪学。许多新的刑法制度在很大程度上均是建立在犯罪学研究工作基础之上的。所以，他说："没有犯罪学的刑法（学）是个瞎子，没有刑法（学）的犯罪学是无边无际的犯罪学。"犯罪学是研究犯罪现象事实规律的学科，刑法学（犯罪法学）则是研究犯罪的法律规定的学科。因此，犯罪学对刑法学的指导作用，就应当像经济学对经济法学的指导作用。当然，由于犯罪学学科的特殊性，人们对刑罚的情有独钟，犯罪学的发展受到很大阻碍，发展速度缓慢，发展程度不高，它的应有作用还没能充分地显示出来，犯罪学理论从诞生到现在都还不能令人满意。但是，尽管如此，犯罪学的实证品格所指引的理论方向却符合法律运行效果的追求，这就是，犯罪学的理论出发点和落脚点都是社会实践而不是理论逻辑。当刑罚的作用（或功能）受到尽情赞美的时候，犯罪学理论从刑罚的社会实证研究中发现，刑罚并不是针对犯罪发生原因的，所以刑罚的作用是极其有限的（菲利语）。刑罚的各种作用或功能是理论家们从理论逻辑上分析出来的，实际上它只是逻辑上的可能性，并不总是具有实际的现实性。几千年来的刑罚适用，犯罪却从来也没有像刑罚崇拜者所期待的那样而减少或消灭。犯罪学的理论方向和方法形成刑法学中的实证学派，推进了西方发达国家刑事法律制度的改革和进步。犯罪学已经显现出的巨大作用，昭示着它正在改变着人类对犯罪问题的传统认识和传统对策。

我国学者不是很关注犯罪学的原因是多方面的，其中主要原因还是与我国法制建设进程有关。从刑法学史上看有一个规律：凡是把实行法治而实现公正看做唯一重要和最高价值追求的学者，在其把法律视为至高无上的观念下，淡漠法律之外的东西是必然的，因此，他们都不是很关心刑法之外的东西，包括不是很关心犯罪学，而且都一定程度地忽视刑法和刑罚适用的实际效果。这就是刑法古典学派学者们的观点和态度。相反，只要在一定程度上关注犯罪问题的实际解决效果的学者，都关心刑法和刑罚适用的实际效果，比较重视刑法之外的东西，包括对刑法学之外的犯罪学、监狱学、刑事政策学等刑事法学的重视。这往往是刑法实证学派的观点和态度。李斯特作为刑法实证学派的代表，在关注刑法和刑罚效果、关注犯罪现象实际减少的价值追求下，提出了整体刑法学的概念。刑法学史上的古典学派和实证学派的论争显示了一个简单的逻辑：把法治放在首位者，往往重视和强调刑法和刑法学；把社会实际效果放在首位者，批判法律的教条性，强调法律可能的灵活性，就比较重视犯罪学。新中国的正式刑法典颁布、实施仅仅20多年，对于我国的刑事法治来说，可以说是刚刚从"文化大革命"罪刑擅断、无法无天的噩梦中醒来不久，法治、公平的字眼还很新鲜，在法治还是绝大多数人的最高追求的情况下，更多的人还来不及关注犯罪学等刑法之外的东西，这是必然的。当我们充分注意到法律的实际效果的时候，犯罪学就必将受到应有的重视。问题是，犯罪学和犯罪学学者自己要做好准备，不要等到社会需要的时候而令人失望。等待应当成为一种积蓄，我国社会留给犯罪学学者的是任重而道远。

我感到，这一天并不久远，也许就是一夜过后的明天。

是为序。

中国政法大学教授
中国犯罪学研究会会长
王 牧
2004年11月于北京世纪新景

# 在"立体治理"探索的路上行进

2013年11月12日中国共产党第十八届中央委员会第三次全体会议通过了《中共中央关于全面深化改革若干重大问题的决定》（以下简称《决定》）。这是一个在各个方面都是具有里程碑意义的改革纲领和实践指南。本文就其中《创新社会治理体制》中提出的系列理论观点和如何践行的问题，在此谈一点粗浅的认识，以与同仁们共同探讨。

## 一、对理论的解读

### （一）"治理"与"管理"的关系

从"管理"到"治理"，虽是一字之变，内涵却十分深刻。老子说："政善治，事善能。"意思是说，政务要善于调治，事务要善于做好。相对管理而言，治理是一种优化、良性、多元化，多角度的管理，是种提升。比传统意义上说的"管理"，显然在内涵上更加全面了。从内容的范围而言，国家安全是治理的根本，而人民安居乐业是社会治理最基础的问题。而国家制度化、规范化、程序化运行的法治程度，则是实现国家治理体系和治理能力现代化的重要保障和关键指标。现代化的国家治理体系以法治体系的建立为重要基础，既要通过公权力有效管理社会，也要通过立法来约束公权力和人民依法对公权力运行的监督。社会治理不仅官方是主力，还要民间的参与。国家不再唱独角戏，而是实现社会共治，官民共同参与，共同协作。只有这样才能将社会治理治好。

### （二）"立体治理"的内涵

《决定》明确指出："创新立体社会治安防控体系，依法严密防范和惩治各类违法犯罪活动。"

1. "立体"的空间概念

从思维方式而言，把传统习惯上的"平面"思维方式改变为"立体"思维方式，这是十分必要的思维方式的转变。而且这个转变还要做到普识化才行。否则"立体化"的创新，就会举步维艰。

2. "立体论"与相关诸理论的关系

《决定》在《创新社会治理体制》中，除了"立体化"论外，还强调了"坚持依法治理"、"坚持源头治理"和"创新有效预防和化解社会矛盾体制"等诸种理论。这些理论之间是何种关系呢？前面已述"立体"是一个空间概念。就以一个正方形而言，这个空间就有上与下、前与后、左与右、外围与中央等7大方位。只要有了立体思维方式，自然就会有"依法治理"、"源头治理"、"化解矛盾治理"等各种视角元素的治理融于一体的要求，从而和谐统一地实现全方位治理之效果。所以养成立体思维方式，是实现诸种治理和谐于一体的前提条件。

## 二、践行理论的探索

### （一）对"道法自然"内涵的新解

"道法自然"始终是引导人类认识自然宇宙与自身关系的哲学经典。中华民族文化的首席大师老子的《道德经》，始终是应当必读的床头卷。对老子"道法自然"的诸家各解这里显因篇幅所限无法引见。笔者的新解主要是说自然的"肉"，是千姿百态的展示；而自然的"骨"，是它的运行的规律所在。当然也不应忘记读中国的《易经》和艾因思坦的《相对论》。就是说，形态与规律亦会有相对性的变异或改变。但从自然存在的长河而言，规律总是相对永恒性的。人类社会发展之"道"，人类各种行为的行走之"道"，如果说法自然，从底线上而言，就是法自然的规律所在。当然人类发展规律与行为规律和自然规律并非同一，因此绝非回归自然。但自然规律始终是人类社会发展与行为之道的参照体系。这是无可置疑的，也是不可缺憾的。如果抛弃了或者忽视了这一参照体系：人类就会迷失自己前进的方向，就会陷入失去平衡的不稳定的发展，就会陷入非科学的妄想的泥潭，就会罪恶膨胀，甚至走向灭顶之灾的死穴。

但是，人类不愧为宇宙中最具有灵智的生物。从总体而言，人类从来没有迷失过"道法自然"的方向。对于生为地球之人类而言，在"道法自然"的长河中，已渐渐认识到在形体意义上，就是"道法地球"。地球是椭圆形的，人类的社会结构体亦应效法地球的椭圆体，而不应是等级壁垒森严的"金字塔"结构体。所以在社会历史发展的长河中，尽管经历了多少艰难险阻，但始终没有停息过在生存和发展的权益上追求平等自由的理想。当然，在人类中那部分具有先见的科学认知能力的人们，也敏锐地观察到：虽然地球整体在结构体上整个是平衡的，这是本质性的；但其表现的形态亦具有多样性，有高山与平原、大河与小溪，陆地与海洋等。也即是说绝非平均主义的。这种参照体系对于人类社会中一定程度上的自然生理差别、社会环境差别、经济政治文化等诸多方面的差别存在的理解，亦不难释怀了。为了缩小差别，不仅在从竞争与互助的发展长河中来实现相对的平衡，而且还发明了用来调节平等与不平等、自由与不自由的法律杠杆。倡导人类行为在"法律面前人人平等"，简称"法前平等"，和在以不侵犯他人权益为前提的"法内自由"。显然这是一种了不起的智慧。因为它是既具有人类"道法自然"的科学性，又具有人类精神文明的创造性相结合的产物。

**（二）对"立体治理"践行之浅见**

**1. 治理理念的立体化问题**

这里，我们姑且以中国长江作为"道法自然"的形象标本。而从国际视野范围，当然也可以多瑙河、伏尔加河、密西西必河、泥罗河等等为标本。不管那条河，从环节上讲也都大体上分为源头、流程和终端（入海口）三个环节的。治理河道，三个环节都是不可缺一的。治理违法犯罪自然也当如此。要从源头治、从流程治、从终端治。仅就终端治而言，在理念上古人有"平时用轻典、乱时用重点"，我国现实有"从重从快"等治理策略。适应情势而提出对应性策略亦自然是理所当然。根据本届《决定》的"创新立体化社会治安防控体系，依法严密防范和惩治各类违法犯罪"的提法，是否可以把我国长期执行的"打防并举"的理念调整为"防打并举"的理念呢？笔者认为这是一个值得探讨的问题。因为这样更有利于提升或者说深化全社会人们防治违法犯罪的防范意识，及其防范的行为实践。

**2. 依法治理的立体化问题**

在中国特色社会主义法律体系已经形成的情况下，全社会对宪法和法律的执行和适用，自然更加关切。这里的立体化内涵主要有两方面的问题：一是把宪法的母法规定与部门法的子法规定的衔接融通在执法和用法中体现出来；二是要深刻认识每一个部门法法体的整体性，对于其正面法定与负面规定都应当等同重视。各部门法的执法或用法主体，不应忽视以负面的警示性问责性规定为依据，加强法治防范制度、机制的建设，改变过去择食性执法用法的弊端，从而做到减少各领域社会违法犯罪形成的可能或产生的数量与质量。

**3. 治理手段匹配治理环节的立体化问题**

我国历史上的政治理论家荀悦在《汉记·申鉴》一书中，提出了事未发为防，事已发为救，事终结为戒的"防·救·戒"三字经，笔者以源头上防，流程中救，终端上惩，或者说，未罪防、越轨救、已罪惩，做到手段与事态相互匹配，而提出犯罪源流匹配定律。不同治理手段要与不同环节相对应相匹配，才能产生出良好的治理效果来。凡事的运行和营作都有其源头和流程，早发现、早化解其中的矛盾，挽救其可以挽救的人或事向不良的方向的发展变化，减少其可能减少的人身损害或物质损失，在我们今天转型社会的现实中，显得更加需要和迫切。光大"枫桥经验"，更是时代之使然矣！

4. 防范空间立体化的对应学科——《未罪学》的创设问题

学科设置的立体化是不应当有缺或的议题。而且学科设置应当与治理环节相对应，才具有科学定位性。我们都知道，对于打击惩罚犯罪的空间环节，有专门的《刑法学》学科，对于改造治理犯罪，有专门的《监狱学》学科的研究相对应；而在预防违法犯罪的空间环节上呢？就有问号要打了。仅管在世界范围或在我国，都可见到不少的关于犯罪现象、犯罪原因、犯罪对策研究的各式各样的著作或文章面世，其中对预防犯罪的研究也多少都有所涉及，但从国际上 100 多年来，从我国 30 多年来却都未曾见到过真正称得上有科学体系的、理论与实际运用结合密切的、能为学界和社会大众认同的、专门致力于预防违法犯罪研究的学科的问世。姑且就算有吧！相对于显赫的《刑法学》、沉稳的《监狱学》而言，亦不能不说是一个"短板"了。

常言道："危艰生志士，怒怨产诗人"。学界同仁对于"短板"现状的忧心，真是大有人在矣！我国古人有"读万书，行万里"的遗教。"书"是解决"知"的问题，"行"是解决"用"的问题，相提并论了，就解决了"知行合一"的问题了。我们的前辈先驱，中国的陶行知先生在南京晓庄师范的生活教育实践、晏阳初先生在河北定县的平民教育实践，梁漱溟先生在山东邹平的乡村建设实践、黄炎培先生求真务实的爱国作为等，都可堪称为践行"知行合一"的典范，无不启迪我等后生之效法。

解决"短板"的问题，既要深入到社会实践中去，又不能忽视在书海中的游泳。把"知"与"行"两条腿都得协调好才行。同时，笔者本着袁隆平院士寻选"稻株"的探险精神，本着大数学家华罗庚发明的《优选法》的方法，对学界诸家关于防范问题所表述的形形色色的观点，进行层层筛选。三十年来，最终选出了《未罪学》这株"学苗"。当然，是否选准了还得经受时间和实践上的考验。但就算选准了，没有阳光的温暖，没有雨露的滋养，"苗"也不可能得到苗壮成长。所以党的阳光、政府的雨露，社会的支持，学界的培土，方方面面，哪一方面缺失了，《未罪学》这门新兴的学科，都不可能苗壮成为真正成熟的学科的。

对防治犯罪来说，使用"刑罚"这一手段始终是不可缺或的。这是古今中外的人们的共同共识。但德国学术大师李斯特指出："在现代刑事政策研究方面的一个重大成就是，最终达成了这样一个共识：在与犯罪作斗争中，刑罚既非唯一的，也非最安全的措施。对刑罚的效能必须批判性的进行评估。"因此李斯特提出了"整体刑法学"的理念。我国"刑事一体化"的提出者储槐植教授则说："不要等违法行为'长大到'犯罪级别才动用刑法，应当在违法行为'萌芽时'就给以行政制裁。'刑罚前从严'比'刑罚从重'更利于控制犯罪。"我国台湾著名刑法学者林山田教授对刑事司法者提出这样的要求："刑事司法者除了遵守专业技术规则以执行刑法之外，尚需考虑刑法与犯罪的关系，并参照医药对于疾病的处理，以免因刑法的执行，反而制造更多的犯罪，或衍生其他的社会问题。"

笔者选就的《未罪学》这样"学苗"，显然是旨在就上述一类学术思想构建成具有研究载体的一门新的学科矣！如果同仁们能共同携手，打造出这门专攻未罪防范的新学科来，或许能更好成为犯罪防治研究的一个好帮手的。

一门学科的生长，尤如一棵树的生长。它自身有树根、树干、树枝、树叶、树冠等，是浑为一个有机整体的。而《未罪学》这个有机体的生长，也与一棵树的生长一样，亦有它的生长结构。这个结构，笔者认为应包括以下的"元素"：

（1）开课：在大学法学院系设置《未罪学》教学研究室，以供校内外各方的讲课需求。

（2）创刊：为了把防范意识、知识、方法传送到社会每个角落和公民每一个人的手中，应创办一个《大众防范》这样的刊物。

（3）研究：理论研究是学科发展不可缺少的平台，应在《中国法学会》中设置《未罪学研究会》，或在《中国行为法学会》中设置《未罪防范行为研究会》，或设置《中国未罪学研究会》。

（4）服务：《未罪学》不仅是法学院校应当设置的一门学科，而且应当直接用予为社会的服务。初步设想拟开：《未罪防范》策划与救治服务的职业社所。属于社会公益领域范围的服务，可由政府方面购买；属于法人或社会团体单位内部范围的，可由法人或单位购买服务；当然服务社所在一定情况下应当立足于义务无偿的服务为好。

笔者是一个乐于探索行为的人。但大事无能力所为，只能在小小事上所涉。在改革开放的岁月，因劳力等的供需要求，曾牵线搭桥为射洪县人民政府在上海市长宁区帮建了驻区工作处；在上海第八建筑工程公司帮建了驻沪"劳务办"；因践行法律直接为当事人服务的理念，以及有助律师实习之因，曾与相关律师创办了北京蓝鹏律师事务所上海分所；出于预防违法犯罪的设想，与几位同仁创编了即将出版的《源流论》及其《未罪学》专著。至于还打算联系各方面同仁和依靠组织的支持创设一个学术研究机构，以及置办一个为社会特定领域直接服务的社所之事，则当然是今后视情而定的事了。

夏吉先

2013 年 11 月 23 日

# 书眼

# 犯罪源流匹配定律

# 罪 名 键

说明：1.同类（同组）个罪名在键盘低中高区域同样确定键位。
2.中国刑法制定400左右罪名，基本分类(分组)为25个类(组)，一个罪名键代表一个类或组征象组征罪名数。
3.从前表可知:低中高区三个功能作用都须到位协同发挥好，才能奏好整部乐曲。

由于此处处版面所限，只能以一个罪名键作为象征组征罪名数。

| 罪名 | 数 |
|------|-----|
| 泄漏军事秘密罪 | 19 29 |
| 阻碍军事行动罪 | 19 |
| 滥用职权罪 | 30 |
| 贪污罪 | 9 |
| 组织淫秽表演罪 | 6 |
| 携带性病卖淫、嫖娼罪 | 6 |
| 非法种植毒品原植物罪 | 13 |
| 非法排放、倾倒、危害废物罪 | 15 |
| 非法组织、强迫他人出卖血液罪 | 10 |
| 向外国人私自出售、赠送珍贵文物罪 | 10 |
| 组织他人偷越国（边）境罪 | 9 |
| 伪证罪 | 17 |
| 制造传播计算机病毒罪 | 35 |
| 盗窃罪 | 13 |
| 故意杀人罪 | 37 |
| 合同诈骗罪 | 10 |
| 假冒专利罪 | 9 |
| 偷税罪 | 15 |
| 信用证诈骗罪 | 8 |
| 内幕交易罪 | 26 |
| 欺诈发行股票公司企业债券罪 | 14 |
| 走私武器弹药核材料、伪币罪 | 6 |
| 生产、销售有毒、有害食品罪 | 10 |
| 放火罪 | 37 |
| 阴谋颠覆国家政权罪 | 11 |

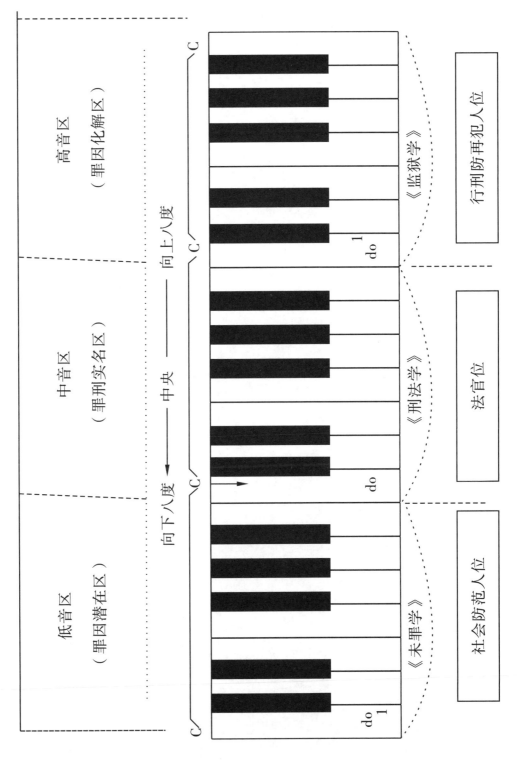

源流刑法学

——操作模型：钢琴弹奏式

# 第一编

## 源流一体价值论

# 第一篇　命名论

　　本书命名为《源流论》，即《犯罪源流学派论》。为什么这样命名呢？这要首先从"学派"说起。所谓学派，并不是什么神圣的用语。在笔者看来，就是学习方式的一种流派罢了。当然，相应的学习方式也反映出相应的研究方式，从而影响着相应的实践方式，形成学习—研究—实践的一种流派或者说风格。从学习的层面上看，是一种学习的风格；从学术研究的层面上看，是一种研究学术的风格；从实践运用层面上看，是一种实践运用的风格；当然，从功能作用和社会价值层面上看，必然亦会产生相应的功能作用和社会价值的风格。

　　在我国春秋战国时代，出现了百家争鸣的盛况，产生了诸子学说，奠定了中华文明的理论宝库极大丰富的基础。在国际文化频繁交往、全球化发展的今天，百花齐放、学派林立，将会为世界文明的理论宝库增添光彩。各门类学科如千帆竞发，法律学科也应当不能例外。在国际犯罪问题不断产生新形态、犯罪空间不断国际化的潮流面前，如何治理当今的犯罪问题，这对哲学、社会学、犯罪学、刑法学等诸类学科，都提出了迫切的任务。理论创新，为开拓广阔的治理空间提供理性依据，是理论工作者应尽的一份时代责任。

　　对刑事犯罪的治理，都无不遵循学习—研究—实践，与实践—研究—学习的路线，都必须站在哲学高度上来才行。我们知道，任何物象（事项）无不是"一生为二"（在一定条件和作用下的"一生为三"）、"二生为三"；相反，即是"三合为二"、"二合为一"的。治理犯罪问题的哲学，自然也不例外。以"一"而言，犯罪治理的学术流派就是一个流派，而从"一生为二"来看，就是两个学术流派了，一个叫"未罪学术流派"，一个叫"已罪学术流派"。未罪学术流派的研究载体叫"未罪学"，已罪学术流派的研究载体叫"刑法学"。相反，从"合二为一"来观察，其存在体就是"未已合一"的存在体；其治理体就是"未已合治"的治理体。如果我们以动态的物象来表示，那就是"源流"存在体和"源流"治理体了。然而对犯罪的治理，既需要"未治"、"已治"的分治，更需要"未治"、"已治"的合治。"未治"重在对"源头"、"流程"之治。因为一般犯罪的形成路径都总是有"源头—流程—终端"的。故"已治"即是对"终端"之治了。源头之治乃防治，流程之治即救治，终端之治乃惩治。于是我们就得出"源头与防治"、"流程与救治"、"终端与惩治"这样的三对象概念。从学术流派而言，乃称为刑事源流学派。从我国现实学术状况来看，刑法学作为治标研究的显学地位已经确立，并且已形成刑法学名家的研究阵营。然而"治本"的犯罪学研究，显然还是薄弱环节，就整个研究阵营而言，还远不能与治标的研究阵营相匹配。

　　医药学是治理人体病痛之学。犯罪治理学，是治理社会的犯罪问题之学。我国的中医，原则上是从治本而达到治标；西医是原则上从治标而达到治本。两者的功能、途径各有不同，各有自己的价值取向，但实现的治理目标却是一致的。对犯罪问题的治理也无不是如此，刑法学原则上是研究治标之学，犯罪学原则上是研究治本之学，正如西医学和中医学。如果说西医学和中医学不可偏废而必须结合，那么刑法学和犯罪学也不可偏废而必须结合起来。

　　刑法学的显学地位的形成是历史性的必然。为治标而产生了刑法学，产生了刑事法官，产生了刑事司法制度，包括配套的国家机构，即刑事侦查机构、刑事检察机构、刑事审判机构、刑事司法鉴定机构、监狱机构等。同时也产生了与之相适应的实用学科等。国家机构的功能和相适应的学科功能，社会都有目共睹，其作用价值也不言而喻。细分其价值系列，可分为刑事侦查官的价值、刑事检察官的价值、刑事法官的价值、刑事行刑官的价值，刑法典的价值、刑法教科书的价值、刑法教授的价值、刑法科研成果的价值等。而这些价值又都具有显赫的国家和社会的认同度，不用担心人们看不见摸不着它。而且，因对价值的追求，倒驱使人们乐意去从事这些具有价值的职业。但是这些价值的实现，归根结底的功能作用主要是惩罚了已然犯罪，保障了相应时空范围内的社会安定。当然这对国家和社会都是十分有必要的价值取向。换句话说，治标价值取向是必然的取向之一。

对治理犯罪问题而言，还有一种价值取向，就是治本的价值取向，而且也是关系国家长治久安的价值取向。为治本之研究，而产生了一项专门研究犯罪的产生和治理对策的犯罪学，目的在于尽可能使犯罪少产生，降低社会发案率。降低发案率并不等于消灭或者说消除发案率，减少刑罚并不等于消灭或者说消除刑罚。所以犯罪问题总是带有"刑"字的问题。因此，治本的价值取向也离不开治标的价值取向。实际上都必须采取"本治"、"标治"二者并重的价值取向。从学派的用名而言，也是离不开"刑事"二字的。从有学派提法而言，在社会发展进程的相应时空中，经历过的学派有：刑事古典学派、刑事人类学派、刑事社会学派。在当今经济全球化、文化融通化和学派多元化的大潮下，犯罪治理之学派，笔者认为主要是由两大学派的相互独立存在、而又相互发挥其整合的功能作用的。这两大学派就是：刑事未罪学派、刑事已罪学派。对于刑事已罪学派而言，它的功能价值可以说已经是家喻户晓的，此处无需赘言了。而对于刑事未罪学派即源流学派而言，其社会价值并没有形成社会共识，也不具有法定的价值地位，故有必要呼吁社会认识它的重要价值。那么为什么人们难以认同它的价值地位呢？

第一，从古至今的国家，都只有惩罚犯罪的国家机构，没有专门的预防犯罪的国家机构。因为治本的价值载体没有，就很难将治本价值反映出来。既然没有反映的表征，人们就无从认识它的存在。

第二，治本的工程是系统工程。它的功能作用是各社会职能部门的整合作用，还没有一种机制能有效地将这种整合作用反映出来，向社会明示。

第三，参与治本的社会行为人，没有得到社会的法律认同和法律保障，没有取得相应的社会职能，因此也没有获得相应的价值标示，也不可能驱使人们去从事这项事业。

第四，国家对治本的学术研究缺乏投资。没有形成研究治本的科研队伍。从治本的国家机构到科研机构人员的队伍，远远不及治标人员的队伍的数量和质量。

第五，我们应当看到，使得当今人类社会生活方式得以革命性改变的科学技术规范，都是来自于长期的一时难见其运用价值的自然基础理论科学的研究。如果要使人类的犯罪问题得以革命性的变革治理，也只能像自然科学研究基础理论一样地研究治本基础理论，从而才有希望为实现本治提供科学的社会规范。否则，一个国家，甚至全球上的人类，是很难从根本上改变其治标的庞大规模的。

第六，对于一个国家或者对于整个世界而言，如果不能与时俱进地减少"应有的"犯罪的产生的话，那么作为刑事法律界的公安工作之"苦"，法院工作之"累"，监狱工作之"难"的面貌就难以得到可喜的改观。这是笔者所不愿意看到的，相信也不是世人所愿意看到的。

总之，犯罪的世界是"二然"的世界。一是对"已然"的惩罚世界，二是对"未然"的防范世界。"未然"的状态是在犯罪的形成中，"已然"的状态是在犯罪的结果上。《源流论》既是"未然"与"已然"的一体论，又是"未然"与"已然"的相对论。从学科建设而言，对"已然"的研究有《刑法学》，而对"未然"的研究，人类社会至今还缺位专事研究的定型学科。这是必须解决的学科建设问题。对犯罪世界的认识：从具象载体而言，是一个加害人世界与被害人世界的对立世界；从宏观的大视野来看，是社会人共同体的共生世界，如何调适配置好资源对生存与发展的协调问题，是每一个国家和世界都必须着力解决的问题。从共生论而言，期望家国人能和谐共生，期望地球人能和谐共生。人类需具有理性的心态，应当普识认同在科学规律上的生而平等，践行社会人生存与发展上的公平、公正。但绝对理性又总是不太现实的理性，应当重视"理性度"即理性与感性的相对性才是。纵然绝对理性确属经得起实践检验的客观真理，也只能是通过渐进而行才能实现。因此，必须认同事物间适度的差别，在其生存与发展中认同适度利益差别的合理性。人类的前进总是离不开自身的两条腿：一条是叫做竞争腿，有前有后；另一条叫做互助腿，无后也无前。然而竞争与互助都必须共同遵循规范，按照法律的规定竞争，依照合理的制度互助，而且两者都不能软，都必须硬性执行。从个体的社会人到整个社会的国家共同体，做到与时俱进的和谐共生，从而最大可能地减少违法、减少犯罪，减少再犯罪的产生。

# 第二篇　犯罪源流规律探索

治病查病源，治罪探罪源。当我们在进行社会主义社会犯罪问题研究时，对犯罪之源与流进行研究，以期求索到符合社会发展客观规律的治罪途径和方法，这显然对于理论研究者来说是责无旁贷的课题。本文试就犯罪源流规律的问题，作一个初步的探索，以求教于法学界的同仁们。

## 一、近现代社会中的几种犯罪起源说简介

### （一）资本主义时代提出的三种犯罪起源说

犯罪是怎样起源的？笔者不作古远的考证，只从近、现代社会中提出的三大起源说的基本观点说起。1764 年，被刑事法学界誉为"刑法之父"的贝卡里亚发表了《论犯罪与刑罚》。他把"社会契约论"具体运用到《刑法学》上，在论述"刑法的起源"时提出了"违反社会契约起源说"。1879 年，被称为刑事人类学派创始人的龙勃罗梭，发表了《犯罪者论》。他认为现代社会（指当时资本主义社会）存在有犯罪天性的人，这种人犯罪是遗传所造成的，被称为"生理遗传起源说"。1884 年，恩格斯发表了《家庭、私有制和国家的起源》。该书从始至终描述了从原始公有制到私有制的萌发过程，从无国家到有国家的萌发过程，从无法律到有法律的萌发过程，从无犯罪到有犯罪的萌发过程等等。恩格斯的犯罪起源说，被称为"私有制萌发犯罪说"。

### （二）我国社会主义现阶段关于犯罪起源问题的几种不同观点

在我国社会主义的现阶段，在研究社会主义社会犯罪产生的渊源时，也存在几种不同观点，主要表现在：①有的同志认为："犯罪的根本原因在于人性异化"，犯罪是人性"异化"为兽性的结果，"人越在幼年，人性越少而兽性越多"。犯罪最终起源于动物的兽性。②有的同志认为：在原始社会，特别是在原始社会的早期阶段，人们有时为了争夺猎物而厮杀，从而认为这即是"原罪"现象。③有的同志认为：犯罪源于私有制。根者，根源也。绝了源，并不等于就断了流。在社会主义社会里，虽然公有制的建立消灭了犯罪产生之源，但是产生犯罪之流还仍然存在。这是笔者所持有的一种有关社会原因的观点。

### （三）不同犯罪起源说观点分歧的焦点

不同时代对犯罪起源问题的看法也不同。犯罪究竟起源于动物的属性，或者起源于对共同猎物的分食不平，还是起源于对剩余劳动产品的侵占，众说纷纭。笔者认为分歧的焦点在于：应不应该划清和以什么标准划清人与猿的界限，应不应该划清和以什么标准划清动物界的生存竞争规律与人类的社会斗争规律的界限。

第一，犯罪是触犯刑律的一种活动。人与动物都有活动，但动物的活动是无意识的，人的活动是有意识的。人的有意识的活动直接把人类和动物的生活活动区别开来。所以两者根本不能画等号。特别是人的有意识的杀人行为与动物的无意识的食兽行为，更不能画等号。当然，因人类来源于动物，其非本质方面也有相似之处，但如抛开二者的本质区别，则人的强奸行为与动物的交配行为也就没有什么两样了。这显然不能把人与动物混为一谈。

第二，在由猿向人进化的漫长岁月中，经历了从"半人"到"全人"的过渡，这时常不能摆脱动物界生存竞争的状态。在生产力极为低下的原始公有制社会里，人可能存在某种程度的"兽性"，生

存斗争的规律还起一定的作用。但是，在当今生产力已高度发展的社会，就不能再认为人的犯罪是像动物那样的生存斗争在起作用了。

第三，动物之"饱食"生存，既是动物界生存斗争的起点，同时又是终点。当社会生产力发展到劳动产品出现了剩余时，就已经超出了自然"饱食"的界限。这一点也就彻底划清了动物与人类的界限，人类也就从生存斗争的领域进入了为"享受"而斗争的领域。作为全社会共同劳动的物质产品应该属于全社会的所有成员，但由于一部分人将自然资源的公有占据为私有，并以此剥削他人，这就属于人类社会的阶级斗争，而不是动物界的自然的生存斗争了。从这个界线上来谈犯罪起源，才具有重大的社会认识意义和社会改造意义。这就是马克思主义犯罪起源论的关键所在。

马克思主义犯罪起源说，较之其他各种起源说，在于社会科学的彻底性上，它划清了人与动物的界限，划清了人的活动（包括犯罪活动）与动物的活动（包括食兽、交配等活动）的界限，划清了人类社会的阶级斗争规律与动物世界的生存斗争规律的界限，划清了人的社会性、阶级性、阶层性与人性"异化"为兽性的界限，从而坚实地奠定了私有制是犯罪起源的社会理论基石。

## 二、在不同社会制度下犯罪源流规律的不同存在和不同作用

### （一）犯罪源规律是一切剥削阶级社会里固有的犯罪规律

所谓犯罪源规律，从社会原因来观察，就是在私有制社会里因私有制生产关系而产生的"源发性"犯罪的犯罪规律。所谓"源发性"犯罪，是指源于犯罪的总根源而导致的犯罪。从经济关系上看，就是由私有制经济关系而导致的犯罪；从阶级关系上看，就是社会各阶级之间因阶级对抗而导致产生的犯罪。奴隶社会是第一个私有制社会，第一个阶级剥削、阶级镇压的社会，因而也就成为人类历史上第一个"源发性"犯罪的社会。随着历史发展，"源发性"犯罪的社会是封建社会和资本主义社会。

"源发性"犯罪的社会，在阶级斗争规律的作用下，必然会一批又一批地产生犯罪。无论是奴隶社会、封建社会、资本主义社会都毫无例外。恩格斯在揭示资本主义社会犯罪产生的规律时指出："竞争不但支配着人类在数量上的增长，而且也支配着人类在道德上的发展。凡是稍微熟悉犯罪统计的人都会看出，犯罪按照特殊的规律性在年年增长着。"[①] 资本主义社会是"源发性"犯罪生产的社会，这一客观规律不仅为马克思主义的理论所充分揭示，而且也为今天现实的犯罪事实所充分证实。如一个两亿多人口的美国，1980 年的犯罪案件（刑事报案率）竟达四千多万件。墨西哥的杀人案件，按人口平均数量计算超过美国的两倍。其他资本主义国家也相类似。这些事实完全证实了经典作家们所作的"资本主义社会是一个犯罪的社会"的正确结论，也进一步证明犯罪源规律是在资本主义社会和一切剥削阶级社会在犯罪领域中起着根本作用的犯罪规律。

### （二）犯罪流规律是一定的剥削阶级社会和社会主义社会都具有的犯罪规律

犯罪流概念，是笔者运用的一个新概念。它是犯罪源概念的一个对称概念。所谓犯罪流，是指新社会脱胎于旧社会之后，旧社会的某些犯罪因素必然流入新社会的一种历史现象。它具有两大特点：第一，这种犯罪因素是一种始终不会自动退出历史流程的运动着的因素；第二，这种犯罪因素与新社会的某些条件相结合，就会产生出新的犯罪来。所谓犯罪流规律，就是指犯罪流因素与现实社会的条件相结合，而产生的"流发性"犯罪的犯罪规律。所谓"流发性"犯罪，是基于"源发性"犯罪的历史阶级斗争的遗留及历史犯罪积习和因素的流传而导致产生的犯罪。它一般表现为两种情况：①被推翻了的阶级反对统治阶级的阶级对抗的犯罪；②各社会阶级内部如资本主义社会的资产阶级内部，社会主义社会的工人阶级内部等某些不法分子的犯罪。我们知道，龙勃罗梭把遗传学规律运用到犯罪学上，创立了"生来性犯罪者论"，这自然是缺乏科学性的。但在社会规律中，我们也不能忽视确实存

---

① 《马克思恩格斯全集》（第 1 卷），人民出版社 1963 年版，第 623 页。

在着虽不是生理因素"遗传"而是社会因素"流传"的规律现象。对于社会消极因素的"流传",列宁有过十分形象的比喻。他说:"旧社会灭亡的时候,它的死尸是不能装进棺材、埋入坟墓的。"[1]列宁揭示的这一历史现象,并非社会主义社会所特有的。例如,资本主义社会脱胎于封建社会,它也不能避免遗留封建社会的胎迹。封建社会产生犯罪的某些因素也必然流入资本主义社会中,并与该社会某些条件相结合而生产出一定数量的犯罪来。这种现象在资本主义社会制度确立的初期反映尤为突出。同时,由于资本主义社会本身是一个源发性犯罪的社会,在这样的条件下,犯罪流规律的作用不仅难以受到限制,而且往往是"源"、"流"结合,在旧的犯罪形态的基础上,不断产生出新的犯罪形态来。

社会主义社会脱胎于资本主义社会,它最终以社会主义公有制代换一切剥削阶级社会的私有制。由于私有制绝了源,人剥削人的制度绝了源,因而就使社会本身产生的"源发性"犯罪绝了源。当然,绝了源,并不等于断了流。也就是说,旧社会的某些犯罪因素免不了向新社会流入。由于犯罪流规律的这种客观存在,所以社会主义社会也还不可避免的是一个"流发性"犯罪产生的社会。当然,如果在所有制问题上只是单一公有制情况下的话,也只是一个具有"流发性"犯罪产生的社会。

"流发性"犯罪的产生,是犯罪流规律作用的结果。在我国主要表现在两个方面:①在敌我范围内,表现在被推翻了的剥削阶级残余势力对社会主义事业的反抗和破坏上。同时,由于一定范围内的阶级斗争还长期存在,因而不可避免地会产生出某些反革命分子和其他严重破坏社会治安的刑事犯罪分子。②在人民范围内,表现在犯罪流对国家职工、人民群众的影响和腐蚀上。国家职工和人民群众中的某些人,受犯罪流影响和腐蚀的现象是严重的,有的人甚至走上了犯罪道路。毛泽东同志把我国存在的犯罪,划分为敌我之间的犯罪和人民中间的犯罪。他说:"人民中间的犯法分子也要受到法律的制裁,但是,这和压迫人民的敌人的专政是有原则区别的。"[1]毛泽东同志关于"两个犯罪范围"的划分,是对马克思主义犯罪学的大发展。因为在社会主义社会的国家中,敌我之间的犯罪,是被推翻了的剥削阶级反对统治关系的犯罪,而人民中间的犯罪,则是属于一般违反社会主义法律规范的犯罪,不存在什么统治与反统治关系的问题。当然,人民中间也有少数人变成了敌对分子,这是在新的历史条件下产生的新的社会渣滓。尽管如此,我们仍不能把人民中的个别现象作为一个"阶级"范畴去对待。毛泽东同志关于"两个犯罪范围"的划分,虽然不是刑法学上定罪量刑的规范,但是在犯罪学上对于说明社会主义条件下的犯罪的形成和研究犯罪预防,却有着重大的时代意义。

（三）在社会主义社会中犯罪流规律在犯罪形成的综合结构中起着首要的作用

犯罪"源"是指犯罪赖以产生的总根源。没有犯罪"源",在一定意义上说,也就没有犯罪"流"。犯罪"源"、"流"的概念与犯罪形成是不同的概念。犯罪形成的概念,是指在犯罪源和犯罪流的作用下,犯罪主体综合（包括源或流的首要作用在内）各种因素而形成的应受刑法惩罚的行为实体。这种综合因素必须包括四个方面:①客观原因（即"源""流"作用）;②主观原因（即道德思想）;③主观条件（即生理能力）;④客观条件（即机遇状况）。这四个方面的因素各自所起作用的大小虽然不同,但是内中缺一就形不成犯罪实体。从犯罪形成结构四方面因素所处的地位来看,犯罪流（包括"人流"、"意识流"、"经济流"、"制度流";按国籍划分,又分"内流"和"外流"）[2]的作用,无疑是处在首要地位。如果没有它的存在,或它对犯罪主体的影响、腐蚀和侵袭作用,犯罪就压根儿不可能形成;但是,只有犯罪流的作用,没有其他因素的结合,犯罪也是不可能最终形成的。如果没有犯罪者本身的犯罪意识和意志的内在作用,没有实施犯罪的生理能力,没有可供犯罪的对象、机遇和把犯罪企图变成犯罪现实的客观条件,就不能形成犯罪。当然,尽管犯罪形成的四个方面因素各自都有自己的作用,但在不存在"源发性"犯罪的社会主义条件下,"犯罪流"对于犯罪实体的形成,毫无疑问是起着首要作用的。

---

① 毛泽东:《关于正确处理人民内部矛盾的问题》,人民出版社 1976 年版。
② 夏吉先:《犯罪综合结构论试探》,载《法学季刊》1983 年第 4 期。

#### （四）关于犯罪源流规律的几点结论

从上述探索中，我们可以得出四点结论：①奴隶社会只存在犯罪源规律；封建社会和资本主义社会（包括半封建半殖民地社会等）既存在犯罪源规律，又存在犯罪流规律；在单一公有制的社会主义社会只存在犯罪流规律。②在剥削阶级社会里，由于存在犯罪源规律的作用不仅不易受到该社会的限制，还往往与犯罪流规律的作用相结合，而产生合力犯罪的作用。在单一公有制的社会主义社会里，由于不存在犯罪源规律，因而改变了犯罪流规律发生作用的条件；同时还因犯罪流规律与社会主义社会自身的发展规律背道而驰，因而社会主义社会起着总是不断地限制乃至最终消除犯罪流规律的作用，这是历史发展规律的必然趋势。③社会主义制度是迄今为止人类历史上最进步的社会制度。但是，同任何新生事物一样，它的发展道路不可能是平坦的、笔直的，它的各个方面也不可能都是完美无缺的。对于人民范围内的犯罪来说，历史事实反复证明：犯罪流规律的作用往往与工作上的缺点和失误有一定的关系。工作上的缺点等于缺口，如果"缺口"大，犯罪流乘"缺"而入的流量就越大，形成犯罪实体的数量也会相应增多；如果"缺口"小，犯罪流乘"缺"而入的流量也就越小，形成犯罪实体的数量也会相应减少。④犯罪流自身是不会自动退出历史进程的，尽管社会主义社会自身的发展壮大具有越来越大的"抗"流作用，但是要限制"流程"及"流量"，对"流"的本身还必须专门进行防治才行。而这种专门防治，在任何剥削社会制度下都不可能真正做到，只有在社会主义制度下才能逐步实现。

### 三、我国治理犯罪最好实行"惩治体制"与"防治体制"相结合的双轨制

马克思指出："英明的立法者预防罪行是为了避免被迫惩罚罪行。"[①]治理犯罪必须包括"预防罪行"和"惩罚罪行"两大方面。对于"惩治罪行"的"惩治体制"（指公安、检察、法院、监狱等机构的主要职能）来说，自人类的犯罪发展史开始之日起，直到今日世界的现实社会，可以说在所有不同制度的国家里，都已经发展得比较充分和比较完备了。然而作为"防治体制"来说，在迄今为止的所有剥削制度国家里，都没有真正建立起来（尽管有的资本主义国家也设立有名义上的专门预防犯罪的某种机构）。这是因为资本主义制度和人类历史上的一切剥削制度，都是"源发性"犯罪生产的制度，要从根本上防治犯罪，就意味着消灭它们的制度本身。这自然是一切剥削阶级不可能做的事情。然而社会主义制度却与此相反，它首先已经实现了列宁所指出的"对防止罪行来说，改变社会制度和政治制度比采取某种惩罚，意义更大得多"的论断。也就是说，它首先已经把存在"源发性"犯罪的制度改变成了不存在"源发性"犯罪而只存在"流发性"犯罪的制度了。但是对治犯罪根本问题的解决，还远远不等于对所有问题的解决。因为"流发性"犯罪问题并未解决。

为了防治流发性犯罪的产生，我国正在进行着多层次的深入细致的犯罪预防工作。治安工作的"综合治理"方针，是我们党和国家指导治安工作的根本方针，也是我们防治犯罪的根本方针。综合治理包括的内容和方式尽管很多，但归结起来仍是"惩治"和"防治"。

对于社会主义国家来说，通过"惩治"犯罪来达到"预防"犯罪的目的，这是完全必要的。因为没有强有力的"惩治"就根本不能抑制犯罪流规律的作用，就根本谈不上"防治"。"惩治"是"防治"的前提。但是，只有专门的惩治机关（公安、检察、法院、监狱等机关）还不够，最好还有以"防治职能"为主的专门机构。这是因为：

第一，社会主义国家防治犯罪流，特别是防治"意识流"和"经济流"的作用，以预防犯罪的产生，不但是一项长期的任务，而且比改变社会制度还要复杂得多、深刻得多。

第二，犯罪是由多因素形成的，形成的结构是综合结构，因而防治犯罪形成的工作，也是综合性的工作。从事这一工作的领导和执行机构，最好是由纵横各条战线，以及各个方面的"防范委员"组成"预防犯罪委员会"。如果有了这样的与公安、检察、法院平行的常设机构，就更有利于调动各方面的防范积极因素，更有利于落实和协调各项防范措施，使社会主义的防范工作得到史无前例的

加强。

第三，我国公安、检察、法院等机关，从根本性质上说，是人民民主专政的机关，它的主要职能是镇压敌人和打击犯罪，同时还做了大量的一般预防犯罪的工作，收到了较好的效果。但是，多年来的司法实践也反映出了这样一种情况：当公安、检察、法院等机关忙于打击犯罪时，综合预防工作就往往放松了，形成"打击"与"预防"交替出现的情况；同时，因自身的权限关系，有相当一部分预防工作难于着手。如果有专门防治机构与其配合，在主要职能上做到"惩治"与"防治"各司其职，则更能提高打击犯罪和预防犯罪的实际效果，更有利于对整个社会犯罪的治理。

那么，我国防治体制的主要职能和工作原则是什么呢？

笔者认为，我国社会主义的预防犯罪机构如"预防犯罪委员会"，应由纵横各条战线、各个方面的"防范委员"组成，在党和政府的统一领导下，遵循党的综合治理方针，切实贯彻"五结合原则"，即"治本与治标相结合的原则"、"加强政治思想教育与完善管理制度相结合的原则"、"犯前防治与犯后治愈相结合的原则"、"宏观治理与微观治理相结合的原则"、"专门机关治理与全社会参与治理相结合的原则"调动和协调各行各业的积极因素，排除犯罪赖以形成的各种消极因素，以达到最大限度地防止犯罪产生的目的。它的具体任务主要是：①经常地开展深入细致的调查研究工作，不断地了解新情况、新问题，具体探索犯罪流规律的作用，研究各种类型犯罪形成的特点，根据犯罪形成的现实因素，搞好犯罪预测。②建立家庭、学校、社会"三防线"相结合的预防结构。从具体家庭、学校、单位、行业和地区的现有条件出发，提出和落实防范措施，并检查其防范效果。③协助立法部门制定好《少年保护法》，并根据法律规定，把工作重点放在做好最主要的防范保护对象即18岁以下的少年儿童的防范保护工作上，从而在根上最大限度地减少犯罪的"预备队伍"。④协同各有关方面，做好"家庭教育指导站"、"治保会"、"工读校"、"少年犯法庭"（建议设立与成年犯分开的18岁以下的少年犯专门法庭）、"少年犯管教所"等政府性和群众性的防范组织的工作，以及指导业务活动的开展。

此外，为了适应"防治"犯罪和"惩治"犯罪两方面工作的需要，建议有关部门从我国自身的特点出发，建立专事"防治犯罪"的法学理论学科——《社会主义犯罪学》和专事"惩治犯罪"的法学理论学科——《社会主义刑法学》。并建议政法院系，不仅要造就一大批"惩治犯罪"的专门人才，还要注意更多地培养出"防治犯罪"的专门人才。

（原载《法学季刊》1984年第3期）

# 第三篇 犯罪源流规律论

犯罪源流规律的存在理论，是系统而科学地研究犯罪原因的理论。从一定意义上说，犯罪学就是研究犯罪原因的科学。国内外各种犯罪学说所建立的理论体系和理论结构，往往是以它的犯罪原因论作为依据的。如犯罪古典学派是以"意志自由论"作依据，犯罪人类学派是以"生来犯罪人论"作依据，犯罪社会学派是以"社会环境论"作依据等。笔者提出的犯罪源流学说，乃是以"犯罪源流论"作依据。什么是犯罪源流论呢？简单来说，就是从人类社会的进化论出发，研究犯罪因素的源泉及其流经和发展进程的理论。

## 一、犯罪源流规律的存在原理

### （一）犯罪源存在论

什么是犯罪源？所谓犯罪源即是指犯罪因素存在的源泉。犯罪源是一个新的罪因概念。犯罪源的内容及概念并非是固定不变的，而是随着社会的发展变化而变化的。也就是说，社会形态发生"质"的变化，犯罪之源也相应地发生"质"的变化。尽管任何社会都有该社会的犯罪源存在，但是它们毕竟有着新质与旧质之分，新的文明与旧的文明之别，不能把反映社会发展进程阶梯的犯罪源不加区别的混为一谈。因为犯罪也是遵循着"适者生存"的进化法则的。不过犯罪的进化有两种性质：一是寄生的破坏性质，如一般的刑事犯罪；二是催生的进步性质，如促进社会前进的政治性"犯罪"。随着人类社会的发展进程，私有制成了万恶之源，当然也毫无疑问地成了犯罪之源。如果私有制被消灭了，那么犯罪之源是不是就不存在了呢？笔者的回答是否定的。

因为人类社会的矛盾并非只有一个所有制的矛盾。犯罪之源也并非仅仅来自所有制的矛盾，何况人类本身也总是在不断地适应着社会矛盾的发展，而且这种应变也是人类一种本能的反映。私有制固然可以造成人类的阶级对立而引发犯罪，那么依靠权力或依靠别的什么也无疑可以造成需要不合理、分配不公正等（需要无止境也是人类本能的一种反映）矛盾而引起犯罪的。"犯罪源于社会矛盾"，这无疑是正确的。当然不是所有的社会矛盾都存在着犯罪的源泉。具体说来，犯罪的源泉一般存在于社会系统内在矛盾运动相互吸引与排斥的对立之中，存在于国家经济结构和上层建筑结构机制运转失衡的矛盾之中，存在于社会细胞家庭以及其他的社会基本单元新陈代谢功能失调的矛盾之中。所以犯罪的源泉不是来源于普遍的社会矛盾，而是来源于某些社会矛盾或矛盾的某些环节之中；同时，还受到社会客观存在的遏止犯罪规律的制约，所以任何社会的犯罪问题，都不是该社会根本的主要的问题，而是居于社会次要地位的问题。

### （二）犯罪流存在论

什么是犯罪流？犯罪流是对犯罪因素的流动的简称。这同样是一个新的罪因概念，而且是犯罪源的一个相对概念，因为有源就必有流。第一，犯罪源始于一定的社会矛盾，而一定的社会矛盾又有其自身的运动发展过程，故随同其犯罪因素的源流也存在着自身的流经过程。就以新旧社会而论，旧社会的矛盾往往有一部分要进入新的社会。因此，相伴而随的那部分犯罪因素，不可避免地要从旧的社会流到新的社会。第二，任何一个新的社会制度，尽管是由自己本身的新的基因构成，但是在新生的机体内又总是包含有旧制度的分子的存在，积极的与消极的、善行的与恶行的都无不包含其中。而且在社会经济结构与政治结构中，流传因素的"蝉联"最为隐深。这种"蝉联"性也正是犯罪因素从前一个社会流向后一个社会的内在密码性。第三，任何社会因素也都具有它自身的相对独立性的能动性。犯罪因素也不例外。而这种能动性也正是它流动的动力所在。第四，除了有它自身的能动作用以外，在很大程度上历史的惯性运动作用，也是它得以流动的推动力。

（三）犯罪源流多元论

社会的任何矛盾运动无不存在于社会中的人种与人口运动、社会中生产力与生产关系的运动、社会环境与自然环境关系的运动之中。而且社会的人口生产方式、经济生产方式和社会化的自然条件，这三大部件内在矛盾的相互作用构成了不可分割的社会有机硬件的一元整体。因此，从社会观念的总体角度来说，犯罪的源流是一元的，但是从其社会实体形态的分解来看，犯罪的源流却是多元的。其多元性的分类是：

第一，按社会构成因素的分类。构成社会硬件与软件的客观存在着的各种主要因素有：人口因素、文化因素、经济因素、制度因素等。因此，对应这些因素而存在的就有人口的犯罪源流、文化（包括意识）的犯罪源流、经济的犯罪源流和制度的犯罪源流。

第二，按社会、人与自然进化关系的分类。犯罪原因可以从社会本位、人类本位和自然本位三大本位去进行深入的探索，以寻找出它们各自存在犯罪的源与流。自然、人类、社会三者存在着内在的进化关系。如果说这三个层次的本体都有犯罪因素存在的话，按其主次，那么毫无疑问，第一层次是社会本体的犯罪因素，第二层次是人类本体的犯罪因素，第三层次是自然本体的犯罪因素。因为这三个层次的进化联系是"社会链"，即社会化的自然进入人类，社会化的人类进入"社会"。所以"人"是自然本位、人类本位、社会本位的三大本位属性的结合体。

第三，按历史纵横与国家内外的分类。伴随一个国家历史发展纵向联系的有纵向犯罪源流，伴随多个国家历史发展横向联系的有横向犯罪源流，伴随上层建筑与经济基础相联系的有竖向犯罪源流。以国籍为界进行分类的，有国内犯罪源流与国际犯罪源流。

（四）犯罪源流规律论

犯罪源流的存在与犯罪的产生有其内在的联系，而且有一定的规律性表现。这主要是：①犯罪源因素的存在与犯罪的产生、犯罪流因素的流经过程与犯罪的形成过程，有其相应的关系。②犯罪源流因素的进化与社会发展的进程具有相应的关系。故社会形态不同，犯罪源流规律的作用也就不同。③流源、流种、流向、流速、流量与犯罪的产生地区、产生种类、产生路线、产生快慢、产生多少，有其相应的关系。④任何犯罪的形成，不是受旧质的犯罪源流规律的作用和影响，就是受新质的犯罪源流规律的作用和影响，或者是受两者共同的合力作用的影响。⑤任何社会犯罪产生的状况，都取决于犯罪规律与治罪效率相互作用、相互制约的状况。所以任何社会要减少犯罪的产生，都必须控制和削减该社会犯罪规律作用的范围和作用的程度。

（五）犯罪原因链论

从规律高度这一层次对犯罪原因进行研究，并不能代替对不同层次、不同方面的犯罪原因的研究。如果把存在的犯罪原因的不同层次、不同方面、不同角度按各自的特点作一个分类的话，可以分为如下 10 类范畴：①从犯罪因素的源泉与其流经的过程来分类，则有犯罪源与犯罪流的原因范畴；②从社会整体与个体既相联系又相区别来分类，则有一般原因与特殊原因的原因范畴；③从形成犯罪实体原因结构的远近层次来分类，则有直接原因与间接原因的原因范畴；④从各原因本身作用的大小不同来分类，则有原因、条件与相关因素的原因范畴；⑤从行为人主体的性别、年龄段的不同特征来分类，则有相应性别与相应年龄的原因范畴；⑥从行为人生理、心理对形成犯罪的作用来分类，则有生理原因与心理原因的原因范畴；⑦从人与社会的主体与客体的相互关系来分类，则有主观原因与客观原因的原因范畴；⑧从犯罪原因本身的包容量、覆盖面的大小来分类，则有宏观原因与微观原因的原因范畴；⑨从本位原因与非本位原因的区别来分类，则有内在原因（内因）与外在原因（外因）的原因范畴；⑩从案发常量与变量原因的关系来分类，则有稳定性原因与可变性原因的原因范畴。以上10个种类的原因范畴，并非处于无序而纷乱的状态。相反，它们彼此之间却构成了"原因的原因"系统，而连接成关系"链"，笔者则把它称为"原因链"。原因链的功能和作用是多种多样的，它主要表现为相应关系作用、决定关系作用、影响关系作用和交叉关系作用等。

## 二、犯罪综合结构的形成原理

犯罪综合结构的形成理论，是研究犯罪因素如何形成犯罪行为实体的理论。犯罪实体像其他任何实体一样也是一种结构性实体。犯罪的结构实体是一个由多种硬件和软件要素综合构成的实体。作为个犯来说，世间不存在有完全相同的犯罪结构实体。但是从犯罪综合结构的角度而论，任何犯罪都必须具有硬件与软件的共性要件结构，即（不同性质、不同类型、不同形态个犯、集团犯、法人犯）都共同具有一般的综合结构。那么犯罪的综合结构必须具有哪些硬、软性要件才能形成，而又是怎样形成的呢？我们姑且以纵横坐标的方式来研究这个问题。

（一）犯罪原因结构形成横向坐标的组合方式

1. 犯罪原因是由多种因素构成的

人之犯罪，是由单因素决定的呢，还是由多因素形成的？人类自古以来都不乏对此问题研究，但把各家各派各自强调的重点作一个归纳和简明的表述，不外乎这样一些因素：①与衣食住行有关的经济因素；②与社会制度有关的政治因素；③与模仿学习有关的社会传播因素；④与文化知识有关的智力智能因素；⑤与自然环境有关的环境条件因素；⑥与人体骨相、性染色体异常等有关的生理因素；⑦与社会和社会人格有关的社会心理、社会道德因素；⑧与行为利己害他而达到一定社会危害程度的法律制裁因素等。应该说对上述诸种因素进行多元性的分别考察都是很有必要和很有价值的，因为任何犯罪的确都与这些因素有关，而不是由哪一个因素单独作用就能产生的。

2. 由于各个因素所处的地位不同，故所起的作用也不相同

虽然单一因素决定犯罪的形成不符合客观事实，但是在多种因素中，如果说各种因素所起作用都是一样的，也同样是不符合客观事实的。因为每一个因素都有各自的性质和功能，所以有必要对犯罪因素的种类及其性能和作用大小进行排列组合地研究。在此，首先就涉及一个对因素的分类问题。古今中外的学者对犯罪因素都从各种不同角度来分类，所列举因素种类之多是数不胜数的。但是按具有犯罪形成意义的科学分类，则只有最基本的两大类，即犯罪的客观因素和犯罪的主观因素。犯罪的主、客观因素是对犯罪原因和犯罪条件的总称，故按其性能和作用大小的不同，可具体分为如下四类：

（1）犯罪客观原因。犯罪客观原因是指社会本身存在着犯罪源与犯罪流的因素。这些因素存在于大社会环境、中社会环境、小社会环境中，而直接置身于社会环境中的个人受到这些因素的影响时，就会诱发犯罪。

（2）犯罪主观原因。这是从犯罪主体角度来看，指孤立的个人（扩大至犯罪集团或法人）所形成的相对独立的反社会意识。这种意识的形成与来自主体自身物质与精神的某种需求有密切关系，与来自犯罪源流因素的内化积淀有着密切的关系，与个体的生活经历所形成的个人"人格"有着密切的关系。简言之，反社会意识也是由多种因素形成的，并非单一因素而致。

（3）犯罪客观条件。这是在决意犯罪后，指那些有利于犯罪行为得逞的社会条件和自然条件。例如，官僚主义的工作态度、漏洞百出的管理制度；有利于实施犯罪的技术和工具；有利于犯罪的自然环境与气候等。

（4）犯罪主观条件。这是在决意犯罪后，指主体自身那些可供犯罪行为实施的身体和生理的素质条件。如性别、年龄、体格、气质、变异生理形态和病态心理等。

犯罪原因结构即是以犯罪客观原因、犯罪主观原因、犯罪客观条件和犯罪主观条件构成的。也就

是由上述两个原因和两个条件排列组合而构成的犯罪原因结构。

（二）主体从需要到犯罪动机产生再到行为实施纵向坐标的形成过程

1. 物质生活与精神生活的正当需要原因与非正当需要原因交织在一起

社会中每个成员都是在为社会的共同需要和自身的需要而劳动，需要是社会和个人一切动力的源泉。而需要与满足需要又总是一对相互依存的矛盾。从正常需要原因与犯罪需要原因的交互关系来看，一般呈现这样几种基本矛盾：①在阶级对立社会中，少数人把需要的满足建立在剥夺多数人需要的矛盾根本对立的基础上；②在消除阶级根本对立的社会里，同样存在着超越本身应该所得需要与符合本身应该所得需要的矛盾；③在需要层次上，不仅后一个社会要高于前一个社会，而且在同一个社会中，上层社会也必然要高于下层社会。所以符合自身的需要层次与不符合自身需要层次，以及竞争高档需要层次的矛盾斗争也就不可避免。

2. 犯罪需要原因是非正当需要与犯罪动机的中介

需要与满足需要的选择总是相互伴随的。在社会供不应求、供求不公和需求不当的种种情况下，各社会主体就难免会面临着如下三种不同的供求选择，就其选择的内容来看，无论是物质的、精神的、性欲的、权力的等，都无不如此：①选择符合社会道德规范和法律规范的供求；②选择道德标准及法律规范无明文界定的供求；③选择违反社会道德规范和法律规范的供求。供求关系在不同因素的作用下，会形成不同的选择动机。而在犯罪交合原因的作用下则形成犯罪的动机，所以犯罪交合原因是该二者的中介。比如，主体由于金钱的需要，通过中介——犯罪交合原因（主、客观交合形成的违法而获的意识）的作用，即会产生盗窃、抢劫或诈骗等各种犯罪动机。

3. 犯罪交合条件是从犯罪动机到实现犯罪行为的必要手段

犯罪动机决定着犯罪故意，犯罪故意决定着犯罪行为侵犯客体的性质。行为侵犯某一客体（即某种社会关系），是由相应的犯罪目的决定的，而犯罪目的同犯罪动机又是紧密相连的。如主体非法的金钱动机，就决定了实施行为是将公私财物占为己有的故意；主体的强奸动机，就决定了实施的行为是侵犯妇女性的权利的故意；主体的杀人动机，就决定了实施的行为是剥夺他人生命的故意等。所以，什么样的动机就决定什么样的故意，就决定行为侵犯什么样性质的客体。犯罪动机的产生决定了犯罪产生的必然性，但是必然性并不等于现实性。要将必然性转化为现实性，就得有转化的条件。这个转化条件，就是犯罪客观条件与犯罪主观条件相结合而形成的犯罪交合条件。所以说，犯罪交合条件是从犯罪动机到实施犯罪行为的必要手段。

### 三、形成犯罪结构纵横坐标点的内在机制

（一）犯罪机制的概念

所谓机制即指机体内的结构、功能和相互关系。犯罪实体同其他任何实体一样，也是一个有机的实体。其结构的形成，在各个软硬件组成部分上都存在着相辅相成、相互结合、相互制约、相互协调的机制。如果没有这些功能作用，也就不能最终形成犯罪实体。因此对于犯罪形成实体来说，其结构纵横坐标点的内在机制，就是犯罪结构的机制。

（二）犯罪机制的主要功能作用

这个问题是犯罪结构微观研究中非常精密的问题。因限于文章篇幅，此处只能作主要的列举：①罪因与非罪因吸引与排斥的机制。在犯罪原因结构的形成过程中，犯罪原因与控制犯罪的原因之间的对立统一和斗争是不可避免的，而且两种对立因素往往是相互结合。其结合的机制乃是"同性"联姻的机制，而不是"异性"联姻的机制。而它们结合的状态和斗争的结果，表现为三种情况：第一种是控制犯罪原因的结合战胜诱发犯罪原因的结合，则不能形成犯罪的原因结构；第二种是诱发犯罪原因的结合战胜控制犯罪原因的结合，则必然形成犯罪原因结构；第三种是控制犯罪原因的结合与诱发犯罪原因的结合处于相持状态，能否形成犯罪原因结构则暂时难定。②犯罪心理中的平衡与不平衡机

制。在犯罪动机形成的过程中，心理活动机制是十分微妙的。这种微妙性就在于心理平衡与不平衡的矛盾状况，如果达到了平衡，犯罪动机则必然形成；如果达不到平衡，则犯罪动机就难以形成。为了达到心理平衡，犯罪者一般都采取这样三种方法：第一种是寻找种种借口、"理由"，作为犯罪行为的精神支柱；第二种是以幻想犯罪目的达到的满足和愉快来强化自己的犯罪意识；第三种是抱着侥幸的心理，相信自己的巧妙计策，能够瞒天过海，逃脱法网。③犯罪动机、犯罪对象、犯罪机遇三者的存在状态和相互关系，是构成犯罪机制的三大要素。而罪犯与被侵害对象之间的相遇机制问题，更是犯罪机制研究中需要深究的问题，因限于篇幅，在此从略，如下图所示：

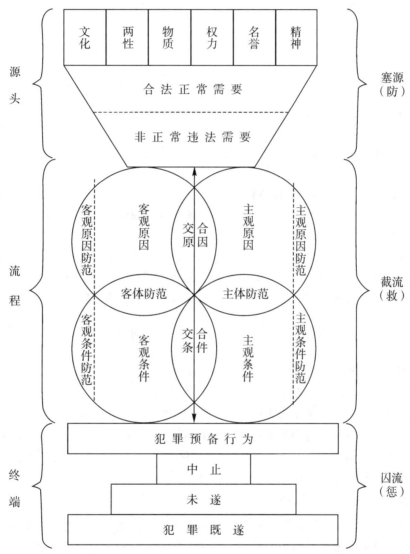

注：荀悦（东汉政治家）。荀悦在其政论《申鉴》中说："先其未然谓之防，发而止之谓之救，行而责之谓之戒。"

## 四、关于"囚流"与"回源"的"物心合一"的人生哲学

上图中，我们把对人的违法犯罪的治理过程分为"塞源"、"截流"和"囚流"三段。（当然，大多数囚犯通过监狱改造后，都要回归正常社会，我们也可以用一个术语，叫"回源"）。对这样的过程我们既需要从人生的行为实践层面来考察，也需要从人生的心理理性层面来考察。对这个考察，我们不妨以"囚流"之环节上溯到"回源"之人生。

自古以来，中国人都非常注重对人的本身的认识，尤其是古之圣人们。孔子有性善论，而荀子乃

性恶说。从而形成性善哲学和性恶哲学两大学派。但自古至今，谁也没能说服谁。因为单从侧面观察，两个侧面都是客观存在的。说不服反而是"科学"的表现。笔者认为古人的观察是把"人形"和"人心"分离开来的观察。人形即人身，是物质存在体；人心即心神，是思想理念存在体。如果我们把对物质存在体的单方面观察，叫做唯物主义的观察；把对心神存在体的单方面观察，叫做唯心主义的观察的话，故圣人的观察不能不说是一种分立主义的观察了。本来"物"与"心"是一个统一体，硬要把他们绝对地分开来观察，只说物不说心或者只说心不说物，显然就违反了辩证法则。所以最终我们可以得出这样的结论：性善论、性恶论，都是违反了辩证法则的片面的"科学"哲学。

从辩证法则来认识"人"，笔者认为，"物心合一"的人生哲学才是科学的哲学。其要义主要有以下几点：

第一，人类从动物类进化而来，既然已形成了"人"，就不能倒退回为动物。这是对人的基本要求。

第二，不管社会发展到什么阶段，相应阶段的物质生存的基本条件，都属于生存重要条件。社会对于基本条件的满足是理所当然的。这是对社会的基本要求。

第三，在正常需要与非正常获得情况下而滋生的违法犯罪行为，乃属于良性犯罪行为。或者说，因生理障疾或因生活无着而产生的违法犯罪，属于"亚型"违法犯罪。这是"物"、"心"合一哲学的判断结论。

第四，在非正常需要与非正常享有的情况下而滋生的违法犯罪行为，乃属于恶性犯罪行为。或者说，非因生理生存需要而产生的违法犯罪，属于"冠型"违法犯罪。愈是非正常需要和非正常享有，恶性就愈大。这同样是"物心合一"哲学的判断结论。

第五，物心合一也即"行心合一"，或者称"心行合一"。多为他人而"心行"则多生善，多为自己而"心行"则多生恶。善着爱矣！恶者恨矣！多生爱就会博爱，不生恨就不会作恶。其结论乃是人生善恶不是天生来的，而是在人的"心行合一"的行为实践中才产生的。

## 五、"人行合一"—"物心合一"—"知行合一"的人类行为阶梯理论

### （一）第一阶："人行合一"论

这是指人的行为与动物的行为在不同"界"上的位别问题。

动物（指类人猿）既然已经进化为人，人就不应退化为动物。但在现实社会生活中，却有这样的情况存在。有的犯罪分子解释其行为时说："某种动物都可以那样，人也是动物，有何不可呢？"所谓"人行合一"，就是指人应当有人的行为，不应当是动物的行为（兽行）。人的行为才是与人的"格"相匹配的。人格品位各有高下，但超越动物，是最底线品格的要求，是起码的"人行合一"。

### （二）第二阶："物心合一"论

这是讲向社会作出的劳动贡献，同时向社会取得的劳动报酬的相应的阶差的区别问题。

作为社会的人，其劳动能力（体力、智力、职力）的财富（物质、精神）创造，与向社会取得的生存条件或享用的部分，应当是成相对的正比例关系的。而创造得多，却享用得少，乃为高尚品格矣；创造与享用基本平衡，乃常人品格；靠不劳而获，从掠夺从侵略而获得或中饱私囊，乃卑劣品格矣。在现实社会中，有的人享有的欲望大大超出自己对于社会财富的创造，心高能低，低收入高享受，因入不敷出而堕为犯罪。这就是"物心不合一"了。生活要求的档次与自己劳动创造基本相适应，才是"物心合一"的基本要求。社会人需持有"物心合一"的心态，社会需张扬"富有者而善举"的高尚品格。

### （三）第三阶："知行合一"论

这是讲实践中产生理论，而理论的正确与否要由实践来检验的问题。

"知行合一"是南宋著名心学家王阳明先生提出的宝贵的哲学明珠理论。笔者认为这也是一种科

学的知识观和科学的实践观。理论正确与否，要以行为实践为检验标尺。在实际的社会生活中，往往存在这样的几种知行层面：①说一套，做一套；②只说不做；③不切实际、不合科学的空话、空理论；④不对位、不到位的不能操作运用的"唯理论"。如此种种，在行为领域形成很大的浪费。我们要时刻铭记"浪费是最大的犯罪"的教导。以上几个知行层面都是知行不一的一些表现。"知行合一"是人类社会的高尚的、科学的境界。我们应当从党和国家提出的科学发展观的高度上来看待这个问题。

（原载《宁夏社会科学》1989 年第 6 期）

# 第四篇 犯罪源流规律理论的对象化

李瑞环同志曾就当前全国范围内声势浩大的"扫黄"问题回答了《北京周报》记者的发问。话虽不多，但回答得很精辟，讲了这样五个问题：①"黄"的标准；②"扫黄"的重大意义；③"扫黄"的效果；④"黄源"，即"黄"的来源；⑤要长期坚持"扫黄"。这个讲话，对我国的"扫黄"工作具有重大的指导意义，而且对研究犯罪规律和预防犯罪问题，同样具有重大的指导意义。

笔者曾发表《犯罪源流规律的探索》一文，从学术探索角度提出了犯罪源流规律的理论，对犯罪产生规律探索的目的，在于能动地利用其规律控制犯罪，制定科学的犯罪对策，从而更有效地预防和减少犯罪的产生。该理论的提出产生了较好的社会效果。《犯罪源流规律的探索》以及相关的若干篇论文，都曾被评为上海市哲学社会科学学会联合会优秀学术成果特等奖并得到上海市委宣传部、中华人民共和国司法部颁发的科学论文奖励，而且曾为《新华文摘》、《文摘报》、《理论信息报》等报刊全文转载或摘登。而后在1987年由上海社会科学院出版社收入《犯罪源流与对策》一书正式出版。笔者由此深感理论探索有一个过程，运用到实践上去也有一个对象化的过程。理论与实践的结合，还有一个结合的契机。也就是说，在什么问题上能够更有效地得到结合的问题。理论发挥实际作用的效果，归根结底要视其满足现实社会实践需要的程度以使实践具有科学的导向。"犯罪源流对策理论"是广泛适用于犯罪预防领域的理论。"扫黄"正是该理论的一个重要的适用对象。例如，要制定"扫黄"的对策，对"黄源"的研究无疑是至关重要的。我国"黄源"从哪里来？李瑞环同志在答《北京周报》记者问中说：许多"黄源"来自境外，由于我们"扫黄"，断绝了一些人的发财之路。境外的"黄源"源源不断地流入我国境内，从而"黄源"也在我境内泛滥开来。因此，我们的对策首先就要禁绝境外的"黄源"。公安部门的同志对此颇有切肤之感，他们说："源头不堵，我们的'拖把'就永远也拖不干。"

当然，总的来说，"黄源"主要在境外，但也不能不看到我境内也有少许"黄源"。新中国成立后，我们是不容许"黄"的存在的。因此，进行了大量的艰苦卓绝的杜绝"黄源"的工作，对于净化社会环境起到了很好的成效。但是由于犯罪源流客观规律的不同程度的存在，自然也不能说把"黄"就净化到"无"了。随着我国改革开放不断深入，由于我们管理上的疏漏，导致对境外"黄源"禁绝不力，在源源不断流入我国的气候条件下，我国历史流经下来的未断绝的"黄源"又复活起来了，甚至还产生了新的发祥地。因此，我们要把"黄"扫好，不仅要努力禁绝境外源头，还要同时努力禁绝境内源头。

除了"黄源"尚未堵绝之外，"黄货"的销售市场也是一个对"黄泛"推波助澜的因素。"黄源"是境外和境内社会上某一部分人的发财之源。"黄道"就是他们的生财之道。就以录像带来说，自从录像被引入中国大陆，渐渐地被人们认识到它的商业价值以来，录像机、录像带乃至录像放映具有越来越巨大的商业开发潜能。而一些与录像相关的违法犯罪现象也随机而生。当今贩卖"黄带"的"黄牛贩子"已成为一种牟取暴利的新兴职业。我们要从保护青少年、从提高公民健康的社会素质的高度来看待这个问题，要大力加强净化社会环境的遵纪守法的教育；要从消费心理上大大削弱"黄带"的销售市场，以及各种黄色书刊的销售市场。我们要打好"扫黄"的市场争夺战，制片部门应当尽快地制作出低成本、高质量的录像节目，这种节目应当更多地体现出中国优秀的文化特色来，而不应当跟在港台片后面一味作血与肉、暴与性的低劣的模仿；高质量的录像节目生产多了，录像片的市场也就可以扩大了。以上海市来说，目前全市开辟的 60 多家租片点，新近又开设了近 30 家录像带销售点，这对满足上海观众的租片、看片的需要来说，无疑提供了很大的方便。当然这还远远不够，市场还需要进一步开放和发展。

在大力开发了健康的书刊和录像带市场后，"黄源"是否就能够"断源……'绝流'"了？期望仍不可过切。健康文艺品与"黄货"之间，二者的确存在着此涨彼消、彼涨此消的关系。正本清源，自然会收到以正祛邪之功效，社会更高程度的净化的目的也是可望达到的。但是"黄源"与"黄流"并不会因此就完全失去了自己存在的条件。这个问题在拙作《犯罪源流对策论》一书中已经作过详细的阐述。特别需要强调的是，当今世界，是一个开放的世界，任何一个国家不可能再闭关锁国。因此，每一个国家不仅要受到国内犯罪源流的规律作用，而且还要受到国际犯罪源流的规律作用。当然，因社会制度的不同，各个国家受其规律作用的性质和大小是有着很大的差别的；与此相应的，控制其规律作用的国家控制功能的性质和控制力量的大小，同样是有很大差别的。因此，不同社会制度的国家产生犯罪的"质"与"量"，相应地就有了很大的差别。而我国是社会主义制度的国家，自然要远胜于资本主义制度。相比之下，我们国家所产生犯罪之"质"要比按人口比例相当的资本主义国家低得多，而犯罪的"量"也要少得多。这就是社会主义制度能更好地控制犯罪源流规律作用的优越性的体现。不过，我们也不能不清醒地看到，犯罪在人类的社会主义制度里也还断不了源，绝不了流。它还必将源远流长地存在下去。其中，"黄源"与"黄流"也同样会不同程度地存在下去。因此，我们"控黄"的任务是艰巨的，是必须坚持长期作战的。按照中国医学的辩证法，就是要"强身固本"与"服药去疾"同时进行，二者不能相互取代。尤其是我们的公安战线，必须牢固树立"控黄"观念和确立长远的"控黄"战略目标。作为具体的对策措施来说，当然要因地、因时、因事制宜了。对"黄源"产地与"黄货"集散销售之地的管理应制定相应的微观对策；对不同季节的四时变化应该有相应的不同治"黄"对策；对不同的人事对象，也应该有分人、分事的分类治"黄"的对策。而境外"黄源"是从海陆空源源而来的，因此也应有相应的治"海来黄"、"陆来黄"、"空来黄"的"三治"对策。总之，应该步步设防，层层设障，环环紧扣，才能收到治"黄"工作的最大成效。而且这样做都应该纳入法律的轨道，形成依法办事的制度，才能收到长期的稳定的良效。对各省、市、地方来说，制定有关淫秽物品的管理和处罚的法规势在必行。这个法规的制定，首先要解决什么是"黄"，即黄的标准问题，使之具有社会共识，才能收到社会共同治"黄"的效应；公安司法部门才能有法可依，依法行事，社会也能依法支持。其次，要确立管理和处罚的详细条款。条款是工作行为的规范，操作性要强，要能看得见、摸得着，这样才便于执行。如果条款不具备，执行就免不了要走样。

（原载《社会公共安全研究》1989 年第 4 期）

# 第五篇　简论影响犯罪形成的"原因"与"源头"

## ——从两个哲学上的范畴谈起

首先，谈一下哲学上的动态概念与静态概念。这两个概念是互为参照的相对概念。因为任何事物的存在形态，既非是绝对的动态，也非是绝对的静态。当然在一定时空内，有的事物乃主要表现为动态，有的事物乃主要表现为静态。作为任何事物中的一类事物——犯罪也是如此。有的犯罪动态型十分明显，有的犯罪静态型十分明显。动态型犯罪与静态型犯罪，总是相对地存在于犯罪世界中。

其次，谈一下在哲学的范畴中事物的普遍联系性。这是一个十分常见的范畴。换句话说，事物的联系性也是事物存在的一种普遍方式，犯罪这种事物也毫无例外。其中动态型犯罪，在一定时空里联系的范围就相对要大、要多；而静态型犯罪，在一定时空里联系的范围就相对要小、要少。当然，在某种意义上说，静态是与小型犯罪相适应的，动态乃是与大型犯罪相适应的。罪种的不同，选择的适应形态也不相同。

我们现在可以把对哲学范畴的认识，具体到犯罪学和刑法学上。这里谈以下几个问题。

第一，原因与结果的对应联系问题。

刑法学上有一对范畴，叫"因果关系"，也叫"因果联系"。换句话说，就是指犯罪原因与犯罪结果之间的联系。在这里，"果"与"因"、"因"与"果"是一组对应的概念，即什么样的原因就带来或者说产生（造成）什么样的结果。显然，原因与结果之间的联系，是一种直接性联系。有了这种直接性联系，才有可能构成犯罪；如果没有这种直接性联系，就很难谈得上构成犯罪了。这是刑法学研究犯罪构成之使然。

在犯罪学上也有一个与刑法学相"联姻"的范畴，叫做"犯罪原因论"。所谓相"联姻"，一方面是指犯罪学上的"原因"与刑法学上的"原因"在一个基本层面上是相一致的，当然对犯罪形成来看，这一基本层面上的"原因"也是起着决定性作用的；另一方面，犯罪学上所研究的影响犯罪形成的层面，远远超出刑法学上用于定罪的那个基本层面，而是在时空范围上要大得多，因为犯罪学研究的功能就是预防犯罪。犯罪的产生或者说形成，是与多种多样的因素相联系的，它必然超出刑法学上的原因与结果相对应的直接联系的研究范围。这也是犯罪学与刑法学在这一范畴中的区别。

第二，源头、流程与"龙头"的相互联系问题。

当今时代是一个动态性胜于静态性的时代。任何一个社会主体——自然人、单位、法人都可能以经济全球化、网络全球化为载体，把自己的行为和思想输送到五湖四海去。因此，与之相适应的动态型犯罪，也会远盛于传统的静态型犯罪。用静态的方法研究静态型犯罪，用动态的方法研究动态型犯罪，二者都将缺一不可。这里，着重要谈的是用动态的方法去研究动态型犯罪的问题。

第三，与时俱进，树立动态的研究观念。

这就要求我们对产生犯罪的原因、条件和相关因素，既要看到它们的静态性，又要看到它们的动态性。传统的观念显然是缺少了动态性的层面。

第四，打造动态性的语言概念，来表达产生犯罪的动态性的原因、条件和相关因素。

这不仅仅是一个研究方法的问题，而是只有这样才能比较确切生动地表达这些原因、条件、相关因素的存在形式。

第五，重视容易被犯罪分子所利用的客观条件和相关因素的动态概念的表达。

用什么词语来表达这种存在的客观条件和相关因素呢？表达的关键是要它具有动态性。显然，选择"源头"一词来表达是最恰当不过了。因为这个词语细析起来可以看出"三性"，即：①发祥性；②静态性；③动态性。换句话说，它具有充分的"三性"包容性。说到这里，我们可以下这样一个定义，"源头"并不是犯罪的原因，而是指易为犯罪人所利用的客观存在的条件或相关因素。所谓从"源头"上预防犯罪，就是指要预防易被犯罪分子所利用的处于发祥点上的客观条件和相关因素。

第六，对"源头"存在的分类问题。

对"源头"的存在状态，大体可分为两大类型：①只有发祥点上存在的客观条件和相关因素。这种情况是相当普遍的，如门窗不牢，易被盗窃犯入室所利用。在财经管理环节上实行收支一条线，易被不法财会人员犯罪所利用等，这类情形不胜枚举。当然，这样的"源头"显然是表层的，从距离上看是近视的、是显而易见的。②既存在于发祥点上，又有着流程距离的客观条件和因素。这类犯罪类型是一种典型的源流型犯罪类型。它既有"源头"、"流程"，甚至还形成"龙头"。而在"源头"、"流程"、"龙头"之间存在着一种链条性的联系，像一条舞动着的"龙"。这种犯罪类型在当今社会里有着长足发展的趋势。如有组织犯罪、跨国犯罪、腐败文化犯罪、毒品犯罪、走私犯罪等。当然，被这类犯罪分子所利用的客观条件和相关因素也是十分复杂的。换句话说，"源头"不仅是多项存在的，往往也是多层次存在的，或者说是深层次存在的。从距离上来看，显然是远视的，甚至是远程的。

我们要加强从源头上预防犯罪的力度，这是抢占预防犯罪的"先机"，占领预防犯罪的"制高点"的题中之意。如果从犯罪主体的年龄段来看待这个"先机"、这个"制高点"的话，我们始终还不能放松加大预防青少年犯罪的力度。这在国内如此，在国际上也应如此。

（原载《浙江公安高等专科学校学报》2002 年第 3 期）

# 第六篇　论从源头上防治腐败和治理犯罪

关注腐败与犯罪的源流问题，近年来在全国的大报、小报上，可以说日日可见矣。但是真正把如此重大的问题，作为科研课题进行深入研究却一直未见。自笔者 1987 年出版专论《犯罪源流与对策》后，至今也不曾见具有这一方面的著作出版，可见该课题还没有真正为学人所重视。

江泽民同志强调要"努力从源头上预防和治理腐败"的问题，不仅仅是对腐败问题而言，也是对整个犯罪问题提出了重大的研究课题。这个问题，笔者认为不能只停留在报纸的一般宣传报道上，而是应作为国家重大的科研课题，从理论与实践上做出行之有效的研究成果。对我国刑事法学界来说，加强对该课题的重视和研究，是我们当前的一项重大任务。在此，本文从学术研究的层面上发表粗疏的一管之见，抛砖引玉，以期与学界的同仁共探讨。

## 一、犯罪产生的结构类型与源流结构型犯罪

任何事物的结构形态，总是与它的功能作用相适应的。而结构与功能的相适应，又是与它的生存方式、生存环境相适应的。同样，生存环境、生存方式的改变，在一定层面上又影响其结构形态和功能作用的某些改变。所谓"物竞天择，适者生存"，在一定意义上，无论是自然生物界，还是人类社会都在遵循着这一法则。而作为人类社会中"恶"的聚集点犯罪，其竞相产生的结构形态与其产生环境的适应性规律，同样也是毫不例外的。

在自然界，生物的生存链（简称生物链）的客观存在，已经是被公认的法则了。在社会界，就犯罪世界的社会层面而言，是否也存在犯罪产生链（或称犯罪原因链，简称犯罪链）呢？可能有人会质疑，但笔者对此是肯定的。所谓犯罪产生链，就是指犯罪产生赖以相互依存或者说互为因果的结构链。它与生物有某种相似之处，故称为犯罪链。对任何个案的形成而言，它都不同程度地有"链"在起着作用。但由于犯罪产生的结构类型的不同，"链"的作用在大与小、明与暗、宽与窄、长与短上，却有着明显的不同。

根据其特征的不同，我们可把犯罪的产生结构（也称形成结构）分为以下几大类型：

（一）点式型结构

在犯罪的社会层面上，直观来看，点式型结构的犯罪形态是相对孤立的。好比桂林的山一样，一个一个从地平面上突兀生出，相互间除地平面本身存在着共同依存关系外，再也看不出还有什么依存联系了，而是星星点点地散在于整个犯罪世界的图面上，如单个的自然人犯罪就是如此。

（二）面式型结构

团伙、群案、黑社会性质的犯罪，属这一类型犯罪。在犯罪的社会图面上，我们直观来看，它就不是一个点了，显然是或大或小都呈现为一种面。面是点的扩大或者说是由众多的点聚积而成的。因此相互依存的"链"的作用也就明显起来了。任何大小的面都有纵向与横向的结构，因此其相互依存的犯罪链，也具有纵向链与横向链相互交织的特点。

（三）源流型结构

这是一种有源头、有流程的一种犯罪结构形态。好比长江、黄河，可以从入海口沿流程而寻到源头的。如毒品犯罪，即可从吸毒者、贩毒者、储毒者、运毒者、制毒者的流程，最终追溯到种毒者。

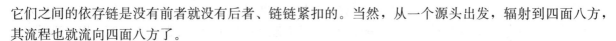

它们之间的依存链是没有前者就没有后者、链链紧扣的。当然，从一个源头出发，辐射到四面八方，其流程也就流向四面八方了。

（四）偶式型结构

这是一种犯罪的双向式结构。如行贿与受贿、卖淫与嫖娼等，它们的依存链是对偶依存链。

上述列举的四大类型是从链的有无及链的依存关系来分类的。但存在于整个犯罪世界图面上的各类型往往呈现出复杂的局面。有单一型的存在，有多类型的共同存在，有多种类型在纵向与横向上的交织存在。本文在此着重对源流型结构犯罪予以研究。

## 二、源头的分类与源流结构型犯罪现象在当前的主要表现

（一）对源头的分类

什么是源头？这是研究的首要问题。所谓源头，就是指发祥之地或事物产生的最终起点。对自然物与社会事都基本如此。但从不同的角度着眼，也存在广义源头与狭义源头之分，有硬件源头与软件源头之别。

对犯罪的产生而言，所谓广义源头，乃是指任何类型或形态的犯罪，都是有源头存在的。如任何犯罪的产生，究其源头而言，都无不是一源是主体的自身因素，一源是身外的社会因素，缺任何一源，都难以形成犯罪的实体。所谓狭义的源头概念，是源与流的对应概念，是对这一种具有源头、流程、流尾的犯罪形态的专指。如源头是烟毒物种植，流尾是吸毒的人。笔者把"犯罪流"分为四类，[①] 根据不同源头的不同属性特点，而与"犯罪流"相对应的，基本上也可以分为以下四类：

1. "人本源"

此指某些犯罪的形成与自然人的自生属性关系较大。如由生理、病理、心理因素上的原因，而形成的性格暴躁、内向孤僻、痴愚低能、精神障碍等。当然，血型、染色体、基因这些生理物质的不同，与造成人的行为差异究竟有多大的关系，尚待科学的未来研究。但物质结构的不同，会产生相应的功能作用上的差别，这是可以肯定的。因为这类源是具有物质功能性质的源，故笔者称其为硬件源。

2. "经济源"

像伪劣产品产出的犯罪源头，"豆腐渣"工程引发出的犯罪源头，企业虚假登记引发出的犯罪源头，以及有毒带险的物品源头等，这些都是属于经济范畴的源头，属于物流的源头。因此，经济源是指某些犯罪的形成与企业、经济、金融的发端状况、静态财物的所有和管理状况，有着密切关系的源头。这也是一种硬件源头。

3. "意识源"

这是指某些犯罪的形成，与不健康的、有害思想意识和亚文化恶习，以及媒体源头上存在的问题有着较大的关系。广告源头的失实虚假，新闻源头对恶性案件曝光的过细过盛，影视源头对泛性意识、泛金意识的过度渲染，网站、书刊中的"黄源"等，这类源头基本上都属意识流动的源头，故称它为软件源头。

4. "制度源"

这是指某些犯罪的形成与国家及其职能部门的体制、机制、制度、规章、行政环节、工作流程上的弊端或监督失控的关系较大。制度文化是源远流长的，其源头也是多项存在的。权力的源头是政治制度，用人的源头是人事制度，经济的源头是所有制度、经营权。从重大的制度源头上加大对预防和治理腐败现象和犯罪问题的力度，更有着举足轻重的作用。当然，在一般的管理制度上，也不能对源头的作用有所忽视。如上海市消防局宣布，2001 年春节继续允许市民燃放烟花爆竹，但对时间、地

---

① 夏吉先：《犯罪源流与对策》，上海社会科学院出版社 1987 年版，第 22 页。

点有所限制，而且严禁销售违规爆竹。执行好这些规定，也就是从源头上预防了犯罪的产生。如果对违规爆竹禁而未止，监控不力，就难以避免相应犯罪问题的产生了。制度源与意识源一样，同样是一种软件源。

（二）从源头上滋生犯罪的主要表现

这里主要对当前国家和社会秩序有着重大影响、也为举国上下十分关注的问题，列举一二。

1."权力出租"是从源头上滋生犯罪的重要表现之一

据《报刊文摘》载：对中共中央党校部分地厅级领导干部学习班学员关于当前各种社会问题所作的抽样调查表明：腐败仍是头号社会问题。

那么腐败的源头是什么呢？那就是权力的"租用"与"出租"。有人需要用非法的法外之权为自己谋取非法利益，故需要"租用"权力；有人需要获取非法的法外之钱来中饱私囊，故需要"出租"权力。

权力"出租"与"租用"，不仅仅是形成行贿与受贿的贿赂犯罪问题的本身，而且从权力的"出租"与"租用"的源头开始，直到整个相关的行政环节或工作流程上，往往都会打上"出租"与"租用"的烙印，造成违规操作、乱纪行事丛丛链生。诸多案例表明：中饱私囊者，往往都是执掌中间环节的权力者。因为最上有中央，最下有民众，中间胡作非为乃最易得逞。

当前最引人关注的，莫过于"租金"的多样化。从贿赂钱财开始，发展到贿赂"选票"、贿赂"官位"，直至"性贿赂"。目前有学者直呼把"性贿赂罪"纳入刑法。刑法典是否应将"性贿赂罪"立入，这有待立法机关的斟酌。但问题提出的本身，已引发了强烈的社会反响。

2."虚假登记"与"生产制假"是从源头上滋生犯罪的重要表现之二

对于人的自身生产来说，生育乃是源头，这是不言自明的。企业诞生的源头，是工商行政管理机关的依法登记；商业产品产出的源头，是企业厂家的生产。如果说对人口的计生和优生要从源头上把关做起，那么对企业（公司）的诞生和商品的产生，不需要从源头上把关做起吗？

当前在我国市场上，假冒伪劣商品多变，假冒范围变广，大规模制假售假问题突出。原因虽有很多，但究其源头来看：一是企业的虚假登记，二是企业（厂家）的制假生产。源不禁，流何止？现在的假冒伪劣商品市场好比长江、黄河波涛滚滚；生产伪劣商品、销售伪劣商品、购买伪劣商品、使用伪劣商品，危害消费者；虚假合同的签订，肆意欺诈企业单位或个人，被骗企业单位或个人再去欺诈别的企业单位或个人；法官判决连锁诈骗案件忙得"不亦乐乎"，最终被骗单位或个人拿到一纸执行无果的胜诉判决书，呼天抢地。因此，打假主要不在市场的流转过程上，而主要在生产公司、生产假商品、制造假货币等等这类的源头上。

根据我国刑法所法定的职务犯罪的罪名、一般刑事犯罪的罪名，共有几百个，关于源流型结构犯罪的表现形态，是占有相当的比重的，尤其是在金融犯罪、黑社会犯罪等多种犯罪层面上，都有十分明显的表现。因限于文章篇幅，故不再列举。

## 三、对从源头上治本与从流程上治标的治理规律的探索

"要深入研究在发展社会主义市场经济和对外开放的条件下，腐败产生的特点与规律，以利提出有效的新办法、新措施，推动反腐倡廉工作深入开展"。在社会主义市场经济和对外开放的条件下腐败现象产生的特点和规律，与相应层面上的犯罪产生的规律和特点显然具有一致性。换句话说，具有其共同点，当然也具有不同点。因此，江泽民同志的这一指示，不仅是要求我们探索腐败问题的规律，而且也要求我们要探索整个犯罪问题的规律。我们从其二者的共同点出发，紧紧抓住源头问题，把二者的规律性结合在一起进行探索。

（一）"权力出租"的特点与纵横向监督

一棵绿叶葱茏的参天大树，植物学家可以把它粗分为大树之根、大树之干、大树之冠。根植于土

中、干植于根上、冠植于干上。绿冠隆荫的光合作用，既可以为干和根遮天蔽日，又可通过干为根的自下而上输入必要的氧气和养分。同理，政治学家，自然也可以把权力的参天大树粗分为权力之根、权力之干、权力之冠了。权力之根就是民众、权力之干植于民上、权力之冠植于干上。

当今社会的腐败问题是权力之干上产生的问题。干上权力的本身并非是产生腐败和犯罪的源头，而产生腐败和犯罪的源头是干上权力的"出租"现象。"出租"现象的减少，腐败就会相应的减少；相反，"出租"现象的加大，腐败还将继续加大。因此，抑制权力的"出租"现象乃是问题的症结所在。

在对外开放和市场经济条件下，金钱的作用是诱发权力"出租"的巨大推动力。"出租"者为了获得巨大物质财富和无与伦比的所谓人生"享受"，正如马克思揭露资本家为了获得最大的巨额利润，而不惜冒被送上绞刑架上的风险一样，不顾一切后果地进行着权力"出租"。

在一些地区或单位个人的权力"出租"者，他们"出租"的得手与隐身的"成功"，其规律特点就在于对"四大关系网"的运筹帷幄。我们绝不能低估他们的"家族关系网"、"金钱关系网"、"权力关系网"、"人情关系网"的"功能"作用。如果让他们在这些"网源"继续"流行"，国家和社会对腐败的监督抑制作用，就无疑是要大打折扣的了。

党和国家现实的纵向监督机构，应当说还是比较完善的，继续加大监督的力度，即可矣。但对于"网源"而言，只靠纵向监督机构，还难以真正监督到位。因此，笔者建议，再设立横向监督的有力监督机构，使之纵横结合；并且具体制定抑制权力"出租"的法规，通过纵横向监督机构，强有力地监督执行，是可能获得更好的收效的。

（二）利用规律的作用，从源头上治本与从流程上治标

腐败和犯罪的产生有其内在的联系，而且有一定的规律性表现。这主要表现在五个方面：①

第一，犯罪腐败源因素的存在与犯罪腐败的产生，犯罪腐败流因素的流经过程与犯罪腐败的形成过程，有其相应的关系。

第二，犯罪腐败源流因素的进化与社会发展的进程具有相应的关系。社会形态不同，犯罪腐败源流规律的作用也有所不同。

第三，犯罪腐败因素存在的流源、流程、流向、流速、流量与犯罪腐败的产生地区、产生种类、产生路线、产生快慢、产生多少有其相应的关系。

第四，任何犯罪腐败的形成，不是受旧质的犯罪腐败源流规律的作用和影响，就是受新质的犯罪腐败源流规律的作用和影响，或者受两者共同的合力作用和影响。

第五，任何社会犯罪腐败产生的状况，都取决于犯罪腐败规律与治罪治腐规律的相互制约的状况。任何社会要减少犯罪腐败的产生，都必须控制和消减该社会犯罪腐败规律作用的范围和作用的程度。

对规律的探索是一个不断科学的深入、不断接近规律客观性的过程。从源头上治本的科学性，取决于对源头的规律性认识；从流程上治标的科学性，也取决于对流程的规律性认识。有效的新办法、新措施的提出，也取决于对规律性的新认识、新发现。

确实，近年来，我们在探索规律、创新机制上有了不少创造性的对策，这里也不妨作一个挂一漏万的列举。如：

（1）从"近亲繁殖"生腐败中，加强了用人制度上的规范力度。

（2）从"暗箱操作"生腐败中，加强了依法行政和司法的公平、公正、公开的机制创新。

（3）从国有资产流失的严重现象中，总结出实行转制，要搞好"三个同步"，从源头上防治腐败的经验。

---

① 夏吉先：《经济犯罪与对策——经济刑法原理》，世界图书出版公司1993年版，第7页。

（4）从经济犯罪严重现象中，加强了收支两条线的管理防范机制力度。

（5）从警示贪污贿赂犯罪出发，领导干部廉情公布制度问世等，不胜枚举。

## 四、从地球村的视野出发，逐步形成具有中国特色与世界潮流异源同流的"刑事源流学派"思想

学派思想是时代的思想，并非是由人的主观臆断或者幻想而出。而且每一种学派思想都是强调问题的一个层面，但并非就否定别的层面。

我们知道，基于对罪刑擅断的否定，产生了刑事古典学派强调的"自由意志"；基于犯罪的产生原因需要实证，出现了刑事人类学派强调人的"自然特征"；基于从社会存在寻找犯罪产生的"社会因素"，而有了刑事社会学派的问世。然而对人的因素、社会的因素二者，应着重从哪里抓起呢？时代提示人们应从源头抓起，即是本治，但也丝毫不能忽视流程的标治，治本与治标相互结合，即治本与治标并举的刑事源流思想就自然形成。

江泽民同志提出关于"努力从源头上预防和治理腐败"的问题，指的是中国社会的当前问题。但这个问题不仅仅是中国的，而且是世界性的。这个世界性的问题也不仅仅是在社会性的腐败层面上，而且还在整个犯罪问题的社会层面上。

21 世纪是信息时代的世纪，人类奔跑在信息的高速公路上，地球上各个国家之间的距离大大地缩短了，地球村的概念已逐渐为人们所接受。在犯罪问题上，除了每个"村庄"有自己的不同于别的"村庄"的犯罪问题外，还大量存在着为各个"村庄"都必须关注的共同的犯罪问题。某些犯罪的源头可能在某一个或几个"村庄"，但它们会向着别的"村庄"流去；同样，另一些犯罪的源头可能在另外一些"村庄"，但它们也会向其他各个"村庄"流去。

所以，刑事源流思想是时代的潮流思想，是犯罪问题的全球意识思想。全球性的犯罪问题需要通过跨国合作才能解决，其学派思想的要旨，是要将"标本兼治、打防并举、综合治理、跨国合作"的主张，通过学术研究和学术活动在新的世纪里大大发扬。从源头上预防和打击犯罪，从流程上预防和打击犯罪，应是全人类的共识。

预防和打击总是要两手抓、双轨做的。但两者相比，源头上要相对重在防治，流程上要相对重在惩治。当然作为学派思想尚有十分丰富的内容，限于篇幅不能再述，本文只是在此提出这个思想而已。

## 五、运用"刑事源流学派"理论对国内犯罪问题的研究简况

笔者于 1987 年发表著作《犯罪源流与对策》（上海社会科学院出版社出版），从犯罪学角度初步提出了"犯罪源流规律"的学术思想。1993 年发表作品《经济刑法原理》（世界图书出版社出版），从刑法学角度阐述了制裁犯罪要从源头到流尾贯穿全过程的学术思想。1997 年发表论文《经济犯罪时空论》（载立信会计出版社出版的《经济刑法清廉剑》）、1999 年发表论文《金融犯罪时空论》（载海南出版社出版的《中国金融刑法学全书》），着重提出了要研究时空与犯罪规律的关系，从时间的"犯罪流"与空间的"犯罪场"上研究犯罪的学术思想。2000 年发表论文《论重建科学的犯罪构成理论》（载《公安学刊》第 4 期），同年发表论文《关于中华法系之刑法文化移植的探索》（载《中国刑事法杂志》第 3 期），主要阐述了要更新刑法观念和犯罪构成模式，提高适用刑法的"含科量"，建立刑法文化源流学的思想。2001 年，在中共中央总书记、国家主席江泽民关于"努力从源头上预防和治理腐败"的号召和重大理论思想指导下，发表了《论加大从源头上预防和治理犯罪的力度》的论文（载《公安学刊》），进而深化了学术观点，系统地提出了涵盖时代内容且具中国特色的"刑事源流学派"的思想体系。即：①建立从源头上加大预防犯罪的对策力度的"刑事犯罪源流观"；②建立从源头上加强刑法文化运用研究的"刑法文化源流观"；③建立根本杜绝逼供采证、案质以首判为要的确

保司法公正的"刑事司法源流观"。

通过理论与实践的研究，力图在"三观"整合的基础上，绘制出能展示犯罪规律性的《罪态图谱》。笔者认为：社会运动中的"犯罪运动"好似地质运动中的喀斯特（丹霞）地貌的形成；而从社会内部生出而又突出社会常态水平线的，是非常态的形形色色的犯罪"崖石"，犹如云南的石林一般。通过对形成状态的深入研究，是可以绘制出犯罪地貌图谱来的。

（原载《江苏公安专科学校学报》2001年第4期）

# 第七篇　论对源流型犯罪的全球性预防

## ——兼谈中国入世后的犯罪特点

犯罪是进化的。犯罪的进化，既有内涵的进化，也有形态的进化。但为人们所直观的，是形态上的进化。犯罪形态的进化与社会形态的进化，基本上是同步的。换句话说，都是随时空的推进而发展，随时空的转换而变化的。犯罪的本质内核从古至今虽无大变，而形态却大有其变。我们研究犯罪运行的规律，在很大程度上乃是研究其形态变化的发展规律。只有把握了这种形态上的变化规律，才可能在制定的防控对策上具有针对性，才能减少未然犯罪的产生，从而收到预防犯罪的实效。

### 一、从源头上预防犯罪与源流型犯罪的预防

我们党和国家领导人一再强调："当前，反腐败斗争应该逐步加大治本的工作力度，努力从源头上预防和治理腐败。"治理腐败需从源头抓起，预防犯罪也需要从源头抓起。那么什么是源头？源头是指易为犯罪人所利用的客观存在条件或相关因素。所谓从源头上预防犯罪，就是指要预防易被犯罪分子所利用的处于发祥点上的客观条件和相关因素。"源头"大体可分为两大类型：一是具有在发源点上存在的客观条件和相关因素。这种情况是相当普遍的，如门窗不牢，易被盗窃犯入室所利用；财经管理环节上收支一条线，易被不法财会人员所利用。当然，这样的"源头"是表层的，从距离来看是近视的。二是既具有发祥点，又具有流程距离的客观条件和相关因素。这种犯罪是一种典型的源流型犯罪类型。它有"源头"、"流程"，还可形成"龙头"。而在"源头"、"流程"、"龙头"之间存在着一种链条性的联系，像一条舞动着的"龙"。这种犯罪类型，在当今社会有发展的趋势，它不仅在一国内大有发展，而且能跨国发展。例如，跨国的金融犯罪，跨国企业集团的法人犯罪，流程经历诸国环节的走私毒品和贩卖人口罪，以及愈来愈向各国渗透和相互联手的黑社会有组织犯罪等。形成这些类型犯罪的源头，往往十分复杂，可能头绪多、层次多。从距离来看，是远视的、远程的，乃至是全球性的。一个国家对这类犯罪的预防，要靠各个省市间的预防和协作；全球性预防，则要靠各国的预防和协作。

### 二、WTO 的壮大与源流型犯罪的全球性发展

犯罪是伴随着人类的起源而发生的，又随着人类的进化而随之进化。换句话说，犯罪与人类是在同样的条件下进化的。人类是从动物发展而来的，在这个发展过程中，既有遗传，亦有变异。达尔文认为人类在心、身两方面体现了变异性。他把这种变异的法则归纳为：其一，改变了的生活条件所产生的直接与确定的影响，这是同一物种一切个体或几乎是所有个体都有所表现的，并且只要境遇相同，表现也就大致一样；其二，对身体某些部分的经久的连续使用或搁置不用所产生的影响；其三，同原部分的融合；其四，重复部分的变异性；其五，生长的补偿等。人类身心的变异法则与人类社会行为的变异法则是基本相应的。如随着社会环境条件的改变，其社会行为也随之发生改变。犯罪行为是浩如烟海的社会行为中的一种，自然也毫不例外。

随着经济全球化的推进，WTO 成员国会不断地增加。中国加入 WTO 后，其变化不仅是中国"历史流"因素自身的变化，而且是有 WTO"国际流"因素加入的时代性变化。就其犯罪形态来看，

笔者认为主要有两大特点：一是犯罪产生的开放度加大。我国加入WTO，标志着中国向世界的开放程度进入了一个新的里程碑。这种开放是双向的，按照WTO的规则，世界对中国同样开放了，也是一个新的里程碑。相应的我国犯罪也具有开放性的特点，或者说具有某些互为"转基因"特点，而且我国的人在他国犯罪，他国的人在我国犯罪的幅度也必然增大。二是源流型犯罪形态大大拓展了自己的空间。就源流型犯罪而言，本来只有地源实体空间，随着电脑网络的问世，又开拓出了虚拟的网络空间。单就地源实体空间来看，在经济全球化发展之前，在WTO组织之初，自己的空间是相对狭小的。加入WTO后，中国的源流型犯罪向世界范围的拓展，世界各国的源流型犯罪向中国的拓展，无疑都远胜从前。除了"空间"为其发展提供了有利的条件外，"信息"也为其发展提供了有利的条件。

21世纪是信息时代的世纪，人类奔跑在信息高速公路上，地球上各个国家之间的距离大大缩短了，地球村的概念逐渐为人们所接受。在犯罪问题上，除了每个"村庄"有自己的不同于别的"村庄"的犯罪问题外，还大量存在着为各个"村庄"都必须关注的共同的犯罪问题。某些犯罪的源头可能在一个或几个"村庄"，但它们会向别的"村庄"流动；同样，某一些犯罪的源头可能在另外一些"村庄"，它们也会向其他"村庄"流去。所以源流型的犯罪问题，是全球性的犯罪问题。

### 三、源流型犯罪的全球性预防要求

全球性的犯罪预防，需要有全球性意识。从源头上预防犯罪和从流程上预防和打击犯罪，需要形成全人类的共识。但现实的全球是分割性的全球，有各自独立的100多个主权国家。因此在具体的防范上，必须要求各国都做到"标本兼治、打防并举、综合治理、国际合作"，否则，很难收到预防犯罪的最佳效果。比如，中国加入WTO后，涉外案件显然会增多。要减少涉外案件的产生，从战略上看，必须强调中外共防战略。要针对不同的案件，提高共同防范的意识，做好共同防范工作。举例来说：针对在我国内投资办厂、经商的外国人多数为相对富裕的阶层，容易受到不法分子盗窃和抢劫的情况，中方和外方都应采取相应的防范措施；同样，中国去国外旅游的人增加，也会使被害的可能性增多，中方和外方也都应加强防范举措。犯罪分子利用先进的科技手段在国外遥控作案，而犯罪结果发生在国内；也有在国内作案，而结果发生在国外的情况。由于这些犯罪现象的增多，无论犯罪行为国，还是犯罪结果国，防范力度都必须加强。如对长线偷渡、国际诈骗、"黑客"入侵等必须加强防范。除了中外方都需加强共同防范外，在司法合作上也必须加强。由于出入境人员的增加，程序的简化，使得进出国门更为容易，在境内作案后潜逃至境外藏匿的违法犯罪人员必然会增多起来，因此加强境内外共同防范必须提上重要日程。

某些犯罪形态的增加，容易引起防范意识的加强，但也不能因某些犯罪形态的相对减少，而产生麻痹思想，疏忽其防范工作。例如，走私犯罪的增减规律，是随着国家关税的升降而变化的。目前我国的平均关税为30%～50%，其中汽车关税高达80%～100%，加入WTO后平均关税会大幅度下降，其中几种常见的走私物品的关税下降的幅度更大。如汽车整车关税会从目前的100%或80%降至25%，汽油、柴油等的关税也会大幅度下降。走私犯罪是一种暴利性犯罪，关税的大幅削减，将使犯罪分子难获暴利。当然，走私文物等走私犯罪，仍需高度防范。走私犯罪形态的减少，也可能转化为其他犯罪形态的增长，因为某些犯罪形态的减少，并不等于犯罪案件就减少。因此，防范工作无论如何不能削弱，只能加强。

（原载《山东公安专科学校学报》2002年第3期）

# 第八篇　国际犯罪流与劫机犯罪论

劫机犯罪是严重危害国际交通安全的犯罪，更有甚者，还通过劫机来达到其他各种目的，即超出一般危害国际公共安全的范围。因此，无论国内犯罪学还是国际犯罪学、国内刑法学还是国际刑法学，都有必要把劫机犯罪作为自己的重点研究对象。

## 一、国际犯罪流的客观存在与劫机犯罪的形成特点

联合国第 7 届预防犯罪和罪犯待遇大会文件指出：当今国际上的"任何社会都有犯罪"。这说明世界上犯罪现象存在的普遍性，因此，世界各国就有共同承担预防犯罪任务的必要性。

对于开放的国际社会来说，国际间"犯罪流"的相互流入或流出，是一种不以人的意志为转移的客观存在。国际的"犯罪人流"、"犯罪意识流"、"犯罪经济流"、"犯罪制度流"对各国犯罪的产生所起作用，都是一种不可忽视的客观存在。尤其在现代国际社会，无论对何种制度的国家来说，"犯罪流"规律的作用都将大大增强，对各国犯罪产生所起的作用，亦更加明显。因此限制"犯罪流"规律对于产生犯罪的作用，是世界各国的共同任务。

劫机犯罪是受国际"犯罪流"的影响作用而产生的一种犯罪形态，是在近现代社会中"犯罪流"作用加剧的情况下产生的一种犯罪形态。世界上最早的一起劫机事件发生在第二次世界大战以前，即1930 年在秘鲁发生，而在第二次世界大战以后开始了它的曲线增长，即除了 1946 年、1954 年、1955 年、1957 年没有发生过劫机事件以外，其余年年都有。发生劫机次数最多的一年是 1969 年，共 89 起。而 1985 年的埃及波音 737 客机从雅典飞往开罗途中被劫的事件，共有 60 人死亡（包括 3 名劫机者），30 人受伤，为历次劫机事件中伤亡人数之最。自 1930 年始，历年劫机事件呈波式曲线。

劫机犯罪的形成是与近现代社会的物质技术条件分不开的。与传统的犯罪形态相比，它是一种犯罪的新形态：①传统犯罪形态，一般是利用地面上的条件进行犯罪的形态；劫机犯罪是利用地面条件与空中条件相结合而产生的空中犯罪的新形态。②传统犯罪一般都是国内的就地犯罪；劫机犯罪不仅是只限于国境内的犯罪，而往往是跨越国家界限的跨国犯罪。③传统犯罪一般是只限于触犯单一的国内刑法的犯罪；劫机犯罪不只限于触犯单一的国内刑法，而且往往是触犯多个国家的刑法或者国际刑法的犯罪。

进入 20 世纪 80 年代的我国，劫机犯罪亦开始发生。一起是从西安飞往上海的民航班机被劫持，一起是从沈阳至上海的民航三叉戟客机被劫持，还有一起是国外民航客机被劫持到我国的案件。之所以能在我国形成如此新形态的犯罪，这一方面与我国现代物质技术条件的发展有关，另一方面与所受国际间或本国不同区域"犯罪流"的作用和影响亦有着密切的关系。1982 年 7 月 25 日劫持从西安到上海的伊尔 18 大型客机事件中的罪犯杨峰的自供词即可见"犯罪流"对形成劫机犯罪的关系：

问：你听过外台广播吗？

答：在孙云平家里听过，孙云平天天听，经常把听到的内容告诉我们。有一次，在孙云平家里，有我、刘克利、谢智敏，孙说："我昨天晚上三点多，听了台湾广播，讲了劫机方法。如果我们劫机成功到了台湾，下机以后我们露出的部分都要被小姐吻红的。我们再搞一辆小轿车，把台湾跑遍。我们再想办法取得别国国籍，做大老板，还要回国洽谈合同，让他

们看一看。"

## 二、国际公约对保障民航安全与世界各国相互合作、制止劫机犯罪的原则的规定

国际公约的订立，既具有相互合作共同预防劫机犯罪的作用，更具有国际刑法意义上的国际刑事管辖权的作用。这主要反映在《东京公约》、《海牙公约》和《蒙特利尔公约》等公约的内容中。

劫机犯罪的特殊性，决定了不能像其他犯罪一样只适用国内法律的刑事管辖原则。如果那样，就会产生难以管辖的诸多问题。

《东京公约》（1963 年 9 月 14 日）的缔结解决了两个重要的问题：①它消除了各国刑法上所存在的缺陷，确定了缔约国对在飞行中航空机上犯罪的刑事管辖权，使每一起空中犯罪案件至少有一个国家对它具有刑事管辖权，这个国家就是航空机的注册国；同时，它授予机长一定的权力，以维护航空机及机上人员与财产的安全，维护机上治安和将有关罪犯移交主管当局等。②它采用了并行管辖的体制。即除注册国的管辖权外，各缔约国均有权按照本国刑法行使任何刑事管辖权。当然，只限于对"飞行中"的航空器行使这一权力。但是《东京公约》存在缺陷，它忽略了因租机、包机带来的管辖权问题，因而犯罪分子仍有可能钻法律的空子，逃避应有的惩罚。鉴于上述等缺陷，1970 年 12 月国际民航组织 110 个会员国中，有 77 个国家在海牙外交会议上签订了《制止非法劫机公约》，即旨在专门反劫机的《海牙公约》。

《海牙公约》与《东京公约》一样，突出了航空机注册国的管辖权，并规定了并行管辖体制。同时，《海牙公约》对管辖原则作了重大发展：①规定了航空机降落地国的管辖权，进一步防止了劫机犯罪分子逃脱惩罚，逍遥法外。②规定了承租人主要营业地或永久居所地国的管辖权。随着国际空运事业的发展，租、包飞机的情况日益普遍起来，在不带机组的"干包"的情况下，劫机犯罪的发生，对注册国的利益来说，不会受到什么影响，而且由注册国实际行使管辖权，还会发生困难；相反，作为受害者的承租人以及其具有固定或主要营业地国或永久居所地国受到的影响最大，而且由此种国家行使管辖权也较容易一些。所以这种规定大大加强了对劫机犯罪企图逃脱惩罚的防治。③规定"或引渡或起诉"原则。按该原则要求，缔约国要么决定将其境内的劫机罪犯引渡给航空机注册国、降落地国、承租人主要营业地或永久居所地国，要么决定自身行使管辖权。二者必居其一。

在《海牙公约》签订后，1971 年的《蒙特利尔公约》还进一步规定了缔约国应对航空机的劫机分子严加惩办，不得有任何例外的精神；同时还具体规定应按"在其国内法下，以对待任何严重性之普通犯罪之相同方式裁决之"。

我国已先后加入了《东京公约》、《海牙公约》和《蒙特利尔公约》。表明了我国承认公约对保障民航安全的积极意义，按其规定的一系列原则与世界各国相互合作，有力地防治和制止劫机犯罪。

## 三、劫机犯罪与国内刑法的刑事管辖问题

美国是世界上第一个将劫机犯罪提上国内立法的国家。美国起诉的科多瓦与桑他诺案件，是关于在一国领土以外进行空中犯罪的一起案件。科多瓦与桑他诺是一架从圣胡安飞往纽约班机上的两名乘客。当飞机在大西洋上空飞行时，他们两人在酒后因少了一瓶朗姆酒而大打出手。当机长步入客舱试图加以劝阻时，却遭到了科多瓦的袭击，伤势严重，不得不当场进行急救处理。与此同时，科多瓦还殴打了女服务员和桑他诺。后来机上人员制止住了科多瓦，将他关押在机舱里。当飞机抵达纽约后，机组人员及时将科多瓦移交给警察当局处理。不久出乎意料的是，法院对该案却不予受理，理由是对该案没有刑事管辖权。因为科多瓦的犯罪地是在美国领土以外的公海上空。这样，科多瓦就没有受到法律的制裁，而逃脱了应有的惩罚。

事件发生后，该案立即引起了美国朝野的重视，大家对美国刑法所暴露的这一漏洞感到惊讶。美国立法机关随即行动起来，增订了刑法条文，并对刑事管辖权作了补充规定。这就是：①在美国注册

的航空机上；②在飞往美国和从美国起飞的航空机上；③针对美国公民及美国公民所有的财产而发生的一切犯罪行为，都具有刑事管辖权。从而堵塞了美国刑法在刑事管辖权方面的漏洞。

随着劫机犯罪的不断发生，世界上很多国家的刑法都作了"劫机罪"或"劫持飞机罪"的法律规定。大多数国家将"劫机罪"的罪名归入危害公共安全罪（或公共危险罪）中，如苏联、联邦德国；有的国家将它归入到危害公共秩序罪中，如英国、加拿大；也有的国家把它归入到侵犯财产罪中，如法国。但绝大多数国家还是倾向于将劫机犯罪归入危害公共安全罪。从追究刑事责任看，各国均将劫机犯罪视为严重的普通刑事犯罪，规定了十分严厉的刑罚。很多国家规定的最高刑为死刑，一些废除了死刑的国家则将其最高刑规定为无期徒刑。几乎所有国家都处罚未遂的劫机犯罪。有些国家的刑法对预备犯只是在明文规定处罚时才处罚，而对劫机罪则作了这种明文规定。有的国家规定对劫机犯罪知情不举的也视为已构成犯罪。

关于我国刑法的劫机犯罪的法定罪名与罪名归类问题的探索。劫机犯罪就其形态来看，是一种新的犯罪形态，就其犯罪者的目的而论，又往往是各不相同的。我们有必要把目的和形态结合起来考察，以区分出各种不同的劫机犯罪来。就我国现行刑法而论，则要区分出属于反革命性质的劫机犯罪与一般刑事犯罪性质的劫机犯罪来。属于反革命性质的劫机犯罪，我国刑法已经规定在第 100 条反革命破坏罪中，无需赘述。另外，在我国刑法第 107 条和 110 条中，也规定了飞机是破坏交通工具罪侵犯对象中的一种。也即是说已经纳入危害公共安全罪中了，在归类上不会有什么问题。问题在于在我国刑法危害公共安全罪中，有没有必要确立一个"劫机罪"的新罪名。笔者认为，是很有必要的；从其犯罪构成的独有特点来看，也完全具备可行性。首先，在涉外劫机案件中，如果我们要求引渡罪犯，则需要以我国法律明文规定的罪名为依据。因为引渡一般必须是两国法律均有明文规定为犯罪的行为。如果没有"劫机罪"的明文规定，就对引渡的要求不利。其次，劫机犯罪侵犯的客体，并非是一般意义上的破坏交通工具，而是关系到在空间领域中的国内民航或国际民航的安全问题，是具有国际恐怖主义特征的甚至更为复杂的犯罪客体。就此一需要、一具备来看，确立新罪名是可行的，至于各构成要件之细述，因限于篇幅，只好从略。

### 四、劫机犯罪与国际刑法的制裁和监督问题

对于劫机犯罪的制裁，虽然很多国家的刑法都作了明文规定，而且也在实施。但是因劫机犯罪是一种国际性的犯罪，国内刑法实施起来总不那么容易。虽然国际公约亦规定了一些很好的刑事管辖原则，但事实表明，真正落实的也不太多。原因就在于，对于国际性的犯罪来说，如果没有一个国际刑事法典和国际刑事法庭的权威作用，国际犯罪案件的确是很难办的。正因为如此，一个世纪以来，世界上诸多刑法学家为建立国际刑法制度不懈地努力着，并作出了一定的可喜的贡献。过去、现在和今后努力的主要目标，都将是力求国际刑事法院的设立和国际刑法典的通过。有各国国内刑法的作用，有国际公约的作用，如果再加上国际刑法的作用，那么对国际"犯罪流"的预防和对国际犯罪的制裁，就有力得多了。

早在 1924 年国际刑法协会创立时，协会章程（细则）就规定：该协会成立的目的之一，就是"促进国际刑法理论和实践的发展，以便制定全球性国际刑法和协调国际刑事诉讼规则"。直到 50 年后的 1974 年，当选为国际刑法协会秘书长的 M．C．巴西奥尼教授撰写了《国际刑法典草案》一书，其间有很多位国际活动家、犯罪学和刑法学家为国际刑法的草拟作出了努力。仅根据国际法渊源和国际犯罪的强制执行分类，《国际刑法典草案》就分了 20 条。它们是：

第一条　侵略罪

第二条　战争罪

第三条　非法使用禁用武器罪

第四条　灭种罪

第五条　违反人道罪

第六条　种族隔离罪

第七条　奴隶制度与奴隶有关的犯罪

第八条　酷刑罪

第九条　非法药物试验罪

第十条　海盗罪

第十一条　危害国际航空罪

第十二条　对受国际上保护的人威胁或使用暴力罪

第十三条　扣作人质罪

第十四条　非法使用邮件罪

第十五条　毒品罪

第十六条　涂改和伪造货币罪

第十七条　盗窃国家珍贵文物罪

第十八条　贿赂外国官员罪

第十九条　干扰海底电缆罪

第二十条　国际贩运淫秽出版物罪

《国际刑法典草案》的通过当然很不容易，而且没有一定的协调国际刑事诉讼的国际权力机构，通过也无从行使。笔者以为，这一揽子做到实不现实，可以从某些条款做起。如当前许多国家对危害国际航空的"劫机犯罪"的预防和制裁的呼声很急，即可努力从这一条做起，以协调对劫机犯罪案件的国际刑事诉讼，或对十分严重的劫机犯罪实行国际审理。

（选自 1984 年 12 月自编教材《犯罪论专题》）

# 第九篇　论网络时代的跨国境犯罪问题

境内犯罪与境外犯罪，国内犯罪与国外犯罪，其概念的界定都在"地域"二字。当犯罪行为突破境内、国内界限时，跨境犯罪、跨国犯罪就产生了。但是，此说毕竟还是传统的观点。

我们必须看到，人类社会已进入信息时代，电脑、移动电话的出现，信息在海洋与蓝天上的奔驰与运作，早已冲破了地理意义上的"境"、"国"界限。因此，现实中跨境、跨国犯罪的概念内涵应当是二元的。一元是地域界限的，一元是超地域界限的。针对此类犯罪的发展趋势及其预防规律，时代为我们提出了诸多需要探索的新问题。

在这里仅就跨境、跨国的二元犯罪和二元防范问题，与同仁共同探讨。

## 一、以地面载体为特征的跨境、跨国犯罪问题

人类在地球上聚居的方式，自文明时代起，最小的单元就是"家"，称之为"居家"；最大的单元乃是"国"，称之为"国籍"。

"家"寓于"国"，"国"统管"家"。两者互为依存的格局乃是社会存在的主流结构。

人，先有立足之地，才有一顶之天。自然人个体、法人单位、主权国家，首先都是植根于地域的。常言道："一方水土育一方人。"可见"土"与"人"的关系是何等的密切。一个民族的文化生活的形成，与他们聚居的地域有着密切的关系。山区与沿海的地域特征不同，对人的性格的形成也起着不同的作用。

就犯罪的形成而言，虽然是综合因素相互作用的结果，但其中也不乏地缘因素。我国云南与缅甸、泰国交界之地系烟毒犯罪之源，而走私犯罪总是源于各国边境。山区的犯罪与城市的犯罪之差别也显而易见。既有"一方水土育一方人"，就有"一种环境滋生一种犯罪"。这是问题的一方面。问题的另一方面是："一方人守一方土"，"一种犯罪群体待一方地"。人类群体是以多种因素为纽带联系在一起的。作为表达思想、传递信息的工具——语言，自然是联系的一种纽带。每一个地方都有自己的方言。

例如，四川方言是几千年来巴蜀文化积淀的结果，风趣、幽默，尤其表达某些特定思想情感时准确、隽永、传神，富有地方文化特色。由于巴蜀文化长期形成的文化优势而产生的自负心理，川人说普通话就觉得不是地道的四川人。为了要做地道的四川人，不免就形成了封闭的盆地意识，对经济文化的发展都带来了严重的负面影响。

从犯罪群体的形成来讲，地方方言也起了重要的作用。四川方言对当地犯罪团伙和黑社会势力的形成也起着地缘化的作用。如，普通话的"支持、帮助"，在四川叫"抽和"；普通话的"占便宜"，在四川叫"吃巴片"；普通话的"名堂"，在四川叫"板眼"，等等。某种犯罪产生于一方，自然也适应于一方、待在一方，作为团伙或黑社会组织也称霸一方了。

当今时代的问题是什么呢？是境内犯罪向境外犯罪的发展，国内犯罪向国外犯罪的发展。这个时代是人流、物流、信息流大流通的时代。国家改革开放的政策，推动着社会经济、文化的迅猛发展。同时，伴随这些发展滋生出的违法犯罪行为，再也不是传统意义上的蹲于一方，国内流窜犯罪和跨国境犯罪成了必然的趋势。哪里有商品经济的大发展，哪里就有相应的经济犯罪的发展。我国沿海的经济大发展，沿海的经济犯罪也有了相应的发展。世界经济的大发展，世界经济犯罪也会有相应的发

展。其中，就包括了跨境、跨国经济犯罪的增多。

## 二、以电脑载体为特征的跨境、跨国犯罪问题

时空，历来是限制人类相互交往的主要障碍。信息革命带来的最基本的变化，就是最大限度地打破了时空分隔之"墙"，人们可以在纵横交错的"信息高速公路"上行驶了。"信息"对境界、国界的突破，对犯罪的产生带来了哪些重大的变化呢？"信息"的载体即电脑网络本身是否开辟了犯罪产生的新领地呢？对于跨境、跨国犯罪是否也突破了传统的概念呢？回答是肯定的。

电脑网络领域，是新型的跨境、跨国犯罪领域。当然这得从"黑客"谈起。

作为一种称谓群体，黑客（hacker）可以分为三种类型：第一类，指计算机技术的开拓者、研究者，甚至可称之为信息革命家。第二类，指在操作计算机中不遵守道德、法律规范的那一种人。为了与前者相区别，因此也有人把它称为"骇客"或"垮客"（cracker）。这种变化发生在 20 世纪 80 年代，有人称其为"黑客的 10 年"。第三类，是真正的计算机网络犯罪者。他们专门从事计算机非法入侵、计算机欺诈、破坏、信用卡犯罪，甚至进行间谍等犯罪活动。2000 年 3 月 29 日至 30 日，国际"黑客"大会在以色列的特拉维夫召开，吸引了世界各地的 350 名"黑客"。国际"黑客"大会协调官内奥拉·沙乌尔说："召开这次大会的目的就是要给'黑客'们正名。"

有某种人类群体存在，就不可避免有其中的人成为犯罪者。有电脑网络这种社会新领地的产生，就不可避免地有侵犯这一领地的犯罪的产生。

在一两年前，提起网络"黑客"，很多人都认为那是只有像美国那样信息技术发达的国家才会发生的事，离我们还非常遥远。然而事实上，随着 INTERNET 在我国的迅速发展，数百万网民日趋活跃，应运而生的"黑客"活动亦频繁了起来。国内各大网络几乎都不同程度地遭到过"黑客"的侵入和攻击，经举报的就有上百起事件。

1999 年元旦刚过，来自美国佛罗里达州等地号称自己是"地下兵团"的一批黑客，向中国政府的一些网站发起攻击。这些国外黑客嘲笑中国大多数系统管理员，只不过是"12 岁小孩的水平"。这是何等猖獗。1 月 2 日，北京一家 ISP 国网（被误解为国家网）报告网页被黑客替换。1 月 4 日，某地区的中经网连续三次网页被篡改，且系统账号被封。1 月 7 日，中国财政部的网站被黑客攻击。1 月 8 日，中国人权网站的主页被替换。1 月底，广东首宗电脑"黑客"伪造车票案告破，涉案金额约为人民币 445 万元。5 月、6 月间，中国使馆被炸事件中，黑客竞相发招，我国多个网络主机受到攻击。8 月 30 日，黑客吕薛文被法院一审判处有期徒刑 1 年 6 个月。该案犯在 1998 年 12 月攻击中国公众媒体通信网广州主机，造成主机系统管理失控共达 15 小时。10 月 25 日中央电视台报道，我国首起证券市场电脑"黑客"案告破，黑客造成了某证券公司 300 多万元的损失。[①]

上述资料表明，对中国电脑网站的入侵和袭击，既有中国国内的黑客，也有外国的黑客。换句话说，电脑网络的犯罪，境内、国内黑客犯罪与跨境、跨国的黑客犯罪同时存在。在我国是如此，在国外也是如此。年仅 23 岁的英国贝文曾神不知鬼不觉地闯进过世界上最严密的电脑网络，其中包括美国的太空总署、美空军及北约军事总部的网络，故而被称为电脑黑客中的大哥大。可见，黑客入侵电脑网络的违法犯罪，突破了传统观念中的时空观。这种跨境、跨国犯罪，较之传统犯罪而言，无疑是一种新型的跨境、跨国犯罪。

## 三、网源与网流的犯罪规律问题

为了研究之便，我们姑且把以地面载体为特征产生的犯罪，称之为"地源犯罪"；以网络为载体特征而产生的犯罪，称之为"网源犯罪"。

---

① 《法制日报》，1999 年 10 月 30 日。

作为犯罪而言，有源头就必有流路。在地上有地上的流路，简称地路。所谓"地路"就是地面上犯罪源流的道路。如，烟毒源于我国云南与缅甸、泰国边境地区的种植和加工制作，而运毒、贩毒流经的道路就四通八达了，至于吸毒更是分布于世界各地。同样，所谓在网上的流路，简称网路。网路是网络上犯罪源流的道路。互联网既为信息交流铺设了条条道路，也为网上的犯罪架通了桥梁。网上犯罪的源头就是由制作者炮制的犯罪主页，其流毒则经互联网扩散到四面八方。

顺其流即可溯其源。先让我们来看一个利用网络传播黄毒的案例。新千年伊始，上海市徐汇区公安分局接到公安部协查通知，本市"多来米"网站上一个免费个人主页含有色情图片。经调查得知，上海"多来米"网站是上海长途电信综合开发公司所属的一个子公司。其开发商上海网胜科技发展有限公司于 1999 年 12 月与上海长途电信综合开发公司签约。为了防止有害信息的进一步扩散，公安民警当机立断，切断服务器的路由，关闭相关 IP 地址段，并立即通过网胜公司将有关这一免费个人主页的所有相关信息进行备份并保留原始数据。经过十几个小时的连夜搜寻，终于下载了这个名为 PLAY-GIRLS 的免费个人主页上 100 多兆信息，其中包括 33 幅黄色淫秽站点的超级铰链。侦查员通过对网胜公司提供的 LOG 日志文件内容进行仔细分析，掌握了 PLAY-GIRLS 主页进行操作的四个可疑时间段。一个可疑的用户名 SHANGXJ 进入了侦查员的视线。在数以万计的指令中，侦查员终于找到了 SHANGXJ 对 PLAY-GIRLS 主页进-159331. 操作的证据，其中包括下载大量淫秽图片资料的指令，从而确定了 SHANGXJ 就是 PLAY-GIRLS 主页的制作者。侦查员们通过对大量 LOG 文件的 IP 地址段作进一步的技术分析后，终于获悉这个地址系陕西省西安市文华科技有限公司使用。该公司有近 60 名员工，其中技术部员工经常加班到深夜。技术部内有一个河南省籍职员名叫尚新军，其姓名的汉语拼音正好与查找的用户名 SHANGXJ 相匹配。尚新军见上海来的公安人员在其公司调查色情网站一事，自知罪责难逃，便主动投案自首了。尚承认自己是想达到利用点击量来争取广告的目的。据统计，在短短的几个月中，对 PLAY-GLRLS 主页的点击次数达 100 多万次，其黄毒的扩散量已达到相当惊人的程度。[①]

让我们再来看一个高层次网站的情况。中科院高能物理研究所是中国最早的 INTERNET 使用者之一，从使用伊始，就开始面临黑客问题。高能所是 1993 年联的网。同年底，一台 VAX 主机就被国外"黑客"入侵了，一个普通的用户权限被"黑客"变成超级权限，当系统管理员进行追踪时又被其报复，系统账号反被取消。这期间，美国国防部的网络系统多次被"黑客"入侵造成停机事故。由于高能所的网络直接接在美国能源部的网上，透过一个网关就是美国国防部的网。出于全球范围的网络因素考虑，为防"黑客"由高能所过路，中国高能所也被邀请参加了美国高层机构以反"黑客"为主题的国际网络安全研究组。

对网上案例的研究，是从实证上来认识网上犯罪产生的规律性问题。在此基础上，有必要从理论上进一步探索其规律性。而网络犯罪有哪些规律性表现呢？我们认为这些表现主要有：

(1) 哪里有计算机，哪里就有计算机犯罪。计算机犯罪增长的速度同计算机运用的普及和互联网的扩展速度成正比。

(2) 网上各种信息的交流量与犯罪信息的流传量有其相应的关系。各种信息交流总量的增长，不可避免会夹杂其犯罪信息流量的增加，从而犯罪形成量也会相应增长。

(3) 网络"漏洞"的存在，与网上犯罪的形成有着密切的关系。网络"漏洞"小，犯罪的形成相应会少；网络"漏洞"大，犯罪的形成相应会多。因此，"漏洞"的大小与犯罪形成的多少有着相应的关系。

(4) 网上预防犯罪的力度加大，相应的网上犯罪的形成会减少。如果疏于网上犯罪的预防，网上犯罪的形成会相应增多。

网络时代，是人类信息交往、信息能量高涨的时代。别开生面的"网络经济"、"网络文化"的兴

---

① 《色情主页百余万次被点击——警方破获本市首起网络色情犯罪案犯》，载《劳动报》，2000 年 3 月 29 日。

起和繁荣，不可避免地有"网络犯罪"的应运而生。因而，研究"网络犯罪"产生的规律性，并运用其规律作用而制定相应的有效对策，治理好网上犯罪，是当今全人类的一项共同使命。

### 四、把好地上国门和网上国门的问题

#### （一）把好地上国门

2000 年 3 月 28 日的《百姓信报》报道：联合国现在正在拟订一项反跨国犯罪集团公约，以应对那些利用各国边境管理漏洞而进行犯罪的跨国集团。据调查，目前全球有 900 万人被实力强大的贩卖人口的跨国集团迫使做性奴隶和在极恶劣的条件下做苦役。2000 年 3 月 25 日《法制日报》报道：联合国国际预防犯罪中心和泰国政府于 3 月 19 日在泰国曼谷联合召开"亚太地区打击跨国有组织犯罪能力建设部长级研讨会"。可见，目前国际上正在加大打击跨境、跨国犯罪，特别是有组织犯罪的力度。国边境管理上的漏洞，为跨境、跨国犯罪得逞提供了有利条件。因此，在打开国门与世界接轨的今天，更需要加强国边境管理力度。当今时代发展，不仅要求各国管好各自国门，各国还应通力合作，才能收到防范和打击的最佳效果。

#### （二）把好网上国门

电脑、软件、互联网、调制解调器、计算机外围设备、移动电话、上网电视，以及其他能接入电脑和互联网的各种设备，构成了信息的传载体系，这是科学技术发展给人类带来的福音。1999 年，中国 95％的与国际互联网相接的网络管理中心，都遭到过境内外"黑客"的攻击或侵入。其中，银行、金融和证券机构是"黑客"攻击的重点，某些国家机关及新闻单位亦被祸及。网上犯罪行为的猖獗，向世人提出了一个刻不容缓的问题，就是加强网络安全的建设，把好网上国门。

1. 加强技防建设

（1）从"本"上建设。

所谓从"本"上建设，就是指研究和建立我国自主的网络信息安全平台产品及其标准体系。我国的电子网络信息建设目前还处于初级阶段，自身拿到销售许可证的厂家不过十来家，其中国产品牌更是寥寥无几，中国自己的生产力量还相当薄弱。可以说我国网络信息安全产品这块技术阵地，正处在国外产品的包围之中。中国社会科学院国家信息安全重点实验室官员赵战生说："倘若买的机器、芯片是人家制造的，操作系统是人家开发的，该产品的安全级别也是别国鉴定的，这种建立在别人技术上的安全是不可靠的。"因此，从"本"上进行自主产品和体系的建设，是第一位的建设，尤须加强。

（2）从"标"上建设。

"黑客"入侵的手段一般是：首先利用网络协议的一些漏洞，获取系统的口令文件，然后对口令进行破译，再利用破译后的账号侵入系统。因此，我们必须从过程上把好每一个关口。这主要包括：使用安全扫描工具发现"黑客"，使用有效监控手段抓住"黑客"，用专家系统修复被侵袭的系统，采用防范软件防止被攻击。

2. 加强人防建设

"技防"虽是一个不可或缺的重要防范途径，"人防"更是关键所在。在网络操作中，工作人员严谨的科学态度和高度的责任心，往往能起到防止"黑客"行为的决定性作用。因为"黑客"之所以能闯入，还是因为网络有"漏洞"。如果我们真正把"网门"把好了，任凭"黑客"有什么魔力也是入侵不了的。仅以设定密码来讲，只用 A 到 Z 的 26 个字符中的 3 个字符组成，一台 486 的计算机 2 秒钟即可破译，假如用 10 个字符组成密码，则需用 447 年；而假如你的计算机密码是由所有 256 个 ASCⅡ字符中的 10 个字符组成，破译起来则要花费"黑客"380 多亿个世纪了！所以，对"黑客"的非法侵袭和各种犯罪行为是能预防的。我们一定能把"黑客"的违法犯罪行为的发生降到最低限度。

（原载《江苏公安专科学校学报》2000 年第 4 期，系与上海申银万国证券公司夏梅合作）

# 第十篇 论中华法系之刑法文化的移植

中华法系，从源流上考察，它是"诸法合体，以刑为主"的法文化体系。可见，刑法在这个体系中是处于主导地位的，刑法文化的资源自然是丰富的。但是就当今的要求而言，中国刑法不是要在国内与其他部门法试比地位的高低，而是要在世界刑法文化之林中，有着自己的不可替代的一席之地。要实现这一宏伟目标，不发掘自身的"可用资源"不行，但单靠自身的"可用资源"而不广采世界刑法文化的"可用资源"也不行。必须根据时代的需要，将两种"可用资源"加工整合，才能熔铸出既具有世界刑法文化的现代化素质，又具有中华刑法文化精华的民族性特色的、为他国不可替代的新型刑法文化来。

什么是中华刑法文化的"可用资源"呢？首先要明确一个问题，就像木石材料可用于造房，但绝非就是房一样，"可用资源"不是拿来就可用，更不是原封不动地照用，而必须与时代发展的要求相结合，大胆使用学术刀进行割舍与保留、分离与整合。比如，中华刑法文化倡导的"礼禁未然之前，法施已然之后"，① 就是一条具有纲领性的治理犯罪的文化思想。

对此，结合我国犯罪的实际情况加工成形，就可产生今天用综合治理预防"未然犯罪"、用施以刑罚惩治"已然犯罪"的治理犯罪的经验和体系。应当说这是中华刑法文化发展的一大特色。从宏观上看，把我国先秦时代的治理犯罪的思想理论与我国现代化建设社会主义思想理论在相似的方面作比较，也是可以找到脉迹的律动。毛泽东同志著名的"两条腿走路"的思想，邓小平同志的"两手都要硬"理论，从源流上观察，就是一个化"古源"（讲的是治理犯罪问题）为"今源"（讲的是社会主义建设问题），化"古流"（改造继承用于治理当今的犯罪）为"今流"（用于指导目前现实和未来社会主义的建设）的古为今用的创造性典范。这也是触类旁通的用法。这里我们是从大刑法观念来观察问题的。有的学者认为，刑法就是定罪量刑之法。至于犯罪学研究的预防犯罪的问题，与刑法学者搭什么界？因此也将会笑话笔者之列举属于无稽之谈了。经济学家邹东涛在《文化冲突、文化整合与中国现代化》一文中说："对传统文化的明智之举是文化整合，就是对传统文化采取'宏观继承、综合创新'的策略，根据文化转型的需要，对传统文化进行创新性解释、创造性继承、创造性转化，使传统文化适应现代化的需求，实现文化、改革、经济、社会、政治的协同和一体化。"这一主张无疑是正确的。

什么是世界刑法文化的"可用资源"呢？这个问题姑且在此提出，不用本文直接回答。按本文宗旨，主要是探讨以中国问题为重心的下列几个至关重要的问题。

## 一、我国刑法文化的时代定位

任何理论都是与时代进程相适应的产物。它的科学程度当然需要未来时代的检验。如果说这种检验对自然科学理论不能例外，相对来说，对社会科学理论以及既兼有社会科学属性又兼有自然科学属性的法学（也包括刑法学）就更不能例外了。因此科学理论是时代提出来的，并非是人为创造的。时人所起的作用只能是发现和运用。因此，我国刑法学术文化的时代定位，就是我们必须要搞清楚的首

① 《史记·太史公自序》。

要问题。然而我国刑法学术文化的定位，又不是单纯就我国自身发展阶段来定位的，还必须考虑当今世界刑法学术文化的发展趋势。只有在二者结合的基础上，才能准确定其自身存在和发展的位置。刑法，无论在我国还是外国都具有悠久的历史，在法制史上占据着重要的地位。如果从一定特征上对法制史的走向作一个国家分类，乃可以分为警察国、法治国、文化国。所谓警察国，是以专制与人治为特征的；所谓法治国，是以民主与法制为特征的；所谓文化国，是以科学与实证为特征的。当然这些特征不是截然分离的，而是说在不同的历史时代具有不同的显著的表现。那么现在的中国处于什么阶段呢？又需要一种什么样的刑法学术文化呢？"从我国法制史的走向特征来划分我们国家所处的阶段，应是法治国阶段。因此我国目前需要的是一种法治国刑法文化。"[①] 换句话说，是从人治走向法治的文化。这个定位问题是一个科学的问题，滞留或超越阶段都是有害无益的。

## 二、国际刑法文化的融合与法规整合的新趋势

前面说了，时代定位不仅要把握国家自身所处的现实阶段，就刑法学术文化而言，还需关注刑法学术文化的国际间的融合与国际间刑法规范的技术性整合和趋势。这"二合"在中国是何时开始的呢？是在什么样的历史背景下开始的呢？

以刑律为主要组成部分的中华法系，发祥于五千年前的源头，流经了五千年向前发展的历史。中华刑法文化的发展史，是在中国大陆本土上产生的多民族刑法学术文化的交融史，也是中华民族刑法文化与外国刑法学术文化相融合的形成史。国内的民族刑法学术文化融合且不说，那么国际的这种融合是从什么时候开始的呢？是在什么样的历史背景下开始的呢？这种融合是否会发生谁吃掉谁的问题呢？是削弱或失掉了自己还是强壮了自己呢？是耻辱了自己还是光荣了自己呢？

这些问题还是以历史事实来回答并让读者自己去思考为好。回顾近百年的历史，特别是清代从林则徐、魏源、龚自珍到康有为、梁启超、谭嗣同等改革派，他们看清了中国封建礼教的时代性弊害，因而反对纲常、主张西学东渐。还有黄遵宪、严复、章太炎等人更是宣传西方人权思想、法治观念。清末的沈家本在这种思想背景下，主持修律。他一方面遍览了中国历史典章刑律，另一方面研习了西方的法律和法理，确立了"参考古今，博辑中外"的指导思想。在他主持起草的《大清刑律草案》中，采用了西方国家刑法的基本原则和刑罚制度，并与张之洞等人仍全盘肯定封建的伦理纲常、用新的形式包容旧的本质的主张形成了鲜明的对照。清末修律也为民国时期北洋政府、国民党政府的刑事立法奠定了基础。从1911年到1949年基本上是仿效大陆法系，特别是德、日刑法基础上进行的刑事立法，大量释放、引进西方法律理论，取得了一系列的研究成果。苏联十月革命后，西方刑事古典学派的"行为中心论"体系和实证学派的"行为人中心论"体系均被苏联刑法学者的社会危害性中心论体系所代替。而中国师其苏联的这一理论，基本上持续到五十年后的今天。

蔡元培先生早在1921年就断言说："东西文化交通的机会已经到来了。"[②] "自对方流文化因素，当然以需要大而能容忍者，流入多而快。"[③] 作为这里所指的"文化交通"、"文化交融"，如果说在近百年前就开了潮头，那么说在新世纪到来的国际环境下，势必会形成潮势了。

## 三、鉴源别流，审时度地：现实和历史对我们提出的重要问题

从现实来看，部分中青年刑法学者指出：从苏联引入的关于刑事犯罪的"客体理论"、"社会危害性中心论"是缺乏科学性的理论。从历史来看，也有学者指出："晚清修律是一个急就章，是采用便捷的翻译西方法律和聘请西方法学家参与立法来完成的……因此在速度与数量上较之日本明治维新时期有过之而无不及。但简单地移植立法，势必脱离中国的国情，降低立法的施行效果，使得已制定之

---

[①]　陈兴良：《法治国的刑法文化——21世纪刑法学研究展望》，载《中国刑法学精萃2001年卷》。
[②]　《东西文化结合》，载《蔡元培全集》（第4卷），浙江教育出版社1997年版。
[③]　周谷城：《论中西文化的交融》，载《中国传统文化的再估计》，上海人民出版社1987年版。

法大都停留在具文阶段，没有起到发挥调整社会生活秩序的规范作用。"① 无论历史和现实都在提示我们要研究一个共同的问题，即刑法学术文化的"源"与"流"的问题，以及如何对待和调适好"源"与"流"二者关系的重要问题。"源"与"流"问题既在具有中华法系之称的中国存在，又在享有大陆法系、英美法系之称的其他国家存在。在中国，早就出现了儒法思想紧密结合，形成了以儒家的礼教为中心，以法家的刑赏为手段的强调集体凝聚力、强调人与社会相和谐的中国刑法文化体系。② 这个体系早在春秋战国时代就起源了。流经数千年后直到清末，流势才削弱下来。仅就"法"的一面而言，韩非"厚赏重罚"、"以刑去刑"的思想主张，流至当今仍也不乏流量。首先，笔者认为在我国当今强调预防犯罪而且制度化的大前提下（如现已制定未成年人预防犯罪法），对已然犯罪用刑稍微偏重也是不无道理的。这就叫做"先礼后兵"。法家的文化源头不可虚无矣。其次，从"儒文化"的要求出发，注意深究犯罪形成的原因，关注预防，对当今社会治安综合治理来说，儒"礼"也是一个不可不视的源头。二者体现为打防结合，也不乏中国之特色。

从世界范围来看，大陆法系的刑法学术文化的源头在德国、日本，而英美法系的刑法学术文化的源头在英国、美国。前者注重刑法的理论和成文法，后者注重犯罪的实证和判例法，各有特色。文化的流向是与流入国的需要分不开的。因清末、民国时期的需要，德国、日本的刑法学术文化流入了当时的旧中国。因新中国文化建设的需要，苏联的刑法学术文化流入了新中国。中国本土的文化流与国外来的文化流，彼的流量增大，此的流量减弱，形成优胜劣汰之势，以适应当时的社会需要；相对来说，中国的刑法学术文化因他国的需要，也会相应流入他国。然而，历史和现实都告诉我们，鉴源别流，审时度地，调适好内流与外流的相互融合，真正实现治理当时社会的效果，显得十分必要。要解决好这一大问题：第一，要充分认识"源"是起源、根源，是植根于当地当时的社会土壤的，是当地当时社会土壤中的产物。刑法学术文化之源也不例外，它既然在原国土生长出来，就自然最能适应原国土；第二，"流"是时空之流，是刑法学术文化运行的载体，是异地或异国的。此时此地适用，彼时彼地未必适用；此流此国适用，彼流彼国未必适用；此国此阶段适用，彼阶段未必适用。如果确实适用，还有一个与本国"流"的调适结合问题，必须调适好结合好，才能产生出良好的效果来。所以对国际刑法学术文化既要大胆引进，而在应用上也需从实际出发，把握好相互融合和整合上的分寸。橘生南国，故为橘；移植北国，变为枳。因为土壤、气候条件不同，品种起了变化，但还能适应环境变化而生存，若根本不能适应，就只能是死亡。同理，对于刑法文化的移植，鉴源别流，审时度地，调适整合，都不能忽视。否则，亦不能长出好的花果来。

### 四、对抗时代与和平时代：对刑法文化源流规律的探索

#### （一）刑法学术文化的源流规律与社会发展的运行规律分不开

自然界的发展形态的标示是代际更替；同理，社会界的发展形态的标示是改朝换代。自然界发展方式有渐变和突变；同理，社会界的发展方式也是具有渐变和突变两种形式。和平时代主渐变，对抗时代主突变。旧有刑法文化流的中断，新的刑法文化流的续缘，正如历史上中断了德、日的刑法学术文化，而续缘了苏联的刑法学术文化。在一定历史条件下，中断的合理性也是续缘的合理性。所谓合理性，在这里是指决定它具有存在或不存在的那种社会条件。但合理性与科学性并不是一个概念，即具有存在的合理性，并不等于有其自身寓涵的科学性。换句话说，合理性是指事物存在的时空，科学性是指事物本身的构成机制及其功能属性。对于刑法学术文化这一事物也是如此。所以不能把二者混为一谈，然而有时混谈了，故需着重指出。

#### （二）刑法学术文化的源流规律与犯罪源流规律分不开

刑律规范无疑是与犯罪源流形态相对应的。有什么样的犯罪源流形态产生，就会有什么样的刑律

① 张文、何慧新：《二十世纪中国刑法学回顾与展望》，法律出版社1998年版，第86~89页。
② 武树臣等：《中国传统法律文化》，北京大学出版社1994年版，第699~702页。

规范的制定。从古至今，从中到外，犯罪形态都无不是千姿百态的，而从它们的载体时空上作一个动态性的分类，即可分为：①犯罪源流的原生形态；②犯罪源流的变异形态；③犯罪源流的转型形态；④犯罪源流的新生形态。因此，与之相应的就产生了：①原生型刑律规范的制定；②变异型刑律规范的制定；③转型型刑律规范的制定；④新生型刑律规范的制定。由于世界各国的经济制度、政治制度，世界各民族生活方式、思维方式上的千差万别，在制定规范上反映本国的各自实际，其特点也各不相同。从整个世博园观之，就呈现出百花争艳，各溢芳香，既相互独立生存又相互吸引融合。正如道家所言："使天性释放"、"与万物融合"，呈现"众星之列河汉"的世界刑法文化格局。

### 五、刑法文化源流学的建立：从比较刑法学谈起

毛泽东同志曾经指出：世界上的事物，"总是相比较而存在，相斗争而发展的"，比较是认识事物的重要方法之一，有比较才能鉴别异同，有比较才能评定优劣，对一般事物是如此，对刑事立法也是如此。所以刑法比较研究，不仅是刑法学研究的重要方法，也是刑法的一个重要部门即比较刑法学。[①] 比较刑法学是刑法文化源流学的奠基学科，它为刑法文化源流学的建立提供了十分宝贵的刑法学术文化财富资源。但二者又大有不同，研究的方式方法也不一样。比较刑法学是静态的对照研究，而刑法文化源流学是动态的传播研究，这是其一；其二，研究的对象层面也不同。刑法文化源流学是研究具有传播可能性，传播交流、交融、整合价值的刑法学术文化；而比较刑法学则不限此列了。从世界刑法学术领域来看，曾经产生过刑法古典文化学派、刑法人类文化学派、刑法社会文化学派和刑法中华文化学派。这些学派思想各自为刑法学术的百花园的繁荣大增异彩。尽管世界各国的刑法文化如斗转星移，这些学术思想也在不断的融合、整合，从而又产生出某些新的刑法思想理论，但直到当今真正称得上流派的学术思想还未成熟。那么新的成型的流派还会不会出现呢？当然会。刑法文化要现代化，是刑法理论发展的必然方向，历史的发展是不会停止的，理论的发展同社会的发展一样，也是不可能中断的。故这里要处理好一个十分重要的关系问题，一个从传统到现代化的关系转型问题。所谓传统，乃"世代相传"的具有特点的社会因素。所谓现代化，是指"使具有现代先进科技水平之意"。如果说将上述四大刑法文化学派相对的都称为传统的话，那么将这些学派思想理论进行比较研究，而后将"可用资源"杂交，融合其内涵上的精华且加以推进和发展，并借助于现代科学技术的载体的形式，在社会实践中逐步形成内容和形式的统一，不就会产生出既具有新的时代内容，又具有现代科技和民族特色的新的刑法文化学派来了吗？笔者在此认为：这需要有一个桥梁学科发挥助动作用，才能达到此目的。这个学科就是刑法文化源流学。

### 六、刑法文化源流学研究的对象与传播的机构

首先，需明确该学科建立的学科目标：①是以中国现实存在的国情为基准，实践学融中外刑法文化源流之精华，求实创新，达到实现我国法治国家刑法文化的现代化目的。②是根据当今国际刑法文化的态势，经过源流比较研究以促进刑法文化的国际交流，为繁荣新世纪国际刑法文化作出贡献。

其次，其研究对象是在比较刑法学的基础上，确定自身学科研究的层面和断面。这主要是：①对我国和外国的刑法思想理论、刑法规章、刑法制度的"流源"、"流向"、"流速"、"流量"、"内流"、"外流"、"主流"、"从流"、"续流"、"嫁接"、"交合"、"融合"、"整合"的形态方式的研究；②对流变运行中的"渐变"、"突变"乃至"灾变"的社会历史和自然历史的原因背景的研究；③对刑法文化的移植生长及推广技术方法的研究。

最后，伴随着现代化交通及通讯工具的快速高科技化，国际社会活动的空间距离相对缩小，国际社会活动的时间速度相对加快，以及国际刑法学会的国际性学术活动等诸因素都给刑法文化的传播带

---

① 朱华荣主编：《各国刑法比较研究》（马克昌序），武汉出版社 1995 年版，第 1 页。

来了有利条件。但要根据刑法文化源流学研究的成果进行交流传播，没有专门设置研究机构和传播机构是难以实现的。因此，建立我国比较刑法学和刑法文化源流学以及刑法文化交流学会的联合机构为一个好的设想，而且能担负此重任的不是别人，主要是具有中外刑法学识能力的我国中青年学者们。

（原载《中国刑事法杂志》2000 年第 3 期）

# 第十一篇　论我国刑事法学的协调发展

在我国科教兴国战略的有力推动下，20 年来自然科学和社会科学都有了很大的发展。作为既具有社会科学属性又具有自然科学属性的刑事法学的发展，也毫不例外。我国的刑事法学已基本形成了学科体系。各门学科都不同程度地发挥了有效的作用。但同时我们也必须看到，刑事科学的进步和发展，也是很不平衡的。这主要表现在：学科建立有先有后，有的基础较雄厚，有的基础较薄弱；在各门学科之间，有诸多问题呈断裂现象，而未能"衔接"；某些带有共性的重大课题，还没有适合大家参与共同携手来攻关研究的组织形式等。本文限于篇幅，既不对不协调的问题一一展开，也不对如何解决不协调问题铺开论说。这里仅列举下列几大关系问题，谈谈一管之见，恳请学界和实务界同仁批评指正。

## 一、立法与司法解释互动关系的协调发展问题

所谓立法，是指为了刑事司法而进行的法律制定和修改活动。所谓司法解释，是指在刑事司法过程中，为了更好地执行法律而对立法所进行的解释性活动。前者是对罪刑的一种法定，笔者把它称之为立法法定；后者也同样是对罪刑的一种法定，笔者把它称之为司法法定。立法法定与司法法定，二者的关系是一种互动的关系。如何协调好它们之间的互动关系，是当今刑法理论界争论的主要问题。争论的焦点就是对刑法的经典原则——罪刑法定原则——如何看待的问题。自从我国 97 刑法将罪刑法定原则确立后，刑法学界似乎就喜忧参半，阐述立法与司法解释之间的矛盾的文章也多了起来。而且立法界和司法界都因二者之间有一定的矛盾而感到困惑。我们如何才能解"困"放"惑"呢？笔者认为，如果我们认为刑法学是一门科学的话，认为刑事立法和刑事司法解释应当在科学性面前处于平等地位的话，解"困"放"惑"就不难了。"实践是检验真理的唯一标准"。这是我们已经习惯了的语言。按照丁肇中博士所说的："只有实验才可能推翻理论，而没有一个理论是可以推翻实验的。"[①] 司法实践或者说实验都一再证明，立法法定是立法者对罪与刑问题的总体的科学性评断和界定，也就是说，它在总体层面上具有真理性，是正确的。但同时司法实践或者实验也证明：无论立法者把法立得怎样细微或者前瞻，它都始终不可能跟上或穷尽客观存在的个罪和千姿百态的形态特征的变化。即立法法定永远都不可能克服这一局限性。立法法定的局限性，反映在司法实践上是尖锐而又无法回避的现实性问题。故克服立法法定局限性的重大任务，就只能落在司法法定的肩上了。换言之，对现实中存在的个体的或者说具体的罪与刑的科学法定——司法解释——只能由司法法定才能完成。而法院的终审判决，既是对立法法定，又是对司法法定的整合性的实现。可见立法者的立法与司法者的立法，对罪与刑的科学界定，是一种天然的互动互补，都不可缺失。二者之间的矛盾，只能通过互动协调，才能合理解决。人们对立法法定和司法法定的信赖，无疑是同等重要的。为了实现互动互补的良好协调，可以采取如下做法：第一，作为身处第一个层面的立法者，可以派代表参与第二个层面的司法解释。第二，建立罪刑法定个别化检测机制。促使法官在运用立法法定和司法法定时，尽可能反映个案的"形成"真实，以提高定罪量刑"含科量"的个别化程度。为了达到这一目的，推进法官的专业化

---

① 姜澎、江世亮：《丁肇中说——难的是做别人没做过的事》，载《文汇报》2002 年 9 月 19 日。

建设，自然是非常必要的。

关于对待罪刑法定的态度，这涉及如何消化吸收西方思想理论的问题。西方政治、法治、德治类著作的中译论著的出现，在我国呈快速增长势头。要有"粮食"才能谈得上消化"粮食"。从这个意义上说，运来"粮食"是好事，但是不讲消化，或消化不良，囫囵吞枣，乃不利于理论的运用，更不利于理论的创新。考察"罪刑法定"原则的起源，我们不难看到，它指的是立法法定，丝毫不含有笔者所称的司法法定的意思。那么我们今天应如何看待它呢？笔者认为，应当"引经化经"，不能引经不化。首先，"罪刑法定"无论从其产生的历史进步意义上看，还是从促进刑事司法法制统一上看，对它的肯定都是正确的。作为一个经典原则，引进我国的刑法典也自然是应当肯定的。但是，我们必须明确地指出："罪刑法定"从立法法定上提出，就是把它自己置于了排除司法法定的"两难境地"。因此我们必须提倡"引经化经"，创新发展，赋予它司法法定这个层面上的新意，不能用立法上的法定来排除或者轻视司法法定。应当排除二者之间有我无你、有你无我的冲突，不断地推进其协调发展，这才是尊重科学、接近真理的康庄大道。如果把立法法定绝对化，就必然使该原则永远限于"天生"的狭隘范围内。而协调发展可以概括为三句话："罪刑立法法定、罪刑司法法定、法官依案裁定。"而法官依案裁定，又可以具体为三句话："以事实为根据，以法律为准绳，以量案而裁刑。"

综观我国的立法，也比较好地解决了"引经"和"化经"的问题。在《刑法典》中明确规定了"罪刑法定"的法条，体现了"引经"；同时亦体现了"化经"，即在《立法法》中，明确规定了"司法解释"，意即确立了司法的立法地位。换句话说，把罪刑法定新解为立法法定和司法法定，这不仅解除了原本含义上的"困境"，而且体现了我国在立法上的一种创新。

## 二、宏观法律调控与微观定罪量刑互动关系的协调发展问题

### （一）宏观法律调控的概念和理论基础

宏观经济调控与微观经济运作的观念，人们已经十分熟悉了。笔者用宏观法律调控与微观定罪量刑的观念，来研究它们之间的功能作用问题，人们可能一时会感到很陌生，但会渐渐熟悉起来。

1. 宏观法律调控的概念

所谓法律调控，当然是指在已经制定的法律范围之内的调控。这里主要是指在制定的刑法法律的范围内的调控。宏观与微观是一个相对的概念，也就是说宏观是相对微观而言的。宏观刑事法律调控，是在法律范围内运用刑事政策的调控。它的调控作用与微观定罪量刑有着一定的互动关系，因而我们将它们作为一对范畴来进行研究。而且这对范畴也会有某种矛盾的存在。因此，要处理好二者之间的协调发展问题。

2. 宏观法律调控的理论基础

宏观法律调控是一个法律系统工程，要形成一个系统的调控机制，通过相互的作用，才能产生出互补的有益的功能效果。需要研究的调控问题很多，这里姑且从理论上列举几种角度，以探索其相关的调控对象。

（1）马克思的"犯罪生产论"

马克思指出："哲学家生产观念，诗人生产诗，牧师生产说教，教授生产讲课提纲，犯罪生产罪犯。……而且还生产刑法，因而还生产讲授刑法的教授，以及这个教授把自己讲课作为'商品'投向市场。""生产"总要有相关的"生产资料"，[①]马克思的"犯罪生产论"，是博大精深的犯罪理论。反过来说，要调控犯罪，首先就需要从调控"生产资料"做起。江泽民同志的"从源头上预防和治理腐败"的理论，是对马克思的"犯罪生产论"的现实发展。因为犯罪首先是从源头上"生产"出来的。因此，"源头"应当第一个成为法律的调控对象。但这种调控法律，首先还不是刑事法律，而是能够

---

① 马克思：《剩余价值学说史》，人民出版社 1975 年版。

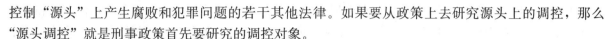

控制"源头"上产生腐败和犯罪问题的若干其他法律。如果要从政策上去研究源头上的调控，那么"源头调控"就是刑事政策首先要研究的调控对象。

（2）贝卡里亚的刑罚"及时论"

贝卡里亚说："犯罪与刑罚之间的时间隔得越短，在人们心中，犯罪与刑罚这两个概念的联系就越突出、越持续。因而，人们就很自然地把犯罪看着起因，把刑罚看着不可缺少的必然结果。""只有使犯罪与刑罚衔接紧凑，才能指望相连的刑罚概念使那些粗俗的头脑从诱惑他们的、有利可图的犯罪图景中立即猛醒过来。"[①] 我国刑事政策上的"从快"主要体现在当前为了提高司法效率，试行的"当庭宣判"、"先例判决"等，都体现了"及时论"思想。在法律程序上力求节省时间，调控"犯罪"与"刑罚"的距离，增强特殊预防的效果。但既要"从快"也要"保质"。这就需要调整好二者间的关系。如果"从快"而不"保质"，"从快"就失去了意义。

（3）韩非的"以刑去刑论"

中国战国末期，杰出的思想家、法家学说的集大成者韩非，从"法"、"术"、"势"三者合一角度，指出社会政治生活领域中的腐败、犯罪现象存在的实质，是一种"法度不严"、"执法不公"，他主张严刑峻法，"以刑去刑"。[②] 我国刑事政策中的"从重"，可以说是与"以刑去刑"思想一脉相承的。但也有极大的发展，提出了"惩办与宽大相结合"（主要针对坦白从宽、抗拒从严和坚持少杀的政策），即在"宽"与"严"上有着法律幅度上的调控。"宽"与"严"的二者调控也是一项十分重要的调控。

（4）古有的"犯罪时空论"

犯罪是随着社会时空的变化而变化的，其态势呈现出规律性的起伏。针对这种起伏态势，古有的"犯罪时空论"，是"乱时用重典、平时用轻典"。即《尚书·吕刑》曰："轻重诸罚有权。刑罚世轻世重……"[③] 以"刑重"、"刑轻"作为对犯罪态势的调控，这一条法制经验是应当科学地继承的。笔者近年来连续发表了"经济犯罪时空论"、"金融犯罪时空论"，详细阐述了犯罪变化与时空变化之间的关系，以及刑罚适用的调控问题。调整好时空变化与用刑轻重关系，也是十分重大的一项调控。

（5）我国现有的"综合治理论"

我国提出的"社会治安综合治理"理论，是对我国长期以来的各种刑事政策实施经验的重要总结，是各种治理违法犯罪对策的集大成模式。根据这个模式，所要调控的矛盾，是"分治"与"合治"二者之间的矛盾。要使"分治"与"合治"达到协调发展，才能达到控制犯罪产生的最佳效果。因此，我们必须着力把各领域、各系统的"分治"与社会总体上的"合治"关系调控好。

（二）微观定罪量刑与宏观法律调控的范畴

宏观法律调控的总体范畴，包括了预防犯罪的调控范畴和惩治犯罪的调控范畴，即两大范畴。而与微观定罪量刑相对应的范畴，是其中惩治犯罪的范畴。

1. 宏观惩罚调控的范围是既定的犯罪构成和量刑幅度内的范围

这个范围的调控自然是在法律内的调控，而不是超出法律规定以外的调控。可能有人要说，在法律之内的犯罪构成要件、处罚的从重从轻，均有明文的情节规定，依规定办案不就行了，还谈什么调控。的确，既有情节规定已经是法定中的调控了，但是在量刑适用上也还有一个适用"度"的调控问题，这是其一。其二，除明文法定情节外，还存在有非明文法定中的调控因素。笔者认为，即存在着的"案态"。[④] 作为面对个案的法官，他研究的是处于静态的个案材料，对动态的群案升降态势，一般是不大去关注或者说也无暇去关注的。特别是对犯罪形成的各种复杂原因问题，就更少关注了。然

---

① ［意］贝卡里亚著：《论犯罪与刑罚》，黄风译，中国大百科全书出版社 1993 年版，第 56～57 页。

② 《奸劫弑臣第十四》，载《韩非子集释》，上海人民出版社 1974 年版。

③ 《尚书译注》，吉林文史出版社 1995 年版。

④ "案态"，是指对案发原因、案型变化和发案率高低的总称谓。

而，不同的原因造成的同一的行为，在适用的刑罚量上，理应是有所区别的。可是在刑法理论和司法实践上都未得到应有的明文规定。因为刑法条文永远不可能就犯罪的各种原因加以条文化确认。即未进入法定。笔者认为，这未进入明文法定的罪因情节，应该由法律调控机构作为调控事项提起，使法官能经常得到"案态信息"，从而在适用的刑法量上有所对应，使案件判决更向个别化迈进。

2. 宏观惩罚的调控轻重对应的是犯罪时空规律

犯罪既然是生产的，也就有其生态环境。治安型犯罪有治安型犯罪的生态环境，经济型犯罪有经济型犯罪的生态环境，金融型犯罪有金融型犯罪的生态环境，跨国源流型犯罪有跨国源流型犯罪的生态环境。而且这些生态环境随着时空的变化而发生着变化，有如潮起潮落。有的"案型"起了，有的"案型"又相对地落了。就是"同型案"的波浪起伏也具有规律性存在。为了维护社会的稳定、安全常态，用刑的"重轻"对应"案型"的起落，是对应关系。作为具体审理案件的法官，因为主要是对个案的判处，很难从总体上把握这些规律性变化。此项任务只能是由宏观法律调控机构为之担当。这里，我们不妨来个管中窥豹，从我国的宏观法律调控对象与微观定罪量刑的以下三个表格中，看一看在不同的时空中，惩罚犯罪的"案型"和使用刑罚的规律性变化。①

表格一　历年"严打"中新增的严打主要对象变化

| 年份 | 新增的"严打"对象 |
|---|---|
| 1983 | 书写反革命标语、传单、挂钩信、匿名信的现行反革命分子等 |
| 1986 | 制售伪劣商品、破坏动植物、走私资源犯罪 |
| 1987 | 贪污、行贿受贿、投机倒把诈骗 |
| 1988 | 偷税抗税、假冒商标 |
| 1991 | 毒品犯罪 |
| 1992 | 伪造国家货币 |
| 1993 | 挪用公款 |
| 1994 | 金融诈骗、伪造、倒卖、虚开增值税发票以及其他发票等行为 |
| 1996 | 危害国家安全犯罪、涉枪犯罪 |
| 1998 | 危害国家安全罪、黑社会性质组织犯罪等 |
| 1999 | 组织、利用邪教组织破坏法律实施、致人死亡的犯罪、泄露国家秘密的犯罪、骗购外汇 |
| 2001 | 非法制造、买卖、运输、邮寄、储存枪支、弹药、爆炸物罪，走私、贩卖、运输、制造毒品罪，组织、领导、参加黑社会性质的组织罪，爆炸、杀人、抢劫、绑架等严重暴力犯罪，盗窃等严重影响群众安全感的多发性犯罪 |

表格二　判处 5 年以上有期徒刑、无期徒刑、死刑数量比变化

| 年份 | 1983—1985 | 1986 | 1987 | 1988—1992 | 1993—1997 |
|---|---|---|---|---|---|
| 百分比（%） | 42 | 39.65 | 38.18 | 34.9 | 40.08 |

1999 年最高人民法院工作报告不再公布上述百分比，只是说明 1998 年因故意杀人、绑架犯罪而判处重刑的分别占此类案件的 86%、81%，拐卖妇女的犯罪案件判处重刑的占 77%，抢劫、毒品犯罪人数居前三位。

2000 年最高人民法院工作报告对 1999 年工作报告的公布方法再次进行了修改，只是说明 1999 年判处犯罪人数 60 万人，比 1998 年增加 14.2%。

---

① 材料来源于历年《最高人民法院工作报告》。

表格三 历年判处犯罪分子的数量变化

| 年 份 | 数量（万人） |
|---|---|
| 1984.2—1985.2 | 47 |
| 1985 | 27.7 |
| 1987 | 32.6347 |
| 1988 | 36.8790 |
| 1989 | 48.2658 |
| 1990 | 58.2184 |
| 1991 | 50.9221 |
| 1992 | 50.9708 |
| 1993 | 45.1920 |
| 1994 | 54.4735 |
| 1995 | 52.2（与 1997 年的平均数） |
| 1996 | 61.4323 |
| 1997 | 52.2（与 1995 年的平均数） |
| 1998 | 53 |
| 1999 | 60 |

惩罚在于治标。从治标的变化中可以反映出犯罪形成上的某些本质性变化。笔者认为，宏观法律调控重在把握犯罪形成的规律性，并在制定法范围内指导微观定罪量刑。微观定罪量刑在升降幅度上，应当尽可能地在法定范围内反映出宏观的规律性变化，使刑事司法个别化跨上一个新的台阶。

## 三、治源治本与治流治标互动关系的协调发展

关于治本治标的相互关系问题，江泽民同志早已深刻地指出："治标和治本，是反腐败斗争相辅相存、相互促进的两个方面。治标，严惩各种腐败行为，把腐败分子的猖獗活动抑制下去，才能为反腐败治本创造前提条件；治本，从源头上预防和治理腐败现象，才能巩固和发展反腐败已经取得的成果，从根本上解决腐败问题。当前，反腐败斗争应该逐步加大治本的工作力度，努力从源头上预防和治理腐败。"① 江泽民同志的标本兼治思想，不仅是对腐败治理的重要思想，也是对整个犯罪问题治理的重要思想。我们不仅应努力从源头上预防和治理腐败，也必须努力从源头上预防和治理整个犯罪问题。

但是，古代社会对治本治源的认识是不足的。自古以来，国家有专门的惩罚犯罪的国家机器，却没有专门的预防犯罪的机构。再从学界来看，刑法学家总把刑法的功能扩大，把什么特殊预防、杀一儆百说得神乎其神。这种情况在中国尤为突出，究其原因，无外乎根深蒂固的重刑思想在作祟，"重打击轻预防，重结果轻原因"，希望凭借刑罚的强力来最大限度地发挥其威慑作用。对刑罚功能的图腾崇拜必然导致"刑罚过剩"，其恶果之一即是：使群体对刑罚的耐受力被弱化，刑罚的价值取向被人为地扭曲，无形中"培养"了许多潜在的反社会因素和疯狂报复社会的死硬分子，削弱了人们对管理者的认同感，也加大了国家管理社会的成本，最终可能危害国家的长治久安。刑罚本来是一种治理手段，是最后的不得已而为之的选择，如果一味地过分使用它，而不是积极地采取其他诸如行政的、民事的、保安的等方式，来实现对国家秩序的维护，那么，就可能出现目标价值与行为价值背道而驰

---

① 《江泽民论有中国特色社会主义》，中央文献出版社 2002 年版。

的局面。其实，刑罚就是割韭菜，今天割了，明天就长起来。因为韭菜的根还在嘛！从这个意义上说，刑法学就是治标学。为了适用刑法而设立的体制制度，显然都是为了达到治标目的的。治本与治标的关系如何成立，两笔账如何计算呢？还是请教一下数学家吧。

### （一）纳什均衡与源流互治

#### 1. 纳什均衡论[①]

纳什均衡论，开创了非合作关系的均衡理论。人与人之间的非合作关系的现象具有相当的普遍性，在经济领域里大量存在，在法学领域也是大量存在的。著名案例"囚徒困境"，[②] 是从两个犯罪嫌疑人在对待坦白与否的得失结果角度上来研究的。我们现在完全可以从另外一个角度，即从国家与罪犯之间的非合作关系上，来研究两方的得失关系问题。

命题是这样的：罪犯总是想以付出尽可能少的刑罚代价，而能最大限度地获得最多的非法利益；国家总是想付出尽可能少的司法成本，而能最有成效地治理好犯罪问题，保障社会的长治久安。就这一命题以纳什均衡理论来研究，将会出现以下几种情形：

（1）在已然犯罪阶段上，罪犯付出的代价很高，国家的司法代价也很高。

（2）在未然犯罪阶段上，"罪犯"付出的代价较低，国家的司法成本也很低。

（3）违法犯罪行为最好在未然阶段就能得到完全的预防和遏止，但实际上不可能达到完全的预防和遏止。

（4）在未然阶段加强直接预防、减少了犯罪；在已然阶段依法打击犯罪，也震慑了犯罪在一定程度上的形成。

（5）结论：预防和打击同等重要，在这种情况下，罪犯的付出代价与国家的支付成本乃基本保持了均衡，国家损失和国民损失都将降低到最低限度。

对于国家来说，这种研究的重要性，就是表明了国家应当把对未然阶段的犯罪治理和对已然阶段的犯罪治理，放在同样重要的位置上。

#### 2. 源流互治论

我们前面分析了治理犯罪的未然阶段与治理的已然阶段具有同等重要的地位。换句话说，治理源头与治理流程具有同等重要的地位。为了文字的简洁，我们姑且用"源"来代称"未然阶段"和"本"治，用"流"来代称"已然阶段"和"标"治，并从学术上把这种治理思想，称为"源流互治论"。作为一种理论概括，当然应具有独特的内涵，同时具有自身特色的外在表现形式。我想"源流互治论"这个名称，基本上符合这样两个要求。

为什么提出互治呢？因为二者具有互动的密切关系。刑法学的本座研究是治标。犯罪学的本座研究是治本。任何进行对其作用夸大，都是一种虚幻。的确，两大"本座"缺一不可，而且存在着互相推动的作用以及治理犯罪的合力作用。源流互治，要求治本治标并重，协调发展。

### （二）惩治体制与防治体制

治本所涉及的关键问题是一个体制和机制问题。如果把治本问题只停留在理论研究上，理论研究得再好、再多，充其量也只是具有思想上的价值，并不具有治理犯罪的实体作用。换句话说，只具有"知"的价值，并不具有"行"的价值。笔者感到做到"知"、"行"并重，协调发展十分重要。

---

① 约翰·纳什1994年诺贝尔经济学奖获得者。

② "囚徒困境"，是一个"囚徒的两难处境"的案例。一位富翁在家中被杀，财物丢失。警方抓到犯罪嫌疑人甲和乙，找到了丢失的财物。但是，甲、乙二人均矢口否认曾杀过人。于是，检察官分别和他们单独谈话，说："你们的盗窃罪已有确凿证据，可以判1年徒刑。但我可以和你们作个交易，如果你单独坦白杀人的罪行，我只判你3个月的监禁，而你的同伙则要被判10年徒刑；如果你拒不坦白，而被同伙检举，那么你将被判10年徒刑，他只判3个月监禁；如果你们两人都坦白，那么你们都要被判5年徒刑。"这时甲和乙该怎么办呢？显然最好的策略是双方都抵赖，结果是大家都只被判1年。但由于两人处于隔离的情况下无法串供，所以如果每一个人都从利己的目的出发，选择坦白交代是最佳的策略，而原来对双方都有利的策略（抵赖）和结局（被判1年）就不会出现。这种情况被称为"纳什均衡"，亦称"合作均衡"。

1．国家惩治体制替代不了国家防治体制

20 年来，我国刑事法学有着突飞猛进的发展，取得了举世瞩目的重要成果。党和国家在领导这个领域的理论研究和具体实践中，也创造了许多具有中国特色的宝贵经验。且看：从中华人民共和国刑法自 1979 年的制定到 1997 年的修订，掀起了一次又一次的刑法理论研究高潮。其中，中国刑法学研究会对推动其理论研究，起到了举足轻重的作用。社会治安综合治理在全国各地普遍开花结果；中国青少年犯罪研究会对制定《未成年人保护法》和《未成年人预防犯罪法》的法制化建设，起到了十分重要的作用；中国犯罪学研究会促进我国犯罪原因与预防对策研究上了一个新的台阶。近年来，最高人民法院与学界、实务界就"刑罚适用及其价值取向"展开了深入的理论研讨，将会对刑罚的指导思想的理性回归，发挥历史性的作用。最高人民检察院成立了职务犯罪预防厅，以期通过发挥自身的职能作用把对职务犯罪的预防工作推向了一个新的发展阶段。公安和司法领域的理论研究也十分开阔，尤其对沉默权制度的深入研讨，将对我国证据采用科学性发展，产生深远的影响。

上述关于治标治本问题的基本理论和实际运用的研究，对于推动我国刑事学科的发展、惩治犯罪和预防犯罪，都在相应的时空里起到了重要作用。但是在关于从体制来谈治本问题上，还没有达到深入的学术研究，更没有能推动国家治本体制的产生。因而治本亦未有显著成效。"打击不力"派，把"发案率"的年年增长，归结为国家惩治体制在发挥惩治作用上的"不得力"。笔者认为这是一个误区，因为惩治体制本身就是治标体制，它的职能作用是处理已然犯罪问题，它与未然的发案率并没有直接联系。职能部门只能各尽所职，难于越职，也难于超能。以国家惩治体制来代替国家防治体制的建立，以国家惩治职能来替代国家防治职能，以治标来代替治本，最终都只是一种梦幻。笔者的结论是，应当建立与国家惩治体制相并重的国家防治体制。

再看一看国际化犯罪趋势。随着经济全球化，国际化犯罪显得愈来愈突出。为了把某些犯罪从未然就预防于国门之外或国门之内，因此国家建立专门的防范体制，也是时代的要求矣！

2．建立"国家治腐防范署"

如何建立专门的防治犯罪的国家强有力的职能机构问题，笔者认为，这是我国现阶段一个急需解决的问题，我国现阶段已经具有了这样的条件：

（1）理论武器条件。我们已经有了江泽民同志关于"从源头上预防和治理腐败"的理论，它既是国家治理腐败问题的强大思想武器，也是治理整个犯罪问题的强大理论武器。

（2）法律规范条件。近几年来，我们国家加强了预防犯罪的国家立法和地方立法，出台了党管党、政管政的若干《行为规范》，有《预防青少年犯罪法》、《预防职务犯罪条例》，以及社会各行业根据其行业特点出台的诸多的《行业行为规范》等。

（3）"大社会"防范经验。我国已经积累了诸多具有地方特色和区域特色的防范经验。但这些经验要得到持续性运用和发展，也需要有专门的国家职能部门进行协调，各地方各区域才能发挥其"协同进化"的良好作用。

关于"国家治腐防范署"的国家职权范围问题，应当是具有相当的权力。"国家治腐防范署"的主要职能在于：防范政策法律的制定、防范体制机制的创建、推广宣传有效的防范经验、推动防范技术技能的普及和促进防范学术理论的研究等。防治犯罪与惩治犯罪的关系是源流互治的互动关系。其最高权力机构自然应当与国家最高人民法院、最高人民检察院等同。因为治本在于治源，要从源头上治理腐败和预防犯罪，没有相适应的权力机构就难于担任。江泽民同志说："要将预防腐败现象寓于各项重要政策和措施之中。反腐倡廉是一个社会系统工程，需要各方面协调配合和共同努力，需要与经济建设、民主法制建设、精神文明建设等工作紧密结合。制定经济、社会、文化发展的政策，出台重大的改革措施，制定法律、法规和规章，都要把反腐倡廉作为有机组成部分考虑进去，都要对是否有利于反腐倡廉进行论证，做到存利去弊，完善决策，未雨绸缪，预防在先。"① 这就是对国家专门

---

① 《江泽民论有中国特色社会主义》，中央文献出版社 2002 年版。

的治腐防范决策机构的职能要求，要担当重任，就必具重权。

## 四、"本座"研究与"客座"研究互动关系的协调发展问题

### （一）刑事科学群体

科学，是一个具有真理性的知识系统。刑事科学自然也不例外。换句话说，既然称其为科学，它自然就应当具有一定的真理性，而且也具有科学性。所以刑事科学的第一个属性特征，就是它的知识系统性。笔者认为，这个系统性首先表现为一个相互关联的科学群体，也就是说是由相对独立的个体学科构成相互关联的群体学科。当然这些学科从不同的研究方式出发，可以作出不同的排列。笔者基本按照客观存在与适用状态相结合，作一个程序性的排列。其先后顺序大体应是：犯罪学、犯罪心理学、刑事侦查学、刑事证据学、刑事司法鉴定学、刑事检察学、刑事被害人学、刑事诉讼法学、刑法学、刑事审判学、刑事人权学、① 监狱学等。而刑事立法学乃是从头至尾对诸门学科都有涉及的刑事法律学科。这一学科群体构成了刑事科学系统，这是其一。其二，每一门学科当然也自成系统，换句话说，是由诸多具有自身特点的科学范畴组成。那些范畴即成为这门学科具有永恒性研究价值的研究对象，如成熟的刑法学。但有些学科尚欠成熟，所研究的范畴尚不完善或者缺乏科学性。其三，是科学的学派问题。对于发展比较成熟的学科而言，由于研究的历史较长、研究的方面甚多，研究参加的人员各具特色，因此比较容易形成不同的研究风格，这既表现在内容上也表现在形式上。如果说所研究的内容和形式都具有一定的科学和研究方式的特色的话，大概就是我们所称的"学派"了。我们知道，在人类的科学史上学派林立，各个学派在长期研究过程中形成了各自的鲜明特色，可谓"百花齐放"、"百家争鸣"，共同推动了科学的繁荣和发展。但愿我国刑事科学研究亦能如此，能够与时俱进地促进各门学科的进步、繁荣和发展。

### （二）纵向研究和横向研究

每一门学科的纵向研究都自然是"主座"研究。一旦进入横向研究就要跨学科，而"主座"研究就转化为"客座"研究了。从目前来看，"重纵向，轻横向"的现象较为严重，而且出现太多的重复，量与质相比出现了很大的不协调。故不能不强调一下横向研究。

在刑事科学群中，每一门相关的独立学科自身进行纵向研究（即历史课题研究、现实问题研究、前瞻未来研究）是理所当然的。但是，某些属于相互关联性的科学问题，只凭纵向研究，就不能得到解决，因为每一门学科都有研究范围质的规定，它的研究功能总是受到这种规定的局限的限制。对于关联性科学问题的解决，只有从横向研究上才能找到正确的答案，否则会使问题限于两难困境而始终走不上通畅的道路上去。纵向研究的特点和横向研究的特点是有所不同的。纵向研究是在本学科内进行台阶式的研究，一种前后纵深的研究，它不涉及学科关系问题。横向研究是必须超出本学科研究范围的研究，它必然涉及学科关系问题。然而学科关系只能是一种平等关系，在科学面前，无论学科大小都必须在同一平台上对话，才能达到相互吸收、"协同进化"。如果始终以纵向方式研究"罪刑法定"，那么"罪刑法定"研究永远也走不出困境。而以横向方式把立法与司法两界放在一个平台上来研究，也就自然得到了解决问题的答案。

再说，我国刑事科学研究随着纵向研究和横向研究的与时俱进的发展，形成了一定的流派，② 从而在不同层面上形成一些特色，这既是自然的事情，也是有益科学繁荣的事情。就我国刑法而言，至少已有了两大流派的雏形：一是刑法实务学派。这个学派主要是从事于刑法法律的注释和司法实务的

---

① "刑事人权学"，是新提出的一个学科名称。惩罚犯罪与保障人权是同等重要的。中国政法大学诉讼法研究中心 2002 年 9 月在珠海设立基地，在该市检察院进行审判前程序的改革试点及"人文关怀与刑事诉讼的研究"。目的在于推动司法理念"大转弯"，保障个人的权益，体现人道主义关怀，倡导尊重犯罪嫌疑人人格的风范。随着经验的积累和理论研究的深入，这门新学科的问世是无可置疑的。参见《中国新闻》2002 年 1 月 18 日 A14 版。

② 周雁翎：《科学学派研究的意义》，载《中华读书报》2002 年 7 月 24 日。

技术研究，也可简称为"术研"。二是刑法法理学派。这个学派侧重于刑法理论研究，甚至上升到刑法哲学的研究，可简称为"道研"。这都是从纵向研究而言的。从横向研究而言，学派的雏形尚不明显，不过《中国刑事法》杂志倒把刑事科学群聚为一体，这为促进刑事学科的横向研究开辟了一个好的阵地，有利于探索刑事科学的规律，简称为"科研"。笔者曾发文探讨建立一个"刑事源流学派"，促进学科间的横向研究。虽然抛出了砖，但不见引出玉来，可能是时候还不到吧！

不过，从"学际"着想，笔者还是认为，建立具有横向研究功能的"刑事犯罪源流研究协会"，[①]对于改变学科的分隔对立、各自为政的状况，促进学科边缘的软化和相容并蓄，都是很有必要的。该协会可以作为"中国犯罪学研究会"中的一个专业委员会。当然最好成立一个"法际学研究会"，对各种法律学科进行专门的架桥研究，发挥其"桥梁工程师"的作用，这对法律部门之间的现实问题的解决，对各种学科的"协同进化"，都将发挥重要的作用。当然，"法际学研究会"作为"中国法学会"中的一个专门研究机构，才是比较妥当的。如此建议当否，请同仁们考虑！

### （三）体制建设与促进学科建设

综观我国刑事科学发展的前前后后，横视我国刑事科学发展的方方面面，可以这样说：都有较大的发展，但也很不平衡，在有些方面也很不协调。我们有必要提出解决某些不协调问题的方案，以达到相对的协调发展。比如，重刑法学科研究、轻犯罪学科研究，就显得很不协调。犯罪学研究的归宿点是预防犯罪，刑法学研究的归宿点是惩罚犯罪。这种不协调的实质是重惩罚轻预防上的不协调。究其原因当然是多方面的，但大致可以概括为三个方面：①历史原因，自古至今刑法学科都是刑事科学的中心学科；②体制原因，国家的刑事立法、刑事司法体制是从来就没有缺惑过的存在体制；③学术价值原因，刑法学理论文章具有充分的载体空间和用于评定技术职称的价值取向。相对而言，犯罪学就正好相反。但是，随着人类社会的发展，预防犯罪终将提上与惩罚犯罪同等重要的位置。因此，这种不平衡、不协调的发展状态必然会改变。

国家治腐防范体制的建设，将会推动刑事学科的建设。特别是推动其"犯罪学"等学科的建设，使刑事学科从总体上获得飞跃性的发展。因此，要推进学科发展，关键在于推进体制建设与学科建设的同步发展。

（原载《中国刑事法杂志》2003年第1期，系与最高人民法院赵卫东同志合作）

---

① 夏吉先：《论建立刑事犯罪源流研究协会》，载《福建高等公安专科学校校报》2003年第1期。

# 第十二篇 论程序正义观的国际源头与我国引流的审时度用

以实质正义为基本价值取向的审判方式，与以程序正义为基本价值取向的审判方式，在我国当前的审判实践中，由于案件所在地区的不同、受理案件法院的不同、审理案件法官的不同，而呈现出不同的态势。同样一个案件，在以实质正义为基本价值取向的法官手里，与在以程序正义为基本价值取向的法官手里，其审判就完全有可能产生两种不同的结果。面对这种司法现象，自然是众说纷纭，莫衷一是。我们应当如何理性地面对这种现象，又如何尽可能地使这两种价值观达到与中国现实国情的基本一致：既为习惯了实质公正的民众所易于接受，又为程序正义价值观易于在中国民众中逐渐形成。基于此种目的，笔者认为对两种价值取向的审判方式作一个审时度势的探讨，无疑是十分必要的。但是，本文不打算用很大的篇幅去议论不少笔者都议论过的纯理论问题，而是着重以举案论判的方式，探索如何引进法制文化与审时度势的问题。

## 一、我国传统的实质正义观与现代的英美程序正义观

在中国数千年的文化传统中，打官司的法律文化传统，也不乏是一种悠久的传统。虽然没有现代意义上的刑事诉讼法、民事诉讼法等程序法律，但是也不是说就根本没有打官司的一定程序。当然，由于缺乏明确的成文法的法律规范，审判活动往往是在不规范的情况下进行的。中国古代的地方官办案都无不是如此。中国刑法史观呈现在我们面前的也基本上是这样的格局。

在我国的民主革命时期，司法活动的方式深入民间、深入现场，在调查过程中边取证、边听取双方乃至群众的意见，边进行调解，以这样的过程来完成审判。还产生了著名的"马锡五审判方式"。新中国成立后，法制建设长期停滞不前。改革开放后，我国逐步走向了依法治国的道路。刑事诉讼法、民事诉讼法等程序法律才陆续完善起来。换句话说，我国从古至今，在打官司的问题上，对程序都不是太重视的。那么重视的是什么呢？是实体。社会对于司法公正的判断标准，除了既定的实体的法律法规外，更多的则是客观真实、社会效果，还有道德、情理和习惯的综合平衡。程序与实体本来是一个相对的概念。强调实体，就是强调实体对程序、结果对过程、实质对形式的优先。司法的正义乃是司法的灵魂。从这个意义上看，从古至今的司法，从中到外的司法，为人类所追求的都在于正义的实现。如何实现这种正义呢？一是从程序着手，追求程序正义；二是从实体着手，追求实体正义。强调实体就是以实质正义为基本的价值取向，以程序作为实现实质正义的工具和手段。假定结果是正义的，那么程序上的瑕疵是可以被忽略的。为了追求实质正义，可以认可程序的灵活性。人们对审判的公正与否，往往并不是根据程序是否正当，而是根据结果是否合理以及社会效果如何来判断的。人们根据情理评价裁判的公正与否，因而才产生再三再四地进行申诉、再审和翻案，对"错案"穷追不舍。追求实质正义的观念，应当说是人类社会在历史进程中必然产生的历史性观念。这种观念在相应的历史时空中存在的合理性、正义性是不言而喻的。不是什么人宣布这种观念不能存在，它就会销声匿迹的。而作为一种法律文化方式，它能在一个国家根深蒂固的存在，形成一种传统，自然是与该国的整体的文化存在形式相适应的。

与中国传统的实质正义观相反，乃有英美国家传统的程序正义观。如果实质正义观产生的源头是在中国的话，那么程序正义观产生的源头即在英美。程序公正的观念发端于英国，并为美国所继承和

发展。在英美法中，程序公正观念经历了从自然公正观到正当程序观的演变过程。自然公正（natural justice）的概念起源于自然法，在 18 世纪以前，这个概念常与自然法、衡平法、最高法通用。近代以后，自然公正通常表示处理纷争的一般原则和最低限度的公正标准，又叫做"诉讼程序中的公正"，其中具体内容包括：① "任何人不能审理自己或与自己有利害关系的案件（nemo judex in partesua）"；② "任何一方的诉词都要被听取（oudi alteram pattern）"。很久以来，这两个原则一直被牢固地确立于英国司法制度中，这些原则制约着人们在法庭内外行使司法职权时应当遵守的正义方式。如果违反这些原则，有关的司法活动则被宣布无效。③

自然公正观是英国程序正义的基本观念。自然公正观的核心要素就是"同样情况同样对待"和"不同情况不同对待"（treat aifferent cases differently）。④ 美国哲学家罗尔斯也强调自然公正观与程序正义之间的关系，他指出："法治（形式正义）要求某种形式的恰当程序为一种设计合理的、体现自然公正观的诉讼规则体系，其中包括必须有的合理的审理程序和证据规则；法官必须独立和公正；任何人不应审理他本人的案件；审理必须公正和公开，但又不受公众的喧哗所控制等等。"⑤ 自然公正观是英国法院采用的一条最基本的宪法原则。

正当程序观是美国程序正义的基本观念。在美国法中，自然公正观已被正当程序观所取代。正当程序（dueprocess）一词首先是詹姆斯·麦迪逊在起草《权利法案》时提出的，并被美国联邦宪法确立为一项基本原则。正当程序有这样三个特征：①有权向不偏听不偏信的裁判所和正式法院陈述案情；②有权知道被指控的事由（事实和理由）；③有权对控告进行辩护。⑥ 美国宪法第 5 条修正案规定："非经正当法律程序，不得剥夺任何人的生命、自由和财产。"该法第 14 条修正案对各州也提出了相同的要求。美国的正当程序的概念不仅指程序性的正当程序，同时也扩大到实质性的正当程序。

借鉴英美的程序正义观，是我国实现依法治国的必然选择。因为依法治国首先要求的是法律制度的健全。其中包括程序法律制度的健全，这不仅从立法上而言，更要从树立程序正义观上而言。因为树立了程序正义观，才能促进我们的执法活动重视程序正义的价值，并且去实现这种价值。同时我们也不能不看到当今时代也是法律文化具有最大交流趋向的时代。英美的程序正义的法律文化观念流向我国，我国的实质正义的法律文化观念流向英美，各自吸收其不同的文化因子，以改造和丰富自身的法律文化内涵，这都是自然的也是必要的。当然，要吸收必要的程序正义观，就自然要求对实质正义观有所扬弃。如何扬弃实质正义观，如何吸收程序正义观。笔者认为应当遵循审时度势的原则，经过种种司法探索来实现。既不能死守传统观念，也不能在吸收上囫囵吞枣，而应当在时代精神与现实国情相结合的基石上进行整合，实现创新。

## 二、创新辩诉交易方式，改革传统刑事观念

目前美国的辩诉交易诉讼方式通过两种途径流传到了我国：一种途径是美国学者在法律文化交流中的推出，一种途径是中国学者在法律文化交流中引入。产生这种情形的背景：一是我国犯罪数的增长，二是我国在司法改革中提出的效率问题。换句话说，"效率论"乃是这种互动产生的必然契机。探索诉辩交易产生的源头，就要追溯到 19 世纪的美国。我们知道，当时美国的经济蓬勃发展，同时犯罪率迅猛增长。为了在有限的司法资源条件下提高刑事诉讼效率，交易、协议这本来是属于私法领域内的行为开始进入到了刑事诉讼程序之中，当然其原有的运用价值更多的则是出于"诉讼经济"上

---

① ［美］伯尔曼著：《法律与宗教》，梁治平译，生活·读书·新知三联书店 1990 年版，第 48 页。
② 孟德斯鸠指出："一切有权力的人都容易滥用权力，这是万古不易的一条经验。有权力的人们使用权力一直到遇有界限的地方才停止。"［法］孟德斯鸠：《论法的精神》（上册），商务印书馆 1961 年版，第 154 页。
③ 刘荣景：《程序保障的理论视角》，法律出版社 1999 年版，第 248 页。
④ 关保英：《行政法的价值定位——效率、程序及其和谐》，中国政法大学出版社 1997 年版，第 275 页。
⑤ 陈瑞华：《刑事审判原理论》，北京大学出版社 1997 年版，第 48 页。
⑥ 袁红冰：《刑事程序的魅力》，载《中外法学》，1990 年第 6 期。

的考虑；但从法律文化的背景上看，不难看出辩诉交易与抗辩式诉讼之间有着天然的制度契合。也就是说，辩诉交易不仅是刑事诉讼实践对"诉讼经济"追求的产物，还是实行当事人主义的对抗式诉讼制度的必然产物。[①] 辩诉交易从其产生那天起，就产生了争议。很多人认为："这样的讨价还价是否是对法律的不严肃，对受害人以至整个社会的不公平呢？"但其产生的"互利性"效果，而是使美国所有刑事案件中接近 90% 都是通过辩诉交易或辩诉协议而得到了解决。

同理，由于我国的经济发展的态势与犯罪的相应增长，以及提高司法效率的改革要求的需要，人们也在尝试着把"辩诉交易"推上今天的审判台。"辩诉交易"首次亮相于我国的法庭，是 2002 年牡丹江铁路运输法院仅仅用了 25 分钟，就审结了一起故意伤害案。因为在控辩双方达成协议后，由公诉机关在开庭前向法院提交了辩诉交易申请，请求法院对双方达成的辩诉交易予以确认。牡丹江铁路运输法院接到申请后，由合议庭对双方达成的辩诉交易协议及其文本内容进行了程序性审理，认为该辩诉交易协议及其文本内容齐全，签字、印鉴清晰，格式规范，决定予以审理。为此，法院又组织被告方和被害方就附带民事赔偿进行庭前调解，调解双方达成了协议。法院即对被告人作出了法定刑以下的最为从轻的缓刑判决处罚。

2003 年 11 月，作为律师的笔者在承办四川绵阳被告人李飞的故意伤害致死一案时，也成功地尝试了"辩诉协议"。法院最终在法定刑以下对被告人作了 6 年有期徒刑的从轻处罚。这里首先让读者看一下《关于李飞一案辩诉协商的理论与实践问题探究的报告》：

> 在我国的刑事司法诉讼改革探索中，辩诉协商也属于改革探索的内容之一。在我国的刑事诉讼中，已经有法院、检察院、律师所在进行理论探讨的基础上，适用了相关的程序并作出了相关的判例。报纸杂志也进行了报道宣传。当然，大凡一种理论创新和司法创新，都会引起不同的社会反响，这属于正常现象。辩诉协商的司法判例，自然也不例外，尽管社会各界对其有不同的评价，但从总体上来看，这一司法判例还是利大于弊，有其自身积极的社会效应。

> 说到这里，不妨建议在绵阳的司法改革探索中，针对李飞一案，对辩诉协商问题，从刑事法理和刑事司法实践上也来一次有意义的诉讼探索。李飞一案的整个案情在这里就不再重复了。而从诉辩双方来看，在以下两大问题上都存在有双方值得商讨、有可能进一步达成协议的前提条件：

> 一、李飞故意伤害致人死亡的罪名问题上的诉方条件。李飞的故意伤害罪不是属纯粹的法条规定的侵犯人身权利的故意伤害罪，而是属于相互斗殴的危害社会管理秩序中造成的致人重伤、死亡，而应按故意伤害罪名论处的故意伤害罪。对于互殴问题，死者的过错事实因其死亡而难以侦查得一清二楚，从刑法的"因果并重观"角度来看，对量刑不仅应当重视造成的后果，还应当重视形成该结果的原因。由于加害人径直行为形成的侵害人身权利的重伤、死亡结果与互殴行为形成的妨害社会管理而造成的人的重伤、死亡结果在责任承担上有所不同。在立法上把两个结果完全等同起来，采取引用条款的方式立法，其本身就存在着缺陷，如果我们不做法理上的补正，径直按照现行立法完全适用，这无疑是对立法缺陷的认同。辩方对诉方的这一认同予以理解，可以不作"按照现有罪刑法定量出被告的刑罚总量，减去对方应当计算的责任量等于被告应受刑罚处罚的该当量"的减法计算。换句话说，凡双方原因和双方的行为而形成的结果，就不能只看单方的责任，尽管各方责任有大有小，又因一方死亡无法对其行为过错的责任划分清楚，诉方也就难以量化死者应负的过错责任。辩方自然应当对此予以理解。

> 二、李飞自首问题上的辩方条件。被告人李飞主动将致伤的受害人送到医院进行抢救，

---

① 刘方权：《刑事和解与辩诉交易》，载《江苏法官学院学报》2003 年 7 月。

这表明了对自己罪过的负责和悔悟，然而未能成功。李飞毫无逃避法律追究的行迹，只因自己身上没有手机，口头委托身旁的人向公安局报案，这显然是属于自首情节，而当时的报刊也报道了李飞有自首情节。然而因为受托人的另有所图把委托报案述称为"自己报案"，从而否定了被告的委托行为。这显然是很不公正的。被告有证据证明自己曾经委托他人报案，而报案人只是自己一人所称，并无旁证的证实。对此种情况对报案人自身所言的孤证应做"疑证从无"看待；相反，对被告的供词及其旁证证据的真实性应当确认，从而应做有利被告的推定，即推定为实属被告委托他人报案的自首。其实这也就是还原事物的本来面目。诉方对此也可以考虑予以认同。

鉴于辩诉双方上述前提条件的存在，故我们建议可以从刑事法学理论和刑事司法实践上做一次有益的刑事司法上理论和判例的辩诉协商的探索，在绵阳市司法改革中就辩诉协商的诉讼方式做一次有益的判例尝试。此建议当否，谨请批示。

附：（略）

1．《最高人民法院、最高人民检察院、司法部关于适用普通程序审理"被告人认罪案件"的若干意见（试行）》。

2．上海市人民检察院第一分院副检察长沈新康：《也谈辩诉交易》，载《华东政法学院学报》2002 年第 6 期。

3．华东政法学院刑事诉讼法学学科带头人：《聚焦"辩诉交易"》，载《华东政法学院学报》2002 年第 6 期。

4．刘方权：《刑事和解与辩诉交易》，载《江苏警官学院学报》2003 年第 4 期。

5．夏吉先：《论刑法的因果并重观》，选自著作《刑事源流论》。

6．被害人父母和被告人父母达成的《民事赔偿协议》。

7．《受害人父母对犯罪嫌疑人李飞的谅解书》。

辩诉交易的理论基础，自然是契约关系理论。这与传统的国家追诉主义观念显然是格格不入的。因此，人们与它产生距离，在思想上发生碰撞，乃是自然而然的。该案尝试成功的第一条经验，就是克服参与诉讼诸方的思想障碍，减少一点国家追诉主义观的程度，吸纳一点契约平等观念。第二条经验，就是在被告人与被害人的利害关系之间做好权衡利弊工作。具体说，就是以被告人以必要的经济补偿，换取被害人支持被告人请求法院从轻判处的谅解。第三条经验，从我国国情出发，适当将引进的法律用语和相关规范酌情变通。如将"辩诉交易"改为"辩诉协商"，对诉辩双方的协商条件做切合客观实际的合理分析，以达成各方适度的认同。

以上判例说明，源于英美的辩诉交易，适当应用于我国刑事司法，是会产生其有益的司法效果和社会效应的。但要注意的是，应用必须适度，而且前提条件是要案件本身具有辩诉交易的一定条件，才能适用辩诉交易。如果本身不具有一定的条件，而去适用辩诉交易，其结果不免会造成刑事司法的混乱。此种情况是必须杜绝的。

## 三、辩证对待实体公正与程序公正，对违背国家法律规定的所谓公正应当纠正

何谓实体公正？又何谓程序公正呢？当代"正义理论集大成者"罗尔斯（john rawls）认为：实质正义（substantive justice）是关于社会的实体目标和个人的实体性权利与义务的正义，它包括政治正义（或宪法正义）、经济正义（或分配正义）和个人正义，其中政治正义和经济正义合称社会正义。形式正义（normal justice）又叫"作为规则的正义"（justice as requlative）或法治，其基本含义是严格地一视同仁地依法办事。实质正义与形式正义的差别，在于前者对正义的要求是实质性的，后者对正义的要求是形式上的。以平等为例：实质正义所要求的是人与人之间的事实上的平等，而形式正义所要求的只是形式上的平等或法律上的平等。关于法律规则的内容本身是否正义和坚持它能否达到正

义则是在所不问的。由于形式正义仅要求法律适用的公平性和一致性，因此，形式正义就可能包括了某些实质的非正义。①

实体正义与形式正义，如果从正义的整合性来看，它们乃是一对相对的概念。我们可以从这样的三个角度来观察它们之间的相对性：①相对于法律规范中体现的"实体正义"而言，程序正义强调的是法律适用中的操作规范的公平；②相对于通过审判而所达到的"结果内容的正义"而言，程序正义所强调的是审判过程的严格的平等；③相对于纠纷解决中情理与规则的综合平衡所追求的"实质正义"而言，而程序正义所强调的乃是规则所体现的形式上的合理性。可见，形式正义与实质正义二者既具有同一性而又具有相异性。所谓同一性，是指二者的相互吻合，即达到了形式正义与实质正义的等同。所谓相异性，是指二者并不相互吻合，即达到了形式正义，就损害了或一定程度地损害了实质正义；或者达到实质正义，就损害了或一定程度地损害了形式正义。在同一性情况下，自然不存在对司法的正义产生质疑。在相异的情况下，对司法的正义产生质疑，就不可避免。同时，我们还需看到，社会现象十分复杂，公正的问题也十分复杂。遵守法律的规定，固然可以依法实现公正，而规避法律也可能实现法外的"公正"。面对这种情况，应作如何的选择呢？请先看笔者前不久作为律师所办理的一件涉及连续计算工龄的劳动争议案。该案一、二审都已结案，换句话说判决已经生效，现已进入到申诉过程。为了减少文章篇幅，故只将该案《申诉信》作一刊载。该案的症结所在，在其申诉信中表述得十分明确。

### 给某市中级人民法院审监庭的申诉信

我们是（2003）某市一中民一（民）终字第 2123－2152 号上诉人，二审判决回避《劳动法》第十七条、《上海市劳动合同条例》第九条规定之原则，无视最高院和市高院的具体司法解释，回避了被上诉人应当告知李某按连续工龄计算补偿的事实，认可贝尔借"员工自愿离职计划"之名行裁员之实的规避法律行为为合法，认定其提供的格式文本有效，于法相悖不能令人信服。

贵院判决书第一点显然没有仔细对照 2001 年 3 月 22 日最高院审判委第 1165 次会议通过的《最高人民法院关于审理劳动争议案件适用法律若干问题的解释》第六条规定，员工增补的请求是"员工自愿离职计划"中的一部分，依该解释可以免除仲裁申请的前置程序。第二，法官应当以法为官，判决书显然颠倒了位置。公司规避法律的作为自然和法规特征有不符之处，其策略是为达到裁员目的服务的。某市至今没有一家企业的实际裁员按裁员法规上报批准，这和法官不依法判决也有很大关系，这些法官究竟将法律、法规的制定者置于何处？法律是应当遵守还是可以规避？这些重大原则问题是不容混淆的。第三，贵院把我们的争议起算日定在收到离职补偿金后，显然和事实不符，也和高院依据国情、民情作出的解释不符。第四，法院无视法规确定的老员工的权益，贝尔前工龄的补偿请求成了"于法无据"，和某市的二中院对杜某案的判决相比，在同一个城市的法院对法规的理解和判决相异。从本案的诉讼时效看，上诉员工当时完全相信了公司的计算，只是看了《案件聚焦》（97〔5〕期），才明白杜某一审的 8 个月补偿为什么到二审被纠正为 35 个月的补偿，才知道自己进贝尔前的工龄不计算补偿是利益被侵害，才引出了公司安排的三方会谈，才导致员工对公司正式答复的不满而把争议提交仲裁，进而到法院展开诉讼。依据某市高院 2002 年 2 月 6 日《关于审理劳动争议案件若干问题的解答》（22 条）认定的劳动争议发生之日，我们向仲裁庭提出申诉都在时效日内。

从"要约论"看，公司推出"员工自愿离职计划"解除劳动合同，其行为本身就必须依《劳动法》和《某某市劳动合同条例》等法规办，"计划"与法规有不符之处，"贝尔前工龄不计算补偿"又未在其要约中，员工和公司也从未就此协商，何以能确定一致呢？员工在格式化要约上的签字和诉讼请求"贝尔前工龄的补偿"又怎么能联系在一起呢？

---

① Mauro Cappelletti and Bry aut G·Garth，International Ency clopedia of comparative law Givil procedure、Intraduetion，p. 43，1986 by Martinus Nijhott publishers.

从"裁员论"看，不到一个月公司就减员近15％，其行为实质、其资金出账享受的政府优惠、员工流向社会的安置办法等都明白告知了社会和舆论：公司在裁员。公司对"法律是准绳"认识不足，工作中出现偏差；应当告知未告知，一个计划二种执行情况；不该给出的给了，该给予的没有到位；钱没有少花，法理上难圆其说。因此应当依法承担过失和偏差责任。

我们本想通过贵院主持下的调解进一步弄清应当如何正确认识本案和处理本案，同时给公司一个台阶下，但是公司最终拒绝了。对于终审判决，我们也应再次反躬自问：是学法学歪了，还是"民本不该告官"？法学专家告诫我们："权法之争从来没有停止过，某些官员只看GDP增长而不顾及国法、不顾及国民经济的综合效益和人民的满意程度终将走上歧路。"为了法律的尊严，为了国家法治的健全和社会的长治久安，我们愿做法律大树的维护人，让后人受益，因此缺乏令人信服的解释我们是不会罢休的。人治的受害者是最广大人民，也包括了那些始作俑者，法院应当鼓励更多人学法、护法，而不是纵容规避法律的行为。

请予重新审查案件材料并给予正式回复。

附：（2003）某市中民一（民）终字第2123—2152号判决（略）

申诉员工代表 蔡××
2003年11月17日

在这里，对于该案件申诉的前景，我们无需去作结果的预测。因为这对理论研究来说并非至关重要。我们最为关注的是用程序正义和实质正义的尺度来衡量现有的终审判决，理性地看待判决本身的得失，为了对此作出回答，有必要探讨下列几个相关的问题：

（1）程序法的规范体系，可以肯定是程序正义的基本标准。但我们又不能把程序正义的标准简单地简化为程序法的规范体系，因为程序法规范本身也存在着规则的刚柔性和伸缩性。但是，原则上必须坚持对规范的执行。

（2）实体法的规范体系，可以肯定是实体正义的基本标准。同样，我们又不能把实体正义的标准简单地简化为实体法的规范体系，因为实体法规范本身也存在着刚柔性和伸缩性。同样，原则上我们必须坚持对规范的执行。

（3）程序法适用的对应事实，可以肯定是以程序法规定的基本事实。但对其基本事实认识到什么程度却也存在着一个定位的问题。有的人以事实具有相对性为由，对我国《民事诉讼法》中确立的"以事实为根据"的原则提出质疑，并指出下一次如果修改《民事诉讼法》，就没有必要再强调"以事实为根据"这一个比较含混的指导理论了。对此种观点，很值得商榷。笔者认为，凡是事实，总是一种存在现象。所谓法定事实，就是指法律规定范围内的对应存在现象。凡存在现象，总是有表有里的，相应的证据乃是表见事实的体现和载体；同样，相应的证据又是里见事实的体现和载体。我们不能无视载体的存在性。对法律规定范围内的对应现象，应当定位到对表和里的明确认证，才能做到明断是非。如果以"认知相对性"为借口，或以"诉讼效率"为借口等，而只把审认事实定位在"表象"上，甚至对表象的定位认知也取消掉，那么，所谓的程序正义，不就成为无源之水，无本之木了吗？还谈什么正义与不正义呢？

（4）实体法适用的对应事实，同样可以肯定是以实体法规定的基本事实为准。但对其基本事实认识到什么程度，同样存在着一个定位的问题。至于应当定位到什么范围和程度前条已经陈述，在此不再重复。这里要补充的是：法定的事实范围也有一个时间和空间的问题。凡是没有出台新的法律法规、仍然还有效的法律法规所对应的实体事实，都显然是包括在确认范围内的实体事实。这就是定位确认事实要有周延性。认定事实缺乏周延性，显然就缺乏了公正性，同样会造成审判结果对实体正义的偏离。

当我们在探讨了上列四个相关问题后，再来探讨该案终审判决的得失，就比较客观了。现在就判决在认定事实和适用法律上作一个简要的对照，限于文章篇幅，只就程序和实体中的两个关键问题作个对照。

（1）公司裁员是客观存在的事实。但是公司并没有按照裁员的程序法规的规定进行裁员，而是用公司拟订的"员工自愿离职计划"的方式进行裁员。换句话说，没有把裁员事实纳入法定事实，即规避了程序法。当然，这也是由于员工认同了"自愿离职计划"。全面的看：公司主动地规避了裁员程序法，员工也被动地规避了裁员程序法。法院判决对双方的这种规避未作否定，是否可以看作法院也随之规避了裁员程序法呢？如果要主张法定程序公正，那就只有执行裁员程序法，才实现了程序公正。而"员工自愿离职计划"的自制程序，显然是法外的程序，如果说也存在公正，也只能是非法定的公正。面对二者究竟应做何选择呢？这的确是一个严峻的问题。显然，现有判决并没有选择法定的公正，而是选择了非法定的公正。

（2）连续计算工龄是我国有关政策法律的规定。但是公司对绝大多数离职员工没有按照政策法律的规定作连续计算。而是只按照在该公司工作的年限计算。这无疑是公司在对实体法规定的规避。由于员工在这样计算的"自愿离职计划"上签了字，也可以认为离职员工在不知有此规定的情况下，也成了"规避"这项实体法规的法盲。法院对双方的这种规避未作否定，是否也可以看作法院也随之规避了这一实体法规呢？如果要主张法定实体公正，那就是只有按照连续计算工龄的实体法进行计算，才算得上实现了实体公正。不连续计算工龄的计算其所谓的实体公正，显然是非法定的实体公正。面对二者究竟应做何选择，对选择者无疑更是一大考验。然而现有的判决并没有选择法定实体公正，而是选择了非法定的实体公正。

对于本案来说，无论对程序公正和实体公正的实现，都面临着选择法定和非法定的困惑。如何才能正确地权衡得失，作出恰当的选择呢？笔者无需来下结论，请读者们发表宝贵意见。

## 四、关于程序公正观念制度的几点浅见

科学是没有国界的，具有科学性的法律制度文化同样也不受国界的阻隔。源头在国外，引流于国内；相反，源头在国内，流向于国外。这不仅是应当的，而且是必要的。因为世界各国只有相互吸取各自必要的法律制度文化的养分，才有助于推进和完善自身的法律文化制度；同样也才有助于促进各国的必要的法律文化制度的接轨，以及法律文化制度的共同繁荣。

但是，虽然同处于同样一个时空段的世界各国，因各自的历史传统与现实走向、人文环境与自然环境上的种种不同，在引流文化上，总是存在着要正确解决适应自身的适应性问题。解决得好，肯定是有利自身；解决得不好，也不可避免会有损自身。笔者认为，解决这个问题的总的原则，就是要"鉴源别流，审时度用"。我们现在把英美的程序公正观念制度引流于我国的司法实践中来，的确于推进我们的依法治国、完善我国法律制度的公正性是有利的。因此，我们对于理论上的宣传和实践上的运用，首先都必须给予肯定。但从目前的现状来看，在宣传和运用上存在的问题是：囫囵吞枣的多了一点，审时度势的少了一点。故我们有必要强调一下在运用上的审时度势问题。为此，笔者从抛砖引玉的目的出发，在这里谈谈一管之见，以期与理论界和司法各界的同仁们共同探讨。现将管见之基本要点列举如下。

### （一）审时度势要点之一

有些案件，在程序公正与实质公正上，相互是吻合的，具备了实现司法公正的比较完美的条件，因而依法作出的判决，也就无可挑剔；但是有的案件并非如此，严格遵循了程序公正，就必然有损于实质公正，反之亦然。面对此种态势，笔者认为，宁可有损于一定程度的程序公正，而不应有损于基本的实质公正；如果二者的相异性悬殊，笔者认为就应当考虑二者之间的适当平衡，而不是所持一端的下判。实现这种平衡的法律机制，是调解机制的运用。如果一方是坚持不调解，乃应当对这样的调解引入法律强制的"属性"。否则就谈不上公正平衡性的实现。

### （二）审时度势要点之二

在现阶段市场经济的法制化程度比较低、诚信度比较差的背景下，违背国家法律规定而自行章法

签订合同的情况，大有所在。而且在观念形态上，把双方认可的东西，也就视为了"公正"。笔者在此也就顺其自然，把这里的公正分为"法定公正"和"法外公正"两种。我们知道，"法外公正"总是不同程度的有背于"法定公正"的。司法面对此种态势，应当做何选择？笔者认为，应当维护法律的尊严，选择"法定公正"作出判决，对于"法外公正"应当视为无效。

### （三）审时度势要点之三

程序正义并不仅仅是指程序本身的完善与否，而还应指公正观念的价值取向。我们必须一方面在传统实质正义观上作减法，另一方面在现代程序正义观上作加法。一减一加有一个过程。在我国的社会主体中，从传统与现代这个视角来分类，无疑可以分为传统观念社会主体和现代观念社会主体。我们的审判必然面对这两种类型的社会主体。笔者认为：对两类不同的主体，在相当一个时间段中，应当把握好主体间的接受度。尤其对传统社会主体，宜适作减法和加法，不宜操之过急。

### （四）审时度势要点之四

随着程序公正制度的推行，将会带来诉讼主体的诉讼成本的增加和精神负担。对当事人而言，除了诉讼费之外，还包括为了举证或调查而必须支付的费用。由于庭审中辩论辩护作用的增大，为了保证辩论的质量，避免风险，当事人也将不得不越来越多地聘请律师作诉讼代理人。其诉讼的经济损失，对于经济较发达的沿海地区和对于经济发展较缓慢的内地、对于经济比较富裕的主体和经济拮据的主体来说，其负荷作用是难以同日而语的。因此，笔者认为，针对不同的地区和不同的主体，对程序公正制度的推行速度是应当有所区别的，对法律援助工作的力度也应当审时度势地加强。

# 第十三篇 论"本防"与"标防"并重的价值观

最高人民法院召开《刑罚适用及其价值取向》的研讨会，对于促进《刑罚学》的理论发展和我国刑罚的实务运用，都有着十分重大的意义。黑格尔在《法哲学原理》一书中曾经指出："刑罚理论是现代实定法学研究得最失败的各种理论之一，因为在这一理论中理智是不够的……"① 可见要使刑罚理论的研究走向成功，而至关重要的即是要强化理论的"理智"性，克服不理智的趋向。在人类社会处在蔚然壮观的科技进步的今天，也为我们创造了理智研究刑罚的大环境，这对于《刑罚适用及其价值取向》的研究来说，乃提供了较良好的氛围条件。本文以《论"本防"与"标防"并重的价值观》为题，其本意在于把预防犯罪的价值与惩罚犯罪的价值结合起来加以考察，强调人们不仅要重视"标防"价值，更要重视"本防"价值。不知是否能阐述得清楚，望同仁们多多惠正。所谈问题如下。

## 一、什么是"本防"与"标防"并重的价值观

什么是价值？这是一个很难下的定义。尽管人们天天都会用到价值一词。不过在经济交往中，人们对价值却有一种看得见、摸得着的感觉。价值是怎么产生的？正如马克思所说："价值这个普遍的观念是从人们对待满足他们需要的外界物的关系中产生的。"② 所以价值的概念具有这样的几层意思：第一，价值产生于主体（以人为主的）与其客体之间；第二，主体的某种需要能得到客体功能的相应满足；第三，客体的功能是由客体的属性所决定的。那么刑罚的价值是什么呢？所谓刑罚的价值，乃是指作为客体的刑罚，具有满足属于主体的社会与社会成员需要的属性功能。可见，刑罚的价值也是由这样三个要素构成的：第一，社会的需要；第二，具有惩罚的属性；第三，能发挥应有的社会功能作用。刑罚功能有的学者称为刑罚机能。究竟刑罚有哪些功能呢？有诸多机能之说。其中"七机能说"是比较全面的概括，这就是：①刑罚有报复感情绥靖机能；②刑罚有保安机能；③刑罚有赎罪机能；④刑罚有预防机能；⑤刑罚有规制机能；⑥刑罚有保护机能；⑦刑罚有保障机能。③ 正是刑罚具有这样的功能作用，所以刑法才在法律体系中具有十分重要的地位。因此，我们有必要对刑罚的功能作用，予以充分的发挥。

但是我们也必须看到，刑罚属性所能发挥的功能作用是有其质的规定性的。这正如任何事物属性所发挥的功能作用，都具有相应的质的规定性一样。超出质的规定性的功能，就显然要超出属性所许可的功能范围的，因此都要有个"度"与"量"的界限。适用刑罚也不例外。然而在人类进化发展的历史长河中，无论从刑罚理论上和刑罚适用上，丧失"理智"的情况都往往存在。以我国古代刑罚理论看，韩非的"严刑重罚"④ 的价值观，对我国重刑思想的形成有着深厚的文化影响，把对犯罪问题的解决，更多都寄托在刑的多用和重用上。然而刑法学毕竟是治标学，在其七大功能作用中，尽管也有预防犯罪功能，但也是"标防"，不可能起到"本防"的作用，即不能发挥到"以刑去刑"的超功能作用。因此，有必要纠正超出刑罚自身功能作用的重刑思想，要把重在"标防"转变为重在

---

① ［德］黑格尔著：《法哲学原理》，范杨等译，商务印书馆1961年版，第101页。
② 《马克思恩格斯全集》（第19卷），人民出版社1963年版，第406页。
③ ［日］西原春夫著：《刑法的根基与哲学》，顾肖荣等译，上海三联书店1991年版，第30～31页。
④ 《奸劫弑臣第十四》，选自《韩非子集释》，上海人民出版社1974年版。

"本防"上来。应取其"本防"与"标防"并重的价值观，而不取"标防"独重的价值观。什么是"本防"与"标防"并重的价值观呢？它具有这样几层意思：第一，要看重"本防"，而不独重"标防"；第二，要着重未然犯罪的防范措施，不可着重对已然犯罪的用刑。当然，人们可以说我们常常都说的并重，而没有说独重，但由于重刑思想植根于我国社会源远流长，从"标防"出发进行防范已根深蒂固。对"本防"的价值既未能真正深入研究，更未能引起社会的根本重视，所以强调并重并非无的放矢。

## 二、对重刑与多刑负面价值的认识

什么是重刑？这是一个一句话很难回答的问题。这里涉及三大基本问题：其一，刑罚的制量因素；其二，刑罚的裁量因素；其三，实现刑罚功能作用的社会因素。把这些因素有机组合起来，不难看出形成了一种刑罚的价值系统结构。在刑罚的价值系统结构中，它存在这样一些价值，即：正价值与副价值、现实价值与潜在价值、个别价值与普遍价值、初始价值与终极价值，原发价值与派生价值等等价值走向。[①] 刑罚的轻重即关系到对这些不同价值作用的确认和选择问题。以什么作为价值，是刑罚的制定与执行中必须加以明确的问题。然而对不同价值的确认和选择却并非偶然，是因其各种因素而决定。总的看来，时代是其中的决定性因素。综观人类发展的进程，大体经历过这样一些不同的价值选择：在血族复仇的时代，刑罚选择的是以牙还牙、以眼还眼的绝对的报复价值；在文艺复兴后的相当长的历史时期，刑法学家和思想家大多都主张刑罚预防犯罪的价值；19世纪末20世纪初，欧陆刑法学家们又极力倡导刑罚应选择社会防卫的价值等。这些刑罚价值选择的变化与时代的变化是基本一致的。我们知道从复仇时代——威吓时代——博爱时代——今天的科学时代[②]的变化，导致了刑罚选择的时代性变化，从而推动了刑罚制度的重大变革。变革的层面有诸多，以刑罚量而言，其总的趋势是由重变轻的趋势。说到这里，我们就可以说什么是重刑了。所谓重刑就是不符合时代发展总趋势而选择的刑罚价值。什么是多刑，乃是指原本就不需要选择其刑罚价值而却选择了的刑罚价值。

我国今天虽然已经置身于科学时代，但是社会的各个层面未必就都能适应这个时代，社会的各阶层的人们未必就跟上了这个时代。因此也未必能准确选择刑罚的时代价值。其具体表现的方面尚多，其中对刑罚的正面价值认识过头，对刑罚的负面价值缺少认识，就是一种突出的表现。在这里谈谈刑罚的负面价值，也无非是强调一下对这方面的认识。

什么是刑罚的负面价值？所谓负面价值，乃是一种否定性的价值。它是客体与主体对互动作用的结果的否定表现。与正价值相比，负价值乃表现为负效应。对主体来说，即具有害、妨碍、败坏的功能作用。所谓刑罚的负价值即刑罚的负效应，一般称为刑罚的消极作用。这种价值功能是伴随刑罚正价值功能而产生的，其伴生的过程就是制刑、量刑、行刑的过程。刑罚有哪些负面价值呢？我们可以从其产生中加以观察。

（一）从立法上观察

我们知道立法的不科学必然会带来司法的不科学。立法的科学性，简要来说，就是法律创制反映的社会进步的规律性。刑罚立法的科学性自然也不例外。如类推制度在人类法律制度演进中的确曾发挥过积极作用，但它存在侵害公民自由权利之嫌，我国现有的立法就将其废除，而明确确定了"罪刑法定"。但是"罪刑法定"与实际司法毕竟存在一定的"距离"，而笔者认为"司法解释"就是解决这个"距离"问题的一种立法。如果说"类推"有可能产生负面价值，用"罪刑法定"加以克服，那么没有"司法解释"，"距离"问题得不到基本一致的解决，整个司法的负面价值也不可避免会产生。所以，"罪刑法定"与"司法解释"二者结合，就更符合立法的科学性实际了。从对立法的观察中，我

---

①　谢望原：《刑罚价值论》，中国检察出版社1999年版，第63页。
②　邱兴姓、许章润：《刑罚学》，中国政法大学出版社1999年版，第15～22页。

们不难悟出，不科学的立法，有可能产生对公民的自由和权利的不法侵犯。

（二）从司法上观察

"刑罚"之于罪犯的承受，是关系到罪犯整个肉体与心灵的承受，而且还波及家庭、亲友、社会相关人员的心灵的承受。对于罪犯来说，承受这种痛苦是要使他们"深深的体会"到自己行为的非正确性，因而促成痛改前非的效果。但是，我们也不难悟出，刑罚对人类感情有着多可怕的摧残。因此，在司法中慎用重刑、慎多用刑是十分必要的。我国现有刑法对人权保障十分重视，把原来的"有罪推定"改为"无罪推定"，但是在目前的司法环境中很难推行。不是法官不知法，而是有的法外权力在"强奸"着法。这种于国家法律不顾，于人类正义不顾的现象，也时有发生。这不能不说是刑罚的又一负面效应。

（三）从制刑、量刑、行刑的全过程观察

一个国家要推动刑罚这部机器的运转，是需要付出高昂的成本的。司法成本体现为对人力、财力、时力、智力、精力的付出。此文不需多言，国家的财政支出自然明白地显现出了司法成本。其必要的付出，乃谓正价值，而非必要耗费，乃是负价值。

## 三、"本防"与"标防"正面价值的整合实现

最好的体现刑罚的正面价值，尽可能减少刑罚的负面价值，这是我们研讨这一问题的出发点。"至于实施刑事责任的方法，惩罚手段是相当重要的。那么，惩罚究竟是不是实现这种责任的唯一方法呢？"[1] 这是苏联学者们在探讨《苏联刑法的研究方向》时，提出来的问题。而我们今天在研讨《刑罚适用及其价值取向》时，也有必要回答这一问题。笔者认为，从预防犯罪角度讲，施用刑罚乃是为减少犯罪的产生，但这种防范性质，属"标防"性质，要从根本上减少犯罪的产生，国家与社会都必须着力实现"本防"才是。"本防"与"标防"相整合才能更有效地达到尽可能减少犯罪产生的最佳效果。所以刑罚不是减少犯罪产生的唯一方法，当然更谈不上是最上乘的方法。但是刑罚的正面价值必不可少。因此，最佳的方法是"本防"价值与"标防"价值的整合实现，而且在一定层面或程度上，"本防"价值可达到取代"标防"价值的作用。要实现二者价值正面的整合，笔者认为应当探讨下列一些问题的解决。

（一）科学地减少刑罚的制量与裁量

这个问题要从刑法与刑罚的规范属性说起。古今中外的刑法与刑罚的规范，都是对行为与行为结果的规范，都没有对行为之所以产生的原因进行过规范。这是为什么呢？笔者认为：第一，是原因无"形"，而且十分复杂，难于规范；第二，从刑罚价值选择来看，刑罚的制刑者，也不可能去规范。但是，无论是社会学家、犯罪学家和刑法学家，特别是李斯特更明确地阐述了犯罪的形成，从总体看来是来自两种原因：一是来自行为人本身的原因，二是来自社会存在的原因。这种认识显然是科学的认识，已经成为了没有争议的认识。当然，刑法与刑罚都既没有对行为人主体原因有何规范，也没有对社会存在原因有何规范。其规范只根据行为状态及其结果状态制定出了刑罚量。这是排除了原因而确定的刑罚量呢，还是包涵了原因在内而确定的刑罚量，亦或是排除了社会存在原因而包涵了主体原因而确定的刑罚量？这都很不明确。而事实上没有某种原因的引发，就没有某种行为的产生，也就没有某种行为的结果。因此避开原因而确定的刑罚，显然是欠科学的刑罚。按照黑格尔的说法，乃是缺少"理智"的刑罚。我们知道"社会学'互动理论'的一个重要的观点就是，社会必须对犯罪者的行为负一定的责任"。[2] 笔者认为，首先应从立法上突破，探索其问题的解决。立法不应当回避形成犯罪的社会存在原因对主体的影响甚至决定性作用，以及相应承担的责任。当然这不是哪一个国家的立法

① ［苏］H. 礼戈罗德尼科夫、H. 斯特詹奇科夫：《苏联刑法的研究方向》，王长国译，载《国外法学》1982 年第 1 期。
② 谢海生：《对中国腐败问题的深层解构——一个多维视野下的范式和悖论》，载《中国刑事法杂志》2002 年第 5 期。

问题，而是整个人类的刑事立法需要关注的问题。

立法不明确，自然带来司法上的不明确。凡刑案都有被害人与加害人。有一类刑案，作为社会的自然人或单位人，显然对形成该案具有一定的责任，如果本着科学的态度，可以采取量化的方法，将其责任量化成"刑期"，在加害人依法应当受到的判刑量中扣除其被害人的量化"刑期"，实现科学地减轻刑罚。但是没有见到一个法官这样做，因为制刑者没有制出这样的规定。还是不管被害人本身有什么责任问题，依然只按照加害人的行为和结果现状判刑了事。当然在司法实践中也有个别法官关注案件的形成"因素"，把这种"因素"作为确定刑罚量中的一种添减剂。笔者认为，应当主张"提高适用刑法的'含科量'"[①] 从司法中创造量化形成犯罪的社会原因的经验，为立法提供相关的材料，从而推进立法的完善。同时，本着科学和公正的态度，试行刑罚"当量公式"，即按照法定罪刑量刑，确定加害人的刑罚总量，减去被害人应负原因责任的计算量，从而得出加害人应受刑罚惩罚的"该当量"。

### （二）强化行政处罚与经济处罚的价值功能作用

我们知道，行政处罚等非刑罚处罚与刑罚处罚的价值功能，是有着"能量"转化的效应的。对违法行为的搜索和处罚的力度增强了，起到了防微杜渐的作用了，即可减少这些人步入犯罪的门槛。行政部门、经济部门、治安管理部门，如果能把大量违法行为能在社会中就给"消化"了，就必然会减轻监狱改造罪犯的沉重负担。因此，强化非刑罚方法的价值功能作用，即自然可以减轻刑罚量的使用。

### （三）变"以刑去刑"为治本少刑

刑事法文化源远流长。如果以学派思想而论，也经历了刑事古典学派思想、刑事人类学派思想、刑事社会学派思想。江泽民同志关于腐败治理问题，强调了"要加强从源头上预防和治理的力度"，[②] 这也是为整个犯罪的治理指明了方向。从源头上治理是根本性的治理，只有绝其源，才能断其流。源治乃本治，流治乃标治，把源流治理价值整合在一起，从源头上减少了犯罪的产生，自然在流程上就减少了用刑。这样的思想，我们也不妨称其为刑事源流学派思想。

治标是以"刑罚"作为治理客体的，那么治本是以什么作为客体的呢？那就是：整个"社会系统工程"。它涉及经济、政治、文化的方方面面。因而需要抓住方方面面的源头，治理方方面面的流向，从而收到"综合治理"的价值效果。可是对治本的价值研究可以说才刚刚开始，远远不如对治标的价值研究，人们也普遍缺乏这方面的价值认识，有待今后加强研究的力度。如果将一定的人力、财力、时力、智力和精力转向对"本防"的理论学术研究、政策法律制定、创新体制机制、推广有效经验上来的话，可以预言，将会收到事半功倍的治理效果的。

（最高人民法院的《刑罚适用及其价值取向》研讨会于 2002 年 11 月在上海召开，由最高人民法院刘家琛副院长主持。本文系提交研讨会的论文）

---

① 夏吉先：《论对金融、经济犯罪提高适用刑法的"含科量"》，载《山东公安专科学校学报》2001 年第 2 期。
② 《江泽民总书记在中央纪委第五次会议上的讲话》，载《人民日报》2000 年 12 月 27 日。

# 第十四篇 建立刑事源流电子学派的构想

## 一、什么是刑事源流电子学派

所谓刑事源流电子学派，就是指充分关注犯罪与刑事法学涉源、涉流、涉界、涉边、涉新"五涉"问题的内容，而且主要以电子技术为手段来展示这些问题的透明度的一个专门学派。我们可以从下面三层意思来理解这个学派概念所涵盖的基本点。

（一）从犯罪与刑事法学的学术研究学派发展的脉络来看

对于犯罪与刑事法学的研究，我们经历了以矫正行为和惩罚行为为中心的刑事古典学派、以矫正行为人和惩罚行为人为中心的刑事人类学派、以矫正社会环境和关注社会防范为中心的刑事社会学派。随着时代的发展和犯罪与刑事法学学术研究的深入，我们进一步深刻认识到矫正人和社会都必须从社会的源头和人的源头抓起。只有断其源，才能绝其流。研究形成犯罪的源与流以及治本堵源的对策问题，从源头上减少犯罪的产生问题，是预防的首要问题。这已成了中国和国际社会相当多人们的共识。所以涉源问题就是该学派要研究的第一类问题。

（二）从犯罪的形成结构和刑事立法的细化与完善的走向来看

在自然界里，生物的生存链（简称生物链）的客观存在，已经是被公认的客观法则。在社会界中，仅就犯罪世界的社会层面来看，是否也存在犯罪产生链（或称犯罪原因链，简称犯罪链）呢？笔者对此是持肯定的态度的。对任何个案的形成而言，它都不同程度地有"链"在起作用。但由于犯罪产生的结构类型不同，"链"的作用在大与小、明与暗、宽与窄、长与短上却有着明显的不同，根据其特征的不同，我们即可把犯罪的产生结构（也称形成结构）大体分为这样几大类型：

（1）点式型结构类型。例如，人们通常所见的单个或双人犯罪的个案类型。

（2）面式型结构类型。例如，团伙、集团、黑社会组织犯罪等犯罪类型。

（3）对偶型结构类型。例如，人们通常见到的行贿与受贿等犯罪类型。

（4）源流型结构类型。这是一种有源头、流程、流尾的犯罪结构类型，都是可以从流尾沿着流程而寻到源头的。从犯罪现象来看，如尽人皆知的毒品犯罪，即可以从吸毒者、贩毒者、储毒者、运毒者、制毒者的流程，最终追溯到种毒者。当然类似此种犯罪，既是因为占有了相当的比重，又是因为这种源头、流程、流尾，不仅是流经一个国家，往往跨越了世界多国甚或各国。这种发展趋势，引起了犯罪问题研究者的高度重视。

犯罪学是从事实上研究犯罪的学科。刑法学是从规范上研究犯罪的学科。犯罪学的研究，必然推动刑法学的研究，推动刑事立法和司法上的发展。我国刑事立法者们在这种犯罪类型的立法上的细化和完善，也就吸收了犯罪学在这方面的研究成果。这方面需要研究的问题十分广泛，这里不可能一一列举。所以治标截流问题就是该学派要研究的第二类问题。

（三）从犯罪学和刑事法学需要面对的各类纷繁复杂的界边问题来看

社会由纵横交错的各界组成。地球由经线、纬线来确定其空间定位。界与边的问题，在高科技和经济全球化日益发展的新世界里显得更加需要研究。作为犯罪学和刑事法学，必须面对曾经未能充分发展也未能引起人们重视的界边问题。例如，从地面上的源流型犯罪到网面上的源流型犯罪，就有相当大的比重是跨境、跨国的犯罪。而且在网面上的跨境跨国犯罪已经突破了传统概念的内涵，涉界、涉边的新问题将会更多、更复杂。又如，学有界，域有区。就法学来说，也有诸多部门法。就一个国家来看，也有诸多的行政划区。在犯罪的预防与刑事法学的管辖与处罚问题的研究上，就碰到了诸多应当"连接"的学术板块很难"连接"，应当"架桥"的地域板块很难"架桥"，应当"沟通"的领域和行业部门很难"沟通"等问题。所以搭界通边的层面问题，也是该学派作为重点研究的一个方面。

## 二、为什么要建立刑事源流电子学派

**（一）任何事物都是从一个相对存在的起始点发展而来的，犯罪的产生和蔓延也不例外**

"努力从源头上预防和治理腐败"，[①] 这不仅是中国最高领导层的号召和要求，而且也是全国上下的共识，尤其对源流型这类犯罪来说，更是如此。从源头上铲除犯罪滋生的土壤，虽然是一种传统的预防犯罪的思路，但毕竟是预防犯罪的持久方略。尤其是有了"制度创新"思想作指导，乃使传统方略更焕发了防范的风采。因此，我们必须坚持这一根本方略不动摇。

同时，从预防理论上说，这也是"情境犯罪预防理论"由适用于社区低层次升华到社会高层次的一大飞跃。因为居住环境的改变，能起到预防社会下层一般刑事犯罪的作用，而改变某些制度、机制能起到防治社会上层某些腐败和犯罪。从源头上预防犯罪，无疑是占据了预防犯罪的制高点。从另一个角度看，源头预防，是先机预防，是最早期的预防。预防工作当然应抢占制高点，应抓住先机，要宜早不宜迟。所以我们要突出"源头"二字，要强调加强"源头"预防的力度。因此，要强化对"源头"的研究。

**（二）任何事物都是动态发展的，犯罪这一事物也毫不例外**

我们这里所指的动态有其特别的内涵：第一，源流结构型犯罪，本身就具有源头、流程和流尾的形态。这就要求我们必须注意在"流程"中预防犯罪。第二，随着全球化经济的全球流动，犯罪的流动化随之会增大，其流种、流向、流速、流量都将达到空前的程度，因此要加大对犯罪的流动预防。第三，要求动态的刑事立法和动态的刑事司法能够相对反映动态犯罪的规律性变化，所以我们有必要把"流"突显出来，强化对"流"的研究，强调犯罪与刑事法学要关注时空运动的研究。学术发展应与时俱进地揭示犯罪与刑事法学的发展规律。

**（三）任何事物之间都存在着划"界"和分"类"的问题，犯罪这一事物也不例外**

划分罪与非罪、此罪与彼罪之间的界限，就是刑法学的一大任务，而且是十分重大的任务，所以必须突显"界"这一关键词。

刑法学上的犯罪构成理论，就是用来区分罪与非罪、此罪与彼罪的理论。我们国家几十年前曾引进了苏联的理论，而且运用至今。但我们已经觉察到该理论用于治安犯罪领域作为区分界线的标尺仍基本适宜，但作为区分经济领域中的违法与犯罪、此罪与彼罪的标尺就显得科学性程度较差。我们应当持科学的扬弃态度，提倡一点批判精神，提倡一点理论创新。当然，牵涉需要科学划界的问题还很多，不可能一一列举。为了不断提高划"界"理论的"含科量"，因此有必要突出对"界"的研究。

**（四）任何事物既然有了分界，就不可避免需要有某种"搭界"，对犯罪的研究也不例外**

在某种意义上说，这种搭界也称为"接轨"。例如，经济违法行为的行政处罚与经济犯罪行为的刑事惩罚问题，就涉及行政机关与司法机关的"搭界"问题。"搭界"要有法律上的衔接机制，否则

---

① 《江泽民总书记在中央纪委第五次全体会议上的讲话》，载《人民日报》2000年12月27日。

就搭不起界，就会脱节。国务院近期发布的《行政执法机关移送涉嫌犯罪案件的规定》，就是这样一种法律"搭界"机制。①中国证券法规定的证券违法行为的行政处罚，与中国刑法规定的证券犯罪行为的刑罚惩罚，也涉及处罚上的"搭界"的诸多理论与实际操作问题，也需要研究解决。在国内法与法之间，有某些条文相互矛盾冲突的现象的存在，因而性质完全相同的同类案件，因不同法院不同法官引用法律的不同，其判决结果截然相反，这严重影响了法律的严肃性和权威性。所以法律与法律间的协调整合问题，也是需关注和研究的一大问题。关于中国法律与国际有关法律的"接轨"，需要研究的问题就更多了。因此，我们也有必要突出对"界"的研究。

（五）任何事物既有中心，也就有边缘，对犯罪的研究也如此

边缘问题是最不容易引起关注和重视的问题。从学科来说，犯罪学被认为是边缘学科，因为相对来说刑法学是中心学科。从一个国家的行政区划来看，一个省的省会或一个州的州府是中心所在，其边缘是省的或州的边境。在国与国之间的边缘乃是国边境。而三边四边的交汇处，乃是我们常称的"结合部"。要预防边缘地带犯罪的产生，往往涉及多边关系的处理。如果协作不好，失控现象也就难免。因此我们有必要把"边"字突出起来，把对"边"的研究，作为学派研究工作的一项重要任务。

## 三、怎样建立刑事源流电子学派

组建一种学术社团，初步制定下列各条：

（1）名称：中国国际刑事源流电子学派联通社。

（2）选址：在中国的大学的法学院建立。

（3）方式：社团充分采用电子技术开展对犯罪与刑事法学的学术研究和学术活动。

（4）任务：主要是以下各项，但必须随时注意选择中国、国际社会中迫切需要研究解决的新课题。

①以涉源、涉流、涉界、涉边、涉新"五涉"课题为己任。以源流的时间研究为纵轴，以界边的空间研究为横轴，强化犯罪与刑事法学科学研究的时空观，强调把分门别类的法律问题，在一定范围或层面上相互联通或一体化。中国当前所组建的学术研究机构或社团，基本上都是以板块问题为研究对象的机构和社团，本社团第一个尝试以犯罪与刑事法学的经纬问题为研究对象。

②用电子手段参与参政议政，参与制度和机制创新的研究，推进政府部门开展电子政务，促进电子政府的建设。

③加强国际的沟通和项目研究与开发的合作，特别在"腐败已成为一个全球性的问题"①的今天，加强国际间的合作研究，寻求带有共性的防治对策方略，实为当务之急。

④加强多方面的联通信息交流，增进各种区际和国际朋友间的友谊。

（该篇系提交国际犯罪学会2001年瑞士巴塞尔学术大会的论文，
与福州大学肖建鸣教授同邀参会。原载《江苏公安专科学校学报》2002年第1期）

---

① 《电子政务与反腐败——汉城反腐败国际研讨会侧记》，载《法制日报》，2001年9月1日。

# 第十五篇　论建立刑事犯罪源流研究协会

前不久，笔者曾发文《建立刑事源流电子学派的构想》。[①] 今天，又以"建立刑事犯罪源流研究协会"为题，进一步阐述原有的命题。当然，前题和后题所谈之事并不是重复，而是各有其侧重。下分两大问题展开论述。

## 一、命名问题上的争议

刑事犯罪问题，上至党中央和政府、下至全社会的黎民百姓，都无不十分关注。作为国家职能部门更是重任在肩。作为学术研究机构和社会相关团体，也都兢兢业业，不遗余力。在研究和治理刑事犯罪取得卓越成效的大好形势下，职能部门之间，学术研究中，自然也有某些矛盾存在，有些碰撞的声音，有些需要相互联手才能解决的共同问题。这里，无需一一述说，只听听学界发生的某些碰撞之声就足以略观余效。

（一）"先后论"

"先有刑法学还是先有犯罪学"，这是有的学者提出的问题，至今还是难以回答。正如是先有鸡还是先有蛋的问题一样回答不清。还记得，当时在上海提篮桥监狱学术会议上，大家就"先有刑法学还是先有犯罪学"问题各抒己见。自然也都没有得出为大家都能接受的结论。当然，武汉教授率先所提的这一问题，并非旨在学术上的回答，或者说叫"醉翁之意不在酒"。问题是他倡导在华东政法学院成立"犯罪学系"。作为"犯罪学"没有得到学界的应有重视，本身不具有独立的学科地位，只是附庸于刑法学。他主要目的就在于为"犯罪学"叫板。我认为呼吁学界重视这门学科是完全正确的。如果说要论"先"与"后"，这就要看怎么个论法了。因为犯罪学是从事实的角度研究犯罪，刑法学是从"规范"的角度研究犯罪。犯罪学研究犯罪旨在预防犯罪的未然，刑法学研究犯罪旨在惩罚犯罪之已然。从预防未然与惩罚已然看，犯罪学应在先，刑法学应在后。然而从学科发展来看，因为刑法学的背景是刑法的立法，背景很硬，而犯罪学的背景是全社会（社会或者国家对预防未然犯罪属于软性，远远不及惩罚犯罪立法之硬性），二者相比，刑法学远远先于犯罪学的发展。如果说"历史社会"使犯罪学未能取得独立的学科地位的话，但可预言"现实社会"和"未来社会"必然会为犯罪学的发展提供充分的重视和条件，犯罪学的独立学科地位形成，只是时间的问题。

（二）"大刑法学论"

有相当多的学者都主张用"大刑法"的概念。作为哲学社会科学的分类，法学是一个独立的门类。而刑法学乃是法学的一个部门，换句话说，它归类于法学，刑法学是法学门类中的独立学科。在刑法学头上加个"大"字，就意味着可"包容"非刑法学的相关学科。作为命题来讲，"大刑法学论"自然要优于"先后论"。因为前者有统筹的旨意，后者似乎有"相争"之嫌。的确，在学术研究中，刑法学与相关的学科确实都涉及了某些层面的问题，需要联手研究才能解决，主张必要的统筹既是实际部门的需要，也是学科发展使然。采取大刑法学方式来组织研究活动，对相关问题的研究是有好处的。换句话说，比不采取联手研究的"各自为政"要好。从这个层面看无疑是合理恰当的。

---

① 夏吉先：《建立刑事源流电子学派的构想》，载《江苏公安专科学校学报》2002 年第 1 期。

（三）"刑事源流论"

储槐植教授提出的是"刑事一体化"。笔者的"刑事源流论"观与"一体化"观是一致的。但"一体化"采取什么形式来体现呢？储教授是以犯罪学—刑法学—监狱学三位一体为形式，[①] 而笔者则采取"源流"的逻辑形式来体现。"刑事源流论"与"大刑法学论"相比较，主要是一个"法"字之差。为什么命题为"刑事源流论"呢？主要有三个理由：

第一，从犯罪源流上看。基本上可以将相关学科予以自然排列。即：学之源头——刑事犯罪学，学之流程——刑事侦查学、刑事证据学、刑事司法鉴定学、刑事检察学、刑事诉讼法学、刑法学，学之流尾——刑事监狱学。这个排列能够一目了然地看出它们之间的相对独立性和相互联系性。

第二，从相关学科的非"法学"性质一面来看。上面排列的相关学科，有的很显然是界定为法律学科的，特别是刑法学，其次是刑诉法学。但有的学科就不能明确界定为法律学科了，尽管也具"法"的一面性。比如刑事侦查学、刑事证据学、司法鉴定学，它们既具有自然科学性质一面，具有其他社会科学性质的一面，当然也具有"法学"性质的一面。因此用"法"去包住它们，就算"包"住了，也是不能"容"下的。"法"概括不了它们的整个内涵，或者说概括不了它们的核心内涵。既然如此，就不如把"法"字去掉更为科学。但因冠了"刑"字，即标明与刑事相关，也不无"法"意。

第三，从学术研究的平等层面上看。作为刑事学，从学之源头，到学之流程，再到学之流尾，是一条龙式的整体，很难说哪个重要，哪个不重要，哪个是"大"，哪个是"小"。学科不分大小，在学术上一律平等。当然，在不同环节上，各有不同的功能作用，体现出来的价值有所不同。但不同的价值也是难以用"大"、"小"来分辨的，而关键在于要协调发展。故用"大刑法学"概念，不利于实现学术平等。因此，笔者认为：用"刑事学"概念比用"大刑法学"概念更好。因为各相关学科涉及的共同问题都属刑事问题。

刑事学界有碰撞之声，正如其他学界有碰撞之声一样，是很正常的现象。通过什么形式来协调研究需要相互联手研究的问题，可以各抒己见进行探索。笔者主张通过建立协会的方式，只不过是一管之见而已。

## 二、刑事学科中的跨学科问题研究

前文已提及刑事学科的源头是犯罪学。流程从大门类划分，则是：刑事侦查学、刑事证据学、刑事司法鉴定学、刑事检察学、刑事诉讼法学、刑法学。流尾是监狱学。刑事学科的各门类学科，从所研究的特定对象来划分，都应是各自独立的学科。但是这些被研究的对象，在一定的层面上或者说在一个总的平台上，又是相互联通的。换句话说，各门类学科既具有个性，又具有共性。这两性的客观存在都是不容忽视的。

但是，我国目前各学科的研究状态，却十分缺乏共性沟通，基本上处于"各自为政"的研究状态。这种状态的表现是："一家（人）一把号，各吹各的调。"作为学科个性范围的"调"，的确应当各家发号，各吹各调。这是研究对象的个性之使然，也是学科角色自身发展之使然。但是就共性层面问题，如果也闭门吹调，无疑会妨碍学科在共性层面上的相互促进、实现共同发展，更不利于解决我们面临的共性现实的司法问题。因此，相关的各门刑事学科，就研究对象上的个性范围与共性范围作一个比较科学的界定是很有必要的。将研究对象的个性范围，着力于专门研究；将研究对象的共性范围，实现联手共同研究。笔者在此把它称为"跨门研究"。

如何界定学科的个性范围与共性范围呢？作为刑事学中每一门独立的学科，都是由研究对象的个性范围与共性范围组成的，绝没有无共性的个性，也没有无个性的共性。这里且举刑事侦查学的研究

---

① 储槐植：《刑事一体化》，法律出版社 2004 年版。

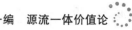

对象来粗加剖析，就可见一斑了。关于刑事侦查学的研究对象，迄今为止，在学术界，主要有这样几种论说：①

（1）"技术、措施、方法说"。即刑事侦查学的研究对象是发现、提取、检验犯罪痕迹和物证的技术手段，查明案情、收集证据的侦查措施，各类刑事案件的侦破方法。

（2）"技术、措施、方法、谋略说"。即指除了研究技术手段、侦查措施、侦破方法之外，还要研究侦查谋略，即研究与犯罪分子斗智的计策。

（3）"侦查活动说"。即指研究的对象是刑事侦查活动及规律。其侦查活动是由刑事案件、刑事侦查人员、侦查对策手段、刑事犯罪情报、物质技术设备等部分构成的一个有机整体。研究对象是对这个有机整体的活动的规律性研究。

（4）"犯罪、侦查活动说"。即指刑事侦查学的研究对象是犯罪活动和侦查活动及其规律性。只有首先研究刑事犯罪活动的规律，才能有效地研究侦查对象。简言之，即规律对策说。

（5）"犯罪的控制调查活动说"。这种观点认为，从现有实践和理论研究的发展看，刑事侦查学已不再是专门研究侦查破案，也不只是单纯研究现实的侦查活动本身，而是围绕着决策、侦破和基础建设这三个方面的具体活动，是研究现实的侦查活动规律的理论科学。

（6）"五面说"。这种观点认为，刑事侦查学研究的对象是五个方面：①犯罪的规律特点；②侦破的对策方法；③预防犯罪的对策方法；④各国侦查理论、经验、技术比较研究；⑤刑侦组织机构的设置研究。

以上"六说"，各说不完全一样。但它们之间的差别都是对研究对象的个性范围与共性范围上的认识差别。这种认识的存在来源于对象存在的本身，因此始终是一种永恒的现象。对这"六说"，如果以研究对象的个性范围与共性范围来界定，很明显我们即可以得出这样的结论：前"三说"只包括了对象研究的个性范围；后"三说"既包括了对象研究的个性范围，也包括了共性范围。个性范围的特征是区别于本学科与他学科的特征，共性范围的特征正是本学科与他学科相同一的特征。换句话说，它可以是本学科研究的对象，但也可能是他学科的研究对象。即在一定时空范围内的这种"共性"将转化为另一种学科的"个性"。这种研究层面上的转换，在刑事学的各门类学科中，就成为跨学科研究对象。

刑事学中有哪些跨学科问题，需要各学科联手共同研究呢？笔者认为，主要有四大问题是需共同研究的。

第一，对犯罪规律问题的研究。

作为刑事侦查学的学者们提出的"六说"，其中就有"三说"认为：只有首先研究刑事犯罪活动的规律，才能有效地研究侦查对策。这就表明了研究侦查对策与研究犯罪规律之间的密切关系，这也就需要研究犯罪规律。而研究犯罪学的学者呢？因为犯罪学主要是研究犯罪的原因与预防对策，那更是把研究犯罪的产生或者把形成的规律放在了首要地位。因为不深知犯罪产生的规律，就难以制定出预防犯罪的有效对策来。这也表明了研究犯罪学需要研究犯罪的规律。是否刑事检察和刑法学的研究与犯罪产生的规律问题不相干呢？也许并非如此。笔者曾经戏言道："刑法学是斩头去尾之学。"何谓"斩头"？那就是定罪量刑根本不管犯罪形成的原因；何谓"去尾"呢？那就是判刑的结果一般也顾不上过问它将带来的负面的社会后果。笔者认为提高适用刑法的"含科量"② 是很有必要的。而提高的"底线"，就在于检察官和法官不仅对刑事法律要有熟烂的掌握，而且对犯罪产生的规律也必须要有透彻的了解，从而才能使定罪量刑的把握，不仅符合法律的规范，而且也体现犯罪形成规律的科学性。具体来说，即量刑应不失科学地权衡犯罪形成的原因、因素和科学地体现社会秩序"安全度"法则的调控与调节。同样，作为对犯人实行改造的监狱而言，认识犯罪产生的规律，对教育犯人有效改造、

①  赵国玲：《刑事法学三论》，警官教育出版社 1998 年版，第 216 页。

②  夏吉先：《论对金融、经济犯罪提高适用刑法的"含科量"》，载《山东公安专科学校学报》2001 年第 2 期。

重新回归社会做人，也是十分重要的问题。

第二，对刑事证据问题的研究。

证据问题是贯穿刑事司法一条龙的主干问题，也无不是侦查学、证据学、鉴定学、检察学、审判学等始终围绕着的核心问题。从取证、鉴证、用证、质证、认证等各个环节和各种机制上，都有诸多共同性的理论、技术和实践问题，需要各门学科联手来进行共同研究和操作实践。当然，这些问题的解决光靠刑事学的研究和司法部门的实践还远远不够，还特别需要全社会的依法配合、协作和支持。这里姑且不谈关于证据学本身需要共同研究的诸多理论问题，而只就证据问题的观念转变上予以三呼：一呼"逼供"采证的观念应当彻底转变，二呼对律师取证的限制应当大大放宽，三呼刑事学科之间的证据研究要加大攻关。

第三，对刑事诉讼制度改革的研究。

在我国的今天，"刑事诉讼制度"的改革之学，已经成为一个备受关注甚至是横贯诸多法学学科的一门"显学"。尽管在审判阶段已经形成了控、审、辩三方的三角模式，但是在从公安侦查开始的刑诉的源头，到检察、法院的整个诉讼流程中，形成警、检、辩、审的"以裁判为中心的四面体构造"机制，[①] 而实现更高层次的司法公正的确还任重道远，是一个需要共同出力出智出知研讨的重大课题。刑事司法制度与刑事司法各学科的功能作用之间的关系，好比行舟与江河之间的相依关系。因为刑事司法中的各学科研究对象的功能作用，均以不同时空、不同环节、不同程序、不同方式着力于制度规范而发挥出来。如果造船人只知就造船而造船，对大江大河的水况并不关注，其所造之船未必能有效适应水况；因而，如果要使船的功能作用能更具理想的发挥，提出对水况及河床环境的改变也势在必然。所以，研究司法制度中的共性问题，应当是刑事学各学科的一大共同任务！

第四，对刑事实务关联问题的研究。

摆在我们面前的问题有大量的实务问题。这包括程序实务和实体实务，而且两者相互交织、错综复杂，需要研究协调、嫁接的机制。随着预防犯罪的各种条规的出台，惩罚法、预防法、监督法等各法型之间的矛盾现象也有所突显，需要研究架桥与协调的适合机制等。

刑事司法涉及知识面十分广泛，往往需要有各个方面的专家参与其中。俗话说："隔行如隔山。"要发展刑事学科，不仅在学科内需要自身把门户敞开，实现共同问题的共同研究。而且在当今经济全球化、全人类知识资源共享的大潮下，特别需要知识创新，尤其是需要对相关的科技与法律知识进行有机地整合，使其研究成果既具有进步的时代精神，而又富于中国特色。以建立协会的形式，对刑事学科从源头到流程至流尾的共同性问题进行联手研究，简称为"源流研究"。今向学科同仁抛出此砖，望能引出玉来！

第五，对刑民"法际法学"的研究。

《拿破仑法典》的问世，开创了世界法制史民刑分立的先河。这当然是一大壮举，但法律上的分野，并不等于客观存在的法律关系也是泾渭分明的。客观存在的法律关系仍有三种形态：①纯民事关系；②纯刑事关系；③民事与刑事交叉关系。对第三种形态的研究不局限于民刑交叉，应建立"法际法学"新学科，该学科首先从"民刑法际法学"研究开始。

（原载《福建高等公安专科学校》学报，2003 年第 1 期）

---

① 高德道：《刑事诉讼构造新论》，载《公安学刊》2002 年第 2 期。

# 第十六篇　论从源头上防治国际交往中的腐败犯罪问题

## ——兼论大力推进刑事一体化、整体化、源流化学术理念

第 17 届国际刑法学大会在我国北京召开，作为该会的会员自然为之高兴。本届大会，对加强我国刑法学界及刑事司法界与各国同行的学术交流，增进相互了解和友谊，促进我国与世界各国的刑事司法合作，将起到积极的推动作用。会议研讨的重点专题之一是"国际经济交往中的腐败犯罪及相关犯罪"。为此，笔者行文就防治国际间的腐败问题谈几点粗浅认识，同时亦对与此相关的学术理念研究的推进，谈一点看法。

### 一、当今时代潮流中的刑事一体化、整体化、源流化问题

当今时代是多元并存且又相互交融的时代。无论政治、经济、文化，方方面面都是此。国际刑事法律文化既相并存、又相融合的存在特征，也自然如此。而且随着经济全球化的发展，也必然会促进整个文化，其中就包括国际刑事文化的融合与法规整合的新趋势的到来。蔡元培先生早在 1921 年就断言说："东西文化交通的机会已经到来了。"[①]"自对方流入的文化因素，当然以需要大而能容忍者，流入多而快。"[②] 作为这里所指的"文化交通""文化交融"，如果说在近百年前就开了潮头，那么可以说在新的世纪的国际环境下，特别是在经济全球化的大潮中，文化的国际交流势必会形成潮势，作为刑事法学的国际性交流与研究也势必将形成相应的潮流。"刑法现代化的全部内容便是顺应世界潮流优化刑法结构和刑法机制。"[③] 储槐植教授指出的潮势之内容所在是不无道理的。

我国著名的刑法学者储槐植教授，提出了"刑事一体化"思想。这是我国现阶段拓展刑法学研究极为重要的理论思想之一。储教授认为："刑法和刑法运行处于内外协调状态才能发挥最佳刑法功能。实现刑法的最佳社会效益是刑事一体化的目的，刑事一体化的内涵则是刑法和刑法运行内外协调。所谓内部协调主要指刑法结构合理，而外部协调实质为刑法运作机制顺畅。"在我国现行刑法中，关于刑法结构存在有"严而不厉"和"厉而不严"的问题。他同时指出："刑法结构合理与否的标准是刑法两大功能（保护社会和保障人权）的实现程度，以及是否易于协调实践中可能出现的法与情的冲突，这便主要涉及刑法机制。刑法结构是刑法机制的组织基础，刑法结构合理性实现在相当程度上有赖于刑法机制的顺畅。"即"刑法运作的方式和过程，亦即刑法的结构产生功能和过程"机制的顺畅。而且还指明了："刑事一体化观念倚重动态关系中的刑法实践。""刑事一体化的方法，强调'化'（即深度融合），刑法学研究应当与有关刑事学科知识相结合，疏通学科隔阂，彼此促进。"储槐植教授的"刑事一体化"理论思想，是对旨在定罪量刑的纯型刑法学本身加以拓展的中观刑法学理论思想。

科学研究是没有时空界限的，对于刑法学科研究也是如此。因此我们在这里也不妨介绍一下德国学者李斯特在一百年前创立的整体刑法学思想理论。这对于推动"刑事一体化"理念的研究，是会大有裨益的。李斯特系德国著名刑法学家、刑事社会学派的创始人。1882 年李斯特在德国马堡发表题为《刑法的目的思想》演说，主张犯罪问题的研究应该在整体刑法架构中进行。在这个架构中，除了

① 《东西文化结合》，载《蔡元培文集》（第 4 卷），浙江教育出版社 1997 年版。
② 周谷城：《论中西文化的交融》，载《中国传统文化的再估计》，上海人民出版社 1987 年版。
③ 储槐植：《再说刑事一体化》，载中国人民大学复印报刊资料《刑事法学》2004 年第 5 期（以下引用同出此文）。

刑法学之外，应重视犯罪统计、犯罪人类学和犯罪心理学。李斯特在批判地吸收龙勃罗梭的"天生犯罪人说"和在菲利的"个人、社会和自然的三元犯罪原因"的基础上，提出了个人和社会二元论，认为："犯罪是由实施犯罪行为当时行为者的特征，加上周围环境的影响所产生。"李斯特从他的二元的犯罪原因出发，提倡教育刑。他认为，为使刑罚真正达到教育罪犯、预防犯罪和保护社会的目的，主张刑罚的机能要与个别人的个别情况相适应，提倡"行为人刑法"，并提出"应惩罚的是行为者，而不是行为"的论断。在涉及刑事政策上，他认为最好的社会政策就是最好的刑事政策。在他看来，维护社会秩序、保护法益的办法，就是实行最适当的刑事政策。李斯特是综合学派的学者，比较重视整体社会环境行为的影响。李斯特的"整体刑法学"理念框架是"犯罪—刑事政策—刑法"。依据犯罪态势而形成刑事政策，其政策又引导刑法的制定和实施。他认为，这样便可能有效地惩治犯罪。"在这三角关系中，他特别看重刑事政策"。① 李斯特的整体刑法学思想，可谓宏观的刑法学理论思想。

从整体刑法学理念看，在其框架中包括了"三个本身"的研究：对刑法本身的研究，对刑事政策本身的研究，对犯罪问题本身的研究。如果说储槐植教授的"刑事一体化"是在这一框架中，对刑法本身研究的拓展，那么笔者的"刑事源流化"乃是在这一框架中，对犯罪本身研究的拓展，刑事源流化是在"犯罪源流"概念的基础上提出的。"犯罪源流"概念最早始于《犯罪源流规律探索》论文。② 所谓"源流"，无非是对源头和流程的合称。犯罪源流，乃是对犯罪产生的源头与流程的通观。刑事源流，乃是指以犯罪学科为源头的整个刑事法学学科流程的通观，是一种对犯罪问题或者说刑事问题的通观理念。进而可以说是对犯罪学、刑事政策学、刑法学、刑事诉讼法学、监狱学等学科研究的一种通观理念。换句话说，即不想把这些研究犯罪问题的学科截然分开来看待，而是强调要化解学科之隔阂而达到像水流一样的彼此疏通。

笔者的"刑事源流论"之拙论，主张从源头开始，对于流程就相互衔接的具有共性的学术问题，进行打通性的和攻关性的研究。因为这种研究有利于各刑事学科的相互促进和互补，更有利于发挥整合性的学术功效作用。这主要是：①对犯罪发展规律的研究，当今时代特别要加强经济全球化条件下，犯罪规律特点的研究。②对犯罪形成机制的研究。犯罪是如何形成的？笔者曾提出"犯罪形成综合结构论"的机制模式。③ ③对刑事政策制定与犯罪发生原因和刑法制定及其适用的相互关系，并调整其各学科协调发展的研究。④ ④对定罪量刑的"犯罪构成"与量刑理论的研究，尤其应关注犯罪构成模式与司法逻辑的吻合，量刑理论与犯罪形成原因的关联性问题。为此，笔者曾提出"龙式犯罪构成论"和量刑的"当量公式"问题。⑤ ⑤对"保护社会和保障人权"的司法全过程的通观研究。为此，笔者曾提出建立"刑事人权学"的动议。⑥对刑事学科"一体化"、"整体化"、"源流化"的组织机构和机制的研究。

我国的刑事学科群体已经形成，各门学科都建立有自身的学会，各自的研究成果亦十分丰硕。但因其各自的研究范围所限，很难做到通观。为了搭起一个可能有利通观研究的平台，笔者曾冒昧提出过"建立刑事源流研究协会"的动议。⑥

刑事源流化的重心是"源头化"。所谓"源头化"，就是主张把涉及犯罪发生的所有源头因素，进行整合性研究。具体说来，乃是要求把犯罪的生物学"源素"、犯罪的社会学"源素"、犯罪的心理学"源素"，以及与之关联的其他各学科"源素"进行整合性研究，而且要深度的相互整合，从而形成整合性的理论，即"源头论"。这是一块急需开发的学术领地。以往各学派的学术成果为这块领地的研

① ［德］汉斯·海因里希·耶塞克、托马斯·魏根特著：《德国刑法教科书》，徐久生译，中国法制出版社2001年版；康树华等编：《犯罪学大辞书》，甘肃人民出版社1995年版，第587页。
② 夏吉先：《犯罪源流规律探索》，载西南政法学院《法学季刊》1984年第3期。
③ 夏吉先：《犯罪源流与对策》，上海社会科学院出版社1986年版。
④ 夏吉先：《论我国刑事法学的协调发展》，载《中国刑事法杂志》2003年第1期。
⑤ 夏吉先：《论对金融、经济犯罪提高适用刑法的"含科量"》，载《山东公安专科学校学报》2001年第2期。
⑥ 夏吉先：《论建立刑事犯罪源流研究协会》，载《福建高等公安专科学校学报》2003年第1期。

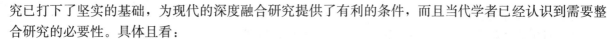

究已打下了坚实的基础，为现代的深度融合研究提供了有利的条件，而且当代学者已经认识到需要整合研究的必要性。具体且看：

**（一）对卢建平教授的"胎儿"比喻的解读**

"犯罪学是以一种超脱的、价值中立的心态去看一个胚胎，是怎么一个条件下成形、变成胎儿，在观察过程中发现胎儿不对，如果出来之后会危害社会的，发现这个问题之后，犯罪学要把任务交给刑事政策学，即国家决策机构、立法部门来判断是让这个胎儿生出来还是胎死腹中。"笔者认为卢教授这个比喻是十分精辟的。它起码包含了这样几个问题：①犯罪学的着眼点问题。它不是着眼于对已经产生出来的犯罪现象连篇累牍地描写，而是着眼于对产生出来之前的"腹中"观察。②对"腹中"的观察现象，要鉴别其有无可能危害社会的征象。③要把有可能危害社会征象的这种"腹胎"提交有关部门鉴别处理。

**（二）社会"拟制胎儿"说**

母腹中的胎儿，已经定位于母腹之中。当然要问母腹中的胎儿是怎么有的，有两种答案：一是两性的精卵产生，二是现代的"克隆"技术产生。虽然产生方式不同，但总是已经定了位的个体了，只需从母腹中观察即可。而犯罪的胎儿，却是社会的拟制胎儿，这个胎儿定位在何处呢？又是怎样形成的呢？当然跟定位于母腹的胎儿是大不一样的。如果说，犯罪学研究的领地是社会领地中的拟制胎儿，这种研究领地自然是相当复杂困难的领地。因为"社会胎儿"的形成，不是较为单纯的精卵结合方式，而是多种复杂因素的整合。这种多种因素不像精子存在于男性身上，卵子存在于女性身上那么简单，而是存在于"人—社会—自然"的变化无穷的各个层面之中，并非一个什么犯罪学家所能完全知晓的。这种形成"社会胎儿"的各种因素正如像男性的精子、女性的卵子往往是"社会隐私"，并非是袒露在犯罪学家的面前的。作为研究犯罪产生的学者来说，仅凭一己之学识、能力甚至权力，是很难达到认识的彼岸的，因此也就很难形成一个专门的学科体系。换个说法就是：犯罪学的学术板块是十分分散的，要把这些板块拼合成一个拟制的"胎儿体"来进行研究，其难度之大更是不言而喻了。

**（三）对"犯罪胎儿"的整合研究与整合治理**

要研究犯罪产生的这个"社会胎儿"是怎么形成的，要鉴别这个"社会胎儿"具不具有社会危害性，又怎样使具有社会危害的胎儿死于社会母体的腹中，确实不是一个名为犯罪学的学科就能担当得了的任务。我们姑且把这个任务简化为以下两个方面来完成。

1. 对犯罪"社会胎儿"形成的整合研究

我们知道，在医学上的病原学指出：每一种疾病都至少有一种病原体。那么要对我国刑法学上确立的300多种罪种进行"胚胎"研究，我们不妨建立一个名为"罪源学"的学科。要对罪源研究有所建树的话，没有社会各种学科加盟研究，是难以取得什么学术成果的。当然作为犯罪学的研究成员来说，自然是加盟的一种成员，也只能是其中必要的一种成员。

要研究犯罪"社会胎儿"的形成，笔者认为对于这样的四大板块的研究，应是不可缺少的：

（1）个体内因板块研究。犯罪总是由自然人个体或法人单位个体去实施的。因此着眼于个人或人群的板块研究，是首当其冲的，目的在于发现其内因的致罪因子。

（2）生态外因板块研究。个人或人群总是在一定的环境中生存的，不同生态环境的外因作用，对犯罪所起的形成作用显然是不同的。

（3）源头基因板块研究。任何一种犯罪的形成总是有一个发端的源头的，而且不同的致罪因素都有它的源头存在，因此着眼于源头基因的研究是至关重要的。人类基因组序列图的绘出，对人类的疾病的治理，无疑就开启了从源头上的治理。

（4）机制成因板块研究。对于分散于人—社会—自然中的各种致罪因素，怎么就能在一个自然人个体或单位法人个体上"座胎"呢？这显然是有机制作用的。因此对形成机制的研究，就相当于绘出一个犯罪形成的图谱。

2. 对犯罪"社会胎儿"让其早死于社会腹中的整合治理

我国综合治理防范对策，无疑是建立在犯罪是由综合因素而形成的理论基础上的。如果要对有社会危害的"社会胎儿"进行对策研究，其研究的对象无疑是以"综合治理"作为研究对象。这同样是要跨学科才可能担当的，特别是要有政治学、经济学、社会学以及自然科学的加入。这是因为落实到对策上则不是由单一型学者能胜任的，而是整个社会的问题。然而具体对策，局外人是很难提得出具体意见的，特别是深层次的从源头上的早期预防对策意见。作为一个研究犯罪的学者，只能加盟其中，深入实际社会领域，才能有所作为。作为整合治理的举措，乃只有社会实体各方的多元力量的结合，社会各学科学术力量的凝聚才能得以实现。作为一个国家是如此，作为国际社会也是如此。

## 二、从源头上防治国际经济交往中的腐败犯罪问题与"三化"理念的适用

刑事一体化、刑事整体化、刑事源流化的"三化"同一性问题，都是强调"通观"的犯罪治理理念问题，这是以学术观来看。然而从国际观来看，各国要有效治理犯罪，除了各国自身的努力外，又何尝不需要国际间相互合作的"通观"呢？所以强调"通观"，不仅是学术发展的要求，更是时代发展的需要。学术理念与时代理念在相应的层面上乃具有了同一性，对于防治国际经济交往中的腐败犯罪问题，此处的"三化"理念无疑具有对象性的适用性。因此，笔者认为，应当大力推进刑事一体化、刑事整体化、刑事源流化的"三化"理念，以应用于对国际间犯罪问题的治理。

（一）防治国际经济交往中的腐败犯罪，首先要从各自的本国抓起，而且要从源头抓起

无论国内中的腐败犯罪还是国际间的腐败犯罪问题，首先都必须从它产生的源头上谈起。这是由犯罪之源发性理论（即所谓的人性"原罪论"）所决定的。人性"原罪论"，既有外国之论，也有中国之论。我国古代荀子的"性恶论"，可算是最早的"原罪论"了。然而我国却没能从这一理论基础出发，来指导治理犯罪，即走向法治治理的道路，反而因孔孟的"性善论"占了主导，走向了人治治理的历史长河。西方有些国家，特别是英美，它们的国家政治制度的理论基础多建立在人性"原罪论"和有限政府论之上。因为腐败犯罪的核心在于以私权力奴役公权力，因此在立法上大量实现了限制权力的立法思路，即限制私权力扩张的渠道，采取对公权力进行分权和制衡的策略。这种立法模式的优势乃在于法网严密、预防体系从源头上着手。英国是现代文官制度的发源地，在审查、监督政府行为，以及公共机构运作方面的法律制度乃比较健全。国际经济交往中的腐败犯罪，亦是官员因受贿腐败的一种途径，要治其标，乃应先治其本。从权力制度的源头上的治理，乃是一种首要的全局性的治理。这也是我国由人治转型为法治的首要着力之处。国际间要减少各自官员的腐败犯罪，首先在权力制度的建设上进行加强，这不能不说是首要问题。人类社会选择法治的方式来预防职务犯罪，如同人们在人治与法治之间最终选择了法治一样。无论从各国来看，还是从国际来看，法治之路较之人治之路，对于防治腐败和整个犯罪问题治理而言，乃要求各国和国际的人们在理念上，对刑事一体化、整体化、源流化的认识需提高到一个相当的高度。因为在很大程度上缺乏国内通观、缺乏国际合作，都难收到最佳的治理效果。还因为如此，从各国来看，世界不少国家在对治腐防范的立法上，都不同程度地反映出"一体化"、"整体化"、"源流化"的"三化"理念。从国际来看，"联合国"的通观理念在制定的诸多国际公约上亦体现得甚为明显。如果从刑事政策上看，在国内刑事政策上强调"协同"各方综合治理；而在国际刑事政策上，强调各国相互合作，这无疑亦是时代特征的体现。[①] 我国控制腐败如何选择有效的途径，却经历了一个从人治到法治、从单独惩治到惩治预防并重、从自治预防到法治预防的发展历程。从世界范围看，反腐败以预防为主和全面预防已经形成世界性潮流。20 世纪

---

① 田凯、李莹：《国际社会预防职务犯罪的立法检视》，载《国家检察官学报》2003 年第 11 卷第 6 期。

90 年代以来，国外对政府官员的职务犯罪和腐败行为普遍实行着"全面控制"的基本预防战略。第四届国际反贪大会更为具体地指出：消除贪污要以预防为主。具体措施有：一是完善法律制度，二是开展道德教育，三是设立专门机构，四是加强秘密侦察，五是行政与刑事处分相结合，六是公众参与，七是新闻监督，八是建立现金和银行交易报告制度。

**（二）防治国际经济交往中的腐败犯罪，各自国家立法明确公务员的行为准则乃是最重要的国内基础**

除了权力制度的设置重要以外，对公务人员行为规范制度的设置，也是不可或缺的重大问题。预防职务犯罪在很大程度上是要把外化的法律制度具体落实到公务人员的身上，最终通过公务人员的发挥内心作用而体现出来。世界各个国家的立法可以说是千姿百态，但所要达到的目的都基本一致，即虽然形式不同，实质的内容却是基本相同的，这里大体做一些列举：

英国的预防法主要有最早制定于 1889 年的《公共机构贿赂法》和 1906 年的《防止贿赂法》，1916 年的《防止贿赂法》和 1925 年的《从渎职防治法》等。1995 年，英国又专门制定了《行政公开的最佳实务标准》。

法国除《刑法典》外，1983 年制定有《国家公务员权利义务法案》以及 1988 年制定的《从政治生活财务透明度法案》。德国除了刑法典上对贪污贿赂犯罪设专章予以规定之外，还制定了《联邦公务员法》和《行政管理法》。1997 年 8 月，德国又专门制定了涵括惩治和预防为一体的《反腐败法》。

美国的政治制度框架从总体上决定了美国公务人员的权力是有限的，即使如此，美国国会 1925 年通过了《联邦贪污对策法》，修订为《文官制度改革法》，1985 年制定了《政府工作人员道德准则》。

除欧美外，再看一下亚洲的情况。韩国除了在刑法中规定了惩治贪污贿赂犯罪外，1993 年公布了《公务员道德法》。日本国关于公务员的行为准则要求，以《国家公务员法》为龙头，还制定了《国家公务员惩戒条例》、《日本内阁会议关于肃官厅纪律的规定》等配套法规。新加坡的廉政经验更多的在于高薪养廉再加上严厉的惩治。印度的反腐败法律集中在 1988 年的《反腐败法》，这是一部融刑法、刑事诉讼法、组织法和公司法为一体的法律。至于我国相关法律法规的日渐完备，就不在此多言。

世界各国的反腐败之法律规范形形色色，限于篇幅，不可能一一列举。但其特点大体可以归纳为：一是众多国家对预防和惩治职务犯罪都进行了立法，立法主题具有其普遍性；二是立法的内容大多是以公开和限制权力为核心，涉及范围具有广泛性；三是立法规定的预防措施具有系统性和完整性；四是立法规定的预防职责和预防机构具有明确性；五是预防职务犯罪立法呈现出国际合作性。

但是必须指出的是尽管公务员行为准则的法律法规是如此之多，还是未能从根本上阻止公务员队伍中的腐败犯罪。无论是国际的，还是各国的皆如此。且以美国为例，尽管法律制度建立既比较早、又比较完备，然而还是未能阻止住官员腐败的脚步。而在 20 世纪 20 年代初期达到了腐败的高峰，期间整个政府贪污贿赂盛行，甚至出现了"蒂波特此丑闻"。此后，美国又相继发生了"水门事件"、麦道公司飞机行贿案等为世人广泛关注的腐败案件。这的确值得世人深思：是不是选择的法治道路也错了，还是应选择人治道路呢？当然不是。如果选择人治道路，可能腐败的涉及面将会更大，深度将会更深。问题在于人类中有部分人的"恶性"并未能为法治所规范，相反呈现出对法治的严峻挑战。外化的法律制度如何才能落实到公务员的身上，如何才能深入公务员的内心世界，成为公务员人生不可或缺的一部分，最终通过公务员的内心作用而发挥出最佳的效果来呢？这就远远不是制定法律的问题了，而是要法律制度深入人心的问题了。如何才能深入人心呢，我国香港廉政公署的有关经验，笔者认为更有其探索的价值。如果人们对法律的崇尚达到了法律就是圣经、就是教义这样的高度，那么外在的法律，就成为内在的准绳了。然而，这可能是要历经人类的始终才能达到的境界。

**（三）关于国际经济交往中腐败犯罪的预防和惩罚问题**

犯罪是不可能绝对防患于未然形态的，因此对已然犯罪形态的惩罚固然是不可缺少的。对国际经济交往中的腐败犯罪，自然也无一例外。国际经济交往中的腐败犯罪问题，是双边型或多边型互相作用而形成的动态犯罪，而非单边型单一作用而形成的相对静止性的犯罪。在这一形成结构中，我们不难看出，各国存在的参与国际经济交往的腐败因素的减少，此类犯罪就会相应的减少；反之，如果各国参与国际经济交往的腐败因素的增多，此类犯罪就会相应的增多。这是从犯罪学角度的规律性的研究。因此，从预防对策上，首先要强调的是各国的自律预防为主。然而从刑法的国际法来看，这乃是应当惩罚贿赂外国官员罪的。贿赂外国官员的犯罪形成的具体动因，是在跨国性商业交易中，某些跨国公司、财团为了在激烈的国际竞争中取得优势地位进而牟取暴利，不惜对相关国家的政府官员采取行贿的手段，进行不正当的竞争。其产生的危害性是巨大的。归纳起来，主要有五大危害：其一，跨国性的贿赂行为会对全球性的经济运行秩序造成危害，阻碍其国际贸易和投资行为的正常进行，使得为发展作出长期贡献的投资者在信心上遭受损害，同时也助长了急功近利者铤而走险的气焰。其二，跨国性贿赂行为是致使他国政府官员腐败的诱发剂，而相对行为的官员则乃是有缝隙可盯的破壳蛋。现实中的跨国公司为牟取不正当利益而行贿的对象范围很广，乃至政府的高层要员。如发生在 20 世纪 70 年代著名的洛克希德贿赂案，就引发了日本田中内阁的倒台。可见其不仅危害到正常的经济秩序，而且威胁到一个政权的稳定。其三，贿赂外国官员的行为，是公司名誉自损的行为，也会使公司所属国的国家形象蒙受伤害。因为贿赂的本身就是不诚实之举，往往导致公众对该公司的不信任，而且易被他国民众看成是对该国在经济和政治上的侵犯，从而影响到相对国之间的友好关系。如洛克希德贿赂案就曾使日美关系一度陷入低谷。其四，国际间的贿赂行为不仅扰乱了国际间的自由竞争，而且最终也会危害其公司所在国国内自由竞争的环境，产生对整个经济运行规律的破坏作用。其五，贿赂外国官员行为往往在操作上都非单一的行为，总与其他相关的组织犯罪有着千丝万缕的联系，如"洗钱犯罪"等。

鉴于贿赂外国官员行为产生广泛的危害性，因此国际社会对此亦特别关注。联合国自成立以来，就十分关注腐败问题。1974 年 12 月 12 日联合国大会通过的《各国经济权利和义务宪章》，就明确规定了每个国家有权管理和监督其国家管辖范围内跨国公司的活动，并采取措施保证这些活动遵守其法律、规章和条例。1975 年 12 月 15 日联合国大会在其通过的第 3514（XXX）号决议中，特别谴责跨国公司、其他公司及其中间人和其他有关人员违反所在国的法律和条例，而实施的包括贿赂在内的一切腐败行为，禁止由一些公司在国际谈判的场合进行一切贿赂活动。1979 年 5 月 25 日，联合国通过了《关于非法支付的国际协定》，其中明确规定了对于非法支付的犯罪行为的预防、禁止和惩治，并规定了对于非法支付的犯罪的引渡问题。1983 年 5 月 21 日，在跨国公司委员会的特别会议上，通过了《联合国跨国公司行动守则草案》。该草案明确规定关于非法支付的国际协定中所确立的原则应适用于禁止跨国公司贿赂的领域，并规定跨国公司在交易中不得向公职人员提供、许诺或给付任何款项、礼物或其他利益，以作为公职人员履行或不履行与交易相关的职责的报酬。进入 20 世纪 90 年代以来，随着经济全球化的进程，在国际商业交易中贿赂外国官员的行为也随之严重，因此反腐败的力度也随之加大。1996 年 12 月 12 日，联合国大会通过了《反腐败的行动》的决议，指出："腐败是使当前跨越国界和影响所有社会和经济的一种现象，开展国际合作防止和控制腐败十分必要。"并且通过了《公职人员国际行为准则》，建议会员国将守则用作指导反腐败工作的工具，在该守则中规定："公职人员应保证根据法律或行政政策切实有效的履行其职责和职能，做到秉公办事。无论何时，公职人员都应努力保证由其所负责的公共资源得到切实有效的管理。公职人员不得直接或间接的索取或接受任何可能影响其行使职责、履行职务或作出判断的礼品或其他惠赠。"1996 年 12 月 16 日，联合国大会通过了《联合国反对国际商业交易中的贪污贿赂行为宣言》，要求各会员国自行并通过国际和区域组织，在遵守本国自己的宪章和基本法律原则并按照本国法律和秩序采取行动时，承诺"采取有效的具体行动取缔国际商业交易中一切形式的贪污、贿赂及其有关违法作风，特别是致力于有效的执行禁止在国际商业交易中行贿的现行法律，鼓励没有这种法律的国家为此目的通过法律。并呼吁在其管辖范围内从事国际商业交易的公、私营公司，包括跨国公司和个人促进本宣言的目标"，并要求各会员国"切实采取协调一致的行动，将贿赂外国公职官员的这种行为治罪"。1997 年 12 月 12 日，联合国大会通过了《国际合作打击国际商业交易中的贪污腐败和贿赂行为》的决议，其中指出：联合国大会"不安的注意到在国际商业交易中他国的个人和企业向公职人员行贿的现象，确信这种行径因助长公共部门的腐败而会破坏国家机关的廉洁和削弱社会和经济政策，从而减损其威信，又确信打击贪污腐败一定要有真诚的国际合作努力为基础"。"商定所有国家应采取一切可能的措施，进一步执行《联合国反对国际商业交易中的贪污贿赂行为宣言》和《公职人员国际行为守则》；并促请各会员国以有效和协调的方式将在国际商业交易中向其他国家公职人员行贿的行为按刑事罪论处，并鼓励他们酌情开展方案活动，阻止、防止和打击行贿受贿和贪污腐败"。随后的 1998 年 12 月 15 日，联合国大会又通过了《国际商业交易中的反贪污贿赂行为》。2000 年 11 月 15 日，联合国大会决议通过了《联合国打击跨国有组织犯罪公约》，其中明确规定了"腐败行为的刑事定罪"，并要求各缔约国采取必要的立法和其他措施，以便将涉及外国公职人员或国际公务员的腐败行为规定为刑事犯罪。公约还明确将腐败犯罪确定为洗钱犯罪的上游犯罪，并确定了贿赂公职人员的法人责任。我国政府积极参与了制定该公约并签署了该公约。2000 年 12 月 4 日，联合国大会通过决议，决定制定一个独立于《联合国打击跨国有组织犯罪公约》的《联合国反腐败公约》。

关于对贿赂外国官员罪的刑法惩罚问题，因限于篇幅，此文即不详细说明。根据巴西奥尼教授主持起草的国际刑法典草案的规定，贿赂外国官员罪，是指一国之国民、法人或者其代理人，意图使另一国家的官员不履行其法定职责而给予该官员钱财或其他报酬的行为。按照《禁止在国际商业交易中贿赂外国公职人员公约》第 1 条规定，贿赂外国官员罪是指："任何人，为了在国际商业交易活动中获得或保持商业交易或其他不正当利益，跨国性地向外国公职人员直接或间接的提出、允诺或给予任何不正当的款项或好处，以使该公职人员或第三人履行其职责的行为。"另外，《联合国打击跨国有组织犯罪公约》第 8 条第 2 款也规定："各缔约国均应考虑采取必要的立法和其他措施，以便将本条第 1 款所述涉及外国公职人员，或国际公务员的行为规定为刑事犯罪。各缔约国同样也应考虑将其他形式的腐败行为规定为刑事犯罪。"该条第 1 款（a）规定的行为是："直接或间接向公职人员许诺、提议给予或给予该公职人员或其他人员或实体不应有的好处，以使该公职人员在执行公务时作为或不作为。"可见贿赂外国官员罪的概念明确、特征明显，犯罪构成亦自有一般的理论研究模式。因此对构成犯罪者，予以科刑，自然亦顺理成章。

笔者在本文最终要指出的，还是公约和法律都不能徒步自行，必须要有各国的和国际的相互融通协调合作，才能得以施行。公约、法律的推行要有各方面力量的推动，其中也不可缺少学术力量的推动。在此，笔者认为适应时代要求的"刑事一体化、刑事整体化、刑事源流化"的学术理念亦是正式推动公约、法律、规章、制度得以通观施行的一种学术理念。在国内社会和国际社会中，人们对此学术理念的认同共识与法律制度的施行情况应当说是成正比例的，即共识程度愈高，施行程度就会愈好；相反，共识程度愈低，施行程度就相应的要差。为了适应时代的要求和预防惩治犯罪的需要，对刑事一体化、整体化、源流化的"三化理念"应当大力提倡和推崇。

（本文为参加在北京召开的第 17 届国际刑法学大会所写，系与中央纪委张建军同志合作）

# 第十七篇　犯罪源头　科学体例

## ——在国家治理社会中亟待研究的课题

### 一、原创学术理论的适用型研究

犯罪学创始于实证学派。实证派犯罪学是对犯罪本体论持存在主义、方法论持实证方法、对犯罪进行研究的一些学者及其理论学说的统称。相对于古典学派而言，亦称为近代学派或新派。该学派是在 19 世纪后半期，为了反对古典犯罪学派刑法思想和刑事政策严苛的弊端，同时也是针对当时对有关犯罪行为研究的欠缺和犯罪对策的效能不佳的产物。从历史背景而言，是资本主义向帝国主义转变时期的历史产物。

#### （一）犯罪原因论的发展问题

古典学派所持的是意志自由原因论。实证学派主张世界上任何事物都受因果法则的支配，犯罪的产生也不例外，并不像古典学派所主张的那样仅仅是由意志自由的主观决定。其中，犯罪人类学派鼻祖龙勃罗梭提出了天生犯罪人论。他认为，由于行为人先天的身体构成异于常人，因而决定他必然犯罪。犯罪社会学派主要代表人物菲利对古典学派关于犯罪是人类基于趋利避害的本性自由选择结果的理论，更是给予了针锋相对的批判，他指出："我们不能承认自由意志。因为如果自由意志仅为我们内心存在的幻想，则并非人类心理存在的幻想，则并非人类心理存在的实际功能。"① 又说："犯罪自有其自然的原因，与犯罪人的自由意志毫无关系。"② 认为人们可以对行为作出自由选择纯属幻想。并明确指出："生理学以及病理学研究表明，人的意志完全受其个人的生理、心理状态的支配。统计学的研究揭示了人的意思活动是依自生的、社会环境的条件而存在的"。"人的任何行为均系人格与人所处的环境相互作用的结果"，"无论哪种犯罪，从最轻微的到最残忍的，都不外乎是犯罪者的生理状态，其所处的自然条件和其出生、生活或工作于其中的社会环境三种因素相互作用的结果"。③ 菲利在此基础上，提出了著名的犯罪原因三元论，即犯罪是由人类学因素、自然因素和社会因素三种因素相互作用的产物。李斯特在反对意志自由论的基础上，提出了犯罪是社会因素和个人因素构成的二元论理论。他认为自然环境因素也是属于社会因素的范畴。实证学派打破了古典学派犯罪原因单纯的归结为人的自由意志之中的局限，提出了犯罪的多原因论，从而为犯罪学的发展奠定了理论基础。

#### （二）刑事政策论的发展问题

通观刑事政策状况，有广义和狭义的界定。但不管广义和狭义，其政策制定的基本点总是涉及对犯罪追究刑事责任的理论。古典学派所持的是道义责任论。实证学派认为，不是由于道义上对犯罪应当加以谴责，而是由于社会的需要。这种主张的区别从根本上来说，还是根源于犯罪原因论上的区别。实证学派的犯罪多原因论，除了个人、自然原因外，还涉及包括社会经济结构、社会政治结构、社会变迁、社会教育、社会生活状况、公共舆论、公共管理、公众态度、宗教、家庭、社区、司法、

---

① ［意］菲利：《实证派犯罪学》，郭建案译，中国政法大学出版社 1987 年版，第 26 页。
② ［意］菲利：《实证派犯罪学》，许桂庭译，商务印书馆 1936 年版，第 24～26 页。
③ ［意］菲利：《实证派犯罪学》，郭建案译，中国政法大学出版社 1987 年版，第 9～10 页，第 15～16 页，第 27 页。

警察、立法、执法等社会原因的具体方面。既然犯罪原因涉及方方面面，反过来犯罪行为对社会的分割也涉及方方面面。因此，龙勃罗梭认为，犯罪是对社会的侵害，为了保卫国家的利益，国家必须对犯罪人科处刑罚。菲利认为，刑事责任的产生，非道义上应加以谴责，而是因为一个人既然作为社会的组成人员而生活着，对自己危害社会的行为自然应负担责任。古典学派的道义责任论与实证学派的社会责任论相比较，显然后者更富于科学性。

刑事责任理论基础上的区别，也必然导致刑事政策制定上的区别。古典学派从犯罪的行为论出发，因而持客观主义或事实主义的刑事政策。实证学派从犯罪人出发，更强调人性论的刑事政策。菲利认为："在研究和理解犯罪之前，必须首先了解犯罪人。"并且说："即使你翻遍古典学派刑法学者的著作也找不到有关上述问题的任何答案。从贝卡利亚到卡拉拉，没有一个人想过这个问题，而且由于其出发点涉及方法论的缘故，他们也不能提出这类问题。"① 他认为这样就开辟了一条研究犯罪行为的新途径。龙勃罗梭认为，犯罪是由犯罪人各自不同的生理的、心理的特征所造成的，犯罪人的主观危险性是各不相同的，因而对不同类型的犯罪人适用不同的刑罚。为了做到这一点，他提出了鉴别犯罪人的方法，用来对犯罪人进行仔细的生理的和心理的鉴定，从而最大限度地为刑罚个别化服务。

李斯特也批判行为主义，而提倡行为人主义，明确提出"应被处罚的不是行为，而是行为人"这一著名论断。我们知道李斯特所主张的犯罪原因论是二元论，即社会因素和个人因素。李斯特的社会因素论，使刑事政策的制定更加关注社会，主张通过改变社会存在的弊端以减少犯罪的发生。所以他提出了"最好的社会政策就是最好的刑事政策"的名言。古典学派因犯罪原因论狭小，相应的刑事政策的确定范围也狭小；实证学派因犯罪原因论广阔，相应的刑事政策研究范围也广阔。所以实证学派在推行刑事政策的研究和制定上更符合社会的要求和时代的发展。

（三）刑法论的发展问题

古典学派所持的是行为刑法，实证学派乃主张行为人刑法。李斯特认为，从行为刑法转向行为人刑法，是刑事立法改革的最高主导思想。他说："我们刑法立法的根本错误，不仅仅是未考虑人民的法律意识，而且是造成它在与犯罪作斗争中的无能为力，在于过高地估计了行为的外在结果和未估计行为人的内心思想——在规定刑法的种类和范围时，在法律和判决中，有必要将重点更多地放在行为人内在思想上，而不是行为的外在结果上。"② 在刑法的适用上，李斯特一再反对报应刑原则，反对在已经实施的犯罪行为和刑罚之间确定一种均衡关系（proportionalitaet）。在他看来，这一原则只能被看作是对"公正"进行形而上的理解的结果。可见实证派的刑法观、刑罚种类和刑法适用原则与古典学派的差别就在于，古典学派反对报应论作为实现刑罚正义的最好方法，但实证学派反对报应论，主张刑罚除了报应之外，还另有目的。李斯特被认为是最先提出目的刑概念的著名学者。他认为："刑法现在应由本能的报应转向国家意思的裁判刑，而且报应观念应被所说的社会防卫以及全新的目的刑思想所代替。"③ 李斯特还强调刑法的另一个目的在于改造和教育犯罪人，消除其危害性，使其重返一般的市民社会。实证派还反对刑法万能，主张保安处分。"所谓保安处分，指以犯罪的反复危害性为基础，为了社会保安，作为对刑法的补足（补充、代替）由法院宣告的强制处分。"④ 在总结其理论发展的基础上，李斯特提出了"犯罪—刑事政策—刑法"的整体刑法学理念，并创办了相应的刊物。总之，在所处的相应的时代背景里，实证派在批判古典派的基础上，确立了自己现代学派或者说新派的学术学派地位。

作为原创理论的实证派犯罪学，发源于19世纪后半叶的欧洲。其理论通过学者们的精心翻译引流于我国。作为文化现象的传播，其作用是多方面多层次的。而为犯罪学者研究的目的，乃在于取其

---

① ［意］菲利：《实证派犯罪学》，郭建案译，中国政法大学出版社1987年版，第25页，第9~10页。
② 徐久生：《冯·李斯特的"马堡计划"简介》，载《犯罪与改造研究》，1999年第8期。
③ ［日］大冢仁：《刑法中的新旧两派理论》，载《外国刑法研究资料（第2辑）》，第107~108页。
④ ［日］大谷实：《刑法总论讲义》，日本成文堂出版社1986年版，第536页。

精华，为其现实需要所用。笔者认为，实证派犯罪学的精华集中表现在：在本体论上是犯罪存在主义，在方法论上是实证方法。这都是构建我们中国犯罪学必须借鉴的精华。

## 二、源头上对制度性犯罪理论的创造型研究

### （一）从不同层面上的犯罪现象入手

任何科学研究都必须从现象入手，犯罪科学也不例外。我们不仅需要研究各阶层、各类型的犯罪现象，更需要研究各阶层、各领域的原发性的犯罪现象。不仅需要研究显流犯罪现象，更需要研究潜流犯罪现象。笔者认为，犯罪形态是各类型犯罪现象、各种犯罪现象的总称。犯罪形态分类学就是研究犯罪现象的分支科学。在对纵横交错、千姿百态的犯罪现象的研究中，我们不仅对犯罪现象本身有了更具体清晰的认识，而且可能对犯罪规律有所认识。对犯罪规律认识得更多、更科学，相应的治理对策就更丰富、更具体、更具针对性。所以研究犯罪现象和现象的分类（即形态）是十分重要的。

### （二）对源头进一步深层次的理论探索

纵观古今，综观中外，总存在滚滚的犯罪人流，从村民、市民社会流去监狱社会，到刑释后再由监狱社会流回市民、村民社会。其流量的大小总是随着社会的变化和治理犯罪的变化而变化。在对这种犯罪现象观察和研究的基础上，就自然产生了犯罪现象不可能消灭的犯罪存在主义。[①] 而从根本上说，犯罪现象存在主义是源于犯罪源存在主义的。犯罪学对犯罪现象的存在研究，对犯罪源的存在研究，就好比文学对人类爱情的描写，对人类一切社会活动的描写一样，是永恒的主题。但比较浅近的犯罪学，只是对显象的犯罪现象、显象的犯罪原因的研究，而没能提升到对犯罪源及其源现象的研究上来。这里需要区分以下三个概念：①所谓源，乃是指难以穷尽的最终的物象存在。从现象学层面说，就是源现象的存在主义。②所谓源头，是指现时为人们的视力（包括肉眼和工具眼）所限的视觉物象存在。从现象学层面说，就是源头现象的存在主义。③所谓原因，是指现时视觉物象的分流、分布、分层、细化方式的存在。从现象学层面说，就是原因现象的存在主义。正因为如此，当然就不乏抬眼可见的犯罪形态现象的普遍存在了。这里的"物象"不但是物体现象，也包括物质变精神的政治、经济、文化等纷繁复杂的社会存在现象。就难以穷尽的源的分类存在而言，仅现代能认识到的可分为人源、社会源、自然源三元论。就其中的社会源来说，马克思主义穷尽到私有制的底线上，消灭了私有制就消灭了犯罪源。当然，这是很大的革命性进步。但从笔者看来，对私有制的底线认识，也还不是全面的源头认识。因为即使私有制被消灭了，人类社会的矛盾也消灭不了，源层次形式的相互转化或新生，仍然不可避免。如果可能的话，私有制的消灭，确实是构建人类和谐社会的一重大进步。

笔者认为，犯罪学对源、源头、原因的研究，是与时俱进的必然性研究，同时也是具有广阔天地的大有作为的研究。这种研究从何着手，当然是从为我们现时视力所限的源头上研究着手。而且我们的这种研究，必须始终坚持立足现实，追溯古往，预示未来。就现在来说，就是立足为构建和谐社会而发挥作为，需要从源头上研究做起。从源头上做起的认识已为我国部分学者所认同，如学者黄华生所说："犯罪社会性决定了治理犯罪应当从源头上抓起"，"犯罪原因的综合性决定了治理犯罪也应当采取综合治理"[②]。但是，这一理念还未能受到普遍的重视和真正付诸实践的理论研究。笔者认为，是应当受到普遍重视和研究实践的时候了，我们应当进行一个对源头研究的大会战，使之形成研究的气候环境。

### （三）当前从两条途径着手展开实证的研究

1. 从腐败现象着手，实现从源头上治理腐败问题的实证研究

腐败犯罪也可说是一种上层红领犯罪。无论在国际还是在国内，凡是腐败猖獗甚至"制度化"的

---

① 王牧：《犯罪现象存在论》，犯罪学论丛（第三版），中国检察出版社2005年版。
② 黄华生：《刑罚轻缓化的犯罪学根据》，犯罪学论丛（第三卷），中国检察出版社2005年版，第100页。

国家，都是权力资源太集中，权力使用太越轨，权力监督太乏力的国家。我们国家腐败问题的严重性，也与此不无关系。"2000 年 12 月，中央纪委第五次全会提出了从源头上治理腐败的思想。从源头上治理腐败，可以说是切中了问题的要害，是解决腐败问题的根本措施。但是，腐败问题的源头在哪里？却很少有人认真研究和准确定位。而这个问题不解决，从源头上治理腐败就依然是一句口号。我们认为，腐败问题的源头在制度，只有完善制度，才能从根本上遏制腐败。因为腐败的核心是运用公共权力来谋取私利，而公共权力的赋予和运用是通过制度来实现的。"[①] 张智辉研究员的《试论腐败犯罪的制度原因》这篇论文，是犯罪源头—制度—实证研究的一篇好文章。他从我国现行制度的缺陷入手，抓住关键看到了腐败产生的源头，从而提出了"制度链理论"的学术概念和从源头上完善制度的预防犯罪的"制度对策"。作为制度在社会领域中是方方面面的，我们可以在各领域开展对制度问题的研究，对完善各种制度、遏制腐败蔓延问题，进行大规模的全方位的学术研究，以为我国廉政建设多方献计献策。

2. 从社会安全入手，实现从源头上预防和减少矛盾纠纷的实证研究

如果说，对上层红领犯罪的治理，需要从源头上抓起的话，那么对下层蓝领犯罪的治理，也需要从源头上抓起。总的来看，虽然蓝领犯罪问题其原因多多，错综复杂，但从宏观考察来看，其主要矛盾还是在于社会经济资源配置的特殊化、再分配机制的非法化、贫富悬殊的加剧化"三化"问题上。这里我们选择一个突破口，从社会公共安全问题着手。现阶段，我国社会的公共安全问题也是矛盾汇聚的一个焦点问题，尤其表现在属于生产领域的矿难事故上，更是十分突出。必须在从再生产的资源配置上着力加大安全配置，同时应当提出人权保障第一、经济生产第二的原则。对那些不顾生命安全的领导者、管理者、经营者，应当追究其法律责任，包括民事责任和刑事责任。当然，还必须大力宣传科学发展观、安全观，使国人牢固树立科学意识、安全意识。我们应当排查社会公共安全、社会治安的方方面面的社会矛盾，力争从源头上预防和减少矛盾纠纷的产生和犯罪问题的萌发，把综合治理的工作前移到矛盾的源头上来，而不是在结果产生后，才着力去治理。

### 三、学科建设体例的比较型研究

何谓犯罪学？犯罪学是研究存在的犯罪现象，探求产生其现象的源泉、规律和原因，制定预防、控制、减少犯罪产生的治理对策的科学。虽然该学科萌生到现在已有一百多年的历史，但至今关于学科概念的定义仍尚无统一的界说，学科归属也存在争议，众说纷纭。德国汉斯·约阿希姆·施奈德试图以一种统一的理论和犯罪对策设想来解决所有的犯罪学问题。他把犯罪学理解为一种国际性的、跨学科的和经验型的学科，其思想既着眼于犯罪学的历史发展，也着眼于犯罪学在世界范围内的传播。然而犯罪学体例模式总是千姿百态，比如，美国有美国式，日本有日本式等。

我们可以明显的看到，任何社会科学的根总是植根于社会的，而且是植根于产生它的那个社会的"社体"的。俗话说："一方土育一方人，一方人养一方文化。"美国的自然环境、国家体制、社会环境、文化背景与日本的自然环境、国家体制、社会环境、文化背景上的差别，自然要给出胎的产儿——社会学科烙上不同烙印。犯罪学作为社会科学中的一种自然也不例外。

在中华民族的文化宝库中，有关犯罪问题的理论和治理犯罪方略，也有不少的闪光之处。中国自古就讲"万事防为先"、"防患未然"、"防微杜渐"等道理。古人说："良医者，常治无病之病，故无病；圣人者，常治无患之患，故无患。"中华刑法文化倡导的"礼禁未然之前，法施已然之后"，就是一条具有纲领性的治理犯罪的文化思想。对此，结合我国犯罪实际情况，加工成形，就可以化出今天用综合治理预防"未然犯罪"，用施以刑罚惩治"已然犯罪"的治理犯罪的经验，而且尽可能做到体制化。

---

① 张智辉：《试论腐败犯罪的制度原因》，中国犯罪学研究会第十四届学术研讨会论文集（下册）。

　　美国式和日本式两大体系在分类上各有千秋，都各具科学性成分。但在最终归类上，日本式是以刑法学来包容犯罪学，美国式是以犯罪学来包容刑法学。不是你包容我，就是我包容你。似乎犯罪学与刑法学始终没有并行独立的地位。从客观存在主义看，笔者认为两门学科所研究的本体对象（内涵）是不相同的，相关对象（外延）是相互交叉的。两学科是可以并行独立的。

　　从贝卡利亚的"犯罪与刑罚"的命题，到李斯特"犯罪—刑事政策—刑法"的整体刑法学的命题，从我国学者储槐植"犯罪学、刑法学、监狱学"刑事一体化的命题，到笔者"刑事源流论"的命题来看，犯罪学与刑法学在本体上是有着并行独立存在的理论依据的。在系统上，我们如果把本体论和方法论分开，内涵论与外延论区别，事实论与规范论衔接，通过纵向型排序，就可以看出它们互不包容的独立存在性来。而且，笔者认为，美国式对"刑事政策学"所排序的位置显然很低。日本式将"刑事政策学"排序到了较为妥当的位置，但"刑事政策学"同"刑法学"与"犯罪学"的相互关联性的关系，没有可能标示出来。在几者比较中，笔者认为，还是李斯特的"框架"与中国文化背景的同质性更接近一些，更具有借鉴性和实用性一些。我们将李斯特的"犯罪—刑事政策—刑法"框架具体化。其图表如下：

**中国式刑事学学科体系**

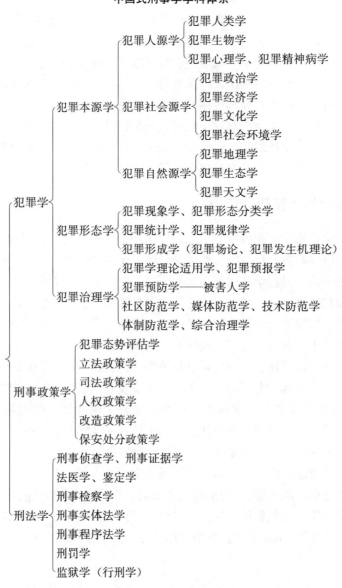

犯罪刑事政策学是国家政策的重要的组成部分之一，制定其政策既建立在国家政治基础上，同时也建立在犯罪学研究成果的基础上。刑事政策既指导刑事立法，也指导刑事司法和刑罚执法，所以刑事政策学是跨犯罪学和刑法学的桥梁学科。

此排列从学科群体总的体系来看，既不是以犯罪学牵头的大犯罪学体例，也不是以刑法学牵头的大刑法学体例，而是以刑事学牵头的、各学科按其功能作用而言，其排列是比较到位、比较均衡的体例。

无可讳言：犯罪学要成为真正独立的理论和适用学科，必须牢牢立足于学科本身的内涵的理论研究和实际运用研究。当然也不可缺地展开对直接或间接的刑事政策学、刑法学等的外延层面学科的理论研究和实用研究。但如果对自身本体内涵的研究站得不高，望得不远，理论与实际适用发生脱节，自身就很难形成相对的学科规范结构和共同学术语境，也就很难立足于独立学科之林，也很难对刑事政策学和刑法学的发展有其推动作用，同时很难形成学科间的互动发展效果。于是也很难就独立学科性质为社会和国家所认同。我们必须狠抓两头：一是理论，二是实用。二者不可偏废。此体例排列当然仅是一家之见，也还比较粗疏，故请同仁们指正。

（原载《青少年犯罪问题》2006 年第 5 期）

# 第十八篇　犯罪位与对策位

## ——从对称现象的存在说起

我们知道，对称现象是在自然界、生物界和人类社会普遍存在的一种现象。这种客观存在的现象，在文化、科学领域也有相应的普遍反映。如过春节，家家户户的门上都贴上一副对联，这是中国传统文化的表现形式之一。如在科学研究上，物理学家杨振宁教授就以《对称论》研究成果获得了诺贝尔奖。对这个专门问题，无需笔者多言。这里，笔者只是借用它来简谈一下犯罪位与对策位的对称问题。当否，请同仁们批评指正。

犯罪现象也是一种生态现象。生态学中有一个术语叫生态位。生态学中的生态位指的是生物对栖息地再划分的空间单位，故又称生物小环境（即某一生物栖息地中不同生物所占有的不同部分）。鉴于在一个动物区系内没有两个长期建立的物种具有完全一样的生态位，由此可以推论出动物的生态位系动物物种在其生活环境中所处的地位以及它与食物和天敌之间的关系，从而又可赋予生态位更精炼的定义：生物生存条件的总集合体，某一物种的个体与环境之间特定关系的总和。[①] 任何生态都有其新陈代谢，犯罪生态现象也是社会新陈代谢的一种形式。正如我国著名的犯罪学家储槐植教授所言："犯罪犹如粪便和汗水，本身是脏污的，但它被排出、被治理，社会得以树立正气，促进健康发展。作为代谢现象，还可以进一步思考。对人而言，情形也类似。社会变动和发展最快的时期，犯罪也最多；社会停滞则会减少犯罪。"[②] 犯罪学家李锡海教授进一步指出："社会新阵陈代谢最旺盛时，社会的生命力必然最旺盛，作为新陈代谢产物的犯罪就必然最活跃；而社会的新陈代谢趋于停滞时，社会必然缺乏生机和活力，作为新陈代谢产物的犯罪也就必然减少。"[③] 那么新陈代谢的方式是怎样的？我们又应当如何应对？笔者姑且从纵向和横向两个视角来加以观察和研究。

### 一、纵向代谢的进程及对策

纵观古今，横视中外，总是存在着滚滚的犯罪人流，从村民、市民社会流向监狱社会，待刑释后再由监狱社会流回村民、市民社会。从宏观上看，这就是一次代谢的全部过程，亦是采取对策的全部过程。从中观来看，我们大体上可以把这个代谢和采取对策过程分为三个时段：①从源头开始到犯罪形成的时段；②从侦查开始到法院判决的时段；③从监狱服刑到回归社会的时段。

本文只谈一谈第一个时段。我们知道，既然犯罪是社会的一种代谢物，而社会又是由自然环境、人及人际关系构成的，这种构成又是经济、政治、文化等多个层面元素的共同结合体，那么一般说来，犯罪就是这个共同结合体代谢的一种负面的、必然的产物。可是，在一定意义上它也是一种"蜕化物"。特别是"当旧社会体制或者价值规范落后于社会生活的时候，作为违反这种社会体制或者价值规范的所谓犯罪往往成为社会变革的先兆，以其独特的形式影响社会的发展，最终引起犯罪观念的变化，并将自身从法律规范意义上的犯罪桎梏中解脱出来，完成从罪到非罪的历史性飞跃"。[④] 所以，

---

① 肖剑鸣等：《犯罪演化论》，北京大学出版社 2000 年版，第 145 页。
② 储槐植：《犯罪在关系中存在和变化》，《福建公安高等专科学校学报——社会公共安全研究》，1996 年第 3 期。
③ 李锡海：《文化与犯罪研究》，中国人民公安大学出版社 2006 年版，第 90 页。
④ 高铭暄、陈兴良：《挑战与机遇——面对市场经济的刑法学研究》，《中国法学》1993 年第 6 期。

我们从社会存在的源头这个高度上来考察，还应当辩证地看待犯罪问题。如果我们把犯罪这种产物看成是社会母亲生养出的一种怪胎，那么我们就得把它送到整容医院去整容，还要请基因专家从基因方面进行研究，尽可能采取相应的对策，使这样的怪胎尽可能少出现。这就是说，可以从源头上采取相应的对策，对各种刑事犯罪的治理要如此，对腐败犯罪的治理更要如此。胡锦涛同志明确指出："2007 年党风廉政建设和反腐败斗争任务仍然艰巨。要把反腐倡廉工作融入经济建设、文化建设、社会建设和党的建设之中。拓展从源头上防治腐败工作领域，坚定不移地把党风廉政建设和反腐败推向深入。"①

源头防范是最高定位的防范，也是宏观社会价值取向的整体防范。然而犯罪滋生的生态位，除了起外因作用的社会环境生态因素外，还有起决定作用的自然人或法人（单位）内在的生态因素。大量实践证明：一个人走向犯罪，往往有一个从量变到质变的发展过程。违反社会规范和道德规范，常常是走向犯罪的开端。

由此可见，这一时段的犯罪生态位存在两个层面：第一个层面是源头位，第二个层面是形成位。从对称的角度而言，第一个层面的对策位是制度位和政策位。以制度管权，以制度管人，以制度管事，就是制度位对策的体现。李斯特说："最好的社会政策，就是最好的刑事政策。"我国政府的"三农"政策，就是这样的好政策。第二个层面的对策位可分为两个：一是强有力的监督位，即各方面监督到位。现在有的地方法规已经规定了新闻媒体的依法监督要到位，可谓形势喜人。二是严格的自律位。"一日三省吾身"的古训可资借鉴，我们党也有批评与自我批评的优良传统可以发扬。还有人提出"治孝"还得靠法律的问题。笔者认为，官员也应有自律条例示世才行。有的学者提出反腐还得从"官德"抓起，不无道理。

这里顺便略提一下，以往有的教科书或文论过于张扬刑罚惩罚上的防卫功能，甚至有杀一儆百之说。其实刑罚并无那样大的张力。以惩罚犯罪代替预防犯罪是不对称的；以预防犯罪代替惩罚犯罪，同样是不对称的。

## 二、横向代谢的进程及对策

笔者还是想从社会的新陈代谢开始谈起，本文只取一个标本为例：上海锦江饭店是董竹君女士在 20 世纪 30 年代创办的，这个饭店有着惊人的新陈代谢的历史。换句话说，以锦江为名的生态位已经成为上海锦江国际酒店（集团）股份有限公司。其中作为其子公司的"锦江之星"连锁旅馆，已经遍布全国 25 个省（自治区）的 56 个城市，共计 185 家连锁网络店。我们从生态位的视角，似乎可以把它的生态位划分为三个定位：一是固位，即源头上的老锦江饭店所在位；二是移位，即基本上按照原样改换了位置的新锦江饭店所在位；三是化位，即普遍化，遍布全国各地的连锁网络店所在位。举此例，是以缩影的方式使读者便于理解社会新陈代谢的发展现象。理解了社会的新陈代谢，就有助于理解犯罪现象的新陈代谢。犯罪是社会发展变化的副产品。我们同样可以取一些罪种的标本来研究一下它们的三位状态。我们知道，性犯罪、盗窃犯罪、杀人犯罪等都是古老的犯罪。② 这是蔡枢衡先生通过对人类源头上的犯罪进行考评而得出来的结论。这些古老的罪种演化到现在，虽然都打上了时代的不同烙印，在形态上发生了诸多变化，但其本质属性未变，故罪名仍然未变。换句话说，在时空的长河中，它们还是固守本来的生态位，但是随着社会既纵向而又横向的发展变化，"犯罪场"亦相应的发展和变化。有些犯罪的主体改变了原有的犯罪方式，改变了犯罪生态位即产生了移位，乃至这些犯罪有了别的罪名。如毒品犯罪在其流程中就形成了诸多的罪名，特别是在经济全球化、信息网络化、生态繁荣化等"化"的进程时代，也即世界正逐渐朝着无国界趋势发展的当今时代，同样亦是犯罪位

① 胡锦涛同志在中共中央纪律检查委员会第七次全体会议上的重要讲话［EB/OL］. http：/news. sina. cn/c/2007－01－09/180910958977s. shtml.

② 蔡枢衡：《中国刑法史》，广西人民出版社 1983 年版，第 138～174 页。

朝向各国互动化发展的时代。我们看到：一方面，犯罪固位在辐射性的肆意化位；另一方面，新的"犯罪场"里又生长着新的罪种，即新的犯罪位又在产生，诸如高科技犯罪、计算机犯罪等。

对于不同的犯罪位，自然应有不同的对策位。这种对策位也可以分为三个层面：一是国际对策位，即以国际合作治理犯罪；二是国内对策位，即根据本国的各个时段和各个层面制定相应的对策；三是专项对策位，即根据罪种的发展态势，采取对位的、专项的打击和预防对策。总之，犯罪位与对策位要对称，不能是不对称的；如果不对称，显然就是对策未到位。

此外，本文的论述还要涉及一种不对称的问题，就是违法成本与所受惩罚的不对称问题。波斯纳对法律进行经济分析后认为："违法成本、违法收益之间存在比例，市场经济中的单位和个体会追求利益最大化。即违法成本小于违法收益，则预期处罚成本低，导致违法数量增加。"[①] 违法现象往往是犯罪现象的开端，可是我们对这一开端重视不够，往往处罚也不到位。仅举一例：谢某跟宋老板学艺三年，学会了独家"咸鱼加工术"。宋老板从一些鱼市和养鱼池低价收购死鱼，然后用"独门秘籍"让死鱼"起死回生"。他让工人把运来的死鱼倒入一个腥臭呛鼻、里面放有被稀释过的剧毒农药"敌敌畏"的水池里——为了去虫、避蝇和保"鲜"。这些鱼经过再加工后，变成了一条条咸鱼，被运往各大饭店和酒楼，成为餐桌上的菜肴。在过去的 10 年里，宋老板用这种方法赚了 200 万元。东窗事发后，这家加工厂被执法部门查封，宋老板得到的仅仅是 2 万元的罚单。[②] 举一而反三，可见我们的行政部门对违法现象的惩处是何等之弱！换句话说，是多么的不对称！

（原载《河南公安高等专科学校学报》2007 年第 2 期）

---

① 周斌、李亮：《法律之弱》，载《法制日报》，2007 年 2 月 4 日。
② 周斌、李亮：《法律之弱》，载《法制日报》，2007 年 2 月 4 日。

# 第十九篇　中国犯罪学作为的新天地

## ——从国家预防腐败局的成立谈起

在犯罪领域，腐败犯罪可以算得上是领首型犯罪了。为什么呢？第一，作为社会核心的国家，承担着治理犯罪的重任。既然如此，作为国家机构的组成人员应起到不犯罪的表率作用。第二，在现实国家机构中，犯罪人员尽管是极少数的，但其危害很大且影响很快，不仅侵害国家机构的本体，而且其反面的消极作用无疑影响着整个社会。因此，治理腐败犯罪问题是治理整个犯罪问题之首，是众多心病之重；同时对腐败犯罪预防的加强，也必将引领对整个社会预防犯罪的加强。可以说，我国国家预防腐败局的成立，标志着国家以惩治犯罪为重心的职能在向预防犯罪职能的转化和发展，及国家职能机构专事预防犯罪的开始。笔者就下列两个方面作个初步探讨，以抛砖引玉。

### 一、为从源头上预防腐败的实践搭建了国家平台

党的十五大提出从源头上治理腐败，党的十六大进一步贯彻了这一方针。国家预防腐败局成立于党的十七大胜利召开之际，可见是从国家职能上创新、保障从源头上预防腐败的组织机构的落实，从而在党的十七大的推动下，进一步开创我国治理腐败犯罪的新局面。设立预防腐败的国家机构，不仅是我国从源头上预防腐败在组织方面的需要，也是《联合国反腐败公约》（以下简称《公约》）的要求。《公约》第6条明确规定："各缔约国均应当根据本国法律制度的基本原则，确保设有一个或酌情设有多个机构……预防腐败"，并赋予机构"必要的独立性，使其能够有效地维护职能和免受任何不正当的影响"，同时提供"必要的物质和专职工作人员，并为这些工作人员履行职能提供必要的培训"。作为《公约》的成员国之一，我国成立的国家预防腐败局既是一个新的国家职能机构，也是整个国际社会预防腐败犯罪的一个重要舞台。而且我国提出从源头上预防腐败，也体现了我国在理论上和实践中的自身特色。

那么什么是腐败的源头呢？任何犯罪的产生，就其源头而言，无不是其一在于主体的自身因素，其二在于身外的社会因素。一般犯罪如此，腐败犯罪也是如此。换句话说，腐败之源，一在"权"，二在"利"。有人需要用法外之权，为自己谋取非法利益，故需要"租用权力"；有人需要获取法外之钱来中饱私囊，故需要"出租权力"。"租用权力"与"出租权力"是矛盾的两个方面。其中"出租权力"无疑是矛盾的主要方面，也即源头的主要方面。因此，有必要从下列三个角度对这个主要方面作一探讨和拷问。

#### （一）从社会契约论的角度对腐败之源的拷问

按照社会契约论的科学观，公权是由私权让渡出来的。换句话说，公权是源于私权的。私权乃天赋人权。公权是由公民让渡于国家的法权。公权的扩大无疑意味着私权的缩小，反之亦然。二者必须保持在动态中的相对平衡，否则会形成相互的侵权。在现代国家，拥有公权的政府部门的某些作为侵犯公民权的现象显然还难以避免。这个被侵权的"空间"，可以说就是一种腐败之源。2007年9月18日《南方都市报》刊登的一篇文章披露：河北省肃宁县国土资源局在未办理征地手续的情况下，利用职权办理了《国有土地使用证》，不仅修建了豪华的办公大楼，还为每个局长修建了一套400多平方米的别墅。这不能不说是"权力自盗"了。我们知道，土地是民生之母。既然侵犯了民生之母，就是

侵犯了民生之权。对民众而言，当然是非直接侵权，但这种从整体上、从根本上侵犯民众权利的问题，民众难以拷问，正好需要国家职能部门来拷问。

**（二）从法律制定论的角度对腐败之源的拷问**

私权和公权的性质和范围总是由法律来规定的。所谓权力的腐败，乃指对公权的滥用。然而，不是每一项公权都可能被滥用。可能"被滥用的权力只是那些制度设计者有意留下和不得不留下了的自由裁量权。自由裁量权来源于各种'弹性'条款，是掌权者面对具体情况对如何适用规则作出决断的权力，是法律制度基于对掌权者的信任和规则的局限性而认可的选择空间"①。然而对自由裁量权大小的确定是一个权力的科学性问题。不科学是指不必要的自由裁量权大量存在，而对必要的自由裁量权又缺乏程序上的制约。当有人利用自由裁量权去谋取非法利益时，腐败的源头就露头了。面对自由裁量权被滥用的腐败源头，现代法治国家能否在立法上取消一切自由裁量权呢？当然不能。解决问题的办法，是通过公开程序和具体规则把必要的自由裁量权限定在合理的、科学的范围内，并做到有效监督。我国的立法已经开始从粗放向细化发展，从法律制定上抑制腐败源头将会取得更好的成效。

**（三）从权力制衡论的角度对腐败之源的拷问**

任何事物的存在都是以时间上的存在为纵向，以空间上的存在为横向的。通过各种载体而表现出来的权力存在自然也毫无例外。政治学上要求的"权力制衡"无疑是指在年限长短（时间）上的制衡，在分权大小（空间）上的制衡。一个国家无论采取什么政治制度，"权力制衡"现状都是对腐败源头的拷问。做到了科学制衡，就会减少腐败的源头；否则，腐败的源头只能是有增无减。在现代国家，对权力还很难做到有效的制衡，即使是"三权分立"的国家，也是如此。所以腐败的源头还会存在。

对于权力，动态的调适是始终不可或缺的。现代国家行政权不断扩大的世界性趋势也反映了制衡机制的薄弱。树立科学的权力观，强化科学的制衡机制，是当务之急。在坚持和完善中国特色社会主义的司法制度、以权力制衡机制抑制腐败源头方面我们已经取得了显著成效，而且前景会更好。

若要从源头上预防腐败犯罪，找准腐败的源头、科学地认识腐败的源头是十分必要的。然而知是为了行。任何国家行为都必须由相应的国家职能机构来实施。每一个国家机构都有一个职能的"法定化"问题。国家预防腐败局法定的职责主要有三项：一是负责全国预防腐败工作的组织协调、政策制定、检查指导。二是协调指导企业、事业单位、社会团体、中介机构和其他社会组织的预防腐败工作。三是负责预防腐败的国际合作和国际援助。国家预防腐败局加大从源头上预防腐败的力度，惩治部门坚持对腐败犯罪依法惩罚。防惩并举，相得益彰，更能充分显示中国特色社会主义在治理犯罪领域中的特色。

## 二、开辟了中国犯罪学作为的新天地

**（一）中国犯罪学的与时俱进**

在1979年党中央首次郑重地转发中宣部等8个单位《关于提请全党重视解决青少年违法犯罪的报告》后，中国学术界开始了对犯罪问题的正式研究，犯罪学作为一门学科开始被学人重视起来。25年来，其在学科建设上也有了重大的进步。

25年来，我们沿着西方古典学派的"理性主义"、人类和社会学派的"实证主义"之路进行研究，获得了一定的学术成果；同时，我们从国情出发，也在不断探索具有中国特色治理犯罪的理论。我们认识到，犯罪学理论思维既要追踪犯罪行为在现实社会中的发展态势，又不应被动地尾随其后，满足于总结型的论证或研究，止步于证实犯罪学理论与社会犯罪情状的一致性，而应力求对客观世界

---

① 谢鹏程：《拷问腐败之源》，载《法制时报》，2007年9月9日。

中犯罪行为的发生、演变、犯罪形态的现实发展及其原因系统、深层结构、前景趋势、预防方略的统摄性把握。马克思主义的创始人曾经作过如下的经典论述："我们的主观思维和客观的世界服从同样的规律，因而两者在自己的结果中不能互相矛盾，而必须彼此一致，这个事实绝对统治着我们的整个理论思维，它是我们的理论思维的不自觉的和无条件的前提。"[①]

基于马克思主义的教导，基于我们党和国家提出从源头上预防腐败的方针，基于对犯罪行为治理流程的考察，基于我国本土重在预防的文化传统，笔者且用"源流"二字来概括我国犯罪理论的特色，并从刑事一体化的理念出发，把它分为三个时空段：①从源头开始到犯罪形成的时空段；②从侦查开始到法院判决的时空段；③从监狱服刑开始，到回归社会的时空段。

我们强调犯罪学的研究居于这三个时空段中的第一个时空段，并为此加了一个刑事"源流"学派的名称。我们知道，刑事古典学派，在本体论上是没有给犯罪学任何地位的。它的贡献乃是给刑法学确立了崇高的地位。它的"犯罪是意志自由选择"的思维方法实际上就否认了犯罪产生的客观存在。刑事人类学派和刑事社会学派的贡献就在于确立了犯罪存在主义，给犯罪学奠定了学科的基础，它在方法论上确立的是实证的方法。所谓刑事"源流"学派，是说其在犯罪存在主义的基础上，在本体论中特别重视犯罪源头的存在和治理；在实证方法的基础上，特别重视预防上的"作为"，亦称方法论上的"作为主义"。在"源流"过程的三个时空段中，有三大作为天地。第一个时空段主要是犯罪学的作为天地，第二个时空段主要是刑事法学的作为天地，第三个时空段主要是监狱学的作为天地。当然，这都是一己之见，希望同仁们以"百花齐放，百家争鸣"的心态来共同研讨中国犯罪学的理论发展。

### （二）中国犯罪学发展的美好前景

当前中国犯罪学的发展既面临良好的机遇，又面对学术要求上的挑战。我们对犯罪的治理是始终站在时代发展前列的。时代的发展自然要求学术的发展，而顺应发展要求，要解决的问题首先是解放思想的问题，其次是参与步伐的问题。

1. 在认识问题上的解放思想

（1）对学科功能定位问题的认识。作为一门学科自然应有符合这门学科的功能定位。在这个问题上，长期以来没有较为统一的认识，主要有两种论点影响了我们的思想：一是"前移论"。前移论的基地实质上是刑法学的基地，被动地向第一时空段的研究推移。外力推动一下就移一下，不推就不移。二是"上位论"。如果从刑事一体化理念出发，把这个"一体"分为三段。犯罪学的确是处于上位段的，但只把上位段犯罪学的研究成果局限于对下位段刑法学发展作出贡献之上是很不够的。而且"年轻的"犯罪学是否就被刑法学认同为"上位"呢？笔者认为并不一定。何况犯罪学还得自身是潜法学？如果说不是，就难说其具有"上位"与"下位"的法关系。

犯罪学的功能固然可以是多向性的，但本体功能，笔者认为应当是直接为国家预防犯罪作出学术贡献。不应当把本体功能边沿化或者淡化，而舍本求末地去浪费智力、财力和时间。

（2）对犯罪源头问题的认识。什么是源头？这是研究的首要问题。所谓源头，就是指发祥之地或事物产生的起点。但从不同的角度着眼，也有广义源头与狭义源头之分、硬件源头与软件源头之别。世间的任何物、事、人如果要追溯起来，也都总是有一个相对的起始时、发祥点的形态表现。我们对这种"时"、"点"用一个具有动态性的词来表示，就叫"源"。但人们对"源"的认识也只能是与时俱进的。在一定时空段里，或者说"眼（眼睛）界里"、"思（思想）界里"、"具（工具）界里"所能达到的某一个限度，就是一个认识上的"头"，即"源"存在的"头"，我们就把它称为源头了。也就是说，认识对存在物所能达到的相对尽头就是源头。这是对源头的中性认识。可见，源头既具有客观存在属性，又具有主观认识属性，对其的认识和使用又是因人而异的。对犯罪的人而言，源头是指易

---

① 恩格斯：《自然辩证法》，人民出版社 1997 年版，第 243 页。

为犯罪人所利用的有利于其实施犯罪的、起始的、客观存在的某种元素。这种元素也可以具体为制度的、文化的、经济的、环境的等客观条件和相关因素。所谓从源头上预防犯罪，就是指要预防处于发祥点上的客观条件和相关因素被犯罪分子所利用。源头大体可以分为两大类：一是只具有在发祥点上的客观条件和相关因素。这种情况是相当普遍的，如门窗不牢，易被盗窃犯所利用；财经管理上收支一条线，易被不法财会人员所利用等。当然，这样的源头是表层的，从距离来看是近视的。二是既具有发祥点上的又具有流程距离上的客观条件和相关因素。这种犯罪是一种典型的源流型犯罪。例如，跨国的金融犯罪，跨国企业集团的法人犯罪，流程经历诸国的走私、毒品、贩卖人口犯罪，以及向各国渗透、相互联手的黑社会有组织犯罪等。认识源头的普遍存在性，有利于我们对普通刑事犯罪治理的研究。

2. 在参与问题上的知难而进

预防腐败问题的重心是预防权力的滥用。如果说权力滥用是对国家预防腐败局职能部门的挑战的话，那么也是对犯罪学学术研究的挑战，还是对社会各种参与力量的挑战。现在令人欣喜的是：由国家"领军"，官民双方正在对贪污腐败形成有效的包抄形势。这主要表现在：其一，审计署的"反腐风暴"。2007年9月19日，审计署发布第6号审计结果公告，2006年度被查出的问题资金多达300亿元，发改委等49个"国家级"部门单位赫然在目。审计署已按照国家法律、法规的规定，提出了整改建议。其二，广电局的"反俗风暴"。2007年9月20日出台的选秀节目管理工作措施，细到主持人不得对选手、评委使用"哥、姐、弟、妹"等私人称谓，"不得采用手机投票等任何场外投票方式"，"不得在19时30分至21时30分时段播出"，如此做法基本宣告选秀节目在中国的终结。其三，中央纪委、中央组织部的巡视制度。针对一些腐败官员得以逍遥法外的弊端，巡视制度就是一柄反腐利剑。其四，国家预防腐败局的成立。此举重大的现实意义和深远的历史意义前文已述，此不多言。但对"人们起初也对国家专门设立一个反腐败局寄予厚望，以为大陆也将设立类似香港廉政公署那样的强权部门，事实却是这个新的国家局只有'预防'的职能"这种观点提一点看法。① 这里提出的问题是部门权限的设计问题。我国香港特区自有香港特区权力制衡的情况和机制。整个国家各部门职权的设置，是该弱化的弱化，该强化的强化。从总体观之，旨在惩治腐败的国家反贪部门的职权并非弱化，而是强化了；相反，旨在预防腐败的国家职能部门的职权倒是弱化而非强化。当然，这都是从相对层面上而言。所以，国家预防腐败局担负的专事"预防"的国家职能正好是做到了该强化的部分适时地强化了。将预防腐败和惩治腐败并举，更显其强劲的势头，也更是大有作为。

中国犯罪学研究会会长王牧教授曾预言："当我们充分注意到法律的实际效果时，犯罪学就必将受到应有的重视。问题是，犯罪学和犯罪学学者自己要做好准备，不要等到社会需要的时候而令人失望。"② 中国犯罪学研究会根据形势的需要组织一年一度的学术研讨会，并确定相关的研讨课题，这是完全必要的。但作为专门研究而言，就不能只紧跟形势，而应从探索社会发展的规律中来确定研究的战略方向。笔者认为以下两大研究方向是应当锲而不舍地坚持下去的：

(1) 对预防犯罪的国家制度创新的研究。以制度创新预防因权力滥用而产生的腐败犯罪，这是一个方面；同样，以制度创新预防社会各个领域的一般刑事犯罪，这是另一个方面。社会治安综合治理机制乃是充分发挥这方面创新作用的纽带。

(2) 预防犯罪的新的文化价值观构建的研究。李锡海先生在其《文化与犯罪研究》一书中指出，犯罪的产生除客观上的"制度决定"论外，就是主观上的"文化决定"论。③

制度与文化是并行的，也是与时俱进的。因此应当是犯罪学研究的永恒主题。

(原载《河南公安高等专科学校学报》2008年第1期)

① 郭光东：《反腐风暴不敌反俗风暴　行政职权错位何时扭转》，载《南方周末》，2007年9月27日。
② 王牧：《刑事源流论（序）》，法制出版社2005年版，第3页。
③ 李锡海：《文化与犯罪研究》，中国人民公安大学出版社2006年版，第252页。

# 第二十篇　谈谈犯罪学的"三未"目标

## ——从对贪官的"早发现"愿望谈起

日前，读到《落马贪官为何不能"早发现"》一文。这不仅是文章作者的愿望，自然亦是文章读者的愿望。推而广之，即可以说是民众的普遍愿望。

为什么会产生"早发现"的愿望呢？其实不需要去讲多少正面理论，只要稍稍反证一下就自然明白了。早发现的好处无疑有三：一是早发现早治理，就有可能不会形成犯罪，或者不会形成大的犯罪。这对违法犯罪行为人本身是一种挽救。二是早发现早治理，就有可能不会产生对社会的危害，或者对社会有大的、巨大的危害。三是早发现早治理，就有可能减少或大大减少国家因处理犯罪而耗用的司法资源。

然而，"早发现"的愿望能不能实现，如何才能实现呢？

第一，"早发现"的愿望是好的；第二，一定程度的"早发现"是能够实现的；第三，实现"早发现"，必须要有从理念转型到行为到位，来一个大飞跃才行。这里就着重谈以下两个问题。

### 一、理念的转型

1. 不宜过高设定刑罚的预防功能作用

就刑罚的功能作用而言，有一对老生常谈的术语，即报应刑主义和目的刑主义。笔者不想对术语本身作多少表述，只谈三点自己的看法：

（1）从科学层面而言，加害与被害应当是对价的，刑罚就是实现对价的载体。这是第一功能。

（2）刑罚的适用，自然阻断了继续犯罪行为的可能，所以起到了防止再犯的作用。这是第二功能。

（3）刑罚适用的辐射防范的有限作用。"目的刑主义"意旨在于防止他人犯罪。这种设定显然具有一定的空想性，但笔者认为辐射他人的功能作用是有的。但凡辐射，都有"三度"：①距离度；②时间度；③力量度。从"三度"考察而言，防范他人犯罪的功能作用是十分有限的。

现实社会中，目的刑主义相对盛行，故而把减少犯罪产生的法宝，一般都押在使用刑罚上，即所谓"特殊预防"。笔者认为不宜过高设定这种"特殊预防"的功能作用。这是一个理念转型的问题。

2. 应当十分明确预防犯罪的目标载体

由于盛行"特殊预防"理念，因此"一般预防"理念，往往长期停留在口头上，就是难落实到行动上。从根本上说，预防的目标载体也不明确。从学术上看，往往是空论的文章；从社会实践上看，往往是浮于表面，而没有真正到事到人到位。从提高人们的安全指数观念出发，把防范目标具体化、载体化，笔者主张借用我国中医学"治未病"的理念，而典化为"治未罪"，并且专门作为一门学科来研究，故而叫做未罪学。显然，这也是理念上的重大转型。

### 二、行为的到位

1. 未罪学要求的"三未"行为

作为每一个个人、每一个单位、每一个社区，或者说作为社会结构的每一个"条"和每一个

"块"，都应当设定比较科学、合理的安全指数，从而达到力所能及的实现"三未"。哪"三未"呢？

一是未违法。即从不违法的要求抓起。

二是未犯罪。从犯罪的形成过程而言，一般说来总都是有"源头—流程—终端"的。在源头上和流程中发现违法、发现犯罪，防治违法、防治犯罪。从而达到少违法、少犯罪，未违法、未犯罪，从而达到未犯罪的目的，这就是未罪学要研究的对象和要解决的问题。关于"终端"是刑事侦察学、刑事检察学、刑法学、监狱学要研究的对象和解决的问题。

三是未再犯罪。此乃系监狱改造、社区矫正质量的标志，而且刑后就业无疑十分重要。未罪学涉足一定程度的研究显然也是不可或缺的。

2. 未罪学要求的行为到位

除了理念上的转型外，行为上的到位就显得十分重要。笔者认为，行为的途径就是部门法的法律规定。每一个部门法都是为社会某一方面服务的职能法、服务法；同时亦是规范违法犯罪行为治理的防治法。法律本身，就是要求在"服务职能中监督管理，在管理监督中职能服务"，达到既依法司职又严谨管理，以实现和谐发展的目的。问题是往往在适用中，人们关注的是司职服务功能，而不很关注防治违法犯罪的功能。为了提醒其关注，笔者在这里专门设计了一个警示词："犯罪门槛"。凡越轨违法的行为进入了犯罪门槛的，谓之"已罪"；没有进入犯罪门槛的越轨违法行为，谓之"未罪"。现实社会要求我们认识到这样一个问题：即部门的涉罪条款的规定，就是该部门防治犯罪的底线所在。该部门不能等待越轨违法行为已经进入犯罪门槛时才期待刑法来惩罚，而应当在底线前的流程中和源头上通过制度机制的适当设置和各种有效措施的运行，做到卓有成效的防范。这里我们研讨的是金融"未罪"的治理，故列举一例。即从商业银行法的施行服务管理中来标明犯罪门槛，以引起人们就该法律规范对防范功能的关注，从而达到举一反三的效果。

《中华人民共和国商业银行法》于 1995 年 5 月 10 日通过，7 月 1 日施行。规定的违法条款共 14 条，有 8 条涉罪条款。通俗地说，即有 8 道犯罪门槛：

犯罪门槛：

> 第七十四条　商业银行有下列情形之一，由中国人民银行责令改正，有违法所得的，没收违法所得，并处以违法所得一倍以上五倍以下罚款，没有违法所得的，处以十万元以上五十万元以下罚款；情节特别严重或者逾期不改正的，中国人民银行可以责令停业整顿或者吊销其经营许可证；构成犯罪的，依法追究刑事责任：
>
> （一）未经批准发行金融债券或者到境外借款的；
>
> （二）未经批准买卖政府债券或者买卖、代理买卖外汇的；
>
> （三）在境内从事信托投资和股票业务或者投资于非自用不动产的；
>
> （四）向境内非银行金融机构和企业投资的；
>
> （五）向关系人发放信用贷款或者发放担保贷款的条件优于其他借款人同类贷款的条件的；
>
> （六）提供虚假的或者隐瞒重要事实的财务会计报表的；
>
> （七）拒绝中国人民银行稽核、检查监督的；
>
> （八）出租、出借经营许可证的。

犯罪门槛：

> 第七十六条　商业银行有本法第七十三条至第七十五条规定的情形的，对直接负责的主管人员和其他直接责任人员，应当给予纪律处分；构成犯罪的，依法追究刑事责任。

犯罪门槛：

> 第七十九条　未经中国人民银行批准，擅自设立商业银行，或者非法吸收公众存款、变

相吸收公众存款的，依法追究刑事责任；并由中国人民银行予以取缔。

伪造、变造、转让商业银行经营许可证的，依法追究刑事责任。

犯罪门槛：

第八十条　借款人采取欺诈手段骗取贷款，构成犯罪的，依法追究刑事责任。

犯罪门槛：

第八十一条　商业银行工作人员利用职务上的便利，索取、收受贿赂或者违反国家规定收受各种名义的回扣、手续费的，依法追究刑事责任。

犯罪门槛：

第八十二条　商业银行工作人员利用职务上的便利，贪污、挪用、侵占本行或者客户资金，构成犯罪的，依法追究刑事责任；未构成犯罪的，应当给予纪律处分。

犯罪门槛：

第八十三条　商业银行工作人员违反本法规定玩忽职守造成损失的，应当给予纪律处分；构成犯罪的，依法追究刑事责任。

违反规定徇私向亲属、朋友发放贷款或者提供担保造成损失的，应当承担全部或者部分赔偿责任。

犯罪门槛：

第八十四条　商业银行工作人员泄露在任职期间知悉的国家秘密、商业秘密的，应当给予纪律处分；构成犯罪的，依法追究刑事责任。

如果我们对每一条每一款都遵循从"源头—流程—终端"，对可能产生违法犯罪行为的空间进行必要的制度机制的防控设计，并且严格执行，那么相对刑法的惩罚犯罪的"半边天"作用而言，在防范犯罪产生或由小罪变大罪上，未罪学的研究和学术作为，即会促进社会发挥"半边天"的防治功能作用的。

这里必须明确指出未罪学的研究路径是：遵循部门法（每一个部门法）的立法、执法、司法、守法层面和该领域社会状况的同步与研究的路径。从"三未"目标出发，这主要有三大层面，即是：①违法的现象—原因—治策；②犯罪的现象—原因—治策；③再犯罪的现象—原因—治策。要把立法—执法—司法—守法各层面和各环节均纳入研究范围，当然也包括立法、执法、司法、守法本身存在的问题。同时也必须包括其各层面环节相关领域的社会生存状态的相互作用的同步研究，从而真正做到学术研究与实际运用的相互衔接、相互促进。

（载于 2011 年第一期《青少年犯罪问题》"犯罪学茶楼"）

# 第二十一篇　刑事源流研讨会会议综述

　　华东政法学院离退休高级专家协会于 2005 年 11 月 3 日召开了刑事源流研讨会。会议由徐建教授主持，与会刑法学、犯罪学专家围绕"刑事源流"这个主题展开了热烈的讨论。

　　夏吉先教授首先做了发言，指出其新著《刑事源流论》并非刑事源流史学著作，而是在刑事学科领域内的一种学科理念主张，整体刑法学、刑事一体化、刑事源流论所用的词语虽然不同，但其基本思想是相同的。他从社会的变迁中感悟到犯罪问题动态研究的重要性；从刑法学的"因果论"研究感悟到犯罪学上的"源流论"研究的重要性；从刑法学与犯罪学准先谁后之争，感悟到刑事一体化理念的重要性。夏教授指出，从整个刑事学科的领地来看，犯罪学的学科领地在源头上，其他学科领地在流程中和流尾上，这样就把整个犯罪问题的研究，分为对源头的研究和对流程、流尾的研究了。源与流概念的运用，就从载体上表达了刑事学科之间既相互区别又相互联系的亲缘性属性。由于这种属性的存在，就决定了既要注重各学科的分学科研究，也应重视各学科的整合性研究，以达到各学科能得以相互推进，共同得益。在刑事学科中，犯罪学是群学之首的学科，即它的位置有开"源"之学的地位，它承担的任务是研究未然犯罪的形成问题，而刑法学研究的是已然犯罪的处置问题，两者不能相互替代，也不需要相互重复。作为以消除社会的某种冲突、防治犯罪产生为己任的犯罪学，应当在构建和谐社会中发挥自己相应的功能作用。

　　原中国犯罪学学会副会长刘灿璞教授指出：虽然现在已经否定了"犯罪学就是犯罪原因学"这句话的正确性，但犯罪原因的的确确占非常重要的地位，原因找错就一定治理不好。至于刑法学和犯罪学的关系，刘教授认为，犯罪确实先于刑法，但刑法学先于犯罪学，例如，中国古代刑法学就很发达，但没有犯罪学。不论谁先谁后，一门学科的真正意义在于能不能给国家作贡献，有了贡献，就自然能提高。华东政法学院游伟教授从自己实践经历谈了对夏教授跨学科研究方法的肯定。郑列教授认为中国在经济改革的同时也应该注重政治改革，要兼治标本，我国应该在全社会角度关注犯罪问题。朱华荣教授认为，源流论的关键是怎么看"源"，怎么找出"源"。犯罪其实是法律规定出来的。他认为，犯罪研究应该从实际出发。犯罪的根源在于个体利益与集体利益的冲突，是社会现象，十分复杂。法律规定犯罪也是一个渐进的过程，就如通奸罪，开始适用于女的，后来随着男女平等观念的提出，同时适用于男女，在后来因为恤刑考虑规定女的刑罚轻于男的，到现在由于社会观念的变化而取消了通奸罪。犯罪只不过是统治阶级根据自己阶级利益规定出来的，所以没人能保证犯罪什么时候会真正消灭。张善恭教授指出，犯罪学和刑法学两者是形而上和形而下的关系，是一般科学和具体科学的关系，是互动的，所以两者没有源流关系。苏惠渔教授结合对死刑存废观念的转变，指出对一个新课题的提出，应当慎重对待。其他与会专家也谈了自己对刑事源流的看法。

（原载《青少年犯罪问题》2006 年第 1 期）

# 第二十二篇　金融犯罪防范懈怠论
## ——犯罪源流匹配定律适用之管见

### 一、问题从两案的实证谈起

邓子庆的《信用卡滥发，银行不该只做"经济人"》一文中举案道："我曾特意致电各家银行客服热线，告知对方儿子没有还款能力，今后不要再给他办信用卡了，并报出了儿子的姓名和身份证号码。银行为什么要一而再、再而三地发那么多卡给我儿子？"上海市民老周日前向记者大吐苦水并质疑银行信用卡管理。老周儿子月收入仅有 1000 多元，从银行先后办理了 25 张信用卡，累计透支了近 30 万元，最终这个家庭只能"卖房还卡"。① 本案在发展阶段上还尚未进入犯罪的门槛。从《新闻综合》台披露的另一信用卡透支案，与上案状况基本相同，然而透支人为了还清透支巨款，却发生了上门抢劫杀人，碎尸抛尸的恶性大案。如果说评价前案质疑了"银行不该只做'经济人'的话，而对后案报道中，其资深评论员就直呼出"导致凶案银行有责"。

### 二、何谓犯罪源流匹配定律

定律这个词语一般是很少用到的。然而研究数学，特别是几何学的人，那就是常常在用定理了。东汉政治家荀悦在论治国方略的《申论》中，论道："先其未然谓之防，发而止之谓之救，行而责之谓之惩。"用今天的语言来表达就是：尚未发生之前要采取防范治理，制止已经发生的行为要采取挽救治理，追究行为结果的责任时要采取惩罚治理。在这个表达中似乎道出了既相联系又相区别的三个环节。用源流视角察之，那就是源头环节重在防，流程环节重在救，终端环节重在惩。在客观与主观的对应上，就形成了匹配对应。借用数学（特别是几何学）的定理称谓，姑且可称为犯罪源流匹配定律矣！

可能有人会觉得把它称为定理是小题大做了吧？固然可以仁者见仁、智者见智地作出不同的评价的。但有下列几点确有其共识：

（1）发掘科学的古文化为今所用。

（2）改变重终端不重源头的积习。这里有必要多说说现时。在对党的十八大的报告中，胡锦涛同志就创新管理加强社会建设问题上，强调了"加强形成源头治理，动态管理，应急处置相结合的社会管理机制"。② 说明从理念到行为强调源头防范很是必要。应当说，事发急消故然重要，未发先防显然就更加重要的了。

（3）遵从定律，是遵从科学。提到定律的高度，无疑会减少普遍认识不足及其行为不到位的随意性，从而有助于提高认识和实践的自觉性。

---

① 2012 年 9 月 24 日《法制日报》。
② 胡锦涛 2012 年 11 月 8 日代表十七大中央委员会向十八大的报告。

### 三、金融犯罪防范应在源头上和流程中防止懈怠问题

如果要展示金融领域防范懈怠的表现，本文实难给出足够的篇幅来。还是让我们抓住本质问题，来细谈一下源流匹配定律的"匹配"内涵吧！在数学上对定理如何下定义，这是数学家们要作的。在社会人文领域这就是我们要作的了。是否可以这样说：人文社会中的定律，就是在一定范围中对应客观存在事物的治理机理。显然，此定义有两点基本涵意：一是对客观规律存在的认识，二是要发挥匹配于规律的治理功能。其中的关键词乃在于"匹配"。本定律的环节匹配是十分明确的：设防匹配于源头，维救匹配于流程，惩罚匹配于终端。三者是定位的。换句话说，是不可移位，也不可代位的。

然而，在社会的各领域中，所存在现实问题，主要在于：一是思想认识不到位，二是行为实践不到位。这是必须要解决的现实问题。那么有没有到位的实例呢？当然有。在解决食品安全领域的问题上，上海市已开始实施"溯源体系"建设，商务部则设计对酒类流通实行"溯源制度"。这就是在制度上的到位保障，从而使源头上存在的问题难逃问责干系。最高人民法院原副院长刘家琛大法官在主管赖昌星走私群案的司法中，对部分中小企业的走私行为的"政策性"挽救，就是在事发流程中措施匹配到位的典例；事到终端的问责惩罚阶段，原来只是惩罚"一锅煮"，现在产生了新理念，有了"刑事和解制度"的创新。苏州市公检法联合下发《轻微刑事案件侦查阶段刑事和解暂行规定》，国家新刑诉法增设刑事和解诉讼程序，赋予当事人自愿选择的权利，有效平衡了加害人、被害人以及国家三方利益关系，这是司法理论与司法实践上的新硕果。当然也须重视制约、规范刑事和解执法行为，加强检查监督，防止"花钱买刑"。从根本界定层面上说，这里也涉及犯罪行为程度与"刑度"或"和度"的匹配关系问题，有待进一步理论研究和实践经验的佐证。

回过头来再说，金融领域如何认识和践行源流匹配定律，本领域者比域外者自然更清楚和明确。问题是须把源头防范、流程救治的任务担当起来，应当明确自己不仅是理财的社会角色，而且也应是防治金融犯罪的社会角色。像本文开篇实例中所提出的质疑，显然就与防治的角色南辕北辙了。从法治角度论，《商业银行法》本身的负面禁止性规定，就是防范的门槛。不能消极等待犯罪人进了门槛后才由匹配的刑罚去惩罚，而应当主导匹配的设治措施，从源头上防治、流程中救治做起。

华东政法大学　夏吉先

2012 年 11 月 15 日

# 第二编

## 治本治标流程论

# 第一章 未罪学：防治体制论

《未罪学》是"已罪学"，即《刑法学》的相对称的学科，也即专是对应犯罪防范研究的独立的新学科。防范是多层面、多渠道的，但是贵在于体制制度的建设。如关于反腐问题，中央制定的制度反腐目标：形成不敢腐的惩戒机制，不能腐的防范机制，不易腐的保障机制。把体制制度建设放到了各种防范范畴的核心地位。

对于其他类型的犯罪而言，依其各部门法的禁止性"门槛"规定，把防范"警示法"与防范"程序法"相配套，践行法治防范，创新和发挥制度机制的功能作用，尽可能多地实现"未违法"、"未犯罪"、"未再犯罪"，同样是关键性所在。

# 第二十三篇　论犯罪学与刑法学研究的学科领地问题

## 一、学科领地问题的提出

犯罪学与刑法学研究的领地问题，并非是今天才提出的新问题。早在西方犯罪实证学派与刑事古典学派的激烈争论中，就十分明显地反映出来了。在菲利的《犯罪社会学》中（在龙勃罗梭、加洛法罗的有关著作中同样存在），他把刑法学算在犯罪社会学当中，换句话说，犯罪社会学就包括刑法学。其实，当时刑法学已是一个存在一百来年的强势学科了。而强势的刑法学自然声称：犯罪学根本没有存在的必要，犯罪学研究的内容就是刑法学研究的内容，犯罪学研究的问题就是刑法学里的问题，产生了双方互不承认的格局。由于犯罪学的研究领地未能科学的确立，故始终存在着研究的"危机"，时至今日也始终未能形成自身的学科体系。现代的西方是这样，今天的东方也未尝不是这样。在《中国犯罪学研究状况及其未来的发展》[①] 中提出，关于犯罪学的学科性质，国内外学术界有各种各样的认识和见解，具有代表性的观点如下：（1）认为犯罪学是刑法学的辅助学科。（2）认为犯罪学是社会学的分支学科。（3）认为犯罪学是社会学与法学两门社会学科的边缘学科——社会法学。（4）认为犯罪学是综合性学科。这一观点又可以分为以下几种：笼统的综合性学科说，以社会学为基础的综合性学科说，以法学为基础的综合性学科说，以法学、社会学、心理学为基础的综合性学科说。（5）认为犯罪学是独立的综合性学科。综观在犯罪学学科性质和学科地位问题上的种种见解和观点，尽管他们各自都有合理的一面，但始终未能出现一种为多数学者接受的观点。因此，客观、科学、准确地揭示和表达犯罪学的学科性质，是犯罪学基础理论研究中的一个意义重大的、亟待解决的课题。在这里，可以这样坦率地说，学科地位问题的不能解决，关键在于研究的领地问题未能确立矣。

## 二、如何确立学科的研究领地

这是一个十分现实的问题，也是一个亟待解决的理论问题。

### （一）有必要准确界定犯罪学与刑法学的科际界限

刑法学的学科领地是十分清楚的。从理论体系上看，刑法学的理论鼻祖贝卡里亚在其《论犯罪与刑罚》的经典著作中，就奠定了刑法学的基本理论框架。随后在西方和东方的各国刑法学家的长期学术理论研究中，逐渐完成了刑法领域的对各个层面对象的系统术语的研究，从而形成了刑法学完整的学科体系。犯罪学的"宗师学派"（包括犯罪人类学派和社会学派），虽然在理论上都各有建树，但都未能真正奠定作为学科的科学框架。随后的西方和东方的不少学者，虽经多方拓展研究，可时至今朝都未能完成犯罪领域的对各层面对象的系统术语的研究，从而也未能形成犯罪学能称得上一门学科的应有体系。为什么会是这样的结果呢？笔者认为，其关键所在是：刑法学十分明确地占有了自身的研究领地，即对已产生的犯罪现象在对其特征描述的基础上，进行法律界定，对其中构成了犯罪的，就定罪量刑，科以刑罚处罚。这种明确的研究任务就成了刑法学的起始地，也是刑法学的归宿地。换句

---

[①]　《康树华会长在中国犯罪学研究会第十一届学术讨论会上的报告》，参见《中国犯罪学研究会会员通讯》2002 年（总）第 3 期。

话说，这就是刑法学的坚实领地。而犯罪学呢，却没有找到属于自身的坚实的研究领地。要么如实证学派与古典学派曾经发生的争议一样，去重复刑法学的某些层面上的犯罪现象描写；要么就去替代某些社会职能部门作某些预防犯罪的宣传，如此等等。没有界定好犯罪学与刑法学的科际界限、犯罪学与其相关社会职能部门的职能界限。每门学科有每门学科的学科功能，它必须承担其相应的研究任务。因此，从任务[①]上去界定清楚犯罪学与刑法学的科际界限，这是不能有一点儿含糊的。刑法学的任务是研究惩罚犯罪，犯罪学的任务就是研究预防犯罪。这是既不应含糊，也不可能相互代替的。

（二）把犯罪学的研究领地真正摆在现实位置上来

犯罪学研究的真实领地在哪里呢？笔者认为，不是通过写一篇又一篇的大块或小块文章来寻找，而是要立足于社会去找到它真实的存在本身。如何去找呢？

1. 对卢建平教授的"胎儿"比喻的解读

"犯罪学是以一种超脱的，价值中立的心态去看一个胚胎，是在怎样一个条件下成形、变成胎儿，在观察过程中发现胎儿不对，如果出来之后会危害社会的，发现这个问题之后，犯罪学要把任务交给刑事决策学，即国家决策机构——立法部门来判断是让这个胎儿生出来还是胎死腹中。"[②] 笔者认为卢教授这个比喻是十分精辟的。它起码包含了这样几个问题：①犯罪学的着眼点问题。它不是着眼于对已经产生出来的犯罪现象连篇累牍去描写，而是着眼于对产生出来之前的"腹中"观察。②对"腹中"的观察现象，要鉴别其有无可能危害社会的征象。③要把有可能危害社会征象的这种"腹胎"提交有关方面鉴别处理。

2. 社会"拟制胎儿"说

母腹中的胎儿，已经定位于母腹之中。当然要问母腹中的胎儿是怎么有的：一是两性的精卵结合产生，二是现代的"克隆"技术产生。虽然产生方式不同，但总是已经定了位的个体了，只需从母腹去观察即可了。而犯罪的胎儿却是社会拟制胎儿，这个胎儿定位在何处呢？又是怎样形成的呢？当然跟定位于母腹的胎儿是不大一样的。如果说，犯罪学研究的领地是社会领地中的拟制胎儿，这种研究领地自然是相当复杂和困难的领地。因为"社会胎儿"的形成，不是较为单纯的精卵结合方式形成，而是多种复杂因素的整合形成。这种多种因素不像精子存在于男性身上，卵子存在于女性身上那么简单，而是存在于人——社会——自然的变化无穷的各个层面之中，并非一个犯罪学家所能全知的。这种形成"社会胎儿"的各种因素正如男性的精子、女性的卵子往往是"社会隐私"，并非是袒露在犯罪学家面前的。作为研究犯罪产生的学者来说，仅凭一己之学识、能力甚至权力，是很难达到认识的彼岸的。因此也就很难形成一个专门的学科体系了。换个说法就是：犯罪学的学术板块是十分分散的，要把这些板块拼合成一个拟制的"胎儿体"来进行研究，其难度之大是不言而喻的。

### 三、跨学科研究是建立研究任务的必由之路

要研究犯罪产生的这个"社会胎儿"是怎么形成的，要鉴别这个"社会胎儿"具不具有社会危害性，又怎样让具有社会危害的胎儿死于社会母体的腹中，确实不是一个名为犯罪学的学科就能担当得了的任务。我们姑且把这个任务简化为两个方面来完成。

（一）对犯罪"社会胎儿"的形成研究

我们知道医学上的病原学指出：每一种疾病至少有一种病原体。那么要对我国刑法学上确立的300 多种罪种进行"胚胎"研究，我们不妨建立一个名为"罪源学"的学科。真要对罪源研究有所建树的话，没有社会各种学科加盟研究，难以想象会有什么学术成果。当然作为犯罪学的研究成员来说，自然是加盟的一种成员，但也只能是其中的必要的一种成员。

---

① 王牧：《犯罪学与刑法学的科学界限》，载《中国犯罪学研究会会员通讯》2002 年（总）第 3 期。
② 卢建平：《关于犯罪学研究问题的"胎儿"比喻》，载《中国犯罪学研究会会员通讯》2002 年（总）第 3 期。

要研究犯罪"社会胎儿"的形成，笔者认为对于这样四大板块的研究，应是不可缺少的：

（1）个体内因板块研究。犯罪总是由自然人个体或法人单位个体去犯的。因此着眼于个人或包括人群的研究是首先考虑的。目的在于发现其内因的致罪因子。

（2）生态外因板块研究。个人或人群总是在一定的环境中生存的，不同生态环境的外因作用，对犯罪所起的形成作用显然是不同的。

（3）源头基因板块研究。任何一种犯罪的形成总是有一个发端的源头的。而且不同的致罪因素都有它的源头存在。因此着眼于源头基因的研究是至关重要的。人类基因组序列图的绘出，对人类的疾病的治理，无疑就达到了从源头上的治理。

（4）机制成因板块研究。对于分散于人——社会——自然中的各种致罪因素，怎么就能在一个自然人个体或单位法人个体上"座胎"呢？这显然是有机制作用的。因此对形成机制的研究，就相当于绘出一个犯罪形成的图谱了。

（二）关于犯罪"社会胎儿"让其早死于社会腹中的研究

我国综合治理防范对策，无疑是建立在犯罪是由综合因素而形成的理论基础上的。如果要对有社会危害的"社会胎儿"进行对策研究，自然是应建立"防范学"了。其研究的对象无疑是以"综合治理"作为研究对象。这同样是要跨学科才可能实现的。因为落实到对策上不是由哪一个学者能胜任的，而是整个社会的问题。然而具体对策，局外人是很难提得出来具体意见的，特别是深层次的、从源头上的早期预防对策意见。作为一个犯罪研究的学者，只能加盟其中，深入实际社会领域，才能有所作为。从实践中不断提炼防范对策术语语汇，以逐渐形成其相关学术思想。

（《学习笔记》）

# 第二十四篇　论犯罪成因模式的统一性寓于多样性之中

犯罪成因模式的统一性寓于多样性之中，打个比方说，刑法学好比是研究已经出生的婴儿，犯罪学好比是研究在子宫内的胚胎。然而产生犯罪的模式并不像产生婴儿的模式那么单纯，只要精子加卵子合成受精卵，无论在体内或体外都可育成。这是一个定型化育婴模式，而且是一个十分清楚、一目了然的模式。比较而言，犯罪当然也有一个合成模式，如果说育儿的精子源于男性，其卵子源于女性的话，那么犯罪的合成因素，一方面是源于群体社会，另一方面则源于社会自我（自我即包括自然人和法人——作者注）。那么群体社会的什么因素与社会自我的什么因素相结合就会孕育出犯罪产品呢？这就不是一个单一的模式所能反映得了的。换句话说，只能通过符合客观存在的多种模式，才能反映出来。当然概率性模式也并非没有，这就是源于社会成因与源于自我成因的结合。为什么呢？其原因在于：

第一，无论社会成因还是自我成因，都难于从社会躯体和自我躯体中孤立地游离出来。也就是说，它们作为存在的一部分，总是与其自身融为一体而难以分割，不同于"精"、"卵"。

第二，什么因素是引起犯罪产生的因素，只能在社会与自我的相对感应中才能确定。因为社会中的同一具象，对甲的感应功能与对乙的感应功能，有可能是截然不同的，笼统的模式就难以准确表达。

第三，社会中的万事万物总是相区别而独立、相依附而存在的，因此要确定某因素引起犯罪产生的"致罪值"，则只能从具象间相互依存关系的比差中才能测示得出，而且这种比差只有推进到在某具象中达到一定的临界线时，才能被社会看作是"罪值线"。比如，娼妓是男性买娼、女性卖妓的一种罪因模式，但这种模式是怎样产生出来的呢？皮艺军[1]同志在《卖淫现象的成因探讨》中曾作过回答。显然，研究须溯源析流，要求犯罪模式的个性化。

第四，犯罪的成因是随着社会和自我发展变化，而起着相应的变化的。因此，它要求成因模式反映这种变化。成因模式的科学性和先进性，在于它反映"致罪值"的精确性。

第五，每一个犯罪产品的出台，不仅是某些具象因素的效应所致，也是社会和自我总体效应的一方面产物。因此，每一个具体成因模式中也都寓于了总体模式的成分。

对犯罪概念的界定问题，不是一个就概念而论概念的问题，而是如何科学认识"犯罪"这一事物的客观存在的问题。每一个事物的自身属性，都无一例外的要从自身的不同层面体现出来；同时，人们也从它的不同层面去认识它的属性的层面差异性。人们从不同层面对客观事物的认识，也同样不是就认识而认识，认识的要求是：既要符合事物属性的客观存在，又要能从属性特征出发，引申出它的社会功能作用来。也就是说，要求认识的科学性和它的功用性相吻合，才是认识的关节所在。犯罪学和刑法学都是植根于同一事物即"犯罪"事物上的科学。但植根的属性层面是不相同的，犯罪学从一种层面出发引出预防犯罪的功能作用，以达到社会少产生犯罪乃至不产生犯罪的目的；刑法学从一种层面出发引出惩罚犯罪的功能作用，以达到社会惩罚犯罪的合理性和科学性的目的。由于属性层面不同、功能作用不同，虽然同样用的"犯罪"二字，但概念的内涵和外延却不相同。犯罪学上的犯罪概

---

[1]　皮艺军：中国政法大学教授"本能异化论"犯罪理论提出者。

念是"隐形"犯罪概念，概念的内涵和外延是对社会潜在犯罪"原料"的概括，因此其概念实属社会学范畴的概念。刑法学上的犯罪概念是"显形"犯罪概念，概念的内涵和外延是对已出产于社会的犯罪"成品"的概括，因此其概念属法学范畴的概念。当然，这种异质概念在名称上能加以区别最好。但两者的不同是相对而言的，并非是两种不同事物之间的质种的区别，因此在概念命名上，也是可以通用的。

（原载《青少年犯罪研究》1990 年第 11 期）

# 第二十五篇　犯罪形成综合结构论

犯罪是怎样形成的，这是任何犯罪学家首先必须回答的问题。只有正确回答了犯罪的形成问题，才有可能正确解决犯罪的治理问题。

马克思指出："英明的立法者预防罪行是为了避免被迫惩罚罪行。"[①] 我们研究犯罪构成，是为了能够正确而科学地惩罚犯罪；而研究犯罪形成，则是为了能够正确而科学地防治犯罪。我们社会主义国家更应采取有力措施，努力搞好综合治理，预防和减少犯罪。特别是在我国现阶段，犯罪主体已主要是出身于劳动人民家庭中的青少年的情况下，预防犯罪行为的发生，比惩罚已发生的犯罪行为，更加具有深刻的意义；而且对犯罪形成的研究将促进犯罪构成理论在更高程度上的研究，其中包括对现有刑法理论中个别不合理成分的改造，对新的犯罪现象中新罪名构成理论的确立。总之，犯罪形成与犯罪构成研究的相互促进，必将使我国更加有效地治理犯罪。

为此目的，笔者不揣冒昧，提出犯罪综合结构论，与政法战线和法学界同志共同研究。

## 一、个犯形成的综合结构

个犯，犯罪个体之简称。个犯是群犯中的个犯，群犯是所有个犯之总和。个犯是犯罪独立存在的实体。群犯的共性都寓于个犯之中。但个犯不仅仅具有群犯的共性，而且具有他本身独立存在的个性。所以，个犯形成是群犯的共性与个犯的个性的结合。这个结合不是简单的凑合，而是作为独立存在的主体，在其自身直接接触的社会环境中，以一定的结构方式，能动地综合诸因素而产生的。正如马克思在《剩余价值学说史》中所说的，"一个哲学家生产观念，一个诗人生产诗，一个牧师生产说教，一个教授生产讲授提纲，一个罪犯生产罪行"，都离不开一定的资料和一定的过程。那么，一个罪犯是以什么作为"资料"，又是以怎样的方式和过程，来生产出犯罪行为（即"产品"）的呢？笔者提出犯罪综合结构论，试图对这个问题作出回答。

### （一）个犯综合结构形成的多种因素

形成个犯的因素是什么？古今中外的思想家、学者在认识上很不一致。我国古代的一些思想家对犯罪问题的研究，比当时的西方要深刻得多。比如，管子说："仓廪实而知礼节，衣食足而知荣辱。"孟子说："富岁子弟多赖，凶岁子弟多暴。"强调犯罪同政治、经济、文化的关系。管子还说："刑罚不足以畏其意，杀戮不足以服其心。"主张除刑罚外，还需要加强诱导和感化。古希腊骨相学家把犯罪与人的面容、形体联系起来。哲学家苏格拉底也信奉骨相学，他认为："凡面黑有恶相者，大都有罪恶的倾向。"

18 世纪，贝卡里亚发表《论犯罪与刑罚》，把犯罪问题与封建专制制度联系起来。但这时更盛行的是，有一些学者用身体因素和精神因素来解释犯罪的观点，他们认为犯罪是素质的产物。

到了 19 世纪，随着资本主义的迅速发展，阶级斗争日益尖锐，犯罪也大量增加，研究犯罪人的心理和行为，控制和防止犯罪，已成为统治阶级迫切要求解决的问题。这时，被推崇为实证犯罪学鼻祖的意大利犯罪学家龙勃罗梭写出了《犯罪人论》，提出了"生来性犯罪者"的主张。当时另外有从

---

① 《马克思恩格斯全集》（第 1 卷），人民出版社 1963 年版，第 148 页。

社会学角度进行研究的学者，则把犯罪归咎于环境，但又否认人的意识的反作用。

进入 20 世纪后，德国和奥地利盛行犯罪生物学，精神病学者开始研究犯罪心理学。犯罪生物学者认为犯罪与人的异常性染色体有关。而研究犯罪心理学的人，则认为性染色体虽然异常，但并不是罪犯的也不少，强调犯罪是心理的、社会的因素。

综上所述，对人之所以会成为犯罪的人，各家分别强调了这样几种因素：①与衣食有关的经济因素；②与制度有关的政治因素；③与模仿学习有关的社会心理因素；④与文化知识有关的智力因素；⑤与骨相、性染色体异常有关的生物因素；⑥与精神等有关的病理因素；⑦与社会危害性有关的法律因素等。应该说，对这些因素的分别考察，并不是没有价值的。可是，这些孤立的、分不清主次的考察和论说，难免不陷入机械唯物论和唯心论，特别是过分夸大生物学因素，更会堕入掩盖犯罪阶级性的泥潭。

近现代社会科学研究的成果证明，以"社会生活的综合"的观点来代替单一因素的观点无疑是正确的。[①] 违法犯罪行为的"原因不是人本身，也不是整个社会，更不是社会主义社会，这个概念指的是具有主客观性质的各种现象的综合"。[②] 也就是说，犯罪个体的形成，是主次不同的各种因素的综合。这就是犯罪综合结构论的第一个结论。

### （二）个犯综合结构形成的横向方式

形成犯罪的多种因素是怎样结合起来的呢？作为主体的每一个人，总是生活在社会环境之中。对于个人来说，这个环境分为自身直接接触的直接社会环境，和非自身直接接触的间接社会环境。每一个人都被作用、同时又作用于直接的社会的环境。而且，每一个人从呱呱落地之后，经过发育、成长的过程，一步一步地扩大自己的直接社会环境的圈层。如前所述，社会主义社会的环境，还是存在着"犯罪流"的环境。那么，对一个人来说，接触到这样的环境因素是否就一定要犯罪呢？当然不是这样。因为犯罪行为的产生，并非是只取决于某一个因素的作用。

1. 犯罪因素的种类及其作用的大小

犯罪因素，是对犯罪的原因和犯罪的条件的总称。所谓犯罪原因，是指直接引起犯罪者的动机和目的的那部分因素。所谓犯罪条件，是指犯罪者赖以实现其犯罪动机和目的的另一部分因素。古今学者从各种不同角度分类，他们列举的因素种类之多，是数不胜数的。但是，具有犯罪形成意义的科学的分类，则只能是两大类，即犯罪的客观因素和犯罪的主观因素，并按其性质的不同和作用大小，又具体地分为四种：

（1）犯罪客观原因。对于犯罪主体来说，在我国社会主义条件下，犯罪的客观原因，就是各种犯罪流的客观存在。其中包括作为先进的社会主义制度的内体本身，在胎孕中得来的和因为本身功能还不完善产生的极微量的、可能致罪的因子的存在。

（2）犯罪主观原因。对于犯罪主体来说，犯罪的主观原因，就是主体自身潜藏着（指犯罪"意识流"内化成主体的意识及其积淀）的某种反社会的犯罪心理意识。在我国社会主义条件下，就是违反社会主义法规，蔑视甚至反对社会主义秩序的某种心理意识。

（3）犯罪客观条件。对于犯罪主体来说，犯罪的客观条件是指有利于犯罪行为得逞的某种人为条件或自然条件。比如，在有的企、事业单位中，政治思想工作薄弱、没有健全的规章制度等等。这在客观上，使犯罪行为得以实现。

（4）犯罪主观条件。对于犯罪主体来说，犯罪主观条件，即主体自身的生理特点和身体素质的条件，如性别、年龄、体格、气质、变异生理结构和病态心理等等。这些，对某些犯罪行为的形成起着一定作用。

2. 犯罪主观原因与客观原因的相互交合

在个犯形成的二原因、二条件中，首先的也是具有决定意义的是二原因的结合。所谓二原因的结

---

① 《普列汉诺夫哲学著作选集》（第 2 卷），三联书店 1962 年版，第 226~267 页。

② ［苏］B. H. 库德里亚夫采夫：《违法行为的原因》，群众出版社 1982 年版，第 83 页。

合，也就是犯罪客观原因与犯罪主观原因的相互作用。恩格斯指出："相互作用是事物的真正的终极原因。我们不能追溯到比对这个相互作用的认识更远的地方，因为正是在它背后没有什么要认识的了。"① 犯罪原因的相互作用，首先是人与环境的相互作用。人既被环境作用，而又作用于环境。在我国社会主义条件下，每一个人在其自身的环境中，不仅主要受到社会主义的各种良好因素的作用和影响，同时，也可能受到某种犯罪流因素的作用和影响。当然每一个个体所受这两类因素的作用和影响，在主次和轻重程度上是不可能相同的。由于思想意识和思想基础各不相同，对所处环境中良好因素和不良因素的模仿学习、选择和追逐也会各不相同。因此，主体头脑之内外，良莠两种对立因素的统一和斗争，就不可避免。在对立面的统一和斗争中，可以是良好因素处于主动，也可以是不良因素处于主动；可以是主观因素处于主动，也可以是客观因素处于主动。犯罪主观原因与犯罪客观原因相互结合，其方式为：①主观不良因素主动地与客观不良因素相互结合；②客观不良因素主动地与主观不良因素相互结合；③主、客观不良因素各自都主动地相结合。这种结合，是"同性"结合，而不是"异性"结合。这种同性选择结合方式不仅表现在不良因素与不良因素之间，也表现在良好因素与良好因素之间。因此，这就不可避免地会产生良好因素的同性选择结合与不良因素的同性选择结合之间的对立面的斗争。而斗争的结果必然产生三种不同情况：①良好因素的结合战胜不良因素的结合；②不良因素的结合战胜良好因素的结合；③良莠二种因素结合斗争的胜负暂时难分。从主体的行为表现来看，第一种情况不会生产出犯罪行为，甚至有的还表现为同犯罪行为作斗争；第二种情况，则具备了生产犯罪行为的必然性，因为犯罪的主观原因与犯罪的客观原因结合成了如恩格斯所说的"终极原因"——这里我们把它叫做"交合原因"，它是生产犯罪行为的必然原因；第三种情况，因结局未定，故既存在生产犯罪的可能，也存在不生产犯罪的可能。综上所析，个犯的形成，首先必须要有犯罪交合原因的形成。这就是犯罪综合结构论的第二个结论。

3. 犯罪交合原因向犯罪行为的转化

犯罪交合原因形成后，则具有了生产犯罪的必然性。但是必然性并不等于现实性，要将必然性转化为现实性，就得有转化的条件。对于个犯形成的结构来说，这个转化条件就是犯罪客观条件与犯罪主观条件的具备，也就是说必须形成交合条件。当然，对于已经形成了交合原因的个体来说，总是会去寻找交合条件的机会的。反过来说，也只有交合原因与交合条件实现了相互交合，才能最终实现犯罪行为的生产。这就是犯罪综合结构论的第三个结论。

（三）个犯综合结构形成的纵向过程

对每一个人来说，物质需要和精神需要，始终是自身思维活动的最基本的动力。在我国社会主义条件下，人们的各种需要与社会满足这种需要的矛盾是经常发生的。对个人来说，需要有合理与不合理之分，合法与不合法之别。

1. 需要在犯罪因素的作用下会形成犯罪的动机

我们知道，需要在不同因素的作用下，就会形成不同的动机。在我国，主体如果是在社会主义的道德规范和法律规范的作用下所形成的需要动机，是正确的动机；在犯罪交合原因的作用下所形成的需要动机，则是犯罪的动机。比如，主体由于金钱的需要，通过中介——交合原因（主、客观交合形成的不劳而获的意识）的作用，而产生出盗窃犯罪、抢劫犯罪的动机。

2. 犯罪动机决定了犯罪故意，而犯罪故意又决定着侵犯客体的性质

作为某一个侵犯客体（即某种社会关系），是由相应的犯罪目的决定的，而犯罪目的同犯罪动机又是紧密相连的。如主体非法的金钱动机，就决定了实施行为是将公私财物占为己有；主体的强奸动机，就决定了实施的行为是侵犯妇女性的自贞权利；主体的杀人动机，就决定了实施的行为是剥夺他人的生命等。所以，什么动机决定什么故意，就决定行为侵犯什么性质的客体，也就产生什么性质的

---

① 《马克思恩格斯选集》（第3卷），人民出版社1972年版，第552页。

犯罪。这就是犯罪综合结构论的第四个结论。

## 二、犯罪综合结构与综合治理的关系

研究犯罪形成的综合结构，是为犯罪综合治理提供理论基础。犯罪形成既然是综合的结构，犯罪治理就需要综合的体制。笔者认为，犯罪综合治理体制应当贯彻下列"五结合"原则：

（1）治本与治标相结合的原则。我国社会主义制度，是治理我国犯罪之本。只要我们坚持四项基本原则，充分发挥社会主义制度的优越性，加强社会主义的物质和精神文明建设，犯罪流将日益被削弱，这是肯定无疑的。但是，犯罪流还存在于我国社会之中，它不会自动停止流动。因此，在治本的同时，我们丝毫也不能放松对标——犯罪流的治理。

（2）加强政治思想教育与完善管理制度相结合的原则。从犯罪形成的结构来看，原因和条件都是不可缺少的。只有提高人们的政治思想觉悟，加强人们的道德观念，才有可能抵御各种犯罪因素的侵袭；同时，各行各业的管理制度健全了，治安保卫措施落实了，才能创造使犯罪难以实现的条件。

（3）犯前防治与犯后治愈相结合的原则。治理犯罪的要旨在于：对于未犯罪者，使之不生产犯罪；对于已犯罪者，使之不再生产犯罪。两者都要抓，不可偏废。让我们再以下图来直观该原则。[①]

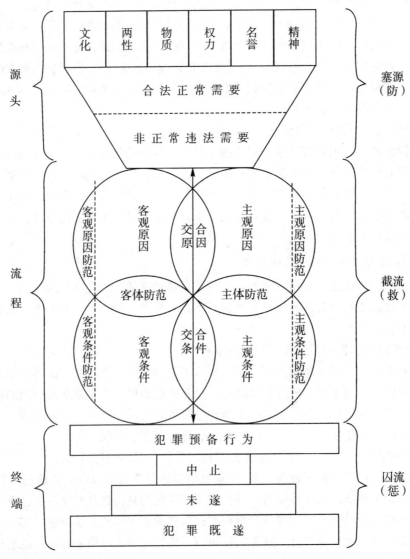

---

① 此图为作者构制。在本书第39页首用。为了直观和语境的需要，在《源流论》、《未罪学》两书中，还会多次引用。

治愈犯罪包括两个方面：一是对少数反革命活动和重大刑事犯罪活动的严厉打击，二是改造、教育和挽救失足者多数。只有严厉打击严重犯罪分子，才能促进综合治理社会治安各项措施的落实，给预防犯罪、教育和挽救失足者创造更好的条件。另外，做好改造、教育和挽救绝大多数，才更有利于消除犯罪生产和再生产的不良因素，减少犯罪个体的再生产，使他们重新"复归"于我国蒸蒸日上的社会主义生活和工作岗位上来，成为有用之才。

（4）宏观治理与微观治理相结合的原则。从群犯观念出发，对一个地区的犯罪、一个部门的犯罪、某种类型的犯罪等进行宏观的研究，探索其客观规律性，提出共同的根本的治理措施，这是十分必要的。从个犯观念出发，对每一个具体的犯罪者进行个别的研究，摸清他成为犯罪者的特殊的因素，从而对症下药，这对于有效地改造罪犯的再犯来说，无疑也是很重要的。

（5）专门机关治理与全社会参与治理相结合的原则。我国在社会治安管理方面，一贯是将政法机关的专门工作与群众路线相结合。我国人民群众的社会自治组织，除了有人民调解委员会、治安保卫委员会以外，现在还出现了不少新的形式，如针对失足青少年的"帮教小组"，帮助父母教育好子女的"家庭教育指导站"等等。只要每个公民都把清除犯罪形成的因素作为自己对社会的一项光荣职责，我们就一定能够切实做到实现社会治安的根本好转，巩固和发展安定团结、生动活泼的政治局面。

（选自 1986 年 5 月自编教材《犯罪论专题》）

# 第二十六篇　同步防范论

"同步防治犯罪论"（简称"同步防范论"）是"综合治理"的基本理论，笔者对同步防范论的原理进行初步探讨，现提出来，以就教于我国司法战线和法学界的同志们。

## 一、同步防范论的基本原理

同步防范论是关于在"综合治理"的整体性中，要求"上下左右一齐动手"，"各行各业协调一致"的理论。同步防范论是推进"综合治理"进一步落实的一大基本理论。同步防范有三项根本要求：第一，要求上下左右、各行各业、各个方面对搞好治安工作的认识要完全一致，要处处着眼于积极治安，而不局限于消极保安；要事事想到长治久安，而不是临时暂安。正如有的同志提出的："要以打击犯罪的同样劲头来抓预防犯罪。"第二，要求防范工作的各方面力量趋向一致，形成协调状态。具体说来，要求政治的、经济的、思想的、教育的、文化的、行政的、法律的各种手段同时运用，相互衔接，内在协调，减少"内耗"。第三，要求治"本"与治"标"同步进行。所谓"本"，是指社会主义制度的本身之"本"。所谓"标"，是指附生在"本"体上的"犯罪流"。所谓"治本"，就是按照社会主义制度本身发展的客观规律，遵循党的十一届三中全会以来的正确方针、政策、路线，在社会主义经济体制综合改革的基础上，不断完善社会主义制度本身，把我国建设成为具有高度物质文明和精神文明的现代化的社会主义强国，好比中医以壮其身而防其疾一样，使社会主义的本体愈来愈充分地发挥出抗御"犯罪流"规律的作用。所谓"治标"，就好比西医治病，按照党和国家的政策、法律，直接针对"犯罪流"对人们污染和腐蚀的治理。通过"治本"与"治标"的同步进行，从而使我国最大限度地减少犯罪的产生。

同步防范论，应遵循下列三条基本的防范原理。

（一）用社会主义的物质文明、精神文明观念，克服非社会主义的物质文明、精神文明观念，防止人们因物质的和精神的某种需要而产生的犯罪

犯罪，就它的本身形态来说，有各种各样的类型。但是，就这些类型与产生它们的主体需要来看，无不是因物质的某种需要而产生的犯罪和因精神的某种需要而产生的犯罪两大类型。当然，有些犯罪既是主体的物质需要所致，又是主体的精神需要所致，是二者的结合。不过，这种结合体同样可以把它分解为物质性的需要和精神性的需要两种。因此，防范工作既要防止因物质性需要而产生的犯罪，又要防止因精神性需要而产生的犯罪，二者要同步进行。我国社会虽然存在因主体的某种物质需要，和因主体的某种精神需要而产生犯罪的两类现象，但是，更存在预防这两类需要性犯罪产生的物质基础和精神基础。

1. 社会主义物质生产对社会成员的不断满足与犯罪预防

第一，实行商品经济，是社会主义经济发展不可逾越的阶段。对于我国商品经济还很不发达的现阶段来说，充分发展商品经济，更是实现我国经济现代化的必要条件，为高度增长社会主义物质财富所必需，而社会物质财富对社会成员需求的不断满足，乃是减少犯罪的一大根本。

第二，只要有商品生产，就必然有竞争。社会主义企业之间竞争的目的、性质、范围和手段是在国家法令的管理下，在为社会主义现代化建设服务的前提下，让企业在市场上直接接受广大消费者的

评判和检验，优胜劣汰。社会主义经济是必须自觉依据和运用价值规律的。于是社会主义的商业者，也是要按照按劳分配、多劳多得的社会主义原则向"钱"看的，而非不劳而获、少劳多获、惟利是图地向"钱"看的。如果商品生产者和商品流通者采取以次充好，以假冒真以及各种害民利己的手段，或者在其他任何一个环节、一个方面违背了社会主义商品经济的性质（在刑法意义上来说，其中任何一个不是"以富防范"而是"为富而犯"的话）自然也会堕入与政策、法律相违背的犯罪的泥淖。所以，我们也必须加强这方面的预防犯罪的工作。但是，毫无疑问，由于社会主义物质生产充满勃勃生机，随着社会物质财富的不断涌流，必将给防止主体因物质需要而产生犯罪的情况，提供有力的物质保障。

2. 社会主义精神生产对社会成员的不断满足与犯罪预防

与社会主义物质文明生产相适应的精神文明生产，必须是生机勃勃的、健康的和科学的。精神产品应不断满足、振奋全社会的人们的积极、向上和进取的需要。要摒弃那种落后、愚昧和腐朽的东西，克服那些安于现状、思想懒惰、惧怕变革、墨守成规的习惯势力，要提倡社会主义现代化的生活方式和精神文明。

在社会主义社会里，人们的社会道德和整个思想意识形态，表现为各个不同的层次。以社会主义的高层次思想意识带动低层次的思想意识，提倡高尚的道德意识，克服非社会主义的不劳而获的犯罪思想意识和各种腐朽意识，这是社会主义思想意识发展的必然趋势。社会主义的精神产品应该充分满足人们精神需要。任何个人如果违背了精神产品的社会主义性质，或者通过各种渠道传播腐朽的精神产品，都会毒化人们，特别是青少年的思想，乃至使人堕入犯罪的泥淖。因此，我们尤其要强调思想意识方面的防范。

总之，随着社会主义物质产品和精神产品的不断丰富，将有满足人们社会主义的物质需要和精神需要的最大可能，因而也就有着减少两种需要性犯罪产生的最大可能。但是，个体的各种需要与社会满足这种需要的矛盾还是会有存在和发生的。因此，作为全社会，一方面要坚持社会主义的物质产品和精神产品的同步生产与繁荣，另一方面又要坚持防止非社会主义原则的物质需要和精神需要的违法犯罪的产生。

（二）运用个犯形成的"综合结构"理论于防范实践，防止横向与纵向社会层次犯罪的形成

个犯综合结构形成中的横向方式和纵向过程告诉我们：人们的物质需要和精神需要在不同因素的作用下，就会形成不同的动机。在我国，个体如果是在社会主义的道德规范和法律规范的作用下所形成的需要动机，是正确的动机；在犯罪交合原因即主客观相互结合而形成的结合原因的作用下所形成的需要动机，就成为犯罪的动机了。犯罪动机决定其犯罪的故意，而犯罪故意又决定着侵犯不同性质的犯罪客体。每一个侵犯行为的实体，都是一个独具特征的个犯综合结构，犯罪实体的客观存在告诉我们：无论在横向社会层次中还是在纵向社会层次中，都无例外地有个犯的产生。因此，运用个犯形成的"综合结构"理论于预防实践，防止横向社会层次中犯罪的形成与纵向社会层次中犯罪的形成，对于减少犯罪来说，都显得十分必要。

同时，我们还必须看到：运用个犯形成的"综合结构"理论于防范实践，在时空上应该是三维的，这是因为在个犯形成的"综合结构"中，起首要作用的犯罪流的流向也是三维的。因此，作为同步防范来说，也应该是三维同步。

1. 犯罪流的顺时流向与年轮曲线变化的犯罪预防

犯罪流规律的作用是通过犯罪的曲线显示出来的，它好比价值规律通过价格曲线显示出来一样。犯罪是在增长还是在减少，我们首先注意考查的是它的年轮曲线。现在大家都认识到，在我国现阶段要做到根本没有犯罪，实不可能。纵或在局部地区的某一个单位，发案率也许是零，但是就全国范围内看，是不可能不发生一定数量的犯罪案件的。那么，这种发案率从其本身国情的实际情况出发，在什么样的发案水准上才算是正常的呢？这个水准就是我们这里所要研究的"基本常数"。不过常数之

"常",其含义有二:一则是指国家处于稳定发展的"常态"而言;二则,"常数"并非定数,而恰恰倒是在运动发展中的"变数"。确定"基本常数"的科学依据是什么呢?笔者认为应该从本国与本国、本国与他国的发案率的比较中去寻找。主要有两个比较:

(1)与相对稳定发展的资本主义国家作比较:发案率同任何事物的发展一样不是直线增长趋向,而是曲线增长趋向。如日本自1948—1978年三十年间的曲线增长趋向(曲线图省略)。随着社会主义物质文明和精神文明向高层次的不断发展,抗"流"功能的不断增强,犯罪案件必呈减少的趋向(当然也只能是曲线减少趋向)。

(2)与我国自身的过往年份作比较:我国对社会治安进行综合治理的工作,是防治个犯形成最具有针对性的防范工作。只要综合治理工作处处在落实,年年有进步,随着社会使个犯赖以形成的综合因素(即可供个犯形成的"犯罪意识"、"犯罪条件"、"犯罪机遇"等)的不断减少,不断的减少,犯罪的案件也必然是相应地趋向减少。

从两个比较中,我们可以得出这样的结论:我国当年的正常发案率均应低于过往年份的发案率,也低于比较国同年年份的发案率。但是,还必须考虑两种因素:第一,我国采取的是开放政策,因此,向外资开放区与非开放区,犯罪发案率不可能是一样的;第二,我国的主体必须是社会主义的,但为了祖国的统一,提出"一个国家两种制度"的构想。香港、台湾地区的发案率和祖国大陆是不可能相同的。总之,我们从年轮的运行中,完全可以看出预防犯罪是否有进步,有多大进步,从而根据进步或退步的原因,进一步制定出强有力的防范措施来。

2. 犯罪流的横向流向与横向社会层次犯罪的预防

所谓横向社会层次,从我国基层现行行政体制区域的分属来看,是以城市带农村,以城市、城镇为其中心的。围绕城市、城镇之中心,则有城郊镇郊、城镇远郊、甲城镇与乙城镇、丙城镇之间的中间地带之交。同样在一个城市中或在一个农村公社中又可分为各行各业相互邻接的各种层次的接交。我们可以把这种相互递邻的横向层次的犯罪做成"波式"曲线,而看出犯罪流在横向社会的不同层次中所起的不同作用,从而研究制定出不同的防范措施来。

我们首先要重视的,是信息时代城乡层次中犯罪的变化,这主要表现在:

(1)犯罪"意识"的流速与社会信息传递速度的关系。"鸡犬之声相闻,老死不相往来"的时代,已被当今的信息时代所代替。当然,在我们国家的不同地区,信息传递的速度是不相同的,信息量也是大有差别的。在沿海及大中城市,信息速度快,信息量也大。例如,1980年电视台播映美国电视系列片《加里森敢死队》后,北京有的区、县(如朝阳区、燕山区、大兴县、昌平县等)很快就出现一帮或一伙的"加里森敢死队",其他大城市也有类似情况。然而,在"江村"——费孝通教授调查过的吴江县开弦弓村,有同志作了关于"社会控制,社会改造"的调查。在调查中发现:长期以来,在这个地区,没有青少年违法犯罪的现象,当然也谈不上"加里森敢死队"似的团伙犯罪了。其原因之一,自然是与环境闭塞,信息不通有关。从中我们可以看到,犯罪"意识"的流速,与整个社会信息传递的速度是存在正比例关系的。

(2)犯罪"意识"的流量与社会交往量的关系。交往量越大,相应的犯罪"意识"量也会增大,交往量越小,犯罪"意识"量也会随之减少。城市犯罪率比农村犯罪率高,这自然与城市交往量大,相应的犯罪"意识"量也大;农村交往量小,相应的犯罪"意识"量也少有关。就团伙犯罪来说,还有一个人的交往密度问题。城市交往密度大,随之产生的团伙犯罪也多一些,农村交往密度小,因此团伙性犯罪也相应少一些。但是,随着农村与城市差别的缩小,农村犯罪的变化与城市犯罪的差别也将缩小。

3. 犯罪流的纵向流向与纵向社会层次犯罪的预防

所谓纵向社会层次,主要是指经济水平、文化水平、社会职位高低的"梯式"层次。从文化水平来看,其"梯式"是文盲、小学、初中、高中、大学……从经济水平来看,其"梯式"是一般经济水平、中等经济水平、上等经济水平、特级经济水平……从社会职位高低来看,其"梯式"是普通公民、一般干部、中级干部、高级干部……当然，这是大概的"梯式"层次，每一个层次还可以细分。

现在，某些犯罪事实的客观存在，要理论研究作出回答："穷了容易违法，富了为什么还犯罪？""愚昧容易违法，有知识有文化为什么还犯罪？……一般公民的子女容易违法，领导干部的子女为什么还会犯罪？"笔者认为，这是因为：不仅在社会的低级层次中存在着犯罪流容易发生影响和作用的条件，而且在社会的高级层次中，也有它发生影响和作用的条件存在，不过这种条件的存在平常并不为人们所注意和重视，只是案件发生后才引人注意。当然，较高层次与较低层次犯罪流作用具有不同的特点。

总之，我们在这方面的预防工作，必须根据犯罪流三种不同的流向，以及各自发生作用的不同特点，采取相应的现代化控制手段，才有可能有效地控制其作用程度和作用范围，达到尽可能减少犯罪的目的。

在我国现阶段，强调用不同方法来同步防范不同性质犯罪的产生中，尤其要加强的是形成和研究犯罪预防，这具有重大意义。毛泽东同志曾提出不同性质的矛盾用不同方法处理的基本原理，对人民内部的思想政治工作，防止人民内部纠纷演化为犯罪的现象。加强社会主义的道德教育，加强社会主义的法制教育，大力开展"五讲四美"活动，开展文明礼貌月，普及文明街道、文明村、文明单位。人民群众的文明素质提高了，人民内部关系调整得更好了，人民内部纠纷就自然会减少了。但对于已经发生的人民内部纠纷，必须要做到由浅水层到深水层的层层防范工作：

（1）要防预人民群众中的一般纠纷演化为刑事案件。要求把一般纠纷尽可能解决在萌芽状态。

（2）要防预时间较长的民事纠纷演化为刑事犯罪。要求对民事纠纷进行妥善的处理，并从思想上真正解决问题。

## 二、同步防范论的基本范畴

同步防范论的基本原理要求治理犯罪要"同步"。同步防范的基本范畴是对基本原理的具体体现和实际运用，当然各对范畴都必然具有"同步"的要求。同步防范在各个方面和各个层次中的具体范畴是不胜枚举的，诸如，家庭、学校、社会教育同步，"犯"前预防与"犯"后预防同步，传统防范手段的继承发扬与新技术防范手段的建立同步，道德教育防范与法律制裁防范同步，社会犯罪因素的研究与生理、心理犯罪因素的研究同步等。笔者拟另作专题探讨，因限于篇幅，这里不再赘述。

（原载《宁夏社会科学》1985 年第 3 期）

# 第二十七篇　建立防治体制是综合治理的重要问题

如何完善我国社会治安综合治理体制，是全社会共同关注的问题，也是政法部门和法学界亟待探索的重大理论问题和实践问题。本文拟就这个问题谈点粗浅看法。

我国社会主义初级阶段客观存在着导致犯罪产生的"犯罪源"与"犯罪流"。完善我国社会治安综合治理体制的必要性，就在于我国出现犯罪情况，并非短暂的现象，而是有着犯罪源规律作用和犯罪流规律作用的长期的历史现象。因此，综合治理不是权宜之计，而是长年之计。可是，在过去三十多年里，人们没有认识到：我国在 20 世纪所建立起来的社会主义社会，其历史条件和发展程度，同马克思当年揭示社会运动的规律和远景而作的科学预测之间，存在着相当大的距离和差异。因而像其他方面的社会空想一样，长期以来对社会治安产生了一些不切实际的空想。现在人们才总算认识到：社会主义在我们这样落后的国家取得胜利，这虽然是历史发展的巨大飞跃，但是也使我们面临着一个复杂和艰巨的问题，即不得不把本来是资本主义解决的历史问题，放到社会主义一道来解决。

应该看到，社会主义国家是从整个旧世界脱胎而来的，现在，世界资本主义制度与我国社会主义制度同时并存，特别是实行对外开放政策后，我国犯罪现象的产生，不仅是由于"内源"、"内流"的存在所致，而且也是与"外源"和"外流"相关的。因此，我们同犯罪活动的斗争将是长期的、复杂的，不仅贯穿于社会主义的初级阶段，而且也必将贯穿于整个社会主义阶段。

我们研究犯罪规律是为了利用犯罪规律，从治本和治标上限制产生犯罪的范围，控制产生犯罪的程度，从而达到最大限度地减少犯罪的理想目标。那么，当前在我国怎样落实社会治安的综合治理，最大限度地减少犯罪现象呢？笔者认为关键是要从体制上把"惩罚犯罪"与"预防犯罪"的职能分开，也就是要变目前的单轨体制为双轨体制，建立起专门的"防治体制"。

马克思指出："英明的立法者预防罪行是为了避免被迫惩罚罪行。"[①] 马克思的至理名言，现在已有不少同志将其化为自己的思想了。用他们的话来说："宁吃防范苦，不受破案罪。"有些同志在行动上表现为："用打击犯罪的同样劲头，来抓好预防犯罪。"可见，双轨体制思想，已经不单是专家、学者的用语，而是已逐渐为不少政法战线同志所接受。

什么是治理犯罪的双轨制？为什么要在我国实行双轨制呢？

按照马克思的分析和社会存在的实际情况，治理犯罪必须包括"预防犯罪"和"惩罚犯罪"两大方面。对于惩罚罪行的"惩治体制"（指公安、检察、法院、监狱等机构的主要职能）来说，自人类的犯罪发展史开始之日起，直到今日世界的现实社会，可以说在所有不同制度的国家里，都已经发展得比较充分和完备了。然而对于预防犯罪的"防治体制"来说，在迄今为止的所有剥削制度国家里，都没有真正建立起来（尽管有的资本主义国家也设立有名义上的专门预防犯罪的某种机构）。这是因为资本主义制度和人类历史上的一切剥削制度要从根本上防止犯罪，存在着很大的局限性。这自然是不可能做好的事情。与此相反，社会主义制度的确立，实现了列宁所指出的"对防止罪行来说，改变社会制度和政治制度比采取某种惩罚，意义就大得多"的论断。但是防治犯罪问题的基本解决，还远远不等于所有问题的解决。因为，"源发性"犯罪还未彻底解决，"流发性"犯罪更是远远没有解决。为了防止犯罪的产生，我国正在进行治理犯罪的多方面、多层次的综合治理工作。"综合治理"是我

---

[①] 《马克思恩格斯全集》（第 1 卷），人民出版社 1963 年版，第 148 页。

们党和国家指导治安工作的根本方针，也是我们防治犯罪的根本方针。综合治理包括的内容和方式尽管很多，但归结起来仍是"惩治"和"防治"。在综合治理中，我们知道，打击犯罪是容易落实的，而难于落实的乃是预防犯罪。

对于社会主义国家来说，通过"惩治"犯罪来达到"预防"犯罪的目的，这是完全必要的。因为没有强有力的"惩治"就不能根本抑制犯罪源流规律的作用，就根本谈不上"防治"，"惩治"是"预防"的前提。但是，只有专门的惩治机关（公安、检察、法院、监狱等）还不够，最好还要有以防治职能为主的专门机构。因为只有这样，才能保障预防犯罪工作的落实。理由如下：

第一，社会主义国家防治犯罪，不仅是一项长期的任务，而且比改变社会制度还要复杂得多。

第二，犯罪是由多种因素形成的，形成的结构是综合结构，因而防止犯罪形成的工作，也必须是综合性工作，从事这一项工作的领导和执行机构，最好是纵横各条战线组成"预防犯罪委员会"。如果有了这样的与公、检、法平行的常设机构，就更有利于调动各方面的防范积极因素，更有利于落实和协调各项防范措施。

第三，我国公、检、法机关，从根本性质上说，是人民民主专政的机关，它的主要职能是镇压敌人和打击犯罪，同时还做了大量的一般预防犯罪的工作，收到了较好的效果。但是，多年来的司法实践也反映出了这样一种情况：当公、检、法机关忙于打击犯罪时，预防犯罪工作就往往放松，形成"打击"与"预防"交替出现的情况。同时，因自身的权限关系，有相当一部分预防工作难于落实，如果有专门的防治机构与其配合，在主要职能上做到"惩治"与"防治"各司其职，则更能提高打击犯罪和预防犯罪的实际效果，更有利于对整个犯罪的治理。

当然，不用说有的同志会提出这样的问题：现在体制改革的总的趋势从中央到地方都是"精简机构"，怎么还要提出建立专门的防范机构呢？我认为中央下决心合并和砍掉肿胀重复的各种机构，是减少官僚主义滋生的温床，是增强国家机关的活力。笔者提出建立专门的"防范"机构，并不是要增设一个滋生官僚主义的场所，而是为了要切实增强预防犯罪的活力。应该从现有庞大的公、检、法、司国家机构中，分离出一部分编制来建立专门从事防范工作的机构。适当减少惩罚犯罪的编制，并不等于削弱了惩罚犯罪的力量，关键在于惩罚犯罪机关工作效率必须提高。

在政治体制改革、党政分开的形势下，应怎样建立犯罪预防体制呢？

对于这一问题的回答，笔者认为不能简单化。我们知道，综合治理社会治安是党的一项重要政治任务，没有党的领导当然不行。但是，综合治理社会治安必须调动社会各方面的力量，对象广泛、手段多样。光有党委的领导和协调，没有政府和各职能部门的具体实施，难以完全落实；但单靠政府来抓，有些部门的力量又不便调动，如党委各部门、工青妇、检察院、法院部门等。因此，预防犯罪体制宜在党委和政府统一领导下建立。

我认为预防犯罪的领导体制应该自上而下逐级建立。中央应设"中央预防犯罪委员会"，省（市）应设"省（市）预防犯罪委员会"，区（县）应设"区（县）预防犯罪委员会"。该委员会的宗旨是：第一，增进对我国目前犯罪原因、犯罪状况及犯罪形式的了解，并对犯罪的未来趋势作出预测。第二，制定长期的预防计划及具体的、相应的对策。第三，领导、监督和协调各级的预防犯罪工作，向公民宣传法律、介绍犯罪情况及不断完善预防犯罪的制度化和法律化工作。第四，具体任务应据情而定，主要应是：①经常开展深入细致的调查研究工作，不断地了解新情况、新问题，具体探索犯罪源流规律的作用，研究各种类型犯罪形成的特点，根据犯罪形成的现实因素，搞好犯罪预测。②建立家庭、学校、社会"三防线"相结合的预防结构。从具体家庭、学校、单位、行业和地区的现有条件出发，提出和落实防范措施，并检查其防范效果。③协助立法部门制定好《少年保护法》等有关综合治理法规，并根据法律规定，把工作重点放在做好最主要的防范保护对象，即18岁以下的少年儿童的防范保护工作上，从而最大限度地减少犯罪的"预备队伍"。④协同各有关方面，做好"家庭教育指导站"、"治保会"、"调解会"、"工读校"、"少年犯法庭"（建议设立与成年犯分开的18岁以下的少年专门法庭）、"少年犯管教所"等政府性和群众性的防范组织工作，以及指导业务活动的开展。

此外，为了适应"防治"犯罪和"惩治"犯罪两方面工作的需要，建议有关部门从我国自身的特点出发，建立专事于"防治犯罪"的法学理论学科——《社会主义社会犯罪学》和专事于"惩治犯罪"的法学理论学科——《社会主义刑法学》。并建议政法院系，更加注意培养出"防治犯罪"的专门人才。

预防犯罪委员会预防犯罪的对象范围，有"小范围"、"中范围"、"大范围"三种划分。笔者认为，范围过大，易流于空泛，难以落实；范围过小，变成就治安抓治安，难达到预防的目的。故倾向于"中范围"，即工作对象在现阶段主要应限于犯罪分子、重大犯罪嫌疑分子、轻微违法犯罪人员、各类有犯罪可能的重点人员，以及易于转化为违法犯罪分子的"后进社会层"，特别是后进青少年。从法律范围来说，主要是指违反刑法、违反治安管理处罚条例、违反青少年保护条例等法律法规的违法行为和犯罪行为。

（原载《现代法学》1988年第3期）

# 第二十八篇　团伙形成结构论

团伙犯罪是集群性的犯罪，它的形成是与社会交往密不可分的。团伙是怎样在社会交往中形成的呢？本文试就这个问题，作一个初步的探索。

## 一、团伙的交往与普通的社会交往既相联系又相区别

首先，人类的社会交往完全不同于动物式的群居活动。

人类的社会交往产生于人类维持生存的需要。因为分散的、孤立的个体难以抗御不利于自身生存的自然力量，交往则把分散的、孤立的个体连接成为一个整体，使单个的自然人在社会的整体中，能够发挥出属于人的力量。可见人类社会的交往与动物式的群居活动的根本区别，就在于它是有意识、有目的的，而动物活动是纯属自然本能的；再者，人类社会交往活动是人类社会实践的一个要素，通过社会交往联合起来的人类整体，在于能动地对世界的改造，而动物的任何一项活动，都不具有这崇高的目的性。

其次，人类的社会交往产生了一系列社会性的需要；反过来，由于需要的发展，又促进了人类社会交往的发展。

随着历史的发展，人类社会交往愈加频繁和密切，交往的内容也愈加丰富和广泛，交往关系也愈亦多层次、多侧面。当然，人际交往也可简单分为社会交往和亲族交往两大类。社会交往主要有业缘交往、地缘交往、学缘交往、机缘交往。亲族交往主要有直系、旁系、姻属亲属交往。而且，社会交往活动是多种社会因素交互作用的综合现象，交往是各种社会关系、社会现象相互影响和作用的纽带，交往是各个侧面的焦点和汇合处。正因为如此，对于我国社会来说，各种社会交往，它不仅是传播社会主义思想，传授生产知识、文化艺术和工作经验、交流社会成员相互间的美好感情和思想的授课站和交流站，而且在纷繁复杂的交往中，不可避免地会带来"犯罪流"的流动。对于社会交往中的每一个成员来说，都是相对的交流主体和被交流的对象。交流给他人的是什么，吸收他人的又是什么，都直接关系到社会交往系统是否健康、纯洁。对于每一个公民，尤其是中、老年公民，只有最大限度地消除所受的各种剥削意识形态的影响，旧的传统观念和习惯势力的影响，才能最大限度地减少"犯罪意识流"的流源，才能为青少年的社会交往奠定更加良好的社会基础，才能更有利于提高整个社会主义交往系统的物质文明和精神文明，才能使人们的思想、情操和精神生活向着更高的理想境界发展。

再次，青少年团伙的犯罪活动，是社会交往活动中必须予以治理的一个部分和层次。它既与普通的社会交往有着千丝万缕的联系，而又区别于普通社会交往的性质。我们知道，团伙成员，他们既是社会成员，又是这种特殊群体的成员，他们的群体形成的因素，既是来源于社会，又反过来危害着社会。团伙交往之产生，不是偶然的一时的社会现象，而是有其深刻的社会基础和条件。就上海地区来说，这种基础和条件主要表现在：

（1）解放前的旧上海，流氓是一股极大的恶势力，它植根于封建帮会组织，由几个有名的头目开山堂，各树一帜，各霸一方，渗透到社会的各个阶层。这种封建帮团的"意识流"，虽然随着历史的发展，流量愈亦减小，但离断流之日还为时甚远，它对青少年团伙的形成还起着影响的作用；并且，由于"文化大革命"中的拉帮结伙，对一代青少年的毒害不浅，因而也为团伙的形成奠定了思想上和

组织形式上的客观基础。

（2）自从我国实行对外开放政策以来，国外、境外的黑社会组织和犯罪分子乘机与境内的流氓犯罪团伙相互勾结，相互呼应，加剧了团伙形成的规模和恶化了活动的内容。在国际恐怖组织与社会活动的刺激、诱发下，少数团伙犯罪分子，已从一般刑事犯罪发展到有组织形式的犯罪。

（3）青少年中，某些个体的不法需要，是这些个体得以结团成伙的主观动因。大量团伙案件表明，任何一个违法犯罪团伙的产生，总是与团伙成员的需求有着这样或那样的联系。而且在很大程度上，往往是这些个体不能正确对待自身的需求，与社会一时不能满足或不能完全满足其需求的矛盾（尽管在各种需求中，有的是属于正当的，我们的工作一时跟不上，以满足其需求）所致。当然，总体说来，这些需求的方面和层次是错综复杂的。例如，有的青少年因种种原因遭家庭、学校、社会的冷漠和歧视，要解除所遇困境而自身又无能为力时，则产生了抱团结伙的动因；再如有的女青年，或因遭到别人袭击，为了应付所遇险境，或因寻求某种温暖和保护，或因渴求某些不正当的物质享受，有的自身抱团结伙，有的则与男性结伙成团。至于本来就是惯犯、累犯的犯罪分子，出头抱团结伙的动因，更是出于犯罪的各种需要。总的说来："物以类聚，人以群分"，相同或类似的物质需要和精神需要，乃至融洽的兴趣、相似的嗜好、共同的信仰、相同的个性、对对方的道德评价等等，都可能是他们产生相互交往的吸引力，并在国内外"犯罪流"的作用下，就可能使这些交往的青少年们，形成团伙似的违法犯罪的群体。

团伙形成之主客观条件，细说起来亦是多方面多层次的，从上述三条之概说，也不能说不具有普遍的认识价值。

## 二、团伙的形成结构，是多方面、多层次的交往结构

团伙形成的原因是多方面的，团伙形成的结构，则是多方面、多层次，又始终是以"交往"为其纽带的。因此，我们必须从"交往"这个媒介点出发，向着它形成结构的广度和深度上，进行宏观与微观的探索。在动态中来把握这些结构的多方面性和多层次性，以及它们的发展变化的规律和特点，这些结构的方面层次主要有以下 10 种。

（一）交往成员的组成结构

团伙一般都是由青少年中的违法犯罪分子组成，是属于青少年违法犯罪中的集群犯罪现象。从成员年龄上看，主要表现为同龄同辈交往结伙，还有不同龄的异辈交往，乃至同辈或异辈的上下交往而结伙的。从性别上看，主要表现为同性结伙，而后又不断发展为异性结伙；也有开始表现在待业社会青年所占比例较多，而后发展为在职青工和学校学生所占比例也不小。并且存在由一般违法犯罪青少年结成团伙，而趋向拉入掌握一定权力的干部，有靠山和较多门路的高干子弟结成团伙。但惯犯、累犯乃是大多数犯罪团伙的成员骨干。总之，他们的组织结构是纵向交往、横向交往，在多方面、多层次的交往中，并逐步走向猎取着具有各种特色的对象入伙的。

（二）由不同的交往需求所决定的不同性质的犯罪结构

需求的层次变化，在一定程度上因客观外界条件的变化而变化。青少年犯罪团伙的罪行，从原来的"打、砸、抢"以达到精神刺激的满足，发展到后来的经济性、淫乱性性质的犯罪。这显然与我国当前某些不良的外界刺激，如膨胀起来的物质需求（如不切实际的高消费宣传）、性需求（性解放观念的侵入），乃至受外界敌对政治影响有关（如受黑社会组织的教唆等）。在交往中，因其有相同的需求而结伙，又因为实现相同的需求，而去实行同一性质的犯罪。

（三）吸引相互交往的媒介结构

团伙意识和情感的结聚，往往通过相互的交往，了解到对方有与自己相同或相似的思想、情绪，而能引起相互的共鸣，因而产生着"亲群"心理。这种亲群结构层次是依附各种媒介而结聚的。例如，有的以"同域"情感为媒介而结聚，如同学、同乡、同街道、同单位等。又如，有的以"同遭

遇"的情感为媒介而结聚，乃至因同病相怜集聚。再如，有的以所谓"恋爱"为媒介而结聚，正因为如此，形成了以不同的依托点为其依托的团伙，如地域性的纠结团伙、行业性的纠合团伙、异性间的抱团结伙等等。尤其是异性间的抱团结伙，其社会危害可以堪比癌细胞的繁殖。

**（四）从犯罪特征表现出来的类型结构**

团伙形成的历史"胎迹"，从行为特征上得到了明显的反映。尽管它们的犯罪性质各有区别，但在行为方式上却有着一些共同的表现。

从上海的情况看，大体可分为：①恶霸型。包括地霸、行霸、厂霸、桥霸等等，他们称王称霸，横行不法，欺凌群众。②淫乱型。他们表现为不顾廉耻，丧尽人格，甚至在光天化日之下，明目张胆地结伙侮辱摧残妇女。其淫乱之状，有如禽兽。③殴斗型。他们表现为拉帮结伙，寻衅滋事，聚众斗殴，"扎台型"，"逞英雄"，招摇过市。④综合型。他们表现为为非作歹，五毒俱全。

**（五）比较巩固的犯罪团伙的内在心理结构**

团伙之巩固，在于团伙意识之强化。这种团伙意识是在入"伙"情感的基础上不断加深和强化起来的。一般表现为：①伙伴思想。他们既有相互的依赖性，又有独自承担罪者的所谓不做"咬狗"的"硬气"。②哥们儿义气的信条。即成员间以所谓"兄妹相待，兄弟相称"。③角色观念。即在实行犯罪时，往往根据自己作案的"特长"，而自发地充任各种角色。其头目也是在角色充任的过程中自发形成。团伙心理还往往外化为特别的语言方式，用他们自己创造的"行语"，来作为他们交流腐朽思想感情和下流意识的语言工具。

**（六）团伙分蘖繁衍的层次结构**

各个团伙相互交错，有不少成员身系数团，其情况甚为复杂，或为大团与小团，总团与分团，单一团与锁链团。所存此况与它们的繁衍结构有关，表现为：①主次相承。旧头目被抓起来以后，团伙成员中又跳出新头目，重整旗鼓，继续犯罪。②扩散派生。有的团伙成员与头目闹翻，另立门户，集成新团，或因其他原因团伙分裂，而分蘖出新的团伙。③传染滋生。在流氓团伙的影响下，某些青少年在相互交往中，逐渐形成新的团伙。④特意纠合。有的犯罪分子因要重新犯罪而感到势单力薄，特意纠合，而形成犯罪团伙。

**（七）个犯与团伙不同的功能结构**

团伙犯罪的形成，较之个犯的形成来看，其最大的不同之处是群体的交往性和集群性。如果说，个犯形成的结构是"综合结构"，那么在一定意义上说，团伙形成的结构，则更是综合基础上的综合。因为团伙的犯罪功能，不是单个犯罪功能的简单相加，而是有其"相乘效应"的。团伙成员既有发挥各种犯罪特长的可能，而且互教互学更能向外界发挥其扩散的作用。

**（八）团伙与集团既相联系又相区别的层次结构**

一般说来，团伙是集团的后备队伍，其结构层次的比较见下表：

| 名称\项目 | 犯罪团伙 | 犯罪集团 |
|---|---|---|
| 犯罪者的犯意联系方面 | 事先有一定程度通谋与事先无通谋二者兼而有之，犯意不坚定 | 事先有通谋，犯意坚定顽固 |
| 组织纪律与组织形式方面 | 组织松散、不稳定、不牢固，人员不固定，犯罪人之间无明确的分工和隶属关系 | 组织严密、稳定、牢固、人员固定，共同犯罪人之间分工隶属关系明确 |
| 犯罪目标，侵害对象方面 | 犯罪目标不固定，偶发性强，多变，侵害对象不特定 | 犯罪目标固定，侵害对象特定 |

| 项目 \ 名称 | 犯罪团伙 | 犯罪集团 |
|---|---|---|
| 实施犯罪的计划手段、方法和步骤方面 | 计划性差，盲动性大，犯罪方法简单、手段凶恶残暴，犯罪行为明显暴露，无周密步骤 | 实施犯罪计划性强，犯罪方法、手段狡诈、复杂、隐蔽、犯罪步骤周密 |
| 实施犯罪活动范围的广度、深度方面 | 犯罪活动范围较小，固定或非固定地盘兼有，作案路线较短，但破坏能量却不小 | 犯罪活动范围广，有的可以跨省、跨市、跨县，甚至跨国。作案范围广，路线长，有相当的深度 |
| 犯罪人的成员构成方面 | 青少年多，屡教不改的多（以旧带新，以老带青），有前科的累犯、惯犯充当为首分子的比例较高 | 成年人居多，有前科的未成年累犯、惯犯所占比例为低 |
| 在受打击后重新组织的可能性方面 | 原有团伙在受打击后，其中团伙分子会重新组织新的团伙、重新组合的作案率高，潜在破坏力量强而大，且顽固，不易击溃 | 在受打击后重新组合的可能性小，重新作案的潜在力量弱，重新作案的案发率低，易击溃 |
| 恶性扩散、污染的范围和程度方面 | 恶性扩散速度快，分蘖性强，恶性污染的范围大，且程度严重 | 扩散速度即发展组织速度缓慢，恶性污染的范围、程序为轻 |
| 犯罪活动的经费方面 | 一般随得随用，无一定的活动经费，经济实力弱 | 有一定的经济力量，经济来源一般较固定 |

犯罪团伙与犯罪集团二者既有联系又有区别，又有从前者发展为后者的可能。首先看犯罪者的犯意联系方面：事先有一定程度通谋与事先无通谋二者兼而有之，有犯意不坚定，也有犯意坚定的。其次，从组织纪律与组织形式方面看：组织松散，不稳定，不牢固，人员不固定，犯罪人之间无明确的分工和隶属关系；组织严密、稳定、牢固、人员固定、共同犯罪人之间分工隶属关系明确。第三，从犯罪目标，侵害对象方面看：犯罪目标不固定，偶发性强，多变，侵害对象不特定；犯罪目标固定，侵害对象特定。第四，从实施犯罪的计划手段、方法和步骤方面看：计划性差，盲动性大，犯罪方法简单、手段凶恶残暴，犯罪行为明显暴露，无周密步骤；实施犯罪计划性强，犯罪方法、手段狡诈、复杂、隐蔽，犯罪步骤周密。第五，从实施犯罪活动范围的广度、深度方面看：犯罪活动范围较小，固定或非固定地盘兼有，作案路线较短，但破坏能量却不小。犯罪活动范围广，有的可以跨省、跨市、跨县，甚至跨国。作案范围广，路线长，有相当的深度。第六，从犯罪人的成员构成方面看：青少年多，屡教不改的多（以旧带新，以老带青），有前科的累犯、惯犯充当为首要分子的比例较高；成年人居多，有前科的未成年累犯、惯犯所占比例为低。第七，从在受打击后重新组织的可能性方面看：原有团伙在受打击后，其中团伙分子会重新组织新的团伙、重新组合的作案率高，潜在破坏力量强而大，且顽固，不易击溃；在受打击后重新组合的可能性小，重新作案的潜在力量弱，重新作案的案发率低，易击溃。第八，从恶性扩散、污染的范围和程度方面看：恶性扩散速度快，分蘖性强，恶性污染的范围大，且程度严重；扩散速度即发展组织速度缓慢，恶性污染的范围、程度为轻。第九，从犯罪活动的经费方面看：一般随得随用，无一定的活动经费，经济实力弱；有一定的经济力量，经济来源一般较固定。

（九）团伙成员的技术知识结构

团伙的组成成员也是一茬一茬的。"文盲加流氓"式的犯罪成员，其作案手段比较原始。然而，自 20 世纪 80 年代以来，学校、工厂、企业、商店普遍开展文化补习、进修和科学技术的普及教育，学生、青工的文化科学基础知识水平有明显提高。加之有大学生、高中生等较高文化知识水平的人参加了团伙犯罪，甚至成为青少年犯罪团伙的头目、骨干或智囊，大大提高了作案的技术手段和组织水平。近年来，犯罪团伙成员运用现代化科学技术的案例并不少见，不仅利用现代化交通工具、通讯设备、录音、录像器材，而且还应用各种专业科学知识如摄影、翻拍技术、堕胎等医学技术和知识，制造炸药、组装定时炸弹，制造火枪火炮，运用麻醉剂、迷幻药等等。甚至有的团伙出钱雇用护士、司机等有文化、有技术的人为其犯罪活动服务。可见，团伙成员知识结构的更新，必将带来团伙作案手段向现代化推进。

（十）团伙总的形成结构，是集群性的综合结构

笔者认为，个犯的形成结构是一种综合结构，是犯罪主体能动地综合四个方面要素的结果。即①客观原因是指"犯罪流"的客观存在及其作用等；②主观原因：主体已经获得并潜藏着的反社会的道德、思想、心理、意识等；③主观条件指生理能力等；④客观条件指机遇环境等。这四者之中缺一个都不能最终形成个犯实体。团伙犯罪是一种群体犯罪，然而群体是由个体组成的，但又不等于个体。所以，团伙犯罪的形成结构，不仅是具有个犯形成的综合结构的要素，而且它自身还具有集群性的结构特点，因此团伙形成的总的结构，就不是一般性的综合结构，而是属于集群性的综合结构。虽然，不同的团伙形成，在集群性综合结构的表现上尽管也不完全相同，但是以上所列的结构的方面和层次，又都是每一个犯罪团伙主体能动地综合其各个方面、各个层次的要素的结果。

### 三、青少年的失控交往量与团伙形成量

（一）交往不仅是团伙形成的物化了的纽带，而且对个犯的形成也起着相当大的影响作用。一般说来，失控交往量愈大，犯罪的形成量也大

从下列典型调查数据，就不难看出：

第一，对地处市中心的黄浦区北京东路派出所，自新中国成立以来，三十年来所处理的违法犯罪青少年的调查统计数据表明，青少年违法犯罪的人数总体上呈上升趋势，尤其是在"文化大革命"中混乱串联的情况下，更是成倍增长。详见下表：

| 人数<br>时 间 | 违法犯罪<br>总人数 | 每年平均犯<br>罪人数 | 青少年违法<br>犯罪人数 | 青少年每年<br>平均犯罪人数 | 青少年犯罪人数占<br>总犯罪人数（％） |
|---|---|---|---|---|---|
| 1949—1952 | 249 | 83 | 50 | 16.6 | 20 |
| 1953—1955 | 308 | 154 | 52 | 26 | 16.9 |
| 1956—1958 | 418 | 209 | 83 | 41.5 | 19.9 |
| 1959—1962 | 268 | 89.3 | 87 | 29 | 32.5 |
| 1963—1966.5 | 119 | 47.6 | 37 | 14.8 | 31.1 |
| 1966.6—1976.10 | 444 | 44.4 | 415 | 41.5 | 93.5 |
| 1976.11—1979.5 | 806 | 268.6 | 701 | 233.6 | 86 |

第二，普陀区"文化大革命"前后五年法院判处的青少年犯罪调查统计数据表明："文化大革命"后五年判处的青少年犯罪数是前五年的三倍多。而且"文化大革命"前五年还不涉及团伙犯罪问题，而"文化大革命"后五年的团伙犯罪人数将占青少年犯罪人数的一半。详见下表（表一、表二）：

表一

| "文化大革命"前五年<br>判处青少年犯罪人数 | 1961 | 1962 | 1963 | 1964 | 1965 | 五年合计 |
|---|---|---|---|---|---|---|
| | 47 | 42 | 111 | 35 | 21 | 256 |
| "文化大革命"后五年<br>判处<br>青少年犯罪人数 | 1977 | 1978 | 1979 | 1980 | 1981 | 五年合计 |
| | 216 | 130 | 93 | 253 | 125 | 817 |

表二

| 年份 | 1977 | | 1978 | | 1979 | | 1980 | | 1981 | | 五年合计 | |
|---|---|---|---|---|---|---|---|---|---|---|---|---|
| 青少年犯罪总数 | 160件 | 216人 | 111件 | 130人 | 65件 | 93人 | 193件 | 253人 | 90件 | 125人 | 619件 | 817人 |
| 青少年团伙犯罪数 | 34件 | 89人 | 13件 | 29人 | 12件 | 41人 | 53件 | 168人 | 28件 | 61人 | 140件 | 388人 |
| 团伙犯罪数占其总数% | 21.2 | 41.2 | 11.7 | 22.3 | 18.4 | 44.1 | 27.4 | 66.4 | 31.1 | 48.8 | 22.6 | 47.5 |

（二）对于团伙形成的数量来说，它与对"犯罪流"的失控有着密切的关系，一般说来，失控"犯罪流"的流量愈大，团伙的形成量就愈大

所谓团伙形成量，即指团伙形成个数的总数量。所谓"犯罪流"的流速量，即指"犯罪流"的流速与流量的相互关系及其总数量的统称。这里着重谈"犯罪意识流"。笔者认为，"犯罪意识流"的流量越大，犯罪团伙产生的数量总和也将随之增大；相反，"犯罪意识流"的流量越小，犯罪团伙产生的数量总和也相对减少。既然如此，那么"犯罪意识流"流量的大小与哪些因素有关呢？

团伙在我国产生于20世纪70年代，肆虐于80年代，绝非偶然。一则，林彪、"四人帮"拉帮结伙，煽动"打、砸、抢"，致使我国几千年流传下来的封建意识的沉渣再次泛起；二则，因"四化"建设，需要实行对外开放、对内搞活的经济政策，资产阶级的某些腐朽思想意识不仅不可避免地要流入我国，而且在国内也有蔓延的可能条件；三则，这与当今"信息时代"的信息传递也并非没有关系。从客观存在的诸因素出发，不难看出，"犯罪意识流"的流速量，起码与下列几种因素有着直接的关系：

第一，"犯罪意识流"的流速与社会信息传递速度的关系。"鸡犬之声相闻，老死不相往来"的时代已为当今的信息时代所代替。当然，在我们国家的不同地区，信息量也是大有差别的，在沿海、大中城市，信息传递速度快，信息量也大。1980年电视台播放美国电视系列片《加里森敢死队》后，北京和上海有的地区、县很快就出现一帮一伙的"加里森敢死队"，其他大城市也有类似情况。然而，在"江村"——费孝通教授调查过的吴江县开弦弓村，有的同志又作了关于"社会控制，社会改造"的调查。在调查中发现：长期以来，在这个地区，没有青少年违法犯罪的现象，当然更谈不上"加里森敢死队"似的团伙犯罪了。其原因之一，自然与环境闭塞，信息不通有关。从中我们可以看到，犯罪"意识"的流速，与整个社会信息传递的速度是存在正比例关系的。

第二，"犯罪意识流"的流量与社会流通渠道畅阻程度的关系。任何思想意识自身是不能流通的，它必须通过人、宣传物品、语言文字，才能实现其流通或交流。犯罪"意识"也是随着整个社会思想意识的流通而流通、交流而交流的。现代社会无论在人们本身的交往渠道上，还是在语言文字的交往上都展示了比过去任何时代更加广阔的天地，国内、国际交往都是如此。这种交往量是很大的。交往量越大，相应的犯罪"意识"量也会增大；交往量越小，犯罪"意识"量也会随之减少。城市犯罪率比农村犯罪率高，这自然与城市交往量大，相应的犯罪"意识量"也大有关；与农村交往量小，随之的犯罪"意识量"也少有关。就团伙犯罪来说，还有一个人的交往密度问题，城市交往密度大，随之产生的团伙犯罪也多一些；农村交往密度小，因此团伙性犯罪也相应地小一些。

第三，"文化大革命"前后，因"犯罪意识流"流通渠道的畅阻程度有很大的差别，因而所产生的犯罪数量之差，也异常明显。特别是"文化大革命"前基本上没有团伙犯罪现象，"文化大革命"后产生的团伙犯罪，占整个犯罪的比例显著。在看到"犯罪意识流"流速量直接影响犯罪团伙形成量的同时，也必须看到团伙形成量加剧犯罪意识量的相辅相成的关系。据典型调查，在流氓团伙犯罪的成员中，有80%～90%的人是因为看了《少女之心》等淫秽书画或荒诞武侠小说而走上犯罪道路的。

而在团伙形成和发展过程中，他们大量复制并传抄淫书、淫画和拍摄裸体照片，举办地下舞会，放黄色录音带、录像片，在更大的范围内和更恶劣的程度上扩散精神垃圾，毒害青少年，污染整个社会，可谓之"社会的癌细胞"。可见，团伙既是犯罪意识聚集的场所，又是犯罪意识最危险的扩散站。聚集的犯罪意识促进团伙的增长，团伙的增长又扩散犯罪意识。我们要对犯罪意识的流速量进行控制，就不能不对团伙进行严厉的打击和控制。除此外，当然还必须对社会各条途径、各种信息中的犯罪意识的流通和传递，加以有效的控制。只有最大限度地加强对犯罪意识流的控制，才有可能最大限度地减少犯罪的产生。

（三）对于团伙形成的性质来说，它与"犯罪流"的性质有着直接的关系，一般说来，某种性质"犯罪流"的流量愈大，形成该种性质的团伙数量也就愈大

"犯罪流"的性质可以细分很多，这里着重讲"犯罪意识流"的性质。所谓"犯罪意识流"性质，是指形成不同犯罪性质的思想意识，例如，金钱犯罪"意识"、性犯罪"意识"等。从团伙来说，各种不同性质的团伙，也是由各种不同性质的犯罪意识所决定的。从当前的审判实践来看，大量的是流氓团伙，其他还有盗窃团伙、拐卖人口团伙、诈骗团伙、赌博团伙、抢劫团伙，以及各种行为混杂的大杂烩团伙。总的说来，不同性质的"犯罪意识"量，对于形成不同性质的犯罪数量有着直接关系。也就是说，某种性质的"犯罪意识"量越大，形成该种犯罪的数量也会相应增大；相反，某种性质的"犯罪意识"量越小，形成该种犯罪的数量也会相应的减少。

近几年来，西方的"性解放"、"性自由"、"性商品化"的意识，通过各种途径流入我国，性犯罪意识量大大增长，因而性犯罪的数量也大大增加。成年人中的通奸、青少年中的流氓犯罪行为，都达到了非采取强烈抑制措施不可的地步。就青少年学生违法犯罪的情况来看，由于各方面的配合，综合治理日见成效。青少年学生犯罪总人数已经开始并且持续大幅度地下降，出现了稳步好转的可喜局面。但是，近年来在失足学生中，有关犯两性罪错的比例明显增多，而且持上升的趋势。可见，其性意识量的增长是促使性犯罪增长的。上海市闸北区工读学校所作的自 1979 年以来至 1983 年 10 月 10 日前招收的 774 名学生所犯罪错情况之比较，就充分说明了这个问题。

## 四、建立国家控制预防体制

我们研究青少年团伙犯罪形成结构的目的，在于摸清团伙犯罪的规律和特点，寻求预防、打击、矫治团伙犯罪的方法和途径。既然团伙形成的结构是多方面和多层次的结构，而且往往是以立体交叉形态出现的，因此，只从一个方面、一个层次去预防团伙犯罪的产生，实难收到大效。我们必须建立立体交叉的预防体制的观念，强化立交结构的预防思想，并在具体措施上做到方方面面和各个层次都落实，才能收到预防犯罪的更大效果。如何建立立交结构预防体制，社会诸君皆可献计拿策。根据当前情况来看，笔者在这里只着重强调如下几点。

（一）大力提倡和发展青少年健康的社会交往，并在交往中认真控制"犯罪流"，特别是"犯罪意识流"对他们的影响

我们要培养青年一代接班人，单纯以学校教育方式培养是不够的，还必须让他们在社会实践和交往活动中，去吸取知识、经验，认识社会和得到锻炼。圣西门有过这样的观点：学校即使有完善的教育，但是如果禁止学生同外界接触，没有社会交往，那么这些学生走上社会后将没有任何社会经验，"他们还必须学习很长时间，才能担当起某一项社会工作。如果对此成长起来的下一代，放任不管，听其自流，那么，从文明的观点来说，他们还不如初民社会的人类"。笔者认为圣西门这一教育观点也是值得我们今天借鉴的。这就是：第一，要让青少年参加极为丰富的社会实践和交往活动；第二，不能放任不管。要为青少年奠定一个良好交往的社会基础，就要不断提高整个社会交往的精神文明。反过来说，如果每一个人都重视自身交往文明水平的提高，那么，也就能促进整个社会交往文明水平的提高。青少年也就能在良好社会交往的基础上得到更有成效的提高。同时，在我国，不能无视"犯

罪流"的存在，特别是"犯罪意识流"对青少年的影响和毒害。如果我们对他们的交往放任不管，当有些青少年受到"犯罪流"的影响时，不仅会变成像圣西门说的"如初民社会的人类"，而且极少数会堕落得像动物那般模样。所以我们既要提倡交往，又不能放任不管。我们必须引导青少年学会正当的社会交往和交际，要大大提倡有益于青少年身心健康、有益于青少年全面发展的广泛的社会实践和交往活动。

（二）分化和瓦解青少年犯罪团伙的工作，不仅要在团伙的形式上下工夫，更要在形成团伙的心理意识上下工夫

我们在严厉打击刑事犯罪的斗争中，狠狠打击了团伙犯罪，使上海治安情况有了明显好转。这说明打击团伙犯罪，遏止"犯罪流"在少数青少年中的恶性膨胀，对于减少团伙数量的形成，已收到了良好的效果。但是也必须看到，近年来，当我们拆散一批团伙，很快又生一茬，并在作案方式上还趋向恶化。1984年，上海市又先后查获以"南宫十兄弟"、"求是六姐妹"、"丽水十二枪"冠名的团伙多个。这说明：我们单从形式上拆帮解伙是不够的。因为团伙的犯罪行为是在团伙意识心理支配下实施的行为，为防止团伙犯罪，对团伙从组织上加以拆散，在一定时期内虽然能收到一定的效果，但是一有机会，他们很快又会发生心理联系，叫做"团魂不散"。因此，真正地、彻底地解帮拆伙，必须在瓦解团伙组织的同时，切实从心理上做到解帮拆伙。特别要改变他们的"认识水平"，调整他们对人与人的关系的认识，改变他们的"交往结构"，清洗他们结帮成伙的犯罪意识。

（三）要建立与惩治体制相平行的专门的防治体制

预防犯罪的交叉结构体制建立的关键，在于要有一个权威的领导机构，以便协调各方面、各层次工作的开展，及时做到分析研究新情况、新问题，提出新对策，解决和调整工作中的种种矛盾。这是开展预防犯罪工作所完全必需的。具体说来，最好建立与惩治体制（即指公安、检察、法院等主要机构）相平行的、同样具有权威性的防治体制。当然防治体制可以采取多种形式。当前，上海成立的社会治安综合治理联席会议便是一种较好的形式。但总的说来，不少同志思想上至今还没有把打击与预防等量齐观（其实预防更重于打击），还没有建立预防与打击双轨进行的思想体系。我们深信有关人员总有一天能够认识到并切实做到这一点。

（选自1984年3月自编教材《犯罪论专题》）

# 第二十九篇　论我国社会有组织犯罪的
# 形成特点与治理对策

在现代国际社会中，有组织的犯罪问题已为诸多国家普遍重视。因为这种犯罪所具有的社会危害性，在同样的时空范围内往往要超过一般非组织犯罪的严重程度，给社会造成政治、经济、社会安全的严重损失，那更是一般犯罪的千倍、万倍、万万倍，乃至无法估量。因此，国际社会上的专家学者把有组织犯罪提上了重要的研究日程，这是十分必要的。探索这类犯罪的活动规律，寻求治理这类犯罪的良方对策，尽可能减少这类犯罪的产生，减少给国际社会带来的损失，这都是我们所企求的共同的良好愿望。

近年来，有组织的犯罪在我国不少地区也有所发现。为了使这种犯罪在处于萌芽阶段时，就能被有效控制，因此，我们国家十分重视对这类犯罪的研究。笔者就我国社会中有组织的犯罪探讨两大问题。

## 一、有组织犯罪形成的规律性问题

要寻找犯罪的规律性，必须从犯罪的源头寻找。我国有组织犯罪的形成一般说来，有以下三大来源和三种表现形态。

（一）从"港澳台"来，相对内地及大陆而言，简称"外来论"

源头在内地及大陆地区外的有组织犯罪形态，主要是指"黑社会"犯罪形态。对我国内地及大陆地区来说，黑社会的源头当然是我国港、澳、台地区。香港、澳门、台湾地区的黑社会是作奸犯科、欺凌弱小、鱼肉市民的一股恶势力，他们与各种反动势力相互勾结，从事凶杀、抢劫、贩毒、偷盗、赌博、嫖娼、偷渡、走私、绑票等各种犯罪活动，是滋扰、捣乱社会的一大祸害，被称为"市民的头号敌人"。据了解，仅香港地区目前规模较大的黑社会组织，就有"14K"等近 10 个字派，200 多个分支，成员达 10 多万人；澳门地区黑社会组织有"和安乐"等 20 多个，约 2 万多人；台湾地区有"竹联帮"等 600 多个黑社会组织，估计成员有 10 万人以上。近几年来，港、澳、台地区黑社会组织人员通过旅游观光、探亲、投资办厂、贸易经商等合法途径和其他非法途径进入内地，对我国内地及大陆地区的渗透、破坏活动日益加剧。

深圳市早在 1981 年就发现有香港黑社会"14K"、"水房"、"和胜和"、"新义安"、"老东"等组织的骨干分子搞渗透活动。近几年，"和安乐"、"和胜义"、"和胜堂"、"和合桃"等港、澳地区黑社会组织成员也相继涌入。据深圳市公安局不久前对全市 139 家营业性的歌舞厅、卡拉 OK 开展专项调查发现，我国香港、台湾地区，以及日本、新加坡等经营的 52 家，其中 22 家有黑社会势力插手。

福建省也是内地及大陆地区外黑社会势力的重点渗透地区。据有关部门对福州、厦门、泉州 3 地市的不完全统计，近年来查获境外黑社会成员入境犯罪的案件有 40 多起，抓获不法分子近百名，其中涉及港、澳地区的"14K"、"水房"、"新义安"、"和胜堂"，以及台湾地区的"竹联帮"、"四海帮"、"澎湖帮"等。

这些黑社会组织人员进入内地后，从多方面进行渗透破坏活动。他们有的设堂口，鼓吹"有福同享，有难同当"的江湖义气；有的以"收徒弟教拳术"、"认干儿子、干女儿"等名义发展组织，扩充势力。他们吸收社会上有前科、有劣迹的青少年，还引诱无知的中小学生参加。在发展的成员中有农民、学生、无业游民、企业职工，还有国家干部、公安干警和现役军人。据有关部门不完全统计，1986年以来港、澳地区黑社会势力通过渗透活动，仅在广东省的深圳、珠海、佛山、广州、韶关5地就发展组织50个，有成员460多名。

还有一些港、澳、台地区黑社会分子在境外犯罪受到通缉，即逃来内地蛰伏，以逃避警方追捕。近几年，广东、福建等省都发现过这类人员。1990年台湾省黑社会组织"天道门"就有17人跑到福州市避风，有的还是骨干成员；1989年畏罪潜逃到厦门的台湾黑社会分子有55人；受到台湾省和日本警方通缉的"台湾十大枪击要犯"之一的杨双伍，就在厦门市潜伏了半年之久。这些罪犯进入内地后，有的用重金收买社会渣滓，进行各种犯罪活动；有的购买别墅窝藏女人，以糜烂生活方式污染环境；有的甚至露骨地进行政治性挑衅。

（二）从旧社会流传来，简称"残余论"

源头来自旧社会的有组织犯罪，主要是指旧社会的封建行帮。封建的"行帮观念"乃是结成行帮组织的纽带，行帮组织的成员进行相互联结、相互依存、相互配合的各种违法犯罪活动。新中国成立后，虽然我国对旧社会的行帮组织给予了毁灭性的打击，使之没能延续下去，但是，顽固的封建行帮思想，仍然是我国有组织的犯罪形成的一种纽带。

前几年，流氓集团犯罪是我国刑事犯罪的一种主要形式。在全国各大城市以至一些小城市和某些村镇，都有一批流氓犯罪分子和其他犯罪分子结成大小不一的流氓犯罪集团。它们公然蔑视国家法律，进行流氓犯罪活动和其他犯罪括动，表现为各集团各霸一方、为非作歹、打架斗殴、寻衅闹事、男女鬼混、鱼肉百姓、偷盗诈骗、拦路抢劫、杀人越货、强奸妇女等，严重破坏了社会秩序和危害了人民群众的生命财产安全。从流氓集团的某些特征来看，不难发现，它的形成秉承了旧社会行帮的衣钵，是在新的历史条件下产生出来的社会渣滓，是社会中的"害群之马"。经过"从重从快"的几次打击，我国犯罪集团大多已被瓦解，其犯罪活动已大大收敛。但是，集团犯罪既没有绝源，也没有断流，近几年来又以各种形式露头了，而且在我国境内还产生了不少土生土长的带黑社会性质的犯罪集团。

据湖南省公安部门对长沙、邵阳两个省辖市的调查（在近两三年内，全省18个地市都有带黑社会性质的违法犯罪集团），江市自1985年以来，先后摧毁和取缔了"龙虎帮"、"梅花帮"、"十三太保"、"煞十兄弟"、"忍帮"等帮派集团39个，参加人员共676人。其中组织规模最大的"忍帮"有125人，有些帮会组织的触角已伸向两市的34个乡、镇、场，并在46处车站、码头、渡口、港湾、影剧院、集贸市场，以及交通要道等公共场所设有联络窝点。

（三）从制度本身的发展还不够完善导致而来，简称"弊端论"

社会主义制度本身亦不可避免有一定的犯罪要产生出来。制度也是分层次的，在生产经营管理层次上、在交换流通层次上、在分配和消费的层次上也还难免有某些弊端和缺陷存在。因此，亦同样有产生犯罪的可能。

有组织性的犯罪是从无组织性的犯罪发展起来的，或者说是个体犯罪向集团性犯罪的一种发展形态。有组织犯罪的形成结构是多方面、多层次，又是始终以"交往"为其纽带的结构。因此，我们必须从"交往"这个媒介点出发，向着它形成结构的广度和深度上，进行宏观与微观的探索，在动态中把握这些结构的多方面性和多层次性，以及它们发展变化的规律和特点。其形成结构的多面层次主要是：

第一，交往成员的组成结构。有组织性的犯罪，一般都是由违法犯罪分子组成，是属于违法犯罪中的集群犯罪。从成员年龄上看，不仅主要表现为同龄同辈交往结伙，还有不同龄的异辈交往，乃至同辈或异辈上下交往结成；从性别上看，主要表现为同性结伙，然后又不断发展为异性结伙的。并且存在由一般违法犯罪青少年结成帮伙，而趋向拉入掌握一定权力的、有靠山和门路较多的高干子弟结成帮伙,但惯犯、累犯乃是大多数有组织犯罪的骨干成员。

第二,由不同需求所决定的不同性质的犯罪组织结构。有组织犯罪成员的共同需求是它们集成组织的纽带。犯罪的需求当然是非正常的需求,如因受某些不良的外界刺激,物质需求膨胀而超越自己能力的高消费;任其放开的性欲需求而超越健康、违反法度的性自由、性解放;受黑社会组织的侵袭等,因而形成不同性质的犯罪组织结构。需求的层次随外界客观条件的变化而变化,因而也促使犯罪组织性质结构发生变化。

第三,相互交往吸引的媒介结构。有组织犯罪的情感结聚和组织意识,往往在于相互交往中,当了解到对方有与自己相同或相似的思想、情绪,而能引起相互的共鸣,因而产生"亲群"心理。这种亲群结构层次是依附各种媒介而聚结的。例如,有的以"同域"情感为媒介而结聚,如同学、同乡、同街道、同单位等。又如,有的以"同遭遇"的情感为媒介而结聚,乃至因同病相怜而集聚。正因为如此,形成了以不同的依托点为其依托的组织,如地域性的纠结组织、行业性的纠合组织、异性间的抱团结伙组织等等。在交往中,没有相互吸引的媒介,就难以形成这种违法犯罪的组织结构。

第四,由犯罪特征表现出来的类型结构。有组织犯罪的犯罪形态千差万别,其犯罪性质各有区别,但在行为方式上也有一些共同特点,大体也可分出一些类型来。如:①恶霸型。包括地霸、行霸、厂霸、桥霸等等。②淫乱型。表现为嫖娼卖淫。③打斗型。

第五,有组织犯罪的内在心理结构。组织的巩固,在于组织意识的强化。其组织意识是在入"组"情感的基础上不断加深和强化起来的。一般表现为:①伙伴思想。他们既有相互的依赖性,又有独自承担罪责的所谓不做"咬狗"的"硬气"。②江湖义气的信条。即成员之间的所谓"兄弟相待,兄弟相称"。③角色观念。即在实施犯罪时,往往根据自己的作案"特长",而主动地充任各种角色,其头目也往往是在充任角色中因其出类拔萃而被"推出"的。组织成员的心理还往往外化为特种语言方式,用他们自己创造的"行话"作为交流行帮思想和下流意识的语言工具。

第六,犯罪组织分蘖繁衍的层次结构。作为犯罪组织的成员,除了核心骨干外,大多并非仅仅是一个组织的成员,不少成员往往身系数个组织,其情况甚为复杂。其繁衍结构的主要表现是:①主次相承。当旧头目被抓以后,组织成员中又跳出新头目,重整旗鼓,继续犯罪。②扩散派生。有的组织成员与头目闹翻,另立门户,集成新的组织,或因诸种原因组织分裂,而分蘖成新的组织。③传染滋生。在某些组织犯罪的影响下,社会中有些有倾向于某种犯罪意识的成员,通过交往集聚,逐渐形成新的组织。④力单纠合。有的犯罪分子因要进行某种犯罪而感势单力薄,特意纠合成员,而形成新的犯罪组织。

第七,个犯与组织犯不同的功能结构。有组织犯罪的形成,较之个犯的形成来看,其最大的不同之处,是立体式的交往性和集群性。如个犯形成的结构是"综合结构",而在一定意义上说,组织犯的形成结构,则更是综合基础上的综合。有组织犯罪的功能,不是单个犯罪功能的简单相加,而是有其"相乘效应"的。

第八,有组织犯罪成员的技术知识层次结构。近年来,犯罪组织成员运用现代化科学技术进行犯罪的案例并不少见,他们不仅利用现代化交通工具、通讯设备、录音录像器材,而且还应用各种专业科学技术知识进行犯罪活动。这是科学技术的现代化,而带来了犯罪手段的"现代化"。

有组织性的犯罪与个体犯罪一样,在其动态中同样有着犯罪源与犯罪流的规律性表现。这主要表现在五个方面:①犯罪源因素的存在与犯罪的产生、犯罪流因素的流经过程与犯罪的形成过程,有其相应的关系。②犯罪源流因素的进化与社会发展的进程具有相应的关系。社会形态不同,犯罪源流规律的作用也就不同。③流源、流种、流向、流速、流量与犯罪的产生地区、产生种类、产生路线、产生快慢、产生多少,有其相应的关系。④任何犯罪的形成,不是受旧质的犯罪源流规律的作用和影响,就是受新质的犯罪源流规律的作用和影响,或者是受两者共同的合力作用的影响。⑤任何社会犯罪产生的状况,都取决于犯罪规律与治罪规律相互作用、相互制约的状况。要减少犯罪的产生,就必须控制和消减该社会犯罪规律作用的范围和作用程度。

## 二、有组织犯罪的治理对策问题

治理犯罪的对策，来源于对犯罪规律性的认识。对有组织犯罪的规律的寻找，我们不仅要找到这种犯罪赖以产生的源头，而且要仔细研究它形成的过程，及其不同犯罪组织的类型特点和它们的共同点，从而做到有针对性地制定其防范对策。

黑社会势力、有组织犯罪的特点都是很明显的。他们都承继了旧社会的有组织犯罪的衣钵，同时又在我国新社会条件下采取变形、变色的伎俩进行着犯罪。这些犯罪活动的特点主要表现在：

第一，从事非法的政治性活动。1989 年春夏之际，境外黑社会势力，对我国进行颠覆活动。如有的从日本化名回国搜集情报，参加台湾地区军事情报局特务组织；有的接收和传播台湾地区电台编造的谣言，煽动动乱；有的以种种名义捐款和进行煽动。境外黑社会势力的许多犯罪活动是直接针对着我国的社会主义制度的。如香港地区"新义安"两年前就在策划进行爆炸恐怖活动，妄图搞乱香港，阻挠 1997 年香港回归祖国。同时，境内部分带有黑社会性质的组织也有明显的政治倾向。如湖南省邵阳、常德等地公安机关破获的"中国黑手党"、"群龙帮"、"梅花帮"等组织都起草了反动的政治纲领，提出"要为夺取寸土而生存，夺取领导权奋斗终生"。

第二，开片打斗，争霸地盘。境外黑社会势力与境内有组织的犯罪集团既相互勾结，又相互争夺。境外黑社会势力除在内地发展组织，进行反动思想渗透外，还与社会上一些不法分子互相勾结，甚至利用一些犯罪团伙作为外围组织，进行各种违法犯罪活动。同时，境外黑社会势力与境内有组织的犯罪集团又常常划分地盘，各霸一方。一旦帮派之间发生矛盾或利益冲突，就纠合"开片"，相互斗殴，而倒霉受害的却往往是老百姓。据深圳市调查，已发现的十几个帮派几乎都划有自己的势力范围，仅罗湖区、上步区（现名福田区）两年来就发生黑社会流氓帮派互相打杀斗殴事件 127 起。其中死亡 1 人，重伤 12 人。

第三，破坏经济、危害治安。勒索诈骗，炒买炒卖，是近年来境外黑势力与境内有组织犯罪破坏我国经济发展和市场秩序惯用的手段。

据公安部统计，1989 年我国破获犯罪集团 91000 个，34 万人，比 1988 年分别上升 59.9％和 61％；1990 年集团犯罪仍呈大幅度上升趋势，仅湖南省 1～11 月比 1986 年同期分别上升 27.2％和 21.3％，云南省比上年分别上升 25.6％和 13.3％。带黑社会性质的团伙犯罪已成为当前危害社会治安的重要原因。

针对有组织犯罪的规律特点，加强防范工作的有效性势在必行。自从 20 世纪 80 年代初我国开始发现有组织的犯罪活动后，各级有关部门和地区对这种犯罪就进行了打击。近年来，有关部门和地区注意反黑清帮，破获了不少案件，成绩是显著的。但必须看到，我国的有组织犯罪并没有销声匿迹，反而趋向蓬勃发展。要取得反黑清帮的更大战果，还必须加强综合治理，从这样几个方面采取对策：

（1）发挥人民群众同黑社会势力作斗争的作用。

犯罪集团与黑社会势力都是一股顽固的恶势力，只要黑社会势力之源不绝，黑社会犯罪之流就不会断。既然境外黑社会势力还在猖狂活动，境外黑社会势力到境内作案就难以避免；既然境内团伙犯罪还严重存在，境外黑势力同境内团伙相勾结就难以避免。因此，我们同境内外黑势力的斗争也就不会停止，而且这种斗争将是复杂的、长期的，我们必须树立长期作战的思想。

同一般刑事犯罪作斗争离不开人民群众，要同黑社会的顽固势力作斗争，更要强调专门工作与群众路线相结合。由于黑社会势力的犯罪活动分散在社会的各个角落，因此，反黑斗争也就必须发动群众，依靠全社会的力量，打一场"人民战争"。在发动群众中要充分揭露黑社会的严重性和危害性，从而激励人民群众的积极性，提高人民群众的防范能力和斗争能力。

（2）有必要制定限制境外黑社会势力对我国进行经济渗透的政策。

在我国实行对外开放、对内搞活政策的条件下，境外黑社会势力在我国大陆办企业的现象已在一些地方有所发现。笔者认为，对在合法外衣掩盖下，进行经商活动的境外有黑社会背景的成员，经调查了解，确实属于来境内做生意和办企业的，应经过合法手续允许其做生意和经办企业，但要通过一定方式明确警告其不得从事非法活动，并要注意对其动向进行内部控制；对屡次进行犯罪活动的，应限期进行整治，直至吊销营业执照；对其中情节严重的为首分子要依法惩处；对在内地购买房屋的境外人员，应规定由当地警方证实是"合法公民"才能售予。通过一定的政策限制和加强管理，以达到控制黑社会势力对我国进行经济渗透的目的。

（3）要加强立法工作，以做到对黑社会势力与有组织犯罪的制裁有法可依。

由于我国社会主义法制建设还处在初级阶段，尤其在这方面还显得薄弱。如对哪些属于黑社会组织，哪些是带黑社会性质的组织，一般有组织性的犯罪同黑社会组织有什么不同等问题，不仅要有专门机关进行调查，而且要通过立法规定其界限。再如，对一般有组织犯罪与黑社会违法犯罪的定性量刑问题与一般刑事犯罪有什么区别和要求，都需要有法律作出明文规定，这才有利于执法人员掌握。当然，目前在没有专门立法规定的情况下，依据《中华人民共和国刑法》和《中华人民共和国治安管理处罚条例》进行处罚是完全必要的。但从长期同黑社会和一般有组织的犯罪作斗争的需要来看，这显然是不够的，因此有加强立法工作的必要。

（4）落实社会治安综合治理的各项措施，以控制预防黑社会势力的发展以及一般有组织性的犯罪于未然。

黑社会势力目前在我国还处于日渐蔓延状态，还没有像境外那样形成大的气候。有组织的犯罪尽管又在变换形式进行新的犯罪活动，但毕竟其公开活动的嚣张气焰已被打消。基于此，我们必须依靠各方面的综合力量趁势加强社会治安综合治理工作，把它们企图发展的组织消灭在萌芽状态，把它们所能进行的犯罪活动控制到最低限度。

（5）成立专门的反"黑"机构，专门开展打击有组织性犯罪的专项斗争。

（原载《宁夏社会科学》1992年第1期，本文与华东政法学院院长史焕章合作）

# 第三十篇　特区的犯罪特点论

在犯罪的发生、治理等问题上，特区与开放区和一般地区相比，有什么相同和相异的特点呢？又怎样从不同特点出发，研究出适合不同特点的治理方法和防范措施来呢？笔者就以《特区的犯罪特点论》一文，试作回答。

## 一、新的社会环境结构中犯罪的新特点

任何犯罪的发生，都是脱离不开一定的社会环境的。不同的社会环境形成不同的犯罪状况，这也是从古至今都为人们所公认的一条真理。从古时孟母搬迁的故事，到现今改变失足少年家庭的不良环境措施的采取，都说明了这个问题。

对社会环境，以及这种环境与产生犯罪的关系的研究，是可以从多角度、多侧面和多层次进行的。这里，我们只从封闭与开放的角度来研究。相对封闭而言，特区的社会环境是一种开放的、新的社会环境，它具有环境结构上的许多新的特点，因此也折射出犯罪问题上的许多新的特点。这主要表现在犯罪分子侵犯对象和目标的转移，犯罪的主体有新的发展，涉外经济犯罪逐年增多等等。总括起来说，环境的闭塞不利于犯罪信息的传布和犯罪分子的活动，也不利于"犯罪意识流"和"犯罪人流"的流动，因此在一定程度上抑制了犯罪的增长；相反，环境开放有利于犯罪信息的传布和犯罪分子的流动，也有利于"犯罪意识流"和"犯罪人流"的流动，因此在一定程度上会刺激犯罪的增长。同时，在封闭型环境下，会形成与之相应的特定的犯罪模式；相反，在开放型环境下，也会相应形成其特定的犯罪模式。我们从对广州、珠海、汕头、深圳、厦门等特区的开放区犯罪状况的考察，也就不难看出它们之间的相互联系。

## 二、犯罪类型特点的九种表现

"犯罪流"在特区流动的特点，直接影响着特区犯罪产生的特点。这主要表现在特区犯罪形态的形成上，各种类型犯罪率的升降上，不同犯罪主体对犯罪类型的选择上，犯罪行为对侵害目标的转移上等。这里，主要从犯罪主体因各种不同的不法需求，以及为满足其犯罪需求的各种方式来考察，其主要表现是：

（1）敌特情报活动频繁，情报间谍犯罪案件增长。广州市1982年至1984年，这类案件每年平均发案比前三年平均发案增加一倍以上。厦门市间谍情报案件，开放后的几年里是开放前相同年数的6倍。情报挂钩等案件涉及的范围较广，但主要是经济、技术范围。

（2）港、澳地区黑社会分子流入特区犯罪，其他入境人员犯罪的也大有人在。深圳在"严打"首次战役中就查获黑社会分子×××名。珠海1984年一年中也打击处理了一批黑社会人员。这些黑社会分子秘密发展组织，有的竟冒充公安人员以巡察边境为名，抓着女的就强奸，抓着男的就抢劫，无恶不作。广州市近几年来，每年抓获偷偷入境犯罪分子中，其中港、澳地区人员作案的占87%、华侨和台湾省籍作案的占7%、外国人作案的占6%，现在数量仍有增加的趋势。

（3）涉外刑事案件增加，被侵害对象渴求破案加速。广州市1984年港、澳回归人员即达190万人，华侨、外籍华人、外国人即达40余万人。他们大都随身携带大量现款和较贵重物品，因此容易

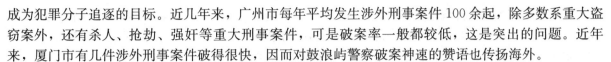

成为犯罪分子追逐的目标。近几年来，广州市每年平均发生涉外刑事案件 100 余起，除多数系重大盗窃案外，还有杀人、抢劫、强奸等重大刑事案件，可是破案率一般都较低，这是突出的问题。近年来，厦门市有几件涉外刑事案件破得很快，因而对鼓浪屿警察破案神速的赞语也传扬海外。

（4）买"淫"者有从暗买到明买的苗头，卖"淫"者则有从暗卖到明卖的动向。无论深圳、珠海、汕头还是厦门，买"淫"和卖"淫"的问题，都是一个很突出的问题。广州市近三年来，每年平均抓获暗娼 1000 余名。广州市一合资企业经理说，卖"淫"的多了固然不好，会污糟企业的名誉；但没有卖"淫"的也不行，因为有的外国人有买"淫"的生活习惯，如果没有卖"淫"的就会影响对"外"营业人。自然，外国人从国外买"淫"带来较难干预，但要我们就地供"淫"，这是我们不能做的。

（5）经济犯罪的主体已由原来的自然人犯罪，发展到了"法人"犯罪。经济犯罪案件，除了重大盗窃案之外，当前更多的是所谓"走政策的边沿，钻法律的空子"的重大诈骗案件。广州市 1985 年 1 月至 9 月发生重大盗窃案 542 起，比 1984 年同期的 182 起增加 1.9 倍；诈骗大案 89 起，比 1984 年同期上升 17.1％，两项合计占全市重大刑事案件的 73.4％。深圳市 1985 年 1 月至 6 月份，发生盗窃大案 189 起，比 1984 年同期上升 23.5％。其中，诈骗金额在 100 万元以上的达 7 起。如东方贸易公司与某港商签订了一个进口签字笔的合同，到货时拆箱一看，所装全是废纸。但罪犯早已骗去了 1090000 元，逃往异国。

（6）"车扒"已被看做拣"芝麻"，抢劫出租小汽车才是目前罪犯要抱的"大西瓜"。广州市现在每天有上万辆出租小汽车，采取个人承包方式上街营业，确有招手即来之便。但犯罪分子也盯住了出租小汽车这个显眼的目标。仅在 1985 年 1 月至 9 月份广州市就发生抢劫出租小汽车、杀死杀伤汽车司机的重大刑事案件 31 起，使这里的社会安全受到了强烈的冲击。

（7）精神刺激"需要"，毒品、赌博死灰复燃。广州市 1985 年 1 至 9 月份已取缔赌博 2600 多起，处理赌徒 5500 多名。深圳 1985 年 9 月，查获了一个境内外勾结的贩毒吸毒集团，为首的是两名港"客"。罪犯把烟毒塞在肛门里走私入关，然后诱惑青少年吸毒。每吸一次 30 元以上，导致 20 名青少年吸上了瘾。

（8）消极因素影响面宽，青少年低龄化犯罪在扩大。广州市少年犯罪的绝对数逐年增加，1982 年为 732 人、1983 年为 932 人、1984 年为 960 人、1985 年 1 月至 9 月份猛增至 1710 人，平均抓获三个案犯中，就有一个是少年犯。珠海、汕头、厦门等青少年犯罪低龄化问题同样很严重。

（9）流动人口大幅度增长，流窜犯罪的比例大增。广州市 1985 年 1 至 9 月份共抓获 5600 余名罪犯，其中流窜犯罪分子达 2300 余名，占到 40％。深圳市 1985 年 1 至 6 月份抓获各种刑事犯罪分子 750 余名，其中外来人员作案的达到 500 多名，占到 67％。珠海 1985 年 1 至 9 月份抓获的流窜犯罪人数占了犯罪总人数的 73％，比 1984 年同期上升了 27％。厦门市 1985 年 1 至 9 月份抓获流窜犯罪分子 400 多名，所作重大刑案占到整个刑案的三分之一。

### 三、治理犯罪的层次特点

特区的地理位置特点，犯罪流流动的规律和特点，犯罪类型形成的特点，决定了犯罪治理的多层次特点。

（一）排"污"不排外，治安工作从适应"封闭式"走向了适应"开放式"

既然开放，要完全做到禁"外污"于国门之外，显然是不现实的。"外污"和"内污"在特区和开放区都不同程度的客观存在。面对这种复杂情况，特区治安工作不得不挑起就地部分化"污"的重任。开放区和特区治安部门很快适应了这一新的治安形势的要求，一方面力求排"污"于国门之外，另一方面亦努力化"污"于国门之内。

（二）治安义务制与治安承包责任制相结合，多层次的治安体制已在形成

随着特区、开放区经济体制改革的深入进行，我国具有优良传统的治保委员会、调解委员会等组

织，仍然在某些方面发挥着重要作用。同时，与经济承包责任制相适应的治安承包责任制，已开始形成起来。广州市就在工业企业单位内部和乡村，实行了多种形式的治安承包责任制。全市各大宾馆、酒店等企业，都把安全保卫工作纳入了经济计划范围，有的企业还实行了单项治安承包。治安问题已不再只是单一的国家职能问题，即只是由国家专门机关来行使的。现在在特区、开放区实际已形成既相联系又相区别的三个层次：①由国家公、检、法部门专门行使的国家职能层次；②由各企业单位自身负责的承包责任制层次；③在居民生活区发挥治保会、调委会作用的义务服务性层次。

（三）用打击犯罪的劲头来抓预防犯罪

实行"惩治"与"防治"相结合的双轨制体制的必要性，愈来愈为人们所认识。特区、开放区把预防犯罪的工作同打击犯罪的工作一样提到了新的工作日程上来。针对有些单位对综合治理只"讲"不"理"的现象，首先从组织上采取了落实措施。广州市 1985 年由市委主要负责同志抓，正式建立了由市委政法委员会、宣传部、经济工作部、公安、司法、教育和工、青、妇等 15 个部门领导同志参加组成的《综合治理社会治安领导小组》，各区、县、局、总公司和直属单位也相应设立了综合治理工作机构。同时，还在总结实践经验的基础上，逐步使综合治理工作规范化。广州市委和市政府制定了《广州市社会治安综合治理若干责任制》文件，深圳市委和市政府制定了深圳特区《精神文明建设大纲》。

特区、开放区与非开放区相比，在治理犯罪的层次特点上，显然也有诸多相同和不同之处的，不过笔者不打算在这里作具体比较，请读者们去作具体的考察比较吧！

（选自 1985 年 10 月自编教材《犯罪论专题》）

# 第三十一篇 城市流动人口管理与犯罪人流控制论

城市是经济、政治和人民精神生活的中心，是前进的主要动力。[1] 我国以城市带动乡村的行政体制的确立，正是为了充分发挥城市这一"主要动力"和城乡相互取长补短的作用。然而，要使城市的巨大作用得以良好的发挥，其中有一个十分重要的条件，就是要管理好这个城市本身。城市管理是多方面、多层次的，有诸多问题亟待探索，本文只就城市流动人口的管理和犯罪人流的控制问题作一探索。因为城市社会治安的好坏，不仅关系到城市自身的健康发展，城市人民的正当活动和合法权益的保障，而且对那些特大开放城市来说，它还直接关系到在国际城市中的地位和政治名誉问题。

## 一、城市流动人口的概念及流量规律问题

城市流动人口是相对城市定居的常住人口而言的。它是指在某城市所辖范围的暂居、且从事社会政治、经济、文化事业活动，但不是具有该城市常住户口的人口的总和。城市流动人口相对定居常住人口来说，是一个相对的变量人口，它与定居常住人口以户籍为单位计算人口量不一样，它通常是以人口日流量作为计量单位的。如北京、上海、天津、沈阳、长春、南京、广州、武汉、西安 9 城市，1985 年某日的日流动人口量已高达 4383000 人之多。[2] 就上海而论，在 1984 年的 8 月 10 日 24 小时内，日流动人口量就达 55 万左右，1985 年更远远超过这一数字而达到 102 万之巨。[3] 城市流动人口的概念，是一个动态的概念。对于城市人口的整体来说，总是常住人口和暂居的流动人口二者之总和。因此，流动人口自然是城市人口不可缺少的一个重要组成部分。

城市流动人口的流量规律问题是指人口流动量的增加或减少与哪些因素有着普遍性联系的问题。我们要通过对这种普遍性联系因素的认识，达到对流动人口量增减规律性的认识。然而各个城市因自身的情况和特点各有不同，故影响流动人口量增减的因素也不尽相同。只有针对具体城市作具体的调查研究，才能认识该城市流动人口的规律性。但是，这并不是说就没有一般规律性可寻了。恰恰相反，城市流动人口量的增减，是具有某些普遍性的内在联系的，这主要表现在：

第一，与城市定居常住人口的联系。定居常住人口增加，流动人口也会相应的增加；定居常住人口减少，流动人口也相应地有所减少。

上海是全国的也是世界的特大城市之一，市区常住人口已达 6395000 人。根据前几年调查统计，以居民户、集体户为依托食宿的流动人口，全市大致浮动在 315000～360000 人。这与常住人口较少的中小城市相比，显然流动人口量要大得多。全市 338000 居民户集体户接纳的 339100 流动人口中，以探亲访友，因病就医的人最多，共 140600 人，占总数的 41.6%；其次是寄养、领养小孩居多，共 84400 人，占 24.97%，这部分流动人口大多是居住户户主的第三代；还有投靠直系、旁系亲属的人口共 42900 人，占 12.7%；还有退休退职人员 48800 人，占 14.44%。这无疑反映了该部分流动人口与常住人口间的亲缘联系。亲缘关系多，这部分人口就会增多；亲缘关系少，这部分人口就会减少。

[1] 《列宁全集》（第 19 卷），人民出版社 1955—1959 年版，第 264 页。
[2] 参见 1985 年《人民公安报》。
[3] 本文有关数据引自复旦大学人口研究所同上海市公安局户政处 1984 年 8 月的调查报告、上海市 1984 年饮食服务公司调查资料、有关作者的有关文章和调查材料。在此谨向上述单位和同志致谢。

第二，与城市经济发展状况的关系。城市经济、文化、技术发展水平愈高，吸引的流动人口量就愈大，相反就愈小。

上海是全国最大的经济中心城市，解放以来，一直吸引着众多的流动人口。在当前城市经济体制改革中，中央又进一步提出振兴上海，充分发挥上海老工业基地在全国"四化"建设中开路先锋的作用。随着改革开放的深入，对内联合的加强和对外开放的发展，上海正面临着一个经济发展的新形势，这不仅对上海常住人口的增长带来重大的影响，而且对上海流动人口的增长也是影响很大的。据有关调查推算，目前全市约有外来流动人口和外来滞留（暂住）人口102万，比1983年掌握的50万左右外来人口增长了一倍多，比"文化大革命"前的30万左右增长了两倍多。特别是1984年各报刊登市府欢迎兄弟省市到上海开店办厂的消息以来，外来人口中来沪开店办厂和承包建筑工程的更是日益增多。从近几年外来人口的情况看，由于农村经济发生深刻变化，从外省市来沪务工、经商，从事各项业务联系的有了显著增加。其中，商贩、"八大匠"、建筑工以及从事各种业务联系的人员，近来占其总数的50.3%，可见城乡经济的发展与流动人口增长的密切关系。

第三，与年度季节节日时令变化的相应关系。尽管有时也呈现淡季不淡的情况，但仍有旺季与淡季之别。

季节轮转和节假时令是自然法则和法律规定对流动人口量的作用。农忙季节，外地来沪从事农副产品贸易的人就相对减少，炎夏季节旅游的人数也相对减少。所以，旅游业有淡季与旺季之分，贸易行业也有季节更换的畅滞之别。一般说来，5月、8月、11月客流量相对较低，3月、4月、12月客流量相对较高。春节期间，属市区居民户的流动人口则达到最高点，而属旅馆的流动人口则达到最低点。

## 二、城市犯罪人流的来源与流量趋势

由于各个城市情况的不同，犯罪人流的来源也不尽相同，而且根据各个城市不同的历史发展情况，还会形成某些与其他城市各不相同的来源特点。上海与国内外有着千丝万缕的联系，因而犯罪人流的来源也显得更为复杂。除了海运、陆运、空运"三运"俱全外，还形成了某些具有地方性的来源特点。如从辽宁省鞍山来的，俗称"鞍山帮"，大多在公平路码头作案，主要是倒卖上海自行车票，以购买大量的自行车，运到当地一带高价出售。又如从浙江省宁波、温州来的，大多都进行各种渠道的"投机倒把"。再如从江苏一带来的"毛毛船"，他们通过某些关系偷卖钢材充为社办工厂"服务"。对于这种挖全民所有制墙脚的犯罪行为，有的基层党委书记还直言不讳地说什么："该挖的还得挖一点。"又如还有从新疆来的，除了搞"投机倒把"外，有的还在近郊农民那里租房子，挥霍无度，搞淫乱活动。至于港、澳黑社会分子潜入上海，诱骗无知青少年参加黑组织，与市内犯罪分子相勾结，进行流窜盗窃、走私、流氓、诈骗等犯罪活动，近年来也呈现猖獗的势头。

所谓"流窜盗窃犯"，是指离开固定住所，没有确定的犯罪对象，长年累月地东流西窜，单独或结伴进行盗窃活动的犯罪分子。中央有关文件提出"流窜盗窃犯"这个新的概念，并不像有的同志所说的那样，主要是为了便于作司法统计，在办案实践中没有多大现实意义。其实，不仅在办案中"流窜盗窃犯"是打击的重点，而且这一新的犯罪概念的提出，表明了犯罪人流进行流动犯罪现象的客观趋向。如上海在1984年全年抓获的6118名现行罪犯中，外来人口作案的罪犯就有659名，占10.8%，比1983年上升了4%。而且不少是重大刑事犯罪分子。1984年下半年抓获的重大刑事罪犯中，外来人口作案的则占了21%，特别是从去年的情况看，一季度查处的1415名刑事罪犯中，外来人员犯罪的达137名，增长的幅度为上年同期的28.5%，可见，犯罪人流的流量呈明显的增长趋势。

犯罪人流流量的增长趋势，与哪些因素有关呢？

（一）与商贸流动人口的增长有关

城市流动人口量的增长，会相应地伴随犯罪人流的增多。由于流动人口的构成中商贸人口的增多，与这一领域有关的犯罪人流也相应增多。而且这不仅表现在原有经济犯罪分子的流窜上，更表现为商贸流动人口中新的经济犯罪分子的滋生。上海不仅是国内而且也是国际上最大的商贸城市之一，在大量流入从事正当经济活动的人流中，不仅会流入本来就是经济犯罪分子，而且还滋生着相当数量的新的经济犯罪分子。他们甚至还总结出一套实施犯罪的经验，叫做什么"钻法律的空子，走政策的边沿"。尤其需要看到的，是国内的流动犯罪分子与国际流动犯罪分子相互勾结的严重性和危害性。随着本市内联外放的扩大，经济犯罪的人流还将相应的增长。而伴随着经济犯罪的其他犯罪，也不可避免地会有所增多。

（二）与犯罪自身发展的客观规律有关

随着信息时代的到来，国际交往的频繁，一个国家中省、市间的频繁交往，人们不断地改变着古老的"鸡犬之声相闻，老死不相往来"的陈旧观念，随之而来的犯罪者的观念也在改变。犯罪者为了达到更大的犯罪目的，他们不仅就地作案，而且借助现代化的交通工具跨市、跨省，甚至跨国作案。这已成为犯罪自身发展的客观规律性了。像上海过去曾是国际、国内冒险家的乐园，尽管今与昔有本质的区别，但是也不能不清醒地看到，今天它仍然还滋生着与国内和国外有密切联系的重大经济犯罪。

（三）与侦破和打击犯罪水平的提高有关

随着侦查破案技术现代化水平的提高，犯罪分子的作案手法也不断地更新变化。与就地作案相比，流动作案成为他们对付侦查、逃避打击的重大变化之一。特别是"严打"以来，一些犯罪分子为了继续犯罪作案，随着流动人口的洪流，不断向各城市流入。如上海，据 1983 年对 28931 名外来流动人口进行抽样调查的结果显示，其中有刑释解教和劳改、劳教逃跑以及其他违法分子 700 名，占其总数的 2.4%。根据所掌握的比例，目前上海 1020000 外来人口中，混杂流入的将有 1000 余名犯罪分子。

## 三、犯罪人流流动的基本方式与作案特点

犯罪人流流动的基本方式和作案特点，在上海、广州等各人开放城市中都有明显的反映。这里仅以广州为例。

（一）行踪不定，流动频繁，速来速往

这类罪犯不论是单独还是共同作案，事先都有预谋。他们一窜到广州，探明作案对象，就迅速下手，得逞后立即逃离现场，远走高飞。罪犯阎春生纠合劳教逃跑人员李国晓和赵俊生，密谋从河南省乘火车到广州来抢钱。三犯一出广州火车站就直奔流花湖公园物色作案对象，当晚在公园结识了想收购银元的董某，即决定抢董某的钱财。次日凌晨三时许，三犯一起将董某刺了 31 刀，当场刺死，还沉尸湖底灭迹，然后匆忙离开现场，乘当日火车潜回原籍，在广州前后只停留了 15 个小时。

（二）装扮各种身份，改名换姓，隐身作案

流窜罪犯为能够在广州落脚，而又不被发现，他们想方设法骗取、偷窃或者高价买得各种证明，改名换姓，乔装打扮，以冒充公安人员、供销人员、港澳商人等身份进行作案。据对 300 名罪犯的抽样调查，其中属于这一类的即占 1/4 左右。如累犯冯锡洪，纠集劳改释放人员李马、梁富那等 6 人，冒充工厂出差人员，住在广州几家旅店长达两年之久，对企业单位、居民住宅盗窃 60 多次，所盗财物价值人民币达 75000 多元。

（三）拉上关系，内外勾结，串通一气

不少流窜犯罪分子，为了有一个稳固的落脚窝子，以便寻找作案目标，常常与本市情况熟、语言通的不法居民串通一气，互相勾结，互为利用，共谋作案。有的还拉上同乡、同行关系，进出内部单位，大肆进行盗窃犯罪活动。

## 四、城市流动人口的管理与控制犯罪人流的对策

城市流动人口的增长，不仅是整个社会生产力提高、经济发展的必然结果，同时对具体城市来说，又将大大推动这个城市自身的发展。如果说城市常住人口的增长，是该城市生产力提高相对稳定的标志的话，那么流动人口的增长，则是该城市生产力发展和商贸事业活跃程度的标志。但是，不管常住人口的增长也好，还是流动人口的增长也好，都必须根据其负荷能力，按照正常发展的轨道运行，才能保持城市最旺盛的生命力，而得到更健康的发展。为了使城市按照正常发展轨道运行，需要整个城市各方面的工作发挥最有效的活力和协调一致。其中，搞好城市流动人口的管理与犯罪人流的控制，就是整个城市工作结构中一个十分重要的组成部分。如何搞好城市流动人口的管理与犯罪人流的控制呢？笔者仅提出下列四点看法。

（一）抓实抓好基础工作，确实立足严密防范

目前，在狠抓严打的同时，必须狠抓严防。我们已知，多数流窜犯都行踪诡秘，善于伪装，作案不留尾巴，防不易，抓也不易，查处的难度很大。正因为如此，就更需要搞好防范工作，而防范工作的根本，在于基层基础工作的扎实，在于社会控制面的落实。因此，在社会上建立点面结合和多层次的治安防范网络，在内部单位建立多种形式的安全保卫责任制和治安承包责任制，是一项应予大力推行的措施。

（二）尽可能利用现代技术手段，不断取得动态人口中的科学管理依据

解放以来，我们在控制大城市人口增长上施行了一整套正确的方针政策，收到了良好的效果。当然，像上海三十年间人口迁动经历的三次大起大落，也有值得借鉴的经验教训。同时我们还应看到，在控制大城市人口增长的方针上，以往主要是针对常住人口而言，在管理流动人口上我们还缺乏经验，许多新的问题有待探索。其探索的金钥匙就是科学的调查研究，特别是要对流动人口组成结构不断地进行调查研究。

我们知道，城市流动人口的构成是一个复杂的构成。它不仅与该城市定居的常住人口的构成有密切的关系，与该城市的政治、经济、文化的发展状况有密切的关系，与该城市在国内和国际上所处的重要地位有密切关系，甚至与该城市所处的地理位置、气候条件、生活习俗等都有着密切的关系。这些关系的不同作用，决定着流动人口来自不同的渠道，反映出构成上的不同类型。每个城市流动人口的构成特点，与该城市本身的构成特点有着密切的关系。

对于流动人口的流动目的、来源及地区分布等结构问题要作实地调查，而且必须定期进行科学研究工作，同时应尽可能采用现代化技术进行。笔者认为，我国的大中城市，应逐步发挥计算机等现代科学技术的作用，建立起流动人口信息库，使城市与城市之间形成电传信息系统，以做到对当时当日流动人口的流源、流种、流向、流速、流量的准确掌握和反馈，并为管理措施和对策的采取，提供更及时可靠的科学依据。

（三）进一步完善管理体制，最好专门设置流动人口管理处（科），专事其管理工作

流动人口管理的专门机构，是国家关于户口管理，关于《城市流动人口管理办法》、关于《公民身份证条例》等法律法令的具体执行机构。它在执行中，必须与该城市人口，特别是该城市流动人口的实际情况和自身特点相结合，把流动人口管理的体制建立和健全起来。上海的流动人口管理体制是实行《外来寄住人口登记管理办法》和组织群众性的"暂住人口协管小组"的办法，对流动人口的管理在实践中进行大胆的探索。

（四）吸引中外流动人口主要流源地的国家机关和社会机构直接参与该城市的预防犯罪活动，实现对犯罪人流的有效控制

上海作为内联外放的特大城市来说，不仅要加强对内流犯罪的预防，还要特别注意对外流犯罪的

预防。要搞好这种预防，只加强上海本身的预防工作是不够的，还必须吸收国内一些主要省市，国际上的有关国家社团参与，共同从"根"上负起防范的责任来，才能收到控制和防范的更大效果。至于采取什么形式以达到共负防范责任的目的，这要根据各城市的具体情况和实际需要而定。

（选自 1985 年 10 月自编教材《犯罪论专题》）

# 第三十二篇 论犯罪产生的区域特点
# 与微观比较研究

我国经济发展的布局,按其现实的经济发展状况和特点,以及与之相适应的国民经济发展规划的计划要求,现分为三大地区,即西部地区、中部地区和东部地区。这三大不同地区的划分,即反映了各大地区经济发展的不同特点。犯罪产生的区域特点与经济发展的区域性特点虽然不能作完全的对应联系,但毕竟犯罪的区域性特点仍从不同角度折射出经济区域性的特点来。因此,可以说我国不仅存在着经济发展的区域特点,也存在着犯罪流规律作用的区域特点,存在着犯罪产生的区域特点。为了有利于对犯罪区域特点的研究,故提出微观比较犯罪研究方法问题,在此就教于我国法学理论界和司法战线的同志们。

## 一、犯罪产生的区域特点

深圳等沿海特区与内地的云南等边疆地区,其犯罪产生的特点是大有不同的。笔者于 1980 年 12 月至 1981 年 2 月,在云南等地作了近两个月的犯罪问题与"两法"(《中华人民共和国刑法》、《中华人民共和国刑事诉讼法》)执行情况的考察(云南省高级人民法院及其研究室主任邹时耀、段贵荣、罗德银法官对调研工作提供了车辆、人员及人事联系点的大力支持,深致感谢。事后也一直与云南司法机关保持密切联系,了解其犯罪的发展状况)。1985 年 10 月,笔者在深圳、广州、珠海、汕头、厦门等沿海开放城市和经济特区,作了犯罪与社会治安综合治理问题的考察。从两个地区考察的比较得出:由于地理环境的不同,社会生活条件的不同、社会成员构成的不同、国家对开放与非开放地区执行政策特点的不同,因而在个犯形成上体现了地理环境的不同特点、社会生活条件的不同特点、社会成员构成的不同特点、国家对开放与非开放地区执行政策的不同特点。

(一)地理环境特点之相异与犯罪形成特点的不同

沿海开放区和特区地处沿海,如深圳与香港接壤,珠海与澳门相连,海陆空交通都较畅通和发达,有些犯罪的诱发因素明显具有地区性特点。如深圳与香港毗连的沙头角镇,1985 年 1 月至 11 月份,我边防检查站查处从香港携带淫秽物品入境的案发数即达 1800 余件,其淫秽物品的携带者不仅有一般人员,而且还有相当一部分是内地的干部,知识分子,其中有记者、编辑和教师等。云南与缅甸、越南、老挝等国接壤,边界线长达 4060 公里,其中与缅甸接壤就达 1997 公里。缅甸的鸦片烟丰收,云南的运烟贩毒犯罪就盛行。烟毒的售价从畹町到昆明到贵阳……到一地提价一等。

(二)社会成员构成特点之相异与犯罪形成特点的不同

沿海地区社会成员的构成特点是多有海外关系。如属于广东省侨乡之一的深圳,据 1983 年统计有海外华侨 120000 余人,分布在 54 个国家和地区。还有居住在香港的同胞达 230000 余人,每逢重要节日,他们大多要回来探亲访友。目前特区内现有人口约 300000 人,其中属常住户口的约 160000 人,支援特区建设的暂住户口达 130000。此外,还有部分"三资"企业人员的流动及其常驻的代表机构的人员。由于该特区社会成员的构成具有这样一些特点,因此某些犯罪的犯罪主体或者被侵犯的对象,大都具有涉外特点。与此不同,云南省区的某些犯罪显然具有"民族特点"。如景颇族中,有的在历史上曾经形成了"丈人种"与"女婿种"习惯性通婚关系,就因一方要求保持习惯,另一方不

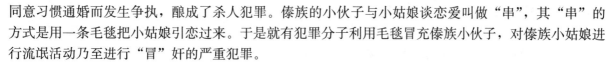

同意习惯通婚而发生争执，酿成了杀人犯罪。傣族的小伙子与小姑娘谈恋爱叫做"串"，其"串"的方式是用一条毛毯把小姑娘引恋过来。于是就有犯罪分子利用毛毯冒充傣族小伙子，对傣族小姑娘进行流氓活动乃至进行"冒"奸的严重犯罪。

（三）社会生活条件特点之相异与犯罪形成特点的不同

社会生活条件特点总的来说分为物质生活条件与文化生活条件。按其水平高低层次来划分，总是有高档与中档之差、中档与低档之别的。沿海地区经济比较发达，相应地文化也比较发达，犯罪水平也比较高。这不仅表现在某些犯罪行为侵犯的对象比较高档上，如由偷自行车转向抢出租小汽车，而且还表现为"智力型"犯罪的不断增长上。处于内陆腹地的云南等地，交通不太发达，经济发展也比较缓慢。有些犯罪的形成显然与经济生活文化素养的档次较低有关。比如在所谓与世隔绝的僻远山区，竟有父女乱伦生养一个孩子的背伦乱法现象的存在。而且在这些地方，某些犯罪分子利用落后群众的迷信心理，进行迷信犯罪活动的也不少。

（四）国家对开放区与非开放区执行政策特点之相异与犯罪形成特点的不同

深圳等经济特区的经济特点，简单概括起来有"四个为主"，即建设资金以吸收和利用外资为主，经济结构以中外合资、合作经营企业和外商独资经营企业为主，企业产品以出口外销为主，经济活动在国家计划指导下以市场调节为主。由于特区经济上的特点、特区地理位置上的特点和广泛的对外交往，特区受外来消极因素的影响，也是显而易见的。因此各种犯罪的形成，外来因素所起的渗合作用亦比较明显。深圳每天通过各种渠道出入境的人数达 50000 多人次，在节假日要超过 100000 人次；内联人员每天进出深圳的近 80000 人次。在深圳、珠海不用"鱼骨"天线，每天 22 小时可收到香港电视，某些不健康的"意识流"不断通过"声"和"光"流到人们（包括青少年们）的眼里和耳里。深圳等特区因受西方"经济犯罪"和"性犯罪"二股犯罪流的冲击，在这两方面的犯罪上反映也尤为突出。而云南等地经济发展的政策与特区比较显然不同，犯罪的形成受外来消极因素的影响，也要间接一些和量少一些，而更多的是受犯罪"内流"的影响。因此犯罪产生的类型和形态表现，大多还保持原有的状况，就以经济犯罪和性犯罪而论，也没有沿海开放区和特区那样突出。

### 二、犯罪的微观比较研究

对于犯罪研究，我们常常采用的是表象列举的方法。这种方法固然能起到使人们了解犯罪产生和治理表象的作用，但是这种方法很难从纵向与横向揭示犯罪形成和治理的内在运动规律和特点。因此，我们要对特区、开放区，乃至对全国各省、市犯罪产生和治理的一般规律和特殊规律达到真正的把握，就必须使犯罪研究方法的本身既要具有反映一般规律的特点，又要具有反映特殊规律的特点。这就是说，犯罪研究方法必须要有变革，即必须采取宏观与微观的比较研究，才有希望达到既能把握一般规律、又能把握特殊规律的目的。

微观比较犯罪研究是相对宏观比较犯罪研究而言的。所谓宏观比较犯罪研究法，是指就世界范围内各个国家之间或者某些特别区域之间采取对犯罪进行比较研究的方法。所谓微观比较犯罪研究法，是指就本国范围内各个省、市之间或者某些特别地区之间采取对犯罪进行比较研究的方法。我们对我国经济特区、开放区之间和各省、市之间犯罪的研究，不能停留在一般性的比较研究上，而应该建立微观比较犯罪的研究机构，以其新的研究成果不断为国家和各省、市的打击犯罪和预防犯罪提供及时的科学资料和对策依据。微观比较犯罪学应成为我国犯罪问题研究的一门新学科。

笔者提出在我国建立微观比较犯罪学，这是由于我国新的历史阶段社会治安工作的需要。具体说来，是为了实现科学打击与科学预防的需要。微观比较犯罪学建立的基点，是以我国各省、市自身为基点，像目前天津市研究天津犯罪问题那样"把社会科学研究与政策工作结合起来，把社会科学研究成果尽快转化为工作，转化为政府决策"。①

微观比较犯罪学研究的对象有三：①以区域之间的特点为研究对象。即研究区域与区域之间犯罪产生之诸因素的共同点和不同点。②以本区域的纵向犯罪状况为研究对象。即对本区域内历年来犯罪的发展变化进行比较研究，对本区域内历年来治理犯罪的实践经验进行比较研究。③以区域与区域之间横向犯罪的状况为研究的对象。即对本区域与他区域之间在相同年限内的犯罪状况进行比较研究，对相同年限内治理犯罪的实践经验进行比较研究。这些比较研究，不仅要比较犯罪发案率的增减、比较法定类型犯罪的产生和新形态犯罪的产生、比较犯罪主体构成上的变化，特别是青少年犯罪的变化、比较犯罪手段更新的变化，而且还要做犯罪数量与质量（即社会危害性程度的"度"数）的比较、做犯罪形成的原因、条件和预防犯罪的措施和效果的比较等。

对于我国来说，建立微观比较犯罪学，至少有两大功用：①比较其各省、市之间犯罪的相同点，则有利于采取全国统一的预防犯罪、打击犯罪和改造犯罪的措施；②比较其各省、市之间犯罪的不同点，则有利于各省、市针对其不同点采取相应的个别措施，从而使治理犯罪措施，既避免一刀切的弊端，也更好发挥全国一盘棋的作用。举例来说，如就特区与特区之间相比，它们除了主要反映出共同点而外，在一定程度上也反映出了一些不同点；如果与非特区、非开放区的其他省、市做比较，显然不同之处就相距更大了。这里且以其中的流窜犯罪问题来看：随着各省、市对外开放、对内搞活经济的具体情况的不同，流动人口人员构成、流速和流量的不同，伴随而来的犯罪人流的流种、流向、流速和流量也大不相同。我们要实现对流窜犯罪的有效治理，一方面要制定全国一盘棋的作战方案，另一方面也要从各省、市犯罪"流入"与"流出"的实际情况出发，采取一般措施与特殊措施配套，才能达到对犯罪流源、流窜据点、发案地点和整个流程的有效控制和治理。怎样采取配套措施呢？这就是微观比较犯罪学通过对该问题的比较研究，才能科学回答的问题。

微观比较犯罪学是不能在手工业的工作方式上建立起来的，因为它是一门综合研究犯罪问题的现代科学，必须采取系统工程、行为科学、计算机技术和通讯技术等现代化手段。天津犯罪问题调查中，电子计算机就发挥了重要作用。② 当然现代化手段的运用并非一朝一夕的事情，我国微观比较犯罪学的建立，也只能在现代化的进程中逐步探索和逐步建立。这门学科的建立，不仅涉及大量的数据处理，需要一定的技术设备，而且为了能够动态地、形象地、及时地反映出犯罪发展变化的各种状况，笔者认为还有必要制作出微观比较的仪器来。这种仪器的设计，不是本文描述的任务。因此，这里姑且用纵横坐标画一平面图表，以示其意如下：

**全国各省、市（区、地区）犯罪微观比较图示（略）**

| 黑龙江省 | 吉林省 | 辽宁省 | 陕西省 | 山西省 | 河南省 | 山东省 | 河北省 | 北京市 | 天津市 | 福建省 | 广东省 | 香港地区 | 澳门地区 | 台湾地区 | 广西 | 四川省 | 贵州省 | 云南省 | 青海省 | 西藏 | 新疆 | 内蒙古 | 宁夏 | 甘肃省 | 湖南省 | 湖北省 | 江西省 | 安徽省 | 江苏省 | 浙江省 | 上海市 |
|---|---|---|---|---|---|---|---|---|---|---|---|---|---|---|---|---|---|---|---|---|---|---|---|---|---|---|---|---|---|---|---|
| | | | | | | | | | | | | | | | | | | | | | | | | | | | | | | | |

（选自 1986 年 2 月自编教材《犯罪论专题》）

---

① 天津犯罪问题调查组主编：《天津犯罪问题调查文集》，天津人民出版社 1985 年版，第 1 页。

② 《电子计算机在社会调查中的应用》，载天津犯罪问题调查组主编：《天津犯罪问题调查文集》，天津人民出版社 1985 年版。

# 第三十三篇　吸"养"化"污"防范系统工程论

自然界之"污浊",可统称"三废"。人类生理代谢之"污浊",可统称"便物"。那么,社会之"污浊"是指什么呢?笔者认为,就是引起犯罪产生的一切不良因素和社会存在的丑恶现象。自然界排除"污浊"的系统畅通,才不至于"三废"成灾;人类排除"污浊",才不至于因便物中毒而引起病症;社会排除"污浊",才不至于因"犯罪流"积淀而罪孽丛生。那么,怎样建立起健全与畅通的排除社会"污浊"的系统以减少犯罪的产生呢?笔者不揣冒昧,在这里提出吸"养"化"污"防范系统论,以就教于法学界同志,并共同探讨。

## 一、吸"养"化"污"的同步进行与主体社会发展的密切关系

人类社会的历史发展至今,始终把每一个主体社会置于纵向坐标与横向坐标的焦点上。主体社会的自身发展,既不能脱离纵向坐标的社会而发展,也不能脱离横向坐标的社会而发展,但是,也不是把纵向社会的所有东西统统吸收过来,或者把横向社会的所有东西统统吸收过来就能发展的。换句话说,主体社会的自身发展,不吸收纵向社会的"营养"不成,不吸收横向社会的"营养"也不成。同样,主体社会不排除纵向社会的"污浊"难于发展,不排除横向社会的"污浊"也难于发展。

对于每一个主体社会来说,其纵向社会,有属于自身直接脱胎的社会和非自身直接脱胎的社会。而在非自身直接脱胎的社会系列中,又有本国的社会系列之分和外国的社会系列之别。这种直接与间接(包括近间接与远间接、内间接与外间接)的影响,都不同程度地与主体社会的发展有关。

对于每一个主体社会来说,其横向社会,既有与自身制度相同的社会,也有与自身制度不相同的社会。在相同与不相同制度的社会中,都同样不同程度地存在着有"营养"可吸,也有"污浊"需排的问题。

总的说来,每一个主体社会,不吸收纵向社会系列之"营养"就难于发展,而不吸收横向社会系列"营养"则更难于发展。

作为一个主体社会,从孕育过程、脱胎时期到生后成长的每一个发展阶段,应该吸收纵向社会的什么"营养"、排除其什么"污浊"?应该吸收横向社会的什么"营养"、排除其什么"污浊"?以及如何吸收"营养"和如何排除"污浊"的问题,这是十分尖锐而复杂的问题。无数历史事实说明,只有通过百家争鸣和社会实践,才能作出比较科学的回答。因为要回答这一问题,往往会有许多论争乃至论战的。例如,早在我国新社会还处在孕育过程的"五四"前后,就有过"全盘西方论"与"保存国粹论"之间的大论争。适逢中国共产党人,把西方传来的先进的马克思主义与中国革命的具体实践相结合,主张打碎半封建半殖民地的旧的国家机器,随后对中华民族优秀文化的养分,并"取其民主性的精华,去其封建性的糟粕",从而对"全盘西方论"与"保存国粹论"之偏颇,作出了历史性的正确回答。又如,1977年出现"两个凡是"的"理论",这种"理论"居然被一些人所接受。当人们起来提出异议时,立即被扣上了"砍旗"的大帽子。事情来了一个大颠倒,坚持马克思主义的被说成是反马克思主义的,而斥责别人是反马克思主义的人,其所坚持的竟是与马克思主义水火不相容的中国封建社会的糟粕东西。可喜的是通过大争论,终为"实践是检验真理的唯一标准"所替代,把正确的思想认识路线确立了起来,从而也摆脱了封闭型思想的束缚,确立了开放型思想。总之,我国社会主义经过学说、运动、制度等几个阶段后,现已进入大发展时期。

要大发展，必须向纵向社会大量吸"养"；要大发展，也必须向横向社会大量吸"养"。因此，吸什么"养"，如何吸"养"的问题，又提上了新的历史日程。

然而，既有吸"养"，就不可避免地会有排"污"。什么是"污"，如何排"污"？对这个问题的解决，又不能不与吸"养"同步进行。如何同步进行呢？当然又只有通过新的百家争鸣与新的社会实践，才能作出新的比较科学的回答。

要吸"养"，当然要选择"养"吸。不过还应看到，人类吸食之养，尽管有说不完的选择，但所食的仍旧不可能尽是纯营养。如果尽是纯营养，那就无排除"污浊"可言了。同样，我国社会主义社会的现阶段，尽管引进吸收与继承吸收都需要经过严格的筛选，但所吸收的，也难做到尽是营养。如果都尽是营养，也谈不上有什么"污浊"可排了。可见，吸"养"排"污"是相互关连着的，我们应该做到是"养"必吸，是"污"必排，吸"养"排"污"务必同步进行。

## 二、"污"的纵向分层与"污"的横向分类

对于我们国家来说，吸"养"有吸"内养"与"外养"之分，化"污"也有化"内污"与化"外污"之别。"内污"主要是指封建主义"阴魂复活"的各种表现，"外污"主要是指资本主义思想对人们的腐蚀。在这里我们不打算去一一列举那些表现形态，而是用举例的方式，从纵向研究其"污"的程度，从横向研究其"污"的"类型"，并且研究它们与犯罪问题之间的关系。正如我们要研究自然环境污染的种类程度以及与人体健康的相互关系一样。

### （一）"污"的纵向分层

"污"与"养"总是相对而言的，在不同层次上厉害程度也不相同，故表现在对它的称谓上也自然不同。如果从纵向层次作一个大体的划分，则可以分为：

（1）"精华"与"糟粕"。所谓"精华"，是指事物最精粹的部分。所谓"糟粕"，是指事物的粗劣无用的部分。就好比稻谷去其皮壳而成"米"一样，对一个事物处置的同时，既有吸收又有扬弃，称之取其"精华"，去其"糟粕"。以人的食用来讲，这"精华"即为人所食用，这"糟粕"即被排除于人食之外。人类社会的婚姻制度开始于以女性为中心的"群婚制"。就当时生产水平而言，"群婚"是与其相适应的，因此盛行了相当长的历史时期。然而，"群婚"不利于婚姻关系的稳定，而且对人类的优生繁殖也大为不利。所以，"群婚"发展的本身也就包含了对其自身的否定（对偶婚就是对群婚否定的过渡形式），即为当时的历史阶段所扬，为之后的历史阶段所弃。

（2）"糟粕"与"污秽"。糟糠之物，虽不能为人所食用，但对于人却没有什么直接害处。而对于牲畜来说，尤其是对于养猪，却是好的饲料，糟糠经过猪之"扬"而将养分吸收，经过猪之"弃"而变成粪便，即污秽之物矣。人类群婚制在发展中也为人类本身所"扬弃"。因"扬"而发展成为以男性为中心的"一夫一妻制"，因"弃"而使群婚制本身进入了历史的博物馆。但是，当一夫一妻制已经形成后谁还坚持实行群婚制，那这种坚持显然就是对"污秽"的坚持了。因为在这种情况下还搞群婚制，不仅会影响社会生产、人类生殖的进步，而且会酿成婚姻关系上的混乱和纠纷，乃至因此而导致伤人、杀人等犯罪问题的出现。

（3）"污秽"与"犯罪"。牲畜的粪污并不是不可以再"扬弃"的。通过植物的"扬"而吸收其"养"，所"弃"之物化为泥土。但是粪污处理不好，就会污染环境，对人体健康来说直接有害，成为疾病滋生的一大病源。以男性为中心的一夫一妻制也有"扬弃"的问题，即"扬"其男女之平等，"弃"其男女之不平等，把自有阶级社会以来的男尊女卑的现象送进历史的博物馆。我们知道，在当今的社会里，"重婚"行为都是法定为犯罪的，那么法律自然就更不能容忍那种伦理倒置的所谓"群婚"式的性乱现象的存在了。但是，由于男尊女卑的旧意识渗透到现时社会的政治、经济、文化、工作、家庭、生活以及生儿育女等各个方面，不知酿成了多少犯罪的问题。至于因女性不能"传宗接代"而导致溺杀女婴的犯罪行为的产生，在广大农村表现得尤为明显。笔者认为，如果不除开女性先

天性生理功能的差异来谈平等，社会的女性与社会的男性将会永恒的不平等。

　　（二）"污"的横向分类

　　"污"的存在形式是多样的。它表露在人的行为上，潜蓄在人的意识形态中，反映在经济领域里，又攀附在某些制度上。它不仅以静止的方式而存在，而且以运动的方式而存在，并形成"流"。这种"污流"是源发于历史阶级斗争的和犯罪因素积习且流传的一种社会现象。从犯罪形成结构的四要件来看，"污流"是其中的主要要件之一，故我们称它为"犯罪流"。这种"犯罪流"，从其形态特点来划分，可分为"人流"、"意识流"、"经济流"、"制度流"。

　　（1）"人流"。一个新社会从旧社会脱胎诞生，并不等于从旧社会来到新社会的人都脱了胎，成为一代新人，某些在旧社会作恶的人来到新社会后并没有改恶从善，而是继续其犯罪活动。我国解放初期，不仅有政治性破坏案件出现，而且流氓、盗匪等刑事犯罪活动亦猖獗一时。几经斗争，这些犯罪逐步消失，但又有新的犯罪产生。他们中有改造成新人的，亦有不少重新犯罪，还有新的犯罪孳生出来，这些统称为"人流"。

　　（2）"意识流"。在我国，社会主义意识形态占据统治地位，但并不等于就不存在钻入新社会的封建主义和资本主义的"意识流"。因为，意识形态具有相对独立性，它并不随着自己赖以存在的经济基础的消失而立即消失。列宁对此有过形象的比喻，他说："旧社会死亡的时候，它的死尸是不能装进棺材、埋入坟墓的。它在我们中间腐烂发臭，并且毒害我们。"① 我国封建社会是典型的"塔式"社会，塔基家长制、塔身长官制、塔顶君主制。封建社会之塔虽然早已被推倒了，可是几千年遗留下来的封建专制思想、特权思想、行帮思想、家长制思想、迷信思想、男尊女卑思想，以及资产阶级的惟利是图、损人利己、投机取巧的思想、腐化堕落思想等，时至今日仍对我国社会生活的各个方面起着侵蚀和影响作用，成为滋生犯罪的意识形态。

　　（3）"经济流"。社会主义制度是多种经济成分共存的经济制度。合法的私有资本应当受到国家法律的保护，但从旧社会流下来的非法经济活动因素并非绝迹。在实行社会主义"按劳分配"原则的条件下，劳动力的占有具有二重性，即个人占有劳动力，不仅主要表现为为全社会谋利益的公有性，而且还表现为作为个人和家庭成员谋生手段的私有性。受犯罪"经济流"规律的作用，而不可避免地有少数人产生少劳多获，甚至不劳而获的犯罪企图。

　　（4）"制度流"。旧的国家机器被打碎之后，新诞生的社会主义政治制度表现出强大的生命力和极大的优越性。但是，旧制度的某些"碎片"，仍不免会流入新社会，并附生在新制度的机体上。我国是一个单一制的社会主义国家，实行集中统一是完全必要的，权力较高度的集中实为国情所需。但是过分的集中则也可能与封建"制度流"的传统影响有关。权力过分集中，加之监督机制失衡，就如同机体病灶一样，必然滋生出各种病症。它是滋生官僚主义、特权思想和等级观念的基础，也是产生各种不正之风的温床。这些东西本来都是封建社会的产物，但它们借助权力过分集中的机体而附生。某些党政干部就受此毒害，甚至膨胀手中的用权，伸向经济领域或其他可以捞到"好处"的任何地方，搞起徇私舞弊、贪赃枉法来。同时因官僚主义作风所致，使得有些犯罪分子有空子可钻，使得有些问题长拖不决，而导致犯罪的产生。

　　上列"四流"都是就我们本国而言，故可谓"内流"。此外，还应该看到一个国家是从整个旧世界脱胎而来的，我国当然也不例外。现在，世界上资本主义制度与我国社会主义制度同时并存，特别是实行对外开放政策后，我国犯罪现象的产生，不仅是由于"内流"的存在所致，而且也是与"外源"和"外流"相关的。因此，我们同犯罪活动的斗争将是长期的、复杂的，社会排"污"工作特别艰巨。

---

① 《列宁全集》第27卷，人民出版社1955—1959年版，第407页。

### 三、化"污"的过程，就是分解或消除犯罪结构形成的过程

在社会主义条件下，"犯罪流"在整个犯罪循环发展的过程中，始终起着决定性的作用。因为它既是作为犯罪的客观原因而大量存在，也是转化为犯罪的主观原因的基本来源、在犯罪形成结构要件中，是最主要的要件。这里我们可以把犯罪循环发展的整个过程分为五大过程：①嫌犯的形成过程；②嫌犯的侦破过程；③嫌犯的审判过程；④嫌犯的改造过程；⑤防止再犯的过程。当然，这五大过程的起始，全在于初犯个体的形成过程。犯罪的个体是怎样形成的呢？近代社会科学研究的成果证明：犯罪个体的形成，是主次不同的各种因素的综合，而犯罪个体是按照其自身结构的方式而形成的，正如一切物质都是由不同元素及不同的元素排列，在不同的条件下，经由不同的组合方式，结合成为一个个的个体一样。然而，又正如物理学家和化学家们对物质结构的分解进行一分再分，直至最终划分一样，我们对犯罪结构的分解也可以分出若干的层次来。这里，我们着重分析一下犯罪个体结构的三个层次。

#### （一）犯罪个体的一般结构层次

犯罪个体的一般结构层次即"共性结构"层次，或叫"一般常数结构"层次。就是说，这种结构对任何一个犯罪个体都是必须具备的，是常恒不变的。犯罪个体一般结构的构成要件有四个方面，即：①客观原因方面；②主观原因方面；③客观条件方面；④主观条件方面。这四个方面的要件，缺少其中任何一个，都构不成犯罪个体。当然，对其中每一个方面的要件还可以细分。如犯罪学教授武汉同志，将四个方面综合划分为：①意向；②时间；③空间；④人物；⑤物品；⑥行为等。也就是说，作为一个犯罪个体，必须具备犯罪意向、犯罪时间、犯罪空间、犯罪人、犯罪工具、犯罪行为。缺少其中任何一个要件，都构不成犯罪的个体。

#### （二）犯罪个体的类比结构层次

犯罪个体的类比结构层次亦称类型结构层次。类型结构亦即类比结构，是此类与彼类相比较，而表现出结构的不同。类比结构就其本身而言，也可叫"类型常数结构"，但相对于一般结构层次而言，也系"变数结构"之列。类比结构，只有在类比中，才能显示出他们自身的结构特点来。这里，我们不妨把侵犯财产犯罪中的诈骗犯罪与侵犯人身权利罪中的强奸犯罪，在犯罪心理结构与行为结构方面作一个比较。

1. 犯罪心理的结构特征之比较

诈骗犯的一般心理特征有：①情感低级，利己贪婪的心理；②"不费力气，生财容易"的心理；③后果不重，"责任不大"的心理；④不易暴露，过于自信的心理；⑤投被骗人"所好"的心理等。

强奸犯的一般心理特征有：①无羞无耻，不顾人伦道德的心理；②因受性意识刺激的"模仿"心理；③"饱暖思淫欲"的低下意识心理；④利用时间、地点的"有利"条件而求得一逞的心理等。

2. 犯罪行为的结构特征之比较

诈骗犯的一般行为特征有：①虚构型；②冒充型；③假造型；④迷信型；⑤骗婚型；⑥"帮助"型等。

强奸犯的一般行为特征有：①暴力强奸；②骗奸；③利用亲属关系乱伦行奸；④利用从属、权势关系威胁行奸；⑤利用少女缺乏意志能力诱奸；⑥利用工作、职务之便对病患女性行奸等。

我们把不同类犯罪中的两种犯罪不同的心理结构和行为结构做一比较，就自然明白其不同类结构的某些差别了。

#### （三）犯罪个体的自我结构层次

犯罪个体结构的自我结构层次，是区别于其他任何个体的独有层次。自我结构层次，亦可称为排它结构层次。相对"一般常数结构"和"类型常数结构"而言，自我结构层次是一种"常变结构"层次。由于每个个体特殊结构层次的变化，也相应地促使类比结构层次和一般结构层次在不同程度上的

缓慢变化。个体"自我"特殊结构层次的特征只有在同性的"他我"的比较中，才能清楚地显示出来。这里我们不妨就农村与城市两种不同地区的强奸犯罪的心理结构特点来做一个比较：①在作案时间上的心理特点。农村和城市的强奸犯罪的发生都有时间、季节性。但是一般说来，农村中强奸犯罪与农事时节有关，农闲时发生强奸案比例是较高的，而农忙时节则相对减少；城市强奸犯罪的发案率除冬季而外就没有太明显的时令差别。而且，农村中强奸犯罪往往不大分白天和黑夜，而城市则更多地发生在夜晚，白天是较少的。②在作案地理条件上的心理特点。农村的强奸犯罪主要发生为室外，多为僻静的山路上，空旷的田野中，庄稼茂密的田地里。因为这些地理环境的因素易于使罪犯的行为得逞，而且不易暴露。在城市，特别是在大城市，由于生活环境的密集性，在室外实施强奸最易暴露，所以罪犯或者把妇女弄到郊外，或者骗到僻静处所，或者乘隙入室施行等等。同样，我们对同一地点、同一时间的两起强奸犯罪作比较，也同样能分解出不同的结构特征来。

每一个犯罪个体的结构都可以分解为上述的三个层次，即一般结构层次、类比结构层次和自我结构层次。我们对犯罪结构做这样的分解有何作用呢？其作用就在于为了化"污"，在于为前述的五大犯罪过程的工作提供规律性的认识，并便于采取针对性的措施。具体说来则是：

（1）结构分解为预防犯罪服务。

预防和控制犯罪的基础在于对犯罪形成规律的认识。犯罪的结构层次则反映了犯罪的形成规律。我们预防和控制犯罪的工作，就在于利用这种规律制定出一整套的针对性措施，瓦解和制约犯罪结构要件或要素的出现、组合和形成。而且这种预防和控制犯罪的措施也必须采取相应的结构层次，即一般犯罪的预防层次、同类犯罪的预防层次和具体个犯的预防层次。

（2）结构分解为侦破案犯服务。

犯罪结构层次的分解与侦破案犯有着密切的关系。因为侦破案件必须取得准确的侦查信息、侦查线索、侦查途径、侦查方向和侦查目标，而犯罪结构层次的诸要件和诸要素，科学地反映了犯罪的全貌，我们可以利用这把"活钥匙"开启侦破具体案件的"活锁"。

（3）结构分解为预审、审判罪犯服务。

我们知道，侦破工作掌握的材料，往往只是犯罪行为表露出来的部分材料。可能是主要的部分，也可能是次要的部分。总之，不可能是全部的。只有将罪犯外在和内在的全部犯罪思想和犯罪行为挖掘出来，才能为适用刑事法律奠定坚实的事实基础。如何科学地挖掘呢？犯罪结构层次的分解，为我们提供了认识依据。

（4）结构分解为罪犯的思想改造服务。

对罪犯的改造，主要在于思想改造。换句话说，就是要改变罪犯的心理结构，重新造就起正常的心理结构来。然而，要改造罪犯的心理结构，就必须了解罪犯的心理结构。我们知道，犯罪结构的诸层次中，也包括了犯罪心理的结构。因此，只要我们对具体案犯进行仔细的犯罪心理的结构分析，找出"对症"的好"药方"来，"对症下药"，改造罪犯的效果就可能更好。

（5）结构分解为防止出狱者的再行犯罪服务。

为什么有的罪犯刑满释放以后又重新走上犯罪道路呢？笔者认为，这是因为他的整个犯罪形成的结构没有彻底被破坏。当然，我们在采取侦破、审判和改造等一系列治理措施之后，有些因素已暂时被消除，有些因素的活跃程度已暂时被抑制。但是，如果某些犯罪心理结构因素还存在，在当他们回到社会上，一旦遇到时机，还会受到客观环境中某些犯罪因素的影响，从而产生新的犯罪结构的组合和形成，重新进行犯罪。我们既然认识到犯罪结构重新组合与形成的规律，那么就可以利用这种规律，采取针对性措施，来阻止、瓦解，乃至消除这种重新组合的要件或要素，尽可能减少新的犯罪结构的形成，减少再犯、累犯、惯犯的再生，以收到社会化"污"的最佳效果。

**四、社会各系统、各部门，不仅应完成好本职的工作任务，而且也必须肩负起全社会吸"养"化"污"中的防治犯罪的职能**

从初犯的形成结构和再犯的"复活"结构来看，结构中各种要件或要素都是来自社会的各个方面而为犯罪主体所组合起来的。因此，我们要预防初犯的产生和防止已犯者不要再犯，只靠公、检、法、司这些专门机关的工作，是不可能根本解决的，还必须使全社会各系统各部门都担当起自我化"污"防范的职能，才能真正收到实际效果。这就像各生产系统部门，只有将搞好生产和治理好"三废"的工作同步进行，才能真正收到消除环境污染的实际效果一样。现代生态学原理表明，人类活动与环境是密切联系、相互影响的。自然环境在其存在和发展变化中对外来的干扰具有一种自动调节的能力。就环境污染而言，可以叫做环境的"自净能力"。江河、湖海、大气、土壤等环境要素的自净能力，总的来说是很大的，但毕竟有一定限度。当人类的活动保持在这种限度之内时，环境就能维持其自身的动态平衡，不断地良性循环。这样，人类的生活与发展就同自然环境相协调。相反，若超过了这种限度，环境就受到污染，生态平衡就遭到破坏，人类的正常活动和发展就会受到严重的影响，甚至危及人的健康、财产或人类本身的发展。同样，古往今来的社会学、犯罪学原理都表明，人们的社会生命的健康成长是与所处的社会环境有密切关系的。虽然，"近朱者赤，近墨者黑"，只反映了人受环境影响的一个方面，而没有涉及人改造环境的另一个方面，但是人受环境影响的这一面是不能忽视的。社会实践一再表明，当处在"污染"严重的社会环境里，人受污染的面不仅会宽，而且程度也免不了会深。这同自然环境的"自净能力"一样，个人的"自净能力"也是有一定限度的。当其超出了自身"自净"的极限，就免不了要受社会环境的污染，轻者只是一般的道德沦丧，而重者则走向违法犯罪的道路。所以，人们若要真正达到洁己洁人、正己正人的目的，就必须要从自身做起，并进而致力于对整个社会环境的优化。也就是说，社会各系统、各部门乃至各个人都必须担当起优化社会环境的职责才行。如果说为保护自然环境有必要制定自然的《环境保护法》的话，那么为保护社会环境，也有必要认真地制定和执行《社会环境保护法》。

我们在当今世界论优化社会环境，并不是去寻找那与世隔绝的"桃花源"，而是面对开放的世界，奋发地吸"养"化"污"。整个国家应这样，全社会各个系统、各个部门也都应这样。中央领导同志对我国特区精神文明建设很重视，指出：要"有所引进，有所抵制"，做到"排污不排外"。我们知道，当代西方文化具有一些与我国文化截然不同的特点，有许多特点也许正是我们这个改革时期所特别需要的。比如，理论研究的细致分工和高度综合的统一，创造性、发散性思维的活跃，竞争观念、独立意识和注重个性，文化的多层次综合发展等。所有这些都值得我们认真研究、消化吸收，用以克服我国文化发展中自我封闭的倾向。但是，当代西方文化植根于资本主义私有制社会的土壤之中，必然带着资产阶级的影响，会有一些确属腐朽、没落的东西。因此，我们在吸收"养分"的同时，要认真注意"排"、"化"其中的污秽，即对有的干脆排斥于国门之外，而对有的"消化"于国内之中，但切不可因噎而废食矣！

**五、社会环境保护法的制定探索**

为了优化社会环境，创造良好的工作、生活的社会条件和减少违法犯罪的社会因素，我国1954年由全国人大常委会制定了社会治安管理处罚条例，1986年又根据实际情况作了进一步修改，如能认真执行，不仅在保障社会安定、维护社会公共秩序，保障公民合法权益会起积极作用，而且一定能为改革和"四化"建设创造良好的社会环境，促进社会主义精神文明建设。在实践中人民群众还创造了具有地区规范性意义的乡规民约，不少的单位和部门也制定了各种形式的规章制度。这些章法，通过执行，也都收到了一定的社会效果。尽管有的章法也产生了一些副作用，但究其原因，主要是所立的某些条款，违反了国家基本法规中的某项精神。实践证明：群众自我教育的约、章符合国家基本法律精神的都能得到贯彻执行。但有的车间、班组规定：只要有人有吵架、骂人行为，或引起纠纷，或小偷小摸，"一人违章、全班组都得受罚"，这样的规定，尽管出于好心，却违背了"罪罚相当"的原则，带有封建式"株连"的色彩，不可取。总之，如何制定和执行社会环境保护的有关法规，还有许多理论和原则的问题尚待探索。特别是面对开放改革这种既要吸"养"又要化"污"的新形势，需要探索的问题就更多了。

（一）优化和保护社会环境的主要对象问题

优化和保护社会环境的主要对象即具体的目的物，大体可以分为物质性和精神性的两大类。其中需要做保护工作的主要是物质性的，需要做优化工作的则主要是精神性的，这里着重探讨一下精神性的。社会意识的表现一般有两个方面，一是被称为"高文化的社会意识"，即政治、法律、文艺、宗教、哲学等；二是"低文化的社会意识"，如风俗、习惯、娱乐、情趣等。这种"低文化"又可称为"副文化"。低文化的社会意识，在日常社会生活中表现出来，是一种不系统的、不完整的、自发的反映形式，它与社会风气有着密切的联系。我们认为，它就是需要优化的主要对象。"副文化"是文化中必不可少的，但必须是健康的，迪斯科音乐与现代舞并非就不纯正，只是男女唱跳者从中相互挑逗和做出有伤风化的行为，那才是属于优化之列。正如艺术的裸体并非伤风败俗，现实生活中的赤身露体就不堪入目了一样。同样，在街头、巷尾、田间、场院的众人面前，开低级趣味的玩笑，做下流的动作，这就有伤风化；而青年男女在一起窃窃私语、谈情说爱，路人却不会感到不自然。诸如与"副文化"有关的不良社会风气问题，是多方面的，这里不可能一一列举。但所要探讨的问题是：什么是属于优化之列，什么不属于优化之列，两者需要划清界限。

（二）污染社会环境和犯罪失防的责任归属问题

在社会学家看来，社会除了以制度的性质来划分而外，还可以大小、行业来划分。也就是说，社会要有大社会与小社会之分，环境要有大环境与小环境之别，而且还有工业生产环境、农业生产环境、教学科研环境、医疗卫生环境等等。再说，任何社会环境还有上层、中层和下层各个层次。所以社会环境的优化或污染问题，是一个十分复杂的问题，比自然环境的优化或污染问题还要复杂得多。自然环境的污染源是比较定型化的，因此比较容易分清污染的职责。而社会环境的污染却更多处于"漂流"状态。其"源"比较难以确定，故其污染的职责亦难以分清，自然，犯罪失防的责任也就难以追究。但是，不是说根本就不能分清或者无法追究的。笔者认为，其责任的归属问题仍可以从犯罪的形成结构中找到直接或者间接的依据。因为犯罪形成结构是犯罪诸因素组合的结果，而这诸因素是来自社会的各个方面和各个层次的。没有各个方面、各个层次的诸因素的存在或者提供，犯罪结构是组合不起来的。比如淫书淫画制造者和贩卖者就为某些流氓犯罪和性犯罪犯罪结构的形成提供了条件。管理制度上的种种漏洞，某些官僚主义者的玩忽职守，也给某些盗窃、贪污犯罪结构的形成创造了客观要件。诈骗案的主角，一般说来当然是行骗者。但是某些被骗人，甚至是职务较高的领导，他们本身就如痴如醉似的想从骗子手里得到他们想要得到的东西，骗子不过是他们贪欲灵魂的影子。按照黑格尔的话来说，受骗只不过是他们的"主观精神的外化"罢了。可见，这类受骗人实质上扮演了骗局中的另一个主角。然而，在现实生活中，"上当受骗"者，特别是有地位、有身份的人，却从未把自己当作犯罪形成的客观要件和作为犯罪自然人加以考虑。因此，即使因其"受骗上当"而使国家、社会受到重大损害，也只是一纸检讨完事，连职务调动、行政处分也极罕见，更谈不上依法惩处了。至于说到文学、艺术、电影等社会责任感，应与创作自由有机地统一起来才对。"高文化"也是应该分层次的。写给不同对象的作品，应由不同的对象来读、来看、来欣赏。比如，一般的少男少女看露骨的"两性"影片，显然是不利于他们的身心健康的；而学医和学画者则会觉得仅这样看实在太肤浅，还必须要直观、剖视。所以，文学作品对于读者来说，区分层次是完全有必要的。倘若失控，就会构成社会危害，就应该负社会责任，如此等等，不胜枚举。但是，所有这些都不负犯罪的责任，因为他们并不是组合犯罪诸要件的犯罪主体，他们只是从客观上或者主观上为犯罪结构的组合创造或提供了某一方面的条件。仅从这个意义上来说，他们负有污染社会环境和犯罪失防的责任。笔者认为，应该像追究自然环境污染和环境失护的责任一样，分层次、分程度、分行业追究上述这些人一定的行政责任或者收取一定的"污染费"或"失防"费，以作为整个社会环境优化和防范工作资金的一个来源。

（三）吸"养"化"污"系统的畅通和制度化问题

一般说来，吸"养"化"污"都是人人懂得并经常在做的，但是并没有形成经纬交织的上与下、纵与横、条与块之间的畅通系统，更没有形成制度化。究其原因是多方面的，但从根本上说，恐怕还是人们对"养"与"污"的存在方式及其辩证关系，以及影响犯罪形成的正、负条件（这里我们姑且把有助犯罪结构形成的社会条件称"正条件"，无助甚至制约或制止犯罪结构形成的条件为"负条件"）的相互关系，没有从理论的高度上加以认识，因而行为措施往往一般化。所以我们认为，社会的吸"养"化"污"应筑起畅通的渠道，建立必要的制度，才能加以保证。为了实现这一目标，应该做到如下三点：

（1）制定吸"养"政策的同时，还必须制定化"污"的政策，而且要把政策精神化为具体的实施措施，确实落实到一个"化"字上，形成一种制度。

（2）吸"养"化"污"的具体措施不宜"一刀切"，应以"个性化"为主，就是说，吸"养"的程度与化"污"的程度，应根据不同地区、不同系统、不同行业的不同社会环境而定。如《社会治安管理条例》，各省、自治区、直辖市就可以依法制定执行细则，各地区、乡村亦可以"条例"为基准去制定乡规民约。

（3）应该建立社会环境污染和犯罪失防责任的检察与监督机构，以保障化"污"政策与措施的有效贯彻执行。

（选自 1987 年 3 月自编教材《犯罪论专题》）

# 第三十四篇 犯罪原因与对策探讨各论

1987年5月29日至6月18日，中国法学会、浙江省法学会、上海市法学会、辽宁省法学会联合组织了温州市社会治安综合治理调查，并在雁荡山召开了题为《犯罪原因与对策》的理论研讨会，中国法学会会长王仲方同志、中央公安部副部长俞雷同志、温州市党政领导机关的有关同志参加了会议。中国法学会秘书长陈为典同志、浙江省法学会副会长马时民同志主持了这次调查和研讨工作。

关于犯罪原因与对策问题，在大会和大组讨论会上发言的领导、教授、专家和司法部门的同志主要有：中国政法大学魏平雄、上海法学会周天平、上海社会科学院吕继贵、上海大学文学院徐逸仁、华东政法学院夏吉先、西北政法学院方强、温州市鹿城区张林、温州市中级人民法院童平宇、辽宁省人大常委会谢挺绪、中国政法大学姜文赞、中国法学会会长王仲方、公安部俞雷副部长。

理论探讨会，在四项基本原则的指导下，以对温州经济试验区的调查为基础，以发展社会主义商品经济为前提，以现实客观犯罪状况为依据，充分发表意见，展开百家争鸣，会议气氛非常活跃。这里难就会议探讨的诸多问题一一概括，只就犯罪原因与对策探讨的几大主要论点综述如下。

## 一、矛盾冲突犯罪论

持此论点的同志认为：社会充满各种各样的矛盾，而各种矛盾发展的不平衡，就会引起相互之间的冲突，这种矛盾冲突在一定条件下，就会以犯罪的形式表现出来。温州以家庭手工业为基础的商品经济的发展，打破了原有的、陈旧的自然经济状态。在这种新旧交替的过程中，发生了种种矛盾。矛盾发展的不平衡和冲突，主要表现在：

①自然经济发展、传统生活方式与商品经济生产发展、现代生活方式之间的矛盾冲突；②精神产品、精神生活不适应物质产品、物质生活的发展要求而产生的矛盾冲突；③以本地区的目前经济状况而制定的某些政策、法规，与外省（市）之间乃至与中央某些政策、法规之间的矛盾冲突；④因尚待改革的党政不分的政治体制不适应经济体制改革的步伐，而产生的某些矛盾和冲突。

这些矛盾的冲突，或者为某些犯罪的产生创造了条件，或者就是某些犯罪得以产生的直接的原因。

## 二、犯罪"同步增长"论

这个理论着重在研究社会主义商品经济的发展与产生犯罪之间的相互关系问题。

专家学者们认为：社会主义形态的经济仍然是商品经济。商品经济的积极社会效应是主要的，但其消极因素的影响和作用，也是产生某些犯罪的土壤和条件。

关于社会主义商品经济的发展与犯罪的产生，是否会"同步增长"的问题，与会者从不同角度探讨，所持的观点也各异，但相互都得到了某种有意义的启发。其论点归纳起来，主要有：

（1）随着商品经济的发展，某些犯罪特别是经济犯罪会相应的有所发展。

（2）随着商品经济的发展，会带来某些犯罪因素的相应发展。但是犯罪因素的相应发展，并不等于犯罪实体的同步发展。

（3）犯罪的增长与下降，除了本身的客观存在，还有个主观的认定问题。对经济犯罪的认定与国家的经济政策更有密切关系，特别是在经济体制改革中，对有的犯罪的认定，往往以时间、地区为转移，有同志称此为"政策性犯罪"。

（4）犯罪的增长与下降，并非与商品经济成正、反比关系，问题是在于商品经济的不同格局。温州以家庭手工业为基础的商品经济模式，某些消极因素的影响和作用表现较突出，目前的犯罪是同步增长的正比例趋势。苏南的商品经济是乡镇企业式，对其消极因素的影响克服得较好，因此目前的犯罪呈相反的下降趋势。

（5）"同步"应分为两种：一种是犯罪因素随着商品经济的发展而同步增长，另一种是治理犯罪的能力亦随着犯罪因素的增长而同步加强。关键在于做好各方面工作，以后一个同步，制约前一个同步。

（6）随着我国商品经济的发展，在一定时期内，某些案件特别是经济性案件，呈上升趋势将不可避免。但从长远来看，由于我国实行一手抓建设一手抓法制的方针，[①] 西方资本主义制度下那种经济越发达犯罪率越高的规律，在我国是不会出现的。而经济日益发达，案件逐步下降，逮捕减少的局面一定会到来。

### 三、犯罪源流论

这个理论着重在探讨社会主义制度是否产生犯罪，以及与资本主义制度产生犯罪的不同规律问题。

这个问题，长期以来被看做是一个"禁区"。与会同志抱着科学的态度，以实事求是的精神提出了如下的看法：

第一，社会主义制度不产生犯罪的传统观点，不符合现实情况。大量犯罪事实表明，现实社会主义制度还是一个产生犯罪的制度。这是因为：

（1）现实社会主义制度与理想的社会主义制度存在着很大差别。马克思主义论证的社会主义制度产生的基础，是在发达的资本主义国家。现实社会主义制度的产生却与此相反。

（2）处于初级阶段的现实社会主义制度，其根本制度的先进性和优越性是资本主义的明天，而经济不发达程度的落后性还处在资本主义的昨天。

（3）现实社会主义制度的经济，还属"短缺型"经济，不只是某一个社会主义国家如此，世界上大多社会主义国家都基本如此。

第二，制度与犯罪有着密切的关系，但是制度不同，存在的犯罪产生的规律也不相同：

（1）社会主义制度与资本主义制度都同样存在产生犯罪的"犯罪流"规律的影响和作用，但是在存在的"犯罪源"规律上则不大相同，因为私有制所处地位和比例成分大不相同。作为初级阶段的社会主义制度亦只存在着部分的私有源。

（2）初级阶段社会主义制度的部分犯罪源，主要表现是：

①在社会主义的多种经济成分中，目前全国尚有 2% 的私有经济成分。温州市尚有 20%～28% 的私有经济成分。尽管这与纯粹的私有制有这样那样的差别，但其消极因素方面有着"源"的作用。

②初级阶段的社会主义公有制，不可能是彻底的公有制。即使在生产资料制度层次上不存在产生犯罪的因素了，在按劳分配制度层次上还存在着产生犯罪的因素，乃至在生活资料的消费层次上还存在着消极因素的影响而导致犯罪的产生。

### 四、需要失控犯罪论

这是一种用需要来解释行为的犯罪理论。这种理论认为：如果人类个体或集团的某种需要得不到

---

① 《邓小平文选》（第 3 卷），人民出版社 1993 年版，第 154 页。

满足，而又严重地失去调节和控制，就会产生出某种反社会的犯罪行为来。在需要与满足需要的矛盾状态中，一般有三种状态易产生犯罪：①应该得到而又能够得到的合理的满足未能得到；②不应该得到也不可能得到的非合理的满足却强求得到；③自己的需要与他人的需要因指向同一目标而得不到的满足。

目前某些青少年因低收入而满足不了高消费的要求，所产生的某些犯罪就属此种情况。

## 五、屏障对策论

这是一个研究犯罪形成结构到犯罪对策的理论。理论认为犯罪不是由单个因素形成的，而是多种因素结合的结果。因此，只要阻隔了犯罪形成的某些因素和条件，某些犯罪就有可能不会形成了。阻隔即制造屏障，即采取各种屏障设置，就可在一定程度上防治犯罪的产生。

## 六、综合治理"两种论"

这是对综合治理对策进行分类比较的理论：一种是在产品经济基础上产生的吃"大锅饭"式的综合治理，另一种是在商品经济基础上产生的"岗位责任制"综合治理。两种综合治理各有其自身的特点，或者由前者向后者过渡，或者相互取长补短而融为一体，还需在实践中不断摸索和总结经验。

## 七、双轨体制论

这是一种改革犯罪治理体制的理论。这种理论认为：实现社会治安综合治理的关键，是治理体制的改革。改革的出发点是把"惩治犯罪"与"防治犯罪"的基本职能，作一个划分。现行的公、检、法、司等机关主要履行惩治犯罪的职能。此外，应另形成一套重在履行防治犯罪的职能体系。这个体系由有权威性的领导机构组成，将现代化技术装配的防范信息预测中心、预防措施设计中心、防范措施执行中心等置于领导机构之下，以使"防治犯罪"工作与"惩治犯罪"工作既分工又合作，以取得治理犯罪的最佳效果。

## 八、同步防范论

对于防范的行为和功效的实现而言，同步防范论乃是最为重要的理论。但是在现实社会中，人们最容易忽视的，也莫过于这一理论。

同步防范论的理论基石是什么呢？是对任何事物的内容与形式的统一观、整体观和对称观的三观认识。换句话说，不管是什么事物（自然的与人文的），其存在的内容与反映它的形式应当是相适应的，在部分（个体）和整体的关系上是同步认识的，在功能的对称上是同步的，这种才是科学的认识。换一个说法，即立体思维的认识。但遗憾的是，人们的普通思维往往都停留在线性思维、平面思维上，就难免做这忘那、顾此失彼，造成功能不协调，在犯罪治理上也无例外。

在治理犯罪上不同步的现象有哪些主要认识表现和行为表现呢？

（一）认识表现

第一，对特殊预防（通过打击的犯罪预防）与一般预防缺乏科学认识。过高估计特殊预防作用，因而普遍重特殊预防轻一般预防。打击犯罪深入人心，预防犯罪却缺乏全民共识。

第二，重刑法学轻犯罪学。在刑事科学领域，最落后于时代进步的学科莫过于犯罪学了。首先表现在社会对犯罪事物的客观性，缺乏"存在主义"的科学认识。从"社会主义不产生犯罪"的"残余论"、"外来论"到"源流论"，尽管在认识上有了很大的"禁区"突破，但直到今天，仍没有达到社会普识性的"存在主义"的科学认识，因而还停留在"割韭菜"式的刑法学重视上，还仍然没有提升到重"土壤"研究的犯罪学学科研究上来。

（二）行为表现

第一，预防行为还普遍停留在一般的社会治安上，而在广度和深度的认识上，没有能在各个社会领域里拓展。中国特色社会主义法律体系已经形成，在部门法中，不仅有《治安管理处罚法》的部门法，还有各大部门法的规定。每一个部门法都规定了部门范围之主要任务目标，同时也规定了违法责任及犯罪的处理问题。但人们在观念中，还停留在治安防范上，还没有进入本部门法的防范要务上来，还习惯于待犯罪后由刑罚来"侍候"。这显然是在防范行为上与部门法的规定大大不同步了。

任何功能作用的发挥，都是由相应的机构或机制来担行的。"人体"是如此，而"社体"也同样如此。某种机制的缺失，自然会导致某种功能作用的缺失。当然，如果机构已处于"休眠"，其功能作用同样亦处于缺失的状态。笔者认为，为了"同步"功能作用有所担行，现时缺失的还是相应的机构机制。因此，建议设立"部门法与部门未罪职能委员会"职能机构，以担行其相应功能发挥的职责，也可简称为"法部门未罪执行委员会"，或简称"未罪执委会"或"未执会"。其工作职责主要是两个方面。一个方面，是组织"部门法与部门未罪防范职能论坛"，如《治安管理处罚法与部门未罪防范职能论坛》、《公司法与部门未罪防范职能论坛》、《教育法与部门未罪防范职能论坛》、《科学技术管理法与部门未罪防范职能论坛》、《环境保护法与部门未罪防范职能论坛》、《矿产法与部门未罪防范职能论坛》、《银行法与部门未罪防范职能论坛》等。其目的是从务虚的层面上，提高行业部门的理论认识和思想武装。另一方面，这也是最终的一方面，是切实在执行上下工夫，把部门设计的各种措施综合落实到位，最大限度地避免各种相关机构机制的功能出现"休眠"。在以部门法为准则、以部门为依托平台的担行下，每一个部门都切实发挥作用了，整个社会未罪率大大提高，已罪率的大大降低，就为时不远了。

这里顺便说一下，关于《刑事源流学派路径探索之书——未罪学》，从《总论》到《分论》都采取《文汇名录》的编写法，其实就是一种分门别类的论坛方式。只不过没以"人汇"形式，而是"笔汇"形式。而且作为"框架"式意向性出书，也只能是"框架"的"笔汇"形式了。请读者主要读其"意向"，其次才是看其"具象"。如果将本书即《源流论》与《未罪学》一书作一个比较的话。《源流论》乃属于纯"语言著作"，《未罪学》即属于"半语言著作"、"半行为著作"了。

第二，源头学步的治理行为，还未真正开始。一般违法与犯罪，都总是有一个从"源头—流程—终端"的行为过程的。然而在终端上惩罚，已成为历史的惯性行为；在源头上预防、流程中挽救，并没有成为社会的习惯性行为。尽管国家领导人一再强调在源头上治理的重要性，这种重要性古人也曾提及，孔子讲了"豫塞其源"。儒家学说的传承者、南宋理学家朱熹则诗曰："半亩方塘一鉴开，春光云影共徘徊。问渠哪得清如许，为有源头活水来。"无论古人还是今人都已有了共识。但在行为上我们仅仅还是一个学步，还有待大力启蒙和促进。从学步到大步的、广泛的防范行为"养成"，还有一个长期的过程。

（中国法学会秘书长陈为典请笔者参与了《会议综述》起草）

（选自 1987 年 7 月自编教材《犯罪论专题》）

# 第三十五篇　反腐蚀是预防和治理青少年犯罪的战略课题

当前，在广大青少年尤其是少数违法犯罪青少年中开展反对资产阶级思想和其他非无产阶级思想腐蚀的教育，不仅是我国现代化建设坚持社会主义方向的重要保障，而且对于培养造就社会主义的一代新人来说，也是一项长期的战略性的重大课题。

## 一、当前青少年被腐蚀情况的几种表现

在全党把工作重点转移到现代化建设上来以后，党中央曾多次郑重提出：我们在建设高度的社会主义物质文明的同时，一定要努力建设高度的社会主义精神文明。如果不是这样，"我们的现代化建设就不能保证社会主义的方向，我们的社会主义社会就会失去理想和目标，失去精神的动力和战斗的意志，就不能抵制各种腐化因素的侵袭，甚至会走上畸形发展和变质的邪路。"[①] 青少年，由于他们的天真幼稚，更容易上当受骗被腐蚀。就目前来说，我国青少年的受腐蚀，主要有以下四种表现。

第一，西方家庭生活方式的"模式"对青少年有很大的影响。

当前，我国的家庭生活方式正在发生着重大变化，是保持原有的优良传统，抛弃封建糟粕，发展新型的社会主义家庭，还是把西方家庭结构的模式"移植过来"，完全学他们那样？这个问题已经出现了。有的青年人，在谈到现代家庭生活方式应该是一个什么样子时，就脱口而出："西方生活方式，就是现代家庭生活方式。"他们在行动中也努力地模仿。其特点是崇尚"西式"家庭的外表，如时髦的家具，流行的服饰等，甚至追求性行为混乱的生活方式。这种模仿已在少数青年中造成了严重后果。例如，有的青年男女，正常经济收入不高，结婚却要搞一套最时髦的家具，操办盛大的婚宴。为了弄钱，他们偷、抢、扒、拿，无所不为，还没有来得及进"洞房"就先进了"牢房"。有的新娘甚至以给港商以"初夜权"为代价，换得"四喇叭"来装饰"洞房"。又如有的青年男女在恋爱时缺乏"恋德"，把出"格"不当回事。在婚后又错误欣赏"安娜式"的生活方式，说什么"有个情夫、情妇倒还不错"。在当前，因爱情"杯水主义"和"爱情至上主义"而导致的凶杀案件，已很引人注目。有一个20岁不到的未婚男青年，爱上了一个39岁的已婚妇人，背着她杀死其丈夫，回过头来乞求她的宽恕，还说："你是我唯一喜爱的模样的人儿，天地间除了你，再没有我喜爱的人了。"类似的命案，决不是独一无二。

第二，西方艺术中的黄色、凶杀内容，通过各种途径向青少年投影，使有的受害青少年神魂颠倒，走上犯罪。

青少年对我国的革命的传统和社会主义伦理观念本来就所知甚少。"文化大革命"的动乱，在他们的心目中又投上了暗影。在当前西方某些黄色、凶杀镜头的刺激下，有的中毒更深，甚至到了乱伦奸母的程度。例如在××省的一个地区，今年1月至4月就连续发生这类案件4起，其中已有被判处无期徒刑的。就拿××市少年案犯×××（现年15岁）来说吧，他在供述中就交代："我看日本电影《野麦岭》、印度影片《哑女》时，有的镜头对自己影响很深，致使我产生了强奸自己亲生母亲的歹

---

① 胡耀邦：《全国开创社会主义现代化建设的新局面》，人民出版社1982年版。

念。"这不能不说是一幕令人痛心的悲剧。

第三，西方"民主"、"自由"的"入侵"，使得部分青少年盲目崇洋媚外，甚至有的为此而勾搭外国人，有的落为所谓"持不同政见者"。

在上海有一个××路上"一枝花"。母女二人的生活主要靠香港一个亲戚接济。这样，她从小就误认为香港"自由"，好赚钱。后来，她进厂当了工人。正当她不安心做工的时候，恰被一部影片的导演相中，约她演女主角。可是厂里根据她的表现坚决不同意。于是，她从小埋在心底的崇拜西方"自由"、"民主"的思想顿时萌发起来了："海外有演电影的自由，到海外去!"于是她千方百计拉关系，不惜以身相许去攀识华侨和勾搭外国人。可是一个又一个，香港没去成，反而使自己陷入了结伙走私的罗网，结果被送去劳动教养。

当前，要让我国青少年懂得"民主"、"自由"、"人权"的真实内涵，要了解"生活自由"、"职业自由"、"政治自由"与法律规定的关系。

第四，形形色色的西方思潮搅乱了青少年们的思想。

"文化大革命"十年，中断了对青年一代的真正的马克思主义的教育，致使相当一部分青年对马克思主义毫无了解。在这个时候，一受到各种非马克思主义的思想影响，就产生了不少糊涂观念。有的青年说："唯心主义的宗教哲学是来世哲学，共产主义哲学是未来哲学，""为了未来后辈的幸福吃苦作牺牲，总觉得是一支遥远的歌，这只能是一部分人为之奋斗的目标。"有的青年还说："不敬活佛（指人）敬古佛（指菩萨），只求来世享幸福。"

## 二、针对青少年特点进行反腐蚀教育

对青少年进行反腐蚀教育，是青少年整个思想教育工作的一个重要方面。

思想建设的内容很丰富，"最重要的是革命的思想、道德和纪律"。[①] 反腐蚀教育就是要在调查研究，了解青少年思想被腐蚀的状况的基础上，从青少年自身固有的特点出发，从他们被腐蚀时的实际心理特点出发，由浅入深地针对不同对象，分别进行革命理想、道德和纪律的教育。对当前的违法犯罪青少年来说，以下四个方面的教育是必不可少的。

第一，树立正确的人格观念。

对于既幼稚而又迅速向自我意识和独立意向发展的青少年来说，由于对个人的价值有一种竭力追求的心理，所以往往对自身的价值评价主观性很强。有的犯罪青少年，就是由于没得到他自己所需要的社会尊重和礼貌相待，并在错误接受资本主义"人权"观点的影响下，产生了畸形的人格追求。有的自暴自弃，破罐破摔，有的耀武扬威，称王称霸。对他们的教育，就是要拨正其"人格观"，指出为人民服务才能得到社会的尊重，以礼相待。对已经违法犯罪而被监督教育的青少年，对他们严格执行"政治上不歧视、人格上不侮辱、生活上不克扣"的"三不"规定，使他们深切感受到党和国家对他们的教育挽救，感受到在社会主义制度下，人格得到尊重，这也是非常必要的。

第二，道德纪律教育。

青少年还在幼小的时候，就发生了与同伴间的道德需要。随着自我的发展，社会关系也日益增多，对于人与人之间的规范性要求更感必要。不过物以类聚，人以群分，生活在正常社会环境里与异常社会环境里，其道德需要的标准是不一样的，甚至出现根本相反的道德观。因此，在道德需要的问题上，有的青少年因没有得到正确的引导而堕入泥潭。如有的青年因信仰"人不为己，天诛地灭"这一极端个人主义信条而堕落，有的则是受封建"哥们儿义气"的毒害而走上邪路。对团伙犯罪，尤其要解决他们这个问题。对团伙犯罪青少年教育的艰巨性，比单个犯罪的教育更艰巨。这是因为团伙的吸力，主要并不在于成员相互间联结的形式上，而是在于由落后的、腐朽的意识形态紧紧地维系着。

---

[①] 胡耀邦:《全面开创社会主义现代化建设的新局面》，人民出版社 1982 年版。

即他们奉行着"你待我好，我待你好，大家都好"以及"兄妹相称，兄弟相待"的所谓"平等"信条。某成员因违法犯罪被司法机关拘捕后，如果供出其他成员的犯罪行径，就会被责斥为"咬狗"、"叛徒"，背叛了所谓团伙"纪律"。所以要消除他们这种不分好坏、不辨香臭的信条，要割断他们思想意识上的联系，比割断他们形式上的联系工作更为艰巨。对参加过团伙的青少年犯罪者，不仅要采取有效措施割断其与团伙其他成员的有形联系，而且要启发他们觉悟，使他们认识到团伙的"道德"、"纪律"信条，是和我们社会主义国家法纪规范完全格格不入的，要引导他们在思想上向党团组织靠拢，遵守国家法纪。总之，要在向他们灌输正确的思想意识上狠下工夫。

第三，发挥榜样的示范力量。

榜样对青少年具有特别强大的引导力量。一般说来，青年总是崇拜和学习勇敢、能干、强有力的人物。但不同性格特点的青少年，他们所崇拜的人物和模仿的范例也各不一样。他们往往从自己的身边去寻找，或者从文艺作品中去寻找。找的正确与否，和主观感受的正确与否，直接关系到他们是"轧正道"还是"轧坏道"的问题。"近朱者赤，近墨者黑"，有的青少年就是由于学了坏样，轧了坏道，而走上了犯罪道路。有的青少年当自己的"小兄弟""捧"、"跟"、"吹"后，更趾高气扬，难能自拔。对他们进行教育，要给他们提供好的学习榜样，提供好的模仿范例。毛主席提倡的"向雷锋同志学习"，曾经为青少年们指出了学习榜样。根据目前青少年们的学习需要，提供的榜样和范例可以而且应该是多方面的，使不同起点的青少年都有榜样可学，都有范例模仿，从而得到不同程度的启发和进步。同时要使他们懂得，学习榜样不是简单地模仿榜样的一举一动，而是学他们的精神风貌、理想和情操。

第四，培养高尚情操，坚定远大理想。

理想和情操是人生观、价值观的鲜明体现，所以这方面的教育是最具有根本性质的教育。青少年们只有树立起远大理想，培养起奋斗的情操，才可能始终保持纯洁的心灵，才可能坚定不移地在人生的康庄大道上前进，才会真正具有抵制各种腐朽思想的能力。青少年时期，最主要的精神需要，是对未来生活和个人前途的向往。不过他们往往带有很大的幻想成分，一旦幻想在现实生活中碰了钉子，往往就会产生苦闷，彷徨于人生的十字路口。所以他们经常需要得到正确引导，让他们能正确对待现实中的困难，永远对未来充满信心，防止堕入享乐苟安或悲观厌世的泥潭中去。犯罪青少年中，不少就是由于在"理想需要"的问题上，受到了"人生在世，吃穿二字"思想的腐蚀而步步失足的。因此，对他们进行反腐蚀教育，有必要给他们指出具体错误所在，这是建立合理、进步思想的必要条件。

青少年时期是感情最为敏感、最为丰富、最为外露的时期，是他们对人生的探求最活跃的时期。我们要设法满足他们这个合理的需要，使他们丰富的情绪和感情的能量得以释放，得到满足。要创造条件让他们参加有益于身心健康和增长知识的体育、科技、文艺等多种多样的活动，使他们的生活既具有健康丰富的内容，又活泼生动，饶有趣味。不然他们就有可能在不良思想的影响下采取不正当的方式，甚至从违法犯罪的情境中去得到满足。

随着我国对外开放政策的实施，西方社会资产阶级的腐朽思想已从各种途径向我国"输入"进来，且在青少年中已经产生了一定的影响，这些影响不是在短时期内能够消除的。而且，我国开放政策的实施，是四个现代化建设的需要，不是一时的权宜措施，必要时，口子还可能开得更大一点。因此，腐蚀与反腐蚀的斗争，不仅当前不能避免，而且在一定时期亦难避免。这就决定了我们在青少年中进行反腐蚀的教育，具有战略性、长期性。反腐蚀斗争不仅是物质之战，而且更主要是精神之战，因此，要特别具有长期性和坚韧性。

（原载《青少年犯罪问题》1982 年第 1 期）

# 第三十六篇　农村青少年犯罪的新特点与新动向探析

目前，随着农村社会结构的激烈变动，农村青少年犯罪问题较为突出，并呈现出一些新特点和新动向。深入研究和认识这些新特点和新动向，对有效地控制和减少农村青少年犯罪现象的发生，具有相当重要的意义。

农村社会结构中变动最快的是经济结构。土地实行承包，打破了原来的经济生产单位，生产力发展了，青少年犯罪亦出现了一些新的形式。如盗窃生产资料——大牲畜、拖拉机、农船，故意毁坏他人承包的庄稼、山林，由邻居纠纷、土地纠纷而引起的犯罪增加，与本人的专长有关系的个体户、专业户的犯罪突出。例如，据调查，浙江平阳县 1984 年提起公诉的犯流氓犯罪的 35 名农村青少年中，是专业户、个体户的竟有 16 人（占 45.7%）。

在农村社会结构变动中，需要与满足需要这对矛盾的变化，使农村青少年犯罪呈现出新的动态。随着农村社会结构的变动，社会需要结构层次亦发生变化，并必然引起社会成员观念形态的变化。古有"衣食足，则知荣辱"之说，人们只求温饱则不会有更高的奢望。现在，社会经济的发展使消费者档次拉开了，农村中一部分人先富了起来，人们不仅要求吃得好，穿得好，还要求玩得好。不仅经济情况差的人要求过得好一些，即便是那些"万元户"，也在千方百计地挣更多的钱，满足其更高水平的消费。在社会管理方面，青年农民由于在经济生活中的地位越来越重要，他们势必会要求更多地出现在政治舞台上，扮演起角色，然而这一合理要求满足的可能性却不能与之成正比。犯罪学、犯罪心理学认为，需要与满足需要这对矛盾如不能很好的解决，就会成为引起犯罪的基本动因之一。当前农村青少年犯罪中财产犯罪与性犯罪占整个犯罪的 60%～80%，最高比例甚至达 90%，就突出反映了需要与满足需要这对矛盾没有得到协调发展和正确解决的状况。这也表明，需要与满足需要较为适应的时候，犯罪相应减少，需要与满足需要之间的距离拉大，犯罪量亦相应增大。因而正确处理新形势下需要与满足需要的新型关系问题，不容忽视。可见，由于经济的发展，青年人日益需要经济上的自立，在本身条件不具备或受到阻碍时，为了达到这一要求，在客观存在的犯罪流规律的作用下，便产生出偷抢的犯罪来；同样因文化娱乐上，婚姻、恋爱上的需要不能通过正常的渠道获得满足，也就产生出流氓、强奸等犯罪来。这里着重分析在农村社会结构层次变动中青少年犯罪的两种主要类型——盗窃和性犯罪的变化。

盗窃罪。从犯罪对象看，以前主要以生活资料为主，随着一家一户独立从事生产经营，现在转向了生产资料。在经济发展的农村或城郊，如江浙农村、上海郊县，盗窃的对象进一步转化为现金和高档商品，这些转化反映了需要结构上的变化。此外，现在盗窃社、队、乡镇企业的犯罪增多。由于这些新建的企业管理上存在不少漏洞，治安保卫措施又不力，因而成了犯罪分子盗窃的主要目标。如江苏某乡 1983 年和 1984 年发生的这类案件高达 50%。从犯罪手段上看，过去夜撬的多，小偷小摸的多，现在则不分昼夜，甚至动用拖拉机、汽车进行盗窃。同时由于人员流动范围大，自由时间多，财产犯罪可以跨乡、跨区、跨县、跨省，甚至甲地作案乙地销赃，以前这在农村是少见的。

性犯罪主要指强奸与流氓罪。青少年随着生理、心理的日益成熟，渴望与异性交往，要求能自由地恋爱，获得完美的婚姻。以往，由于农村封建思想残余浓厚，这很难得到满足。随着改革开放，经济的发展，农村青少年正在冲破种种禁锢。应该肯定这是一种社会进步，但是，如果这种需要不适当地畸形发展，就会导致性方面的犯罪增多。这方面有如下明显的特点：①奸淫幼女增多。②强奸发生在白天的增多。以前农村强奸案多发生在晚间，现在随着生产经营方式的改变，强奸妇女特别是奸淫幼女多发生在白天。③强奸发生在野外的多。现在农村妇女单独务工，从事经济活动的多，加上农村特有的地理环境，给犯罪分子在野外犯罪提供了条件。④女性流氓犯罪在妇女犯罪中占有较大比例。这些妇女多贪图享受，向往城市生活，经不起外界的不良诱惑，一旦堕落就陷得很深，社会危害性很大。⑤由于拐卖妇女，外地妇女流量增大，加大了性犯罪的比例。据调查，山东省1977年以来从外省被拐骗来的妇女达一二万人，流入福建的外省妇女竟达七万，其中最多的是幼女、少女，不少人都是被先奸后卖，辗转多人。

据调查，农村青少年犯罪中财产犯罪和性犯罪占有相当的比例，并呈逐年上升的趋势。如江西某少管所1985年在押的农村籍罪犯中，盗窃占39.5%，抢劫占19.3%，诈骗占0.8%，强奸占23.7%，流氓占7%。又如浙江某少管所关押的农村少年犯中，性犯罪比率逐年上升，1983年为27.3%，1984年为31.8%，1985年竟达54.6%。

目前，在农村青少年中还有一个突出的特征，就是接受犯罪信息、犯罪意识的渠道增加。这是因为近年来文化宣传工具的触角伸展到农村的每一角落，电影、电视、广播对农村文化、道德、习俗观念的冲击加快了，年轻的一代对于突然展现在面前的一切由茫然，继而转为向往、追求、模仿。尤其是黄色的录音录像、书画、手抄本，严重腐蚀了青少年的心灵。以电视录像为例，1985年间仅枣庄市就查获反动、黄色的录像片16部，二类录像片300余部。福州市查扣的925部禁播录像带中淫秽的约占20%。据调查，福建长东县古槐乡屿尖村播放90场淫秽录像后，受毒害的群众达五千多人，其中原先好端端的12名女青年顿时沦为暗娼。江西赣江地区青少年受此毒害而犯强奸罪的达整个青少年强奸案的55.2%。现代通讯、交通工具把农村与外界联系起来，并通过频繁的经济活动得到进一步加强。尤其是农村的城镇化发展，突破了旧式的城乡结构，而城镇作为一个地区的政治、经济、文化中心，人口流量大，成分复杂，信息传播速度快，容易引起不良消极心理的反馈。这使得有些农村青少年获得犯罪信息、犯罪意识的渠道迅速扩大，原来只有在城市中才发生的犯罪，现在在农村中时有发生，并且犯罪类型、技术、手段日益多样化，犯罪也呈现多面性。

农村青少年不良交往的增加，也是新的特征之一。城乡经济文化的广泛交流，人员的流动迁移，使"鸡犬之声相闻，老死不相往来"的田园牧歌式的时代一去不复返，农村青少年的交往活动范围亦随之扩大了。社会交往活动是多种社会关系、社会现象相互影响和作用的纽带，也是社会生活一个侧面的焦点与汇合处。因而在青少年犯罪方面，交往不仅传播犯罪意识和犯罪信息，而且还是形成犯罪群体的必要途径和最基本形式。犯罪群体具有集群性，它以交往为媒介把一个独立分散的犯罪个体联结成一个整体。农村青少年团伙犯罪的增加，正是这种不良社会交往扩大的寄生体。从江西某少管所1985年在押农村籍少年犯情况看，参与团伙犯罪的比例高达47.5%。这与以前单枪匹马的犯罪情况相比，是一个很大的变化。

此外，综合治理较差是农村青少年犯罪较为突出的主要原因之一。为了适应生产力发展的需要，农村社会的基层组织发生了重大变化，行政村取代了大队，乡取代了公社，一家一户独立地从事生产经营活动。由于新的行政管理组织还不很完善，存在一些漏洞，由于农民对行政组织的依附和农村干部的服从大大减弱，新的行政管理组织对其成员的控制就显得无力。农村各级党组织、治保组织、村民委员会对青少年违法犯罪的控制和综合治理工作遇到了很大的困难。有的农村基层组织涣散，一些干部对新形势下青少年教育管理的重要性缺乏足够的认识，也没有摸索出一套与新形势相适应的工作方法。他们片面追求生产方面的"硬指标"，忽视了对青少年政治思想教育和对违法犯罪青少年的帮教、感化工作，认为这是"软指标"，综合治理的措施难以落实。没有一个具有权威性的组织或部门把综合治理工作纳入自己的日程安排中，来具体地领导、协调全社会对青少年犯罪的预防、治理工作。农村中以集镇为中心的控制网尚未建立，也无法对由于农村社会结构变动而引起的犯罪原因和条件的变化进行有针对性的防范工作。一些行之有效的措施，如分片联防、责任制、包干制，乡建派出所等并未普及，大多数地方的农村青少年违法犯罪处于放任自流的状态，积极控制防范的少，犯罪后消极惩罚的多。因此，加强农村的综合治理工作是十分迫切的任务之一。然而，要提高农村社会治安综合治理的认识，就必须提高人们对犯罪流在农村社会中流动的规律和特点的认识。从不断掌握规律中，不断加强社会治安的综合治理。

无论城市或农村，家庭防线、学校防线和社会防线都是缺一不可的。但是，农村孩子对家庭的依附大于城市孩子对家庭的依附，所以家庭教育的防线更是起决定性作用的防线。如何抓好家庭教育呢？

（1）摆正"养"与"教"的关系。古人说："养不教，父（母）之过。"只养不教是一种罪过。

（2）要从小抓起。古人说："子教于婴。"大了才教教也无效。

（3）要严教与慈爱相辅相成。要知道，"孩子不打不成器"虽具有很大的片面性，但"娇子如杀子"也有其深刻的哲理，这两个极端都不可取。

（4）教育内容要按国家对少年儿童的要求，结合家庭实际，从点滴做起。

（5）父母是否以身作则，是家教成败的关键。

（选自 1985 年 8 月自编教材《犯罪论专题》）

# 第三十七篇 四川省射洪县青少年犯罪研究介评

前不久回家探亲，随即对四川省射洪县青少年犯罪研究的近期情况作了一点初步的了解。在此，想对研究情况作一点介绍和谈一点看法。

射洪县是四川省法制建设搞得较好的县。射洪县在今年5月份，由县委宣传部、政法委、法制建设领导小组、公安局、检察院、司法局等单位主办召开了青少年犯罪问题理论研讨会。会议为期两天，收到论文30多篇。会议开得很好，论文也具有一定的质量。这里仅就县公安局提供的材料和县检察院的一篇论文作一个介绍。介绍分为：

## 一、该县近年来青少年犯罪的基本情况

1988年逮捕201人，其中25岁以下136人，占总数67%；

1989年逮捕325人，其中25岁以下237人，占总数72.9%。

关于237人的情况：

14~15岁 1人

16~18岁 53人

19~25岁 183人

1990年上半年逮捕312人，其中25岁以下212人，占70%。

关于212人的情况：

14~15岁 3人

16~18岁 22人

19~25岁 187人

青少年犯罪几个突出方面的表现是：

（1）侵犯财产，以获取钱物为目的的犯罪突出。如1989年犯抢劫、盗窃、诈骗、拐卖人口罪的共327人，其中青少年就达239人，占其犯罪总数的73.1%，而占青少年犯罪总数278人的86%。

（2）作案手段恶劣，大案、要案增多。如1989年犯杀人、伤害、强奸、抢劫、流氓罪的青少年达105人，占其犯罪总数的75%。其中抢劫犯罪尤其严重，青少年达89.5%。

（3）性犯罪偏高。1989年犯强奸、奸淫幼女罪的青少年占该类犯罪总人数的54.5%，占青少年犯罪总数的4.3%。

（4）智力型犯罪和侵犯人身民主权利的犯罪问题。青少年属于智力型犯罪的诈骗，历年来平均在40%左右。侵犯公民人身民主权利的杀人、伤害等犯罪，1989年为55.2%，与1988年相比，下降的百分点为14.8。

（5）青工犯罪多。如1989年逮捕的国家机关工作人员和工人共52人，而25岁以下的青工竟有49人，占94.2%，与1988年相比，增加的百分点为1.6。

（6）农村青少年犯罪的情况。1989年农村青少年犯罪捕195人，占被捕农民犯罪总数326人的59.8%，与1988年相比，下降10%。

（7）文化程度低的人犯罪多于文化程度高的人。如1989年278名青少年犯罪人员中，初中以下（含初中）文化程度的就有259人，占93.2%；高中以上文化程度的19人，占6.8%。

（8）两人以上共同犯罪的青少年较为普遍。如1989年参与两人以上共同犯罪的102件287人中，青少年两人以上共同犯罪的就有89件257人，分别占到87.3％和89.5％。

（9）城镇、交通沿线发案率高于非城镇、非交通沿线发案率。如1989年青少年犯罪的278人中，属县级机关单位和镇（太和镇）辖区的就有93人，占总数的1/3以上；属公路交通沿线（含丰隆、书台、金华、武南、广兴、瞿河、柳树）的63人，占总数的22.7％。以上这两个地区的青少年犯罪人数占全县青少年犯罪人数的56.1％，超过非城镇非交通沿线广大地区的一半以上。而城镇和交通沿线的范围仅占全县辖区（10区1镇73个乡）的1/10。

（10）在校学生和18岁以下青少年犯罪人数逐年增加。如1989年比1988年分别增加5倍和1.5倍。

## 二、该县青少年犯罪的主观原因分析

### （一）贪图物质享受

第一种是本身既是受害者又是害人者，有的女青年甘愿作为骗钱的诱饵、充当"飞鸽"，以出卖灵魂和道德搜取财物。第二种是想发家致富，出人头地。如女青年田××、邓××本是一私营食店营业员，在其店主的邀约下，以营业员合法身份，以介绍工作，外出做生意为借口，先后拐卖女青年5人，获款15000余元。第三种是苦于致富无资本或寻求落足点。县印刷厂工人吕×，为了学习照相技术，设相馆挣钱，不惜偷盗本单位价值16000余元的照相器材。金家区青年谢×、梁××去河南开理发业，未找到住处。二人为寻求落足点，共谋拐卖女青年，借以找落足点。第四种是致富受挫，拐回本钱。如大明乡冯××筹集买小四轮拖拉机的4000元被骗后，为了免受家人的责罚和他人讥笑，竟伙同其弟××在何家桥偷盗他人价值6000余元的小四轮拖拉机一台，开回家中，取去牌照、机壳、改头换面。第五种是窃取他人的物件。有的个体修理户、个体运输户或者有的为了修房造屋、添置家具等，对所需的材料又不愿花钱购买，便有针对性地盗窃所需物件。

### （二）性毒害

在性犯罪中，一种是属于性冲动，自己本身缺乏坚强的抑制性能力而导致犯罪。如杨××，15岁，太和中学90级学生，因受黄色书籍的毒害，1989年8月8日中午在家晒玉米时，见一妇女解小便，将其推倒，对其强奸，然后又对其搜身，抢劫现金4元。第二种情况是性发泄，充满淫乱思想，寻求玩乐。如杨×、罗×、何×三人纠合在一起，对一名营业员进行轮奸，离去后，还不遂意，又返回对另一名营业员进行轮奸。第三种情况是由性犯罪引起牵连到其他犯罪，对社会造成严重危害和影响。1989年度发案统计，性犯罪的37人中导致其他罪的有12人，占性犯罪人员总数32.4％，而青少年就有11人占总数29.7％，是青少年性犯罪人数的35％。

### （三）出气报复

有的青年心胸狭窄，遇事不冷静，大多因为恋爱、婚姻、家庭、邻里、妯娌的矛盾而出气报复。如有一个青工叫汪××，因与一女青年张××解除婚约后，心怀不满，于1989年4月19日将其左侧面部刺伤，缝合14针。这显然是强迫型恋爱观作祟。

### （四）争胜逞强

有的青年爱称雄争霸，斗气逞能，认为老子天下第一，为所欲为。如青堤乡文×，因挑水时将水泼洒在他人晒的棉花壳上，被他人说了几句，便认为是伤了自己的面子，而导致故意杀人。

再有柳树镇青年郭××，成天无所事事，认为这样一天天耍，耍不出本事来，便邀约吴×、陈×等6人于1988年11月25日下午3时起至当晚6时许对客车、三轮车、摩托车、代销站进行抢劫。

### （五）好奇滋事

有的青年在虚荣心和好奇心的支配下，一味追求所谓新颖奇特和乐趣，为所欲为，无所顾忌。如水电三局工人杨××、陈××、欧××等人，1989 年元月参与闹洞房时，熄灭电灯将新媳按在床上，以抓跳蚤为名，抚摸新娘，引起群众义愤，导致斗殴，使新娘家中财产遭受严重损失。

### 三、防范对策探源

#### （一）源于社会利益冲突的动力

人类的生存需要，是人类一切行为动力的源泉。"人们为了能够'创造历史'，必须能够生活。但是为了生活，首先就需要衣、食、住、行以及其他东西。因此第一个历史活动就是生产满足这些需要的资料，即生产物质生活本身。"可见，生存—需要—满足需要的链条，就是社会本身存在的起码的链条。任何一个人、任何一个社会要能够生存，首先就必须具有这种起码的生存条件。社会和每一个人首先就是为了这种起码的生存条件的需要而做事，无论在那一个社会都是如此。

1. 人类需要的提高规律同社会发展的辩证关系与防范原理

这里，我们就历史性嬗联的封建社会与资本主义社会来看需要与满足需要矛盾的冲突的客观存在。生活在资本主义社会的人们的需要，要高于生活在封建社会的人们的需要。而生活在封建社会的人们想往超过该社会所能提供的需要，就必然与封建社会发生矛盾。也就是说，封建社会的生产水平只能相对满足该社会人们的需要。而要超出这种相对满足的要求，只能是资本主义的生产力才能解决。所以这种需要与满足需要的矛盾既推动人类本身的发展，又推动社会向前发展。当然，这是从两个嬗联的社会形态来作比较的。它具不具有普遍性呢？我们认为，这对提高需要与相对满足需要的矛盾，或者说需要的相对无限性与满足需要的相对有限性的矛盾，是伴随人类和社会发展的始终存在的矛盾。这种矛盾的存在，就伴随了需要利益冲突的相应存在。这种矛盾的源不会消失，其流也就不会断。因此，伴随而来的因需要不能满足而产生犯罪的现象就不可能终结。

2. 需要同满足需要的手段的辩证关系与防范原理

应该说，封建社会的生产力是与封建社会的需要水准相适应的。资本主义社会的生产力是与资本主义的需要水准相适应的，它们都体现了"同一"发展的性质。而在满足需要的手段上虽然也存在与该社会本身的"同一"性，但是在阶级社会中，人的需要的满足程度，不是由他的自然需要和能力决定，而是由他所处的阶级地位、阶级利益所决定的。所以在相对不发达的封建社会和相对发达的资本主义社会，都存在十分尖锐的需要与满足需要的矛盾，也就是存在着利益冲突的尖锐的矛盾。当然，这种矛盾的存在都源于二者的私有制度，即以生产资料的私人占有制为依托的，去掉这种依托，似乎就不会存在了。换句话说，利益需要的冲突似乎就绝源了。但是，"势利不萌，祸乱不作"，争夺"势利"并非只存在于所有制的矛盾之中，而且也源于人的本性之中。一部分人靠所有制可以造成人类互相间的阶级对立而引起犯罪，那么靠权力，靠别的什么手段也无疑可以达到非理性分配，以满足最大需要的目的，同样可以引发犯罪。所以，从人类的需要本性来看，利益冲突也是绝不了源和断不了流的。这一部分人的超人本性是从哪里来的呢？恩格斯的科学论断永远不会过时："人来源于动物界这一事实已经决定了人永远不能完全摆脱兽性，所以问题永远只能摆脱的多或少，在于兽性或人性的程度上的差异。"至此，我们完全可以断言，在人类社会发展进程中，无不存在相对的人性需要与满足和相对的兽性需要与满足的矛盾斗争。因此，只研究利益冲突来自于社会制度的来源，而不研究也来自于人的自然本源，认为制度好了，人的本性也就完全好了。这无疑是有片面性的善良愿望，并非全科学的使然。从伦理学而言，孔子和荀子都只片面地揭示了人的善性和恶性，而现代科学的伦理学不仅揭示了人的善性本质，同时揭示了人的恶性本质，所以是善学与恶学的统一体。

#### （二）社会经济发展的运行规律与防范原理

1. 人类的生存和发展同经济发展的关系与防范原理

人类的生存和发展同经济发展的关系，比其他任何关系都更为密切和直接。所以在经济发展规律与人类发展规律的相互关系中，最能反映出犯罪产生的规律和犯罪的防范原理以及人类为了生存和发展必须互助的辩证关系与防范原理。凡是人类社会都有一个基本前提，或者说是最起码的层次基础，即我为人人提供生存条件，和人人为我提供生存条件的基础，就是最残酷的剥削统治阶级也不至于就把被剥削阶级剥夺到死光的程度。因为到了这个程度，就意味着剥削阶级失去了自身生存的条件，当然也就无从谈起自身的发展了。所以人类互助首先是人类生存的基础，而人类生存和发展的最基本的问题，首先是经济问题。这是因为人首先是自然人，而自然物乃是自然人生存的前提条件，自然物丧失了，自然人的生存条件也就丧失了。所以人类的互助，首先表现为对自然物的共同享有和使用。然而自然之物不可避免要发展成社会之物，正如自然人不可避免要发展成社会人一样，因此也必然从自然人的互助走向社会人的互助，从自然经济的互助走向社会经济的互助。纵或在自然物转化为私人占有的自然经济社会里，剥削阶级利用自然物的私人占有来实现经济上的多么残酷的剥削，但是整个人类的生存也没有离开相互提供生存条件的基础。任何一个社会群，就像任何一个动物群一样，如果违背了互助原则，也就从根本上违背了生存和发展的原则，就必然酿造出人类自身犯罪乃至毁灭和灾难。所以社会互助原理，既是人类发展和社会发展的原理，同时也是十分重要的防范原理。

2. 人类为了生存和发展必须竞争的辩证关系与防范原理

如果说人类生存和发展的一个历史车轮是互助，那么另一个历史车轮即是竞争。如果说互助是为生存，那么竞争乃是为了更好的生存。作为自然人来说，首先是适应环境的人。在这个生物层次上，人类永远也离不开"适者生存"的原理，不管人类社会进化到什么高级程度。当然，人也可以把自己打扮成天使，但这种打扮往往带有超时空的空想性色彩。其特点是否认人的历史性的自然本性，我们认为应当科学地把人的自然本性放在人的总体本性的一定的历史位置上，承认其自然性目的，是为了真心诚意地克服自然本性。作为社会人来说，是改造环境的人，而改造环境首先也得适应环境，因此也不可避免地把"适者生存"的原则适用到社会上来。自然人的适者生存的本性不可避免地要产生为了生存而竞争的动机，而且这个动机必然要表现在社会的各个领域、各个方面和各个层次上。如果说社会互助是人类与社会生存和发展的一大动力和源泉，那么社会竞争也是人类与社会生存和发展的另一大动力和源泉。但是，必须看到，不择手段的竞争也必然是破坏社会的发展和产生犯罪的竞争。自给自足的自然经济，不是竞争发达的经济，在一定程度上是压抑竞争的经济。在某种意义上说，因为自然经济不是社会化的经济，而社会化的经济，首先表现为商品发达的经济，因而也是竞争发达的经济。由于经济竞争的发展，经济犯罪同时也相应地得到了发展。然而对于预防犯罪来说，不是要取消竞争，因为取消竞争同取消互助一样，无意乎在违反人类的发展规律和经济的发展规律。而是要把人的竞争、经济的竞争、政治的竞争等纳入法治的健康发展的轨道。按照社会规范的平等竞争原理，不仅是人类自身发展和社会经济发展的原理，而且也是预防犯罪的原理。

（三）要从一定的防范原理中引出相应的防范对策来

我们探究防范原理的目的，全在于为制定防范对策提供科学的依据。防范对策的科学取决于防范原理的科学性。缺乏科学性的防范对策，是难以使社会防范保持良性发展的。但是对一定社会态势防范对策的制定，并不是只遵循其科学性，它必须包括三个要素。且举射洪县区来说吧，它的防范对策的制定，不可能不考虑：

（1）依据贯通人类历史存在的科学性。不同科学原理自然会引出相应不同的防范对策来。从社会互助状态与社会竞争状态的双轨作用原理中，从社会需要的相对无限性与社会满足需要的相对有限性原理中所引出的科学防范原理，无疑是人类历史发展长河的普遍适用的防范原理。从这个原理可直接引导出相对提倡互助、相对限制竞争，相对满足需要、相对限制需要的对策来。

（2）符合社会主义发展阶段的目的性。预防犯罪既要有客观依据，又要有主观要求，二者的统一必须适合我国社会主义发展的进程。防范的效果，不仅只取决于优越的社会制度，即社会主义生产关系，而且也取决于生产的发展水平，这是两因相互作用的结果。防范目标的过高要求与过低要求与阶段发展不同步，都很难收到防范健康发展的良性效应。预防水准必须与政治、经济、文化发展总体水准相适应。

（3）具体措施需针对射洪地区的特定性。据我所了解，射洪县青少年防范对策的研究和防范实践，是具有自身的一定特色的。因限于文章篇幅，这里就不细说了。但我觉得深入探讨原理与具体制定对策，是同一问题的两个方面，祝愿能在两个方面更好地深入地同步发展。这里必须指出的是：在同一社会状态下，不同主体对客观社会存在的认识和对待是不同的。目前，射洪县对青少年犯罪重点转向对主体进行研究，这一经验无疑是可取的。

（原载 1990 年《中国青少年犯罪研究会第四次学术会议论文集》）

# 第三十八篇　青少年犯罪的新形态及其预防

青少年犯罪的新类型是经常变化的。近年来，青少年犯罪的新形态或新类型主要有以下几种。

（一）暴力型犯罪

与被害人无利害关系而发生"无利害冲突"的杀人、伤害，就是青少年暴力型犯罪的一种新类型。这类犯罪愚昧、野蛮、凶残、突发，视人命如儿戏，杀人与杀鸡一样，有时因试试刀是否锋利，或看见女孩脚丫子好看，或一句话、一赌气，就轻易动手杀人。这是"文化大革命"中武斗、"打砸抢"、破坏文化、破坏法制所留下来的严重恶果。

亲杀是暴力型中又一种新类型，国外称"家庭暴力犯罪"。我国向来具有家庭结构稳定，亲属间互相关系融洽的良好历史传统，以青少年为犯罪主体的亲杀案件是较罕见的。可是，近年来不仅出现，而且有增多趋势，杀害父母、祖父母、杀害兄弟姐妹都有发生。其原因是错综复杂的，有的是因子女堕落，仇恨家庭管教；有的是因子女为非作歹，造成对家庭、邻里的严重威胁，为维护家庭、邻里安全而不得已；有的则因顶替或企图占有父母财物等等。可是，多数犯罪有一个共同的特点，就是家庭矛盾逐步积累、激化，往往有一个较长的矛盾显露、发展过程。由于得不到妥善、有力的调解处理，最后诉诸暴力，这是研究和预防这种类型犯罪必须考虑的。

"爆炸"是暴力型的第三种新类型。个别青年由于多种具体的原因出现不满与厌世的意念，自暴自弃设计出凶毒的手段，找人为其垫背，不顾危及人的生命和国家财产的巨大损失，盗取炸药、雷管等，到公共场合引爆或自爆。这是十分危险的严重犯罪，一旦发现苗子必须采取果断措施及时加以控制和制止。

（二）经济型犯罪

1. 聚赌和"抢台面"

聚赌是旧社会遗留下来的罪恶，解放以后虽未根绝，但青少年参加的很少。近年来，为了追求刺激，追求非分的享受，青工、青农、待业青年，甚至学生中都发现赌博活动，有的已发展到聚赌。台面也日益增大，一场输赢成百上千元，个别的在万元以上。赌时带女人，搞吃喝、设保镖、设岗哨等等，危害腐蚀性极大，成为青少年犯罪中突出的一个类型。在聚赌当中，还出现所谓"黑吃黑"、"抢台面"等其他违法犯罪行为，甚至在殴斗中造成伤亡。

2. 盗窃黄金、古玩，进行走私贩卖

以前黄金、白银、古玩、首饰在国内没有市场，出国销售的渠道不多。现在有的人通过非法途径偷运出国，流入国际市场牟取暴利。国外投机商人也乘机抬价，诱惑力更大。因此，有的青少年卷入非法收购黄金、银元，进行走私贩卖的犯罪活动，同时还发生多起国家工业用金银被盗的案件。某厂青工一次盗取黄金两斤，价值万元以上。甚至出现企业单位走私、盗卖古玩的案件，并有明显的增加、蔓延趋势。

（三）淫乱型犯罪

性的淫乱毒害社会，腐蚀青少年。在我国，性的淫乱是违法的，被严格制止的，近年来由于西方腐朽思想意识的侵蚀，青少年中出现了一些值得关注的新的淫乱型违法犯罪行为。主要有：男女青年勾搭出卖色相；不顾人格、国格，与外国人发生不正当男女关系；流氓聚众公开哄闹、侮辱、伤害女

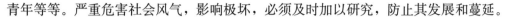

青年等等。严重危害社会风气，影响极坏，必须及时加以研究，防止其发展和蔓延。

（四）游乐型犯罪

这种类型的青少年犯罪严重侵犯公共安全、财产或人身利益，但就其目的动机来说，主要是精神空虚、寻乐、刺激。

1. "飞车"，是游乐性犯罪的表现之一

所谓"飞车"，就是驾驶车辆，狂奔乱闯，无视行人的安全，严重妨害社会管理秩序或者侵害人身与财产安全的违法犯罪活动。上海在1980年就出现过每晚有上百辆摩托车、两用车（间或夹杂一些自行车），在人民广场同时行驶，横冲直撞，破坏交通秩序，无视行人的安全。据了解，我国其他个别地区也发现此类活动。"飞车"有若干特征：①无视法纪，寻求刺激。参加"飞车"的青年一般有较优裕的物质条件，但感到一般娱乐不过瘾，便追求时髦、惊险、速度的刺激，而不顾人民生命的安全和国家法律。②聚众赌赛。"飞车"一般是几个人或多人一起进行的，人愈多，刺激愈强，危害也愈大。有的人还利用"飞车"赌钱财、票证，或者带上女朋友，比色相，争风吃醋等等。随着我国工业的发展，个人拥有机动车辆日益增多，加上青年人好动、好强、好奇的生理心理特点，如不加以教育、引导、制止，"飞车"这种犯罪新类型有潜在继续发展的危险，这一趋势应引起警惕和注视。

2. "套人"，是游乐性犯罪表现之二

"套人"是近两年发现的一种青少年犯罪新类型。犯罪者把绳套抛向女青年，从被害人受辱或受折磨的痛苦中寻求刺激和欢乐。这类罪行也在少数大、中城市出现。例如，广州市青工刘××，多次用系在车上的绳子结成活套，套路上骑自行车的女青年，有一次套中一个女青年的脖子，被汽车拖倒在地达300米，虽因被害人双手紧抓活套，未致毙命，但也重伤致残。这种行为不仅野蛮、恶劣，而且有使人致伤、致残、致死的危险，对社会的危害性很大，必须严加惩处，坚决制止。

其他还有用污秽或其他物品（如烂西瓜、番茄、臭蛋、煤炭、建筑材料等）向妇女或青少年进行投掷、污秽、侮辱、伤害，以及聚众无理取闹、戏弄、侮辱、威胁妇女、女青年或路人来取乐的。

（选自1985年8月自编教材《犯罪论专题》）

# 第三十九篇　青少年犯罪新形态的成因与预防

我国现在正处在一个伟大的历史转折时期。党的十一届三中全会作出了把工作重点转移到社会主义现代化建设上来的战略决策，使我们党和国家的工作取得了一系列的成就。但是，在这个转变过程中，由于两个特殊的情况，使青少年犯罪出现某些非正常的数量和形态变化：①这个转变是在"文化大革命"造成的一系列经济困难、思想混乱的基础上进行的。"十年'文化大革命'造成的政治上、思想上的混乱不容易在短期内消除"，① 它必然要在新的条件下用新的形式表现出来。新类型中的一部分犯罪，如暴力型、游乐型的某些种类犯罪正是这种历史因素的曲折表现。②这个转变是在拨乱反正、解放思想、解决一系列多年来未能解决的重大现实问题中进行的。"我们的工作中还有失误和缺点，我们的面前还有许多困难，"这本来是正常的、前进中的问题，但对有些缺少经历、认识片面、冲动的青年来说，分不清本质和现象，把握不住变动中的是非，看不到发展中的远大美好前景，产生彷徨、动摇，对前途失去信心，甚至发展了极端个人主义、利己主义和其他腐朽的思想，从而出现了带有现阶段特点的青少年犯罪新类型。

研究青少年犯罪新形态的目的就是要预防青少年犯罪新形态的产生和蔓延，减少和防止青少年犯罪。预防，既要治"本"，也要及时治"标"。治"本"就要从战略预防出发，彻底弄清我国社会主义条件下，青少年犯罪产生、存在和变化的原因，铲除孳生犯罪的土壤，进行综合治理。治"标"就是从各种犯罪新类型孳生的具体条件出发，采取分类型的防治措施。这些预防措施主要有以下几种。

## 一、教育预防

教育预防着眼于用正确、积极、上进的因素，消除在新形势下的一些消极有害的因素，特别注意针对犯罪青少年的一些主要代表性的思想倾向和错误认识进行教育。在当前对外开放的形势下，教育预防工作的一个主要方面就是要使青少年正确对待资本主义社会的物质文明和精神文明，明确吸收什么东西，摒弃什么东西。比如，资本主义社会中的"性乱"就不是好东西，已经成了社会的腐蚀剂。社会主义理应反对封建的"禁锢"，也应摒弃资本主义的"性乱"。这些问题都必须通过教育以划清界限，增强青少年对各种消极因素的抵抗力和鉴别力；同时要有针对性地加强爱国主义的教育，纠正少数青年中的崇洋媚外思想。对于从外国进口的书刊、影片之类的东西，凡涉及意识形态的东西，在进口之时，就要考虑充分进行积极和消极两方面的评价。在制定接收积极影响的决定和政策的同时，也要制定消除消极影响的决定和政策，并予施行，切实注意社会后果。

## 二、刑事侦查预防

青少年犯罪及其新形态的刑事侦查预防，就是通过揭露犯罪人及其活动，使其不能逃避惩罚；同时，对有危险征象的青少年，采取适当措施，以防患于未然。

侦查预防方法，包括了解、掌握违法犯罪青少年的思想、活动、动向的控制性防范；发现危险征兆，及时采取措施，或者在犯罪已经实施的情况下，及时破获；在侦破工作中发现造成、促使青少年

---

① 参见《中国共产党中央委员会关于建国以来党的若干历史问题的决议》第25节。

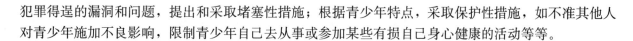

犯罪得逞的漏洞和问题，提出和采取堵塞性措施；根据青少年特点，采取保护性措施，如不准其他人对青少年施加不良影响，限制青少年自己去从事或参加某些有损自己身心健康的活动等等。

### 三、法律预防

法律预防是预防新形态犯罪的强制性手段，它是教育预防的坚强后盾，只有教育预防而没有法律预防是不行的。在犯罪类型、手段发生变化的情况下，有关部门需要及时了解研究新的情况、新的犯罪类型及其特点，以制定、修改法律，或对现有法律、法令进行必要的补充或作出新的解释，这是法律具有战斗性的保证。

在新的历史时期的法律预防，要特别体现、着眼于青少年犯罪的特殊性，尽快制定全国性的或主要城市的《青少年教育保护法》或《青少年教育保护条例》，以法律形式明确规定青少年的行为规范，以及各部门、各方面在教育保护青少年、防止青少年犯罪的职责，防止青少年犯罪及其新形态的产生。

### 四、技术预防

技术预防及其预防手段现代化，是预防新形态犯罪必不可少的手段。马克思曾说："为了防止盗窃，锁才会发展到现今那样的保险程度。"

由于现代科学技术的发展和青少年文化知识水平的提高，青少年犯罪的手段也在不断"革新"和"发展"。"魔高一尺，道高一丈"，我们也应不断革新技术预防的手段，扩大技术预防的视野和领域，使之更能适应预防新形态犯罪的迫切要求。

（原载《青少年犯罪研究 1987 年年鉴》，本文与华东政法学院徐建教授合作）

# 第四十篇　论对青少年进行科学的性道德知识教育

我们在对上海市长宁区青少年犯罪的问题的调查中，发现早已被禁读的《少女之心》，还在少年中流传。为了弄清这本淫秽的手抄读物在第××中学学生中的毒害情况，以如何引导学生拒腐蚀而不染，树立性道德之新风，我们到该中学就这个问题专门作了调查研究，得到的印象——《少女之心》是腐蚀青少年心灵的精神砒霜。

上海市第××中学自 1978 至 1981 年 8 月，4 年中，学生进工读学校的共有 14 人（其中女生 5 人）、判刑 1 人、劳动教养 1 人。这个手抄本的毒最深，加上其他种种因素而造成最严重的后果。这属于第一种情况。

第二种情况，学生从心灵上受到手抄本的影响后，产生的严重的危害。就 1981 年毕业的 4 个高中班（一个提高班、二个普通班、一个基础班）来看，共有 120 人报名考大学，其中考上大学的只有 1 人，考上中专的 2 人，考上技校的 31 人。就四个班级之一的基础班来看，全班共 46 人，在毕业考试中就有 29 人的成绩不及格，属于肆业，占 63%；在 17 名能够毕业的学生中，只有 6 人报名参加 1981 年的高考。但高考揭晓，6 名考生中，最高的总分是 155 分，而最低的总分只有 7 分（除了语文得 7 分外，其他各科均为零分）。其成绩之差，真是令人惊骇。

第三种，造成恶果的原因是多方面的，而引上性的邪路更具危害性。其中受《少女之心》的腐蚀，是突出的原因之一。就以 1981 年高中毕业的 4 个班级之一的基础班来说，全班 46 个学生，就有 31 人看过《少女之心》，通过思想教育工作，共交出手抄本 17 本。其中有一个女同学一下就交出 4 本，有一个男同学交出 2 本。有的还在手抄本上绘了图。有的还以手抄本为蓝本，给其他同学看，且还要附上讨价还价的"条件"。这个班级大部分学生的心灵，被《少女之心》腐蚀透了。有的男生在课堂上竟公开侮辱女教师，其语言之污秽是正常人根本无法启齿、不堪入耳的。可是在课堂上竟引起全班同学的哄堂大笑，女教师窘迫得愤然落泪。可见，这些同学精神之麻木，道德之沦丧达到了何等的地步！

有的女生看了《少女之心》后，精神恍惚控制不住自己。不仅成绩显著下降，而更为严重的是走上了以勾搭异性为满足的邪路。可见，性犯罪意识流对学生所起的严重的腐蚀作用了。如××学生，1978 年进入该校初中读书，历年成绩变化如下：

从该生的历年成绩变化来看：1980 年以前的成绩还算不错，可是在她看了《少女之心》后的 1981 年，成绩就显著下降，7 门功课有 6 门不及格。她的心思放到哪里去了呢？勾引异性去了。她从烫头发到穿高跟鞋，从着喇叭裤到涂脂擦粉，亦步亦趋。在校内外乱交"朋友"不下十余人。她把勾引异性叫做捉"跳蚤"，捉到一个，至少 5 元钱。有一次，一个新疆人要给她 10 元钱，她因故没去成，竟感到后悔。她还说："最好能找到非洲人，可以弄到手表。"因此说《少女之心》是腐蚀少年人心灵的精神砒霜，是一点不假的。

《少女之心》为什么对青少年具有这样大的诱惑、腐蚀、毒害作用呢？怎样才能使青少年有能力抵制这种诱惑、腐蚀和毒害呢？这是我们必须思考的重要问题。

禁，是必要的。清除毒害青少年的这种"性意识流"的流源是必不可少的。但多年来没收、禁传、禁看并未收到理想的效果，说明只此一法还是不够。

我们认为，对青少年进行性的科学和性的道德的教育，可能是一种必须补充的有效方法。

从青少年生理上来看，少年成长到十三四岁，开始发生一系列极其复杂的生理、心理变化。性也就开始逐步成熟了。然而，"性"对于他们来说，乃是一个未知的而又急于要知的神秘领域。《少女之心》的炮制者，就是利用少年人的这种生理、心理特征，引诱青少年、腐蚀青少年，使他们走到邪道上去的。从上海××中学进入女工读学校的×××，在她检讨自己当初是怎样被《少女之心》所腐蚀时，就悔恨地揭示了这一点。她说："我在初一时，一次偶然从一个同学那儿看到《少女之心》，看了一遍，不大懂，但心里却挂上了一个问号。隔了几天，我问起一个比我大一点的同学，她给我讲了一番，我感到挺新奇、挺有趣的。到了初二，我不知怎么的又想起《少女之心》来、总想再看一看，果然借着了。这次看得很仔细，所描写的男女之间的'性'的情境深深地印在自己的脑海里了，再也清除不掉。有时控制不住自己的感情，就开始和男同学接近。在一次自己不能控制自己的情况下失身了。以后，我就变得无所谓起来，3个，5个，7个……结果进了工读学校。唉！悔不该看那诱害人的东西啊！"

可见，《少女之心》之毒，就在于以赤裸裸的语言，绘声绘色地淫谈两性，诱惑对"性"毫无所知又想知的少年人走上性混乱性犯罪的道路。如果我们能够通过教育，把少年人从对"性"的无知变为有知，使他（她）们对"性"有一个明白而正确的认识，具有必要的性道德观念，那么，《少女之心》在少年人中，不仅会大大地失去市场，而且必将成为他（她）们的批判的对象。以正去邪，邪是不得不去的。如果不采取以正去邪的"性科学和性道德"的教育，而单纯地收掉、烧掉，是难从根本上去邪的。

周恩来同志在世的时候曾经提倡在中学里讲授生理卫生。鲁迅先生早在浙江初级师范学堂教授生理学时，就冲破当时的封建礼教向青年学生讲述生殖系统。而性教育的主张者瓦尔，在他著的《性教育》里说："凡贤良的父母，应该把两性知识教授儿童……要使道德成为一种长久的势力，必须建立在真理上，由知识来建设，由理性来助其强固。知道两性问题的真相，实在是智慧的道德所必需的急务。"

性教育是一件很严肃的事情，教育者和受教育者都必须是郑重其事，规规矩矩。其教育方法，要根据儿童生长的年龄，用一种教导的方法，使他们得到正当的"性的知识"，懂得性的卫生及性的道德。少年首先是生活在家庭里，这种教育当然须从家庭入手。快进入青少年时期时，学校的作用越来越大，因此，在学校教育中，更应把对男女青少年的"性的科学和性的道德"的教育，郑重地列入教育日程。

（选自 1981 年 12 月自编教材《犯罪论专题》）

# 第四十一篇 论我国少年司法体制的创建

人口年龄段问题，是人口科学研究极其重要的对象问题，人口年龄段的犯罪问题，也是犯罪学和刑法学必须研究的极其重要的研究对象。犯罪学需要把老年犯罪、中年犯罪、青年犯罪，以及少年犯罪作为研究对象。因为人的个体和群体的各个年龄段，是既相联系又相区别，分段研究是必不可少的。而在分段研究中，少年段是最基础的一段。因此，应该把研究的重点放在少年阶段上。我国人口数量庞大，一代又一代的少年人口本身，就是一个庞大的数据。自新中国建立以来，少年段人口中，犯罪和犯错误的就涉及司法处理问题。随着现时犯罪低龄化的发展，司法处理问题，更加提上重要的议事日程。如何对少年的罪错进行司法处理？如果说，在 20 世纪 50 年代我们就对少年犯的刑事责任、年龄问题进行了认真的理论和实践的探索，那么在 20 世纪 80 年代的今天，对少年罪错的整个司法制度问题的系统探索就更加重要地提上了历史议程。

## 一、少年犯罪形成结构与一般犯罪形成结构的异同

关于犯罪一般的形成结构，笔者在《犯罪形成的综合结构论》一文中，已经作了详尽的论述。

任何犯罪的形成结构都是一个综合的结构，其综合结构都是由两个层面交合而成。如果把这种交合形象比方为纵横交合的话，那就是由纵向层面与横向层面交合而成，其横向层面又是由犯罪的客观原因、犯罪的客观条件、犯罪的主观原因和犯罪的主观条件相互交合而成。其纵向层面，则是由人的物质需要动机和精神需要动机，通过与横向层面的交合作用后，产生出犯罪动机。犯罪动机推动人实施犯罪行为，侵犯社会客体和对象，产生犯罪。这就是一般犯罪的形成结构。

少年犯罪的形成结构与一般犯罪的形成结构相比，从构成要件的能动过程来看，是完全一样的，没有什么不同。但是，在同样需要具备的构成要件和能动过程中，因少年的生理条件、心理因素与成年人相比还是处在未成熟阶段，即处在相对的低级层次阶段，因此，少年犯罪结构的形成，就有着重大的层次上的区别。这主要表现在以下两方面。

（一）从形成犯罪的横向层面上看

（1）犯罪的主观原因与其自身知识的贫乏，不成型的思想意识观念，对社会的无知，独立意识的萌发，与自我独立条件还不成熟的矛盾等等，有着密切的关系。

（2）犯罪的主观条件与其自身的生理发展阶段密切相关。衣、食、住、行、学、乐的各种生活学习环境和条件，都主要受到其家庭和所处的小社会环境的安排和制约，自身还不具备改造环境的行为能力，往往模仿好的则好，模仿坏的则坏。

（3）正因上述犯罪客观原因和客观条件，对少年犯罪形成的作用，较之成年人犯罪的形成就大得多。少年犯罪的形成，其主观原因、主观条件与客观原因、客观条件所起的作用相比较，往往是客观原因（即客观存在的犯罪流规律的作用）和客观条件起着决定性作用。

（二）从形成犯罪的纵向层面上看

少年阶段在人生的各种需要上，都是从"零"开始向着 1，2，3，4，5……的数列，不断增多、增强和发展的，尤其是对衣食的质和量的需求、娱乐活动的数量和质量的需求、性意识的开始朦胧和到达需要、求知的欲望和人际交往的需求等等，表现得更为突出。这四大供与求的矛盾，如果处理得

不好，一旦受到横向层面与纵向层面犯罪交合原因的作用，就可能产生犯罪的动机；加之人在少年阶段，其情绪特征，既是丰富多彩而又变化多端，且自身又缺乏一致性和控制性，自然属性较之成年人所占成分更多一些。因此一般说来，其感情与理智相比，感情往往比理智起的作用更大。

上述表明，少年犯罪的形成结构与一般犯罪的形成结构，既有相同的结构要件，又有不同的结构层次。因此，治理少年罪错的问题，既是一个与成人相同的问题，又是一个与成人不同的问题，不能一锅"煮"。

## 二、我国对少年犯进行司法处理的早期探索

我国早在20世纪50年代就开始探索对少年罪错的司法处理了。那时尽管还没有可能把少年犯罪与成年犯罪从形成结构上加以考察，认识它们的相同之处和不同之处，从而奠定起少年犯罪区别于一般犯罪（即成年人犯罪）的司法处理的理论基石。但是，我国在理论和司法实践上都认识到了：少年"理解自己行为性质与社会危害的能力"与成年人是有差别的。基于这种认识，我国法学理论界和司法战线相结合，就少年罪错的司法处理问题作了广泛的调查研究和大量的司法实践，积累了相当丰富的经验和统计资料，这主要表现在以下三方面。

（一）对少年犯罪应受处理的责任年龄的探索

我们知道，少年与少年犯是两个不同的概念。少年是人口的年龄概念，是生理学意义上的概念。少年犯则是犯罪学和刑法学上的概念，说确切一点，是从犯罪年龄段上划分出来的概念。既然是年龄段，则必须有上限与下限，也即刑事责任年龄的上限与下限。当时，少年犯刑事责任年龄的上限为未满18周岁的认识和实践，我国法学理论界和司法战线都基本认同，但其下限就不尽相同了。归纳起来有下列五种意见：

第一种意见，下限为13周岁。如1955年，司法部对广东省司法厅关于将少年送管教所管教是否要经法院判决等问题的批复，规定：13周岁以上未满18周岁的少年犯了罪可以称为少年犯。

第二种意见，下限为12周岁。如1953年10月以前，上海各法院都大体依据前中央人民政府法制委员会"关于未成年人刑事责任问题的解释"精神，对不满12岁的行为免于处罚。

第三种意见，下限为11周岁。如1953年10月上海市少年犯管教所成立后，就对11岁的少年犯宋某某进行了收管。（上海市少年犯管教所成立前，市人民政府政治法律委员会指示凡18岁以下的少年犯罪除了与成年人同案需要候审的外，其余逮捕后，送管教所处理，不经法院审判。此后各级法院不再受理少年犯案件。）宋某某8岁时就开始行窃，偷窃钢笔等物达数百次，被逮捕教育达17次。

第四种意见，下限不满10周岁。据当时北京市高级人民法院对196名少年犯的抽样调查显示，在这196人中，满18岁的92人，占47%；15岁以上未满18岁的87人，占44%；14岁的9人，占4%；13岁的5人，占3%；12岁以下的3人，占2%，其中最小的仅10岁。

第五种意见，下限为9周岁。如天津市高级人民法院当时对处理的756名少年犯所作的年龄分类为：9岁至11岁、12岁至14岁、15岁至18岁。其中9岁至11岁的少年犯13人（9岁2人、10岁5人、11岁6人）。又如上海市第二中级人民法院1955年对卢湾区1954—1955年间处理的少年犯的统计是：共处理7个少年犯，其中9岁一个，15岁一个，17岁三个，18岁二个。

少年犯刑事责任年龄下限的这五种意见，都是以其犯罪的不同事实为根据、不同的理由而提出来的，没有搞"一刀切"的情况。

（二）对少年犯罪罪名问题的探索

少年的犯罪行为是纷繁复杂的，其行为的性质和轻重程度也千差万别，对有些行为也很难确切命名，因此分类也是很难的。全国各地多不一致，有些地区给了确定的罪名和分类，有的地区为了确切表述其犯罪事实，而没有勉强定罪名，就直接按照"罪行"而作出相应的处理。这里从当时南昌市中级人民法院和内蒙古高级人民法院的两个统计表中，可见一斑：

内蒙古高级人民法院 1955 年对解放以来所处理的少年犯统计表

| 年龄 | 犯罪时间 | 罪行 | 判处刑期 | 备考 |
|---|---|---|---|---|
| 13 | 1953 年 | 受人引诱并作伪证 | 未处理 | |
| 14 | 1952 年 | 偷窃 | 有期徒刑一年半 | |
| 15 | 1949 年 9 月 | 欲离婚,在其妹唆使下害死丈夫 | 免刑 | |
| 17 | 1948 年 | 过失伤害致人死亡 | 有期徒刑二年 | 因能坦白,在监表现较好 |
| 17 | 1951 年 | 受欺骗听从他人教唆,实行杀人 | 有期徒刑十年 | |
| 17 | 1951 年 | 因不满包办婚姻毒死丈夫 | 有期徒刑八年 | |
| 17 | 1952 年 | 强奸幼女 | 教育释放 | |
| 17 | 1952 年 | 贪污 | 有期徒刑六个月 | |
| 17 | 1953 年 | 参加偷砍树苗 | 教育释放 | |
| 17 | 1954—1955 年 | 偷盗 | 有期徒刑一年半 | |
| 17 | 1955 年 | 杀父 | 死刑缓期二年 | |
| 18 | 1950—1952 年 | 反动会道门道首 | 有期徒刑二年 | |
| 18 | 1953 年 | 帮助杀人 | 有期徒刑三年 | |
| 18 | 1953 年 | 受引诱冒名顶替奸妇丈夫骗取离婚证 | 教育训诫处分 | 丈夫系军人 |

南昌市中级人民法院 1954 年及 1955 年 1 至 6 月受理少年、儿童犯罪案件统计表

| | 反革命 | 伪造及诈骗 | 偷窃 | 贪污 | 伤害 | 过失致人死伤 | 过失造成火灾 | 强奸 | 侮辱妇女 | 乱搞男女关系 | 妨碍公务 | 其他 | 合计 |
|---|---|---|---|---|---|---|---|---|---|---|---|---|---|
| 18 岁 | 2 | 3 | 31 | 2 | 7 | 2 | | 4 | | 8 | | 1 | 60 |
| 17 岁 | 3 | 4 | 15 | | 5 | 1 | 1 | | 1 | 3 | 3 | | 36 |
| 16 岁 | | | 14 | | 2 | | | | | 1 | 1 | | 18 |
| 15 岁 | | | 3 | | | | | 1 | | | | | 4 |
| 14 岁 | | | 4 | | | | | | | | | | 4 |
| 13 岁 | | 1 | 1 | | | | | | | | | | 2 |
| 12 岁 | | | | | 1 | | | | | | | | 1 |
| 合计 | 5 | 8 | 68 | 2 | 15 | 3 | 1 | 5 | 1 | 12 | 4 | 1 | 125 |

少年犯的行为,有些是难以命名的。实际上,在当时的调查统计上,有好些错误行为难以作出统计。所以犯罪学上,往往有少年罪错的提法,这是值得我们进一步探索的。

（三）对少年犯处理方式问题的探索

对少年犯处理方式的探索,当时全国各地许多司法部门积累了十分丰富的经验。其中最具有理论价值和实践指导意义的经验是把少年犯按照年龄段细分为若干档次。如天津市高级人民法院就很好地总结了这方面的经验。他们把曾处理的 756 名少年犯按照年龄段分为 9 至 11 岁、12 至 14 岁、15 至 18 岁 3 个档次,并进行归纳分类,其中最低档次即 9 至 11 岁的少年犯为 13 人。

当时,司法部门通过处理大量案件,根据不同的年龄档次和形成罪错的不同原因,提出了许多不同的微观原则。这些处理少年罪错的微观原则总括起来主要是:

（1）因年龄较小，仅 9 岁，对犯罪尚无认识，故责令其家长领回管教。

（2）年为 10 岁，因屡次行窃，或因其家长无法管教，故送入儿童教养院学习 3 个月，后交其家长领回。

（3）有猥亵行为，由于年幼顽皮，故予以免刑处分。

（4）年仅 11 岁，因一贯盗窃经教不改，故予以不定期的强制教育。

（5）究其原因：因家长放纵，因后果系被告与被害人双方所造成，因父母双亡生活无着，因从原籍逃出无家可归。对以上情况酌情处理：训诫其家长，责令家长或学校领回，送入孤儿院收容及遣送回籍。

（6）行为流氓，曾经强制教育不知悔改，分情节处理：一年至二年半或不定期地强制教育，强制在监劳动。

（7）虽年仅 12 岁，可自 7 岁起至被捕，连续偷窃约百次，情节严重，处徒刑 2 年。

（8）有以下情况：因为是青年学生；因年幼无知；因犯罪后能坦白悔过；因被迫流浪情有可原；因行为不够判刑条件或罪行不甚严重，并能主动向政府自首；因系青年女子被人引诱，事出被动。对上述情况予以免刑处分，如警告、批评教育，责令家长领回或遣送回籍等。

（9）因家长溺爱；因父母均有工作，疏于管教；因纵容子女和流氓分子接近染成恶习；因其旧社会腐朽堕落思想的遗毒，好逸恶劳；因不安心生活和学习，贪图享受。针对不同情况，分别处理。

（10）因受家长虐待逃亡在外；因父母早亡，无家可归，衣食无着，到处流浪而造成犯罪；因家庭环境影响或思想反动而犯了严重的反革命罪行，当受刑罚惩罚。

根据上述细分的微观原则，当时采用的处理方式有很多种。其中最主要的有七种，由轻到重排列，则大致是：

（1）给予家长以训诫处分。

（2）责令家长或学校领回教育。

（3）送孤儿院收容。

（4）遣送回籍。

（5）强制教育。

（6）强制在监劳动（劳动改造）。

（7）徒刑。

我国 20 世纪 50 年代对少年犯所作司法处理的几种探索，不仅为中华人民共和国刑法关于未成年犯法律条文的制定提供了宝贵的经验，而且为以后我们进行少年司法制度的探索，奠定了良好的基础。

今天，对少年司法制度系统探索的任务，不仅要在 20 世纪 50 年代探索的刑事责任年龄、罪错名称和处理原则、方法的基础上深入进行，而且更为重要的，要为建立我国专门少年司法制度的必要性和现实可能性作出科学的论证和实践的摸索。

### 三、我国少年司法体制的建立与我国防范分权体制的构想

笔者在《犯罪源流规律论》一文和其他有关文章中，通过论理和事例列举，都已详尽地论道：我国在犯罪治理上，最好实行惩治体制与防治体制相结合的双轨制。换句话说，在职权划分范围上最好实行分权制。因为我国对社会治安治理的总的方针，是综合治理。但没有"分治"，就谈不上"合治"，笼统地谈"合治"，就只能是不着实处的空的"合治"，而不着实处的空的"合治"，实际上就会流于不治。我们要实现真正的"合治"，就必须首先实现真正的"分治"。"分治"是"合治"的基础，"合治"是"分治"的高级层次，"合治"不能代替"分治"，"分治"更不能代替"合治"。我国经济体制改革的关键，有一个纵向扩大自主权和横向经济联系加强的问题；我国政治体制改革的关键，更是有一个纵向分权和横向分权的问题。而作为社会治安治理的关键，毫无疑问也有一个纵向权力分治

和横向权力分治的重大问题，而且必须深刻地认识和解决这一重大问题。就对犯罪治理中的惩治体制来说，古今中外，都是比较完善的，尤其在现代资本主义国家和社会主义国家，其惩治体制的纵向权力分治和横向权力分治，也都是"分权"明确的。然而，在资本主义社会及其以前的剥削制度社会，既不可能建立起或不可能真正的建立起"防治"体制，也更谈不上防治体制的纵向权力分治和横向权力分治的问题了。我国社会主义制度本身奠定了建立防治体制的经济、政治和社会历史基础（惩治犯罪是完全必要的，但惩治犯罪本身不是我们的理想目的），因而我们有必要建立防治体制，而且有可能建立起防治体制。我国分权惩治体制的建立和完善，将为分权防治体制的建立，提供丰富的经验。这就要像纵向分权惩治犯罪那样，进行纵向分权防治犯罪；像横向分权惩治犯罪那样，实行横向分权防治犯罪。

防治犯罪是一个总的概念，防治体制也是一个总的概念。如果从犯罪主体的年龄段来划分，即要防治老年人犯罪，防治中年人犯罪，防治青年人犯罪，防治少年犯罪。笔者认为在诸种防治对象中，首先需要着力防治的是少年犯罪，这是防治的最基础层次。建立与之相适应的少年司法体制，就是防治体制中最基础的环节和最基础的体制。如果把这个体制建立好了，防治体制的基础亦就打好了。因此，我国首先要从纵向和横向权力分治着手，建立好少年司法体制。

（一）建立专门少年司法体制的必要性

（1）少年犯罪与成年犯罪，是既相同又不相同的犯罪。从相同面看，一种司法制度既可以适应于成年犯罪，又可以适用于少年犯罪。我国解放三十多年来，就基本上是这样的。但从不同面看，也即是说从少年犯罪形成的自身特点来看，适应成年犯的司法制度，就不可能完全适用于少年犯了。要使司法制度更能适合少年的特点，就不能不建立专门的少年司法体制。

（2）解决少年犯罪的问题在世界范围和我国都必须从战略上考虑，这是犯罪源流规律的作用所决定的。因此，建立专门的少年司法体制，是战略任务得以战术落实的组织保障。

（3）成年、少年合一的司法制度难以肩负少年防范工作的重任。

现今的检察院、法院在检察审理大宗和大量的成年犯罪案件上都忙得团团转，还有多少工夫来仔细处理少年案犯呢？更谈不到会抽出专门时间去做那些犯错误的少年的预防犯罪的工作了。如果预防工作不能真正落实，减少少年犯罪，未免就会成为一句空话。

（4）预防少年犯罪的工作，虽是靠各方面去做，但也需要有起纽带作用和协调作用的机构。专门履行少年司法职能的机构对家庭、学校和社会做防范工作更能起到纽带作用，和肩负起协调的职能。因为它专事少年司法工作，自然对这些方面联系广、情况熟、有时间、有力量，而且还有一定的权威性。

（二）建立专门少年司法体制的现实可能性

（1）我国具有对少年犯进行司法处理的早期丰富经验的积累。20世纪50年代除了对前面所提及的问题进行了重点探索外，还对法院处理过的少年犯的关押问题等提出了许多宝贵意见。如与成年犯一同受法院审理的少年犯（少年犯与受刑事处分的无论是五年、十年的成年犯）都关在一起的问题，在1955年上海市第一中级人民法院的调查资料中，黄浦区人民法院就明确指出："这是不对的。"可见，对所有少年犯进行单独关管这一法律意识，在当时就十分强烈。这对我们今后进一步对所有少年犯实行单独管教的司法体制的建立和完善，无疑起到了倡导的作用。

（2）1979年8月17日，中共中央转发中央宣传部等8个单位《关于提请全党重视解决青少年违法犯罪问题的报告》的通知后，近七年来，全国各地对青年、少年违法犯罪问题的调查工作的开展相当广泛，中国青少年犯罪学会以及各大区青少年犯罪学会的成立，各种青少年犯罪研究刊物的出版，以及不少法律院系关于青少年犯罪学课的开设，大大推进了对青年、少年犯罪问题的研究。社会各方面与司法实际部门相结合，为解决青少年犯罪问题创造了许多行之有效的好经验，同时通过学校和实际部门也培养了一批具有专事少年犯司法能力的人才。

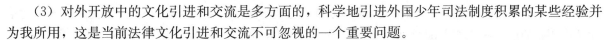

（3）对外开放中的文化引进和交流是多方面的，科学地引进外国少年司法制度积累的某些经验并为我所用，这是当前法律文化引进和交流不可忽视的一个重要问题。

国际上研究青少年法的学者比较一致地认为，1899 年美国伊利诺斯州制定的《少年法庭法》，是世界上最早制定的少年法庭法，同年 7 月 1 日在美国芝加哥成立的少年法庭，是世界上第一个少年法庭。[①] 此后，世界上许多国家都结合本国的实际情况，建立了内容不完全相同、形式也不尽一致的少年司法制度。

我们在坚持四项基本原则的前提下，引进某些国家少年司法制度的某些经验，正像我国的人民调解委员会，人民治安保卫委员会的可贵经验为他国引去、为他国所用一样，都不是照搬照套，而是要与我们的经验交融一体创造出具有中国特色的少年司法制度的体系来。

要引进外国少年司法制度的某些经验，首先就必须研究外国的少年司法制度，只有研究得深，才能引进得好；只有吸取到人家这方面法律科学的精髓之处，才能做到真正为我所用。笔者认为，少年司法制度的法律精髓所在，就是少年违法犯罪的形成较之成年违法犯罪的形成，具有其自身的特殊性，不同内容和不同形式的少年司法制度，都在于不同程度地反映和适应这种特殊性的状况。我们要根据我国的实际情况逐步解决这一问题。

### 四、我国少年罪错的司法审判在现今司法实践中的萌生

要建立具有我国特色的少年司法体制，不科学引进外国少年司法制度的好的经验不行，而不从我国司法实践中进行艰苦的摸索，更不行。为建立具有我国特色的少年司法体制，目前，我国已在各方面的实践中进行着多方面的探索。特别是司法部门对少年犯进行审理的探索，立法部门对制定青少年保护条例的探索，已经有了良好的开端并迈出了可喜的步伐。《上海市青少年保护条例》的制定、上海市长宁区人民法院《关于审理少年犯的探索和建议》，就是若干探索中的两大实例。

上海市长宁区人民法院《关于审理少年犯的探索和建议》认为：少年犯（即未成年犯）的审判是整个刑事审判的一部分，但有其特殊性。因少年犯的心理机能、思想素质、作案方式和作案历史都处于未成年的、幼稚的阶段。他们对司法机关，尤其对法院审判的反映都与成年犯不一样。在审判形式、审判方法、审判内容以及审判人员的素质方面都应与成年犯有所区别，否则就会产生心理障碍，难以得到预期的效果。因此他们专门组成了审理少年犯（即未成年犯）的合议庭，为了进一步做好审理少年犯的工作，特提出了两点建议：

第一，国家对少年犯的教育、处理、改造，应该配套。须知每个人犯，一般都要经过预审、起诉、审判、改造，最后释放到社会上这样一个过程。对少年犯来说，每一个环节都应注意其未成年的特点，尤其应挑选对少年犯较有研究的人员，组成专门受理少年犯的预审、起诉、审判机构，各个环节都要本着教育、疏导和挽救的精神，使他们得到系统的帮助和教育，在刑满后也要及时组织他们学习，适当安排工作，力求做到改造一个成功一个，少出"次品"，不出"次品"。

第二，由于少年犯（即未成年犯）的年龄、阅历、心理等方面均处于未成熟阶段，拘捕后，如果与成年犯人同室监禁，容易受到一些不良的教唆和影响，不利于审理和教育改造。因此，从拘留、收容、预审到起诉、审判服法阶段，均应同成年犯人分别监禁。

笔者把上述司法实践、建议上升到理论加以概括：少年司法体制之所以不应融入成年司法体制里而应该专门建立，就在于少年司法体制较之成年司法体制，应有五个方面的不同：

1. 审理机构的不同

从世界角度看，如苏联、日本、瑞士、美国等诸多国家，审理少年犯的机构名称都各不相同。其共同点，则是都不同于成年犯的审理机关。上海市长宁区人民法院的试点，则是在法庭中专门成立了审理

---

① 康树华、赵可：《国外青少年犯罪及其对策》，北京大学出版社 1985 年版，第 56 页。

少年刑事犯罪的合议庭。这个合议庭对审判人员作了适当的选择，要求具有一定的司法业务水平和适合担任少年犯的审理者。这里不单指审判机构，应包括预审、起诉、审判、改造等机构，都应挑选对少年犯较有研究的人员来组成。笔者建议国家授权在华东政法学院设立一个少年法庭进行专门试点。

2．审理任务的不同

成年犯的审判任务，基本上就是对罪行的审判，定好了罪，量好了刑，就基本上算完成了审判任务。而对少年犯的审理，除了查明犯罪事实外，要花很大精力帮助少年犯挖掘犯罪的思想动机、犯罪根源和演变过程，使其认清所犯罪行的危害。同时还必须注意研究造成他们犯罪的社会原因、家庭原因，提出预防再犯的建议措施，并参与一定的预防犯罪的工作。从实现预防犯罪的任务来说，就其预防的对象不仅仅是犯罪少年，而且还包括违法少年和可能违法的少年。

3．审理方式的不同

审理方式设计的总的指导思想，就是始终要注意少年犯的自身特点。上海市长宁区法院审理少年犯的合议庭，在审理方法上不是急于追查犯罪事实，而是先从犯罪起因、作案经过，以及思想变化过程谈起，以消除对立情绪。而且在审判形式上，除正式开庭外，在其他审判活动中，都变"长距离"的方式为"短距离"的方式，即不像对成人犯那样"坐堂问案"，而是用一张桌子，同少年犯面对面坐着。在提问时是采用谈心的方式和口气，以消除他们对法院的恐惧、疑虑和逆反心理，缩短少年犯与审理人员之间的心理距离。而且在审理中，还要找出他们在家庭、学校和社会的行为上的闪光点，启发、引导他们如何明辨是非，而学会走光明的路。总之，审理是完全有更丰富、更美好的创造的。

4．处理方法上的不同

从总的说来，世界各国对少年犯的刑事处罚都是从轻处罚的，有些国家还规定对少年犯不记前科。《中华人民共和国刑法》对我国未成年犯的处刑也采取了"四分制"。对少年犯罪和少年错误行为的处理方法上，更多的是采用教育的方法，或行政的方法。这些方法的种类远远超过刑法的规定。我国在 20 世纪 50 年代关于少年犯处理方法的探索中，积累了处理少年犯罪和少年错误行为的许多法律依据和经验。而且如何运用这些处理方式，本身就是一门需要研究的学问，运用得当就会得到好的效果，运用不当则会适得其反。

5．监禁场所的不同

世界各国对少年犯的监禁或护理场所的建置是各有不同的，但也有其相同之处，就是尽可能不与成年犯监管在一起。我国在 20 世纪 50 年代关于少年犯的监管，就提出了应该与成年犯区别的问题，但因诸多原因所致，没有能够做到。少年司法体制的建立，首先就应该要求做到这一点。而且在司法过程的各个阶段上均应该做到这一点。这不仅可以避免成年犯的教唆和影响，而且更在于有利于少年犯在整个过程中，顺利完成属于自身的各项矫正任务。与成年犯分开监管，这是一项有力的矫正少年犯的物质条件的保障。

少年司法体制不同于成年司法体制的五大区别，就说明了什么是少年司法体制的问题。建立具有中国特色的少年司法体制的问题，既需要理论的探索，更需要实践上的摸索。实践上的摸索，就是要搞试点，而且首先应在一个或两个大城市搞好试点，并取得多方面的实际经验，在条件比较成熟的地方先建立起来，并在比较成熟的基础上法律化和制度化。

从 1979 年开始以后的几年间，在曹漫之教授的主持下，笔者与徐建教授和有关部门的同志一道草拟的《上海市青少年教育保护暂行条例（建议讨论稿）》中，就涉及少年司法制度的许多内容问题（为便于研究，这里就 1980 年 9 月 2 日作者等起草的建议讨论稿以及 1987 年 4 月 28 日上海市第八届人民代表大会第六次会议主席团第四次会议通过的《上海市青少年保护条例（草案）》进行探讨），希望能部分法律化和制度化。笔者坚信，它的法律化和制度化，就全国范围来说，虽在一段时期内还不可能办到或不可能完全办到，但是具有中国特色的少年司法体制最终是会建立起来的。写作本文的目的，乃是促进中国青少年保护法的早日制定，以及促进中国少年司法制度的早日建立。

（选自 1987 年 5 月自编教材《犯罪论专题》）

# 第四十二篇 重防"庇黑"论

什么是黑社会性质组织犯罪，在我国《刑法》上作了明确的规定。请看第294条："组织、领导和积极参加以暴力、威胁或者其他手段，有组织的进行违法犯罪活动，称霸一方，为非作恶，欺压、残害群众，严重破坏经济、社会生活秩序的黑社会性质的组织的，处三年以上十年以下有期徒刑；其他参加的，处三年以下有期徒刑，拘役、管制或者剥夺政治权利。境外的黑社会组织的人员到中华人民共和国境内发展组织成员的，处三年以上十年以下有期徒刑。犯前两款罪又有其他犯罪行为的，依照数罪并罚的规定处罚。国家机关工作人员包庇黑社会性质的组织，或者纵容黑社会性质组织进行违法犯罪活动的，处三年以下有期徒刑，拘役或者剥夺政治权利；情节严重的，处三年以上十年以下有期徒刑。"

符合什么样的条件才构成黑社会性质组织罪呢？全国人大常委会2002年4月8日立法解释的黑社会性质组织罪应当同时具备以下四个特征：形成较稳定的犯罪组织、人数较多，有明确的组织者、领导者，骨干成员基本固定；有组织地通过违法犯罪活动或者其他手段获取经济利益，具有一定的经济实力，以支持组织的活动；以暴力、威胁或者其他手段，有组织地多次进行违法犯罪活动，为非作恶、欺压、残害群众；通过实施违法犯罪活动，或者利用国家工作人员的包庇或者纵容，称霸一方，在一定区域内，形成非法控制或者重大影响，严重破坏经济、社会生活秩序。

本文不在于研究黑社会性质组织犯罪的定罪与量刑，而在于认识犯罪的严重社会危害和加强防范的问题。虽然如此，先知其此罪为何物也是必需的。同时，为了行文方便，以下就将黑社会性质组织罪简称"黑罪"；将包庇或纵容黑社会性质组织犯罪简称"庇黑"、"纵黑"；防范或预防黑社会性质组织罪简称为"防黑"；打击、处罚黑社会性质组织罪简称为"打黑"、"罚黑"等。下面仅就两大问题提出研究，并请教于四方。

## 一、深刻认识黑罪的"三大"

无论国内的黑罪，还是国际的黑罪，经过实证考察，都不难发现它具有的"三大"。这"三大"指的是以下几个方面。

（一）黑罪之大恶

黑罪是有组织的犯罪。作为犯罪的存在形态来讲，是最大的恶性犯罪。马克思曾将犯罪定义为：孤立的个人对统治关系的反抗。有组织的犯罪，显然超出了个人的"孤立"态势，这是第一。第二，刑法本身就把黑罪定义在"人数较多"的存在之列，也意味着只是相对的"孤立"。第三，有组织于无组织作比较，组织显然是积聚力量的存在方式。第四，组织作用的功能性，往往是超出"1+1=2"的功能性。总而言之，组织犯罪是恶性能量最大的犯罪。

黑罪的存在形态是单体犯罪形态发展到高端形态的表现。对于犯罪存在形态的规律性发展，我们大体可以标示为：单（个）体犯罪——团伙犯罪（单体的松散结合型）——集团犯罪（单体的紧密结合型）——黑社会性质组织犯罪（超单体的社会性质结合型）。"社会性结合"显然是超越于规模不大的集团结合和单体的团伙结合的。从重庆黑罪组织的组织结构就可见一斑：在文强和彭长健的黑伞保护下，所聚集的团伙既具有等次性，又具有规模性。第一等次是谢才萍团伙，第二等次是岳宁团伙和王小军团伙,第三等次是龚刚模团伙和陈明亮团伙,第四等次是马当团伙和王天伦团伙等,共达 30 个团伙之多。这些团伙的违法犯罪均在文强和彭长健等黑保护伞下存在,就形成了不同一般的犯罪恶性存在,显然是一种最大恶性的存在。

(二)黑罪之大害

这个问题我们不作理论上的表述,全以实证证之。2005 年 1 月 21 日河南省许昌市中级人民法院对我国建国以来中原铲黑第一大案——宋留根黑帮(简称宋氏黑帮)大案进行判决。宋氏黑帮案有 14 人被判死刑,黑罪危害可谓极大。宋、马、郝组织领导的黑社会犯罪团伙成员多达上百人,他们先后垄断布匹、水果、建材、海鲜、摩托车配件等商品,危害中原长达十年之久,相继杀死 17 人,犯罪的触角延伸到浙、苏、粤、桂等地,犯罪手段之残忍,影响之恶劣,后果之严重,实属新中国成立以来河南省最大的黑社会性质犯罪。在警方将宋、马、郝等案犯押解回当地时,中原的百姓们走上街头庆祝宋氏黑帮的覆灭和打黑干警的凯旋。时任中共中央政治局委员、国务委员、公安部长的周永康同志亲笔批示:"此案侦破难、危险大,要对有功人员表彰、受奖、提拔重用!"河南省的有关领导对此案的侦破审判给予了巨大的支持。一位领导这样认为:"打黑是大是大非问题,罪恶不除,必然是祸国殃民,甚至是对政权造成威胁,必须坚决予以打击!"①

再看近在眼前的重庆打黑除害所获得的辉煌战果吧!2009 年 6 月,重庆开展"打黑除恶"的斗争,由市"打黑除恶"领导小组统一协调指挥,政法、纪检、监察等多条战线联合出击,共出动 300 多个专案组,7000 多名干警。截至 2010 年 1 月,累计抓获涉黑涉恶人员 3339 人,铲除了一批涉黑团伙及黑恶势力"保护伞",冻结、扣押、查封涉案资产 21.746 亿元。重庆市人民检察院检察长余敏介绍,专项斗争开展半年多来,批准逮捕了涉黑涉恶犯罪嫌疑人 1176 人,起诉 78 件 782 人。对陈明亮、陈志坤、龚刚模、王天伦、岳村等 30 个涉黑团伙依法批捕起诉。立案查办打黑除恶斗争中揭露出来的职务犯罪 87 人。文强、彭长健等 12 名厅级干部涉嫌犯罪落入法网。半年来,重庆检察机关共审查案卷 1376 册,准备法律文书和出庭预案 970 余万字,警方收到群众举报线索 2 万多条,长期盘踞重庆市的重大涉案团伙受到了毁灭性的打击。②

(三)黑罪之大敌

黑社会是正常社会之敌。黑社会与正常社会的矛盾,是两个社会之间的敌对矛盾,我们有必要深刻认识二者的矛盾。在 1985 年的联合国第七次预防犯罪和罪犯处理大会上,黑社会犯罪被认定为当前世界三大犯罪灾难之一,并且指出,"其组织间的紧密勾结还远远胜于各国政府间的合作"。③ 当前黑社会为了更便于实施犯罪,各黑社会组织间横向协作,相互合并(但保留原有的各自组织体系),从而使其犯罪能量猛增,政治保护伞更大,犯罪类型和活动范围日趋扩展。正常社会对抗黑社会的挑战,是一个国际性的问题,同时也是国内的问题。河南省许昌市人民检察院公诉宋留根黑帮的公诉意见书中是这样说的:"公诉人认为,反社会性是黑社会性质组织的最本质特征,这里所说的反社会是指黑社会性质组织无视社会主义的道德规范,无视社会主义的法律程序,具有在经济、法律两个层面上与社会为敌的本质属性。"④ 正常社会的经济是在阳光照耀下依法经营的"明经济"。黑社会的经济是在违法犯罪暗箱操作下的"暗经济"。因此,黑社会是正常经济社会之大敌;正常社会的法律是公之于众的"明法律",黑社会的内控规定都是"黑规黑令"。所以黑社会是正常法律社会之大敌,从颜色而论,黑社会就于黑。概括言之主要有"三黑":黑经济、黑规黑令、黑保护伞。

---

① 肖晓冬、杨妮娜:《中原铲黑第一案》,人民日报出版社 2005 年版,封底页。
② 曹刚:《重庆打黑查封涉案资产 21.746 亿元》,2010 年 2 月 2 日《新民晚报》。
③ 史焕章、武汉:《犯罪学概论》,中国政法大学出版社 1993 年版,第 287 页。
④ 肖晓冬、杨妮娜:《中原铲黑第一案》,人民日报出版社 2005 年版,第 297 页。

## 二、重点防范"黑保护伞"

2009 年 12 月，中华人民共和国公安部、最高检察院、最高人民法院联合下发了《黑社会性质组织犯罪案件座谈会纪要》（以下简称《纪要》）。《纪要》除了对黑社会性质组织的"四个特征"作了更加具体的规定外，还特别提出了工作上的四点要求。这就是"四个要"：一要切实提高对打击黑社会性质组织犯罪重要性的认识，把依法打击黑社会性质组织犯罪作为一项重要任务常抓不懈；二要严格坚持法律标准，切实贯彻落实宽严相济的刑事政策；三要公、检、法三机关充分发挥各自的职能作用，严格依照法律程序办案，有效加强法律监督，切实提高审判质量，充分形成打击合力；四要准确把握犯罪规律，严惩"保护伞"，彻底清除黑社会性质组织滋生的土壤，同时采取多种措施深入推进打黑除恶工作，从源头上有效防控此类犯罪。

本文所论黑罪"三大"，就针对第一条要求，即提高对打黑重要性的高度认识。但对此问题，曾经有过"查办案件影响当地经济发展"的看法。中央纪委干以胜副书记明确指出这种看法"是片面，错误的"，且举例说："20 世纪 90 年代末期在厦门查处了赖昌星特大走私案，我们在那里办案的时候，就有人说，厦门的经济要倒退十年。现在十年过去了，是什么情况？这个案件从查处的头一年开始，海关税收就大幅度上升，从第二年开始，经济总量和财政收入逐年上升。现在厦门市的经济总量与 1999 年相比翻了两番，财政收入与当时相比翻了 3 翻。"过去一年来，重庆大规模打黑，又有人说"查办案件影响当地经济发展"的话了。事实雄辩地证明，查处案件，特别是查处经济领域的违纪违法案件会促进经济的发展。①

除解读《纪要》的第一条要求外，本文重点对《纪要》的第四条要求作一个解读和发表一管之见。

### （一）重防"庇黑"与严惩"保护伞"

在重庆打黑中，有 12 名厅级干部落入法网，其中黑罪的最大黑保护伞是文强和彭长健。黑罪的生成固然有其滋生的土壤，但黑苗真要成长壮大和发展，没有黑伞的保护也是不可能的。黑罪为了生成和发展，总是离不开找黑伞为其"避风、挡雨"、进行保护的。山西省临汾市委党校常务副校长窦正森，早在 15 年前就创造性地提出防止三个渗透的问题，即防止黑社会势力向公、检、法、司渗透，保护人民民主专政工具的阶级性；防止不法大款向党政要员渗透，保护党政干部的纯洁性；防止腐朽思想向社会主义思想渗透，保护思想领域的政治性。

从文强的人生履历中我们可以看到，无论从个人升迁的过程来看，还是从其数十年从警经历来看，他都不是一个"草包"式的人物。然而时至今日，从原来的英雄、功臣堕落成一个腐败分子，成为了黑恶势力的帮凶及黑保护伞，这不仅是文强自酿的苦酒，是其违背自己人生追求的必然结果，也是黑社会势力深深地渗透了他的必然结果。彭长健最早的工作是重庆市餐饮服务公司的一名厨师，20 世纪 80 年代彭长健被招入重庆市中区（现渝中区）公安分局当民警。由于工作出色，后升任秘书科科长、解放碑派出所所长。1997 年 5 月被任命为渝中区公安分局副局长，分管刑警支队、经文保科等部门的工作。熟悉彭长健的人称他善于学习，肯钻研，工作业务能力强，多次立功。2000 年 11 月，彭长健升任渝中区公安分局局长，并担任渝中区区委常委兼政法委书记。知情者称，彭长健和文强性情相投，关系密切。一种说法是，在抓捕悍匪张君的过程中，彭长健因为踏实能干得到了市公安局副局长文强的赏识。2005 年 12 月 15 日，彭长健被任命为重庆市公安局副局长。2006 年兼任政治部主任和党委委员，分管干部人事工作。2008 年 11 月，彭长健被免去重庆市公安局直属机关党委委员、书记职务；2009 年 1 月，彭被免去市公安局政治部主任职务，但仍为市公安局副局长，局党委委员。彭长健与涉恶人员陈明亮、马当等关系密切，早在其任职于渝中区公安分局工作时就已结交，

---

① 2010 年 1 月 8 日《南方都市报》，转引自《中纪委驳斥打黑影响发展经济说》，载《报刊文摘》2010 年 1 月 13 日。

一时非议很多。此前被判处 20 年有期徒刑的涉黑人员谢岗，为谋取不正当利益，曾给予时任市公安局副局长兼政治部主任的彭长健财、物共计人民币 27 万元。2009 年 9 月 4 日上午，彭长健在市委办公厅参加会议期间被市纪委工作人员当场带离会场，后被"双规"。彭长健与文强一样行的是一条不归路！文强曾忏悔道："希望无人重蹈覆辙——这黑恶势力寻靠保护伞，黑保护伞庇护黑恶势力的'辙'。"①

黑苗子在黑庇护中长大壮恶，且黑伞也越来越黑。笔者认为，黑保护伞与黑罪的"养成"之间的关系，在某种层面上，如"保护"与"褓婴"之间的关系一样，是互为依存条件的，"保姆"要获得"工资"；而"黑婴"要避风挡雨，要获得"成长"。互为利用的黑保护是黑组织犯罪能得以生存发展和扩大势力的关键所在。如何防范设治呢？除了提高公务干部的自律软抗力外，在干部管理制度机制上适当设置"隔染障"，在媒体监督上能许可时曝"问题光"，都是很有必要的。因为在防范某些公职人员"庇黑"的同时，有利于对黑恶势力违法犯罪行为的及时侦处。因此，早预防"庇黑"现象，早查办违法行为，是十分必要的和重要的治策。话说回来，历史辩证法证明：任何社会都总有人黑就黑到底、"庇黑"就庇到"头"的。对这类庇黑的罪恶分子，必须严惩不贷的，必须毫不手软的进行除恶务尽的。

（二）立足源头，顺流清理生黑的社会土壤

所谓立足源头，这里指的是要站在历史长河中来审视黑罪的问题。其一，有资料可查西方的黑社会，源于 15 世纪至 18 世纪的封建帮会，农奴主的护卫队和打手，以及职业的犯罪分子。② 我国解放前的黑社会与封建帮会组织也有其渊源。从社会运动的节奏层面来考察，可以作一个大海运动的潮汐的比喻。涨潮时固然能够涤荡污泥浊水，但汐潮时，总免不了有沉渣在岸边积留。换句话说，在社会发展进程中，总有跟不上进程而留下来的阻障甚至反社会进程的"尘埃"分子。这是从源头上对黑罪产生的寻根。其二，任何社会都免不了有一定数量的犯罪产生，当然治罪方略实施得好或较好，能够做到犯罪的少产生。而在改造罪犯的狱政工作上，实践证明，也很难把每一个罪犯都改造成为不再犯罪的新人。这种少数或者说极少数未能悔过自新的刑满释放人员，无疑成为黑罪得以滋生的现实粒子。第三，黑罪的产生，与犯罪活动形态发展的规律作用也是不可分的。纵观犯罪形态发展史，其遵循的一般规律是：单（个）体犯罪——团伙犯罪（单体松散结合型）——集团犯罪（单体的紧密结合型）——黑社会性质组织犯罪（单体的社会性结合型）。这种演进性规律表现，显然是与犯罪活动的需求度分不开的。美国著名经济学家钱德勒提出了一个关于企业结团的形成理论，名叫"组织跟进战略"理论，即是说组织形式是同经济发展的战略需要而"跟进"的。当然这是对正常社会研究经济组织的规律性理论。黑社会组织固然是反社会性的违法犯罪组织，作为反社会的运用，并不难洞察其组织形式，也是为满足其违法犯罪之需要而"跟进"的犯罪形式了。黑罪的形成、发展是由三种人的互动作用的结果：即是前社会留存的社会"尘埃"分子、现实社会中未能成为新人的形释分子和国家公务员中的腐败分子之互相利用、互为依托的犯罪行为的总和。它们为了满足犯罪的需要即以反社会的组织形式而出现。

研究规律是为了采取防治之政策和策略。应当说，具有中国特色的社会主义社会，从源头上、土壤中防治黑社会性质组织犯罪，是取得了巨大的成功和辉煌成就的。与其他任何形态的犯罪一样，黑罪还会有存在。我们的防范工作是尽可能减少和弱化它的存在。防治工作须从多层面、多角度进行，但笔者认为在各方面防治工作上防治"庇黑"，乃是最易于着手的防治之策了。所以作者将本文定名为《重防"庇黑"论》。

（原载《江苏警官学院学报》2010 年第 2 期，作者：夏雪）

---

① 2010 年 1 月 8 日《南方都市报》，转引自《中纪委驳斥打黑影响发展经济说》，载《报刊文摘》2010 年 1 月 13 日。
② 史焕章、武汉：《犯罪学概论》，中国政法大学出版社 1993 年版，第 289 页。

# 第四十三篇 论"治未罪"

## ——关于"溯源防范"与"不管而管"制度的建成

在本论的开篇先谈两个问题:第一,什么是犯罪学的问题。犯罪学是天生的入世之学,是走进社会各阶层、各领域之学,是预防攻击之学,是尽最大可能减少加害、救助被害之学,是以"治未罪"为最高使命之学。犯罪学的使命不是由犯罪学本身来完成的,而是由社会本身来完成的。犯罪学的研究任务只能是向社会提供"媒体"资料,发挥"媒体"功能的作用;发挥向党和国家提供"治未罪""助被害"的适时建议、模式等,以供决策参与选项的参考。第二,预防犯罪的问题既是历史问题又是现实问题。本文所涉及的预防犯罪的问题,是任何社会都司空见惯的问题,但又是古往今来的人类社会都重视不够或虽重视也都未曾建章立制并切实解决的问题,更没有形成行之有效的法治体制的问题。笔者出于对当今世界的呼吁,也出于对我国特色社会主义在解决这一重大历史现实问题上的优势,故在此提出该命题,与同仁们共探讨。

## 一、"治未罪"的由来

在犯罪学、刑法学领域中,"未然犯罪"、"已然犯罪"的概念比比皆是,但都是从认知的角度而言,不曾见过从治理的层面上来论及的。本文从治理上论及该命题,并不来源于犯罪学和刑法学,而是来源于我国中医学①,来源于我国对中医学的一种现实定位。这里不妨提及一下一部发展中医药的地方法规——《黑龙江省发展中医药条例》(2008年通过,内容从简)。这是我国首次将"治未病"写入地方性法规。何谓"治未病"?据黑龙江省著名中医曹洪欣介绍,预防是医学的首要原则。中医的"治未病"包括未病先防、既病防变和愈后防复三个部分。"医学的根本目的是促进群体的健康,而不仅仅是治病",著名健康教育专家洪昭光说。按照这个标准,医生可分为四等:最低是"医匠",就病论病,头疼医头,脚疼医脚;高一级的是"医生",除了治病,还关心患者的饮食和心态;再高一级的是"医家",能把握一级预防、二级预防、功能康复等医疗的全过程;最高级的是"大家",除了上述所说,还能做好大众的健康促进工作,帮助提高社会的健康水平,这与中医的"上医治未病"思想非常贴近。据国家"九五"攻关研究表明,把1元钱花在预防上,可以节省8.59元钱药费,还能相应节省约100元的抢救费、误工损失、陪护费等。②"治未病"的定位,不仅是中医医药(学)的高层次定位,也是"经济医学"的定位,同时也是符合现代社会进步的定位。世界卫生组织指出,21世纪的医学将从"疾病医学"向"健康医学"发展,从"重治疗"向"重预防"发展。

对于犯罪问题,借鉴"上医治未病",引用圣人"不治已乱治未乱"的道理,就自然会引申出"上策治未罪"来。所谓"治未罪"同样包括未罪先防、刑后防犯的过程,在刑事领域也必须转变重打击轻预防、重刑法学轻犯罪学的古今观念,应当把"治未罪"在全社会喊响,在立法上定位,在行为上落实。如果说医疗卫生事业是民生的一本,因病而贫,因贫而病的循环可以通过"治未病"而减轻,那么治理犯罪的事业也与民本密切相关,不安而狱,因狱不安的循环也同样可以通过"治未罪"得到消减。如果说通过"治未病"可以走出当今中医药的中国特色来,那么,通过"治未罪"同样可

---

① "治未病"一词首见于《黄帝内经·素问·四气调神论篇》,其曰:"圣人不治已病治未病,不治已乱治未乱。"

② 《黑龙江十年两度立法力挺中医原委》,2008年7月28日《法制日报》。

以走出治理犯罪的中国特色来，而"治未罪"的制度建设乃是首要问题。

然而，古今中外都缺乏"治未罪"的制度建设，如果说有，都似乎是"未建成"。在当今的现实社会能不能建成呢？笔者此处引用"未建成"概念，来自世界对非传统而新型的"未建成"建筑设计大师日本矶崎新的专称，他的诸多设计如空中城市等可能在遥远的未来才能建成。他在上海浦东设计的喜玛拉雅中心正在施工，其建筑意象似乎是源头在喜玛拉雅山、流程在长江东海口，内涵充满着深刻的哲理。这一杰出的设计，当然属于能建成的。① "治未罪"的制度设计是颇为不易的，也免不了存在想建成而建得成，想建成而未建成的，关键在于在制度建设上要永不停步地往前行。

## 二、"溯源防范"制度的建成

医学的治理对象是人体，而人体又是以人的生存环境为载体的。所以"治未病"就不单是在治人体之"病"，同时也是在治人体生存环境之"病"。同理，治未罪也不单纯是在治可能成为主体的"人犯"，而同时也在治主体存在的载体——复杂的社会结构的"潜在犯"——社会结构本身载体环境的"潜在犯"了。这里提出的"溯源防范"制度的建构就是要从源头抓起：一方面从"存在结构"着手，对社会的人群结构"潜在犯"、社会的领域结构"潜在犯"、社会结构载体环境"潜在犯"的治理制度进行构建；另一方面从"领域范围"着手，对人口领域防范制度的建构，对经济领域防范制度的建构，对文化领域防范制度的建构，对制度领域防范制度的建构。换句话说，在我国经济建设、政治建设、文化建设、社会建设的同时，做到四大防范制度的建设。这里列举北京奥运会食品监管制度的设置，以使这类构建直观可见。

这次北京奥运会食品生产的监管，不是单以日常的市场准入方式，而是采取源头控制、市场准入并重的方式，重在预防，重在日常监控，防患于未然。主要有四个环节：其一，在农产品的种植和养殖源头，主要是加大对各种农业投入品使用的安全监控，包括农药、兽药、饲料等；其二，在生产加工环节，对使用的原料和辅助材料进行检测，对产品出厂时的质量安全是否符合标准进行检测；其三，在食品流通环节，依照国家有关的法律法规进行索证索票，就是索取相关证明其产品质量合格和安全的证明文件；其四是奥运餐桌环节，由专门的食品卫生监督人员，对食品进行留样，采样和检测。②

如果说食品生产，有一个从源头开始的生产—销售—消费的流程，那么"犯罪"的生产同样有一个从源头开始、主体与客体在各个环节上相互作用的流程。食品从源头到流程的环节中都有产生次品乃至废品的可能，而人体的各种行为从源头到流程的环节中同样有产生违法乃至犯罪的可能。如果说要减少或避免食品从源头开始到流程环节到最后终端产生次品甚至废品，需要有严格监控制度的伴随，那么，要减少犯罪或者避免某些犯罪的产生，同样需要从源头开始到流程环节到最后终端有严格监控制度的伴随。这种伴随经济、政治、文化、社会的严格的监控制度，现实中不是一点没有，而是没有形成制度层面上的操作规范和持之以恒的绩效，所以说还是处于"未建成"。

对于总在发展变化的社会而言，"未建成"这个概念是很具哲理的。这就需要我们遵循事物的源流发展规律，使防范制度与时俱进，做到有效的、同步的构建。在经济上不要"只顾生产，不顾污染"，同理对诸事不要"只顾事物进程，不顾犯罪形成"。我们应当对"溯源防范"制度的建立大力呼吁，如奥运食品的监控制度不要成为一时的专有制度，而应当成为普遍推行的常规制度；不仅在经济领域，而且在政治、文化、社会等领域都应当普遍推广这种行之有效的源流监控制度，让国人牢记在脑海里，溶化在血液中，实践在行动上，养成一种职业者之天职，国民者之天性。这里要特别强调的是东西方文化传统的差别性。东方文化传统重在"知"的心性教化，西方文化传统重在"行"的制度规范。我们应当强化的是知行并重，教化与制度并重，一定要克服疏于制度监控的传统习惯，在"溯

---

① 《当代建筑大师矶崎新》，中央电视台10频道（科学教育频道）2008年7月30日载播。

② 《从源头到餐桌每一环节都严格标准责任，奥运会食品监管"一步都不少"》，载《法制日报》2008年8月1日。

源防范"的制度上做到切实有效的制度建设的创新。

### 三、"不管而管"制度的建成

随着违法犯罪形成的流程，伴随而来是不可避免的违法犯罪的损害，即加害人对被害人的损害，或者被害人又变成为加害人对社会其他人的损害。加害也有种种，可能是公民加害国家，也可能国家加害公民，当然更不乏公民间的相互加害。人类社会几千年的刑法史所凸显的都是加害人受到国家刑罚惩罚的历史，所以刑罚制度被彰显为最显赫的国家制度，如"杀人偿命"就实现了加害人与被害人之间的心理平衡，被害人不可能也不会再有别的什么要求了：单一的国家刑罚权的行使也回答了问题一切，而对被害人是不会问津的了。随着现代社会的被害人学的兴起，开辟了刑事法学的新领域，对被害人的权益救助提上了议事日程。因为单一的刑罚制度虽然对加害人进行了惩罚，但对被害人而言却没有得到实际的任何好处，何况加害人的犯罪原因中存在着社会原因，国家不是毫无责任的。因此，被害人产生了申请救助损害的相关权益，被害人国家救助制度应运而生。这是一项由历史无为而现实有为、历史不管现实在管的新建制度，也是一项与刑罚制度相伴的或者说对应的制度。前者对应的是加害人，后者对应的是被害人。但就学科而言，这项制度不是刑法学研究的对象范围。

关于被害人救助制度和执行制度的机构机制的设立等相关任务由哪门学科研究较好呢？笔者主张由犯罪学这门学科来研究，这里着重谈以下两个问题。

（一）犯罪学研究对象范围的分类

笔者认为，犯罪学研究的对象范围应当分为两大类。

1. 理论研究

理论研究应从犯罪现象、犯罪原因、犯罪对策这相互关联的"三大空间"着手。如果说把这"三大空间"作为视角的横向，那么它们的源流视角就是纵向。我们可以把二者的纵横交汇面基本上分为三大层面来研究，即源头层面的犯罪现象、犯罪原因、犯罪对策研究，流程环节的犯罪现象、犯罪原因、犯罪对策研究，终端层面的犯罪现象、犯罪原因、犯罪对策研究。

2. 实务研究

把犯罪学的研究对象与刑法学的研究对象区分开来，这是犯罪学科形成的前提条件。刑法学归根结底是研究对加害人定罪量刑的法学。换句话说，虽然刑法学要研究大量的理论问题，但归根结底是为对加害人定罪量刑的实务服务的。笔者认为，犯罪学的实务研究对象应当是刑法学既不管而又管不了的实务对象，即加害人的对立面——被害人的实务问题，如对被害人救助制度的实务研究等。或许有人认为研究被害人问题的已有被害人学，但笔者认为，被害人学的单一功能根本不适应承担被害实务得以解决的促成能量，而犯罪学科才是具有这种能量的学科，而且犯罪学从总体上也涵盖了被害人学的。

（二）"治未罪"的分类

无论理论研究还是实务研究，从根本上说，犯罪学都是对"治未罪"的研究。"治未罪"的空间很大，基本上可以分为两大空间：①未罪先防的空间研究。这是理论研究的永恒性的用武之地，也是"治未罪"研究的第一要务。②已犯被害的空间研究。其主要有：对已构成犯罪的被害人损害救助制度的建成的研究，对未构成犯罪但并不是没有损害对象的空间治理研究。

刑法的罪刑法定原则显然把非法定标准的行为界定在"犯罪"之外了，但界定之外的行为也有不少是既有危害程度又有损害对象的。这是一个无人管的真空地带。如果说构成犯罪的加害人要受到刑罚惩罚，相对的被害人同时有提请国家救助的可能，那么，不构成犯罪的加害人自然就不会获得刑罚，而被害对象虽受到某种损害也很难提起任何救助。对于这个真空地带的"未治"，笔者认为，这是各种社会层面中的一种不公正层面。因此把"未构成"但仍具有社会危害损失的对象的研究，作为"治未罪"（未构成犯）的第二要务是很有必要的，当然这是一家之言。同时，社会现实告诉我们，在这类空间中，有的是在案的，而还有相当多的是不在案的，不在案更是处于"无管无为"的状态。面对这类"犯罪圈"外的损害问题，对加害方与被害方要不要"治"。如果需要"治"，又如何去"治"，在当今的社会现实中有着广大的空间可以研究。对于这一实务研究，笔者认为，应当由犯罪学学科担当起来的。然而担当从何着手呢？首先就必须科学论证"无为而为"、"不管而管"制度建立的必要性，其次乃是建立所为所管机构和机制的可行性及其功能作用的如何发挥的问题，从而开辟犯罪学实务研究的一片新的蓝天。

## 四、犯罪"相对论"

### （一）犯罪相对论的内涵

借用伟大科学家爱因斯坦的相对论科学术语，来比喻何秉松教授从犯罪与刑罚的角度对所有人的分类。2010年10月30日在北京召开的第二届"全球化时代犯罪与刑法国际论坛"大会上，何秉松教授作了《人权防卫论》的大会主题报告，其两大基石为"防卫人权"与"中庸精神"。[①] 在其理论中，他从犯罪与刑罚的视角层面上，将所有人划分为两类，即犯罪人或潜在的犯罪人、被害人或潜在的被害人。笔者从相对论理论去理解，这就有四种相对存在关系：①犯罪人（加害人）与被害人的相对存在关系；②潜在犯罪人（加害人）与潜在被害人的相对存在关系；③惩罚犯罪人（加害人）与抚慰被害人相对的存在关系；④惩罚犯罪人（加害人）与警示潜在犯罪人（加害人）的相对存在关系。对这种相对存在的关系，合称为"犯罪相对论"，笔者认为是名副其实的。这样解读何秉松教授的分类法，不知妥当否！

### （二）犯罪相对论的意义

这里没有必要用文字去述说人类刑罚史的形态变迁，只要看看刑罚理论长河中始终存在着的防范怪圈，就可知"犯罪相对论"的价值了。

在第二届"全球化时代犯罪与刑法国际论坛"大会上，关于犯罪与刑罚理论问题，跟几百年来一样，争论的焦点仍然是刑罚的目的和本质，即具体表现为报应刑与目的刑对立性的争论。这已是老生常谈了，但始终也谈不出科学的结论来。笔者把它比喻成为走不出的"怪圈"！这个"怪圈"的内涵是什么呢？就是目的刑论所谓的特殊预防！实践才是检验真理的唯一标准，几千年来打击盗窃犯，盗窃犯并没有因为打击而减少；几千年来对杀人犯以死刑之处置，并没能阻断杀人犯一代又一代的出生。现代社会的强奸犯是减少了，但这并不是严打强奸犯的刑罚效应，而主要是卖淫嫖娼替代产品的"市场效应"的结果。"目的刑论"听起来似乎挺美好，实际上是目的刑"刑罚学家"漂泊的思想云彩，并非是能够兑现的现实存在。换句话说，是对刑罚功能定位的乌托邦。问题在于总有一些刑法学者沉迷于这种乌托邦王国里，永远也走出不"国门"。这对于学者本身而言，没有多少危害，其危害在于这种学者的乌托邦"浮云"，往往会变成多刑主义、重刑主义刑法制度产生的思想温床，而把治理犯罪的"法宝"，始终押在不切实效的刑罚的运用上。说到这里，我们仍非常有必要唤醒某些学者：刑罚的定位功能与它的辐射功能必须分清，不能混淆。所谓定位功能，也称轴心功能，就是对犯罪人（加害人）因"罪"而"刑"的对应。用传统的说法，即刑罚报应，简称报应刑，这也是被害人对加害人在价值砝码上实现相对平衡的方程式。所谓辐射功能，不用说显然是十分有限的功能，辐射有周边局限性、有距离局限性、有时间局限性等，受到这么多局限后，它还有多少震慑、预防功能作用，就如投入水中的石头产生的涟漪一样。但目的刑刑法学者把刑罚的使用冠以"特殊预防"的美称，说什么可以达到预防他人不犯罪、不被害的预防目的，这最多只是给社会的一剂"心灵鸡汤"。换句话说，这是一种对刑罚功能的空想定位吧！

---

① 梓墨：《探讨犯罪与刑罚理论的新发展——第二届全球化时代犯罪与刑法国际论坛概述》，载《法制日报》2010年11月17日。

不切实效的空想主义的特殊预防理论，从正面而言，它没有多少预防效果；从反面而言，它却危害不小。什么危害呢？它麻痹了社会对"一般预防"的重视程度。正因为如此，在犯罪学史的长河上，始终没能产生出较为科学的犯罪预防理论来。任何理论都是需要生存空间，既然所谓的"特殊预防"占了社会的主导地位，还有一般预防理论产生的必要吗？自然，一般预防科学体制的建立就更提不上历史日程的了！当然，预防理论的提出也罢，预防体制的建立也罢，[①] 首先都需要搞清楚预防的真正对象是什么。然而，何秉松教授在"分类法"中分出了"潜在犯罪人"和"潜在被害人"这两大类型，笔者认为给理论研究和制度建设指出了明确的对象。这种"分类法"的重要价值主要有三：①两个"潜在"打破了传统的只注重"结果"（已然犯罪）的思维定势，而突显了要注重"潜在"（未然犯罪）的新思维；②两个"潜在"把所谓"特殊预防"单腿行走转变为了一般预防与特殊预防的双腿行走，既要一般预防加害，也要一般预防被害；③两个"潜在"向治理犯罪的不平衡体制提出了时代的挑战，示意人们既要发展和完善惩罚已然犯罪的体制，亦要着力建设和发展预防未然犯罪（潜在加害人、潜在被害人）的新型体制，以此实现两个体制间的协调发展。

（原载《江苏警官学院学报》2008 年第 6 期）

---

① 2014 年 8 月《上海市食品安全信息追溯管理办法（草案）》已问世。此系《源流论》理论以实践践行理论运用在立法中的首部立法。经中国食品科学技术学会邀请专家鉴评，国内首个"食品安全实名溯源系统"在大成食品公司率先应用（2014 年 10 月 8 日《法制日报》）。

# 第四十四篇 "未罪"先防制度论

《论"治未罪"》[①] 一文发表后，引起同行的一定关注。2009 年 3 月 14 日至 15 日在北京召开的"社会敌意事件及调控——犯罪学高层论坛"会上，笔者遵皮艺军教授之嘱，又讲了一次这个命题。因《论"治未罪"》强调了"教化"与"制度"建设并重的观点，本文现就制度建设问题作一具体的论述，在此与同行们共探讨。下面着重讲三个问题。

## 一、犯罪学的治学理念问题

自犯罪学这门学科提出至今，已有一百多年历史了。但在研究对象上，总是众说纷纭，莫衷一是。我国自改革开放以来，犯罪学的研究出现了从未有过的、可喜的学术繁荣景象，但也同国际社会中的犯罪学研究一样，在研究的对象范围上很不一致。将近三十年了，也难形成大家共识的学科体系。这究竟是为什么呢？涉及的原因很多。笔者认为，主要原因还在于缺乏犯罪学治学的理念共识。

中国犯罪学要形成具有自身特色的学科体系，其中的首要问题就是在理念上要形成相对一致的共识。第一，要以中国优秀的文化科学传统为形成基础；第二，要以吸取国际犯罪学的科学元素为形成条件；第三，要直接对接现实中国犯罪治理的需要。具体说来，主要从三个来源上来形成相对一致的治学理念：一是要借鉴我国中医"治未病"[②] 的道理而"治未罪"，即未罪先防、刑后防犯；二是要从党和国家提出的"深化治本抓源头工作"[③]、"社会治安综合治理"等要求上，与时俱进地化出具体的研究对象来；三是要从联合国有关犯罪问题治理的"国际共识"[④] 中来分担国际犯罪的研究问题。为此，我们大体上可以把犯罪学的治学理念简要的归结为："未罪治理"理念、"综合治理"理念、"国际共识治理"理念等。

在相对一致的犯罪学治理理念的指导下，来选择犯罪学学科研究的对象范围，就可能有更多的共识对象、共识范畴、共识术语、共识功能、共识绩效了。研究工作究竟从何着手？有两句话可以概括："抓住源头，出入学流。"所谓抓住源头，就是说犯罪学要与刑法学的立足点相反。刑法学是立足于犯罪的结果上的，而犯罪学的研究必须放在犯罪形成的流程环节和源头上才行。所谓出入学流，是因为犯罪形成的"原因流"是流动在相关学科的研究之中的，因此从"出"而言，必须参与相关学科的研究；从"入"而言，必须请入相关学科来参与研究。最好能搭建一个开合自如、互补推进的"犯罪源流治理研究"学术研究平台，这对犯罪学理论体系的形成和实务问题的解决，都可能有更多益处。

## 二、未罪治理的"治型"主体问题

中国自古就讲"万事防为先"、"防患于未然"、"防微杜渐"等等道理，而对于人体疾病来说，我国中医学在防病于未然上，就更是杰出了。这里且从《鹖冠子》中的一个故事讲起。魏文王问名医扁

---

① 夏吉先：《论"治未罪"》，载《江苏警官学院学报》2008 年第 6 期。
② "治未病"一词首见于《黄帝内经·素问·四气调神论》篇，其中曰："圣人不治已病治未病，不治已乱治未乱。"
③ 2008 年 12 月 26 日中共中央政治局会议《研究部署党风廉政建设和反腐败工作》，载《法制日报》2008 年 12 月 27 日。
④ 参见《联合国反腐败公约》、《联合国预防犯罪及罪犯待遇》等文件。

鹊，你们家兄弟三人，到底哪一位医术最好呢？扁鹊回答，大哥最好，二哥次之，我最差。文王问，那为什么你最出名呢？扁鹊说，我大哥治病，是治病于未发之前，由于一般人不知道他事先能铲除病因，所以他的名气无法传出去。我二哥治病，是治病于初始之时，一般人以为他只能治轻微的小病，所以他的名气只传于乡里。而我治病，是在病情严重之时，所以大家认为我医术高明，名气因此响遍全国。在这个故事里，"未病"、"初始病"、"严重病"是三种"病型"，相应的是三种"治型"。作为医师主体也是有相应的三种主体：扁鹊大哥是"治未病"的医师主体，扁鹊二哥是治"初始病"的医师主体，扁鹊本人是治"严重病"的医师主体。从治病的总体观之，三种主体都是不可缺少的。但从出名而言，第一种主体不出名，第二种主体出小名，第三种主体则出大名。如果把"名"与"利"对应起来的话，第一种就难有利，第二种获小利，第三种就可获大利了。在该故事中，古人并没有那么看重名利，更没有对应其名与利的关系，其医德之崇高确实令人敬佩矣！

笔者主张借鉴我国中医"治未病"的道理而"治未罪"，且把犯罪形成的"犯罪源头治理"与"未罪治理"相对应，"犯罪流程环节治理"与"初始病患治理"相对应，"犯罪终端结果治理"与"严重疾病治理"相对应，而治理犯罪与治理疾病的主体自然也可以对应。不过，在重名重利的当今时代，其主体也难免不打上这种时代的烙印了。且看这样三个故事：有一位现已知名的刑法学者，在一次学术会议上吐露其心声说："我当时本来情有独钟的是学犯罪学，当知道"禁区"多、获得研究资料很困难时，再加之在学科上犯罪学又附属于刑法学，于是就改变了初衷，放弃犯罪学而改研究刑法学了。"有一位已是某市副检察长的官员，他本人对预防职务犯罪的研究作出了一些成绩，也出过有关方面的书，但他仍无不感慨地说："搞预防犯罪不像打击犯罪在成绩上有数据说话，可圈可点。晋升难啦！"有一位年轻刑法学者在治学上也很有雄心壮志。曾经在谈话中，谈及搞大刑法学，准备将犯罪学"吃"掉时说："刑法学是人人皆知的显学，犯罪学何不"归顺"呢？"这三个现实的故事表明了一个问题，治学都愿治"显学"，而不甘愿治"隐学"。当官最好做"显官"，而不情愿做"隐官"！如果都这样，笔者的主张不就落空了嘛！

当今的人生活在当今的时代，古时与现时有诸多不同，不可类比，但从古今故事中我们可以看出有一点是相同的，就是"一般人"只能知道"显"，而不知道"隐"，因而很难看到"隐"的价值，纵或是某些"隐"的正面价值比某些"显"的正面价值还要高得多。"一般人"看不到，"内行人"可以看得到。国家的当权者应当洞察，而且有权使"隐"的价值得到应有的认同和价值体现。这是在探讨"未罪治理"主体时不能不提出的问题！

### 三、"未罪"先防的制度建设问题

自新中国成立以来，我们党和国家对反腐倡廉和刑事犯罪的治理工作，随着理论与实践的不断发展，大体经历了从十五大以前的标本兼治、侧重遏制，到十五大以后的标本兼治、综合治理，逐步加大治本力度，再到十六大以来的标本兼治、综合治理、惩防并举、注重预防这样三个阶段，所取得的巨大成就为众人瞩目。近年来，在惩防并举、注重预防上，我国创新了预防犯罪的制度建设，如新成立了国家预防腐败局等国家机构；实施宽严相济的刑事政策，也产生了良好的效果。尽管如此，我们还是有必要从科学发展观出发，进一步探讨预防犯罪的新的制度建设问题。建立什么样的新的防范制度呢？

前面已经提到，在防范问题上，笔者主张借鉴我国中医"治未病"的道理而"治未罪"，即未罪先防、刑后防范。建立从源头开始到流程环节，再到终端为止的源流监控制度，姑且叫做"溯源防范制度"。有没有必要建和有没有可能建呢？无需阐述大道理，且看正面与反面的铁的实证。

北京奥运会食品监管制度的设置说明了源流监控完全可以做到。这次我国对奥运会食品生产的监管，不是单单采取日常的市场准入方式，而是采取源头控制、市场准入并重的方式，重在预防，重在日常监控，防患于未然。其主要有四个环节：其一，在农产品的种植和养殖源头，加大对各种农业投入品使用的安全监控，包括农药、兽药、饲料等；其二，在生产加工环节，对使用的原料和辅助材料的检测，对产品的出厂进行质量安全是否符合标准的检测；其三，在食品流通环节，依照国家有关的法律法规进行索证索票，即索取相关的、证明其产品质量合格和安全的证明文件；其四是奥运餐桌环节，由专门的食品卫生监督人员，对食品进行留样，采样和检测，[①] 从而从食品安全上保障了北京奥运会的伟大成功。

三聚氰胺问题奶粉事件从反面说明了"溯源防范制度"建立的必不可少性。石家庄三鹿集团公司于2008年9月出现的（三聚氰胺）问题奶粉危害婴幼儿健康生命的严重事件，国人家喻户晓。2009年3月28日《第一财经》主持人袁鸣邀请了贝因美集团公司董事局主席谢宏先生向观众谈奶粉行业，总算把"天机"泄露了出来，其中有几点给人留下了最深刻的印象：第一，牛奶掺假是一个国际性问题：掺水，掺味精，掺蛋白精、三聚氰胺等；第二，掺假从源头到流程都可能有：从奶农到奶站再到奶厂等；第三，贝因美是把"鸡蛋"放在一个篮子里，监管得住不掺假的问题，不像有的公司把"鸡蛋"放在几个篮子里，难以监控了！说到这里，不能不使人有一番感慨。石家庄三鹿集团公司从昔日的辉煌腾达到今日的衰败没落，其原因固然是多方面的，其中缺失"溯源防范制度"的监控，不能不说是重要的制度原因之一。这里要特别指出的是，不是没有国家监管机构，而在监管上有的流于形式。三鹿集团也曾是国家免检单位，免检单位原来如此，这不是制度流于形式的惨痛教训嘛！

在这次国家制定的《食品安全法》中，已体现了"溯源防范制度"的精神，而且建立了"国家食品安全委员会"，实行分段监督，以保障其立法的实施。这是十分可喜的事，但又如何能真正依法推行"溯源防范"制度，使食品安全法不至于流于"法"式！

问题的关键在于改革防范监督的制度和完善防范监督的机制。美国未来学家奈斯比特，在其《中国大趋势》一书中，比较了中国的民主模式与西方民主模式不同的特点。他说，美国实行的西方民主制度是一种"横向民主"，西方人心目中的自由、民主社会，是一个横向结构，由无数"个人""平等地"选举出自己的领导，而中国则与其文化传统和国情相适应，实行一种自上而下的指令与人民自下而上的参与相结合所形成的新的政治模式。从历史上看，我们党的执政和国家的管理，一直有着依靠人民群众的优良传统，但在不同历史时期、不同客观条件下，依靠的途径和方式是不可能完全相同的。在依法治国的当今，在推进中国特色社会主义民主与法治建设的进程中，逐步形成民众参与监督的多途径化和监督的制度化机制，不仅是很需要，而且也是可行的，这主要是要建设好一个"三结合"的制度和机制。

（一）主体结合的制度机制

监督的主体一是"官方"，二是"民众"。在"官方"，有党的系统中的纪委，有政府系统中的监察部门、审计部门等，有法律系统中的检察院等。在民间的民众中，有各种民间社团组织、各领域的中介机构、各阶层的人士、各社区的群众。应当针对不同需要、不同层面搭建与之相适应的结合平台或途径，使之充分发挥"官方"和"民众"两大主体互补效用。

（二）方式结合的制度机制

中国特色社会主义法律体系已经形成，各部门法已基本齐全。根据部门法违法、涉罪的规定进行监督防范，形成监督制度机制已有了条件。自上而下的依法监督，自下而上的依法监督已有了可能。问题在于要以适当的方式和途径把上下的监督结合起来，充分发挥监督的效率。特别是人民群众从爱护自己的政府出发，发挥对政府官员的依法监督。温家宝总理说："……实现人民的愿望就必须创造条件，让人民批评和监督政府。"[②] 只有创造好适当的条件，才能实现自下而上的依法监督，最终实现上下监督的结合。

自1998年村民委员会组织法颁布以来，最突出的问题是，由于没有解决好民主监督，村民自治

---

① 《从源头到餐桌每一环节都严格标准责任，奥运会食品监管"一步都不少"》，载《法制日报》2008年8月1日。

② 温家宝总理在十一届全国人大四次会议记者会上答中外记者问《当前最大的危险在于腐败，消除腐败的土壤在于改革》，载《新闻晚报》2011年3月15日。

大多畸变成为"村官自治"。浙江武义县后陈村找到了一个制衡模式，他们成立 3 人监督委员会，从早到晚"看着"村干部，不让他们乱来，现如今，这一监督模式已在全省推广。

读了他们的经验，谁还敢说中国农民素质差不适合搞民主？他们的做法概括起来有这么几点：

一是解决权力结构问题。村务监督委员会与村民委员会并列，任期相同，成员由村民选举产生，受村民代表会议委托独立行使村务监督权，对村民代表会议负责。

二是设计了纠错程序。监督委员会一旦发现某项村务有错，就会立即启动纠错程序，并让被监督成员参与纠错过程。此程序的好处在于把原来对村务的事后监督变为事前、事中、事后的全程监督。

三是设置了申诉救济制度。一个小小的监督委员会，如果村委会对反映的问题不予理睬怎么办？去年 7 月浙江省纪委颁布的《浙江省村务监督委员会工作规程（试行）》第 17 条规定，如出现上述情况，可向乡镇（街道）等申诉救济的机制。

四是解决了谁来监督监督者的问题。那就是村务监督委员会每半年向村民会议或村民代表会议报告一次工作，每年由村民会议或村民代表会议对其成员进行信任度测评，信任票率未达到 50％的，责令辞职。

这些都是民主政治的精髓，不管在哪一层级推行都用得着。①

（三）学术结合的制度机制

这里的学术是指刑事源流过程中的各门学科，特别是"已罪学"（刑法学）与"未罪学"的学术研究与适用的结合。按照学科的"源流定位"，完全可以搭建刑事源流研究的学术平台机制，充分研究犯罪防范与治理问题，以求实现"未违法"、"未犯罪"、"未再犯罪"的"三未"目标。

（原载《江苏警官学院学报》2009 年第 5 期）

---

① 王学进：《红网》2011 年 4 月 1 日载《南方周末》2011 年 4 月 7 日。

# 第四十五篇　金融未罪学——从金融刑法学谈起

中国行为法学会金融刑法学研究会即将成立了，首先表示热烈的祝贺！因为有了一个全国性的学会平台，必然会更好地推动金融刑法学的学术研究和学科发展，从而亦有助于国家和社会对金融犯罪问题的更好治理。但本文在这里不想多谈金融刑法学，而是要谈它的姊妹科学——金融未罪学，现在简要谈以下三个问题。

## 一、预防犯罪与惩罚犯罪的同等地位问题

刑法学主要是研究"刑法"的学问。而刑法（刑罚）的主要社会功能是对已罪的惩罚，其价值作用可以分为三个层面：一是科学性层面。从科学角度而言，加害与被害应当是对价性质的，当然实际处理不一定都对价。二是特别防范，即阻断行为人继续犯罪。三是辐射防范，即震慑他人犯罪的防范作用，但笔者用辐射一词来表达它的这个作用。凡细察一下，都会知道辐射乃有三度：①距离度；②时间度；③力量度。从三度考察下来，震慑防范他人犯罪的功能作用是十分有限的。只要抱着科学的态度，就都不会高估（从历年来的发案率就足以证明，近几年来，党和国家领导人对"源头预防"工作多有强调，在实践中，随着源头预防的起步，犯罪率就有了较明显的下降起色[①]），否则就带有空想性了。社会也十分习惯把这种特殊预防作为减少犯罪产生的法宝，这是几千年来的惯性思维。

由于社会盛行"特殊预防"理念，因此"一般预防"理念十分淡薄。长期以来往往停留在口头上说，笔头上写，就是难落实到行动上去。从根本上说，预防的目标载体也不明确。从学术上看，往往是空洞的文章；从社会实践上看，往往是浮于表面，而没有真正到事、到人、到位。从提高人们的安全指数观念出发，把防范目标具体化、载体化，笔者主张借用我国中医学"治未病"的理念，而点化为"治未罪"，并且专门作为一门学科来研究，故而叫做未罪学。[②] 未罪学是已罪学的相对概念，谁是"已罪学"呢？毫无疑问，刑法学就是已罪学。按照笔者的学术逻辑，未罪学与刑法学是处于同等地位之学。人们通常所说的"预防犯罪"处于何等地位，显然不得而知。本文所主张刑法学的特别防范与未罪学的一般防范应当各自起到两个"半办天"的防范功能作用才是。

## 二、金融刑法学与金融未罪学的关系问题

刑法学是研究已罪治理问题的学科，未罪学是研究如何尽可能实现"三未"目标的学科。哪"三未"呢？

一是未违法。即从不违法的要求研究起，在行为上从不违法的行为抓起。因为"违法"往往就是步入"犯罪"的"行为源"。

二是未犯罪。从犯罪的形成过程而言，一般说来总是有"源头—流程—终端"的。在源头上和流程中发现违法，发现犯罪，早发现违法，早发现犯罪；防治违法，防治犯罪，早防治违法，早防治犯罪。这样才能达到少违法、少犯罪，未违法、未犯罪的目的。这就是未罪学要研究的对象和要解决的

---

① 最高人民法院、最高人民检察院在 2011 年 3 月 5 日召开的第十一届全国人民代表大会第四次会议上的工作报告。

② 夏吉先：《谈谈犯罪学的"三未"目标——从对贪官的"早发现"愿望谈起》，载《青少年犯罪问题》2011 年第 1 期，第 76 页。

问题。关于"终端"是刑事侦察学、刑事检察学、刑法学、监狱学要研究的对象和要解决的问题了。

三是未再犯罪。此乃系监狱改造、社区矫正质量的要求标志矣，而且刑后就业十分重要。未罪学涉足一定范围和程度的研究，显然也是不可或缺的。

金融刑法学的研究，从时间上看已历时多年了，从学术成果上看，已有了不少的著作问世。现在的问题是如何更进一步提高学术水平。而金融未罪学呢？可能还是一个陌生的名字。当然从金融犯罪预防角度和层面上的研究，也不乏文章。但是从金融本域而论，似乎亦没有进入未罪学的范式要求，和主体性的防范责任。常言道："一叶知秋。"且举一现行案的产生和形成过程，就自明了。

犯罪嫌疑人陆××系上海市崇明人，本来工资很低，但在银行登记了10多个信用卡，进行透支消费，其家属要求注销陆××的信用卡，再三说明陆是还不起钱的。银行说陆是成年人了，要注销只能由他本人注销。一直拖了下去，透支越来越严重。银行最后通牒陆××还款，否则将会变成信用卡诈骗而吃官司。陆为了还款抢劫同楼租房的黑龙江一女打工者马×的钱财，且为了灭口而将其杀害。此案一经媒体播出，资深专家夏国美评论说："银行不应放任，应当加强信用卡发放的监管。"① 金融领域类似的洞穴尚多，也无需一一列举。

对于旨在惩罚犯罪的金融刑法学来说，其学术水平的提高的研究固然很重要，而旨在防范的金融未罪学的研究上的缺失，或者行为上的根本不到位，从现实状况来看，就显得更是必要了。当然二者都需相互促进，相得益彰，同步发展。这不是说要弱化金融刑法学的研究。

### 三、如何研究金融未罪学的问题

我们可以从以下几个层面来进行探索。

#### （一）首先要解决对部门法规定的全面认识问题

笔者认为，部门法就是法律化的部门。每一个部门法都是为社会某一方面服务行为的服务法，同时亦是规范违法犯罪行为的警示法和防治法（当然是粗线条的）。法律本身就是要求在"服务职能行为中监督管理，在管理监督中搞好职能服务"，达到依法司职与严谨管理的同步进行。如果立法者毫无此意，何以要规定出违法条规和涉罪条款呢？对于法律规定的这两种功能，往往在适用中大有偏差，人们关注的是业务司职，往往忽视防范司职，甚至把防范司职的社会责任空置起来。现实社会要求我们必须认识到这一个问题，即部门的涉违法、犯罪的条款的规定，就是警示我们防治违法、防治犯罪的底线规定。该部门不能等待越轨违法行为已经进入犯罪门槛时，才期待刑罚来惩罚，而应当在底线前的源头上和流程中，通过制度机制的适当设置和各种有效措施的运行，做到卓有成效地防范，即进行该行域部门的"未罪治理"。正如人有左右手、左右腿，应当发挥两手两腿的功能作用，而不应是一手一腿的功能作用。

金融未罪治理，就是要根据金融法各种法律法规的规定，将其违法条款和涉罪条款进行逐个的研究，切实明确"犯罪门槛"所在，依其行域的现实状况进行同步研究，对症下药。前例所举，按照"源流理论"，对信用卡的透支现象不能任其流去，必须中途截流。

#### （二）金融未罪学研究：对未罪学中"象式"的运用

库恩创立了学术研究的"范式"概念。作为笔者编著的《未罪学》所涉及的第一层面的诸范畴用语，笔者照用"范式"来表达。然而作为第二、第三层次的相关范畴，笔者乃用"象术"和"象式"的用语了。所谓"象式"乃"象术"的关联组合方式。何以要用"象术"？我们知道，《易经》研究产生的学派有其二：一是"象数学派"，二是"易理学派。"此处借鉴和典化"象数学派"的术语，为其所用。现将未罪学研究中所用的"象式"，列表如下：

---

① 新闻综合频道《案件聚焦》2009 年 12 月 29 日。

| 人体 | 源头 | 自由 | 症象 | 找穴 | 加害 | 扶正 | 治标 |
|------|------|------|------|------|------|------|------|
| 社体 | 流程 | 法度 | 犯因 | 点穴 | 被害 | 去邪 | 治本 |

　　从金融未罪学的研究需要来讲，除了需用一般"象式"术语而外，自然还需要本域的诸多特定术语，限于文章篇幅，这里就不再作列举和阐述了。

　　最后再要强调一下：金融刑法学是研究金融犯罪已经产生了的已罪学，它与金融未罪学完全是相得益彰的学科，这种相得益彰就是预防与惩罚的相得益彰，或者说是"特殊预防"与"一般预防"的相得益彰。因此，推进金融刑法学与金融未罪学两门学科的同步发展，都是非常重要的。

（中国行为法学会金融刑法学研究会成立大会文集）
2011 年 3 月 26 日北京

# 第四十六篇 树立金融行为"未罪"治理的法治理念

## ——以一例信用卡透支犯罪的形成为视角

"金融法律服务与管理创新建设论坛"即将开坛，组委会发来"邀稿函"。笔者理解，论坛的中心内容是两大方面：一个是服务方面，二个是管理方面。此文就管理方面中，如何减少金融违法犯罪的问题，浅谈一管之见。下面主要谈两个层面的看法。

### 一、时代要求我们对"预防犯罪"概念内涵的更新

对金融领域、金融业务而言，法律服务一方面在于促进金融发展，对金融的发展保驾护航；法律服务的另一方面，就在于促进金融行业、金融业务管理建设的创新。先要有新的思维，而后才可能有新的行为，对任何行为都如此，对管理行为也无例外。笔者认为，预防违法犯罪是金融管理的重要内容之一。换句话说，对违法犯罪的预防也必须创新，没有预防违法犯罪的新理念，就不可能产生预防违法犯罪的新行为。因此，首要的问题是更新理念，确立预防违法犯罪的新的概念内涵。

要确立新的概念内涵，还得从"已罪学"与"未罪学"的相对论谈起。什么是"已罪学"呢？刑法学就是已罪学。当然，它是以"刑罚"为中心的方法论来命学科之名的，自然地区别了以行政方法和其他方法对违法行为的处罚，这无疑是科学的，而且已成为源远流长的社会公认的学科名称，因此也没有更名为"已罪学"的必要。不过还得从形态上把二者间的区别说明白。已罪学是对已然犯罪形态行为进行治理研究的科学，而"未罪学"乃是对未然犯罪形态行为进行治理研究的科学。具体来说，即研究如何才能"未违法"、如何才能"未犯罪"、如何才能"未再犯罪"的研究治理学科。人们可能会问，不是有预防犯罪的概念了吗？何以要创新一个"未罪学"概念呢？毫无疑问，预防犯罪概念，作为传统的和普识的概念，仍然可以普遍通用。但预防犯罪的概念明显有两大弱点：第一，概念的内涵单一，而且是柔性、随意性的，可预防或可不预防，因人而异，没有标准；第二，是相对的人治概念，给人们的语意是缺乏法治依归的。因此作为学科概念，显然是缺乏科学性、规范性的。而"未罪学"创新概念，无疑就克服了预防概念的上述两大弱点。"未罪学"概念的优点就在于：第一，它有着明确的学科参照系。"未罪学"的概念，显然是以"已罪学"（刑法学）为参照系的。有了这个参照系，就会使得研究的对象和范围比较明确，不至于太泛了。第二，"未罪学"概念，有着明确的学科功能目标，这就是以"未违法"、"未犯罪"、"未再犯罪"的功能效果为其学术的研究宗旨。第三，"未罪学"概念，对违法犯罪是当作"社会病"来治理的。而且治未罪是从我国中医学"治未病"的概念借鉴而来，采取的是"治未救人"的学科态度。第四，未罪学概念是以法律规定为依据的法治学科概念，具有明文的刚性属性。前已阐明，未罪学是相对已罪学（刑法学）而言的。我们知道，刑法学对已罪治理的研究，有其权威的法律依归，这就是国家制定的《刑法》。世界上的任何国家都不可能没有《刑法》。尽管刑法学者因其各自的学识不同，会写出多姿多彩的刑法学学术著作出来，但万变都难离其宗，这个"宗"就是做到尽可能达到为理想的定罪量刑服务，或为定罪量刑这个宗旨所作配套性学术科研研究。刑法学学科研究，有国家制定的《刑法》或《刑法典》为依归（当然还有国家刑事政策等）。那么，作为相对学科的"未罪学"研究，有没有国家制定的法律可依呢？当然有，这就是国家制定的各部门法的规定。而且可以这样界定：国家各部门法（除国家刑法而外）都是刑法的上位法。这里我们可以用简约的表格标示法，标定出二者的上位与下位的学科关系来。请看下图：

| 法源 | 上游罚法 | 下游罚法 |
|---|---|---|
| 《治安管理处罚法》 | 因行为违法入行政处罚门槛 | 因行为已构成犯罪受刑罚惩罚 |
| 《公司法》 | 因行为违法入行政处罚门槛 | 因行为已构成犯罪受刑罚惩罚 |
| 《侵权责任法》 | 因行为违法入负民事责任门槛 | 因行为已构成犯罪而受负刑事责任惩罚 |
| ………… | ………… | ………… |

未罪学学域　　　　　　刑法学（已罪学）学域

由上图可见，因违法而入行政处罚或负民事责任都居于上位，很显然入刑法（罚）处罚或负刑事负任都居于下位。如果以"源流论"而言，也可以说是上游法和下游法的关系。国家制定的各部门法，从内容结构而言，都规定了它主要是干什么和怎么干；同时也规定了出现某些行为现象，就涉嫌违法或者涉嫌犯罪。如果从正面与负面两方面的规定来看，法律的负面规范在一个部门法中只能是概括性的，既然放在法律中作为一项结构内容，当然也就是一项法定，或者说行为规范。换句话说，就是必须依法执行的。"未罪学"显然就是以部门法对违法行为的禁止性规定、对犯罪行为的禁止性规定作为自己学科研究的法律依归的。研究什么？研究违法行为的原因、研究犯罪行为的原因，力求在已违法、已犯罪之前，即还处在源头上和流程中，就能实现较良好的治理，达到少违法、少犯罪、少再犯罪的理想目标。

## 二、一个可能实现"未罪"治理的金融行为

犯罪嫌疑人陆某某系上海崇明人，本人工资很低，但在银行办理了上10个信用卡，进行肆意的透支消费。他的家人一再要求银行注销陆某某的信用卡，并再三声明陆某某是还不起钱的。而银行回答说："陆某某是成年人，要注销也只能由他本人来注销。"就这样一直拖了下来，其透支亦越来越严重。银行最后通牒陆某某还款，否则将会变成信用卡诈骗犯罪而吃官司。陆慌了手脚而心生歹念，便上门抢与他同租一层楼面的黑龙江籍一打工女马某的钱款。马某对疑犯面熟，交出身上的现金后，还因被威胁而交出银行卡。由于马某不经意而说："你快跑吧，警察会来抓你的！"陆某某意识到马某有可能会报案，于是公然杀人灭口，分尸装袋，趁夜色蒙蒙叫出租车带走而抛尸郊野了。当媒体播出此案时，上海社会科学院资深学者夏国美评论说："这桩犯罪案件的形成，显然与银行的金融行为有密切关系，银行不应当放纵透支行为，应当加强对信用卡发放的监管才是。"

如果我们回顾一下银行监管上存在的漏洞，难忘2001年在云南省发生的何鹏面对取款机而导致的"盗款案"；2008年在广东省发生的许霆面对取款机而导致的又一起"盗款案"了。该类案件之产生，从客观上看与取款机的故障显然有着直接的关系，客观责任就是银行对取款机管理上所致的责任。

如何看待银行管理上的问题呢？对这个问题的看法，笔者十分明确地说：人们会存在着理念上的两大分野、两种主张。

（一）在传统理念指导下的银行金融管理行为上的柔性人治治理

在对前一个大问题的分析中，笔者已经明确地分析到传统防范观的特点，在这里不妨结合实例进一步作点分析。其一，传统的防范观是被动的防范观。所述两类与银行有密切关系的案件，银行都没有主动防范行为；不仅没有主动防范，而且在一定程度上还存在着放任犯罪行为的嫌疑。其二，传统的防范观是不承担任何法律责任的防范观。由于银行信用卡发放失格，由于银行取款机失灵，从客观上导致犯罪的产生，银行没有因此而被追究任何的法律责任。其三，传统的防范观甚至是加害人代"人"受罚的一大源泉，这里"人"指的是本身有一定过错的被害人。前面列举的何鹏、许霆取款机盗窃案，在获刑上开始就代"人"受罚了。代谁？代银行。经过辗转反侧的诉求变动，法院才最终在

法定刑期以下判刑了。为什么改为法定刑期以下判刑？刑法学界仍然没有从理论上指出法理上的弊端所在。其实，笔者早在二十年前的著述中就提出了一个当量公式，即加害人的应受刑罚量＝罪刑法定的判刑量－被害人本身过错该当量（本身过错行为完全是可以量化的）。由于在传统的防范人治观根深蒂固的影响下，要不就把那份刑罚量加到加害人头上，要不仍旧是对被害人自身的过错采取掩耳盗铃似的态度。

（二）在更新理念指导下银行金融管理行为上的刚性法治治理

在对前一个大问题的阐述中已经阐述到，"未罪学"理念相对于传统预防来说，是更新理念。它新在何处？因前有述，无需重复。这里需要着重指出的，就是新在法治观上，新在所走的预防违法犯罪的道路是法治道路，再也不是人治的道路。社会预防违法犯罪，是按照国家宪法和部门法的规定来预防违法犯罪，不是依人治的随意性考虑要预防还是不预防的问题。这里就从《中华人民共和国商业银行法》的规定来看，在整个部门法中，其违法条款就规定了14条，在14条违法条款中，达到涉罪程度的乃有8条。这14条违法或8条涉罪的规定，就是刚性的规定，换句话说，就对预防要求的规定。建设法治金融就必须全方位履行金融法或银行法的规定，真正地践行"有法可依、有法必依、执法必严、违法必究"的法治要求。如相反，就必然要冒因不作为而担当法律责任的风险。

前面所举的三个案例，依照相关的金融法规及其相关管理要求的规定，如果付之于实际的、有效的金融管理行为的话，显然都是可能达到"未罪"治理之良好结果的。然而或因其不重视该法的规定，或不落实措施履行该法条的规定，或在落实的环节上存在着故意不作为或过失问题，对其问责自然是理所当然的了。要实现预防问责制，当然不是一说就能办到的，首先必须解决一个前提问题，即树立金融行为"未罪"治理的法治理念。这个理念如果得不到树立，谈什么问责就自然是天方夜谭了！

要树立"未罪"治理的法治理念，就必须破除现实社会中的几个相悖的错误观念，从而树立新的观念。这就是：①要从经济发展与经济犯罪同步发展，转换为经济发展而经济犯罪缩减的理念；②要从被动等待下游刑法（罚）来惩罚犯罪，转换为主动在上游依法预防违法犯罪；③要从以公安部门专事防范，转换为公安和社会各部门整体责任防范体系的构建。这种转换要求，当然对金融部门亦是无以例外的要求。

"源与流"、"知与到""已与未"，都是哲学海洋中且为之广泛运用的三对哲学范畴。只不过笔者着重运用于研究犯罪问题而已。就"已与未""未与已"而言，这里有两层意思：一是，未罪就应着力预防，使之不进入犯罪门槛而变成为了正罪；二是，如果现实已罪了，就要预防未来不再犯罪，或者现时虽未罪，亦应当预防未来亦未罪。

2011年9月9日

# 第四十七篇　犯罪学学科体系新探构

## 一、为什么要进行学科体系的新探构

这要从犯罪学与刑法学的纠结说起。"犯罪学"一词，是法国人类学家托皮纳尔于 1879 年首次提出的，后来意大利的犯罪学家加罗法罗（bapod）把他的一本书定名为《犯罪学》。还有龙勃罗梭著有《天生犯罪人论》，菲利著有《犯罪社会学》。这样，"犯罪学"这个术语就普遍地被接受了。犯罪学这个学术名称虽有一百多年的历史，但什么是犯罪学，它应当研究的对象是什么，至今各持己见，争论不休。西德孔德·塞尔的《犯罪学》中说："犯罪学，是有关犯罪行为、犯罪者、社会的消极行为，以及对此行为实行监督的知识的有机综合。"法国《世界百科全书》[①] 认为，犯罪学通常是被视为关于犯罪原因的学科，"虽然这门学科始于 19 世纪后期，但它长期仍然处于开始阶段，在现代，它甚至经历着一场严重的危机，以致在确定它的"宗旨"、"范围"以及"方法"方面受到了损害"。犯罪学家曼海姆（Henmann Mannheim）认为犯罪学的广义的定义除犯罪之研究外，还应包括刑罚学——即刑罚和处理犯罪的方法以及有关非刑罚的预防犯罪措施等。克利纳德（Clinand）及昆尼（Quinney）认为犯罪学应包括刑法，犯罪人及有关社会对犯罪人的反应之研究。犯罪学家纳特勒（Nettlen）认为犯罪学包括法社会学、犯罪的原因、社会防卫或犯罪矫治理论。社会学家苏哲兰（Suthenland）认为犯罪学应分三个领域，即：①刑事立法；②法律的破坏；③对破坏法律的反应，也就是法社会学、犯罪原因及刑罚学。苏联的 B·K 茨维尔布利、H·φ库兹尼佐娃、T·M 明科夫斯基他们认为，犯罪学是研究犯罪现象、犯罪原因、犯罪人的个人情况、预防犯罪措施的。中国犯罪学家康树华老师认为犯罪学研究的是犯罪现象、犯罪原因、犯罪对策。总之，世界各国研究犯罪学的一些著名学者和普遍学者对犯罪学的研究之著作已浩如烟海、各种分支学科也如雨后春笋般生长出来，但问题是虽然开了"百花"，却谁都难认同各自的"开花"。而是呈现出"庞杂"、无"核心内涵""名实不符"、"价值取向不定"，甚至产生学科间争夺"疆土"的态势。这种困惑已有一百多年了，时光不算短了，还如此，怎能不令人对其学名产生反思呢？

这里，我们不妨就反映犯罪学与刑法学间学科矛盾的两个具有代表性的两个图表[②]介绍给读者看一看：

---

① ［法］《百科全书》第 5 卷第 91 页。
② 二图表引自刘璨璞著：《犯罪学》，世界图书出版公司 1995 年版第 15～16 页。

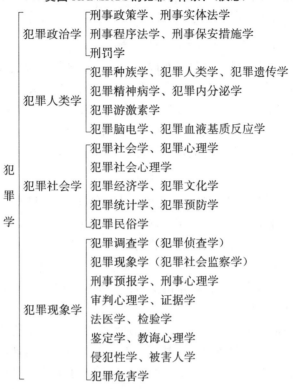

美国 HANSROS 的犯罪学体系：（汉思）

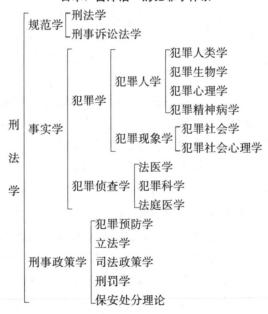

日本，宫泽浩一的犯罪学体系

我们不难看出，美式图表是犯罪学包容刑法学，日式图表是刑法学包容犯罪学。这是不是一种个别学者的主张现象呢？当然不是。不妨我们来回忆一下犯罪学与刑法学关系"不和"的简影吧：

（一）刑法学与犯罪学互不承认的论战

早在西方犯罪实证学派与刑事古典学派的激烈争论中，二者的关系不和就十分明显了。例如在菲利的《犯罪社会学》中（在龙勃罗梭、加罗法罗的有关著作中同样存在）他们把刑法学算在犯罪学当中，换句话说，犯罪学就包括了刑法学。其实，当时刑法学已是一个存在一百来年的强势学科了，也就是说犯罪学的出生显然晚于刑法学的出生。而强势的刑法学自然声称：犯罪学根本没有存在的必要，犯罪学研究的内容，就是刑法学研究的内容，产生了双方互不承认的格局。由于犯罪学研究领地未能科学的确立，故一直存在着学科的"危机"。

（二）先有犯罪学还是先有刑法学的先后质疑

这是 20 世纪 80 年代发生的事件。这是华东政法学院（现名华东政法大学）老教授、联合国预防犯罪委员会委员武汉①老师，在上海提兰桥监狱主持召开的全国学术大会上提出来的质疑问题。点名要笔者对此问题作出回答。当时的背景是，武汉老师在华东政法学院兴办了《犯罪学系》。他提的这个问题，与好像是先有鸡还是先有蛋的问题一样，是难得出结论的。对此笔者作出了即兴回答。在另文中已有详说，这里就不重复了。而质疑的焦点仍然是"疆土"问题。

（三）当下的认同度：犯罪学位置在刑法学之下

在 21 世纪的当下，犯罪学与刑法学同样没有走出纠结的魔圈。就看目前的一则文论也可见一斑的。

规范刑法学必须承认其规范性特征既可张扬优势，也难以避其劣势。当刑法学努力限定犯罪概念的法定边界的同时，也就认可了绝对主义思维模式的封闭性、有限性和保守性。这既是规范刑法学学科自身的规定性，也是其天然劣势。相比较而言，犯罪学作为一门整合学科，具有开放性、相对性和批判性的特质，同时也存在论域边界难以限定的劣势。从那位不懂法律的贝卡利亚适用犯罪学作为利器改造旧刑法之日起，这种特质便昭示于天下。

从方法论的科学性来衡量，犯罪学远比形而上的刑法学更接近实证科学。因而，形而上的刑法学离开了以实证和人文主义为特征的犯罪学这一基石，不仅难以前行，而且很易于陷于专制擅断的泥潭之内。中国当前刑事司法制度改革想走出困境，绝不能寄希望于刑法学自身，犯罪学的研究将为其提供一条现实的路径。虽然这一预言，至今还没有得到公认，但历史将证明这一点。因为，人类的认识过程必然要从形而上走向科学。

相对主义使我们逼近绝对真理的科学路径。刑法对犯罪的界定自诩为是"绝对的"其实也是相对的，那些具有社会危害性的"准犯罪行为"并没有纳入刑法学的视线，那正是犯罪学的兴趣所在；"罪刑法定"原则在少年司法中嬗变为处遇的个别化；"以结果定罪"在少年司法中也嬗变为"罪因成为处遇的重要证据"。少年司法的相对主义所构建的理念，将成为解剖旧刑法的一把利刃。②

从"疆土"之争转变为了纠结态势，也总算是大有进步。犯罪学与刑法学"争论的结果是各自不得不承认对方的存在。但是，作为历史遗留还经常表现出来，这主要表现为刑法学对犯罪学的偏见，虽然承认了犯罪学的独立学科地位，而位置却认为是在刑法学之下"③。

这就是当前的态势了。可见一百多年了还未了断学科间的纠结。

（四）对犯罪学名称的反思

这要从对犯罪学学科名称的反思说起。对于犯罪学的困境而言，是"内忧外患"四个大字。先说外患吧，从认识论而言，刑法学对犯罪学确存在有认识上的偏见。（在"疆土"之争上，其实双方都存在偏见的）故名思义，刑法学学科的核心功能是主定罪量刑的，除此之外的相关研究当然也可以，但也很难跨越自身本能的定位。也就是说很难达到犯罪学的本位内涵的研究目标、结论就是刑法学无法代替犯罪学。欲代替就成为肚难吞象的蛇吞现象，显然是不可能。所以刑法学最终纠正自身的偏见也是必然的。

然而犯罪学的内忧却要远远超于"外患"。如果说解决不了自身的内忧，纵或刑法学没有任何偏见了，犯罪学也难于在学林中有所作为。那内忧究竟指的是什么呢？就是犯罪学这个学科名称的本

---

① 武汉：华东政法大学功勋教授、《犯罪学研究》创始人，为《犯罪学研究》杂志及我国犯罪学发展作出了瞩目的贡献。他是联合国预防和控制犯罪委员会第一位中国委员。

② 皮艺军：《犯罪学茶楼第六期寄语——犯罪价值论的博弈》，载《青少年犯罪问题》2011 年第 6 期。

③ 王牧：《犯罪学基础理论研究》，中国检察出版社 2010 年版，第 133 页。

身。仅管在一百多年前，法国人类学家托皮纳尔首用犯罪学这个象名，为后来者大大张扬、名燥全世界的学界里。当然笔者仍然对托皮纳尔先生的首创精神衷心尊重。但笔者认为尊重首创精神与尊重科学本身并不是一回事情。百多年来的事实证明，对犯罪学这个名称，托皮纳尔先生以及鱼贯的继用者都没有进行过慎密的科学考证。何以叫"象名"呢？现象名称的简称矣。犯罪作为现象的客观存在是科学的。但在犯罪后面加上一个"学"字，显然就须辨明是类学名，还是学科名的问题了。其根本原由即是：

（1）科学的本质在于揭示其一定范围事象存在的深刻性。

任何一门学科都必须揭示其一定范围事象的深刻性的，如果不能揭示深刻性，只能停留在表象上，这是不能成立一门实体学科的。举例来说吧，物理学的"物"只是一种物象，"理"就是物含有的深刻性道理。化学这门学科没有标物象，但关键在于深刻性——化——的标出。数学也没有标出物象，但必须标出深刻性——数。经济学也没有标明象的特征，但标明了它的深刻性——用途（以经济而求生济），刑法学它没有标明行为现象，但它标明了深刻性——刑罚用途。如此等等。可见，任何一门学科名称，"象"是可以不标出的，但"性"必须标出。犯罪是一种人的行为现象，后面加上一个"学"，就显然是成为"现象学"了，深刻性特征在什么地方呢？显然看不出。可见它没有揭示任何一种深刻性，只是反映了现象性，没有深刻性，没有本质性的科学含量。标"象"而不标"性"，就从根本上违背了学科标名法则。因此它压根儿就不能成立为一门学科，只能是类学名。

（2）名与实脱节，导致"我思故我学"的泛化状态。

学科名称，不应只是个符号，如张三、李四、王麻子，等等。学科命名必须是内涵的典化符号，而不应是无实际意义的泛化符号。学科命名必须是故名而思义的命名。"犯罪学"名称难以故名而思义，因为它的"名"没有确定它的"义"。既无"定义"怎么办？那就"自定义"嘛！法国哲学家笛尔卡有句名言叫"我思故我在"，这自然就会出现"我思故我学"的任人杜撰的犯罪学了。未定义的名称就像只筐，似乎相似的"象"都可以往里装。学科的内容确定性和形式规范性自然就都谈不上了。其结果造成对内对外的两大致命危害。在学界内纷杂无序，形不成研究主要问题，真正对社会有价值作用问题的合力，不仅学人间自身不认同自身的核心价值所在，社会就更难认同学科的生命力所在了。舞台上演员的风格就是为观众区别不同演员的标示，如果形不成自己的风格，观众是很难记得这种演员的存在的。观众既然记不得这种演员，那么这种演员就更难走进观众的心中，更何谈他（她）存在的普认性价值的。学科何尝不是这样呢？"无规矩不能成方圆"。如果一门学科从内容到形式给人的视角，都是没有确定的和规范的。这就无疑没给人们认识它的门径了。必然造成无论什么人都可以随意地"我思故我学"，把"犯罪学"变成无重心无规范无共同价值目标的"散漫学"了。

根据科学的深刻性和名实的相符性标尺来衡量，"犯罪学"作为实体学科名称，实难符合两个标准属性的，故不能认定为学科名称。

但是，从社会实体需要出发，又能符合科学深刻性、名实相符性标准属性的，笔者认为有这样两门学科，值得学者的探索学术价值，以此培养进入犯罪问题的学科行列。这就是"罪理学"和"未罪学"。

1．"罪理学"

"罪理学"，或称为"罪律学"也可。研究的对象是：罪因理论、犯罪思想史、犯罪规律、宏观预防战略。通过"罪理学"这门学科定位，可以开辟一条人类防范文化研究的道路。让我们先看下图。

### 未罪防范中西文化对应原理
（东西方合璧学术图示）

| 东方：天地人合一式文化<br>源流思维观 | 中医学<br>（治未病） | 未罪学 | 西方：自然社会人类分解式文化<br>源流思维观 |
|---|---|---|---|
| 天（自然） | | | 自然因素 |
| 地（社会） | | | 社会因素 |
| 人（人类） | | | 人类因素 |

注：1.［意］著名法学家菲利提出的犯罪"三原因"，即"自然因素，人类因素，社会因素"的理论，是国际学界普遍共识的科学理论。

2.中国：天地人合一，从思维方式讲具有现代系统论的雏形，可以称得上是朴素系统论。《黄帝内经》是东方引"哲"入医，探索生命奥秘的自然全书，《内经》关于"治未病"有多处论述。中国已有"未病医院"的建立。

看完上图，让笔者简说一下。首先，从哲学思维模式上看，东方的模式落脚在"合"，西方的模式落脚在"分"。而"分"与"合"也总是相对的、辩证的。"分"离不开"合"，而"合"也离不开"分"。人类都总是在辩证中来求生存、求发展、求治理的。这里的焦点是论治理。如果说"发展"强调"分"的程度较高一点，那么"治理"强调"合"的程度就要高一点了。其结论是：未罪治理理论是东西文化通融互补的理论，而不是一谈西方，就忘记东方；一谈东方，就忘记西方的。其次，由龙勃罗梭的《天生犯罪人论》发端，由菲利《犯罪社会学》提出的"三原因理论"，应当说就为"罪理学"奠定了坚实的学术基础。但遗憾的是，学界未能沿着"三原因"理论，纵贯古今，横穿世界的研究下去，走出一条学科研究的常规路径来。反倒是在"现象"的茫茫海洋中永无休息地分枝分蘖了。其根本原因，就在于思维模式上太丧失东方关于"合"的辩证法的指导。其结论是："罪理学"的研究必须贯彻东西方思维模式的合璧。沿着一条合璧的路径永恒地研究下去。

2."未罪学"

这里的"未罪学"概念是与"已罪学"概念相对而言的。什么是"已罪学"呢？刑法学就是"已罪学"。当然，刑法学是以"刑罚"为中心的方法论来命学科之名的，自然地区别了以行政方法和其他方法对违法行为的处罚。这无疑是科学的，而且已成为源远流长的社会公认的学科名称，因此也没有更名为"已罪学"的必要。不过我们还得从形态上把二者间的区别说过明白。"已罪学"是对已然犯罪行态行为进行治理研究的科学，"未罪学"乃是对未然犯罪行态行为进行治理研究的科学，具体说来，即如何才能"未违法"、如何才能"未犯罪"、如何才能"未再犯罪"的研究治理的科学。

人们可能会问，不是有预防犯罪的概念了吗？何以要新提出"未罪学"概念呢？毫无疑问，预防犯罪概念，仍然可以普遍通用，但作为学科概念，显然缺乏应有的学科构成的内涵。第一，预防犯罪概念缺乏科学参照系数。"未罪学"显然是以"已罪学"（刑法学）为参照系数的。有了这个参照物，就会使得研究的对象和范围不至于太泛了。第二，预防犯罪概念缺乏目标的明确内涵。"未罪学"概念，明确指向的是"未违法"、"未犯罪"、"未再犯罪"的"三未"目标。第三，"未罪学"是引"哲"入学、引"医"入学的，是把违法犯罪视为一种"社会病"，故借鉴中医学"治未病"的理念，点化为"治未罪"，显然更具有治病救人的人文内涵。第四，预防犯罪概念看不出预防对象及范围的法律依归。而未罪学概念就不然了。我们已知道，未罪学是相对已罪学而言的。刑法学对已罪治理的研究，有其权威的法律依归，这就是国家制定的刑法。世界上的任何国家都不可能没有刑法。尽管刑法学者因其各自的情况的不同，写出了千变万化的刑法学著作，但是千变中有其一未变，万化中有其一未化。这未变、未化的都是显然归宗为定罪量刑或为定罪量刑这个宗旨所做配套性学术研究。刑法学研究有国家制定的刑法依据。那么作为相对学科的"未罪学"研究，有没有国家制定的法律可依呢？当然有。这就是国家各部门的法律禁止性规定。而且可以这样界定：国家各部门法（除国家刑法而外）都是刑法的上位法。这里可以用简约的图表标示法，标定出二者上位与下位的关系来。且看下表：

| 法源 | 上游罚法 | 下游罚法 |
| --- | --- | --- |
| 《治安管理处罚法》 | 因行为违法入行政处罚门槛 | 因行为犯罪受刑罚处罚入狱 |
| 《公司法》 | 因行为违法入行政处罚门槛 | 因行为犯罪受刑罚处罚入狱 |
| 《侵权责任法》 | 因行为违法入负民事责任门槛 | 因行为犯罪而负刑事责任入狱 |
| …… | …… | …… |

由上表可见，因违法而入行政处罚或负民事责任都居于上位，很显然入刑法（罚）处罚或负刑事

负责都居于下位。如果以"源流论"而言，也可以说是上游法和下游法的关系了。如果把"未罪学"的具体研究对象概括起来说，就是对"未违法"、"未犯罪"、"未再犯罪"的临场治理研究；罪因理论的临床孵化适用研究；社会各条各块中微观防范路径研究；各类型违法犯罪形态的防范术论研究。打一个比方而言，如果说"罪理学"属于"理科型"的话，那么"未罪学"就属于"工科型"了，但二者的类学都属于法学类的。

为什么属于法学类呢？因为违法行为，犯罪行为都总是具有危害性的行为。构成已然犯罪的由刑法学来研究。而溯源研究的是尚未构成犯罪的未然型行为世界。为什么会产生违法危害行为？这涉及产生的原因的客观性存在；同时又反映出法律禁止性规定标尺的主观要求的存在。为了减少违法、减少犯罪的目的，又催生出各种防范思想理论的产生。所以，不管抽条的理论研究也好，还是具象的实证研究也罢，其总的类属都在法的框架的世界里。如果以社会学来建立犯罪类立足的学科，其学科就必将远离"行为危害性坐标"，故而导致学科定位模糊不清，不可取矣！

## 二、犯罪学的类学地位探讨

### （一）类学现象

1. ［德］李斯特：整体刑法学（gesdmte-strare-chtswiswissenschalt）
2. 储槐植：刑事一体化（the integrated criminal seience）
3. 夏吉先：刑事源流论（origins theory of criminal law）
4. 陈兴良：刑事法（criminal law）
5. ［英语］：刑事学（criminal science 或 crime science）
6. ［法语］：刑事学（science penale）
7. ［日］牧野英一博士把法语 science penale 引入日本，译为"刑事学"，开设"刑事学"讲座。
8. ［德语］：犯罪学（kriminologie）
9. ［美］杰弗瑞（C·Bjettery）主张"科学整合犯罪学"（Interdisciplinary Criminology）
10. ［中国台湾］许春金学者将犯罪学称为"超科际学科"。
11. 国际犯罪学会[①]

### （二）类学价值

一个类学出现各式各样的名称，一方面说明学人们可贵的探索精神的张扬，是一种好的现象；另一方面也说明这个类学，还没有达到科学定型的科学程度。其表现为：①名称不同；②含义差别；③非为共识；④非为常态。从趋向来看，向着超学科部门、趋学科领域、超科际现象的构想。其实扩张研究领域与缩紧研究领域都是相对的，不是绝对的。不同价值取向都是有价值的。作何取舍，只能因时因空因需确定之事。求得共识共行乃为常态矣！非共识非常态也是"识"也是"态"。当然也不无存在的价值。其实就是普识价值与非普识价值的相对论而已。不同学者不同取向也在情理和学理，正如大哲学家黑格尔所说，"凡是存在的都是有合理性的"。

法国人类学家托皮纳尔于 1879 年首先提出"犯罪学"术语。开辟了一个类学的前景。作为人类学家充分关注到人类的犯罪行为面，是显具前瞻科学价值的。这也是人类对自身认识层面发掘的科学态度。

不容辞言，类学属于一级学科。犯罪学"实际处于一级学科的地位"。[②] 从社会发展及其需要而言，犯罪学有没有必要和实际上能不能形成一级学科呢？这当然不是谁说了就能算数的。也不是凭愿

---

[①] 卢建平：《国际刑法学界和犯罪学界热点问题纷呈》，载《法制日报》2011 年 7 月 27 日。文中介绍了国际刑法学协会和国际犯罪学会。国际犯罪学会成立于 1938 年，是一个以在国际范围内联合犯罪学领域所有学科的理论和实务工作者，推动对犯罪现象学术研究的非政府性国际学术组织。中国目前，卢建平教授为该会理事、王牧教授为特聘理事。

[②] 王牧：《犯罪学基础理论研究》，中国检察出版社 2010 年版，第 132 页。

望就能实现的。用事实来说话吧，一百余年来为什么没有形成为社会公认的一级学科呢？笔者认为形成一级学科的基础并没具备。

举一个例子来说把：法学是类学科，之所以成为类学科因为它具有坚实本体性的学科群，即部门法。那么有学者会举例说，犯罪学也有偌大的学科群啊，如"犯罪社会学"、"犯罪心理学"、"犯罪人类学"、"犯罪生物学"、"犯罪统计学"、"犯罪地理学"、"犯罪环境学"、"犯罪经济学"等等不胜枚举。怎么说不具有一级学科基础呢？笔者认为，这样的学科群不能称为本体学科群，只能称为非本体（或说"相邻体"）学科群。本体学科群在什么地方呢？还没有出现。有不有可能出现呢？有可能性。类学科是不容许建立在可能性上的。学界也好，学科管理部门也好也不会那么去做的。反正，那一天类学科群未建立起来，那一天就不可能成为类学科。只能是持探索态度矣。

笔者认为，"犯罪学"属于类学名，如"人"是相对于"动物"的类学名，而实学名只有"男人"和"女人"的存在。犯罪学即学科领域的适用名，其学术价值在于学科领域的分类价值。如果以分类名作学科名使用，大而无当的现象就永难避免了。不能把分类名当做学科名来适用。如果把它下格到学科名来使用，自然就会产生内涵不确定，研究目标不明确，研究力量颇分散，甚至与相邻学科发生不必要的矛盾、冲突的尴尬。一百余年了，笔者认为学术术语错位使用的现象，应当是纠正的时候了！科学探索过程中，发现非科学因素，纠正非科学因素的本身，就是科学精神的体现。在人类科学史中，最为典范的先例，莫过于纠正"地心说"为"日心说"了。当然付出了沉重的科学代价。然而在犯罪问题的科学探索中，远远不存在那么严重的问题的，本着求真务实的精神即可矣！

现将新探构的图示列后，以供同仁们指正。

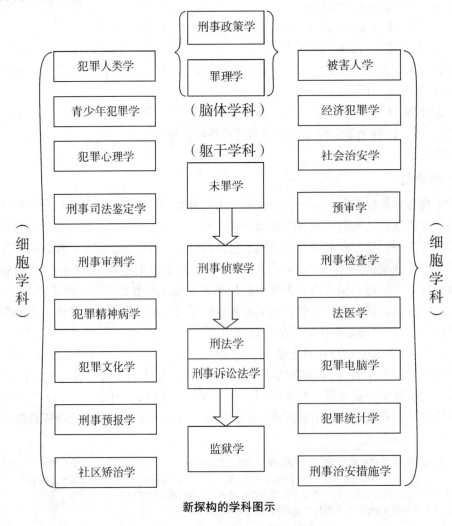

**新探构的学科图示**

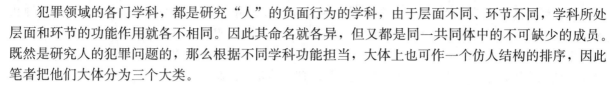

犯罪领域的各门学科，都是研究"人"的负面行为的学科，由于层面不同、环节不同，学科所处层面和环节的功能作用就各不相同。因此其命名就各异，但又都是同一共同体中的不可缺少的成员。既然是研究人的犯罪问题的，那么根据不同学科功能担当，大体上也可作一个仿人结构的排序，因此笔者把他们大体分为三个大类。

（一）脑体学科

此类主要是刑事政策学。刑事政策从何而来？是从研究犯罪规律而来。在人类犯罪的长河中，历史上的犯罪，现时中的犯罪，未来犯罪的大趋势，直到当今还没有一门学科来担当研究，更谈不上对犯罪规律的认识和把握。笔者认为由罪理学来担当较好。政事政策学，是运用犯罪规律，调适人类犯罪行为向有利社会有利人类安全的导向学和制控学，这是十分重要的，正如李斯特的名言，最好的社会政策就是最好的刑事政策。其论断是十分精辟的，故笔者认为刑事政策学和罪理学在犯罪学科群中应居首位，定格为脑体学科。

刑事政策学在其属性的一定意义上，也是社会政策的一种。从整体的社会观、国家观上来把握人类行为的罪（犯罪）、错（过错）治理，比只从某个局部的把握显然要好，因为它可以产生出治理合力治理高效来。否则就很容易出现单向力和低效力的弊端。如何在学科建设上来适应合力高效的犯罪治理呢？笔者认为，摆在我们面前的任务，就是应当在加强社会管理、社会建设和文化建设中，应当大力开展中国刑事政策学、中国未罪学的学术研究。提高学科品格、提高学科理论、提高队伍建设，才是在整个文化建设中，实现防范文化建设的正确途径。《未罪学》的学术研究，在一定意义上就是对防范文化的研究。仅从对犯罪的防范而论，国际上有联合国的预防犯罪委员会、国内亦有相关的预防犯罪国家机构设置，将学科对象研究与国家机构一致起来，既能便于学科理论为职能部门的需要服务，也更有利于推动学科的建设和发展。

（二）躯干学科

人的躯体是有脊梁的，如果没有脊梁就直不起身，学科何尝不是这样呢？如果不把脊梁学科撑起来，而只在非脊梁学科上穷花力气，也是无济于事的。从现实而言，作为脊梁学科的刑事侦察学、刑法学、刑事诉讼法学和监狱学学科理论研究的到位，价值体现的丰沛是有目共睹的。三十年来，这些学科本身也得到了长足的发展，被誉为犯罪领域的主干学科自然如此。然而预防未然犯罪比惩罚已然犯罪就所产生的社会价值而论，显然都会认为是更高的。但因诸多原因所制，预防未然犯罪的学科迟迟未得以产生。笔者认为，国家有关部门和社会催生该学科的产生，给以充分发挥研究未然犯罪治理的学术平台，扶持其担当主干学科的功能，应当是当务之急的。故笔者力挺《未罪学》来担当未然犯罪治理研究的职能。故将躯干学科列序为《未罪学》、《刑事侦察学》、《刑法学》、《刑事诉讼法学》、《监狱学》等各学。

（三）细胞学科

人体构成的最小单元是细胞。没有最小单元，也不可能有最大躯体。学科体系又何尝不是如此呢？在图示中，除了脑体学科、躯干学科之外，就是细胞学科了。细胞学科除图示标出之外的，自然还有不少。难以一一标出。细胞学科的功能作用发挥得好，对整个学科群体功能作用的发挥是互为促进的。比如说《青少年犯罪学》和《犯罪心理学》在我国说得上是研究得最有成效的犯罪细胞学了，好多经验都值得犯罪学科群体为之借鉴的。

## 三、广义《罪理学》论

作为学科名，是必须要求有严格定名（定义）的，因为这是科学研究准确性、精确性的需要。然而类学名就实难严格定名（定义）了，其实也没有这个必要了。从哲理论：老子的"名可名，非常名"，就十分精深地道出了命名学上的相对论。从实证论："非花亦花"、"冬虫夏草"、"非驴非马"，甚至"四不象"，即在你中有我、我中有你上，都无不是具有一定普遍存在性的。作为类学名的犯罪学，它包涵了诸种学科元素，就是一个明证。然而通常总是用"广"与"狭"的称谓来表达这种状态。广义上的"犯罪"并非属于法学（主要是刑法学）上定位的犯罪。而只有狭义上定位的犯罪，才是属于法学（刑法学）的。从广义上的研究，自然属于非法学范围内涵的研究了。然而这种研究又正是相对论之使然，是非常必要的研究。这既是深度理性的要求，又是铁的实证的告诉。

任何一门学科（包括自然科学和社会科学）的产生都不是在什么学者的想象中产生的，而都是在社会各种需要的客观推动下，在相关条件的具备中，从而激发了某种学人（或者实践人）的创造思维才得以产生的。凡是考查或阅读过科学发展史的人都会明白这个道理。纵观人类发展的历史，总是伴随着人类中的某些历史性错误犯了再犯；而犯罪亦是犯了再犯，其历史性过错产生的原因及其规律性；犯罪产生的原因及其规律性的认识，并非是所谓犯罪学家才关注的。而真正洞察其原因和规律的不能不说政治学家、经济学家他们才是真正的高手。从政治学、经济学乃至文化学对这类问题关注的敏感性和深刻性和历史性，是远远超过专门的犯罪学家的。因此，从研究出发提出一个广义"罪理学"概念。我们只要简单列举四大理论的提出，也就足以说明了。且看如下：

（一）"后人感慨前人论"

这是晚唐著名诗人杜牧在《阿房宫赋》中提出来的。他在赋中写道："啊，灭掉六国的，是六国自己，并不是秦国。灭掉秦朝的，是秦朝自己，也并不是天下的百姓。唉，假如六国的统治者各自爱护本国的百姓，那么上下一心是完全可以抵抗强秦的。而假如秦在统一之后能再爱护原来六国的百姓，那么定会由三世传到万世而永为天下之君，谁又能够将它灭亡呢？秦朝的统治者没有来得及为自己的错误懊悔伤悲，而后代的人却都常常替他们感慨；后人虽然感慨却并不认真的吸取这一教训，也就使自己的后代又替他们感慨了！"[①]

（二）"兴亡周期率论"

这是毛主席与黄炎培在延安一次对话中谈论到的问题，时间是在 1945 年 7 月 4 日。[②]

7 月 4 日下午，毛泽东邀请黄炎培和冷遹到他家里做客。毛泽东问黄炎培，来延安考察了几天有什么感想？黄炎培坦率地回答说："我生六十多年，耳闻的不说，所亲眼看到的，真所谓其兴也勃焉，其亡也忽焉，一人、一家、一团体、一地方，乃至一国，不少单位都没有能跳出这周期率的支配力。大凡初时聚精会神，没有一事不用心，没有一人不卖力，也许那时艰难困苦，只有从万死中觅取一生。既而环境渐渐好转了，精神也就渐渐放下了。有的因为历史长久，自然地惰性发作，由少数演为多数，到风气养成，虽有大力，无法扭转，并且无法补救……中共诸君从过去到现在，我略略了解的了。就是希望找出一条新路，来跳出这周期率的支配。"

听了黄炎培这一席情真意切的肺腑之言，毛泽东高兴地答道："我们已经找到了新路，我们能跳出这周期率。这条新路，就是民主。只有让人民来监督政府，政府才不敢松懈。只有人人起来负责，才不会人亡政息。"

毛泽东同黄炎培的这一次谈话，黄炎培在他写的《延安归来》小册子中作了记载，后被收入黄炎培所著《八十年来》一书（摘自 2011 年 12 月 8 日《人民政协报》）。

（三）"伤疤好了忘痛论"

伤疤已好就忘了痛。这是老百姓常挂在嘴上的口头禅。这里推荐作者富子梅的《让我们铭记那些伤痛》[③] 一文以飨读者。

时光荏苒，2011 年就要远去，我们即将翻开新的日历，开始新年新生活，有些人和事却不应被忽略，更不能忘却。那是在 2011 年戛然而止的鲜活生命，他们的离去让我们无法轻松：在 18 个路人

---

① ［清］吴楚材、吴调侯选编：《古文观止》，哈尔滨出版社 2006 年版，第 254 页。

② 原载 2011 年 12 月 8 日《人民政协报》，转引自同年 12 月 23 日《作家文摘》。

③ 原载《人民日报》，转引自 2011 年 12 月 29 日《新闻晚报》。

的漠视中一步步走向天国的小悦悦，甘肃正宁 18 名在拥挤校车中死亡的幼儿，地铁扶手电梯突然逆行时殒命的花季少年，39 个再没走出浙江温州追尾高铁车厢的普通乘客……

他们以极其特殊的方式离开我们，给身边亲人留下无尽的伤痛，难以排遣的愤懑，也让社会蒙羞，让每个人反省。但这种反省总是容易局限在一时一事，当新的热点取代了旧的，关注度随之转移，伤口还没愈合便似乎不再有痛感，曾经热议的深刻教训、整改措施、制度落实往往不了了之。缺少了社会的关注和公众的监督，相关的责任部门和责任人也似乎得以解脱，一切都恢复如常，好像什么都没发生过，直到下一次重蹈覆辙。

所以，让我们铭记那些伤痛，因为那不是抓几个当事人就能消除，也不是停几个官员的职就能解释，更不是赔偿多少钱就能了却。生命无价，当普通人的平凡生命一次次在事故与过失中消逝，我们必须多追问几个为什么、怎么办。

看似偶然的事件，有着无法回避的必然原因。良知的泯灭、道德的崩塌、责任的缺席、管理的涣散、制度的空白，让很多事杂乱无章，也让很多人手忙脚乱，于是悲剧一再上演。

今天，许多人抱怨，道德和良知的底线一再退守，我们找不到幸福，离梦想越来越远。古人云：从善如登，从恶如崩。其实，任何人都可能是事件中人，我们无权指责他人，惟有解剖自己，找出病灶，认清自己，记住那些切肤之痛，见贤思齐，才能恪守底线，继而提升底线，感受幸福，走近梦想。

诚然，我们在几十年中走过了别国百余年历经的道路，社会矛盾和问题集中爆发，常让人顾此失彼。人性的弱点相互叠加，来不及弥合。但这不是让问题搁置甚至累积的理由，反而应该激发更强的动力，奋起直追，争分夺秒，亡羊补牢。毕竟数千年传承的文化给我们源源不断的营养，耳熟能详的常识帮我们明辨是非，社会制度的优势让我们拥有强大的执行力，政策的一以贯之能使很多难题迎刃而解。

所以，别放下我们正在着手的事宜，别忘记许多问题并没彻底解决，别因为暂时少了媒体和民众的关注就放慢脚步甚至停滞不前，请坚持，再坚持。直到教训被记取，生命至上的理念夯实，制度建设弥补了一项项空白与缺失，并在实际生活中不断完善补充，不折不扣执行。唯有此，伤痛才不再突袭，发展才有意义，明天才令人憧憬（原载于《人民日报》）。

（四）"犯罪未息论"

犯罪生生不息，这是不用多说的问题。人类长河史中的《刑法史》就是犯罪生生不息的明证。就从一个罪名而言，古老的"盗窃罪"也从来没有过"断子绝孙"。再从个犯而言，犯了又犯，一犯再犯的人也并非是个别的现象。

以上"四论"都是人类行为中的负面行为以及负面的结果。似乎也称得上是永恒的问题了。在人类社会发展的历史长河中：功与过，功与罪也总是绕不开的评价。那么如何才能增进其功减少其过，增进其功减少其罪呢？这是不是需要加以特别关注和研究的问题呢？这类问题，人类社会又是如何解决的呢？事情发生了就有警钟鸣起，事情过去了警钟也就停鸣了。从来没有过长效的警钟机制。更没有长效传承的学科研究。这是不是人类学学科中最大的学科缺位呢？

人类为什么对相同的错误老犯不止？对相同的犯罪也一犯再犯呢？首先任何方式的提醒都是暂时的，很快就会被社会的世间万象所掩埋，被各种各样的风向给吹灭，从而故道重走。以笔者洞察是这样一条规律在人类行为中起作用，这就是：感性的欲望"强奸"理性的大道是与生俱来的人性中的天性，克服它极难，难于上青天矣！而更为严重的是老是要忘记克服。前诉"四论"有诉求呢？求克服矣！如何克服，防患于未然是矣！为了防范意识能得以常驻，能得以最大可能的普驻；为了历史的教训与经验一样能得以教训，为了吸取的教训永不淡忘，就必须有发挥管教作用长效机制的存在。这种机制当然应当是多样的，但也必须有学科机制。而真正最缺的也正式学科机制了。因此笔者力主从未然犯罪预防治理这个立足点出发，建立一门具有防范文化价值的学科，填补人类学科研究中的一个学科空白。若何？为了激发人们的防范情感，笔者写了这样一首《未罪学之歌》：

## 未罪学之歌

（主歌）
想起那些痛彻心扉的伤口，
牵动了多少人的心弦。
同样的罪错自己已经犯了，
为什么他人也犯？

想起那些尘埃落定的往事，
写成的史书已有多卷。
同样的罪错前人已经犯了，
为什么后人仍旧照犯？

想起那些一进宫的痛苦岁月，
没有少下重新做人的决心。
同样的罪过今朝又再次进宫，
为什么难改罪恶的人生？

（副歌）
实现未罪兮人人有份，
杜绝过错兮匹夫相关。
警钟普鸣兮如歌如泣，
防范不息兮长治久安。

# 第四十八篇　类学名与学科名

## ——从犯罪学的"非驴非马"属性论谈起

对肖剑鸣教授的《鸭嘴兽，蝙蝠，抑或克隆物——"犯罪学是什么"之笑侃》[①] 一文，本刊主编人员请我写一篇回和文章。我对肖教授的这篇文章的确也感兴趣，也就答应了。

首先要说的，肖教授是一个敢于直面问题的教授。对其该文言，肖教授关注的问题不仅是中国犯罪学的问题存在，亦是世界犯罪学的问题存在，是极具重要性的问题。

其次，肖教授的文章所涉的理论，其中涉及名实学理论。我亦想从名实理论出发来着重谈一点学科研究建设的一管之见。

下面谈两个问题。

### 一、抽象名问题

关于命名的学问，我觉得老子说得最为深透。他说："名可名，非常名。"显然是指出了"名的相对论"。首先，"实"的存在是千姿百态的存在。其中一类形态物包涵了如此多的"你中有我，我中有你"的元素，如"非花亦花"、"冬虫夏草"、"非驴非马"，乃至"四不象"……这类存在物也具有一定程度的普遍性。"名"也得反映这种存在。

从不同角度和层面来分，"名"是可以分为诸多类别的。从相对论来认识，其中一类就是抽象名与实象名。或者干脆就叫虚名与实名。比如实际存在的是男人、女人，但也有抽象为"人"的必要。其价值就在于与动物区别分类的，显然"人"是一个类名，这个类名就是抽象名。而男人、女人，才是实象名。从学界而言，也有分为抽象名与实象名的必要。类学名就是抽象名，如"法学"，也是类的抽象名。实象名就是各部门法学。类学名的价值在于起到类学分类区别的作用；实象名则是学科名，它的最大特点就是固定了明确研究对象、研究目标，从而引申出与之相适应的学科研究路径、研究方法，其价值作用显然与前者相别。

据一般认为，"犯罪学"一词，是法国人类学家托皮纳尔于1879年首次提出的。后来意大利的学者伽罗法罗将他的一本书定名为《犯罪学》。随着岁月流年，"犯罪学"这个学术名在学界上就较普遍地被接受了。然而这个学术名，是抽象名还是实象名呢？就使得人们犯难了！从笔者洞察下来，绝大多数学者都是把它作为实象名即学科名来看待和使用的。于是导致疑义丛生，众说纷纭，闹成研究对象与名称相左，或者与刑法学科发生争疆夺土的学术尴尬。从而也在一定程度上，影响了自身学科研究的建设和发展。

犯罪学这个术语，涵盖了或者说涉足了诸多门学科元素，具有十分广泛的你我相有的"元素相对论"，它是多种元素的聚合语，因此它不是一个学科名。如果以学科名去解读它，它不是"四不象"，而"八不象"都不止。类学名与学科名是相对而言的，但不能混用。对于有的学科而言，分类也是相对的，如刑法学，既属法学类，也可属犯罪学类。犯罪学是指：凡涉"犯罪现象"、"犯罪问题"学科研究的类学名，也即抽象名。它的类学地位当然是毋庸置疑的，但必须充分建立在本体学科群自身建

---

① 肖剑鸣：《鸭嘴兽，蝙蝠，抑或克隆物——"犯罪学是什么"之笑侃》，载《青少年犯罪问题》2012年第2期。

设的基础上。否则，就会把自己置身予虚位境地上的尴尬。

## 二、实象名问题

实象名就是学科名。凡学科总要具体定位研究对象的。这也涉及学科建设的重大问题。如何定位学科呢？大体可以分为两大系列。

### （一）以"人"为轴心的马式研究学科系列建设

以马为本体的研究，就是要对马作整体性研究，当然是全方位的研究。既要进行纵向的历史研究，又要着重进行现实的横向研究。以人为本体的犯罪问题研究，就是以人为轴心的犯罪问题研究。首先就得把犯罪主体的分类提到首要地位上来，而不能让它淹没在世间万象的海洋之中。从分类学上讲，大体说来有自然人主体、法人主体、单位主体、社团主体、团伙主体、黑社会主体、国家主体……对这些主体犯罪的马式研究，就得做主体的细致分类，然后才谈得上进行纵向的历史段犯罪研究，进行现实层面犯罪的横向研究。从而产生出以"人"为轴心的学科系列来，也即"本体学科"的学科系群来。

龙勃罗梭的《犯罪人论》开创了以自然人为主体的犯罪问题研究，这是对自然人犯罪学科的奠基之作，当然亦是整个犯罪学科研究的源头。传承这种研究范式的关键：一是在于自始不渝，二是在于扩展开去……真正形成主体犯罪问题学科系列是任重而道远的学科建设。

我国以主体为轴心犯罪问题研究最显成效的学科，是《青少年犯罪学》。不仅形成了全方位的研究格局，而且为解决现实的各种相关问题，都提供了适合基本需要的相应理论支撑。《青少年犯罪问题》[①] 杂志就是体现研究成果的理论与实际运用相结合的闪光载体。当然亦是《青少年犯罪学》建设和发展的沃土所依。

犯罪是以各种主体的"人"来犯的。形成主体犯罪问题学科系列，才能直接与社会中存在的"人"相对接，因此才是学科发展的本体性途径，亦才是在学林中立足的根本。

### （二）以"事"为门径的"驴马结合"式研究学科系列建设

前面已经说到："非驴非马"是你中有我，我中有你的存在形态。换个说法，就是既有驴元素，又有马元素的"驴马结合"的研究方式。科学的态度是充分认可这种形态的学术研究价值，而且这类形态一般是以事象来展示的，一种事象就好比一扇门面。这当然只是一个形象性的比喻也。

笔者以为这种范式可以以菲利的《犯罪社会学》为代表，就是社会学元素与自然人学元素"你中有我，我中有你"的表达。如此做法，打开一个门面就形成一门学科。应当说，对这样的研究范式的学术传承，比前者的情况相对要好。如果用数学来喻意，就是"1+1"式的继往开来。如心理学与犯罪问题研究相加，就构成了《犯罪心理学》；经济学与犯罪问题研究相加，就构成了《经济犯罪学》；环境学与犯罪问题研究相加，就构成了《环境犯罪学》，如此等等。这样的研究范式比前者似乎更容易形成气候一些，更容易形成学科系列来。

我国以"驴马结合"式研究最具典范性的学科，是《犯罪心理学》。不仅学科理论较系统扎实，而且在运用层面的开拓上亦有目共睹。举一例来说吧，读到《犯罪心理研究——在犯罪防控中的作用》[②] 一书时，就不仅深切感到著者不仅是一个学者，而且更是一个行者。对犯罪问题研究来说，对"知"和"行"的研究不仅是必须，而且多一分"行"比多一分"知"显得更为重要。应当明白，这也是治学目的之使然，是学科走向成熟的标志之一矣！

"驴马结合"研究的学科系列虽然有如雨后春笋之势，但要真正形成好的学科，也并非易事。希望能看到更多更好的这类学科的产生。

---

① 《青少年犯罪问题》杂志，系中文社会科学引文索引（CSSCI）来源期刊。主管单位：上海市教育委员会。主办单位：华东政法大学。本文刊载于本刊 2012 年第 3 期。

② 李玫瑾著：《犯罪心理研究——在犯罪防控中的作用》，中国人民公安大学出版社 2011 年版。

# 第四十九篇 在第五届犯罪学高层论坛

## ——要案会诊（北京）大会上的发言

### 2012 年 6 月 9 日

夏吉先：一次会议就是一次好的学习机会，从牟君发、冯锐、王平、李晓明教授的发言和前面同志的发言，我的收获不小，主要是三点：第一，吸收了新的信息；第二，吸收了新的知识；第三，吸收了新的感悟。

具体我就不再说了。我具体说什么呢？说两大感悟。第一个感悟，对犯罪学生存时空的感悟问题。犯罪学生存在什么时空里，这首先应该搞清楚。这个时空就三点：

第一，群众关注的是结果，并不注重原因的时空。

第二，政府，我是指的国家，注重的是打击，对预防犯罪还没有真正转型上来，为什么说转型上来，不是说转型下来？因为预防在打击的前面，所以，还没转型到上位时空中来。

第三，学界，包括国家的教育部门崇尚显学，对发展中学科缺乏高瞻远瞩的这样一个时空。当然学界有所改变，刚才王牧会长提到北师大是研究刑事学科的重点，但是现在关注犯罪学了，这是个好现象。

在这样的时空中，我们研究犯罪问题，研究犯罪现象的学者和专家们的关注度与社会、与民众、与政府的关注度不相适应，有相当的距离。我们今天汇诊个案，汇诊要案。但是我们的圈子是个什么圈子呢？学者圈子，我们这里都是专家、教授、学者，不是社会圈子，也不是政府官员的圈子，是在这样一个小范围。当然，我们也有英雄人物，我对李玫瑾教授能够冲破学者的范围，作为勇士到社会上，到屏幕上，超出了学界的范围，不仅是知，而且变为了行，因为知的太多，而没有行是没什么效果的。我认为这是一个很好的做法。当然，一些群众，甚至一些官员也不一定同意他的观点，甚至谩骂。这是什么问题呢？说明群众、官员还没接受犯罪学，还没接受犯罪心理学，是出于这样子一个状态。因此，我把他归结为所谓"三无"。第一是社会的群众对犯罪学还无认识；第二是政府官员还未转型，什么转型？还没转型到预防犯罪上来；第三是学界还无高瞻远瞩，还处于这样一种"三无"的时空状态当中。这样研究犯罪学，所以就会遇到很大的阻力。人家不认同。

我们学者研究的对不对？从研究学问本身来讲是正确的，是对的，但是这个环境如果不能改变，我们的效果是不会好的。因此，我们除了研究学问本身，还应该宣传民众，宣传政府，宣传学界，让人家认识这门学科，让他们改变一种状态，这是我说的第一个感悟。

第二个感悟，是处于"三无"时空中犯罪学研究如何生存和发展的问题。"三无"时空中我们要生存和发展，怎么生存，怎么发展，生存发展应该有自己的立足点，应该有自己的规律。这三点：第一点，以社会主体为系列做学术研究，直接与社会承载的主体接轨。什么意思？现在我们的社会主体：一是基本上处于十大阶层的主体。哪十大阶层？一二三四五六七八九十就不具体说了。二是作为犯罪学的形象主体：可分为红领犯罪、金领犯罪、白领犯罪、蓝领犯罪、黑领犯罪。这是一种形象性的主体，为什么以主体进行研究？因为我们研究的东西必须要与社会主体接轨，才能为人家所认同、采用；否则，社会很难认识你这个学者，也很难认识你这门学科。你的研究要与他有直接关系，研究官员犯罪我们说他是红领犯罪，研究富豪犯罪说他是金领犯罪，一般的说他是白领犯罪，普通的民众犯罪说他是蓝领犯罪，还有一个最下层的我们姑且称它为黑领犯罪，这是一个代指，这样他们容易接受。就跟厨师烧菜一样，你烧的再好不符合他的口味，他不吃，不就白烧了？所以，我们可以以十大阶层为着眼点，以五大类型主体为着手处进行重点研究。换一个说法，如用数学公式来说，十大阶层就是"十个一"，五个形象主体就是"五个一"，把每个"一"都研究透，全方位对每个"一"进行研究，可能人家就容易认识这门学科了，这是第一点。

第二点，"1+1"的研究问题。什么叫做"1+1"？我刚才说到李玫瑾教授研究的犯罪心理学，心理学是"1"，犯罪学也是"1"，犯罪心理学就是"1+1"。这就是一种学术研究的路径。这样就可以形成很多门学科，如经济犯罪学、社会犯罪学、青少年犯罪等。如果我们以主体为中心，对十大阶层、五大形象主体进行研究，再加上"1+1"研究方式，犯罪学就会形成为社会所认可和接受的庞大学科体系。

第三点，对类学名和学科名在区分上的认识问题。这是个什么问题呢？我们有一位教授——肖剑鸣教授，今天没来，他发表了一篇文章：《犯罪学是什么》。我对这个问题做了一个回答，在青少年犯罪杂志第4期发出来了，我在这里简单说几句。类学名与学科名是不能混为一谈的。什么是类学名呢？法学就是类学名，学科名就是各部门法，如宪法学、行政法学、刑法学、民法学、经济法学、国际法学等，它们都是学科名。我们具体研究的都是学科，不是研究的类学名。人类学也是这样的，人是个抽象名，具体的是男人，是女人。但是我有一个观察，不管是我们国家或者世界各国也好，好像大多数学者都是把犯罪学这个类学名当做学科名在研究。所以，他不具体，或者很庞杂，或者与其他学科混淆，甚至跟刑法学"争饭吃"，种种现象都会出现，原因就在于没把类学名和学科名分清楚。

类学名是学科体系，学科名才是具体研究名，区别一下免得打混战。现在研究得最好的学科名是什么呢？青少年犯罪学以主体为研究。现在它是研究得最好的、最有价值的学科名，社会效果比较好，这是一个。

"1+1"的研究是以犯罪心理学研究的最好的，不管人家怎么批评，接受不接受，但是在这上面犯罪心理学还是很有研究价值的。

这就是我今天参会自己的一点感悟，谢谢大家。

主持人：谢谢夏教授，很亲切，四川普通话，比我讲解得清楚。犯罪学中国的困境，包括王牧老师，希望犯罪学对立法、司法全方位，中国定位不清，如何突破这个困境，夏教授提出一些富有见解性的见解。谢谢四位发言人和评论人，上午会议到此结束。

# 第五十篇　着力研究化解矛盾、防范未然的新学科——《未罪学》——的探索

（在中国行为法学会律师法律行为研究会（西安）大会上的发言）

在这里，我分引文和主文两个部分来讲。

## 一、引文　法律进社区，义不容辞

在上海司法局的倡导下，早在 2003 年上海就启动了"法律进社区"的律师活动。北京蓝鹏律师事务所上海分所于 2007 年始建。自然是步其后尘了。我们所的律师和相关行政主管人员在参与社区调解工作上，发挥过一些作用，尤其是行政主管符仁珍女士在普陀区真如镇清涧居委会的社区调解工作中做得很是出色。其中调解的典型案例如：《清二居委调委会做好防激化重大案件的事例》、《对邱仲荣、杨晨怡相邻纠纷的调解》、《邱仲荣、杨斌相邻纠纷调解》、《做好社区治安工作，确保世博会平安》、《帮助帮教对象找工作、为构建他人和谐家庭尽其所能》等，从而荣获镇级、区级和市级多项荣誉称号。我们所的律师在诉讼案件中，充分化解诉讼中"窝里斗"矛盾，解决问题也很有成效。我们所的律师促成了浙江省桐乡市进出口公司、嘉兴市振达时装有限公司，以及中国银行浙江省分行成功签订《关于一致对外追索货款的协议书》，把本来不应该在国内诉讼的"时装出口"案件，而在国内经过痛苦的一审、二审、再审，终于从"窝里斗"转变为一致对外，在纽约的法庭上向被告美国亚洲银行、美国 PPS 公司追回了时装出口的巨额货款。也可见我所律师职业者在构建和谐社区和在复杂诉讼中，发挥调解功能作用的一斑了。

## 二、主文　为"三未"大防范，创立《未罪学》

社会矛盾的冲突、发展、变化，往往是犯罪赖以产生的温床。如突发事件的高发，民事转刑事纠纷的升温，激情型犯罪的频发等。如何才能减少这类犯罪问题和犯罪现象的产生呢？就必须予以最广泛和最大限度的社会防范。要践行社会大防范，做好思想动员，理论上的武装显然是不可缺少的。

任何社会要做到根本不产生犯罪，是绝对不可能的。但尽量做到减少犯罪的产生，则完全是可能的。要减少犯罪，就得以预防为主治理犯罪。说到预防犯罪，凡在社会上生存的任何一个公民都不能说不懂这个道理，但要动真格兑现犯罪预防，在人类社会的历史长河中，从来就是一根软筋、一个短板。因用打击的方法比用预防的方法要爽气和简易得多。所以任何社会的国家都往往以治标的打击防范为其主导。故而从事定罪量刑研究的《刑法学》始终是一门源远流长的显要之学矣！《刑法学》是什么学？用爱因斯坦的"相对论"来解读一下，就不难发现它是一门"已罪学"，即对已经产生的犯罪行为的治理之学。有了"已罪学"，就应当有相对应的《未罪学》才是。但是，从古至今，就没有过《未罪学》的产生。因为任何社会的国家都难以以治本预防为其防范主导，总是把"立竿见影"的打击预防置于首位。没有那个未罪预防的实防需要，何以能产生那种治本防范的理论学科呢？

但在我国，在构建和谐社会的现实历史阶段，打防并举，注重未罪预防的理念日益注入社会，拨动人心；同时因社会公共安全问题，特别是民以食为天的"食品安全问题"严峻的现状，把从源头上和流程中的预防，都逼到了议事日程上来的当今，呼唤防范理论的产生才真的运应而生。《未罪学》也因此

而产生了。

根据防范未然的文化传统的古训，从理论的高度着力研究化解矛盾、结合现实社会情况防范未然的研究，从近三十年来感悟到：要真格地做到预防犯罪，应以"三未"目标，即未违法、未犯罪、未再犯罪，为其防范目标，而且应建立一门与《刑法学》相互匹配的《未罪学》新学科，作为理论基础，培养出大批合格的防范人才出来才行。

《未罪学》是怎样形成的呢？是建立在三大原理的基础上形成的。这三大原理便是：

(1)"防·救·惩"三字经原理。

东汉政治家荀悦在其政论《申鉴》中说："先其未然谓之防，发而止之谓之救，行而责之谓之惩。"笔者简称它为"防·救·惩"三字经。

(2)中医学的"治未病"原理。

"治未病"一词，首见于中医学经典《黄帝内经·素向·四气调神论》篇，其中曰："圣人不治已病治未病，不治已乱治未乱。"

(3)"源流论"之未罪学域与已罪学域的相对论原理。

| 法源 | 上游罚法 | 下游罚法 |
|---|---|---|
| 《治安管理处罚法》 | 因行为违法入行政处罚门槛 | 因行为已构成犯罪受刑罚惩罚 |
| 《公司法》 | 因行为违法入行政处罚门槛 | 因行为已构成犯罪受刑罚惩罚 |
| 《侵权责任法》 | 因行为违法入负民事责任门槛 | 因行为已构成犯罪而受负刑事责任惩罚 |
| …… | …… | …… |

未罪学学域　　　　　刑法学（已罪学）学域

《未罪学》的学科内涵主要是什么呢？

目前已成形的书分为"总论"、"分论"。其内涵可以浓缩为这样五条：

(1)"忧乐心怀"。以已罪而忧，为未罪而乐。这是这门学科研究的心态高度、应重视的程度。

(2)"三未目标"。论述如何从我做起，使社会增进社会道德，减少社会中的违法、犯罪和再犯罪。最大限度地做到行为人的行为未违法、未犯罪、未再犯罪。

(3)"三行路径"。在知与行关系上，重在于行。行的路径主要是三条：一是按照国家各部门法的禁止性规定，各部门应严格履行防范的义务；二是仿学人体穴位，理性找寻社会洞穴的存在分布，进行找穴、点穴的"体检"式防范；三是树正气，治邪风，力求走好扶正去邪的防范路径，治本与治标相辅相存。

(4)"三法要求"，即防范方法上坚持三道防线。一是源头"防线"，二是流程"救线"，三是终端"惩线"。尤其要注重源头"防线"问题。

预防犯罪，提高社会防范的"三未"程度，这不是哪一个人能做到的，而是要依赖于整个社会的国家主体、法人（单位）主体、社团主体、公民自然人主体等全社会总动员，人人参与，个个"上岗"才能奏效的。为了表达这样共同的情怀，笔者为此专门写了一首《未罪学》之歌的歌词。如有作曲兴趣的同仁，也不妨一试作曲矣！其歌词如下：

### 未罪学之歌

（主歌）

想起那些痛彻心扉的伤口，

牵动了多少人的心弦。

同样的罪错自己已经犯了，

为什么他人也犯？

想起那些尘埃落定的往事，
写成的史书已有多卷。
同样的罪错前人已经犯了，
为什么后人仍旧照犯？

想起那些一进宫的痛苦岁月，
没有少下重新做人的决心。
同样的罪过今朝又再次进宫，
为什么难改罪恶的人生？

（副歌）
实现未罪兮人人有份，
杜绝过错兮匹夫相关。
警钟普鸣兮如歌如泣，
防范不息兮长治久安。

　　最后要说的是，人们可能会问，不是有预防犯罪的概念了吗？何以要创新一个"未罪学"概念呢？毫无疑问，预防犯罪概念，作为传统的和普识的概念，仍然可以普遍适用。但预防犯罪的概念明显有两大弱点：第一，概念的内涵单一，而且是柔性、随意性的，可预防或可不预防，因人而异，没有标准；第二，它是相对的人治概念，给人们的语意是缺乏法治依归的。因此作为学科概念，显然是缺乏科学性、规范性的。而"未罪学"创新概念，无疑就克服了预防概念上的上述两大弱点。"未罪学"概念的优点就在于：第一，它有着明确的学科参照系。"未罪学"的概念显然是以"已罪学"（刑法学）为参照系的。有了这个参照系，就会使得研究的对象和范围比较明确，不至于太泛了。第二，"未罪学"概念有着明确的学科功能目标。这就是以"未违法"、"未犯罪"、"未再犯罪"的功能效果为其学术的研究和实践的宗旨。第三，"未罪学"概念，对违法犯罪是当做"社会病"来治理的。而且治未罪是从我国中医学"治未病"的概念借鉴典化而来的，采取的是"治未救人"的学科态度。第四，未罪学概念是以法律规定为依据的法治学科概念，具有明文的刚性属性。国家制定的各部门法，从内容结构而言，都规定了它主要是干什么和怎么干。同时也规定了出现某些行为现象，就涉嫌违法或者涉嫌犯罪。如果从正面与负面两方面的规定来看，法律的负面规范在一个部门法中只能是概括性的，既然放在法律中作为一项结构内容，当然也就是一项法定，或者说行为规范，就是必须依法执行的。换句话说，将执法的含义全面化，各主事部门依法防范自然也是不可懈怠的一方面的执法、用法，即不是可防范可不防范的问题，而是必须依法防范的问题。

华东政法大学教授
北京蓝鹏律师事务所
上海分所主任律师
夏吉先
2012 年 6 月 17 日于沪

# 第五十一篇　从独立董事制度的"独立支点"完善谈起

中国行为法学会金融法律行为研究会，与江西省樟树市人民政府于2013年10月共同举办全国公司上市与法律服务学术研讨会。作为三十年来参加上海法学家企业家联谊会的一名成员，对企业特别是中小企业家发展的处境状况，已略有所知。关于上市公司中小股东合法权益的保护，更尤为关注。其中，如何对中小股东合法权益保护的独立董事制度的完善，更感到是一个十分重要的问题。从而亦联想到，如何减少社会中合法权益被犯罪行为侵害的防范问题。在此，就二问题谈谈一管之见，请同仁们共同探讨。

## 一、独立董事制度的"独立支点"问题

独立董事制度最早起源于美国，设计该制度在于对控股股东及公司管理层的内部控制，以达到防止损害公司利益行为的目的。中国证监会于2001年颁布指导意见引入这一制度，以制约大股东和经营层，达到维护公司利益尤其是中小股东合法权益的目的。其初衷自然是好的，体现了对公司治理的法治机制上的一个支点的确立。但问题在于机制的功能作用是否能真正得以实现？

答案是：关键在于这个支点具不具有真正意义上的独立性。真的具有独立性，其目的就能达到；反之，若不具有真正的独立性，那就是距离目的其远的形同虚设矣！关于独立性问题的探索，这里笔者且举上海"莲花河畔景苑"倒楼案的施工监理制度来作一个类比。笔者作为北京市蓝鹏律师事务所上海分所的主任律师，应当事人聘请作了该案施工监理被告乔磊的辩护人，最终对该案的法院判决是认同的。法院判决认为："被告人乔磊作为工程项目的总监理，对工程项目经理名实不符的违规情况审查不严，对建设单位违规发土方工程疏于审查，在对违规开挖、堆土提出异议未果后，未能有效制止，对本案倒楼事故发生负有未尽监理职责的责任。"应当说法院的判词是写得很有分寸的。关于为什么"审查不严"、"疏于审查"、"未能有效制止"呢？这些问题固然不可能在判词中来回答的。但对这些问题，时任上海市委书记俞正声同志，受媒体专访发表的《着力制度创新、推进实际工作》的文章，[①] 则作了明确的回答。他说："我们的工程监理，在很大程度上形同虚设，形有，但是形同虚设。这是为什么呢？工程监理与业主有着密切的关系，是业主招标来的，他的款是业主付的，监理单位很大程度上要考虑业主的意见和看法。这是一个制度性的缺陷。"

工程监理制度的缺陷，换一个说法，就是工程监理制度缺乏支点上的"独立性"，使得监理功能难以实现。回头再看，与之同类的公司独立董事制度呢？据调查："我国上市公司90％的独立董事由第一大股东提名，由公司发津贴"[②]，这与工程监理制度的现状是多么的等同、相似啊！公司独立董事制度的支点缺乏"独立性"，不是与工程监理制度的现状，同出一辙吗？如果说在现有的工程监理制度的现状下，作为监理难以尽职到位，那么在现有独立董事制度的现状下，作为独立董事对中小股东的合法权益的保护，对防止损害公司利益行为的控制难以到位，也就可想而知了。

工程监理制度与公司独立董事制度的症疾都在于缺乏制度的独立性支点。换句话说，有制度支

---

① 俞正声：《着力制度创新，推进实际工作》，载《解放日报》2009年11月17日。

② 连建明：《独董＝独立客观＋勤勉"懂经"》，中国重汽独董事件引发各方关注独董选聘制度改革，载《新民晚报》2013年8月23日。

点，但支点不具有独立性，而是从属于或业主或大股东的依附性矣！如何变依附性为独立性呢？有待于制度的创新了。因本文的篇幅之限，这里只能提出问题，至于如何建立"独立性"的制度支点，以达到制度的完善，则有待于深度调究和实践探索后，才能得出科学的答案。

## 二、预防犯罪的独立"学科支点"问题

预防犯罪，这是一个普通得不能再普通的命题了。因为母亲怀胎时就懂得保胎，婴儿降生后就产生了自我安全戒备的本能意识。但是在人类的思维模式中，往往是最普通的问题，最难得到认识上的深度重视，和实践上的真正落实。预防犯罪，就是这类问题中的一大问题。因此，也没能产生真正意义上的预防犯罪的学科。换句话说，预防犯罪的实践，也没有独立的"学科支点"来支撑。

还是先看一看现状把：在我国，以"打"为头，以"防"为尾的方针已有多年了；在法学界，以《刑法学》为头，以《犯罪学》为尾的学科排序，已成为国家教育部门的思维定势；纵或研究《犯罪学》的人，三十年下来也习惯了"犯罪现象—犯罪原因—犯罪对策"这样三段论式的写作模式，当然在初始阶段尚说可以。由于在三分之二的篇幅之后，再谈对策问题，往往是已力不从心，"虎"头"蛇"尾了，所以真正的预防研究亦很难到位。

如果说，现状所呈现出来的逻辑，可以称为"感性式正逻辑"的话，那么与之相反的即可称为"理性式反逻辑"了。有否"理性式反逻辑"呢？当我们打开《汉记·申鉴》，即可读到东汉政论家荀悦的这种论述："敬忠有三术：一曰防，二曰救，三曰戒。先其未然谓之防，发而止之谓之救，行而责之谓之戒。防为上，救次之，戒为下。"[①] 显然，荀悦所述，就是与"感性式正逻辑"相反的"理性式反逻辑"了。当然，并不因为有荀悦的理论标杆的立世，就因此说东汉在"防救"实践行为上就怎么的好了。理论与实践、知与行毕竟还是一个存在着"隔"的不同的范畴。东汉统治者选不选用荀悦的理论，而与理论本身并没有直接的关系。但是有一个问题必须明确：科学理论的逻辑，不可以曲意去迎合行为选用者的逻辑，这是科学理论独立性的崇高品格所在，科学理论本身的价值原本就与选用与不选用无关。

在上述问题上，荀悦在理论论坛上的作为，笔者以为，亦是对今人的一个有益的启迪。我们今天要实现伟大的民族复兴，其中择其具有生命力的传统中国文化为之今用，自然不失一举。当我们在打开《皇帝内经》，[②] 最为笔者所关注的，莫过于"治未病"的多处论述了。由此可见，我国古时的政论家、医学家对"未然"治理在"人体"和"社体"的关注上的深度。在某种意义上说，或许还高于当今浮躁的现实社会的。

《刑法学》是对应于"已然犯罪"治理的学科。故笔者给它另取了一个学名叫"已罪学"。当然它从方法论层面上命的名，显然是正确的，亦没有改为"已罪学"的必要。不过有"已"，就自然有"未"。"已"与"未"无疑是对称位态上的词语。因此，"已罪学"的对称学科，显然就是"未罪学"了。对已罪的空间研究，是《刑法学》。对如何才能"未违法"、"未犯罪"、"未再犯罪"的"三未"空间研究，自然应由《未罪学》的学科来担当。笔者认为，《未罪学》是不附庸于《刑法学》的、具有自身独立性的、担当预防犯罪研究而出台的新兴学科。可能有学者会说，《犯罪学》不是也有对"犯罪对策"的研究吗？是的，纵观一百余年来的《犯罪学》研究，对预防犯罪也起到了某些作用。不过，大哲学家笛卡尔有句"我思故我在"的名言，似乎很适合《犯罪学》的学状。对犯罪学而言，无论在国际还是在国内，其学态，都无不呈现"我思故我学"的嘈杂的态局。没有多少共识可言。更不可能着力于犯罪预防的研究了。再说，成就两门侧重不同的学科，开启侧重不同的两家"公司"，对于促进学术的发展繁荣，显然也是只会有益处而无害处的。"学"要求专攻，"才"要求适用。对于每个人而言，都应尽可能做到适用好自己的口才、笔才、干才、性才。所谓性才，即指性别、性格之

---

① 史书：《汉记·申鉴》。
② 医术：《皇帝内经》。

才矣！从自身的性别、性格出发，发挥出适格的长处，避开不适格的短处，这显然亦是一才。可能还是决定命运之才。学科贵在专攻。作为学科若非专攻，不具有确定的研究标向，就很容易泛化为"我思故我学"，这不能不说是学科建设上的一大忌的。

中国行为法学会上届会长刘家琛大法官，在 2009 年 6 月 12 日致华东政法大学《关于在上海建立研究基地的函》。对此，华东政法大学党政领导经研究，为研究基地提供了办公场所。作为当办人的笔者，所考虑的根本问题是对研究方向的选择。当然是要针对学界中的空白空间或薄弱环节了。于是，最终决定对《未罪学》进行开创性的独立学科研究了。五年来，以形成的具有中国特色的法律体系为依托，以各主要部门法中的负面性（禁止性）规定为门槛，构写了以法治预防为核心的一本《未罪学》专著。该著作现即将出版。接下来的主要工作，拟筹建一个与《刑法学》研究会能相匹配的《未罪学》研究会。其宗旨，是把依法预防犯罪的学术研究从学院推向社会，真正地广泛地开展起来。从而为"未违法、未犯罪、未再犯罪"的三大空间行为的防范研究，起到一点助推的作用。

华东政法大学　夏吉先

2013 年 9 月 1 日

# 第五十二篇  "未罪学"与"未腐学"初探

第五届全球化时代犯罪与刑法国际论坛,于 2013 年 10 月 26—28 日在我国北京地大国际会议中心举行。在此十分感谢大会秘书处的邀请和给予本人提供的学习机会。借此论坛仅发表两点不成熟的观点,向与会的领导、官员和学者请教。

## 一、"未罪学"论

对于犯罪问题,仅以学科应对而言,已经犯了罪的,有对应学科"已罪学"的研究进行支撑。"已罪学"是刑法学的另名。刑法学是从方法论层面上的命名,当然是正确的,故没有更名的必要的。而"另名"的提出,只是为了引出一门新的对称学科——"未罪学"而已。

**思路依据**

我们今天要实现伟大的民族复兴,其中择其具有生命力的传统中国文化为之今用,自然不失一举。此处且谈一、二:

(1)"三字经"。当我们打开《汉记·申鉴》,即可读到东汉政论家荀悦的论述:"敬忠有三术:一曰防,二曰救,三曰戒。先其未然谓之防,发而止之之谓之救,行而责之谓之戒。防为上,救次之,戒为下。"笔者把这里的"防·救·戒"且称为"三字经"。

(2)"治未罪"。当我们打开国宝,中医书《黄帝内经》时,"治未病"的多处论述,自然地跳进眼球。中华医学会不仅十分关注"治未病",而有的省市对"治未病"还有立法。人体有生理疾病,社体有"社会疾病",某些犯罪不就是"社会病"。笔者借鉴"治未病"换化为"治未罪"矣。

**门法负规**

每一门部门法都是一门完整的法体,即为一个法律整体。所谓整体主要是指有内容的两个方面,即正面法定和负面法定。任何一个法律条文,都非立来看,而是立来用的。例如商业银行法。正面法定是指对理财的规定;负面法定是指对违法行为和犯罪行为的规定性警示,以及问责上的法律明示。

然而,人们对法体在"认知"和"行使"两方面都存在习惯性偏爱。此举一、二:

(1)选择性识法。偏爱正面性法律的解读,对负面性规定压根儿就不重视。

(2)等待性用法。我国社会普遍存在有"刑法依赖症"心理。未罪预防观念很弱势,待形成犯罪后用刑的观念是强势。用法主体(包括单位和个人)尚未形成整体用法的主体观,即正面法定的施行观和负面法定的防范观。而不依负面法定采取积极预防,往往是消极等待刑法对犯罪的惩罚。

**学域空间**

犯罪源流匹配定理,是对犯罪问题学科学域空间定位的定理。前面已述"一防二救三戒"的思路。防对应的是"源头"空间,救对应的是"流程"空间,戒对应的是"终端"空间。因此,如果说刑法学(已罪学)是对已罪(终端)的惩罚研究,而未罪学就是对"源头"、"流程"中的"防·救"研究。如果将定位再作延伸,"未罪学"就处于上位空间,刑法学就处于中位空间,而监狱学就属于下位空间。换句话说,这就是可称谓为纵观一体的"源流刑法学"矣!

## 二、"未腐学"论

"未罪学"本来已涵盖了"未腐学"的。但企于腐败问题的国际严重性，和国内犯罪问题中的公权被私用的特别地位，所以就更具专门研究的必要性了。而且本届论坛的主题为"全球腐败的严重性、原因和对策"，所以更理当对这个问题进行探讨。

对自然物的防腐常常采用科学技术上的防腐剂，简称它为"自然防腐剂"。相对而言，面对人类中自身存在的腐败问题，所对应的药方当然是"社会防腐剂"了。这里从三个关键词简要展开，谈一点粗浅的认识。

思　路

孔子以"德"为基石建立的学问体系，几千年来对中华民族各族人民善良德行的养成来说，是永不枯竭的源泉，同时也是防腐的有效的一剂药方。但是，由于过高理想化地推崇"人性善"，而对"人性恶"的一面认识不足，从而存在非科学性和偏面性的缺陷，亦是显而易见的。

老子既讲"德"亦讲"道"的辩证法思路，不仅更符合人性中"善""恶"同在的科学性存在，而且作为廉政"药方"从高度、深度、广度上来看，则更应值得推崇和应用。在《道德经》中，如果把"道"引申为道路，一个人能否选择正确的道路就至关重要，一个单位乃至一个国家同样是如此。在《道德经》中的"德"，大致相当于我们今天所言的道德修养。老子对"道"的论述，远远超过对"德"的论述。为什么呢？原因在于：人的智商健全度远远高于道德健全度，智商人数比大大高于道德人数比。对此种态势的客观存在，老子所持的是科学态度。"道"可以引申为道路，也可以引申为法道、法律、规律。因此在治理选择中，就有利于做到：宣德以扬善，宣法以抑恶。社会历史经验告诉我们：以制度治人比以人治人，在一定意义上，更具有广泛性和力度作用。

制　度

"把权力关进制度的笼子里"。在新中国的权力史上关于限权问题，习近平总书记属首倡导者。其深远的历史意义和深刻的现实意义显而易见。第一，权力受到限制，有利于权力运作生态的健康；第二，权力受到限制，亦有利于抑制腐败的滋生。不过在这里，没有必要去奢谈。笔者只就 2013 年 10 月 17 日《新闻综合》的一则报导，经解读所写的一首小诗置于此，见其一斑，诗名为《权弄法》：

某位领导视察时，
随口一句成真戏。
"这楼可以再高点儿嘛！"
屁颠屁颠当大事。
该楼增添了七层，
升空高度数十米。
如果这话说三次，
不就成了摩天宇。
不单建筑之法被权弄，
举一反三例彼彼。
把人居安全当儿戏，
把科学发展不当事。
权力如此随官意，
何时关进笼子里？

监　督

中国社会主义特色的法律体系已经形成，有法可依已经做到，现在的关键是中国法律施行。从"知"与"行"的关系而论，施行就显得更加必要和效果要求了。其中，监督宪法和法律的施行，也自然要求职能监督部门要上一个新的台阶，社会参与的监督亦要求更具有法律机制的保障。而具体说来有三个层面问题须多加关注：

（1）权力在阳光下运作运行。

（2）监督制度和机制的进一步创新。

（3）在依法问责上，切实做到有法必依、执法必严、违法必究。

华东政法大学　夏吉先

2013 年 10 月 25 日

# 第五十三篇 "未腐"论

第五届全球化时代犯罪与刑法国际论坛，于 2013 年 10 月 26—28 日在我国北京地大国际会议中心召开，本届论坛主题是《全球腐败的严重性、原因和对象》。

作为论坛代表的笔者，聆听了来自全球各国和地区代表团的报告，其中特别是法国、俄罗斯、德国、中国、中国台湾、日本、菲律宾、泰国、新加坡、加拿大、美国、塞尔维亚、意大利、西班牙、匈牙利、哥伦比亚、阿根廷、巴西等代表团的代表发言后，深感到现代全球腐败的严重态势；同时针对大多数都处于个案处理的现状，都希望有整体性的综合治理的防范体系的形成。鉴于此，笔者在会上以综合性提问的方式，就如何形成体系的问题，以"未罪学"的学科名而引申出的"未腐"论的理论观点，作了系统性的简要阐述。

## 一、防范"三字经"的介绍

当我们打开《汉记·申鉴》，即可读到中国东汉著名政论家荀悦的论述："敬忠有三术：一曰防，二曰救，三曰戒。先其未然谓之防，发而止之谓之救，行而责之谓之戒。防为上，救次之，戒为下。"笔者称它为"未罪"、"未腐"治理的"三字经"。

## 二、"犯罪源流匹配定律"的提出

犯罪源流匹配定理，是对犯罪问题学科学域空间定位的定理。要形成防范体系，亦必须有按照体系需要的对应学科的支撑。《刑法学》是从方法论的层面而命名的，已经犯了罪怎么办？依法定罪量刑予以惩罚。这个命名当然是对的。但《刑法学》还可以另名为"已罪学"。这是为了引申出一门与其对称的新学科——"未罪学"来。如果说《刑法学》研究的对象是已罪，那么"未罪学"研究的对象，无疑就是"未罪"了。从空间定位来观察，我们就不难看出"未罪学"处于上位空间，《刑法学》就处于中位空间，《监狱学》就属于下位空间。大自然中的河流，如中国的长江、欧洲的多瑙河、俄罗斯的伏尔加河等等，它们都有其源流形态，我们简要概括为"源头"、"流程"、"终端（即入海口）"三个环节。"未罪学"、《刑法学》、《监狱学》就似源流形态一样，学科与环节有着匹配性对应关系。显然，未罪学所对应的就是未罪预防、未腐预防的空间。换句话说，"未罪学"就是未罪预防治理的支撑学科矣。这样就形成了学科对应匹配。而且只有匹配，才有可能在行为中做到治理对象的到位和精准。

## 三、综合治理体系的效应要求

社会的各个领域，构成社会实体的各大阶层中的犯罪、腐败问题的存在，如果只是个案处理，而未上升为体系性的综合防范治理，都是不可能获得"未罪""未腐"的理想效果的。所以必须有体系功能的综合性发挥作用才行。而且体系要针对犯罪、腐败产生环节的"病灶"进行匹配下药，才能获得良好的效果。那么如何匹配呢？

（一）源头防

重在制度建设，是源头防的要义所在。要制度防罪、制度防腐，要尽可能形成有避免罪、避免腐

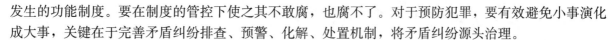

发生的功能制度。要在制度的管控下使之其不敢腐，也腐不了。对于预防犯罪，要有效避免小事演化成大事，关键在于完善矛盾纠纷排查、预警、化解、处置机制，将矛盾纠纷源头治理。

（二）流程救

流程救关键在于要强化治病救人理事的理念。强化动态执法、动态管理。坚持"发动和依靠群众，坚持矛盾不上交，就地解决问题"的"枫桥经验"。凡需要挽救和能够挽救的要予以挽救。如中国最高法院，在处理赖昌星走私大案中，对一般参与走私行为的中小企业，就进行了"只补缴税款，不判罪"的挽救措施，而收到了良好的社会效果。流程救亦是把犯罪、腐败的损失和影响，尽可能减少到最低限度的必要过程。

（三）终端惩

依照罪刑法定原则，对于凡构成犯罪应当受到刑罚惩罚的犯罪分子，必须依法制裁。当然惩罚要有度，要符合罪刑相适应原则。而且必须遵行人权的依法保护。

本人所说的仅是个人观点，不同国家或地区如何才能形成治罪治腐的综合治理的体系，也只能量体裁衣，根据自身的国情或地情的实际情况，在理论与经验有机结合的基础上不断地形成和完善的。本届论坛的会标："全世界人民联合起来，开创全球反腐败新纪元"很能鼓舞人心。让我们携起手来，共同努力前行吧！

上述观点，为大会主席点评为"精辟"，且得到与会代表们的热烈鼓掌。

华东政法大学    夏吉先

# 第二章　刑法学：刑治科学论

　　《刑法学》是从方法论上来定的学名，当然是正确的。因为是对已罪实施"刑罚"方法的治理，所以相对《未罪学》而言，也可谓之"已罪学"矣。

　　从科学理念出发，把法学，特别是《刑法学》界定到科学层面的高度上来对待，是致关重要的。对"非法证据"的严格排除，对证人到庭的审慎质证，对律师辩护权的充分行使，对"疑罪从无"判处的落实，对刑罚量的"科学量化"，对犯罪嫌疑人及犯人人权依法保障的到位，最大限度防范冤假错案发生几率等，都是刑治科学性的体现所在。

# 第五十四篇　论犯罪成本与经济刑法

现代经济犯罪的发展，促进了对现代经济犯罪与刑法的研究。这是犯罪学与刑法学必须研究的一个新课题。

## 一、商品经济的发展同犯罪成本与经济刑法

经济犯罪与经济刑法作为一门刑法学科，是进入 20 世纪 80 年代以后，随着我国经济体制改革的深入发展，为适应打击经济犯罪的客观需要，登上我国法学的历史舞台的。

经济犯罪与经济刑法的诞生是与经济形态的发展有着密切关系的，也就是说，是与商品经济形态自身存在和发展有着密切联系的。这既包括资本主义的商品经济形态，也包括社会主义的商品经济形态。

要研究刑法形态，就必须研究犯罪形态；要研究犯罪形态，就必须研究经济形态以及它的上层建筑——政治结构形态。我们知道，犯罪虽然是一种自然人个人或法人的反社会行为，但它却与社会的经济政治结构及其功能的运转，有着密切的关系。换句话说，社会经济政治结构的形态方式及其功能作用，是社会产生犯罪因素的最终的客观源泉；个体生存需要层次的动因，是产生犯罪因素的主观源泉，犯罪乃是这两种主客观源泉最终结合的产物。只有单一存在的源泉是不可能产生出犯罪来的。我们纵观人类历史长河的犯罪发展史，就不难发现一种社会存在形态和社会各阶层需要形态的相互作用，都会衍生出与该社会的结构形态和需要相适应的犯罪形态来，每当社会结构和需要方式发生变动时，犯罪形态即会发生相关的变动。这种变动不仅反映在犯罪量上，而且反映在犯罪质上。其形态主要有这样一种表现：一是某些传统形态的犯罪发生量与质的某些变化；二是某些犯罪类型的减少，同时转化为某些犯罪类型的增加；三是产生某些新的犯罪种类来。

社会从自然经济结构中脱胎出来，随之发展到商品经济社会壮大为取代自然经济形态的主导地位。我们知道，资本主义的社会化的大生产方式，带来了与之相适应的开放的自由型的生活方式。这就不可避免地带来犯罪形态的重大变化。突出表现在某些惟利是图的不法分子，滥用工商企业的合法权利，以非法的手段来谋取不法的暴利，因而动态营作型犯罪相对于静态自然型犯罪就突出起来了，智能型犯罪相对于体能型犯罪就突出起来了。换句话说，这种营作型的经济犯罪比以往社会形态中的财产经济犯罪就突出起来了，而且其危害性足以危害到整个国计民生。它将涉及生产、交换、分配、消费四大环节，以及金融、保险、财政，乃至各个经济领域和经济部门。这种营作型的严重的经济犯罪，显然有别于非营作型的一般的财产经济犯罪。因为财产型经济犯罪是与自然经济形态相适应的产物，营作型经济犯罪是与商品经济相对应的产物。而且这种经济犯罪很难与财产型经济犯罪用同一刑法原理、原则、刑罚方法去进行规范。所以在资本主义国家中，不少犯罪学家、刑法学家才提出专门建立经济犯罪与经济刑法这一学科来。

我国在经历了近三十年的产品经济制度摸索后，经过近十年的经济体制改革的实践，充分认识到社会主义的初级阶段还不能超越商品经济形态的发展。所以我国现阶段正经历着由产品经济制度向社会主义的商品经济制度转换的伟大的经济体制改革。社会主义的商品经济制度，对于社会主义经济的繁荣和发展是完全必要的，是我国经济腾飞的必由之路。但也必须看到其消极因素的规律性作用，乃是产生某些经济犯罪的土壤和条件。但我们不能因噎废食，即不能因存在着难以避免的消极因素，就

不搞社会主义商品经济了。其正确的方针乃是要"一手抓建设，一手抓法制"。① 正是为了更好地贯彻执行两手方针，所以我国对经济犯罪与经济刑法的研究，才一步步地登上了历史舞台。

## 二、经济犯罪源流同犯罪成本与经济刑法

犯罪源流理论，是科学而系统地研究犯罪原因的理论。它是从人类社会的进化论出发，研究犯罪因素存在的源泉及其流经和发展的理论。这一理论的利用，不仅用于说明犯罪是如何产生的，而且用于说明犯罪必有分流，刑法必有分支上的理论问题。该理论把各种犯罪因素进行科学分类，即：①从人的本体因素来划分，分为"人源与人流"；②从意识本体因素来划分，分为"意识源与意识流"；③从经济本体因素来划分，分为"经济源与经济流"；④从制度本体因素来划分，分为"制度源与制度流"。作为经济犯罪与经济刑法学来说，要着重研究的乃是经济犯罪源流与经济刑法。

作为经济犯罪之源流来说，乃是源远流长的，这里姑且不作阐述。对于我国现实的社会主义社会来说，不仅一方面存在着制约经济犯罪产生的公有源，而且也存在孕育经济犯罪产生的私有源。商品经济是动态性的流动的经济。经济流是对经济流动的简称。经济产品是经济生产单位生产的结果，是生产单位之间由此及彼的运动过程，以及由此而来的交换单位与交换单位之间的运动过程，分配单位与分配单位之间的运动过程，消费单位与消费单位之间的运动过程。不仅有纵向运动过程，还有着横向的运动过程。这些运动过程，我们都统称为经济流动过程，简称"经济流"。这里我们所指的不是一般的经济流动，而是指经济犯罪因素与犯罪形态的流动。犯罪经济流与一般的经济流动是既相联系又相区别的。所以，我们要研究经济犯罪流的流动规律，就不能不对一般经济流的规律有所研究。

犯罪源流的存在与犯罪的产生有其内在的联系，而且有一定的规律性表现。这主要表现在以下五个方面：

（1）犯罪源因素的存在与犯罪的产生，犯罪流因素的流经过程与犯罪的形成过程，有其相应的关系。

（2）犯罪源流因素的进化与社会发展的进程具有相应的关系。社会形态不同，犯罪源流规律的作用也有不同。

（3）犯罪因素存在的流源、流种、流向、流速、流量与犯罪的产生地区、产生种类、产生路线、产生快慢、产生多少有其相应的关系。

（4）任何犯罪的形成，不是受旧质的犯罪源流规律的作用和影响，就是受新质的犯罪源流规律的作用和影响；或者受两者共同的合力作用的影响。

（5）任何社会犯罪产生的状况，都取决于犯罪规律与治罪规律相互作用、相互制约的状况。任何社会要减少犯罪的产生，都必须控制和消减该社会犯罪规律作用的范围和作用的程度。

这里我们着重研究的理论问题，乃是社会主义商品经济的发展与经济犯罪的产生是否会"同步"的问题。这也是经济犯罪学与刑法学所要着力研究的课题之一。现阶段专家学者们的观点主要有这样几种：

（1）随着商品经济的发展，某些犯罪特别是经济犯罪会相应的有所发展。

（2）随着商品经济的发展，会带来某些犯罪因素的相应发展。但是犯罪因素的相应发展，并不等于犯罪实体的同步发展。

（3）犯罪的增长与下降，除了本身的客观规律外，还有一个法律的认定问题。对经济犯罪的认定与国家的经济政策有着密切的关系，特别是在经济体制改革的进程中对有的犯罪的认定，往往以时空为转移。俗称这种犯罪为"政策性犯罪"。

（4）犯罪的增长与下降，并非与商品经济成正反比例关系。例如，温州的以家庭手工业为基础的

---

① 《邓小平文选》（第3卷），人民出版社1993年版，第154页。

商品经济模式，某些消极因素的影响和作用表现较突出，经济犯罪与经济发展具有同步增长的趋势；苏南是乡镇企业模式，对消极因素的影响克服得较好，因此该地的经济犯罪呈现平稳而且一度还有下降的趋势。

（5）"同步"应分为两种：一种是经济犯罪因素随着商品经济的发展而发展的同步；另一种是对经济犯罪的治理因素，亦随着经济的发展而同步加强。我们要以一个同步来制约前一个同步。

（6）随着我国商品经济的发展，在一定时期内，某些条件特别是经济犯罪条件，呈上升趋势不可避免。但从长远看，由于我国实行一手抓建设，一手抓法制的方针，有力打击经济犯罪，因此，西方资本主义制度下那种经济越发达犯罪率越高的规律作用，在我国是不会出现的。

### 三、经济犯罪司法同犯罪成本与经济刑法

经济犯罪审理的司法实践，要求经济犯罪与刑法理论研究上的加强，立法上的完善。因为在普通刑法中的某些规定，已不能完全适应新时期经济犯罪的新变化，突出地表现在经济犯罪及刑罚中的一些新问题的逐渐增多。如关于贪污罪、受贿罪的主体范围，客观表现形态及其认定问题；关于法人犯罪是否承担刑事责任问题等等。这些问题都需要进一步研究，予以实事求是的解决。而且还应看到，现实生活中已经出现的某些经济犯罪在现行刑法中没有作出或者没有明确作出规定，如破坏经济合同的犯罪，哄抬物价的犯罪，坑害消费者利益的犯罪，挥霍浪费公共财物的犯罪，破坏国家经济计划的犯罪，危害食品卫生的犯罪，污染环境的犯罪，破坏国家经济资源的犯罪，商品诈欺的犯罪，破产诈欺的犯罪等。经济犯罪，都需要通过经济刑法这门刑法学科认真研究，并在立法时增订进去。否则，司法机关在审理经济犯罪时，对有些理应科刑的犯罪分子，就无法律依据给以刑罚处罚了。

经济犯罪是一种新兴形态的犯罪，它有其自身的特点。这主要反映在四性上。即：①它的复杂性；②它的隐蔽性；③它的欺骗性；④它的差异性（指时间、空间、政策三者）。

由此极易产生规避法律制裁性的现象。加之，对经济犯罪的审理，还会大量涉及会计、统计、技术等各方面的经济技术知识，要求司法人员的知识结构要比较全面，司法的体制制度也要求适应打击和治理经济犯罪宏观形势的需要，因此，也要求经济犯罪与经济刑法担当起不断研究揭示经济犯罪的规律特点，完成经济刑事学科的司法体制制度的理论研究的任务，以及对实践应起到的指导作用。

### 四、经济分析方法同犯罪成本与经济刑法

对于每一门学科的研究，都必须运用马列主义的认识论和方法论，这是毫无疑问的。但是，每一门学科之所以独立存在，除了有自己独立的研究对象之外，也都有区别于别的学科而只属于自身才具有的认识论和方法论。我们要进行经济犯罪与经济刑法这门学科的研究，首先就必须解决适应这门学科研究的方法论问题。学科自身的研究方法，只能从学科的自身中去寻找。经济犯罪与经济刑法，首先是植根于经济法的沃土之中的，而经济法又是植根于整个社会经济基础，以及各经济部门的沃土之中的，或者说，植根于经济科学之上的。所以，经济犯罪与经济刑法的特殊的研究方法，是经济分析方法。其次才是法律分析法。概括起来说，以经济分析法与法律分析法相结合，而产生出一种新的认识论和方法论。

#### （一）经济法律分析方法的形成

18世纪，边沁等刑法学者就把法律与经济这两种现象，置于同一个领域。20世纪初，在美国的康芒斯等人的著作中，就已显见"经济方法"的端倪。他们在最直观的意义上把经济范畴引入到法律领域，把法庭与市场两种不同空间并有相互联系的事物纽结在一起了。直到20世纪70年代，经济法律分析方法才开始全面形成。这主要表现在两个方面：一是经济学被日益广泛地运用于与各种法律现象相联系；二是这种广泛联系"泛经济"式的研究，为系统性地形成一般性研究方法提供了条件。学者们把这种经济分析的方法运用于犯罪的研究、司法的研究、防止环境污染的研究等等。从对个别研

究中抽象出来，提升到"经济法律分析"的方法论上来，使之形成经济法律的认识论和方法论。我国著名经济学家吴敬琏就非常关注社会主义市场经济与社会主义法治之间的密切关系。在经济法律的分析上有其卓越见解。

（二）经济法律分析法的构成要素和主要模式

经济法律分析法是以经济法学的确定范畴和模式为依据的。一般认为，经济法律分析法是以三个基本要素构成：①最优行为（又称为"功利最大化"）。表示一个人对效益极值的追求。②稳定偏好。稳定偏好是相对于流动偏好而言的，指在市场行为中个人的主观价值体系的确定性和从这种确定性中反映出来的相对的稳固的倾向。③机会成本。表示个人在市场中为获取一种利益而必须舍弃某一种利益的选择。经济法律分析法有两个基本特征：第一，它是以诸多假定为前提的，研究在诸量不变的情况下，法律同个人行为这两个指数的函数关系。它所假定的前提是：①法律实施的社会政治条件按既定模式是不变的；②受该法律调节的人始终是有理性的；③人的功利观和偏好也都是稳定的。第二，它是注重对未来反映的预测的。它不像传统研究方法那样把目光注视于现在或过去。这种视角源于经济学家的"投入产出观"。当经济学家在确定投入时，总是以可能的产出为参照，用最小的投入得到最大的产出是经济学家所奉行的信条。

学者莱夫曾高度概括地说："经济分析的中心旨意和极重要的行为原则，是回答每一个行为的下列问题：①成本多少；②由谁给付；③谁应当决定成本和给付问题。"这也是经济学家不同于法学家之处。法学家在探讨法律时，往往表现为达到某一目标，可以不惜任何代价，也不惜牺牲其他目标，把成本看成是无关重要的。

（三）经济法律分析法适用于经济犯罪与经济刑法的研究

经济学家，特别是微观经济学家对人类的需求与满足其需求问题上的研究中，十分重视这样两大原理。这就是：

第一，人类的需求是无限的。从需求的层次上看，当然最基本的需求是维持生命的生存。但是人类并不只停留在这一水准上。如果停留在这一水平上，人类社会也就没有不断要求进步的推动力了。

第二，满足人类需求的资源与财力的供给量是有限的。作为自然资源的有限性，这是客观存在的。当然，除地球外还可以向别的星球索取，这是人类人口的增长与无限需求同有限供给之间的差距，仍然始终存在着。

由于社会资源是有限的，那么经济手段的选择是必要的。经济学上的实证分析，曾被广泛运用于对犯罪的研究。实证分析犯罪对实施犯罪的决意看做是职业选择一个实例，认为一个人之所以参与犯罪活动，是因为犯罪比任何可选择的合法职业能提供更大的纯利。这种经济分析法，把罪犯假定为具有稳定偏好、最大功利的、有理性的个人。在这种假定的基础上，刑事侦破水平和刑罚的轻重无疑就是调节获得财富与所谓风险的基本杠杆。显然，提高刑侦水平，加重处罚乃是提高"犯罪成本"，亦是减少犯罪的重要措施。照实证分析法来看，刑法中所设立的刑罚还是基于对过去经验的分析。要达到对潜在罪犯预期防范的目的，还必须根据经济上的预期变化来确定刑罚的严酷程度和较高的适用频率。这种程度和频率最根本的是要与社会经济条件相适应。犯罪所得与犯罪风险之间要保持适当的比例，如果过分失调，又将从一个极端走向另一个极端。

我们认为，经济法律分析法其认识论价值是具有普遍意义的。把它运用于对经济犯罪与经济刑法的研究，是顺理成章的。我们还知道，普通刑法的方法论，主要是与政治相结合、相渗透的方法论。因此在立法、执法、守法上都十分明显地反映出这一特征。经济犯罪与经济刑法的方法，主要是与经济相结合渗透的方法论。同样，它将在自身的立法、执法、守法上反映出自身的特征来。

（原载《法学》1992年第9期）

# 第五十五篇 析商品经济体制下的经济犯罪

经济犯罪的形成是一个十分复杂的问题，要从社会的结构及其功能的运行上去观察。犯罪虽然是一种个人的反社会行为，却与该社会的结构及其功能作用有着极其密切的关系。一定的社会结构及其功能作用，衍生出与该社会结构有关的一定的犯罪形态来。一般表现为两种情况：一是某些传统的犯罪发生了某种程度的质的变化，二是产生出某种新兴形态的犯罪来。随着社会结构的改变，犯罪的质和量也起着相应的变化。

## 一、在我国社会主义条件下的经济犯罪，是客观存在着的"经济犯罪流"发生作用的结果

我国社会主义的商品经济是以公有制为基础的商品经济，所要求的竞争是社会主义的竞争，不是资本主义的竞争。但是，因犯罪流规律的作用在一定程度上会起到诱发一部分人偏离社会主义的竞争轨道。他们不顾国家和消费者的利益，整天想着如何多捞钱，少纳税，弄虚作假，假冒商标，投机诈骗，甚至为了争夺原料、资金和销售市场，不惜采用重金进行贿赂以打通关节，如此等等。

这种情况如果与资本主义商品经济作一比较，就会发现：①有些行为在资本主义社会是合法的，无所谓犯罪；而在社会主义社会是不允许的，是违法犯罪。②在资本主义社会每日每时地产生出大量的即使在资本主义法律也认为是犯罪的行为，然而这个社会无法自行抑制；而在社会主义社会，由于党和政府的领导和管理、强大的公有制经济的抑制和调节，不仅经济犯罪的数量大大减少，其犯罪质量也是大大降低的。

## 二、经济犯罪形成的数量和质量

犯罪形成结构的诸要件是指犯罪的主观原因与主观条件，犯罪的客观原因与客观条件。这四大要件归根结底都是来自于一定的社会环境。就经济犯罪来说，处于产品生产的环境还是商品生产的环境是不同的：①从犯罪的客观原因和主观原因上看。"经济犯罪流"在商品生产的环境里，比在产品生产的环境里要活跃得多。它不仅在生产、交换、分配、消费等整个经济生活领域中增大流量，而且在精神文明、政治生活，乃至党内生活领域中，也是有空即钻，无孔不入的。②从犯罪的客观条件与主观条件上看。我们目前面临着从产品经济转变为商品经济的环境，新的经济体制正逐步成熟，而旧体制在许多方面尚未失去效应。在社会主义商品经济刚刚起飞时，人们使用"商品"来发财的心理是十分强烈的，部分不法之徒没有资本，往往通过骗术来获得，再以此去获取巨额不法利润。社会主义所有制多元化发展很快，一时又难制定出新的法律规范与之适应，其中的真空和漏洞使人有机可乘。③从犯罪主体的动力结构来看。当前已从饥寒起盗心向更高层次的动因转移，已大大超出正常人的需要层次了。对某些极端的经济犯罪者来说，甚至不是为了取得超常的需要，而是获得无限的金钱就是需要的本身了。从对上述四要件的分析中，我们可以得出这样的结论：在社会环境里存在的可供犯罪的条件越多，犯罪主体利用这些条件的机会就愈多，因而形成犯罪的实体也就会越多；可供利用来犯罪的条件越大，所形成的犯罪案件也就越大。相反，可供利用的条件越少，形成的犯罪案件也越少；可供利用的条件越小，形成的犯罪案件也越小。

### 三、对经济犯罪的认定与刑法观的更新

对于同样一种经济活动行为，因刑法观的不同，看法也各异。用社会主义商品经济条件下所形成的刑法观，来观察社会主义商品经济活动中的某些现象，既不可能透视其复杂的侧面，更难断定罪与非罪的是非曲直。因此，对传统刑法观的更新是很有必要的。而且经济犯罪往往随着时间与空间因素、政治体制、经济形态、社会结构、伦理道德、价值判断标准的发展，而在认定上发生变化。因此，对于经济犯罪的形成，不能只停留在普通犯罪学的研究上。对于经济犯罪的构成不能停留在普通刑法学的研究上，而要求有专门的经济犯罪学与经济刑法学。例如，无论国际或国内的贸易，不可能都是现金交易，银货两讫。对此，不能一律将买"空"卖"空"当作经济违法犯罪行为加以禁止和处理。我们要禁止和处理的是这种经营形式中的犯罪行为，而并非是这种经营形式本身。犯罪最本质的特征是社会危害性。要动用刑罚，必须达到应受罚的社会危害程度。要确认社会危害性的有无和大小，应该从多种角度加以考察，然后综合认定。这就是要从微观的个体的利害关系上，中观的企业的利害关系上，宏观的国家的利害关系上综合认定，是利大于害，害大于利，还是利与害相当？是纯属有利，或者纯属有害。像维吾尔族姑娘的辫子，要条条梳清，然后才能综合确定需不需要适用刑法。总之，与一般的侵犯财产罪相比，考虑的角度要更多，梳理的条条要更细，计算的得失要更清。社会主义商品经济刑法观的社会效用，要求达到：一是要为发展社会主义商品经济创造宽松的生态环境，二是要同侵害社会主义商品经济发展的严重犯罪作不懈的斗争。

### 四、传统的财产犯罪与经济犯罪的区别

经济犯罪，乃是指行为人为了谋取不法利益，滥用经济交易所允许的经济活动方式，违反所有直接与间接规定的经济活动的有关法规，足以危害正常的社会主义商品经济活动与干扰经济生活秩序的行为。

在发展社会主义商品经济条件下，经济犯罪应该有一个确定的范围。笔者认为，应专指经济经营者在经济运行领域中发生的犯罪。因为这才完全符合犯罪主体的经济职业特征和不法经济图利的特征。在党、政机关中涉及不法图利的犯罪，是属于利用党、政职务的以权谋私的犯罪，并非是"经济"图利的犯罪；少数党、政干部经商犯罪，是渎职性图财的犯罪。

划清传统的财产犯罪与经济犯罪的界限很有必要。①从行为侵犯的客体上看：传统财产犯罪表现在对特定人的财产权益的侵犯；而经济犯罪则很少针对某个特定人，即受害者不单是个人，而且涉及社会某单位或某群人，乃至整个国家。②从犯罪事实的特征上看：传统财产犯罪的犯罪事实，大多较为明确，危害后果易于计量；经济犯罪的犯罪事实大多较为模糊，其社会危害性往往在个人微观、企业中观、国家宏观上交织反映，因此在利与害的权衡上要特别慎重。③从主体的行为方式上看：传统财产犯罪多是体力型犯罪，是对较为固定的财产所有权的侵犯；而经济犯罪则属于智力型犯罪，是从事经营活动的人在经济运行中运用智力违反经营法规的犯罪。

从经济犯罪与传统财产犯罪的区别中，对于经济犯罪的一般构成要件，即可作这样的描述：①违法犯罪行为是经济经营者在自身职业活动中进行的行为；②违法犯罪行为所违反的是直接或间接规定的经济活动的法规和法令；③违法犯罪行为危害了正常的社会主义商品经济活动及经济生活秩序；④危害结果是行为人故意非法图利的结果。

### 五、对经济犯罪的控制机能

在资本主义制度里，因基于私有制基础的"犯罪源"和基于历史沉淀的"犯罪流"同时存在，并与资本主义商品生产的性质和目的交织在一起，相互作用，因此在经济运行机制中，很难建立起有效抑制犯罪的机制。故经济犯罪终究不以立法者的意志为转移，仍按其自身的规律源源不断的大量产

生，而且必将循环到资本主义制度本身的终结。与此相反，在我国社会主义商品生产中，虽然也不可避免地产生经济犯罪，但是因在社会主义商品生产自身的运动中，社会主义性质仍是矛盾的主要方面，故本身就存在着最大限度地抗制经济犯罪产生的有效机制。这主要反映在这样三对矛盾的结合点上：①企业从自身利益出发与国家从总体利益出发要求宏观控制的矛盾；②个人的微观经济效果、企业的中观经济效果与国家的宏观经济效果三者的相互关系的矛盾；③计划规律作用与价值规律作用的矛盾。因此，一方面包含有产生某些犯罪的可能性，另一方面更多地包含有抗制犯罪产生的决定性。关键在于我们要促使这三对矛盾的健康发展和运行，协调得越好，其控制作用也越强。

　　控制经济犯罪产生的机能，不仅存在于我国社会主义商品经济运行机制的本身，而且随着精神文明建设的加强和法制建设的完善，综合抗制犯罪产生的作用将日益显示出自身的优越性。当前尤其要强调的，是协调好立法和执法方面的关系。从刑事立法方面看，主要要解决因经济犯罪的新形态的出现，而应增补新类型犯罪的规定。充分考虑经济犯罪社会危害性程度的多层次性和其责任后果的多元性；同时在立法指导思想和立法技巧上，要认真把握刑事法律规范内部的协调统一和外部的协调统一。从加强对人、财、物的流通领域的控管上看，银行、审计、海关、工商、税务、政法等部门需协同制定并实行一系列配套的规章制度，有效地堵塞犯罪活动的漏洞，同时也有利于对犯罪证据的收集。要协调好执法部门之间的关系，各行业部门之间要建立横向联系制度、互通信息。首先要立足于犯前预防；其次，对于已发的要案、大案，则要相互支持、相互配合，进行严厉打击。

（原载《法学》1987 年第 2 期）

# 第五十六篇 经济犯罪时空论

万事万物的存在，总是有自己存在的时间和空间。没有自己的空间位置和时间运载的流动了，就表明这个事物已经不存在了。"犯罪"也是万事万物中的一种事物，也毫无例外地具有自己的时间和空间的形式。犯罪的世界同其他任何一种世界一样，同样是一个以时间和空间形式为载体的世界。因此，我们要探索犯罪运动的规律，就不仅要从犯罪的本体去探索，而且还要从它的载体去探索，即还要从时间去探索，从空间去探索。我们知道，犯罪源流理论，从载体的角度来看，乃是从时间的运动上去探索犯罪规律的一种理论。我国储槐植教授的"犯罪场"理论，从载体的角度来看，乃是从空间的位置（范围）上去探索犯罪规律的一种理论。然而时间和空间都是事物存在和运动缺一不可的形式。空间的静态形式与时间的动态形式的"静"、"动"统一，才构成了每一个体事物的生命形态。犯罪个体也同样是由空间的静态形式与时间的动态形式在对立统一中的生命形态，所以我们有必要把犯罪的时间理论与犯罪的空间理论"合二而一"来进行研究，并且称这一理论为犯罪的时空理论。当我们用这一理论去研究经济犯罪时，则称经济犯罪时空论。经济犯罪个体和群体如何在时间和空间中运动的问题，这是我们研究经济犯罪运动规律必然要涉及的重要课题。在这里，笔者姑且从下列三个侧面提出问题，以期与同仁们共同探讨。

## 一、经济行为运作方式的自由程度与经济犯罪产生程度的关系问题

不同的经济模式，其经济行为活动的空间也不相同。人类历史所经历的经济运作模式，大体可分为封闭式和开放式两大类。这种不同的模式，在某种意义上说，是不同生产方式外化特征的反映，其最终又是由特定时间和空间中的生产力的活力程度所决定的。自然经济模式是一种自给自足的经济模式，这种自给自足的封闭式的生产方式本身，就决定了经济行为活动空间范围的自然狭小，从而也就相应地决定了经济犯罪行为空间范围的狭小，故经济犯罪场，基本上就只有静态型的财产犯罪场。故产生的经济犯罪形态，就只有财产犯罪这种简单的形态。产品经济相对自然经济而言，虽然是一种社会化的经济，但由于这种社会的供求关系是按照严格的计划法则来维系的，经济主体的活动空间与自然经济活动的空间没有多大差别。其活动的方式也与自然经济的活动方式大同小异，所以产生的经济犯罪形态，也基本上只有与自然经济相同的财产犯罪的形态。商品经济模式既是社会化的，又是开放型的自由经济的模式。如果说自然经济有"自由"的特征，但无"社会化"的特征的话，产品经济有"社会化"的特征，但无"自由"的特征的话，那么商品经济则既具有了"社会化"的特征，又具有了"自由"的特征，而且还特有其"竞争"的特征。所以商品经济是具有空前的空间活力的经济。在这种空间环境中，所存在的经济犯罪场，不仅保留了传统的财产犯罪场，而且产生了营作型的新型的经济犯罪场，即生产环节中的经济犯罪场、流通环节中的经济犯罪场、分配环节中的经济犯罪场、消费环节中的经济犯罪场，以及在各大经济部门中产生的部门经济犯罪场。这些新型的经济犯罪场的存在，孕育了新型经济犯罪形态的大量产生。因为这些犯罪场乃是这些新的犯罪活跃的空间。在此我们不难看出：经济犯罪的生存空间与经济模式的生存空间，是具有基本的相应关系的。经济模式中经济主体活动的空间愈大，经济犯罪活动空间也就愈大；相反，经济主体活动的空间愈小，经济犯罪活动的空间也愈小。空间的大小不仅与犯罪数量的产生有着相应的关联，同时与犯罪质量的变化亦有相应的关系，而且因经济主体活动的方式的不同，与之相应经济的犯罪产生的罪种亦不相同。然而空间的

大小又是由经济行为模式所能达到的自由程度所决定的，所以自由程度愈大，空间就愈大，犯罪产生的范围就相应增大；自由程度愈小，空间愈小，犯罪产生的范围就相应的减小。

## 二、经济市场上违规则竞争的活跃程度与经济犯罪产生程度的关系问题

人类社会发展的两大历史车轮——"竞争"与"互助"一个也不能少。掉了一个轮子，就成了独轮车。任何一种制度的社会，只要是乘坐的独轮车，它都难以长久维持、延续和发展下去。竞争与互助既是互相制约，又是互相依存的。这是社会发展运动的客观规律，它可以由人们适当的调节和控制，但是不可能为任何人的主观意志所弃取。否则，将不可避免地遭受到这一客观规律的严厉惩罚。

人类社会竞争与互助这两大历史车轮是由何种动力而推动的呢？自从世上产生人类以来，总是离不开为了共同的生存需要而互助，又为了不同种类、不同层次需要的满足而竞争。克鲁泡特金对"互助论"的研究，达尔文对"竞争论"的研究，正好各自探索了这一对矛盾的两个方面。互助是"善"的源泉，竞争是"恶"的渊源。所以人类社会总是"善"、"恶"并存，"善"、"恶"持衡的，不可能只有"善"而无"恶"，也不可能只有"恶"而无"善"的。可谓"善"、"恶"二者源远流长，俱生俱灭了。

"恶"来自于竞争。那为何要竞争呢？人一生下来就具有两大属性：一是自然属性，二是社会属性。人的自然属性生来平等，社会属性生来就不平等。因为社会本身的存在结构就是一个有阶梯层次的多功能作用的复杂结构，每一个人都生在特定的阶梯层次地位上，这是客观存在的，加之主观需要又有其递进的需要层次，故自然属性的平等"内趋力"又总是要追求实现社会属性的平等。所以这种爬梯的竞争就永远成为没完没了。当然，竞争也同时有两种属性共存：一是自发属性，这是人的总的自然属性的一种反映，是一种无规则的属性；二是自为属性，这是人的总的社会属性的一种反映，是一种有规则的属性。世界各国及我国制定的《反不正当竞争法》，就是这种规则属性的法律规定。我们知道犯罪的增多与减少，与社会存在的有规则属性和无规则属性的空间范围，是有着密切的关系的。人们有规则属性的空间范围增多，相应的无规则行为的空间范围就减少，犯罪的产生也会减少；相反，无规则的空间范围的增大，有规则的空间范围的缩小，犯罪的产生就会增多。商品经济形态是一种充满竞争活力的经济形态，在这种市场竞争中，有规则竞争、无规则竞争与反规则竞争都同时并存。就其经济领域而论：有规则竞争的空间范围愈大，经济犯罪的产生就会相应的减少；相反，无规则与反规则竞争的空间范围愈大，经济犯罪的产生就会相应的增多。因此说，无规则竞争与反规则竞争的活跃程度与经济犯罪的活跃程度，是有其内在的同一关系的。

## 三、经济犯罪因素的流动速度与经济犯罪产生的速度的关系问题

商品经济社会是一种人、财、物大流动的社会。人流、经济流、意识流和信息流不仅普遍存在，而且具有空前的速度。商品经济世界，不仅是一个物欲横流的世界，也是一个信息畅流的世界。信息的流动速度，千百万倍地超过了物质的流动速度。信息流动速度所携带的犯罪意识因素量，也大大超过物流所携带的犯罪物质因素量。在我国现阶段的商品市场上，"骗"的意识、"假"的商品无处不在，无所不有。我们应当花大力气，下大工夫研究这种"骗"与"假"的运动规律。我们知道，健康的商品经济运动是遵循经济自由、公平竞争、诚实信用三大原则的。凡是违背这三大原则的经济行为，即应在法律上评判为非法，其危害严重的，应认定为经济犯罪。从经济市场上看：货真价实的商品的空间范围扩大了，伪劣商品空间的范围也就缩小了；相反，伪劣商品空间范围的扩大，货真价实商品的空间范围就会缩小。所以全社会都应从生产环节这个龙头抓起。首先是要生产出货真价实的产品，才能为流通环节、分配环节和消费环节流转货真价实的商品，奠定坚实的基础。当然抓生产环节的产品质量并不能代替其他流转环节对质量的狠抓。现代社会的节奏很快，防范也有一个速度适应的问题。当防范的速度与经济运动的速度相适应或超前时，经济犯罪的产生会相应的减少；如果防范的

速度与经济运动的速度不相适应或滞后时，经济犯罪的产生会相应的增加。在此亦可见其二者内在的同一关系了。

这里我们提出的三个问题，基本上是从具有中国特色的社会主义市场经济的现阶段状况为出发点的。但是犯罪的时空论本身却不局限于此，而是着眼于人类的整个历史长河和不断发展的世界空间范畴的。

当然，要建立系统的犯罪时空理论，这需要从宏观与微观的结合上进行系统的具体的研究了。研究犯罪规律的目的，在于利用其规律的作用有效地控制和减少犯罪的产生。我们用时空理论研究经济犯罪规律，则无疑要求从时空着手，具体从"犯罪流"与"犯罪场"着手，全面展开静态与动态对立统一的辩证研究，并力求在战略战术上全面采取对应的对策措施，以最大限度地制约和减少经济犯罪的产生。

（原载《法学》1994 年第 4 期）

# 第五十七篇 金融犯罪时空论

万事万物总是有自己存在的时间和空间，没有自己的空间位置和时间运载的流转了，就标明这个事物已经不存在了。"犯罪"也是万事万物中的一种事物，也毫不例外地具有自己的时间和空间形式。犯罪的世界同其他任何一种世界一样，同样是一个由时间和空间形式为载体的世界。因此，我们要探索犯罪运动的规律，科学地利用其规律作用治理好犯罪，就不仅要从犯罪的本体去研究，而且还要从它的载体去探索，即还要从时间去探索、从空间去探索。研究任何犯罪都如此，当然对经济领域犯罪的研究，也丝毫不能例外。而从金融刑法学科研究对象来说，研究滋生犯罪的规律及其治理对策，也无疑是这其中一个十分重要的研究对象。

## 一、金融犯罪时空论是研究金融犯罪规律的理论

我们知道，犯罪源流理论（本文作者提出），从载体的角度来看，乃是从时间的运动上去探索犯罪规律的一种理论。我国储槐值教授的"犯罪场"理论，从载体的角度看，乃是从空间的位置（范围）上去探索犯罪规律的一种理论。然而时间和空间都是犯罪存在和运动的缺一不可的形式，空间的静态形式与时间的动态形式的"静"与"动"统一，才构成了每一犯罪个体的完整的生存形态。所以我们有必要把犯罪的时间理论与犯罪的空间理论"合二为一"来进行研究，并且将这一理论称之为犯罪的时空理论。当我们用这一理论去研究经济犯罪中的金融犯罪时，即可称金融犯罪时空论了。金融犯罪的个体或群体如何在时间和空间中运行，这是我们研究金融犯罪运动规律必然要涉及的重要课题。金融犯罪规律存在于金融运动规律之中，因此要研究金融犯罪规律，就不能不首先对金融规律有所研究。从某种意义上说，金融规律与金融犯罪规律存在于同一时空中。要研究金融规律和金融犯罪规律，都必须运用基本的金融范畴（概念），诸如金融工具、金融体系、金融市场、金融活动、金融隐患、金融监管、金融风险、金融违法、金融犯罪等等。这些范畴对于阐述金融规律与金融犯罪规律是不可缺少的。作为空间意义上的金融犯罪场，从总体上可分为国内金融犯罪场和国际金融犯罪场。而按照金融、金融工具、金融市场的不同来细分犯罪场，对于微观研究也是很有必要的。作为时间意义上的金融犯罪流，则可细分为流源、流种、流向、流速、流量等诸概念；而将产生犯罪的源头细分，则可分为自源性与他源性、内源性与外源性、国内金融犯罪源与国际金融犯罪源。总之，这些必要的范畴概念，对于阐明金融犯罪在空间范围和不同的历史时段中的发展规律，有着十分重要的作用。

## 二、金融犯罪的规律性探索

关于金融犯罪的规律性问题，是一个要不断探索的科学性问题，因而不可能由一篇拙文来完成。这里姑且以金融犯罪时空论的视角出发，从以下几个侧面提出问题，以期与同仁们共同探讨。

（一）金融工具的多类型与金融工具犯罪多类型产生的相应关系问题

就一个层面而言，金融犯罪乃是金融工具犯罪。换句话说，有什么样的金融工具产生，就会有与其工具相适应的金融工具犯罪产生。

1. 金融支付工具的原始形态——货币与货币犯罪

溯源我国古代，货币伴随着商业的出现而诞生，它是表现、衡量和实现商品价值的工具，同时也是商品流通的重要手段。在几千年漫长的封建社会里，它的流通成为中国封建经济金融活动的全部内容。几千年的主要金融工具乃是货币，因此围绕着货币这一工具而产生的相应犯罪，也是源远流长，现在和将来都不可能断流。与此同时，作为制裁货币犯罪的刑事立法，也随着货币犯罪的曲线规律应运而生。秦统一铸币，颁布了《金布律》。汉刘邦率先推行任民铸币政策，有"令民铸英铁"的措施；惠帝时期，曾一度颁令禁民私铸；文帝时又再度推行"令民纵自铸钱"的政策，规定伪造货币的要斩首弃市，这一规定一直垂范到我国近代，没有变更；尽管如此，景帝时官民盗铸的现象并未消除。《唐律》明文规定私自铸币是一种犯罪行为，并将这种行为的处罚分为已铸成、作案工具齐备而未铸成和作案工具未齐备三种情况。同时规定，以大改小、以重改轻行为亦为犯罪行为，可见罪行细化了。宋代有有价证券（代替现钱实现价值转移的作用）的产生。元制定了世界上最早的铸币条例，同时立法规定了伪造钞币罪、买使伪钞罪、收藏伪钞罪、改钞补钞罪等多种罪名。《明律》中专列了"钱法"和"钞法"，对货币犯罪者的处罚极重，并对举报者给予重奖。清朝掌管钱币的最高机构为户部和工部，虽然规定为官铸，私铸或私毁者皆以重罪论，然而实际上私铸者却禁而不绝。

如果说货币犯罪可称为原发型金融工具犯罪形态的话，那么这种原发型形态在现实社会中依然存在，因为作为金融工具的"货币"依然存在。金融工具虽然起源于货币，然而历史发展到现代社会已经远远不止货币工具形态了，而是以货币为依托派生了许多金融工具新形态。有一种新的金融工具形态的产生，就不可避免地有一种与之相对应的新的犯罪形态的产生，这是不以人们的主观意志为转移的客观法则。

2. 新型金融支付工具——信用卡与信用卡犯罪

信用卡是新产生的金融支付工具之一。所谓信用卡，就是以银行信用为基础的先进的新型支付手段和款项结算、消费信用工具。当今世界，在许多经济发达的国家，信用卡已成为人们的重要支付手段，已开始进入电子货币时代。我国上海作为国家金卡工程的试点城市，于1991年即联网成功，并开通运行。随着多卡工程建设的推进，上海信用卡业务迅速发展，全国信用卡业务已有了普遍发展。信用卡作为我国现代生活中的一种新型金融工具，它的运用和推广是我国经济飞速发展的客观要求，也是我国参与国际经济大循环的客观要求。信用卡的使用，对于减少现金的流通与支付，促进我国社会经济的发展起着十分重要的作用。这是一方面。而另一方面，信用卡及其运行制度也有明显的弱点，特别是支付滞后于消费、分级部分授权、止付管理单差等等，易成为犯罪媒介体而为罪犯所利用。因此，信用卡犯罪行为始终依赖于信用卡这一工具而存在，主要表现为以下几种形式：

（1）恶意透支。这是最原始最基本的信用卡犯罪行为。所谓恶意透支，即合法持卡人利用发卡银行提供的短期限额消费信贷业务，采用限额下连续取款或购货方式，蓄意造成限额的巨额透支，并超期拒不偿还。

（2）使用伪卡犯罪。这是信用卡犯罪的主要形式之一。它是指不法分子利用犯罪集团提供的伪造卡和假身份证，通过非法使用诈取财物。特别是港澳地区一些不法分子趁我国刚建立信用卡制度尚缺乏管理经验之际，持伪卡在国内大肆作案。

（3）使用止付卡犯罪。这是国内信用卡犯罪的一种基本形式。止付卡又称黑卡，是发卡银行因持卡人失信或挂失而决定停止支付的信用卡。但人们发现止付卡到制成止付名单，再发给特约商户投入检过使用之间有一个时间差，不法分子特别是通过盗窃、拾得、抢夺等非法途径获得信用卡的非法持卡人，可能充分利用止付时间差大肆假冒使用骗取财物。

（4）使用涂改卡犯罪。这里的使用涂改卡犯罪，在我国还包括破解自动取款卡的密码盗取现金的犯罪行为。所谓涂改卡是指卡号中某一号码被改压成新号码的废卡。不法分子使用涂改卡来逃避止付检索或冒充在期有效卡以非法谋取财物。

（5）制作、贩卖伪卡犯罪。当今，制造伪卡的犯罪活动已遍及欧美各国，在我国的港澳地区亦出现了国际性的伪造信用卡犯罪中心。这种形式的犯罪，往往是由专业犯罪集团进行的。

（6）其他犯罪形式。除了上述几种定型化犯罪外，还有其他几种形式，如：用假身份证或冒用他人身份证办卡后冒名行骗、贩卖非法取得的信用卡和合法持卡人的资料获利、利用信用卡行贿受贿、信用卡业务经办人员利用职务便利犯罪、用公司卡为个人非职务行为消费支付款项等等。

3. 金融电子化——电脑与金融电脑犯罪

推进金融电子化建设势所必然，但随着电脑进入金融界，金融电脑犯罪也随之产生。我国电脑犯罪与国外相比，还只是刚刚开始。20世纪50年代，日本某银行首次发生一起电脑犯罪案，之后电脑犯罪日益增加，特别是计算机在世界各国之间联网以后，电脑犯罪即跨越了国界。瞬间发生，来无踪去无影，破案率极低。在美国、法国、日本等国，每年电脑犯罪涉案金额高达10亿美元。随着计算机的普及适用，预计在新的21世纪，电脑犯罪将成为潜在的犯罪主角。电脑犯罪亦始终依赖于电脑这一工具而运作，如：破坏计算中的程序、数据或磁盘，即人为编制病毒程序；利用系统中存在的程序或数据错误，进行非法活动；非法修改程序，以假乱真，操作人员利用值班时间进行非法活动；盗用计算适用时间；盗窃或转卖计算机信息资源等等。

如果从犯罪源流视角来分析，金融货币犯罪为源发性犯罪，而金融信用卡犯罪和金融电脑犯罪为流发性犯罪。因为后二者仍然是以货币为依托，在社会发展进程中派生出来的金融工具犯罪，是犯罪源流规律作用之使然。新的金融工具的产生仍将层出不穷，因此新的金融工具犯罪也还会不断的产生。

（二）金融市场的自由化程度与金融诈骗犯罪产生程度的相应关系问题

金融犯罪是典型的市场经济犯罪。与一般的经济犯罪相比，它具有更大的社会危害性。这里着重探讨一下下列两个市场层面上的金融诈骗犯罪问题。

1. 金融监管度与金融自由度的关系问题

金融市场是十分广阔的，但对任何一个层面的金融市场来说都有一个共同的问题，就是金融监管度与金融自由化程度的关系问题。所以我们首先研究一下这个问题。

作为世界经济全球化的必然结果，世界金融一体化、金融自由化已成为当前世界经济全球化趋势的一个重要特征。溯源各国金融法制，都有一个共同点，就是各个国家的立法都同样经历了从管制（Control）到监管（Regulation）和放松监管（Deregulation）的变化。放松监管的要求是：利率自由化和国内金融市场的开放，即相对的自由化。从长远看，金融自由化提高了金融资源配置的效率，开辟了广阔的信贷市场，促进了新兴业务的蓬勃发展。从法律意义上说，乃是在一种层面上减轻了监管度而放宽了自由度。我国既金融改革又宏观调控，在处理二者的"度"上，是很有成效的。人民币还没有实现资本项目下的自由兑换，人民币A股市场也未对外开放，所以国际游资对我国的冲击受到限制。然而，东南亚国家为吸引外资，自20世纪80年代起，先后推出了一系列的金融改革措施。以泰国为例，1992年4月，泰国正式实现了经常项目自由兑换，1994年又很快实现了对资本项目的自由兑换。显然自由度放得太大，监管度缩得太小，而且缺乏有效性。不能科学地处理好二者的关系，既是导致金融危机的一大重要原因，也是金融犯罪赖以滋生的重要条件。

如果从"源"上分析，东南亚金融危机的产生和金融犯罪的猖獗，国际投机集团无疑扮演了一个十分重要的角色，即具有"他源性"；然而从根本上看，它却是"自源性"的，因为它是东南亚各国缺乏控制力的金融开放自由度的产物。

2. 信贷市场的"监管·自由"度与信贷诈骗犯罪产生程度的关系问题

金融信贷市场是一个十分广阔的市场，而且它既是一个发展生产、繁荣经济、保障需要的市场，同时也是一个信贷欺诈赖以产生的"金融犯罪场"。我们要解剖这个犯罪场，首先得从源头着手，即从贷款程序存在的弊端着手。总的贷款程序可分为三个环节：

（1）介绍贷款环节。

照理贷款不必中介，但现实中贷款又非有介绍不可，因此姑且将介绍人列入贷款的一个环节。贷款介绍人可粗略分为：①党政领导机关的介绍，简称官方介绍；②社会上方方面面的介绍，即民间介绍。对于贷款介绍人法律上并没有任何法定义务，也就是说，贷款介绍人对贷款的成功与否，是否被骗，是不承担任何法律责任的，他的行为是属于义务性的。然而许多贷款被骗，某些介绍人是起了相当作用的。特别是有些来自官方的贷款介绍人（包括法人），是造成某些贷款被骗的重要原因。因为这些介绍人往往权势显赫，介绍贷款，不似指令，胜似指令，客观上给贷款单位造成很大的精神压力。金融机构也是社会机构的一个组成部分，它不能不受到方方面面的制约，对来自官方人物的介绍，岂能得罪？因此很难违背他们的意志行事。而且一旦贷款被骗也不便兴师问罪，更何况法律对贷款介绍人因介绍失误造成经济损失的情况没有任何明文规定，故也无从问罪。从此可见，介绍人拥有"绝对自由度"，不存在法律上的监管度。因而在这个环节上对不法分子来说，也就存在着没有任何制约的"诈骗度"。

（2）贷款审批环节。

贷款审批是贷款必经程序，也是贷款成功与否的核心。金融部门对贷款审核有诸多规定，金融法规也有许多条款，而且一般是实行三级审核制。但是往往规定是一回事，金融机构的内部体制是否能有效执行规定，又是另一回事。从贷款审批程序来看，信贷者从借款单位获得第一手资料并提出贷款意见是关系到贷款成功与否的基础。但作为行政隶属体制一级管一级、下级服从上级的金融内部机制来说，通常信贷员制作好签报，他的任务也就基本完成了。因为贷款能不能获准他是无权过问的，还是领导说了算。有些作为诈骗犯的贷款者，正好揪住这一弊端所在：要借款，找领导。于是他们千方百计搞通上面的关系，只要上面通了，不怕下面不通。这样一来，三个审批关口——信贷员提请签报、部门经理审核、分管领导批准——实质上只是最后一个关口起着决定性作用。从这里可见，金融领导部门不认真执行法律规定，使监管形同虚设，反而给不法分子空出行骗得逞的"自由天地"。

（3）贷款担保环节。

对贷款提供经济担保是贷款的又一程序。不提供经济担保，一般是不放贷款的。通常，贷款担保是由借款人取得一个具有实力的经济实体做担保。近几年来，金融部门发现许多担保不起作用，因而还要求借款人加财产抵押，即经济担保兼财产抵押双担保。尽管笔笔贷款都有担保甚至双担保，但就担保的实质内容来看却是漏洞不少，这主要表现在对担保人缺乏严格的审核。贷款单位一般注重担保人的图章是否盖好了，往往忽视担保人的经济能力和担保是否合法有效的问题，似乎只要盖好图章就万事大吉了。由此可见，从形式上看是有了一定的监管度，然而从内容上看却存在着很大的自由度。从而给诈骗贷款得逞空出了相当大的诈骗度。

如果从"犯罪场"视角来分析，贷款的三个环节系三个犯罪滋生场，即"介绍贷款犯罪场"、"贷款审批犯罪场"和"贷款担保犯罪场"，要杜绝贷款诈骗犯罪，就必须做好对每一场次的监管。

（三）证券市场的"监管·自由"度与证券诈骗犯罪产生程度的关系问题

证券业是我国金融领域内的一个新兴行业。它不仅为我国经济的发展筹措了资金，也为社会主义市场经济体制和现代企业制度的建立创造了环境和条件。我国证券业发展是较晚的，但有其强大的生命力，它以上海、深圳两大市场为中心，已扩展成为覆盖全国的大市场。以上海证券市场来说，从1984年发行第一张股票算起，仅仅10来年的时间，而如果从上海证券交易所成立之日算起，只有7年多时间，就取得了十分显著的成就，这是从正面来看。而从负面来看，它也无疑是滋生证券犯罪的"犯罪场"，这也是不以人们的主观意志为转移的客观法则。这其中涉及的证券犯罪有多种，这里我们着重解剖一下证券市场中的诈骗犯罪——而且是普通的证券诈骗罪——因为它是破坏金融管理秩序的既严重而又具有普遍性的一类犯罪。

所谓普通的证券诈骗罪，按照美国1933年的《证券法》和1934年的《证券交易法》中规定的有关禁止条款来看，它是指与股票的提供、购买和出售等活动有关的各种欺骗行为。具体分为以下三种欺诈活动：

（1）使用"任何计划、方案或计谋进行诈骗"。

（2）"对重要事实以及在制作报告时为使报告不致被误解所必须告知的重大事实作了不真实报告或漏报"。

（3）参与"从事或将从事诈骗或欺诈的交易、活动或商业事务"。

关于普通证券诈骗罪问题，从《中华人民共和国刑法》规定来看，笔者认为主要是两大罪名，即刑法第181条第1款的编造并传播证券交易虚假信息罪，第2款的诈骗投资者买卖证券罪。将美、中法律之规定范围做一个比较，二者基本上是一致的。

无论是空间上的美国与中国，还是时间上的20世纪30年代和90年代，我们对普通证券诈骗犯罪的产生规律的研究，都呈现着这样两个特点：监管度大与自由度大同时并存。

（1）自由度大。

"编造并传播证券交易虚假信息"的行为，具有广阔的自由空间。在证券市场的运作中，尤其是证券市场的初期发育阶段，证券价格的波动并不完全反映国民经济的发展状况，而在很大程度上受到各种信息的影响，许多信息直接影响到个别证券的价格变动，甚至价格指数的变动。而不少投资者的投资行为并没有建立在对整个国家宏观经济形势、企业经营业绩和发展前景的科学分析上，往往易听信一些不法分子编造并传播的各种虚假信息，致使受骗上当。而不法分子来自方方面面，并且有其很大的自由传播空间，所以难以纳入监管的范围。只有极少数或者个别对象才可能得以刑事上的追究。

如果从犯罪源流理论来分析，其信息源在方方面面，信息流乃流向四面八方，而流向、流速、流量都难以确定。所以这是一个相当大的证券违法与犯罪的自由市场。

（2）监管度大。

与前者做比较，"诱骗投资者买卖证券"的行为，其监管度就相对大得多了。因为这种违法犯罪行为实施的主体比较明确，它只能是证券交易所、证券公司的从业人员、证券业协会或者证券管理部门的工作人员。在活动上的空间限制与时间限制和法律规定上的明确性都制约了行为人的自由度。

应当看到，在我国证券市场投资队伍中，普通小额投资者人数众多，且多为在职的或下岗的人员，他们投入证券市场的资金一般是工资性收入的结余，在证券市场上他们不仅处于相对不利的地位，而且往往成为证券欺诈行为的对象。为了维护投资者的合法权利，我国在1993年国务院即颁布了反欺诈法规，即《禁止证券欺诈行为暂行办法》，依法加强了监管。

### 三、国际金融法制建设的发展变化，必须与有效防治国际多种犯罪产生的要求相适应

当今金融犯罪的一个重要特点，就是在空间领域不局限于某一个地区、某一个国家，而是国际化趋势十分明显。这根源于金融机构跨国设置，金融行为跨国经营，国际金融风险不断加大，从而导致国际间的金融犯罪源流的流向、流速、流量的加剧，形成金融犯罪量的增长、金融犯罪质的提高。故金融法制的建设必须适应这一大特点。国际金融法制的建设，笔者认为主要应抓好两大层面：

#### （一）从预防金融违法犯罪现象产生的层面上，应加强对国际金融市场的监管

国际金融监管与国际金融自由化趋势并不相矛盾，其监管度与自由度是问题的两个方面，是辩证的统一。事实上，国际上各种监管机构都在不断颁布新的协定和文件，紧跟今天的国际金融市场。

在国际金融监管的立法方面，最引人注目的是巴塞尔委员会和巴塞尔协议体系。在国际清算银行的主持下，"巴塞尔银行规章条例及监管办法委员会"于1975年2月成立，简称"巴塞尔委员会"（Basle Committee）。巴塞尔委员会自建立以来，针对国际金融监管发布了一系列准则，这些准则被称为"巴塞尔协议体系"。其中《巴塞尔协议：对银行国外机构的监管原则》中明确规定任何国外银行机构都不能逃避政府监管，而监管必须有效和适当，并划分了母国和东道国银行监管当局的责任，因而奠定了国际金融监管的法律基础。1987年11月又通过了《统一国际银行资本衡量和资本标准的建议》，以统一国际银行的监管标准。1997年9月，又公布了《银行业有效监管核心原则》，此举对促进国际银行经营与监管方面的变革，产生了重大而深远的影响。

（二）从对已产生的金融犯罪的惩治上，金融刑法的制定应当紧跟金融犯罪的变化发展

横视各国刑法的现状，应当说还是基本上做到了。再纵看我国刑法的古今，今之胜昔有目共睹。我国新刑法典专门为惩治当今的金融犯罪制定了"破坏金融管理秩序罪"和"金融诈骗罪"两节，共26条32个罪名，其中相当一部分是新罪名。这也体现出我国当今金融刑法的立法规模。现在的问题是在于如何执好法。

各个国家的金融犯罪，虽然带有各国自身的某些特征，但也不乏共同的特点。所以，从国际的层面上看，就共同问题加强国际金融刑事立法，也是一项重大的立法和执法的新课题。

（原载《中国金融刑法全书》，海南出版社1999年版）

# 第五十八篇 从股市"黑客"案看金融网络犯罪的防范

1999年，中国95网与国际互联网相接的网络管理中心，都遭到过境内外黑客的攻击或侵入。其中银行、证券等金融机构是黑客攻击的重点。10月25日中央电视台报道：我国首起证券市场电脑"黑客"案日前告破，黑客造成了某证券公司的损失达300余万元。本文即从研究该案的形成出发，进而探讨金融犯罪与网络时代的关系及其防范问题。

## 一、电脑系统的"漏洞"与该案犯罪的形成

任何犯罪的形成，都是主体利用多种因素相互作用的产物。电脑犯罪的形成自然毫无例外。该案主体赵某，曾经是石家庄证券公司上海某营业部的电脑清算员。一年多前，一位姓郭的先生在石家庄证券公司上海某营业部大户室炒股。因赵经常向"郭大户"提供些行情信息，郭投桃报李，有时也递一些行情信息给赵，彼此间颇为热烙。1999年3月30日下午4时多，适逢赵某上课结束路过中亚营业部，进去小便后顺便看一下行情。出于职业习惯，他尝试了一下进入营业部的电脑系统，结果发现居然未设密码，可以自由登录。换句话说，电脑系统有"漏洞"，这个"漏洞"给他提供了可以借机修改委托数据从而非法牟利的机会。同样一个客观存在的事件，对于不同的人来说所持的态度是显然不同的。电脑系统未设密码，对于遵纪守法的人而言，可以说是正常现象，并不存在是"漏洞"的问题。然而对于要实施犯罪的人来说，这可是天赐良机了。赵某回家后，反复思考他的这一"发现"，以借机修改数据从而牟利的犯罪思想驱动着他。4月14日他终于做了决定，并将"信息"预先告知了郭先生。其目的既为了讨好郭，同时也为了和他一起以涨停板价格抛掉股票，其作案行为不易被发现。4月15日，赵某再次到中亚营业部进行了实际操作试验，获得了成功。原来郭先生得到了赵某称为绝对准确的"信息"："4月16日下午开盘时，莲花味精会达到涨停板价格，务必提前买入后届时抛出。"但听后也将信将疑，信吧！没什么依据；不信吧！万一信息准确……于是，郭抱着姑妄听之的心理向黄小姐发出了指令。郭于4月15日上午，指令黄小姐下午就将两个账户上所有资金都用来买入莲花味精。黄小姐遵令买入8.9万股后，又得到郭先生的指令，必须于16日下午1时前，以涨停板价格输入委托卖出数据。黄小姐依令而行，果然顺利成交大获全胜。当然也使证券公司遭受300余万元的损失。

该案犯罪的形成，虽然是多种因素相互配合作用的结果，但首先是源于那个偶然的发现。换句话来说，对于违法犯罪的人来说，如果没有那"漏洞"被发现，就不可能形成该案了。该案对于赵某和中亚营业部来讲，都是一个极大的不幸。赵某在"而立"之年"倒了"下去；而营业部则将两年多的利润付诸了东流；那位疏于防范的前任经理因此而被撤职，并取消三年任职资格，其教训不可说不大。这不仅只是对证券行业，对于整个金融系统来说，都值得吸取教训。

## 二、金融网络犯罪与整个网络犯罪的关系问题

随着电脑进入金融界，金融电脑犯罪也应运而生。我国电脑犯罪与国外相比，还只是刚刚开始。20世纪50年代，日本某银行首次发生了一起电脑犯罪案，之后电脑犯罪日益增加，特别是计算机在

世界各国之间实现联网以后，电脑犯罪即跨越了国界。瞬间发生，来无踪去无影，破案率极低。在美国、法国、日本等国，每年电脑犯罪涉案金额高达1亿美元。随着计算机的普及应用，预计在新的21世纪，电脑犯罪将成为潜在的犯罪主角。提起网络"黑客"，很多人都认为那只是像美国那样信息技术发达的国家才会发生的事，离我国还非常遥远。然而事实上，随着Internet在我国的迅速发展，数百万网民日趋活跃，应运而生的"黑客"活动也频繁了起来。国内各大网络不同程度地遭到国内外"黑客"的侵入和攻击。就金融系统来看，仅1998年和1999年两年间，就发生过多起。1999年7月上海某证券系统被黑客入侵；8月，西安某银行系统被黑客入侵后提走80.6万元现金；9月扬州某银行被黑客攻击，利用虚存账提走26万现金。1999年1月，某地区的中经网连续三次网页被篡改，且系统账号被封；同时，中国财税的网站被黑客攻击；10月，中央电视台报道，我国首起证券市场电脑黑客案告破，该案造成某证券公司300多万元的损失。

银行、证券等金融系统是黑客现时入侵和攻击破坏的重点，也就是整个"网络犯罪"的重点。但要对重点网络犯罪进行研究，我们得首先从整个"网络犯罪"的规律性认识着手，即从一般到特殊的研究方法。那么一般"网络犯罪"的形成和发展有哪些规律性表现呢？

（1）哪里有计算机，哪里就可能有计算机犯罪。计算机犯罪增长的速度同计算机运用的普及和互联网扩展的速度成正比。

（2）网上各种信息的交流量与犯罪信息的散播量有相应的关系。各种信息的交流总量的增长，不可避免会夹杂着犯罪信息流量的增长。从而使犯罪形成量相应增长。

（3）网络"漏洞"的存在，与网上犯罪的形成有着密切的关系。网络漏洞愈小，犯罪的形成相应要少。网络漏洞愈大，犯罪的形成相应要多。因此，"漏洞"的大小与犯罪形成的多少有着相应的关系。

（4）网上预防犯罪的力度愈大，相应的网上犯罪的形成会减少。如果疏于网上犯罪的预防，网上犯罪的形成会相应地增多。因此，防范力度的大小与犯罪形成的多少存在反比关系。

网络时代，是人类信息交往与发展的新时代。在这个时代里，有别开生面的"网络经济"、"网络文化"的兴起和繁荣。同时也不可避免地会有"网络犯罪"的产生。其中，金融网络犯罪的产生和发展亦不可避免。因此，特别向我们提出了注意安全防范的问题。

### 三、查"漏"堵"洞"，强化金融网络犯罪的预防

就一般情况而言，黑客入侵的手段，首先是利用网络系统的一些漏洞，获取系统的口令文件，然后对口令进行破译，再利用破译后的账号侵入系统。因此，从总体上看，防范工作必须把好过程的每一个关口。这主要是：①使用安全扫描工具发现黑客；②使用有效监控手段抓住黑客；③用专家系统修复被黑客侵袭的系统；④采用防范软件防止黑客的攻击。

技术防范的强化，首先源于对防范工作的高度重视。前述案件的产生，首先就在于证券经营部管理上缺乏防范意识，因而疏于防范。因此，人的因素是第一位因素。工作上的高度责任心和严谨的科学态度，对于防止黑客的入侵来说，是起决定性作用的。就以设置密码而言，显然不设置密码不行，甚至一般地设置密码对于有些网络来说还不行。

因为，只有A~Z的26个字符中的3个字符组成，一台486的计算机2秒钟即可破译。假如用10个字符组成密码，则需要447年时间。假如你的计算机密码是由所有256个ASCⅡ字符中的10个组成，破译起来则要花费黑客380多亿个世纪了。

金融系统是黑客侵入和破坏的重点，也是我们防范的重点。因此，首先应普遍提高金融机构、金融管理工作人员的防范意识；其次，应当普遍地进行查"漏"堵"洞"，不给黑客任何可乘之机；第三，普遍提高防范技术水平，加强密码防范和其他技术防范诸方面的力度。

最后，有必要从金融系统着手，制定一部"金融网络预防犯罪法"。

（原载上海金融法制研究会2000年学术研讨会论文集，本文系与上海证券交易所夏雪合作）

# 第五十九篇　论对金融、经济犯罪提高
适用刑法的"含科量"

科学研究的"含科量"是指研究成果中包含的科学成分量。科学研究的"含科量"与走进研究对象的程度是成正比例的。一门学科的研究愈走近对象，就愈能接近正确地反映对象的真实形态和规律性，因此"含科量"就愈多；反之，"含科量"就愈少。刑法学的"含科量"与其研究的层面是密切相关的。这些层面是：①刑事司法层面。研究如何定罪、如何量刑的问题。通常称的刑法学就是对这个层面的研究。②刑事立法层面。研究具有哪些条件的行为应以犯罪论处和处刑的多少。通常称的刑事立法学就是对这个层面的研究。③刑事政策层面。国家对其政治、经济、军事、外交、文化等等各个领域，都有其纷繁复杂的政策问题。这些政策问题，出于某种需要或变动，将在一定范围或一定程度上制约着刑事司法。对这个层面的研究，通常称为刑事政策学。④刑事犯罪层面。这个层面在于研究犯罪现象各种形态产生的过程、原因及未然犯罪的预防问题。这就是通常称的犯罪学。⑤刑事社会层面。犯罪的形成原因是二元的，一元在主体本身，一元在客体社会。刑事社会层面着重研究客体社会因素与主体犯罪产生的关系：一方面研究如何减少客体对象的被害，另一方面研究对加害者适用的刑罚量如何才能客观公正，从而达到提高裁量的科学性目的。这样一个研究层面，笔者称它为刑事社会学。刑事司法层面上的"含科量"，与其他四个层面上的"含科量"是一脉相通、息息相关的。一般刑事司法层面是如此，对于经济犯罪以及其中金融犯罪的司法层面，更是如此。

我们知道，对犯罪适用刑法的中心问题，就是定罪量刑问题。对金融、经济犯罪适用"含科量"的提高问题，就是对金融、经济犯罪定罪量刑"含科量"的提高问题。提高定罪量刑的"含科量"，要涉及的问题很多，本文仅从犯罪构成理论模式和刑罚设置与"含科量"提高的关系上，发表一管之见，与同仁们共探讨。

## 一、不同犯罪构成理论模式的"含科量"与不同类型犯罪的相应性问题

要精确地划分犯罪的类型，是一件十分困难的事情。何况这种类型可以从不同的角度和不同的研究需要去划分。犯罪，是"恶"的化身，所以人们通常把"罪"与"恶"二字连在一起，称作"罪恶"。因此，从"恶"源体来划分，就有学者把犯罪类型分为"自体恶"和"法定恶"两大类。当然，任何犯罪都既是客观的存在，又是法律的规定，所以这种划法未必是准确的，但是这种划法，反映了一定层面上的"含科量"，这是无可非议的。按照这种分类方法，也可把我国刑法所规定的十大类犯罪，大体上分为这两大类。其中，"破坏社会主义市场经济秩序罪"基本上属于"法定恶"类犯罪，其他各类基本上属于"自体恶"类犯罪。

不同的犯罪构成理论模式，适用不同的犯罪类型。在刑法学界占统治地位的苏中式犯罪构成理论模式，它的合理性和科学性，对"自体恶"类的犯罪，是基本适用的。它对定罪量刑所发挥的作用，是肯定的。还有没有必要进一步提高模式的"含科量"呢？这里姑且不论。但对于"法定恶"是否很适用，笔者就不敢苟同了。笔者认为，更适合"法定恶"犯罪领域的构成理论，不是苏中式，而是新提出来的"龙式"[①]和"前置式"，[②]尽管它们与苏中式不存在相互排斥的问题，但是就"含科量"而

① 夏吉先：《关于重建科学的犯罪构成理论与刑法文化移置》，载《公安学刊》2000年第3期与第4期。
② 游伟：《浅议经济犯罪的刑法调整》，载《人民法院报》2000年9月30日。

言，确实比苏中式更高。

## 二、适用"龙式"犯罪构成，提高对经济犯罪司法的"含科量"

"龙式"犯罪构成的四要件是："主体条件—行为结构—违法类型—责任心态"。适用此四要件比适用苏中式四要件，更利于对经济犯罪提高定罪量刑的"含科量"。具体分析如下。

**（一）从对主体条件项的确认上，提高"含科量"**

破坏社会主义市场经济秩序的犯罪主体，既有自然人，又有法人。从"刑事社会"层面来看，法人犯罪主体较自然人犯罪主体更有走向犯罪"主导地位"的发展趋势。司法的"含科量"与立法的"含科量"有着密切的关系。现有立法，对自然人犯罪主体的界定的"含科量"较强，而对法人犯罪主体界定的"含科量"就较弱。这表现在法定条件不够具体，使用"单位"一词不够明确、科学。因此，"对经济犯罪中法人犯罪主体的更科学的确认，将是未来经济犯罪立法中的一项重要内容"。[①] 从"刑事政策"层面来看，对致使国有资产严重流失的单位犯罪问题，目前尚欠缺捉拿归案的机制活力。在司法实践中，有的单位犯罪是按双罚制判刑的，有的是按自然人犯罪判刑的，个中有一个确认的准确性问题。总之，有必要从五个层面的贯通上，提高司法确认主体条件的"含科量"。

**（二）从对行为结构项要素的确认上，提高"含科量"**

行为结构项包含的构成要素有七项，即：①行为方式；②行为时空；③行为原因；④侵犯对象；⑤侵犯关系；⑥侵犯结果；⑦因果关系。对经济行为的研究，这七项都是十分必要的。只有准确把握了这七个要素，才能使"经济营运空间"与"经济犯罪圈"的划定上，以及对"经济犯罪圈"使用的"刑法量"上，更具科学性，即更具"含科量"。对行为时空的研究问题，这是"自体恶"刑事犯罪构成基本上可以不作考虑的问题，然而在对经济犯罪行为的确认上，就显得十分必要了。因为经济犯罪活动，往往是在社会市场经济秩序的维系中，及其合法的营运空间中进行的。刑法对这种行为秩序、行为空间介入的范围和程度的"含科量"，不通过时空要素的精心研究和界定，是很难提高的。要不使刑法介入过盛，抑制了经济的发展；要不使刑法介入不足，放纵了应当制裁的经济犯罪。只有对经济犯罪真正具有规律性的认识，才有可能把握好"度"，[②] 也才能提高适用刑罚的"含科量"。这既是对立法的要求，更是对司法的要求。因为立法上的把握，不可能代替司法上的把握。某些经济行为随着时空的转换而发生性质上的变化，在彼时空属犯罪，而在此时空就不属犯罪了。由于立法的滞后性难以及时的界定，而在司法上的把握难度就更大了。在这种情况下，司法的"含科量"就不完全取决于立法的"含科量"，而要取决于司法的法官对"刑事社会"、"刑事政策"层面的洞察，以及对"刑事政策"层面的研究水平了。所以把"行为时空"列作行为结构项的重要因素，对于界定行为是否构成犯罪来讲，就至关重要了。如果忽视对该要素的研究，或把握的水平不高，导致冤假错案，就是在所难免的。而对"时空要素"在行为结构项中，对行为"侵犯关系"要素的界定，难度也是很高的。对于行为结构项中所列的其他要素的作用，在此就不作阐述，而放在后文阐述了。

**（三）从对违法类型项的确认上，提高"含科量"**

违法类型项，对"自体恶"犯罪类型来说，显得不太重要，但要界定经济行为的罪与非罪问题，其对于提高司法的"含科量"来说，就至关重要了。它的列入是由这样几个层面决定的：①经济行为的类型，是由经济部门立法的类型决定的。因此经济行为合法与违法的界定，所立的部门法类型是前置的法律依据。经济刑法的介入是在经济部门法之后的介入，不可能是之前的介入。"刑法不能在缺乏部门经济法违法性界定的情况下，就'提前介入'、作出犯罪规定"。[③] 而是在确认了行为违反了什

---

① 游伟：《浅谈经济犯罪的刑法调整》，载《人民法院报》2000年9月30日。
② 夏吉先：《经济犯罪时空论》，载《十四大以来中国改革发展的理论与实践》（文库2卷），中共中央党校出版社1998年版。
③ 游伟：《浅谈经济犯罪的刑法调整》，载《人民法院报》2000年9月30日。

么部门经济法的前提下，并且发生了经济违法与经济犯罪已有交织的情况时，才叫刑法来介入的。所以要区别经济违法与经济犯罪，在构成研究上就不能缺少对违法类型的研究。②对经济违法行为研究的细化，是对"违法度"的划分。这涉及针对行为"量"、行为"质"，以及质与量的转态问题的研究。而对行为"质"的研究必然又涉及"行为结构"项的"侵犯关系"因素的认定问题等。要确认达到了什么"度"才可认定为犯罪，因此对"度"的划分，是有很大难度的。对有些经济行为来说，其合法与非法、正当与不正当的界限时常难以划清。有时，某些行为处于多种性质的交汇点上，事实上就根本无法作"非此即彼"的区分和判断。面对这样的行为状态，行为所处的"时空"临界态时，我们的确认态度应当持优先采用非刑事方法去解决的态度，而不是"刑事优先"的态度了。这样，便可以给商品的生产者和经营者更大的合法活动的"空间"，更有利于社会主义市场经济的发展。

（四）从对责任心态项的确认上，提高"含科量"

首先，经济行为犯罪故意的界定，与普通刑事犯罪故意的界定相比，显然要复杂得多，难度要大得多。因此要着力提高界定的"含科量"。其次，刑事责任归结到故意和过失，对于"自体恶"的刑事犯罪而言，可以说在"犯罪圈"的划定上是合理的了，然而对"法定恶"的犯罪而言，在"经济犯罪圈"的划定上，似乎还小了一点。在责任心态上，除了故意心态、过失心态，还应当研究"严格责任"的心态。在这个层面上适当体现刑法介入的一定的广泛性，对促进产品及其销售服务质量的提高，是具有一定作用的。所以从对"责任心态"项的确认上，提高"含科量"的研究，主要也是指在这方面的研究。

总之，"龙式"犯罪构成较之于苏中式犯罪构成，对经济犯罪司法"含科量"的提高，显然是更具有优势的。

### 三、适用"前置式"犯罪构成，提高对金融犯罪司法的"含科量"

（一）"前置式"犯罪构成是游伟教授提出的

"'前置式'犯罪构成，即以行为具有的违法性和扰乱经济秩序的严重性为构成要件，不把行为目的列入要件内。相对于这种构成设置方式的叫后置式犯罪构成，它一般要求同时证实犯罪目的，故证明难度较高，检控不易。所以笔者认为，前者可就轻罪构成所设，后者可为重罪构成所用。"① 对于游伟教授之创新理论，笔者认为对经济犯罪司法的"含科量"的提高是很有价值的。这里需要阐明下列两大关系：①经济犯罪与金融犯罪的关系问题。我国刑法在《破坏社会主义市场经济秩序罪》一章中，立了八节，可见这一领域内容之丰富了。但国务院对这类违法犯罪行为的归类，只归为两大类，即《经济违法行为的处罚办法》和《金融违法行为的处罚办法》。可见在大概念的"经济犯罪"中，包含了小概念的"金融犯罪"。这个分类，无疑是在一定层面上把"金融犯罪"又从"经济犯罪"中独立了出来。②"前置式"犯罪构成与"龙式"犯罪构成的关系问题。笔者认为，"龙式"犯罪构成是对整个经济领域适用的犯罪构成要件的设置；"前置式"犯罪构成是单研究经济行为的严重违法性，而不过问行为目的性的犯罪构成要件层面的设置。当然二者的结合使用，更利于提高对经济司法的"含科量"。

（二）"前置式"犯罪构成目前对金融犯罪适用的科学性

游伟教授提出的"前置式"犯罪构成理论的科学性，是无疑义的。笔者认为普遍采用的条件，目前还不大成熟，可以对金融犯罪率先采用。金融界虽然也隶属于经济界，但金融市场的营运特点与物质生产、销售的市场特点是有很大区别的，金融犯罪的时空规律性与经济犯罪的时空规律性也是有很大区别的。② 金融部门法规与经济部门法规的制定特点也是有很大区别的，对金融市场的监管机构和

---

① 游伟：《浅谈经济犯罪的刑法调整》，载《人民法院报》2000 年 9 月 30 日。

② 夏吉先：《金融犯罪时空论》，载《中国金融刑法全书》，海南出版社 1999 年版。

制度与对经济市场监督机构和制度则有更大的区别。这些区别的共同特点，就是对金融的"严"，对经济的"宽"。从对金融秩序维护的严要求出发，目前采用前置式犯罪构成，以介入金融严重违法行为的处罚之中，即作为轻罪处罚，对于提高刑罚适用的"含科量"是切实可行的。1999年国务院的《金融违法行为处罚办法》第三十二条中，与《刑法》第十二条有"接轨"。"前置式"犯罪构成的介入会在"接轨处"发挥它应有的作用，这也可能是解决"接轨难题"比较好的办法了。

## 四、"龙式"犯罪构成、"前置式"犯罪构成的确立与刑罚适用"含科量"的提高

刑法的中心问题，就是研究定罪与量刑问题。刑事立法是用法律条文去规定具备哪些要件就要定哪些罪，以及这些罪应当处以何种刑种和科以多少刑罚量的立法。刑事司法是根据刑事立法条文用于个案的实际定罪和处刑。换句话说，是定罪和量刑的个别化。一般来说，设置犯罪构成要件，其功能在于定罪上的理论需要，如苏中式犯罪构成，就其本身并不包含有确认刑罚量上的功能。但"龙式"犯罪构成、"前置式"犯罪构成的设置，就有所不同了，它们在一定角度上也包含了对"刑法量"要素研究的设置。

### （一）"前置式"犯罪构成对应的是轻型设置

因该构成没有把"行为目的列入要件内容"。换句话说，没有追究其责任心态的构件，因此轻型的使用是理所当然的。设置者认为："多数情况下，应当考虑规定三年以下有期徒刑的刑罚，也可酌情单处罚金刑。"①

### （二）"龙式"犯罪构成不仅设置了定罪的构成要件，也在一定角度上设置了确认"刑罚量"的相关要素

大家知道，刑事立法根本不可能将犯罪的原因纳入立法。如果只根据立法来"司"，自然完全可以把犯罪原因排除在外。但这对量刑的个别化、提高量刑的"含科量"而言，显然是一大缺陷。笔者认为，应当提倡这样的口号，即"罪刑法定坚持好，司法相补不可少"，而且确认刑罚量时，排除了"犯罪原因"要素，在司法上是一种很不公正的表现。而"龙式"犯罪构成的行为结构项关注了这一重要因素，在行为结构项中，列入了"犯罪原因"、"因果关系"两大要素。"犯罪原因"要素与定罪没有多大关系，但与量刑却大有关系。"因果关系"要素，既与定罪有关系，也与量刑有关系。"在现实社会中，各类经济犯罪的成因比之传统刑事犯罪要复杂得多，致使经济犯罪中个体责任明显减弱。虽然，我们不可能以现实社会犯罪成因的多元性、复杂性去完全排除经济犯罪者个人的刑事责任，但在具体量刑时，必然要考虑那些来自于社会制度、管理体制、分配方案、政策变动之类的因素"。②犯罪者是加害者，而被害者，大至国家、单位、家庭，小至单个的个人。如果从加害原因与被害原因来分析，有些犯罪只存在加害者原因，而不存在被害者原因；有些犯罪（特别是有些经济犯罪）既存在加害者的原因，也存在被害者的原因；而其中有的犯罪，被害者的原因显然是"源头原因"，是主要的原因。从这一研究角度出发，笔者曾经从理论上提出了一个刑罚"该当量"概念和"当量公式"，即按照罪刑法定量刑，再从罪的大小应给的刑罚总量中，减去被害人应负原因责任的计算量，成为罪犯应受刑罚的"该当量"。③这样，既做到了量刑的科学性和公正性，同时对被害人也体现了一种警示性。从这种科学态度出发，就自然会解决好长期难以解决的"打击不力"与"惩罚得当"的分歧了。在司法界长期存在有"打击不力"与"惩罚得当"之争，而在电影界，也存在有"演得太纯"与"'坏'得合理"之辨。"刘琳的老师和朋友看了《没有家园的灵魂》后都打电话给她，说她把严文清演得太纯了，一点都没有心计。直率的刘琳振振有词地说，作为演员必须把角色的'坏'合理化，顺

① 游伟：《浅谈经济犯罪的刑法调整》，载《人民法院报》2000年9月30日。
② 游伟：《浅谈经济犯罪的刑法调整》，载《人民法院报》2000年9月30日。
③ 夏吉先：《经济犯罪与对策——经济刑法原理》，世界图书出版公司1993年版，第188页。

着她们的思维方式演绎才真实，她觉得严文清作为一个来深圳孤身闯荡的弱女子，她的堕落固然是由于自己把持不够，抵抗不了各种诱惑，但环境的因素也很重要，要综合起来考虑。""她说，有一天她要让所有的人都说：刘琳是个戏好人好的好演员！"① 在这里，刘琳之好，好在把角色的"艺术性"和"科学性"统一了起来。刘琳如果能始终坚持这一艺术风格，总有一天会得到众口称好，实现她的艺术和人生的美好思想。如果说艺术家都重视自己角色演绎的科学性的话，那么法学家还有什么理由不关注活生生的定罪量刑到人头上的"含科量"呢?!

（原载《山东公安专科学校学报》2001 年第 2 期）

---

① 周铭：《刘琳要让角色"坏"得合理》，载《新民晚报》2000 年 10 月 8 日。

# 第六十篇　法人二元罪因罪责论

## 一、犯罪原因与刑事责任的关系，是一种由前者而产生后者的相应关系

对犯罪原因的科学认识的进程，就决定了对刑事责任的科学认识的进程。从刑事古典学派的个人"意志自由论"到刑事人类学派的个人"生来犯罪论"，都是犯罪原因的一元论。前者一元由个体的意志决定，后者一元由个体的生来决定。其共同点都认为犯罪原因只来自于个体本身。因此，刑事责任也只归罪于个体的本身了。然而刑事社会学派（指最高盛誉享有者李斯特）从社会整体寻找到犯罪的原因，总结出了犯罪是由个人的原因加上社会的原因造成的，即"二因论"。这无疑是一个重大的科学进步。我们在此处所称的原因二元论，也即一元在社会，一元在个人。我们所称犯罪形成的综合结构论中，所指的犯罪客观原因与犯罪客观条件，就是社会一元论的具体化，而指犯罪主观原因与犯罪主观条件，就是个体一元论的具体化。既然一元罪因决定一元刑事责任，那么二元罪因就应决定二元刑事责任。罪因既来自于社会，亦来自于个人，所以刑事责任不仅相应地承担于个体，而社会也应有相应的责任。

但是，罪责一元论从古至今是自然人刑事责任的基石理论。因为把犯罪原因只归结于个人，相应地把犯罪构成也只确定为个体的构成，刑事责任也只追究其个体的责任。当然，在只追究一因论的前提下，这无疑是正确的。

## 二、二元罪责相应论，既不是"社会株连论"，也不是"社会无关论"，而是相应以不同方式的各负罪责论

从个人罪因引出个人罪责，这是自然人刑法的原理原则。从社会罪因引出"社会罪责"，这就是自然人刑法学所未涉及也难以涉及的原理原则了。应当说这一原理原则的成立，不是对自然人刑法原理原则的否定，而是随着历史发展的进程，在超自然人领域对犯罪与刑罚的规律性认识的深化和发展。这一原理原则，与"株连"是根本不相同的。因为"株连"是追究同刑事犯罪行为毫无关系的人的责任。确切地说，这是以个人来牵连"社会"，显然是不公正的。但是把社会罪因应负的责任完全归结于个人，这就成了"社会"在牵连个人，同样是不公正的。我们不能把社会应受到责罚的那一份"刑罚"，也给个人去承受。从二元罪因罪责来看，科学的计算，应当是扣除了社会罪责应当承担的那一份"刑罚"，才是个人应当承受的公正的刑罚。凡是产生犯罪的社会，都存在一定的罪责，这是毫无疑问的。因为"犯罪和现行统治都产生于相同的条件"[①]。也就是说，没有那样的社会存在，也就没有那样的犯罪产生。那么，社会的那一份罪责，除了不应加诸于犯罪者个人之外，还应不应当受到相应的刑罚或者其他别的处罚呢？如果说应该受到处罚，那就是实行与二元罪责相应的二元处罚。但是二元处罚对于整个大社会来说，难以界定其罪责，因此是缺乏处罚的可行性的，作为一个独立的社会单元的犯罪——法人犯罪，这就有了界定罪责的基础了。因此二元罪因罪责，乃是对法人实行两罚制的原理原则。因为法人是法律性的社会实体结构，代理人是它的代理工具，当它的代理人为了它的

---

① 《马克思恩格斯选集》第3卷，人民出版社，第379页。

利益在其业务范围内实施了犯罪行为，要由代理人负全部责任是不公正的，因为这个受益机体的本身从其权利与义务相应的原理出发，就本应分担相应的部分罪责。我们如果对它的这一部分罪责任其逍遥法外而不予论处，而只处罚代理者——自然人的那一部分责任，那么实际上又是对法人单位的庇护和纵容，使国家和社会遭受的侵犯和损失没有依法得到相应的偿还，因此也显然是不公正的。所以对法人犯罪实行双罚制，是对二元罪因罪责原理原则的可行性的具体实现，是随着人类历史发展进程，对刑事法律的新的领域需要的适应与刑事科学又一块处女地的开辟。

### 三、对"法人二元罪因罪责论"理论基本观点的归纳

第一，法人是为国家法律认可的独立的单位，它与社会的联系是以单位整体的身份出现的。

第二，法人是具有本身意志和意识的客观存在的机体。它的犯罪的原因：一方面来源于社会，另一方面来源于本身。这与自然人犯罪的原因，一方面来源于社会，另一方面来源于本身没有两样。

第三，在法人单位内部作为构成法人因素的自然人，是具有两重属性的。即他们在一定条件下其意志和行为与法人单位整体的意志和行为等同；而在有的情况下，其意志和行为与法人的意志和行为不等同。因此，在确定是等同的情况下，才能确定其法人犯罪。

第四，在其业务范围内的法人机体中自然人犯罪的原因，因他们要受其法人意志或规范的约束，一方面来源于法人机体范围这个"小社会"，另一方面则来源于自然人个体本身。

第五，法人与法人内部的自然人存在两个相对独立的犯罪形成结构：一是法人整体与外部社会犯罪因素相结合的形成结构，二是自然人个体与法人内部"小社会"犯罪因素相结合的形成结构。

第六，主体与客体、犯罪原因与犯罪条件，它们之间在一定范围条件下，乃是相互转化的。也就是说，就法人内部系统的"小社会"而言，内部的自然人是主体，而"小社会"是客体；就法人与外界社会的关系而言，法人乃是主体，外界社会乃是客体了。同样，犯罪原因与犯罪条件的界定也是如此。

第七，二元犯罪形成结构决定了二元刑事责任结构。刑事责任是对犯罪主体责任的追究而言的。二元犯罪形成结构中，显然存在二元主体与二元客体：一元是法人主体对其社会客体的侵犯，一元是法人内部的自然人主体对其社会客体的侵犯。

第八，二元刑事责任结构决定了二元刑罚结构。刑事责任是受刑罚的基础。根据二元刑事责任的属性的差别，一元科其自由刑，一元科其罚金刑或资格刑。

第九，法人的一元刑事责任，只限于法人过失犯罪的状态，故意犯罪的状态都必须是二元刑事责任。

笔者在这里提出的"法人二元罪因罪责论"仅只在理论上加以简要阐明，要具体可行到司法实践上，还需作司法的摸索和立法的规定。然而发表此文在于抛砖引玉，愿与理论界和司法立法界同仁，共同深入探讨这一大难题。

（原载《法学》1993 年第 9 期）

# 第六十一篇　论刑法的因果并重观

刑法学的重果理念，是古今中外刑法学的固有的理念，也可以看作是刑法学的一种固有属性的表现。仅从中国文字的"象形"特征即可悟出："刑"，是由"开"和"刀"组成，开了刀，就显然见其果。至于开刀的原因，也就隐藏在背后了，不加过问也好像无妨了。因此，从这个层面上说，刑法学的重果理念，是无可非议的理念。那么，刑法学的这种理念是否就是天经地义的理念了呢？笔者认为，随着时代的发展，刑法学的理念亦应与时俱进向前发展。在肯定刑法学有必要重果的同时提出重因的问题，对于增强刑法学的科学性内涵和提高其适用刑罚公正度，无疑都会发挥重要的作用。但本文不想从概念到概念地进行空论，拟以管中窥豹，可见一斑的视觉效果，借对案犯邹某某判决的剖析，来论及只重果不重因的刑法理念，对适用刑罚带来的某种层面上的弊端及其价值取向的后果，以达到论证果因并重的必要性和可行性。

## 一、案情始末与涉案人物圈实录

实录者按××省××市中级人民法院判决书、上诉审××省高级人民法院裁定书所认定的实事完全照录："2000 年 8 月 30 日晚，被告人邹振华与朱新良、朱建春等人在武进市东安镇和丽园舞厅跳舞。晚 10 时许，朱新良因舞伴白雪华不愿跟江合兴跳舞之事与江发生争执揪打，被告人邹振华在劝架中被江打了一拳。在舞厅外平台上江合兴与朱新良等人揪打时，江合兴从腰间钥匙圈上拿出一小刀追朱新良，被告人邹振华见状从自己的小货车上拿出锁刀（单刀，长约 15 厘米）朝江合兴左腋捅了两刀，又将张臂部、左耳处划伤。而后邹上货车准备离去，马维平（死者）即上前阻拦并将驾驶室两侧玻璃窗打碎，邹持刀下车追上马，揪打中邹连捅马胸腹部四刀。邹见朱侃与江小平揪打在一起，又持刀朝江小平腹部、背部捅了两刀。此时江合兴从一小吃店里拿了一把菜刀追出来，被告人邹振华等人见状逃跑。马维平、江合兴、江小平被送往武进市东安医院救治。经武进市公安局物证鉴定，马维平胸、腹四处被戳伤，其中一刀刺破心脏，致急性血液循环衰竭死亡，江合兴、江小平均系轻微伤。作案后，被告人邹振华外逃。"

涉案人物圈分为现场人物圈和场外人物圈。现场人物圈按案情发展出现的先后排列。场外人物圈按被害人方和加害人方的亲情关系进行排序。

（一）现场人物

（1）朱新良、白雪华（舞伴关系）。

（2）江合兴（要与白雪华跳舞，白不愿）引发朱新良与其争执揪打。

（3）邹振华（对江合兴、朱新良）予以劝架，而被江合兴打了一拳。

（4）江合兴（与朱新良等人揪打中）从腰间钥匙圈上拿出一小刀追朱新良。

（5）邹振华（见江合兴拿出小刀追朱新良）从自己的小货车上拿出锁刀向江合兴捅去，而后上货车准备离去。

（6）马维平（死者）上前阻拦邹振华且将邹振华小货车驾驶室两侧玻璃窗打碎。

（7）邹振华（下车）与马维平等人揪打，在揪打中马维平的胸腹部被捅了四刀。

（8）朱侃（与）江小平揪打在一起。

（9）邹振华（见状）持着刀向江小平腹背部捅去。

（10）江合兴（从一小吃店）拿上一把菜刀来追杀邹振华等人。

（11）邹振华（等人见状）逃跑。

（12）马维平因心脏被一刀刺破（致急性血液循环衰竭）而死亡。

（13）江合兴、江小平均受了轻微伤。

（14）邹振华（外逃一年后被抓获）以故意杀人罪被判处死刑。

（二）场外人物

（1）马维平（死者）的亲属：

①马玉林：马维平父亲，68 岁。

②汪来娣：马维平母亲，64 岁。

③马倩霞：马维平女，9 岁。

（2）邹振华（罪犯）的亲属：

①管丽娟：邹振华母亲，49 岁。因犯窝藏（儿子）罪被判处有期徒刑 4 年。

②邹中林：邹振华父亲，52 岁。因犯窝藏（儿子）罪被判处有期徒刑 3 年，缓刑 4 年。

③邹斌：邹振华之子，2 岁。

## 二、对只重果适用刑罚的价值剖析

我们完全以一、二审法院确认的案件现场事实为分析依据。根据这些事实，法院判处罪犯邹某某死刑立即执行。从刑法观来研究，其价值观取向是否公允呢？这就是我们在这里需要剖析的问题了。

（一）对行为因与行为果的剖析

本案虽然只是一个个案，但它的形成却代表了一种类型。反过来说，该案是这种类型案件中的一种表现。那么分析其个案特征，也就窥见到了类型特征。这种特征是什么呢？这就是行为的锁链性与结果的锁链性。具体说来，就是第一个行为"因"导致第一个行为"果"，而第一个行为"果"又转变成了第二个行为"因"。如此循环往复，直到最终结果的产生。总之，行为"因"与行为"果"是互动的因果，是双边的因果，不是单边的因果。

我们认为：对这一类型案件出场人物的行为，在理论研究上应当仔细剖析，对具体行为具体结果均应作分类分析，不宜像单边因果案那样简单地直观始末了事。而是既要纵观又要横观，分析其细微的相互关系，权衡其各自行为的作用和结果的影响。具体说来，可以从以下四个方面来进行分类分析。

（1）行为分段性分析。

案件形成有始末，人物出场有先后，前行为与后行为有时序。该案如果细分起来，可分为 11 个时段，在这 11 个时段中就形成了 11 个因与 11 个果，对这 11 个因果时段，可以作出相对性评价。

（2）行为相关性分析。

每个出场人行为的出发点都不可能完全一样，因为各自的立足点总是存在差异的。从某一行为出发达到一个相关的目的；而从另一行为出发，又达到另一个相关的目的。行为的目的性在行为过程中起着相应的变化，可能有量的变化，可能有质的变化，我们应当准确评价这种行为性质的变化。该案的众多行为人，各自都有行为的相关目的，而且随着行为过程，行为性质也在起着变化，我们对这相关目的和变化情况应当作出相应的评断。

（3）直接的结果行为分析。

最终结果是由诸多分段结果累计起来的，或者说是因锁链性的发展而导致产生的。当然不可否认，最终结果也是由最终行为的直接性作用而形成的。它的危害的严重性当然也是十分明显的，但是也不能忽视非最终结果的相对危害性。该案对此作出相应的评断也是很有必要的。

（4）间接的结果行为分析。

在这种类型的案件中，往往有诸多辅助性行为在起着作用。这些辅助性行为，可能已产生了某种结果，也可能只有行为还没有导致实际结果的产生。但是潜在的危害性已十分明显，或者已具有了"危险犯"的属性。我们也不能忽视它对全案的一定影响，对它也应当作出适当的评价。该案现场上出现的凶器，有的直接发生了作用，有的还未来得及发生作用，但是危害性的潜在是无可否认的，应当有适当的评价才是。

（二）只重果适用刑罚的偏颇

对于单边因果的案件而言，就无需谈及只重果不重因的问题。什么是单边因果案件呢？所谓单边因果案件，是指完全属于加害人的行为原因而造成被害人的直接结果的案件。这类案件的结果，是单边行为之因而形成的单边行为之果。因为问题本身一目了然、无需细析。直观因果，是理所当然的。这也就无所谓涉及只重果不重因了。按照我国刑法的相关规定，因单边因果构成杀人罪且剥夺了被害人的生命，判处死刑立即执行。即适用极限之刑。在这种情况下适用死刑，纯属罪刑相应之规，其刑罚的价值取向也纯属是"一命抵一命"的等价值。在当今的中国人的心态上，就显然不可能产生心理上的不平衡，都会认为是刑罚公正的标示。因此在单边因果案型中的极限刑适用，显然具有价值公正取向的性质，在法理上自然也没有什么争议。

然而双边因果类型案件与单边因果类型案件相比，虽然在最终结果上是完全相同的，但是就整个案件来说它毕竟具有两重性因果。不应当把两重性因果等同于一重性因果。如果把两重性因果与一重性因果等同，仍然不折不扣地判处死刑立即执行，显然就有偏颇之嫌了，其弊端的存在也不言而喻了。这主要是：

1. 放纵了一边的因果责任，此乃弊端之一

首先必须看到：一边的因果责任是客观存在的，是不以任何人的主观意志为转移的。就该案而言，在一审庭审中，就连公诉人也明确指出："在这整个事件中，由于江某为了争夺舞伴，有一些挑衅的语言，对导致这一案件的形成是有点责任的，从这点考虑希望法庭能予以从轻处罚。"在相同类型案件中，不是每一个公诉人都会指出这个问题，当然为法官认同就更是罕见了。不管公诉人指出或不指出，法官认同或不认同，问题的存在总是不以人们的任何意志为转移的。对于客观存在的问题，不指出或不认同，有意或无意就导致出一种结果，那就是不经意地放纵了。对于一边因果责任的放纵，自然会使该边当事人认识不到自身存在的问题，认识不到自身还有一定责任。或者说，就算有所认识，因为法律不予过问，也将变得无所谓。其消极后果必然有二：一是不能够警戒自我，吸取应有的教训；二是也起不到任何一般预防的作用。

2. 导致一边的受刑相对偏重，此乃弊端之二

刑罚适用的轻重，是相对而言的。从宏观相对而论，这与时代密切相关。人类从种族复仇的绝对重刑时代，与时俱进到当今适用刑罚相对偏轻的科学时代，这是时代的使然。换句话说，是时代趋使其适用刑罚的相对偏轻。从微观相对而言，那就是双边因果用刑与单边因果用刑之间相对的比较。对同一结果而言，如果说因单边因果所判死刑立即执行，是为公众所认可的公允的刑罚的话，换句话说，是极限刑的最高标示的话，那么因双边因果而判处死刑立即执行，就相对有失公允，即相对偏重了。从刑罚适用的价值取向而言，就出现了有失偏颇的弊端。

3. 对活着的双边亲属产生了心里难平的不良影响，此乃弊端之三

作为一边被凶器致死，另一边被刑罚处死的两死者而言，已无法述说他们的心态。但是双边活着的亲属却并非心如止水。因法律的分寸之失，导致一方家属四处告状（当然无理取闹，我们完全可以置之不理）。哪怕他只有分毫道理，法律也不应当心安理得。法律不是称斤论两的衡器，分寸之差也算不了错，自然对所告之状可以驳回。但毕竟是一个问题，也难心安。就该案而言，死者马某的亲属与死者邹某的亲属的状况基本相同，都是年迈的父母和幼小的儿女。如果从社会关爱角度来看，都需要关爱。因对"有一定责任方"未加计较，判其"一命抵一命"已有所偏颇了，但一审法院还判加害

方邹某某附带民事诉讼赔偿经济损失人民币 45372.34 元。就从等价原则来看，显然已失去了等价，而从法律公正上看，这样公允吗？

### 三、应当倡导因果并重的刑法观

现有的刑法观，是偏于重果的刑法观。现有的刑事立法，是偏于重果的刑事立法。毫无疑问，现有的刑事司法，也不可避免的是偏于重果的刑事司法。重果的刑罚是刑罚适用的普遍现象。不过有的审判地区，已有视"因"的成分了。但从总体看，我们必须从理念上加以更新，着手来加以校正，在提高适用刑罚的科学性上下工夫，不断地完善刑事立法和刑事司法的维度。

（一）对"凡人重果，圣人重因"[①] 的解读

什么是凡人，什么是圣人，这是古人的用语。而"凡人重果，圣人重因"之说，自然也是古人之说。此说是否真有道理，且谈一点我的理解。

"果"，是最能直观的对象，一般人都能一目了然，所以首先看到"果"，也是理所当然的。不管是所谓的"凡人"还是"圣人"，其直接的层面观，也都自然是"果观"。

"因"，总要先于"果"，这是从时间上看。一般人（指非专事关注某一事物的人）不可能关注身外事物的始末，所以就不可能知其因，也就更谈不上重其因了。

专事于某一事物研究或关注的人，不仅知其事物的始末，还能深究到某一事物背后的深层次原因，知果知因是理所当然的。因此不仅能重果，而且能够重因，也就是说有可能做到因果并重，当然这只是一种可能。如果真正做到了因果并重，才算达到了现实性。对待其他事物是如此，对待案件也是如此。

（二）倡导刑事案件因果并重的理论依据

这个问题得从源头上说起。犯罪的形成原因是纷繁复杂的，但归结起来说，无论是社会学家、犯罪学家、还是刑法学家，特别是德国李斯特乃都十分明确地阐释了犯罪的形成。从总体来看，来自两方面原因：一是来自行为人本身的原因，二是来自社会存在的原因。这种认识显然是科学的认识，已经成为没有争议的结论。强调除了对果的重视还要对"因"的重视，对"因"的重视，既包括对行为人本身原因的重视，还包括对社会存在原因的重视。而只重果的刑法观，往往忽视对"因"的重视，特别是对社会存在原因的重视，反映在对双边因果案件的处理上，乃是只强调最终结果方的刑事责任，而忽视非最终结果方的一定责任。我们知道，"社会学'互动理论'的一个重要的观点就是，社会必须对犯罪者的行为负一定责任"[②]。作为双边因果行为人的行为，无疑是互动的行为，就本文所实录的案件也表现得十分清楚。非最终结果方的行为对其最终结果的产生，显然是应负有一定责任的。

（三）从立法着手完善因果并重的刑事立法

这个问题要从刑法与刑罚的规范属性说起。古今中外的刑法与刑罚的规范都是对行为与行为结果的规范，都没有对行为之所以产生的原因进行过规范。这包括对行为人原因没有规范，对社会存在原因也没有规范。一句话：回避了原因规范问题。之所以回避，一是原因问题很复杂，规范起来难度很大；二是规范社会存在的原因，无疑是给社会增添了责任依据。但是，从提高刑事立法的"含科量"[③] 以体现科学时代的精神风貌而言，适当突破固有的立法规范，在这个层面上，对于提高一定程度上的科学性，是完全必要的。其实，立法的资源无不来自两个方面：一是来自原有的成文法资源，

---

① 转引自 2002 年 9 月 4 日《社会方圆》播出的专家对江案的点评。

② 转引自谢海生：《对中国腐败问题的深层解构（6）——一个多维视野下的范式和悖论》，载《中国刑事法杂志》2002 年第 5 期。

③ 夏吉先：《论对金融、经济犯罪提高适用刑法的"含科量"》，载《山东公安专科学校学报》2001 年第 2 期。

二是来自司法实践中创造的经验。笔者认为，对双边因果行为这种类型案件的刑罚适用，完全可以试行这样的公式，即按照法定罪刑量刑，确定加害人的刑罚总量，减去被害人应负原因责任的计算量，从而得出加害人应受刑罚惩罚的"该当量"。这里要求把量刑工作更细化、更数字化。具体说来，就是要在互动中，把一方应负的"一定责任"具体量化为"年期"。这种量化虽然比较麻烦，也难达到十分准确的程度，但是总比"一定的责任"要好得多，要公允得多。如果在这方面创造出了行之有效的经验，就自然为立法提供了坚实的基础了。反过来，司法也就更有法可依了。

管中窥豹，可见一斑。对该案判决的剖析，是否能引起我们对类案问题的关注呢？

（《学习笔记》）

# 第六十二篇　鉴 品 论

工厂生产产品，作家创作作品，鉴定的结论，也可简称为鉴品。不过，本文所论的鉴品，却具有三重含义：一是指鉴定结论本身的科学品味，二是指鉴定人的品格素养，三是指涉及司法范围的鉴定产品。中华人民共和国司法部于 2000 年 9 月 18 日颁发了《司法鉴定机构登记管理办法》和《司法鉴定人管理办法》（以下简称《办法》）。这两个《办法》的颁发和施行，对改革和完善我国司法鉴定制度，促进鉴定工作走上一个新台阶，从而保障司法公正的实现，具有十分重要的意义。

## 一、鉴定事务的发展必将推动靠科学证据办案的大发展

围绕办案的诸多辅助工作，我们称之为案事工作。司法鉴定乃是诸多案事工作中十分重要的组成部分。强调司法鉴定在案事工作中的作用，就在于它能在一定程度上改变靠口供办案的问题。

"重证据而不轻信口供"，长期以来，司法界的一代又一代人都做到了倒背如流。可是在实践时，却倒了过来，即轻信口供而不重证据。就是目前，在公安执法中，刑讯逼供也屡禁不止。刑讯逼供严重侵犯公民的人身权利，极易酿成冤假错案，而且与社会主义民主法制水火不容，为人民群众所深恶痛绝。刑讯逼供是专制主义在司法领域的必然附身，其产生源远流长。尽管我们党和国家历来都严禁刑讯逼供，然而其"流"至今也未断绝。有的说，是少数干警的法制观念淡薄、素质不高、特权思想严重、技术落后等原因所致；有的说，要禁绝刑讯逼供，必须改善社会法制环境、群体环境和文明环境。[①] 这些说法都有一定道理，但还并非问题的完全所在。刑讯逼供的目的，旨在从犯罪嫌疑人的口中取得"证据"。证据可以从嫌疑人的口中来，更可以从嫌疑人行为所及的人事空间中来。如果说嫌疑人之口是一个小口，那么其"空间"就是一个大口了。长期以来，由于多种原因，我国的取证投入，在"小口"与"大口"二者的位置上摆得不太科学。只有把人力、财力、技力、设备投入的重心彻底转移到从大口取证上来，即从"空间"取证上来，也才有可能从根本上断绝刑讯逼供的流弊。我们要喊响这样一个口号："不靠天，不靠地，不靠口供靠证据！"司法鉴定事务的健康发展，也必将推动靠证据办案的大发展。因为司法鉴定涉及的领域十分广泛，全国司法鉴定机构和鉴定人队伍，必将为司法服务而生产层出不穷的高质量的鉴品来，从而推动司法各部门进一步的正确取证，最终保障判决、仲裁的科学而充分的证据需要。

## 二、只有高品味的鉴定人才能生产出高质量的鉴定品

目前，我国的司法鉴定工作涉及的领域已十分广泛，其中主要有：精神疾病司法鉴定、损伤鉴定、病理鉴定、物证鉴定、毒物鉴定、亲子鉴定、司法会计鉴定、产品质量鉴定、工程质量鉴定、物价评估、知识产权鉴定等等。在此，仅以一物价评估案为例，从理论和实践的结合上来剖析一下鉴定质量与鉴定人品味的关系问题。

2000 年 7 月 10 日，《法制日报》以《评估随意改刑期少七年》为标题，刊登了这样一则案例：

---

① 蔡东春：《论刑讯逼供的运行轨迹与思考》，曹贵乾：《发送执法环境禁绝刑讯逼供》，两文均载《江苏公安专科学校学报》2000 年第 4 期。

"太原市尖草坪区人民检察院最近分别以涉嫌滥用职权罪、玩忽职守罪，对太原市价格事务所价格评估鉴证员张仲玉和所长王素英立案侦查。据介绍，由于张仲玉等对一辆被盗汽车两次相差 4 万余元的价格评估，导致一窃贼二审判决比一审判决少判刑 7 年，少处罚金 5000 元。"

"今年元月，太原市尖草坪区人民法院在审理犯罪嫌疑人任玉林盗窃案之前，委托市价格事务所对任所盗黄河大货车作价值评估；后根据该所评估员张仲玉评估的车价 67000 元，判处任玉林有期徒刑 11 年，并处罚金 10000 元。任玉林不服上诉后，任的辩护律师又找到原评估员张仲玉，要求对该车作重新评估，并将二审法院太原中院刑二庭的'委托鉴定书'交给张仲玉。张仲玉等在市中院未派员的情况下，违反法规规定，对上次所作的'物价鉴定结论书'就有关折旧等问题，又作了不符合事实的'更正说明'。所长王素英不认真履行职责，未经审理核实，即签发了该'更正说明'，致使汽车估价的 67000 元被更改为 25200 元，太原中院二审据此'更正说明'，将盗窃犯罪嫌疑人任玉林改判为有期徒刑 4 年，并处罚金 5000 元。市尖草坪区检察院认为一、二审判决悬殊太大，两次评估皆出自同一价格所、同一评估员，值得怀疑，便委托省价格事务所对该车重新鉴定，经鉴定，认定该车为 56100 元。"

本案判决产生的太大悬殊，当然不是出自一个因素，应该作全方位的分析。但毫无疑问，鉴定人张仲玉所作的鉴定结论即鉴品，是该案判决悬殊产生的焦点。鉴品是鉴定人制作的产品。法官在呼唤科学鉴品的出台，社会在瞩目科学鉴品的面世。实践证明，只有具备高品味的鉴定人，才能生产出高质量的鉴定品；只有高品牌的鉴定机构，才能保障高质量鉴品的产出。从剖析该案鉴定实践和结合理论研究出发，根据前进的时代要求，我们认为，鉴定人必须同时具备"三位品格"，才能生产出高质量的科学鉴品来。现对"三位品格"分论如下：

（一）鉴定人的技术资质品格

作为判案的法官，哪怕是再资深，知识再渊博，都不可能精通事物万象。故德国有学者认为，鉴定人乃是法官"事实发现上的当然辅助者"[1]。德国著名法学家埃·施密特所下的定义是："所谓鉴定人，就是根据审判官在诉讼上的委托，根据某一专门知识提出带有经验性的报告，或者对法院提供的事实资料以及在法院委托下调查的事实资料，运用他的专门知识和法律上重要事实的论据相结合的方法，来帮助法院进行认识活动的人。"[2] 英美学者对鉴定人的技术资质虽然没有严格的要求，但他们也认为，鉴定人必须是对案件中某个专门问题具有一般人不具有的知识或经验者才能担任。

鉴定人必须具有适应于某项鉴定的专门知识、专门技能和专门经验。对这一必要条件，我们国家已法定为："运用专门知识或技能对诉讼、仲裁等活动中涉及的专门性技术问题进行科学鉴别和制定的专业技术人员。"[3] 当然，就专门性而言，技术也有高低之分，经验也有多寡之别。但在职业资格的考试与考核中，就技术水准而言：在种类的划分上，宁可细一些，不宜太粗放；在每类的数量上，宁可少一些，不宜降水准。

结合本案，对鉴定人张仲玉的技术水准，我们可以作出一个比较准确的评定。首先必须明确，技术鉴定的唯一性，是我们要力求的至高标准。但实践表明，诸多鉴定都只能接近唯一。换句话说，总是在至高标准的左右摆动，显示出人们的认识可能接受的一些差异来。张仲玉接受一审法院委托，鉴定的车价为 67000 元，这与检察院委托省价格事务所鉴定的车价 56100 元比较，二者的差异弧度是可以为人们的认识所接受的，是具有一定合理性的。两个鉴品互为参照，反映了两个鉴定人的技术水平比较接近。因此，仅就这项鉴定的技术水准而言，鉴定人张仲玉达到了基本的技术水准，符合鉴定人的技术资质品格。

---

[1] Kleinknecht/Meyer, Styatprczess Ordung 40. Aufl, 1991；&.72, Rdnr &.
[2] 转引自［日］上村正吉等著：《刑事鉴定的结论与实践》，群众出版社 1986 年版，第 10～11 页。
[3] 参见《司法鉴定人管理办法》第 2 条。

### （二）鉴定人的法律素质品格

作为鉴定，既然有司法鉴定，就无疑还存在非司法鉴定。就鉴定与司法的关系而言，二者乃是：司法需有鉴定，鉴定辅助司法。因此，司法鉴定机构和鉴定人的行为，都是技术鉴定与法律活动相互交汇的行为。换句话说，都是与"法"结缘了。毫无法律意识、法律素养的鉴定人，可能做得好非司法的鉴定，但是难以做好司法鉴定。要做好司法鉴定工作，笔者认为，司法鉴定人必须具有如下"法"的基本意识和素养：

1. 要有严格遵守诉讼程序进行鉴定活动的意识和素养

我国目前还没有统一的司法鉴定法，在诉讼法中对鉴定的规定也极其简略，有关司法解释虽然对鉴定作了一些规定，但在制定上均无实质性的突破。尽管如此，从目前的实际情况来看，鉴定人对现有法规的遵守也是不够好的。就本案而言，且看诉讼鉴定程序中的这样一段："任玉林不服上诉后，任的辩护律师又找到原评估员张仲玉，要求对该车作重新评估，并将二审法院太原中院刑二庭的'委托鉴定书'交给张仲玉。张仲玉等在市中院未派员的情况下，违反法律规定，对上次所作的'物价鉴定结论书'就有关折旧年限的问题，又作了不符合事实的'更正说明'。"无需任何解释，鉴定中违反程序之处已显而易见。

实践证明，从程序上排除各种非正常因素对鉴定过程的干扰，是十分必要的。以刑诉法而言，我国刑诉法的规定还很不具体，不妨就国外的刑诉法的有关规定作一点介绍。法国刑诉法典就规定了：法官对鉴定程序的监督、法人鉴定人制度、鉴定的目的和任务、鉴定人的数量、鉴定的辅助人、鉴定的取样、双方当事人及律师对鉴定程序的参与、鉴定报告、鉴定物品及剩余物的保管、鉴定报告的内容、鉴定结论的告知、当事人的异议、鉴定人在法庭审判中的义务、鉴定结论以法庭审查、非法鉴定行为的无效制度等等。[①] 德国、日本、意大利的刑事诉讼法，也都对刑事司法鉴定的有关程序作了详细具体的规定。不过，我国司法部已经发布了《司法鉴定机构登记管理办法》和《司法鉴定人管理办法》。这两个《办法》可以说已为司法鉴定程序法的制定打下了一个基础，可望在司法鉴定积累大量实践经验的基础上，制定出具有中国特色的《司法鉴定程序法》来。

2. 要有严格遵守两个《办法》规定的意识和素养

为什么要严格遵守？因为两个《办法》总则的第 1 条都明确了规定的目的，即为了维护公民、法人和其他组织的合法权益，保障诉讼、仲裁等活动的顺利进行，提高司法鉴定质量，保障司法之公正。《司法鉴定机构登记管理办法》共 8 章 40 条、《司法鉴定人管理办法》共 6 章 37 条，每条各有自己的作用。但这 77 条都是围绕着实现总则第一条的 6 个大字："保障司法公正"。司法公正是通过正确的判决来达到的。鉴定结论即鉴品，对法官判决的正确和错误，究竟起多大的作用或影响，应当说是因案而异、因官而异的，难以一概而论。有的学者认为："鉴定错了，裁判就会发生错误，这是肯定无疑的。"[②] 虽然有些绝对，但不可否认的确存在错误的鉴定结论就导致了错误判决的诸多客观事实。本案就是典型一例。因此，鉴品对影响法官判决的作用估计得重一点，对保障司法公正的实现是有好处的。前面已经分析了，张仲玉对本案第二次作出的错误鉴定，并非是他的技术水平不够。那么是什么原因所致呢？虽然存在一定的干扰因素，但是他自己本身缺乏法律意识，法制观念淡薄，特别是他没有明确司法鉴定为实现司法公正服务的正确目的，这才是最主要的，所以他在干扰面前放弃了自己应当遵循的工作准则，把原来作的正确的鉴定结论，改为了错误的鉴定结论。本来是优良鉴品，变成了伪劣鉴品。张仲玉的违法危害行为，损害了司法公正的实现，对其造成的后果，自应依法承担法律责任。检察院分别以涉嫌滥用职权罪、玩忽职守罪对鉴定员张仲玉、所长王素英立案侦查，是自有其道理的。但究竟能否构成犯罪，人们还在拭目以待。但是不管他们受到的是什么处罚，也都对司法鉴定人就增强自身法律素养的问题，起到了警示和启迪的作用。

---

① 余叔通等译：《法国刑事诉讼法典》第 156～170 条。中国政法大学出版社 1997 年版。

② ［法］勒人·弗洛奥著：《错案》，赵涉美、张洪竹译，法律出版社 1984 年版，第 177 页。

### （三）鉴定人的中立人格

司法鉴定人在面对法官和双方当事人的问题时，他（她）究竟是一个什么样的人格主体呢？何谓"人格"？这是一个一言难定的具有丰富内涵的概念。经线与纬线的纵横交汇，能确定地域的位置，司法公正线和当事人合法利益维护线的交汇，也能确定鉴定人的人格位置。但若遇到司法公正线被扭曲或合法利益维护线被扭曲的情况，都将会导致鉴定人人格位置被扭曲。因此，鉴定人要能不因两线有扭曲而扭曲，不因有任何外来因素的干扰而被干扰。换句话说，要做到能抗衡得住各种扭曲和干扰，就必须坚定不移地确立自己的中立人格位置，必须站定自己的职守位置。这个职守位置，要不因法院委托方式当事人聘请方某种意志的转移而转移，要始终"遵循科学、客观、独立、公正的原则，恪守司法鉴定人职业道德和执业纪律"①。鉴定人的人格位置究竟怎么界定？不同的提法显然与相关的不同制度有关。大陆法系国家采用的是法官委托鉴定人制度，其制度的确立来源于职权主义。英美法系国家，其鉴定人主要由控辩双方聘请，最后由法官加以确定，其制度的确立来源于当事人主义。日本学者把鉴定人的人格界定为"对具体事实进行判断和报告的第三人"。英美法系国家把鉴定人界定为证人。尽管在人格界定上有不同的差异，在制度确立上也有其不同，但有一点是共同的，即着力于鉴定的公正性。现时，英美法系国家都在遏制鉴定的过分当事人化，大陆法系国家则在强化鉴定程序中的制约机制，增强控辩双方对鉴定程序的参与能力。

从本案鉴定人张仲玉在鉴定工作的空间、时间和参与人上来研究，我们可以引申出为保障鉴定公正的下列三条建设性意见：

第一，建立鉴定人个案鉴案制度。

每一个鉴定案件都不可能相同。教师每讲一堂课，有每一堂课的教案；鉴定人每鉴定一个案件，也应当有自己的鉴案。这样可以提高鉴定人的工作责任心和操作上的精细程度，并且以便提供给参与人监督执行。同时，这也是鉴定人进行自律的一种机制。

第二，构建法官对鉴定活动的参与机制。

在我国，无论是当事人聘请的鉴定人，还是由法官委托的鉴定人，对其鉴定活动法官都应当有必要的亲自参与，可以亲临鉴定现场。有的案件还可以请鉴定人到法院来鉴定，监督鉴定工作健康的开展。

第三，强化控辩双方对鉴定活动的参与权。

由于控辩双方诉讼地位的不同，认识事物的角度必然有异，应当确保双方当事人享有这样的权利：①对鉴定程序发表意见的权利；②参与鉴定实施过程的权利；③及时获知鉴定结论的权利等。

鉴定人是鉴定活动的焦点人物，他的活动有了法官的参与、双方当事人的参与，无疑就处在了焦点位置上。这对他是否能坚持中立人格，始终"遵循科学、客观、独立、公正的原则"，是一个严峻的考验。本案鉴定人张仲玉，就没能经受得住这样的考验，这对司法鉴定界无疑是一大警示。

（《工作笔记》）

---

① 参见《司法鉴定人管理办法》第10条。

# 第六十三篇　论重建科学的犯罪构成理论

对犯罪构成理论的科学性追求，是刑法学者的第一性追求。对于走向 21 世纪我国刑法学的研究来说，更要求建构一种科学性程度更高的我国法治国家的刑法文化。要实现这种建构，我们所持的科学态度是：既不能惟上，也不能惟书，只能惟"科"。如何重新构建我国的犯罪构成理论？这无疑是摆在我国每一个刑法学学者面前的重要课题。

对"犯罪客体论"和"社会危害性说"开展评判，乃是对罪刑法定原则深入贯彻的必然要求。我国当前有一部分中青年刑法学者以不惟上、不惟书，只惟"科"的大无畏精神，对构成犯罪的"客体论"、"社会危害性说"开展了深刻的评判。如学者李东海指出：对于犯罪本质做社会危害性说的认识，无论它受到怎样言辞至极的赞扬与称颂，社会危害性并不具有基本的规范质量，更不具有规范性。它只是对于犯罪的政治的或社会道义的否定评价。这一评价当然不能说是错误的，问题在于它不具有实体的刑法意义，当然没有人会宣称所有危害社会的行为都是犯罪和都应处罚。但是，如果要处罚一个行为，社会危害性说可以在任何时候为此提供超越法律规范的根据，因为它是犯罪的本质，在需要的情况下是可以决定规范形式的。社会危害性说不仅是通过其"犯罪本质"的外衣为突破罪刑法定原则的刑罚处罚提供一种貌似具有刑法色彩的理论根据，而且也在实践中对国家法治起反作用。[①]再如学者杨兴培指出：犯罪客体理论在这里犯了一个结论性的错误，即某种行为是否要被确定为犯罪，在刑事立法上总是由于政治的需要，而根据政治需要在刑法中确定一个犯罪的构成要件。（然而）某种行为在刑事司法中能否构成犯罪是由于法律的规定，而不直接来源于政治需要。法律可以随着政治的需要而随时发生变化，但刑事司法不能，也不应跨越法律的规定直接随着政治的需要发生变化。如果在刑事司法中认定某种行为是否构成犯罪来源于政治需要，那么，法律的公正性、权威性和稳定性就不复存在了⋯⋯容纳了社会关系为内容的犯罪客体的犯罪构成，在法律上的功能（成了）一种犯罪的规格，是一种定罪的依据，（然而）构成犯罪的事实只能是一定的主观罪过和一定的客观行为。所谓以社会关系为内容的犯罪客体，无法起到定性定量的定罪作用。[②]再如，学者冯亚东指出：基于人类得以表现自身并赖以存在发展的精神实质及维持精神和谐的至关重要性，同时也基于刑法制裁手段本身的严酷性和刑法惩罚改造犯罪的直接目的，刑法对社会危害性的评价应严格限定在犯罪人的邪恶意志上（以支配造成或能够造成灾害的邪恶意志为社会危害性的确认标准）；罪过是社会危害性得以成立的充分必要条件，犯罪只能界定为有故意或过失的罪过行为。[③]总之，学者们从各种角度的评判分析说明，对犯罪构成理论来讲，"社会危害性说"、"客体论"都明显是一种超越规范性的附加或扩张，而且显然是有害无益的。

对于这个问题，我国立法界保持了清醒的头脑，在所立的我国刑法典和相关的刑事法律法规中，均未曾出现过如此的文字表述。可见，"学理"与"立法"并不一致。

---

①　李海东著：《刑法原理入门（犯罪论基础）》，法律出版社 1998 年版，第 8 页。
②　杨兴培：《再论我国传统犯罪客体理论的弊端》，载《法学》1999 年第 9 期。
③　冯亚东著：《理性主义与刑法模式》，中国政法大学出版社 1999 年版，第 112~113 页。

## 一、从现有理论的比较中，看理论的科学性分野

在世界刑法文化领域中，虽然大陆法系的刑法文化、英美法系的刑法文化、中华法系的刑法文化都各自有其关于定罪问题的思想理论，但把定罪问题真正提上科学研究地位的，还得首推大陆法系的构成理论。故在此有必要对德国和日本与苏联和中国两大犯罪构成理论体系作比较评价，以洞察个中的科学性分野，达到鉴源别流、审时度"地"、建立新的科学体系的目的。

1. 对两大理论体系的介绍

看了诸种关于介绍两大体系的文字表述，笔者觉得张寿利学者的介绍比较客观全面，故此照录：

（1）德国和日本的犯罪构成理论体系。

德国是大陆法系刑法学发达的中心，现代刑法学意义上的犯罪构成理论也起源于德国，它在这方面的研究也一直走在前列，并对其他大陆法系国家都产生了深远的影响。当然，我们说德国的犯罪构成理论只是一个笼统的概括，在其内部也存在着不同意见。其中最具影响力的是麦耶和梅兹格所提出和建立的两个体系。

麦耶在其名著《刑法总论》中对贝林格的犯罪构成理论体系进行了修正，把犯罪的概念修改为犯罪就是符合构成要件、违法而归责的事件，建立了"构成要件—违法—责任"的犯罪论体系。构成要件的符合性只是犯罪成立的首要的和最重要的条件，而不是犯罪成立的全部条件，而且，它与违法性和责任虽然关系密切，但却是严格区别的。[①] 这个体系在德国和日本一直得到最普遍的承认，而最具影响力。

梅兹格所建立的体系是"行为—不法—责任"的体系。在这个体系中，犯罪构成也必须具备三个条件：第一是行为，它先于犯罪构成的其他条件而存在，还仅只是事实性行为；第二是不法，它包括构成要件符合性和违法性两方面的内容，并且将二者一体化，而与责任相区别；第三是责任。这样就形成了"行为—违法类型（等于构成要件）—责任"的体系，而不同于麦耶的"构成要件—违法性—责任"的体系。[②] 日本学者在吸收和借鉴德国犯罪构成理论方面走在大陆法系其他国家的前列，并且作出了自己的贡献。总体上，日本学者的思路还是沿着麦耶与梅兹格开辟的道路前进的，而对构成要件、违法、责任三者的关系进行了深入的探讨。在构成要件与违法的关系上，大塚仁认为麦耶的观点是正确的，[③] 反对梅兹格忽略模糊二者的区别，而使用把二者合一的"不法"这一概念的做法，在构成要件与责任的关系上，麦耶与梅兹格都没有进行深入的论述。小野清一郎以及德国的格拉斯均认为构成要件是违法性同时也是责任的类型化。大塚仁赞同这种观点，但他指出，对违法性和责任而言，构成要件的类型性意义有着显著的不同。在违法性中，违法性的判断与构成要件符合性的判断有着共同性。关于责任则有所不同，对于符合构成要件的违法行为，为了说明行为人对它负有责任，还必须深入到行为人的人格之中去研究。这些责任要素有责任能力、责任故意、责任过失、合法行为的期待可能性等（见前引大塚仁著作）。

具体而言，在实体的结构上，德日的犯罪构成理论中的构成要件的要素包括客观性要素和主观性要素（见前引李洁著作）。在构成要件的客观要素中，包括以行为为中心的一系列要素：其一是行为，即在人的意识支配下的人类行为，包括内在因素和外在因素两方面的内容，也即心素和体素。心素指人的意思决定和意识活动，体素指客观可见的人的身体活动与静止，以及由此动静所引发的具有刑法重要性的后果（见前引李洁著作）。其二是行为的主体，也称客观的行为者要素，它一般没有特殊的限定，只要是自然人就可以成为行为主体。但在身份犯中，行为主体必须具有特定的身份。另外，还有法人犯罪中对法人主体的要求（见前引李洁著作）。其三是行为的客体，即行为直接指向或侵害的

① 何秉松著：《刑法教科书》，中国法制出版社 1997 年版，第 168～172 页。
② 李洁：《三大法系犯罪构成体系性特征比较研究》，载陈兴良主编：《刑事法评论》第 2 卷，第 420～423 页。
③ ［日］大塚仁著：《犯罪要论的基本问题》，冯军译，中国政法大学出版社 1993 年版，第 39～44 页。

东西，是具体的人和物（见前引李洁著作）。其四是行为情况，即行为发生时的时空条件。[①] 在德国犯罪构成理论中的构成要件的客观性要素中，并不包括刑法法规保护的客体，即刑法法益。但虽未被直接规定为构成要件要素，而在解释构成要件上，却有着极其重要的作用（见前引福田平、大塚仁著作）。构成要件的主观性要素是在主观的违法要素的理论下出现的，一般是将主观要素作为判断违法的对象。关于它的内容，理论界的观点并不一致。一般而言，大都承认目的犯的目的、倾向犯的主观心理倾向，以及表现犯的心理过程都属于主观违法要素。但对于故意与过失是否是主观违法要素，观点并不一致。从违法在于客观、责任在于主观的立场出发，违法性要素应以客观要素原则、主观要素为例外，因而将故意与过失作为责任的内容，否认其构成要件要素的性质。但从构成要件属违法、责任的立场出发，构成要件不但是违法类型，也是责任类型，那么构成要件中存在类型化的责任要素，即故意与过失，就是当然的事情（见前引李洁著作）。此外，目的行为论者把故意作为主观违法要素，而因果行为论则不把行为作为主观违法要素（见前引福田平、大塚仁著作）。在德日现行刑法中，法定构成要件中规定着类型化的责任要素已经是不可否认的事实，如在过失性犯罪中，过失就是法定的构成要件内容（见前引李洁著作）。

关于违法性要素的问题，德日存在一个从只承认客观违法要素到同时承认主观违法要素的转变过程。现在一般都承认违法性要素中包括两个方面的内容，即客观违法要素和主观违法要素，主观性要素是确定违法的重要根据。客观违法要素基本就是关于犯罪的客观性要素，而主观的违法性要素和主观构成要件要素基本相同，即目的犯的目的、倾向犯的内心性倾向、表现犯中的内心状态（见前引大塚仁著作）。小野清一郎对此提出反论，认为主观违法要素与主观构成要件要素并不是一回事。某一行为是否违法，原则上应由客观外在方面决定，不存在主观违法要素。但否认主观违法要素，并不意味着否定主观构成要件要素（见前引李洁著）。在违法内容中，还有阻却违法事由，主要包括正当防卫、紧急避险等。

关于责任的要素，责任能力与责任故意或过失是责任的要素，一般没有什么争议，但关于合法行为的期待可能性是否是责任的要素，目前尚有争议。关于期待可能性的体系位置，有三种观点：第一是认为它是与责任能力、故意、过失并列的第三责任要素；第二是认为应当把期待可能性包含在故意、过失中来理解；第三是把合法行为的期待不可能性看成是责任的阻却事由。大塚仁认为应从积极的角度来理解责任的问题，故他赞同第一种观点（见前引大塚仁著作）。

因此，德日犯罪构成理论既是构成要件、违法、责任三位一体，而又以构成要件为核心的理论体系。虽然构成要件也被类型化为违法、责任的类型，但它与违法、责任仍有着重大的区别。构成要件符合性的判断仍然是独立于违法性、有责性的判断，它有着自己固有的内容。

（2）苏联和中国的犯罪构成理论体系。

苏联的犯罪构成理论是在批判吸收德国的犯罪构成理论的基础上进一步发展而形成的。这种理论一方面保持了 19 世纪的关于犯罪构成要件是成立犯罪的主客观各种要素的总和的观点，又加进了社会危害性的内容，认为犯罪构成是苏维埃刑法规定的说明社会危害性特征的诸要件的总和。在犯罪构成的要件上，把它们明确分为犯罪客体、犯罪客观方面、犯罪主体、犯罪主观方面这四个方面要件，使犯罪构成的主客观方面的要件得到统一（见前引何秉松著作）。

苏联的犯罪构成理论对中国产生了巨大的影响。最初，它几乎是原封不动地成为中国的犯罪构成理论。近年来，虽有许多学者为建立有自己特色的、具有创新意义的适合我国实际情况的犯罪构成理论而不懈努力，并提出了许多富有启发性的见解，但整体而言，仍未能脱离苏联犯罪构成理论的范畴。

在我国的犯罪构成理论中，犯罪构成要件是一个特定的概念，它指的是犯罪构成有哪些要素组成，具体而言就是指犯罪主体、犯罪客体、犯罪的主观方面、犯罪的客观方面的这些内容。因此，它

---

① ［日］福田平、大塚仁著：《日本刑法总论讲义》，李乔、文石、周世铮译，辽宁人民出版社 1986 年版，第 47 页。

与德日犯罪构成理论中的构成要件这一概念是完全不同的，它们各自有着自己特有的内涵而不可轻易加以混淆。

2. 对理论的评判

对一个理论的评判可以从很多种角度来评判。每一个事物，如果把它立体化，不仅有六个面，而且还有被六面框范的"中"。如果把犯罪构成理论也立体化，评判的角度之多，自然也不言而喻了。所选角度与所立标准有着密切的联系。笔者这里只选理论在科学基础上向前推进发展的角度，因此只以科学性程度作为评判的标准。

俗话说："不怕不识货，只怕货比货。"德日犯罪构成与苏中犯罪构成这两种"货"，"它们各自有着自己特有的内涵而不可轻易加以混淆"（见前张寿利学者的介绍结语）。是的，同是犯罪构成理论，它们二者在所涵盖的内容上有诸多的不同，而在表达形式上也不相同。这里没有适当的篇幅去细致地比较它们究竟有哪些不同点，只就包含的内容上的一项显著的不同，从科学性的角度上研究其利弊所在。苏中犯罪构成理论包含了"犯罪客体"项，德日犯罪构成理论不包含"犯罪客体"项。简单说来是一字之差，即一个有，一个无，究竟是有好还是无好呢？

第一，罪刑法定原则是严格要求依法定罪依法用刑的原则。罪刑要法定，首先是立法。作为立法而言，确立所立之法必须保护正常的"人与人的关系即社会关系"①。既然"犯罪客体"定义为刑法保护的社会关系，它成为刑事立法的一种根据，即完全在理。刑法是刑事法律作为可见的外观形态，自然包含了它内在的不能直视到的社会关系了。换句话说，犯罪客体说在立法上的功能作用，是无可非议的。但司法是司所立之法，而且按照罪刑法定原则要求，尚必须严格遵循所立之法，不得有任何附加。如果在司法上再附加上一个"社会关系"即客体要素，这不仅违背了严格依法，而且在司法中有"立法"之嫌，显然更是不符合科学规范的。"随着法制建设进程的不断深入，刑事立法与刑事司法相分离，预示着（犯罪构成上的）犯罪客体理论的必然终结"（前引杨兴培：《再论我国传统犯罪客体理论的弊端》）。是的，德日犯罪构成没把"犯罪客体"置入构成之中，是与立法"分离"的表现，所以是科学的。而苏中犯罪构成的做法无疑是缺乏科学性的。

第二，犯罪构成论主要是为有利"罪方"而创立的理论。"罪"与"刑"是相依相存的，这是一对矛盾的两个方面。"刑法的存在是以刑罚为核心、为灵魂的；离开了刑罚，人类根本无从创造刑法的模式"（"犯罪"在早期的刑法中反而是可有可无、可写可不写的）（前引冯亚东《理性主义与刑法模式》）。谁在用刑？是国家。"人们所必须希求于国家的，不外乎国家应是一种合理性的表现，国家是精神自己所创造的世界"②。"一种社会制度不过是公众精神的一种规定的和确立的状态，在基本性质上与公众舆论没有什么不同"③。对于一种行为是不是构成犯罪？应不应当受到刑罚的处罚？国家是判断的主体。那么国家又根据什么来判断呢？当然是根据制定的刑事法律来判断。相对应的主体是谁呢？那就是行为人。犯罪是行为人犯的。马克思说的"犯罪是孤立的个人反对统治关系的斗争"，就基本上阐明了两个主体之间的关系。之所以讲"基本"一词，是因为马克思这话对二者的关系说得比较简明，如果要具体化，应从矛盾的两个方面加以解析才更明确。一是，国家的统治是代表一定的社会关系的，如前所引的"精神自己"、"公众精神"、"公众舆论"及公众秩序而统治。用刑无非就是对这些关系的保护。它的具体保护手段，就是所制定的刑事法律的规范。二是，作为国家中的个人（包括自然人个体、社会人单位或法人），国家也规定了他们的权利与义务。他们必须依法履行自己的义务和依法维护自己的权利，如果侵犯了国家、其他自然人或社会人单位的权利并且达到了一定程度，国家则以维权方的代表身份，用其制定的刑法予以惩罚。违反禁止性的法律规范更应受到制裁。

侵权方之侵权达到什么程度才构成犯罪，而应受到刑罚的惩罚呢？怎样才算真正意义上的"罪

---

① 《列宁全集》（第10卷），人民出版社1955—1959年版，第88页。
② ［德］黑格尔：《法哲学原理》，商务印书馆1961年版，第285页。
③ 库利：《社会组织——对共同心理的研究》，转引自《社会理论》，国际文化出版公司1988年版，第403页。

方"呢？这首先是"罪方"最关心的问题。当然作为"刑方"为了不冤枉无辜以及罚之公正和得当，也是非关注不可的。"事物的性质是由矛盾的主要方面决定的"①，在这里，"罪方"显然是矛盾的主要方面。所以犯罪构成理论主要是为有利"罪方"而创立的理论。

这里两个主体相对应而存在。一是判断主体即国家通过法律来判断；二是受断主体即行为人（马克思说的"孤立的个人"），他（她）最需要的就是能有一个具有理性说服力的犯罪构成的理论。而行为人的中心是"行为"。"行为"怎样是客观标准的中心内容之所在。所以，德国犯罪构成理论以"行为"作为研究重心的方向是正确的。而苏中犯罪构成理论把"客体"提上构成体系乃转移了至少是冲淡了研究的科学方向，而染上了主观随意性色彩。说得通俗一点，把不应当摆在台面上的"菜"，摆在台面上了，即在研究对象本身所涵内容的定位层次上，发生了科学性的偏差，易使"罪方"置于不利地位上。

第三，犯罪概念——国家主体与行为人主体的契约性共识。所谓两个方面主体的契约性共识，即指国家以代表者之身份制定的既为公众所认同又为国家所认同而颁布的刑事法律。法律条文不管规定有多少条，也不管各条有多少的不同，它们都有一个共同点，就是："行为人在一定有过心理支配下而实施了触犯刑律的行为，是要负刑事责任的。"这个共识既是国家进行裁判的标准，又是行为人接受裁判的标准。在这标准中有三个具体实体规范性的关键词，而用逻辑连起来就是"行为—违法—责任"。这个达到共识的逻辑结构，也是犯罪这个事物属性运动的自身结构，是有机联系的科学性结构。如果人为地在结构中插入"客体论"、"危害性说"之类，势必会画蛇添足。在是否构成犯罪问题上插入"客体项"等，会使两方主体达到的契约性共识、共同确定的罪刑法定原则变形，甚至遭到破坏。所以，德日的犯罪构成理论没有插入这些反而有好处，苏中的犯罪构成理论插入了反而有坏处。当然插入与没有插入，除了在政治上的社会背景原因以外，在刑法文化的认同上也无不具有重要的原因。德日的法文化是注重罪行法定的，而苏联则不然，我国刑法文化传统中亦缺罪刑法定传统，所以我们在引进时，无论在政治背景上，还是在刑法文化上，自然是易引进苏式而弃德日式了。

第四，理论的操作规范性功能，是法官和行为人都期盼的功能。行为人侵犯的对象是人、物、环境等等。客体即社会关系隐藏在这些现象的背后。因为现象是有可规范的表征性的，而社会关系因是潜意识的存在，是"无法"规范的，但立法者在立法根据上，尤疑是采认了，而且在犯罪的分类上发挥了重要的作用。然而，在执法者——无论刑事法庭的控方与辩方，还是身居正位的法官，提上法庭审判活动的都无不是从现象的行为事实切入，进而推进到法律条文的引用，尽管在深层次的分析上也可能涉及"社会关系"、"社会危害性说"。因为犯罪构成理论不是只供思维的抽象性理论，它必须要有操作适用的明显功能。无论控方检察官之适用要求或行为人的代理人律师之适用要求，还是法官的审判定罪之适用要求，操作规范性的要求，都是达成共识的最为重要的要求。在苏中犯罪构成理论中的"客体"一项，显然不是法律规范性的一项，是难以实际定位操作的一项；同时在苏中的刑法典、刑事法律的规定中，也没有立这个项。为了理论和法律规范相符一致，取消该项也是顺理成章的。

综上所析，重构犯罪构成所需的理论基础，原则上应采德日式为基础，不宜采苏中式为基础。但苏中式的个别"项"是很有价值的，因此是必须纳入的。

## 二、关于创立龙式犯罪构成理论（简称"龙式犯罪构成论"）的探索

前文已述，当今时代是世界文化包括刑法的世界文化不断融合、整合的繁荣时代。在这个时代，仅以单一国家的刑法文化之"可用资源"而不整合世界诸国刑法文化"可用资源"，是很难创立出符合时代发展要求的新的刑法文化来的。在刑法文化中，犯罪构成理论就是一个处于重要地位的理论。要对这个理论有所建树，就必须在中华刑法文化、世界刑法文化之精华与时代发展之要求的结合上，

———————————

① 毛泽东：《矛盾论》，人民出版社 1975 年版。

以刑法文化源流学的学术刀对"可用资源"进行精心的取舍和熔铸,在现有理论的内容和形式上科学地熔铸进一种新的内容和形式。

1. 形成龙式犯罪构成理论的内容整合

(1) 文化源流之一:"天赋人权论"。法国的人权宣言和美国的独立宣言,与当今的维护人权保障活动基本上是一脉相承的。这里必须指出,苏中式的"主体"项是具有科学价值的。在犯罪构成理论上,从维护法定的人权要求出发,严格其构成犯罪的"人"的条件,包括自然人的条件、法人(社会人即单位)的条件界定,是十分必要的。因此,把"主体"一项明确改为"主体条件"项,从而强调"条件"在构成上的价值作用是意义重大的。

(2) 文化源流之二:"行为中心论"。无论是德国的行为中心论还是日本的行为中心论,两者一脉相承,都具有较强的科学性、规范性。自费尔巴哈把构成要件用于刑法学上开始,经斯求贝尔、贝尔纳、梅尔凯尔、亚菲特、费兰克、贝林格、麦耶、梅兹格等学者们精心研究至今,所走过的是一条承传、扬弃、融合、整合的科学道路。麦耶所建立的"构成要件—违法—责任"法律体系和梅兹格所建立的"行为—违法类型—责任"体系,二者均系科学性的体系,但又各有千秋。麦耶的"构成要件"项,有概念性感觉,有点"先入"的味道,尽管个中的内涵是正确的。梅兹格的"行为"项,显示了直观的行为中心思想,但就字面看,作为"项"的内容包含有点单一,故将麦耶的"构成要件"项与梅兹格的"行为"项二者融通为"行为结构"项是具有一定新意的项。也就是说行为要讲"结构"。行为结构所包含的基本要素:①行为方式;②行为时空;③行为原因;④侵犯对象;⑤侵犯关系;⑥侵犯结果;⑦因果关系等,这里不予多说。这里只就行为的载体时空问题多说句话。随着时代科学技术的发展,特别是因特网的出现,使人类的空间距离大大缩短了,时间速度大大地加快了。这对研究犯罪时间速度、空间广度、相互交感程度来说,引进新的时空观将显得非常必要,而且由此所产生的价值作用将难以估量。因此,笔者认为,对行为的载体即时空之间的关系的研究,应当纳入"行为结构"项来进行,以资评价它在犯罪中的价值作用。具体说来,应力求在爱因斯坦的相对论指导下,从"绝对时空论"迈向"相对时空论",从纵向和横向精心研究行为与"犯罪流"和"犯罪场"的相对性,以及刑罚适用的相对性,以便在行为的动态长河中和刑法个性化的广大领域中,更科学地辩证地发挥刑罚治理犯罪的功能作用。

(3) 文化源流之三:"罪刑法定论"。行为事实是否构成犯罪,还须由法律规范来界定。因此,法律规范在犯罪构成项中有着不应缺少的地位。同时笔者认为梅兹格的"违法类型"项比麦耶的"违法项"就字面的内涵讲要好,尽管麦耶他有自己的内涵解释。因为"违法类型"至少提醒了人们关心行政犯与刑事犯之间的区别,就是说要区别行为是违反了行政法(包括民事法等)还是违反了刑事法。对一般治安违法以《治安处罚条例》处罚;对一般经济违法,以行政方法或经济办法处罚。这样就拓宽了研究的视野,也就是说,违法要讲"类型"。但不能只讲"型",还应在"型"的前提下讲"度"。我们知道,"度"的作用是不可低估的。如零度以下是"冰",零度以上是"水",100度以上是"蒸气"。这就是说,"度"它能起着定"质"的作用。笔者认为,研究"违法度"并且将其类型化,其价值作用是不可小视的。特别是对当今的经济领域的违法与犯罪的界定,"度"有着不可估量的作用。因此,违法要讲"型度"。

(4) 文化源流之四:"仁礼之邦论"。人称中华之邦是伦理之邦,仁礼之邦。中国对其人伦、礼仪、仁爱的研究是源远流长,自成传统体系的。这种文化如果聚集到一点上,就是对人"心"的研究。画龙在于点"睛",研究犯罪构成理论也要在乎研究人"心"!从对刑法文化有关的理论来看,孔孟的"性善论"、荀子的"性恶论"都著称于世,而法家讲"重刑"。在我国当今,在首先强调预防犯罪制度化的大前提下,即把未成年人的预防犯罪法得以切实有效施行的前提下,对已然犯的用刑偏重一点。笔者认为这种结构性的创新继承,也不能不视为一种继承。儒家讲"仁"礼。从犯罪学角度看,就是要人们关注犯罪形成的原因,采取发展经济等多种手段进行"综合治理",这也不乏儒文化源流之一脉。

在新的时代，人类的心态远不及远古时代那么朴素、单纯，而现实中所表现出来的，更是前无古人的心态多样化、多变化、多式化。在这种纷繁复杂心态支配下的行为，自然也是千姿百态的，而且深层次的心态往往以让人眼花缭乱的表现形式来掩盖。因此，要深究其善意和恶意，不作精心的结构类型心态研究，是很难达到目的的。而且，善意是否就可不负刑事责任等，这也是现代社会提出来的重要研究课题。也就是说，责任要讲"心态"，在犯罪构成项上应当丰富构成心态的研究，应当细化"故意"、"过失"的类型。"目的犯"、"倾向犯"、"表现犯"这些提法都是心态类化的提法，是否科学，只有在精细的研究和实践中才能得以检验，不可妄下结论。

为了发扬中华刑法文化之"可扬精华"，加强对现代人犯罪心态的研究，故应在麦耶和梅兹格的"责任"项中加上两字，即为"责任心态"。这样的增加，是有其丰富的刑法文化内涵的。

综上评析，从内容上形成的"龙式犯罪构成论"用图线标示即为："主体条件—行为结构—违法型度—责任心态"。

2. 形成龙式犯罪构成理论的形式整合

尽可能以民族思维方式和艺术形式反映刑法文化的现代化内容，这是整合刑法文化的一项原则。因为这样便于我国法官和行为人接受，收到法学理论民族化、大众化的效果。如果从世界刑法文化之林看，也不失为中国特色之一。

在这里，从形式角度对德日式犯罪构成的理论形式与苏中式犯罪构成的理论形式作一个比较分类。

（1）分离式与统一式。德日式是把"犯罪构成"项与"违法"项和"责任"项分离的。换句话说，他们的犯罪构成概念并不包括违法与责任两项，尽管这两项与前者有着密切的关系。所以称它们是分离式。苏中式则将犯罪构成的所有要件原则上都统一于一个概念之中，并没有把"责任"要件之类分离于构成概念之外，所以原则上称它为统一式。我国的民族文化崇尚统一，自然在犯罪构成形式上采取统一概念式。

（2）方正式与线条式。德日式犯罪构成理论用图线标示，即为："犯罪构成—违法—责任"或"行为—违法类型—责任"，故称线条式。

苏中式犯罪构成理论用图线标示，则为：

这显然是一个方正。线条式有一定的逻辑性，因此，这种形式可以象征性地显示出它一定的形式功能价值。而方正式在此不存在逻辑性，没有实际功能价值。

（3）龙式的形成和功能价值。龙式是在线式基础上的必要延伸。所谓必要，即在"行为结构"项前加上"主体条件"项，也即"龙头"项。从头至尾形成一个完整的"人"的概念，用图线标示即为："主体条件—行为结构—违法型度—责任心态"。

这个形式符合人们的思维逻辑，回答着这样四个问题：什么样的人，实施了什么样的行为，违反了什么样的法，因什么过错而应当负什么样的责任。换句话说，要把罪定准，要求"主体要讲条件，行为要讲结构，违法要讲型度，责任要讲心态"。这四个问题也与司法审判活动的程式基本相吻合。因此，它尽管是形式，但这种形式寓涵了思维程式的功能作用，便于国家主体和行为人主体操作使用。这是其一。

其二，龙式更能体现民族文化色彩，故以形式命名为"龙式犯罪构成论"。将三项延伸为四项，线条的伸长是以人的形态特征为龙头，人的心态特征为龙尾，像一条龙一样具有动感，而且首尾同一，因为心脏并不主思，主思的是脑。

本论从对德日式和苏中式犯罪构成理论的分析开始，到提出"龙式犯罪构成论"为止。企图在刑法学术理论，以及在刑事立法、刑事司法实践上体现创新主张之意。当否，望同仁们批评指正。

（转载李勤主编《中国国情研究与实践》，中国大地出版社 2000 年版；原载《浙江公安高等专科学校学报》2000 年第 3、4 期）

# 第六十四篇 龙式犯罪构成论

我国刑法学理论中的"犯罪构成论",是借鉴的苏联式(简称苏式)犯罪构成理论。因为它很适合我国的历史条件,具有存在的合理性,在刑法理论和司法实践中都发挥了重要的作用。同时,也因该理论在科学性上有其不足,在适应时代的发展上,显示出自身的缺陷,因而刑法学界同仁特别是部分中青年学者,都在纷纷探索更具科学性和中国特色的犯罪构成理论。笔者置身其探索行列,以18000字的篇幅发表了《论重建科学的犯罪构成理论与刑法文化移植》一文(见《公安学刊》2000年第3期),个中提出了"龙式犯罪构成论"。学术观点的多元性有利于学术在比较中存在,在相互切磋中发展。但愿"苏式犯罪构成论"与"龙式犯罪构成论"等多元理论,能在丰富中国刑法学理论的不断探索中共商共勉。苏式犯罪构成论在当今刑法学界可以说是家喻户晓了,因此无须再作介绍。这里仅就新提出来的"龙式犯罪构成论"的理论框架,采取对上文进行摘要的做法,作一个简要的介绍:

当今时代是世界文化包括刑法的世界文化不断融合、整合的繁荣时代。在这个时代,仅以单一国家的刑法文化之"可用资源"而不整合世界诸国刑法文化"可用资源",是很难创立符合时代发展要求的新的刑法文化来的。在刑法文化中,犯罪构成理论就是一个处于重要地位的理论。要对这个理论有所建树,就必须在中华刑法文化、世界刑法文化之精华与时代发展之要求的结合上,以刑法文化源流学的学术刀对"可用资源"进行精心的取舍和熔铸,在现有理论的内容和形式上科学地熔铸进一种新的内容和形式中,才有可能创立出新的科学性程度更高的犯罪构成理论来。这当然不是一蹴而就的,也非哪一个人能完成的。在此,笔者仅提出一种设想,与同仁们共探讨。

## 一、形成龙式犯罪构成理论的内容整合

(1)文化源流之一:"天赋人权论"。从法国的人权宣言到美国的独立宣言,与当今的维护人权保障的活动基本上是一脉相承的。这里必须指出:苏中式的"主体"项是具有科学价值的。在刑法的犯罪构成理论上,从维护法定的人权要求出发,严格其构成犯罪的"人"的条件,这包括自然人的条件,法人(社会人即单位)的条件界定,是十分必要的。也就是说主体要讲"条件"。如法人的资格条件,自然人的刑事责任年龄等条件。因此把"主体"一项,明确改为"主体条件"项,从而强调"条件"在构成上的价值作用是意义重大的。

(2)文化源流之二:"行为中心论"。从德国的行为中心论到日本的行为中心论,是一脉相承具有科学性规范性的理论。自费尔巴哈把构成要件用于刑法学上开始,经斯求贝尔、贝尔纳、梅尔凯尔、亚菲特、费兰克、贝林格、麦耶、梅兹格等学者们精心研究至今的过程,走的是一条承传、扬弃、融合、整合的科学道路。麦耶所建立的"构成要件—违法—责任"的法律体系和梅兹格所建立的"行为—违法类型—责任"体系,二者均系科学性的体系,也各有千秋。但麦耶的"构成要件"项,有概念性感觉,有点先入的味道,尽管个中的内涵是正确的。梅兹格的"行为"项,显示了直观的行为中心思想,但就字面看,作为"项"的内容包含有点单一,故将麦耶的"构成要件"项与梅兹格的"行为"项二者融通为"行为结构"项是具有一定新意的项。也就是说行为要讲"结构"。关于行为结构所包含的基本要素:①行为方式;②行为时空;③行为原因;④侵犯对象;⑤侵犯关系(包括社会关系、自然关系、所有合法的权益关系);⑥侵犯结果;⑦因果关系等项内涵,这里不予多说。而只就行为的载体时空问题多说句话。随着时代科学技术的发展,特别是因特网上世界的出现,形成人类的

空间距离大大缩短了，时间速度大大地加快了。这对犯罪产生的时间速度、空间广度、相互交感程度的研究来说，引进新的时空观都有着难以估量的价值作用，因此对行为与载体即时空之间的关系研究，笔者认为应当纳入"行为结构"项来研究，以资评价它在犯罪中的价值作用。具体说来，应力求在爱因斯坦的相对论指导下，从"绝对时空论"迈向"相对时空论"，从纵向和横向精心研究行为与"犯罪流"和"犯罪场"的相对性，以及刑罚适用的相对性，以便在行为的动态长河中和刑法个性化的广大领域中，更科学地辩证地发挥刑罚治理犯罪的功能作用。

（3）文化源流之三："罪刑法定论"。行为事实是否构成犯罪，还须由法律规范来界定。因此，法律规范在犯罪构成项中有着不应缺少的地位。同时笔者认为梅兹格的"违法类型"项比麦耶的"违法项"就字面的内涵讲要好，尽管麦耶他有自己的内涵解释。因为"违法类型"至少提醒了人们关注行政犯与刑事犯之间的区别，就是说要区别行为是违反了行政法（包括民事法等），还是违反了刑事法。对一般治安违法以《治安处罚条例》处罚；对一般经济违法，以行政方法或经济办法处罚。这样就拓宽了研究的视野，也就是说，违法要讲"类型"。既违反了何种部门法律。但不能只讲"型"，还应在"型"的前提下讲"度"。我们知道，"度"的作用是不可低估的。如零度以下是"冰"，零度以上是"水"，100度以上是"蒸气"。这就是说，"度"它能起着定"质"的作用。笔者认为研究"违法度"并且将其类型化，其价值作用是不可小视的。特别是对当今的经济领域的违法与犯罪的界定，"度"有着不可估量的作用。即在什么度内还属经济违法，达到什么度才算犯罪。因此，违法要讲"型度"。

（4）文化源流之四："仁礼之邦论"。人称中华之邦是伦理之邦，仁礼之邦。中国对其人伦、礼仪、仁爱的研究是源远流长，自成传统体系的。这种文化如果聚集到一点上，就是对人"心"的研究。俗话说，画龙在于点"睛"。研究犯罪构成理论也要在乎研究人"心"！从对刑法文化有关的理论来看，孔孟的"性善论"、荀子的"性恶论"都是世界著称的，而法家讲"重刑"。在我国的当今，首先强调预防犯罪制度化的大前提下，即把未成年人的预防犯罪法得以切实有效施行的前提下，以防患于未然，同时对已然犯的用刑偏重一点。笔者认为这种结构性的创新继承，也不能不视为一种继承而应当加以肯定的。儒家讲"仁"礼，从犯罪学角度看，就是要人们关注犯罪形成的原因，要采取发展经济等多种手段进行"综合治理"，这也不难看出当今的理论形成也不乏儒文化源流之一脉。

在新的时代，人类的心态远不及古时代那么朴素、单纯，而在现实中所表现出来的，是前无古人的心态多样化、多变化、多式化。在这种纷繁复杂心态支配下的行为，自然也是千姿百态的，而且深层次的心态，往往以让人眼花缭乱的表现形式来掩盖。因此，要深究其善意和恶意，不作精心的结构类型心态研究，是很难达到目的的。而且善意是否就可不负刑事责任，这也是现代社会提出来的重要研究课题，如美国刑法涉及的"严格责任"罪问题。也就是说责任要讲"心态"。如与犯罪有关的欺诈心态就是一个复杂的问题，要弄清属于民事欺诈还是刑事诈骗就并非易事。

故在犯罪构成项上应当丰富构成心态的研究，应当细化"故意"、"过失"的类型。"目的犯"、"倾向犯"、"表现犯"这些提法都是心态类化的提法，是否科学，只有在精细的研究和实践中才能得以检验，不可妄下结论。

为了发扬中华刑法文化之"可扬精华"，加强对现代人犯罪心态的研究，故应将麦耶和梅兹格的"责任"项中加上两字，即为"责任心态"。这样的增加，是有其丰富的刑法文化内涵的。

综上评析，从内容上形成的"龙式犯罪构成论"用图线标示即为："主体条件—行为结构—违法型度—责任心态"。

## 二、形成龙式犯罪构成理论的形式整合

尽可能以民族思维方式和艺术形式反映刑法文化的现代化内容，这是整合刑法文化的一项原则。因为这样便于我国法官和行为人接受，收到法学理论民族化、大众化的效果。如果从世界刑法文化之林看，也不失为中国特色之一。

在这里，从形式上将德日式犯罪构成的理论形式与苏式犯罪构成的理论形式作一个比较分类。

1. 分离式与统一式

德日式是把"犯罪构成"项与"违法"项和"责任"项分离的。换句话说，他们的犯罪构成概念并不包括违法与责任两项，尽管这两项与前者有着密切的关系。所以称它们是分离式。苏式是将犯罪构成的所有要件原则上都统一于一个概念中，并没有把"责任"要件之类分离于构成概念之外，所以原则上称它为统一式。我国的民族文化崇尚统一，自然在犯罪构成形式上采取统一概念式。

2. 方正式与线条式

德日式犯罪构成理论，用图线标示则为："犯罪构成—违法—责任"或"行为—违法类型—责任"，故称线条式。

苏式犯罪构成理论，用图线标示则为：

这显然是一个方正。线条式有一定的逻辑性，因此，这种形式可以象征性地显示出它一定的形式功能价值。而方正式在此不存在逻辑性，没有实际功能价值。

3. 龙式的形成和功能价值

龙式是在线式基础上的必要延伸。所谓必要，即在"行为结构"项前加上"主体条件"项，也即"龙头"项。从头至尾形成一个完整的"人"的概念，用图线标示即为："主体条件—行为结构—违法型度—责任心态"。

这个形式符合人们思维逻辑，回答着这样四个问题：①什么样的人？②实施了什么样的行为？③违反了什么样的法？④因什么过错而应当负什么样的责任？换句话说。要把罪定准，要求"主体要讲条件，行为要讲结构，违法要讲型度，责任要讲心态"。而这四个问题与司法审判活动的程式基本相吻合。因此，它尽管是形式，但这种形式却寓涵了思维程式的功能作用，便于国家主体和行为人主体操作使用。这是其一。

其二，将三项延伸为四项，线条的伸长，以人的形态特征为龙头，人的心态特征为龙尾，像一条龙一样具有动感，而且首尾同一："因为心脏并不主思，主思的是脑。龙式有点民族文化的色彩，故以形式命名为：'龙式犯罪构成论'"。

（原载单长宗等主编《中国现代法学论丛》（第1卷），中国言实出版社2001年版）

# 第六十五篇　论社会公共安全与社会主义的刑法改革

刑法是人类社会不可缺少的一门法律。它之所以不可缺少，除了统治阶级依仗它作为一种统治工具之外，还在于它在维护社会公共安全中，起着举足轻重的作用。本文主要不在于去论述众所周知的刑法与公共安全的关系，而主要是讲为了更好发挥刑法维护现代社会公共安全的作用，就必须要有其自身的改革。改革涉及的问题很多，本文只就其几个基本问题作一初探。

## 一、社会经济形态不同，其刑法的任务重心也有所不同

马克思主义认为，经济基础决定上层建筑，社会经济结构始终是该社会犯罪产生和刑法产生的终结根源。不同的经济结构产生不同的政治结构，不同的经济结构和政治结构，又产生不同的社会生活环境。在不同的政治结构、经济结构和社会生活环境中，其刑法的重心是有所不同的。

### （一）自然经济的社会形态与传统刑法的重心

人类历史所经历的前资本主义社会，即奴隶社会和封建社会，都基本属于自然经济形态的社会。自然经济社会是以农业和畜牧业为主的社会。从土地所有制来看，无论奴隶井田制、封建贵族分封制、自由民土地占有制等，人类社会的基本活动都处在自然村落之中，甚至像老庄所说的"鸡犬之声相闻，老死不相往来"那样的社会环境里。其所产生的犯罪形态，一般都是杀人、放火、盗窃等自然犯，对自然犯罪形态犯罪的惩罚，一直是传统刑法惩罚的重心。同样，传统刑理论对这些犯罪的定罪量刑的研究自然也最为系统和地道。所谓传统刑法是指从奴隶社会到封建社会的刑法。这些刑法文化中的有些东西随着历史的变迁已经摒弃，有些东西还能顺应时代的发展，故而被批判地继承。

### （二）商品经济的社会形态与现代刑法的重心

资本主义社会是商品经济最为发达的社会。由于商品经济是社会化的经济，因而造就了成千上万的商品贸易中心即大中小城市。在人际关系上，社会根本改变了自给自足自然经济时代的"鸡犬之声相闻，老死不相往来"的格局。由于社会经济格局的大变化，因而也带来了犯罪格局的大变化。致使以智力型的违反行政规范的经济犯罪的产生打破了以往只有自然犯罪产生的格局。在现代的商品经济社会里，利用计算机进行盗窃、利用经济合同进行诈骗，以及各种国际性犯罪的发生屡见不鲜。总之，涉及金融、保险、财政、行政、竞争、公害等诸方面的犯罪都突出地反映了时代的特点。因此，刑法惩罚这些新型犯罪的任务，自然被提上了历史日程。同样，现代刑法研究的重点也日渐转向了对现代各种犯罪的研究。

### （三）我国社会主义初级阶段的社会形态与我国刑法的重心

我们国家的经济形态是一个由多种经济形态组合的结构形态。我国地大物博，东南西北中各个经济区开发的程度千差万别，内地及大山区还没有脱离自然经济的状态。当然，从整个国家来看，几十年来奉行的是产品经济制度，现阶段才开始商品经济形态的发展。所以，我国的经济结构形态是自然经济、产品经济、商品经济这三种形态的组合体。我国的现行刑法基本上是自然经济与产品经济形态的产物。当然，随着社会主义商品经济的发展，刑法已经开始了对商品经济形态犯罪问题的研究。不同的经济形态有不同的刑法重心，自然经济的特征与之伴随的刑法有自己的重心；商品经济的特征与之伴随的刑法也有自己的重心；产品经济是高度集中的计划经济，一切都归结到一个"统"字上，其

刑法的重心就在于对这种统一性的保护。而刑法的研究，也基本上是在自然经济和产品经济基础上的研究。所以，刑法理论、刑事政策和刑法法典都无不十分明显地打上了自然经济和产品经济的烙印。

我国现阶段的经济体制改革，是将产品经济结构转变为商品经济结构。近十年来的经济体制改革，使抑制了的社会主义商品经济从开始萌芽，走上了今天的初步发展，商品经济形态已经作为一个独立的经济形态存在于经济结构形态之中。经济形态转轨，迫使刑法观念转变，如近年来司法部门及时纠正了把科技人员业余劳动获得报酬作为犯罪处理的错误判决，结束了将长途贩运作为投机倒把定罪判刑的漫长历史。但是，还应看到传统法律观念还没有得到真正的彻底的转变，这表现在：对社会主义商品经济的健康发展保护不力，对经济犯罪分子心慈手软，对玩忽职守、官僚主义漫不经心，把行政犯罪的危害性看得无足轻重的一贯的社会心理，也即在自然经济和商品经济形态下形成的重自然犯轻行政犯的心理。

## 二、社会主义刑法的灵魂与躯壳

在自然经济盛行的奴隶社会和封建社会时代，其刑法权自然是独揽的皇权、君权的一个部分，除了帝王及下属各等级有天然的刑法权利以外，一般社会成员是无权可言的，他们只有受惩罚的义务，丝毫没有过问刑法权的权利。由于刑法权是君王及其等级阶层的绝对权力，因而刑法这个法律工具也就绝对地成了君王统治的工具，绝对地成了统治阶级的意志的旨意器。刑法用来对统治阶级提供绝对保护，对被统治阶级实行绝对镇压，就成了天经地义的事。承受惩罚的义务与享有刑法保护的权利自然是二者背反。"刑不上大夫"，重刑不上大夫就成了"理"所当然，权利与义务绝对不相称：享有刑法保护者，则不承担接受犯罪惩罚的义务；而接受犯罪惩罚的义务者，则不享有刑法保护的权利。虽然海瑞、包公之类的清官，曾迫使诸如陈世美这种刑法权保护的享有者承担了接受犯罪惩罚的义务，但这毕竟是社会中的个别现象，并不代表社会的时代特征，不是社会本质属性的反映。因此，从总体上来说，奴隶时代、封建时代的刑法权是十分严格的等级特权，"等级式刑法权"是前资本时代刑法权的基本特征。

在资本主义商品经济发达的时代，刑法权已不再是君主意义上的独揽的天然权力了。在理论上则主要表现为"社会契约论"对"社会等级论"的历史性的否定。这种否定的进步意义在于：第一，它肯定了刑法权的权源来自于社会公众中每一个人对国家的赋予。换句话说，社会公众首先就有这个权力，而不是没有这个权力。当然，国家获得了这个权力，故而才行使这个权力。第二，它肯定了享有这种权利，就相应承担这种义务。也就是说，刑法的约束力对社会的任何人都毫无例外的适用。可见刑法权运转到这个时代，它已经不是统治者和等级阶层绝对享有的权利了，已经不可能只享有权利而不承担义务了。所以，"刑不上大夫"的信条在这个时代已经成为不合法，尽管资产阶级仍想为我所用，但毕竟是此路难通，而且并不代表社会的时代特征。在资本主义时代，部长依法当罪，总理依法受刑的现象倒是被人们看作是正常的现象。

要谈社会主义刑法的灵魂和躯壳，首先得谈社会主义法的灵魂和躯壳。"所谓法的灵魂，就是法治精神；所谓法的躯壳，就是法律体系。"[①] 只有法治精神与法律体系的完美融合，才能产生强大的法的生命力。作为社会主义法律体系中的两种部门法——社会主义刑法和刑事诉讼法，构成了自身的完整体系。换句话说，有了自己健全的躯体，而最重要的就在于熔铸造其内在灵魂了。而灵魂是什么呢？其一，刑法是公民合法权益的卫士——法治精神的载体；其二，刑法是犯罪（加害人）的公平器——体现惩罚面前人人平等；其三，刑罚适用与保障人权并重——体现刑法的人文精神。相闻，马克昌老师在辞世前有"市民刑法"之提出，其意亦是强调刑法的灵魂内涵吧！[②]

---

① 喻中：《社会主义法的灵魂和躯壳》，载《法制日报》2011年5月11日。
② 马克昌：武汉大学人文社会科学资深教授，我国著名法学家、杰出教育家、卓越社会活动家。

### 三、不同的国家形态，产生不同的刑法形态

奴隶社会和封建社会处在自然经济状态下，是一种社会成员相互依赖不多的分割性的经济社会。这种经济结构容易产生政治上的割据，造成社会分裂。为了避免社会分裂局面的产生，因此在政治上往往是进行高度的中央集权，以皇权君主制来进行统治，那就是"普天之下莫非王土，率土之滨莫非王臣"。从上到下的法度，是严格的"君君、臣臣、父父、子子"，是"君叫臣死，臣不得不死，父叫子亡，子不得不亡"。由于等级森严的政治制度，必然产生等级悬殊的刑罚制度，产生"刑不上大夫"的护官型刑法。因而使惩罚的重心始终在庶民，刑罚成为金字塔式：愈向上用刑就愈少，愈向下用刑就愈多；愈向上用刑就愈轻，愈向下用刑就愈重。因此，奴隶社会、封建社会的刑法都是"金字塔式刑法"。

资本主义社会的经济结构是发达的商品经济结构。商品经济与自给自足的自然经济完全相反，它必然要在整个社会中互换有无，因而大大加强了社会成员的相互依赖性，从经济上把社会结成一个不可分割的整体，使得自然经济社会那种因为在经济上的分割性而需要政治上高度集中的局面一去不复返。因此，商品经济的社会形态便没有高度中央集权的必要了。相反，只有分权才更能适应商品经济社会的发展。由于商品经济是天生的平等派经济，必然要冲破政治上的等级森严的制度，使得"君君、臣臣、父父、子子"那种极端从属性格局一去不复返了。因而维护等级森严的刑法也就难于存在了，"刑不上大夫"的刑法官本位主义大大地被削弱。"金字塔式刑法"得到了校正，而要求实现的则是"衡平式刑法"，对上下定罪要求一个样，处罚轻重也要求一个样，在资本主义社会实际不可能做到，但毕竟这种观念已经产生，在用刑上也不得不有所驱使。

社会主义的国家形态，是一个什么样的形态呢？按照马克思主义的科学论证，社会主义国家是在发达资本主义没落基础上产生出来的国家。因而这样的国家已经不是人类历史上已经存在过的完全模式的国家，而是一种国家的半模式，也即"半国家"（见《哥达纲领批判》）。如果说整个权力为"一"的话，那么人民交一半权力为国家行使，而另一半权力则由人民直接行使。所以完整模式的社会主义国家，不是高度中央集权的社会主义国家，相反是人民自主权多于国家统治权的一种国家形态和社会形态。就刑法权的行使来说，国家有权行使刑法权惩罚社会中公众的犯罪行为，这是国家法院的职能；而人民也有权惩罚国家公职人员中的犯罪分子，这是人民法院的职能。它将彻底摒弃封建社会中的"刑不上大夫"，又摒弃资本主义社会中刑罚平等执行上的不可靠性。

然而，现实的社会主义，并非是马克思主义预料中产生出来的社会主义，而是在封建制度走向末日、资本主义刚刚萌芽的"薄弱"国家的基础上的产物，因此这种社会主义形态还是一种初级阶段的形态。从经济基础上看，它是自然经济、产品经济、商品经济的组合体，而在此基础上竖立起来的上层建筑也难免不是三种建筑成分都兼而有之。因此，社会主义初级阶段的刑法形态，既不可能是封建式金字塔刑法形态，也不可能是资本主义的"衡平式"的刑法形态，而只能是各种成分都兼而有之的组合型的刑法形态。

资本主义时代是犯罪学与刑法学相当发达的时代。这是因为不仅资本主义的商品经济在自己的时代里得到了突飞猛进的发展，而且资本主义经济结构导致的犯罪也达到了史无前例的地步。社会生产出犯罪，犯罪生产出刑法。犯罪学对犯罪问题的研究，刑法学对刑法问题的研究，必须适应社会的要求，因而在资本主义时代产生了不少著名的犯罪学学派和刑法学学派。如刑事古典学派、刑事人类学派、刑事社会学派这三大学派都在不同程度上影响和推动着犯罪学理论和刑法学理论发展的进程。考察这些学派产生的历史背景，刑事古典学派是反封建专制刑法的产物；刑事人类学派和刑事社会学派，既是资本主义自身发展的产物，又是揭短古典学派的产物。社会历史发展的蝉联，当资本主义刑法学派初创时，还只有封建社会与资本主义社会并存；而当社会主义刑法学派在创立过程中，同时并存的则是封建主义、资本主义、社会主义三种社会形态。一方面是几种制度在地球上的并存，另一方面是现代科学技术的发展愈来愈超越国度的界限。世界各国随着相互间国际交往的频繁，国际政治经

济文化的相互渗透，既因相互的发展输送了其新鲜的血液，又不可避免在犯罪因素上造成了相互的交叉感染。当今世界，无论哪一个国家，都是处于犯罪来源的多元化、犯罪流向的多渠道化状态。而且在一个国家内的各个地区也是如此。因此，对这种新时代犯罪问题的研究历史地向犯罪学和刑法学提了出来。对于学术界来说，就是同一问题也需要有多种学说的探索，才能收到各家取长补短的良效。因此，对人类社会进入社会主义时代犯罪问题的研究，不能不是对犯罪源流的多元化研究。

### 四、刑事源流理论产生的理论根据和时代背景

在资本主义时代产生的刑事古典学派、刑事人类学派、刑事社会学派都在犯罪科学和刑法科学的研究上产生了深远的影响。这三大学派从三种不同的视角探究了犯罪产生的原因，涉及的问题都十分深刻。但是这三大学派所窥测的角度都没有涉及犯罪产生的主源，如刑事古典学派立足于反对封建司法制度、刑事人类学派立足于自然人的生理遗传、刑事社会学派立足于社会物质环境的影响，他们都没有从社会经济基础、上层建筑的政治制度去追索犯罪的主源。而犯罪的主源偏偏是从社会经济结构及基于上层的政治结构中产生出来的。而对犯罪主源的揭示乃是由马克思主义来完成的，马克思主义认为："犯罪和现行的统治都产生于相同的条件。"① 所以，马克思主义的历史唯物论和辩证唯物论乃是刑事源流理论产生的第一个理论基础。

刑事源流理论产生的第二个理论基础是列宁主义。列宁对旧制度的灭亡、新制度的产生二者之间的蝉联关系论述得十分深刻。他说："旧社会死亡的时候，它的死尸是不能装进棺材、埋入坟墓的。它在我们中间腐烂发臭，并且毒害我们。"② 其实，人类社会历史的发展方式无不都是这样的蝉联方式，即新制度从旧制度的母体中产生出来。尽管新制度是由自己本身的新的基因构成，但是在新生的体内又总是包含有旧制度的因子存在，积极的与消极的、善行的与恶行的都无不包含。旧社会因素的影响虽然在新社会的各种渠道中都可能觉察到，但是最深沉的因子只能在新的社会经济结构和政治结构中才能找到。所以，社会经济结构与政治结构中的流传因子的蝉联，乃是犯罪源流理论的基石所在。

第三个理论基础，关于社会主义制度是否产生犯罪的理论探讨，是刑事源流理论产生的现时背景。这个问题长期以来在社会主义国度里都被划成了"禁区"。传统的观点是：社会主义制度不产生犯罪。但是事实上，社会主义国家没有一个不产生犯罪的。传统的观点与现实的事实显然存在着尖锐的矛盾，因为事实胜于雄辩。因此，"禁区"终被突破，探索社会主义制度产生犯罪的规律被提上了研究日程。刑事源流理论认为：制度的存亡有其蝉联的关系，但是制度不同，导致犯罪产生的规律也不相同。从奴隶制社会到资本主义社会，一般说来都存在着产生犯罪的"犯罪源"与"犯罪流"两大规律的影响和作用。"源"乃指私有制度本源；"流"乃是指上一个社会流向下一个社会的犯罪"因子"，具体即指犯罪"人流"、犯罪"意识流"、犯罪"经济流"、犯罪"制度流"。刑事源流理论还认为：社会主义制度与资本主义制度同样存在产生犯罪的"犯罪流"规律的作用，但是在存在的"犯罪源"中是大有不同的。因为私有制所处的地位和比例成分在社会主义的经济结构中大不相同，同时反映在上层建筑上的政治制度及其结构也大不相同，因而导致犯罪产生的规律作用也大不相同。所以社会主义社会较之资本主义社会来，在犯罪的量上是前者比后者少得多，在犯罪的质上是后者比前者高得多。刑事源流理论还认为：初级阶段的社会主义形态，还是一个存在一定犯罪源和存在大量犯罪流因子的社会形态。初级阶段的社会主义社会是一个多种经济成分相组合的社会，其中也包括私有经济成分在其经济结构中的组合。因此作为经济制度还存在着一定程度的犯罪经济源，且在上层建筑中也难免没有相应的反映。刑事源流理论还认为：社会是多元性的有机系统，犯罪是多因素的有机结构。因此说，客观存在的犯罪源是多元化的，而相应存在的犯罪流也是多元性的。

---

① 《马克思恩格斯全集》（第3卷），人民出版社1963年版，第379页。
② 《列宁全集》（第2卷），人民出版社1955—1959年版，第407页。

### 五、刑事源流理论的基本内容

其一，刑事源流理论认为：犯罪的主源来源于该社会自身的经济结构及相应的政治制度，犯罪的主流来自于上一个社会流传给下一个社会的犯罪因子。但是犯罪的源和流细分起来，都是多元化存在而不是单元化存在的。犯罪实体的产生是多种因素互相作用结果的产物，任何单一因素都不可能产生出犯罪的行为实体。但在犯罪实体形成的结构中，犯罪源流因素是起着主要作用的因素。

其二，刑事源流理论认为：刑事法学体系既需要合流体系，也需要分流体系。

犯罪研究的个性化是犯罪学深入发展的必然途径，刑法研究的个性化是刑法学深入发展的必然趋势。要个性化，对犯罪问题就需分流研究，对刑法问题就要分支研究，打破传统刑法学的大一统格局，形成不同领域、不同性质的犯罪与刑罚的新格局和新的系统。

1. 犯罪的分流在犯罪学新系统中的形成

犯罪的形成与犯罪源流的客观存在有着密切的关系，受不同犯罪源流规律的作用和影响，会形成不同的犯罪。而且犯罪的种类、数量的变化，与犯罪源流的流源、流种、流向、流速、流量有着密切的关系。在其他条件都基本相同的情况下，流量愈大，犯罪形成量就愈大；相反，流量愈小，形成的犯罪量就愈小。

犯罪分流必须按照形成犯罪的特殊因素来划分，这样对于犯罪的制裁才更具有针对性，否则就会失掉分流的意义。我们由此出发，即可以分出许多犯罪学科来，且形成犯罪学的系统：

（1）从犯罪形成与年龄的关系来划分，即可分出少年犯罪学、青年犯罪学、中年犯罪学、老年犯罪学等。

（2）从犯罪形成与性别的关系来划分，即可以分出男性犯罪学、女性犯罪学、两性人犯罪学等。

（3）从犯罪形成与季候的关系来划分，即可分出季度犯罪学、带际犯罪学，其中后者包括热带犯罪学、寒带犯罪学、温带犯罪学等。

（4）从犯罪形成与地区环境的关系来划分，即可分出城市犯罪学、农村犯罪学、内陆犯罪学、海洋犯罪学等。

（5）从犯罪形成与民族、宗教信仰的关系来划分，即可分出民俗犯罪学、种族犯罪学、宗教犯罪学等。

（6）从犯罪形成与政治、经济、文化、科学技术等部门发展的关系来划分，即可分出政治、经济、文化、科技犯罪学等部门犯罪学。

（7）从犯罪形成与自然人、法人的关系来划分，即可分出自然人犯罪学、法人犯罪学等。

（8）从犯罪形成与自然人生理缺陷、心理病态的关系来划分，即可分出生理犯罪学、心理犯罪学等。

（9）从犯罪形成与法律道德的关系来划分，即可分出无规范行为犯罪学、缺德行为犯罪学等。

（10）从犯罪形成与地球及宇宙区域来划分，即可分出国内犯罪学、国际犯罪学、太空犯罪学等。

2. 刑法的分支与刑法学新体系的建立

刑法的功用如何达到惩罚犯罪与预防犯罪的最佳效果，能最大限度地实现刑罚的适用与防范的紧密挂钩，这就是刑法分支的功效标准。

刑法的分支与犯罪学的分流具有一定的相应性。但是刑法的分支不可能像犯罪学的分流那样细，因此它又具有相对的集中性。但是如果刑法不分支，仍保持大一统传统刑法学格局，刑法的研究就很难向纵横的深度发展，就很难形成适应现代社会要求的新格局。所以，"刑法就是刑法，刑法不可分"的观点，是必然要为时代所抛弃的观点。

刑法如何分支，这是摆在刑法科学面前的科学问题。应当在"百家争鸣、百花齐放"中来解决。应该根据国情和法制发展的规律，提出行之有效的最佳的分支标准，当然最佳标准并非就是单一的标准。对于不同的犯罪领域，采取不同的刑法准则，这是必须遵循的科学的准则。相反，对不同的犯罪

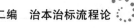

领域，采取相同的刑法准则，倒是违背客观规律的非科学准则了。以笔者愚见，可以采取下列几条标准进行划分：

（1）以犯罪主体作为划分标准，可以建立未成年刑法学、成年刑法学、自然人刑法学、法人刑法学等。

（2）以犯罪对象作为划分标准，可以建立行政刑法学、治安（人、财、物安全）刑法学、经济刑法学、国事刑法学、军事刑法学等。

（3）以犯罪的空间范围为划分标准，可建立特别区际刑法学、国际刑法学等。

其三，刑事源流理论认为：在刑事立法上，综合性法典与专项立法必须并举，但是刑事专项立法更优于刑事综合性立法。

刑事专门法典的制定，既是刑事立法的时代要求，也是刑事立法的必然趋势。刑事专门法典显而易见的优越性是针对性强，最能符合客观事实，立起来较快，用起来较具体，容易跟上时代发展的进程，立、改、废都比较容易。

刑事专门立法应该突破传统的只规定定罪量刑的条文模式，而必须是既要立惩罚犯罪的条款，又要立预防犯罪的条款，达到惩罚犯罪与预防犯罪双轨进行的目的，把二者从立法上真正落到实处。

刑事立法权应分为中央刑事立法权和地方刑事立法权两级。中央从全国的高度，以国家水平线为准进行一般的原则性立法，而地方根据中央立法的基本原则，针对自己地区的客观实际，立出自己具体的针对性很强的刑事法规。因为立法拔的高度愈高，离实际的情况就愈远，执行起来就愈难切合实际，法律不切合实际，收效就难于达到最佳。例如，上海制定了青少年保护法，福建、湖南、广州等省市也相继制定了类似的法规，但几个法律都是自己省市青少年犯罪与法律保护的自身特点的体现，不能相互代替。当然，我们的国家还需制定未成年保护法，但这一个国家级法律，只能是反映我国青少年犯罪、惩罚、保护的一般共性，这个共性是区别其他国家而言的。这样的立法才是成功的立法。如果用国家级的共性法律去代替地方性的个性法律，那么法律执行的效果，必然是与意相违。所以国家级刑事立法代替不了地方级刑事立法。

其四，刑事源流理论认为：在刑事司法上，刑事条块司法体制都是必要的，但是以条为主的专项司法应有所发展。

以块为主的司法机构体制，并非完全适合现时代最佳要求的司法体制，尽管它具有行政管辖上的方便性，但是难以解决机构庞大、素质尚欠、效率低下的弊端。而且按照行政系统的模式来建立的司法系统，其司法也难于不受行政权的困扰。而专项司法建制优于综合司法建制就在于：容易克服官僚主义的弊端，易于做到依法办事，有利于法官提高专门的法律业务的技术水平，有利于减少行政权力的不法干扰，对于提高工作效率和办案质量大有益处。如专门设置未成年犯法院、经济犯罪法院、行政法院等专门性法院，就有这个必要。当然，专项司法优于综合司法也不是绝对的，宜二者共存，相互兼顾。

其五，刑事源流理论认为：对传统刑法学体系的优点必须发扬，但还需根据新的犯罪领域的新的特征，创立与之相应的新的刑罚系列；在刑罚的执行上，要创立分管分教的系列体系。

刑罚的个性化是刑罚学科历史发展的必然趋势。罚与罪相适应，不仅表现在量的相应上，更主要应反映在质的相应上。什么领域的犯罪应该最大限度地适用与该领域性质一致的刑罚，应该根据不同领域的犯罪，制定不同的刑罚系列，不应以大一统的刑罚系列适用在不同领域犯罪的身上。如少年犯罪，应制定出与该犯罪特征相一致的少年犯罪刑罚系列；法人犯罪，应该制定出与法人犯罪特征相一致的法人犯罪刑罚系列；行政行为犯罪，应该制定出与行政行为特征相适应的刑罚系列等。刑罚的执行要根据不同的受刑对象，切实分流，不能同流合污、交叉感染，需要分管分教、因刑施教。要改革传统改造体系，努力建立现代化改造体系。

纵观古今的刑法纵向史，横视中外的刑法横向史，大略可以得出这样一个结论：人类有史以来的刑法学，基本上属于治安型刑法学，即规范财产安全和人身安全的刑法学。财产安全属于自然性安全的范畴，人身安全也属于自然性安全的范畴，所以如今的"治安"，实际属于"自然安全"之意。自然安全是自然经济社会的特征在刑法上的投影。人类社会要保护"自然安全"，这无疑是安全上的第一需要，古今中外皆应如此。因此，治安型刑法学在人类历史上具有长久不衰的生命力，伴随人类始终。

可是人类社会的发展层次，总是从低层次向高层次发展的，它不可能只停留在自然经济状态下的低层次上；历史车轮总是从后向前行驶的，它不可能只停留在自然经济状态下的历史阶段上。随着大千世界的多方向发展，需要用刑法来保护的社会关系的方面也多起来；随着社会的多层次发展，需要用刑法来保护的社会关系的层次也多起来。因此刑法学向多方向发展、向多层次发展，这是社会本身提出来的历史性任务。而建立刑法学的各种分支科学，这就是刑法学家执行历史任务所义不容辞的工作。在上文列举的可以专门建立的未成年刑法学、成年刑法学、自然人刑法学、行政管理刑法学、人财安全刑法学（即治安型刑法学）、经济刑法学、国事刑法学、军事刑法学、区际刑法学、国际刑法学等诸种刑法学中，经济刑法学的建立就像几千年来治安型刑法学的建立一样，更有其举足轻重的地位。

如果说传统的治安刑法学是自然经济社会的产物，是几千年自然经济社会在刑法学中的重要标志的话，那么经济刑法学则是商品经济社会的产物，是必须经历的几千年乃至几万年的商品经济社会在刑法学上的重要标志。在商品经济社会，经济刑法学的职能不仅仅是保护整个社会消费者的合法利益问题，而且是保护全社会、整个国家经济机制的正常运转问题，涉及对于国计民生与国家经济制度的刑法保护问题。凡是商品经济所触及到的角落，都离不开经济刑法的保护。就像人的身体布满脉管一样，国家的机体布满商品经济的渠道，这些渠道通到哪里，经济刑法学都将伴随到哪里。

治安刑法应执行的任务代替不了经济刑法应执行的任务。因为治安问题是一个层面的世界，经济的健康运转问题，则是另一个层面的世界，而且更是一个新的世界。有人认为：传统刑法中也有经济犯罪问题，根据社会的需要，加强研究也就行了，何必新建经济刑法学的体系呢？问者所论传统刑法中的经济犯罪，主要指的是财产犯罪。想以对财产犯罪的刑法研究的老路子来代替对经济犯罪的刑法研究的新路子，这是否可行呢？只要作一个二者的比较，就可以得出适当的结论来。

第一，单纯的侵犯财产的犯罪，是自古就有的传统性的犯罪。这种犯罪主要反映了对静态的财产所有权的侵犯，而主要不涉及对动态的财产经营管理权的侵犯。静态财产关系与动态财产关系，虽然都是一种财产关系，但是它们的属性却有着"质"的不同，是不能混为一谈的。

第二，只有动态财产关系，才是运行着的经济关系；只有动态生产关系，才与商品经济的运行脉搏发生密切的联系。反映静态财产关系的法律规范与反映动态财产关系的法律规范，虽然有相联系的一致性方面，但是也具有其相对独立和相区别的方面。而且，反映商品经济运行的法律规范较之反映产品经济运行的法律规范，更有其自身不同的特殊性。

第三，现代意义上的经济犯罪，主要是商品经济运行中的犯罪。经济犯罪这个词语，只要我们稍加考察就知道，它并不是什么古老的传统犯罪的代名词，而是近现代社会产生的犯罪的新名词。首先是从商品经济相当发达的资本主义社会产生的。从刑法角度对经济犯罪所下的定义来看，1932年德国刑法学者林德曼所下的定义，就算是早期的定义了，至今也不过半个世纪。

第四，在我国社会主义产品经济生产的历史阶段，也不曾有过经济犯罪的概念。经济犯罪这个名词是在1982年3月全国人大常委会作出《关于严惩严重破坏经济的犯罪的决定》的文件中，才开始具有法律性质的。这说明经济犯罪这个名词是我国由社会主义产品经济向社会主义商品经济转轨背景下的产物，确切地说，它是我国社会主义商品经济制度下犯罪现象的新产物。

第五，我国现行刑法的立法，主要是反映我国社会主义产品经济制度的立法（仅就经济制度这方面而言），并不是在社会主义商品经济生产历史背景下的立法。尽管是这样，立法者也没有把"侵犯财产罪"与"破坏社会主义经济秩序罪"合称为经济犯罪而合立在一起，还是把"侵犯财产罪"与"破坏社会主义经济秩序罪"明确地分开来。因为此两类犯罪所侵犯的客体是不相同的，分开无疑是

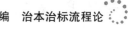

科学而正确的。在产品经济制度下尚且如此，何况还是在现阶段的社会主义商品经济制度下呢？

第六，在我国现行刑法中，关于"破坏社会主义经济秩序罪"的立法，仅仅是我国经济犯罪立法的一个起点，它必将伴随着社会主义商品经济的发展过程，随着法律对商品经济健康发展的保护和对破坏商品经济发展的犯罪行为的法律制裁，必然促使关于经济犯罪的刑事立法走向自己的一个崭新的历史阶段，从而使经济刑法建立起自身完整的独立的体系来。

第七，在社会主义商品经济制度下，如果可以把传统的财产犯罪置入经济犯罪的范畴的话，那么在社会主义商品经济制度下，就不宜再把传统的财产犯罪叫做经济犯罪了。从研究犯罪产生的犯罪学角度来说，传统的财产犯罪产生的规律特点与经济犯罪产生的规律特点是不相同的。因此，与之相适应的刑罚要求，自然也不应该是相同的，而且应该有与此领域犯罪相适应的刑罚系列。

第八，目前，有的经济法学著作，把经济犯罪置于经济法学中的经济司法里。这是否妥当呢？值得商讨。笔者认为，凡是犯罪与刑罚问题，都属于刑法学范畴，经济犯罪与刑罚的问题是刑法学的分支学科——经济刑法学的问题。尽管它与经济法学有着千丝万缕的联系，但作为科学归类，无论如何也难能归入经济法学中的经济司法里。因为如果把经济犯罪与刑罚问题置入经济法学中，则显然会使不同功能的法学部门发生混用。

第九，传统的刑法及其刑法观是传统的历史性产物，它的源远流长是历史必然。在传统的财产犯罪中，盗窃和贪污罪同样是侵犯财产的犯罪，但因其保护对象不同，故在刑罚的适用上就有着很大差别。贪污罪是国家公职人员的犯罪，盗窃罪往往是普通公民的犯罪。二者相比，贪污罪起刑点高，判刑则轻；盗窃罪起刑点低，而判刑反重。这种极不平等的刑罚，无论在中国刑法史上还是在外国刑法史上都为常见，而且在我国现阶段的刑事司法中仍屡有可见。这也不能不说是传统刑法理论的某种反映。我们知道，传统刑法的阶梯与阶级社会的等级阶梯是相对应的，所以传统刑法理论是公然宣称阶级不平等、刑罚不平等的理论。在这一领域内，制定法律和适用法律的不平等，乃是天经地义的事，如果不是这样，倒是与阶级社会不相对应了。尽管随着社会阶级对抗的缓解，刑罚可能缩小阶梯的梯度，但是毕竟消灭不了阶梯的差别。只要阶级社会还存在一天，也就需要传统刑法观存在一天。

第十，商品的存在是以等价交换为前提和根据的，商品从其产生那天起，就公然宣布自己是"天生的平等派"，不承认等级，不容忍任何的特权。商品关系的主体，反映在法律关系上均属平等的关系。具体反映在刑法关系上乃是：凡是合法的商品生产者和商品经营者，都予以一视同仁的法律保护，没有等级之分；相反，凡是违法犯罪的商品生产者和商品经营者，都加以毫无例外的平等的法律制裁，同样没有等级之分。所以商品领域的刑法观是公然宣告法律平等的刑法观。因此，在这一领域中，制定法律和适用法律的平等，也就是天经地义的事。只要商品经济存在一天，商品经济的刑法观就会存在一天。如果说不平等是传统治安刑法有历史惯性的话，那么平等则是现代经济刑法的历史惯性了。不同领域的刑法观显然是有不同差别的。两种刑法观并存的现象，也将是长期存在的。当然，从总的历史发展趋势而论，"不平等"是要为"平等"所最终代替的。在我们的科学研究领域中，有的同志常常习惯于把传统的观念加上新产生的观念，最终又归结到传统的观念上去，这种归结就是通过所谓"追根求源"的论证而实现，说什么这种现象老早就有过。换句话说，传统中也是有的嘛！这种"现象论证法"是违反"质的论证法"的，需知用"现象论证法"代替"质的论证法"是违反科学分类法则的，是不可取的。

至此，我们可以得出明确的结论：经济刑法学是与治安刑法学有着"质"的区别的刑法学，是必须建立的一门独立的新型的刑法学。

（原载《社会公共安全研究》1989 第 1 期）

# 第六十六篇 刑罚功能结构论
## ——从刑罚理论的源流看犯罪预防思想的发展

刑罚制度是自从人类社会有犯罪与刑法以来的政治法律制度，可谓历史悠久，源远流长。一切制度都以其所具有的一定的社会作用为其赖以存在的前提，其作用愈大，存在的社会价值也就愈大。刑罚制度也同样如此。然而刑罚功能作用的发挥，与不同时代的不同刑法观有着直接的关系。所谓刑法观，是指当时统治阶级与占据统治地位的刑法思想对当时犯罪与刑罚问题的总的看法，主要表现为犯罪原因观与刑罚理论观这两大观上。而刑罚理论又是建立在犯罪原因理论的基础上的，犯罪原因的科学性决定刑罚理论的科学性，不同的犯罪原因观决定着不同的刑罚观。从这个意义上说，刑罚制度乃是一种犯罪科学的科学制度。这是问题的一个方面。但刑罚制度又是一种政治统治制度，它又是建立在政治统治需要的基础之上的。故有什么样的政治统治需要，就会规定什么样的刑罚制度。这是问题的另一方面。所以我们对刑罚制度功能作用的考察，就不能不以刑罚与犯罪原因的关系、刑罚与政治统治需要的关系两条路线进行源远流长的考察。

## 一、西方刑罚理论的源流

所谓刑罚理论，是指国家使用刑罚来派什么用处的理论。我们知道，一定的制度总是以一定的思想为理论支柱的。刑罚制度从它产生的那天起，就便有相应的思想与之伴随。刑罚思想支配刑罚制度，刑罚制度体现刑罚思想。刑罚思想与同刑罚制度一样，有着源远流长的历史。然而，古代东西方思想家们虽然在刑罚问题上有这样或那样的见解，可都未成其为理论体系。只是在近代的西方社会，才给系统的刑罚理论的创立提供了前提。故此，我们也顺着历史的发展进程，简述一下近现代西方刑罚理论思想的源流。

（一）报应论的刑罚功能观

报应论者认为：刑罚的功能作用，就在于用以对犯罪的报应。先有犯罪，后有刑罚，犯罪是刑罚的先因，刑罚是犯罪的后果。犯罪是一种恶，善有善报，恶有恶报，这是社会公正观念的一种体现。刑罚之于犯罪，就起着对这种恶的报应作用。

报应论源出于朴素的社会报应观念，自古有之。但它分流为神意报应、道义报应和法律报应三种。

神意报应乃是把神意与刑罚联系起来。这是在远古时代，由于人类智慧未开，还处于愚昧无知的状态，无法对许多自然现象和社会现象作出科学的解释，一切都被归功于所谓"神"的安排。其中也包括对"恶"即对犯罪的惩罚也是神的安排。如《尚书·甘誓》所说："今予惟恭行天之罚。"神罚论虽然起源于蒙昧时代，但在近代文明社会仍有流传，如德国学者斯达尔（Stahl）与约尔克（Larc-hc）等人便是堂而皇之的近代神意报应论者。可谓荒谬了。

道义报应论同样源远流长。道义报应论者认为，犯罪违背了道德律，应当受到刑罚的报应。道义报应论从古希腊哲学家亚里士多德发端，到康德形成了一种系统的刑罚哲学理论。康德认为："人就是现实上创造的最终目的。"① 这种作为目的人是道德的人，自身的权利不受侵害，但也不侵害他人的权利。犯罪人侵害了他人的权利，即"违背道德上之原则，加害恶于他人者，须受害恶之报应（刑罚），此理有固然者也"。既然刑罚以道义报应为根据，就要求法官以道德为标准，准确判断犯罪人的道德罪过。而不同的法官，其道德评价标准又往往大相径庭，所以是很难作为刑罚的根据的。

法律报应是从法律本身寻找刑罚的根据的。这是黑格尔提出的。对违背法律的犯罪予以报应，便是刑罚的正确根据，也即刑罚维护国家法律的功能作用，使否定法的犯罪得到法的再否定。用黑格尔的话来说："刑罚不过是否定的否定。"②

报应论与刑罚功能作用的关系有绝对与相对之分。绝对报应论认为，刑罚的功能作用就在于惩罚本身。作为绝对报应论首倡者的康德、黑格尔及其在现代之代言人布雷德利（Bradley）都否定预防犯罪是刑罚的一种功能。布雷德利说："刑罚只有在该受惩罚时才成其为刑罚。我们只是因欠罪犯的惩罚账才用刑，而无其他理由。"③ 相对报应论认为，刑罚对于犯罪人是报应，而对于社会中的一般人乃是预防。

## （二）功利论的刑罚功能观

所谓功利论，即指使用刑罚在于给社会带来实际利益，即"功利"。什么实际利益呢？就是能够预防犯罪。功利论源出于社会的功利观念，围绕犯罪预防这个中心问题，又分流为三种预防理论，即双面预防论、一般预防论和个别预防论。

双面预防论，源出于享有"近代刑法之父"厚誉的意大利刑法学家贝卡里亚。他说："刑罚的目的，只是阻止有罪的人不再使社会遭受到危害并制止其他人实施同样的行为。"④ 英国著名法学家和伦理学家边沁大大发扬了贝卡里亚的理论，他明确将刑罚的预防作用分为两个方面，即"一般预防"与"特殊预防"。但是，他们所注重的还是一般预防，而对特殊预防并没有应有的重视。

一般预防理论的真正流行在 18、19 世纪的德国。继贝卡里亚、边沁的双面预防论后，费尔巴哈、菲兰吉利（Fil-angieri）与巴也尔（Bauer）把一般预防率先推向了一个高峰。这主要反映在费尔巴哈提出了"立法威慑论"的主张，即刑罚的心理强制学说和物理强制学说。与此同时，否认个别预防作为刑罚功能作用的正当性。在一般预防论的阵营中，一方面是费尔巴哈的立法威慑论，另外还有菲兰吉利的行刑威慑论和巴也尔的教育威慑论的流派之分。

个别预防论产生于 19 世纪末，而风行于 20 世纪前半叶。个别预防论源出于刑事实证学派，而又分流为三种：剥夺犯罪能力论、教育论和刑罚取消论。

剥夺犯罪能力论的代表人物是意大利学者龙勃罗梭（C. lombroso）。龙氏运用实证的方法考察犯罪原因，认为犯罪是由人的遗传性的犯罪基因与堕落因素而导致的。这些因素的存在，决定了某些人必然犯罪，这些人即所谓的"生来犯罪人"。对于生来犯罪人就应当根据各人的不同情形采取不同的措施，即对具有犯罪生理特征者进行生理矫治，对具有犯罪倾向的人预先采取与社会相隔离的措施，对危险性很大的人流放荒岛、终身监禁乃至处死。⑤ 通过这些措施剥夺这些人的犯罪能力，即可达到预防犯罪的目的。龙氏理论因其非科学性而遭到历史的否定势所必然，但他的实证研究法，却为个别预防理论的发展开辟了道路。

教育论的代表人物是德国学者李斯特。李斯特运用龙勃罗梭的研究方法，从社会中寻找犯罪的根源。他认为犯罪既不是古典学派所说的是犯罪人自由意志选择的结果，也不是龙勃罗梭说的源出于人的遗传基因，而是社会不良环境的产物。既然如此，国家的刑罚就不应当是惩罚犯人，而是用来教育

---

① ［德］康德：《判断力学批判》（下卷），商务印书馆 1964 年版，第 89 页。
② ［德］黑格尔：《法哲学原理》，商务印书馆 1979 年版，第 100 页。
③ 转引自菲利浦·本：《刑罚》，1981 年英文版，第 12 页。
④ ［意］贝卡里亚著：《论犯罪与刑罚》，黄负译，中国大百科全书出版社 1993 年版。
⑤ ［意］朗伯罗梭：《朗伯罗梭氏犯罪学》，刘麟生译，商务印书馆 1938 年版。

犯人。他把犯罪者分为偶犯、惯犯、可能改造者与不可能改造者等类型，并主张根据犯罪人的不同情况分别适用不同的刑罚，可见是具有一定科学性的。

刑罚取消论的代表人物是刑事社会学派奠基人之一的意大利学者菲利，以及美国的犯罪学先驱萨瑟兰。菲利在其名著《犯罪社会学》中，否认国家具有惩罚犯罪人的刑罚权，主张"根据造成犯罪人不同人格的社会情形，用不同的救治方法"以取代刑罚。萨瑟兰紧跟菲利的步伐，在其代表作《犯罪学原理》中，列举了刑罚的诸多弊端，认为刑罚总的说来是弊多于利，应当取消。当然，刑罚取消论，并不是将刑罚基本取消，而是以不称为刑罚的"矫治方法"来取代，但它从根本上否认人的自由意志，否定犯罪人方面的犯罪原因，可见其理论的片面性和对刑罚功能认识的片面性。

（三）一体论的刑罚功能观

一体论作为一种系统的刑罚理论，产生于20世纪的中期。我们知道，任何新的理论的产生，都取决于两方面的条件：一是社会实践的需要，二是现有理论不能满足这种需要的要求。而且新的理论又总是在继承其原有理论的合理因素，弃除其不合理的缺陷后才得以产生的。报应论与功利论都各有一定的合理成分，但同时又各具其弊端与缺陷，而且它们相互又处于世代对立的状态，于是把两方面优点吸收于一体的理论，即"一体化刑罚论"就应运而生了。理论上的此消彼长与彼长此消，与海潮的起落一样，都是常见之事。当20世纪前半叶个别预防论处于全盛时期时，一般预防理论就降落到低角的境地，然而由于个别预防论指导下的刑事实践的失败，人们就不能不又重新重视起一般预防理论来。如挪威学者安德聂斯（J. Andanaes）从50年代开始，就刑罚一般预防的作用作了二十多年的苦心研究，以大量典型事例和统计数据证明了一般预防威慑作用的科学性。从而主张刑罚一般预防与个别预防并举。美国学者帕克（H. L. Pack）在对传统的各种学说作了深刻研究的基础上，明确提出，只有折衷才是刑罚理论的唯一出路，唯有集多种刑罚学说的优点于一体，刑罚理论才能达到完善的境地。西德的米但多夫（W. Middcndortt）教授认为，应该把报应、威慑与改造等学说融为一体，从而使新的刑罚理论成为传统诸说的精华的熔聚。由于一体论的优越性所在，它不仅被学界视为通俗，而且对当今西方的刑事立法与司法产生了重大的影响。如不少西方国家把原来的单纯的个别预防论为基础的刑事立法作了改革，把受个别预防论的影响而采取的不定期刑制度作了更改，把量刑目的与行刑目的二元化，即在量刑时贯彻罪刑相适应的原则，而在行刑时则遵循刑罚个别化原则。

以上便是西方刑罚理论源流的一个概论。

## 二、中国刑罚思想的横向截面

我们对西方刑罚理论随着历史发展的进程，作了纵向的概述。而对中国刑罚理论的表述，乃采取横向截面的方式进行。我们认为，中国刑罚思想主要集中在这样几个问题上。

（一）等级法的观念与刑罚对象的等级

我们知道，中国古代的等级法观念，是中国传统法律观念的重要组成部分。它自夏、商、周三代萌芽开始，至近代数千年而不衰败，其影响不仅表现在立法、执法等法律领域，而且渗透到人们社会生活的各个方面，对中国国人心理的影响一直延续到今天。等级法的观念源于社会的等级划分。在中国的周代，社会的等级划分就已十分明显，当时即分为天子、诸侯、卿大夫、士、庶人五个等级，各个不同等级的人，其身份地位、权利、义务都不相同，在礼仪、服饰、器用上都有严格的规定，而且是不能僭越的。在奴隶制末期，封建地主在反对奴隶主阶级的等级特权的同时，又以封建等级制度取代了奴隶制等级制度，而且进一步强化，在社会生活的衣、食、住、行上反映得更加具体，层次分明。这在封建社会的历史上，都是很典型的。

等级社会观念反映在法律上，形成了等级法的观念。等级法的观念在中国刑法上反映得尤其突出。不同社会政治地位的犯罪对象，刑罚对它们是否适用迥然不同，这主要表现在以下几种刑罚制度上。

1. "八议"制度

"八议"起源于西周。据《唐律疏议·名例·七·八议》称:"现在的'八议'就是周代的'八辟'。""辟"即为"法则"的意思。所谓"八议"就是关于亲、故、贤、能、功、贵、勤、宾八种人的特殊处罚法则。从曹魏开始,就将"八辟"吸收到了法律之中,正式规定了八议制度。

2. "上请"制度

"上请"是八议制度的进一步扩大和延伸。这反映在"八议"者之近亲属以及官到五品以上的人,如果犯了流罪,可以减一等处罚,如果犯了死罪,可以不依一般司法程序,而是上请皇帝裁决。但犯了"十恶"之罪,不适用上请。

3. "官当"制度

所谓官当,即以官当罪,是指官吏犯罪以后,可以用其官职予以折抵,使其不受或少受刑罚的制裁。"官当"在商、周时代就有了萌芽,到了唐、宋时代其规定达到了十分细致的程度。按照官当法,至多只能比徒三年,但它能以种种方式达到不至于实徒实流的目的。在中国古代,以官当罪的事例是很多的,清康熙皇帝以功赦免罪犯鳌拜是相当突出的例子。有的确实以"官"当不完"罪"的,其官也不必有太多的忧虑,因为法律上规定:"诸以官当徒者,罪轻不尽其官,留官收赎,官少不尽其罪,余罪收赎。"(《唐律疏议》卷第三:"以官当徒不尽")

4. "避讳"制度

避讳在中国社会,不仅与忠君观念联为一体,也是等级法观念的极端表现。因为这里的避讳,主要是指避皇帝之"讳"。避讳萌芽盛早,但最早系统实行避讳的是秦始皇。他规定全国臣民对他及其祖先的名字,在记事、上书乃至言谈话语中都要避讳、不可直呼。到了汉代,避讳制度得到了进一步的发展。如中国的丞相原来称为"相邦",但由于"邦"字恰好与汉高祖刘邦的名字相同,为了避讳,所以将"相邦"改为"相国"。当然,实行避讳最严格的要算朱元璋了,如当朝的林元亮、赵伯宁、蒋镇、贾翥等人,因在文章、表奏中使用了与避讳相关的字眼,结果都被朱元璋处死。

这些制度非常明显地反映了实施刑罚对象的等级划分。

（二）肉刑的废除与有利生产的发展

原始社会并无死刑和肉刑,而惩罚违反风俗习惯行为的方法叫扑和放逐。承接上一历史阶段的扑(其意义和作用不是惩罚,而是教育)和放逐,皋陶并未宣告废除。加上当时制定的劓、墨,便是三皇五帝两个历史阶段的刑罚制度。到了夏代,有了六击,就是死、劓、墨、膑等六种刑罚组成一个体系。周承殷制,用墨、劓、宫、刖、杀五种刑罚组成体系。刑罚的目的是什么?周穆王曾经解答过这个问题。《尚书·吕刑》:"罚惩非死,人极于病。"就是说:处以死刑、肉刑,非为惩罚罪人,而在于使人远离犯罪,也即在于威吓一般人使之不至于犯罪。当时的肉刑有三种不同。

春秋、战国时代的刑罚体系,仍是周代刑罚体系的延续,而且直到秦始皇初期还使用着黥、劓、辟、宫四种肉刑的刑罚体系(参看睡虎地秦简)。汉初仍用肉刑,但却无宫刑了,而代之以斩右趾。想必是为了人口的繁殖。汉文帝十三年废除黥、劓,意味着肉刑体系和邦君私有制同样成为历史的陈迹。虞末以来绵延两千年的从刑体系,从此一去不复返了。汉文帝废除肉刑后,虽曾一再出现恢复肉刑制度的议论,可是始终不曾恢复。因为家长当权的私有制,需要身体完整的劳动者从事劳动生产。当时汉文帝诏书说:"今人有过,教未施而刑(创)已加焉。或欲改行为善,而道无由也。……夫刑(创)至断肢体、刻肌肤、终身不息。何其痛楚而不德也。"[①] 意即使用肉刑既痛苦而又无益,阻碍着生产和生产力的发展,不仅有害于被剥削者,而且有害于剥削者。这就是肉刑之所以应废除的根据和理由。

（三）人治的罪刑擅断与法治的罪刑法定

人治发端于阶级社会的初期。因当时只有裁判,并无成文的刑法。这个制裁乃是由统治者亲自实

---

① 《史记·文帝本纪》,载《古典名著普及文库》,岳麓书社 1988 年版,第 124 页。

践的，可谓最原始的专制和独裁。既然没有法，就不可能存在任何有形的客观标准，统治者个人当时的意志和感情都是唯一的标准。这种裁判的性质，既不是立法，也不是司法，只能说是独立的命令而已。在统治者有了助手和部属以后，裁判犯罪工作逐渐部分地或全部地改由助手和部属掌管。在这种情况下，统治者无暇过问，作为助手和部属的官吏个人的意志和感情，就成了裁判的根据和标准了。这样一来自然会产生裁判者的意志和感情与统治者的意志和感情难以一致的情况，众多的裁判者在处理相同或相似的犯罪中出现裁判结果不相一致的矛盾。为了解决这种矛盾，制定裁判标准即刑法就成为必不可少了。夏、商、周三代为裨益司法实践，都在朝代初期制定了刑法。《汤诰》："夏王灭德作威。"意即夏桀不用德化，专用刑罚。《泰誓》记载：商纣"狎侮五常，屏弃典刑"，意即商王玩弄刑法，不顾条文的规定。到了春秋时代，官吏毁法：擅断罪刑倍加厉害起来，诸侯不同德，国君异法，折狱无伦，以意为限，在这种情况下，有法等于无法。为了克服这种现象，需要使社会上的一般人知道法的内容，明白裁判的标准，所以产生了公元前 536 年，子产毅然一反秘密法的传统，将郑国刑法铸在鼎上。可是，君、法不两立。铸刑鼎使君威转移到了刑鼎，以致法尊于君，君卑于法。这种现象哪能为君主专制体制所许可呢？到了秦始皇时，更不循常规，"躬操文墨。昼断狱，夜理书"。[①] 这为后世皇帝制敕断罪开创了先例。不仅司法上无政府状态已成秦代的特点，连刑罚的残酷在历史上也是空前绝后的。汉初为收拢人心，制定了"杀人者死，伤人者刑，及盗抵罪"[②] 约法三章。魏、晋以后，统治者几乎都在开始坐拥天下时，就为垂统而制定了刑法，用以限制官吏的擅断罪刑。不仅保留了皇帝对刑法的最高解释权，还确立了皇帝任意定罪处刑的特权。唐、宋、明、清律中制敕断罪不得引为后比的规定，就是这种特权的具体表现。清末《新刑律》是在学习日本明治维新，实行君主立宪的思想指导下起草的，才使专制的刑法变成了立宪的刑法，才把皇帝对刑法的最高解释权和制敕断罪权否定了，刑法的公布才第一次成为合法的和必要的了。清《新刑律》稍加删改，成了《民国暂行刑律》。由于建立了"法无明文规定不为罪"的原则，排除了法外定罪的可能，有了一点法治的味道。但随后又变成当时法西斯独裁和遏阻新兴阶级力量革命的武器。总之，人治的罪刑擅断与法治的罪刑法定，既是相互对立又是犬齿交错地发展着。

（四）律令并行与用刑轻重

使用判例，在唐、虞时代就有了萌芽。《尚书·洪范》所谓"相协厥居"，表明裁判与简书相合，尽管还没有明言依照判例裁判。殷代开始，明确依照判例裁判了。《礼制·王制》："必察大小之比以成之"可见。比指伦比，就是先例，就是必须援引轻重适当的先例，在周代，判例普通适用起来。《尚书·吕刑》："刑罚世轻世重，惟齐非齐，有伦有要。"就是说，裁判刑罚是以判例为准，不是依条文处断，而且犯罪处刑，或轻或重，因时而异。在不同时期，适用轻重不同的判例。周代的判例制度，乃是对同一罪名，在同一时期，依照同一判例裁判，而在另一时期，依照另一判例裁判。判例的灵活性是很能适应阶级斗争形势的需要的。其弊端所在也是显而易见的。晋、郑铸刑书于鼎，成文法公之于众，对判例法自然是削弱了，条文的适用克服了司法中无伦的现象。但条文比较固定化，而社会的形势在不断地发展变化，条文难以及时反映和体现随时变化的统治阶级的意志，因而出现了统治阶级用命令来体现其自己的意志的现象，于是出现了律、令并行制度的萌芽。云梦秦简中，律外有令。汉也援用律令解决疑狱的制度（《汉书·高帝记》）。由秦代擅断和律、令交争的状况，直到魏、晋、南北朝，律、令并行制度得到了加强和发展。

不管用判例、用律、用令，历来都很强调与形势的关系，这可以说是中国刑罚理论的一大特点。《周礼·秋官》说："在司寇掌建邦之三典，以佐王刑邦国，诘四方：一曰刑新国用轻典，二曰刑平国用中典，三曰刑乱国用重典。"[③] 这里的"典"是"法"的意思，"刑"是"治"的意思。这里的新国

---

① 辛子牛注释：《汉书·刑法志》，群众出版社 1984 年版。

② 《高祖本纪》，载《史记》，中国文化出版社 2001 年版，第 190 页。

③ 《周礼·为官·大司寇》，载《十三经注疏》，中华书局影印本上册 1979 年版，第 232 页。

是指刚刚才建立起来的邦国。平国是指国家形势比较安定、阶级斗争比较缓和的邦国。乱国是指国不安定、社会动荡的邦国。轻、中、重是指处罚对同一犯罪而使用的三种不同的制度。斗争激烈时用重刑，缓和时用中刑，松弛时用轻刑。

还有"德主刑辅"，也是中国刑罚思想的一个重要侧面。中国刑罚思想的断面，我们就简述到这里。

### 三、刑罚功能作用的层次结构

我们纵观西方刑罚理论的渊源和流变，横视中国刑罚思想的诸多截面，不难看出这些理论和思想围绕的中心问题都是一个，即社会为什么需要刑罚！由于对这个问题的回答所站的角度不同，不仅产生了人们对刑罚功能的认识作用各异，而且导致了不同理论学派之间的世代对立。自然，任何事物都是在对立与统一、统一又对立的斗争中才得以发展的，刑罚的理论思想也毫无例外。我们知道，生活在社会中的人们，除了所持不同的利益立场导致不同的认识结论而外，不同的方法论也显然会导致不同的认识结果。我们认为，对刑罚的功能作用，现在是到了必须用系统论的思想方法来加以认识的时代了。这里我们试图着眼于社会对刑罚的需要层次来展示一下它的功能作用的结构。这个结构显然是以惩罚犯罪来带动预防犯罪为其坐标点，而后从三个方向上展开的。

（一）犯罪人与刑罚功能

1. 犯罪人自身己律的需要与刑罚功能

我们知道，作为社会动物的人，他（她）是自然和社会的复合体。这种复合体有两种规律在起作用：一是己律的作用。所谓己律即人的自然属性，决定了人有自身为所欲为的趋向，这种趋向促使人不愿意自己的行为受到任何外界的约束。二是他律的作用。所谓他律即人又是作为社会的一员而存在着，社会要求共同的生存和发展，决定了人又不可能有绝对的任其自身行为的自由意志，要受到社会共同规范的约束。而犯罪人在一定意义上说，就是己律逾越了他律，在这里，刑罚的功能作用，就在于校正其己律，因此是己律校正的需要，也即犯罪人自身的需要。而且不用刑罚乃不能达到校正的目的的。任何刑罚都包含着给犯罪人以有形的损害与无形的谴责的功能性。所谓有形的损害，乃是指刑罚对犯罪人的一旦适用，就意味着犯罪人的权益的一定丧失。诸如资格刑的使用，就意味着犯罪人参与政治活动的权利的丧失；财产刑的使用，就意味着给犯罪人带来财产的损失；自由刑的使用，就意味着剥夺犯罪人的人身自由；死刑的使用，就意味着使犯罪人丧失生命。所谓无形的谴责，乃是指国家通过适用刑罚，表明了社会对犯罪的政治上的否定、法律上的禁止和道德上的责难。这种无论是有形的损害还是无形的谴责，对受刑者来说都无疑是一种痛苦，而且较之于其他任何法律的强制作用来说，是一种严重的痛苦。之所以刑罚给犯罪人带来直接的痛苦的功能是刑罚最基本的功能，就在于它表明了与其他法律之根本区别的本体属性；也在于从这里为起点出发，才有其他功能作用的连锁性的产生。所以对犯罪人来说，用刑罚给以惩罚是必不可少的。那种取消刑罚、削弱刑罚的说教，是离开了根蒂的无稽之谈的。

2. 剥夺和限制犯罪人的再犯能力与刑罚功能

从犯罪运动的一般规律来看，如果犯罪人在初次犯罪后未能受到一定的控制，就会强化其犯罪的心理作用，便容易继续进行犯罪。基于对犯罪这种再发性认识的可能，刑罚对其剥夺和限制再犯的能力就必要的。我们知道，在人的价值系统中，生命是属于第一位的，被判处死刑的人，再犯的可能性就没有了。人身自由列居价值系统第二重要位置。所谓"不自由毋宁死"，被判处无期徒刑的罪犯，其再犯能力也近乎完全被剥夺。对于经济犯罪来说，其犯罪的资本乃是一定的经济成本，通过重处罚金和没收财产，也在一定程度上限制了再犯此罪的可能性。人的行为受人的思想的支配，反过来又强化其支配的思想。思想的延续性支配着行为的延续性。作为犯罪者来说，也即再犯的可能性。无论哪一种刑罚，一经实际执行，都能不同程度地中断或延缓犯罪恶性循环的作用，这是没有疑问的。

3. 对潜在的未然犯的威慑与预防功能

未然犯是犯罪队伍中的预备队。惩罚犯罪而带动预防，最直接的乃是对潜在犯的威慑作用。刑罚的惩罚性决定了刑罚的执行必然给受刑者带来一定权益的被剥夺和限制，并使之遭受名誉、地位上的损失。在一定意义上说，受刑也便是受苦。面对刑罚的存在，对于酝酿犯罪的意欲犯罪的人来说，不可避免地要考虑到受刑的痛苦。趋乐避苦是人之本能，为避免受刑之苦而不予犯罪之选择，是为一定的潜在犯人所考虑的。当然，这里有一个苦乐权衡的问题，即犯罪的成本计算。获得的犯罪"成果"量与受到的刑罚量之比较，是苦多于乐还是乐多于苦，这与犯罪或不犯罪的选择有着密切的关系。这是为犯罪者所要考虑的问题，也是为刑罚者所要研究的问题。对潜在未然犯的导向以及对非潜在犯的社会自发守法者的一般预防，其刑罚功能作用都不可忽视，其预防面还有更多的扩展。

（二）被害人与刑罚功能

1. 被害人的补偿需要与刑罚功能

犯罪人即加害人，受害人即被害人。这是一对既相互对立又统一的矛盾。犯罪人给受害人造成的切肤之痛，是一般常人所感受不到的，因而与犯罪人的对立是必然的。这种对立的趋向，是要求得到应有的补偿，物质的补偿，精神的补偿，乃至要求生命上的补偿。补偿的方式，要不以受害者的私力去索得，要不以国家的公力去获取。以私力的报复行为必然造成加害的加害，即犯罪的犯罪。本来加害已给社会带来损失，再加害带来的损失无疑更大。利用刑罚来实现对被害人的补偿和安抚作用，无疑可收到阻止犯罪连锁反应的效果。所谓被害人也不单指特定的对象，而且指社会的某一方面或整个社会。因为有的犯罪侵害的是社会公共利益，如国家政权、经济制度、公共财产等等，对这类犯罪来说，对犯罪司用刑罚也是实现对社会补偿的需要，达到社会公众心理需要的平衡，有利于社会的安定。我们知道，在司法实践中，私力报复案件的产生也并非鲜见，之所以如此，往往是因受害人没有得到及时的公正的补偿所致。所以要求刑罚补偿和安抚功能作用实现得更加公正和及时，才有利于防止犯罪连锁反应的产生。

2. 被害人的被害原因与刑罚功能

从被害人被害的原因出发进行研究，对预防某些犯罪来说，是很有价值的。因为在社会运动中，那种正在成为犯罪的人与正在成为被害的人的过程，往往是一个相互联系互为动因的过程。德国犯罪学家汉斯·范·亨蒂在被害人学的开山之作《论罪犯和被害人的相互关系》论文中，首次提出了"犯罪行为的动态概念"。阐明了犯罪人与被害人之间的某种互动关系。我们认为，这种互动关系尽管不是在每一种犯罪运动中都十分明显，但是在有些类型的犯罪，特别是对营作型的经济犯罪来说，显然是十分明显的。有些受骗的经营者就是从企图非法图利开始，而被受骗告终的。在司法实践中的这类案件并不鲜见。在有的刑事犯罪中，因为被害人所具有的某种因素，而成为犯罪的诱因，导致了犯罪人对他的加害。也即是说被害人成为犯罪产生的一方面原因，因而对犯罪的产生应负有一定的责任，构成了刑事责任的所谓"伙伴"关系。刑罚对于这类的加害与被害关系如何调整的适度，对于被害人在主动预防犯罪上，是有着重要作用的。从理论上说，这里提出一个刑罚"该当量"的概念。即从根据罪行大小应给的刑罚总量中，减去被害人应负原因责任的计算量，成为罪犯应受刑罚的"该当量"。从减量角度实现对被害人的一定的社会谴责。或者更严厉一点，将原因责任所计算的刑罚量由被害人采取适当方式来承担，更能提高社会对预防犯罪的主动性和自觉性。

3. 法人的犯罪与刑罚功能

犯罪产生的原因，既源于犯罪者本人的需要选择，也源于社会本身存在的某些客观条件或者可供利用的客观因素。刑罚既然对需要选择者个人加以惩罚，也不能对社会这一方面就熟视无睹。法人是一个小的社会实体，它有着系统功能的作用。法人犯罪，既源于它所处的大社会的外在原因，又源于它自身的内在小社会因素。法人对于犯罪的选择，乃是这个小社会系统在大社会系统中的选择。就传统的刑罚观来说，刑罚对犯罪的法人是不可能施加的。因为传统的刑罚观是压根儿不过问产生犯罪的社会原因的刑罚观。我们认为对法人犯罪的罪刑法定，乃是对形成犯罪的自然人原因与社会原因即双面原因一体追究的一种具体表现。因为一般说来，法人的组成人员中大多都不可能以单个来看，构得成犯罪的，或者说大多从单个说来根本就没有犯罪，就不应负犯罪的刑事责任。但作为一个小社会的整体来说，犯罪的内因与其整体有着不可分割的密切关系。对法人犯罪的追究，不可避免只能是对这种整体罪因的追究。很显然，整体的内因加强了预防犯罪，即可减少法人犯罪，整体内因削弱了预防犯罪，就有可能助长其法人犯罪。刑罚对法人犯罪的惩罚，将提高法人与法人成员预防法人犯罪的自觉性。这是确定无疑的。

（三）执法人与刑罚功能

刑事立法与执法同刑事政策有着密切的关系。刑事政策与国家的政治经济形势和社会安定状况密不可分。所以刑罚的功能作用有三：一是从惩罚出发实现对被害对象（人和社会）的应有补偿，达到社会的行为公正和心理平衡；二是以惩罚带动预防，形成社会全方位的预防犯罪，实现社会减少犯罪的目的；三是惩其恶是为了扬其善，宽严相济，直接为某种政治的或经济的需要服务。这里就第三种功能着重谈一个问题。

当前，关于科技成果保护与科技人员犯了罪在处罚上是否需要从宽的问题，争议很大。一种认为从宽了，就违背了法律面前人人平等的原则；另一种意见认为从宽是对社会整体利益的维护的体现，依法从宽并没有违背其原则。这是在理论上的争论。而司法实际部门在法律的具体运用上的确偏重于保护方面，具体表现在：一是对犯有罪行的科技人员，在查处前先敦促其投案自首，给他们创造从宽处理的条件；二是根据案件的具体情况，善于运用"缓立"、"缓捕"和"缓诉"三缓形式，使一些处于科研生产第一线的科研人员戴罪立功；三是本着"三个有利"的标准，充分运用免诉权，使科技人员在犯了罪以后，还有继续发挥才能的机会；四是做好撤案工作，对于一些涉及科技人员罪与非罪存在争议而又久拖不决的疑难案件，根据疑案从无的原则，做好撤诉案件的工作。当然对于的确构成犯罪者自当依法处罚，但也是偏于从宽的。

刑罚的这种运用是否有刑罚功能的作用呢？我们认为刑罚量的增加与刑罚量的减少，应当是以宏观与微观权衡利弊的辩证统一为准。在认识上这里要划清两种界限：①以人身地位为核心的等级刑罚与维护科技成果的保护刑罚的界限；②要划清纯属社会性破坏的罪犯与既有利于社会又有损于社会的罪犯的界限。对于这两个界限的后者减少刑罚量，这是从保护生产力方面发挥刑罚的功能作用的一种体现。

刑罚功能的结构其内涵是十分丰富的，这里只是从犯罪人、被害人和执法人三个方面勾画了一个初步的线条。三者的展开及其互为条件的辩证关系还有待进一步探讨。

（原载中国犯罪学研究会预防犯罪专业委员会 1992 年学术会议论文集）

# 第六十七篇　社会主义法治司法体制论

　　江泽民总书记在十五大报告中，把过去党和国家文件中经常使用的"建设社会主义法制国家"改为"建设社会主义法治国家"，虽然"制"和"治"只有一字之差，但含义却大有不同。法治与民主是紧密结合的。因为法制离开民主，只能是专制（人治）下的法制；法制与民主相结合，才能造就法治。人治乃个人之治，法治乃众人之治。法治是法高于人、法大于权、人服从于法，人治是人高于法、权大于法、法服从于人。迄今为止，以前的中国只有中国法制史，而根本没有中国法治史。中国的命运，只有真正依靠社会主义法治，才会有无限美好的未来。十五大报告开辟了中国社会主义法治的新时代，为我国展示了未来的光辉前景。

## 一、克服我国司法观念形态中人治影响的弊端

　　在我国社会中，人治观念有着几千年的历史，从而有其深厚的生存土壤。可以说每一个中国人无不打上人治的烙印。因此，我们不能不十分强调要下大力气克服人治观念，牢固树立法治观念的问题。

　　1. 要牢固树立司法的法制观

　　这里的法制观，就是要求司法人员要严格遵守和严肃执行国家既定的法律和制度。立法和司法是必须划清的两种国家权限，不容相互间的任何超越。司法必须严格按照所立之法而司，不允许越雷池一步。立法，是立法机关的神圣职责，司法机关在审处案件过程中，不允许有丝毫的立法行为。法官只能就法司法。不依法司法，应有受到法律制裁的法律规定。

　　2. 要牢固树立司法的统一观

　　我国是单一制国家，不像联邦制国家。我国法律是严肃的，要树立全局观念，认真执法，必须避免和克服立法上和司法上的地方保护主义和部门保护主义。不能以改革开放作借口，制定与国家法律相抵触或不一致的地方法规。要牢固树立司法的全国一盘棋观点，打破各种封锁分割状态，消除各种壁垒和障碍，以保证国法施行的法道畅通。

　　3. 要牢固树立司法的平等观

　　社会主义的市场经济是法制经济。平等是法制的基本特征所在。从理论高度上说，也是人类社会结构方式在法律上的科学反映。社会和国家形态的结构与地球的形态结构有相似之处，都是经纬立体结构。各阶层的人都分布和定格在不同层面的社会和国家的经纬度上。从科学的观点看，国家的法律对其同类行为的评判是应当相同的。所以对同一行为的司法，必须是在法律面前人人平等。如果是因人而异，司法就失去了公正，也违反了科学。这是对各种法律执法的一律要求，也是对刑事法律执法的要求。

　　4. 要牢固树立司法的民主观

　　司法的民主观，应当在司法的每一个环节和每一个层面上得到充分的法律体现。就现阶段来看，司法民主观的贯彻，在于改善内部司法环境和外部司法环境民主性的力度。应当创造一个内外部都具有充分民主气氛的环境。这要从两方面着手，在立法上要加大开放的力度，广泛动员民众做立法的主人；在司法上要加大监督的力度。要求立法开放型，执法监督型。以二者之对立统一实现法律之民主观。

5. 要牢固树立司法的廉洁观

当前，社会中腐败的细菌，也以不同方式和不同程度侵蚀着司法机构和法官的机体。国家保障法官的清正廉明事关重大。要使法官具有必要的司法的独立性和刚正廉洁的秉性，这不仅要从政治思想的高度上进行铸造，而且也必须从人身地位和物质待遇上进行充分的法律保障。

## 二、健全具有中国社会主义特色的法治司法体制，是落实依法治国的核心问题，是依法司法问题

司法不畅的根本原因：一是国情环境对司法的干预太大，甚至有的地方依法办案，就是突围；二是司法权独立的力度不够。总之，一因客观干预太强；二因自身主观又弱，依法司法就很难做到"畅通"了，乃至司法偏离"法道"，而造成不应有的冤假错案。我国司法要真正做到法道畅通无阻，必须充分地具备两个条件：一是要提高司法权力的高度和加强法官独立性的力度，这是治"本"；二是改善司法环境，化阻力为助力，使"权"、"钱"、"情"三者形成的一层又一层的"司法围城"，再无立足之地，这是治"标"。总而言之，就是要建设健全具有中国社会主义特色的法治司法体制。如何建设健全呢？立足我国国情实际，吸纳国外的科学养分，创造出有中国特色的最有效的民主形式。

中国国家的民主形式，只有在中国共产党的坚强领导下才能创造出来和完善起来。司法独立是实现民主的法律体现。因此，坚持依法独立审判的力度必须大大加强。

我国司法制度还有弊端，还是一个薄弱环节。党要领导人民遵守好和执行好宪法和法律，仍然得从制度方面解决问题。

从我国国情出发，并吸收国外的科学养分，在此对我国司法体制的建设提出如下构想：

（1）国家要提高司法权力的高度，增强法官独立性的力度和强化司法内部机制和外部环境的法制监督。三者应在国家宪法和法官法上作出原则的和具体的规定。

（2）以法律明确规定执法监督与执法干预的范围和界限。行政权、立法权因滥用而干预司法权者，应受法律追究。

（3）法官不由同级人民代表大会任命，而由上级人民代表大会常务委员会任命。

（4）县级法院直接由省级管辖，省级法院直接由中央管辖。

（5）县级法院由省级财政部门拨款，省级法院由中央财政部门拨款。

（6）建立法官必须以"法"为官的升降考核机制。法官不依法司法，应有受到法律制裁的规定。

（7）实行异地为官、法官终身以及流动特别法院制度。

江泽民总书记在十五大政治报告中说："推进司法改革，从制度上保证司法机关依法独立公正地行使审判权和检察权，建立冤案、错案责任追究制度。"这为司法改革指明了正确的方向。我们应在这一方针指引下不断探索，以期逐步健全和完善具有我国社会主义法治特色的司法体制。

（原载庚戌主编《改革与建设文鉴》（第3卷），中国人事出版社1998年版）

# 第六十八篇　论加大从源头上实现刑事司法公正的力度

自从产生人类社会以来，就产生了呼唤人类公正的问题。随着历史的发展，公正的内涵也在不断发展着，实现公正的途径也随着社会的发展而发展。人类社会涉及的公正问题千姿百态，方方面面，刑事司法公正只是其中的一个方面，当然是一个十分重要的方面。公正与不公正是一对矛盾。公正多了，不公正就少了；公正少了，不公正就多了。所以在人类历史长河中，公正与不公正始终是相互对应而存在、相互斗争而发展的，刑事司法公正也毫无例外。

## 一、刑事司法公正的内涵与沉默权制度的诞生

### （一）刑事司法公正的内涵

刑事司法公正，亦称刑事司法正义。英文中的"justice"，既可译作"正义"，也可译作司法。可见，司法与正义两者有着密切的关系。"正义"的内涵从其形式与内容角度来分，可以分为形式正义、实质正义；从其领域范围来分，可以分为社会正义、法律正义、道德正义；从其司法的过程和侧面来分，可以分为程序正义、结果正义、矫正正义、报应正义等。这里要着重研究的是如何看待程序正义与结果正义的关系问题。

刑事司法公正乃是现代社会正义理论体系中的一个基本命题。如何才能实现刑事司法公正呢？做到程序公道与结果公正，两者都无偏废至关重要。因为这个问题曾存在着两种观点：第一种观点是重程序轻结果。这是英美法系中的一个主流观点，认为司法公正就是程序公正。只要程序公正了，结果就必然公正。主张程序的公正，固然是正确的。英王爱德华三世于1354年签署的第28号法令的第3章中规定："未经法律的正当程序进行答辩，对任何财产和身份的拥有者一律不得剥夺其土地或住所，不得逮捕或监禁，不得剥夺其继承权和生命。"英国的"正当法律程序"之法源流向独立后的美国。美国在1791年12月15日批准的宪法前10条修正案（即权利法案）中的第5条规定："……不依正当法律程序，不得被剥夺生命、自由或财产。"该法文化流向日本后，对日本的诉讼法学界也产生了重大的影响，其"程序保障"论认为：不应该把案件的审理过程作为只是为了达到判决的必经的准备阶段，而应该把这一过程本身作为诉讼应有的目的来把握。[①] 第二种观点是重结果轻程序。这是中华法系中的一个主流观点。韦伯对古代中国的司法分析比较符合中国传统的法文化。他说："中国的法官——典型的家长制法官——以彻底的家长制的方式来判案。也就是说，只要是在神圣传统所允许的活动范围内，他绝对不会根据形式的律令和'一视同仁'来进行审判。情况恰恰相反，他会根据被审实际身份以及实际情况，或者根据实际结果的公正与适当来判决。"[②] 我们今天的法官当然不再是家长制法官了，是以"实事为根据，法律为准绳"判案的法官了，但这一传统的法文化对我国现实的法律观和立法都还有一定的影响力，主要表现在对结果公正强调有余而对程序公正强调不足。例如，我国于1996年修订的《中华人民共和国刑事诉讼法》第189条、第204条的规定就是如此。这一点必

---

① ［日］谷口安平：《程序的正义与诉讼》，中国政法大学出版社1996年版，第52页。
② ［德］马克斯·韦伯：《儒教与道教》，王容芬译，商务印书馆1995年版，第174页。

须看到，决不可以忽视。

我们认为，公正的程序是公正的裁判结果得以产生的基石，而刑事判决的公正结果，乃是刑事程序公正的归宿和目标。对两者的公正都必须全方位体现。任何重程序公正轻结果公正、重结果公正轻程序公正，都是不利于实现现代社会刑事司法公正之要求和目标的。因此，我国目前的刑事司法公正问题对上述两者都必须提出进一步的高标准要求。

（二）程序公正的源头：沉默权制度的诞生

什么是刑事司法程序公正的源头呢？笔者认为具有刑事诉讼意义的起始点，就是源头之所在。诉讼程序的公正，首先就应从源头上的公正做起。当然，这也是强调程序法的国家，才能最先考虑到的问题。

18世纪的英国率先确立的"沉默权"，即可称之为从诉讼源头上确立的一项程序公正权。沉默权（the right of silence）又称反对自我归罪的特权（the privilege againstself in crimination），它是指现代刑事诉讼中一项专属于犯罪嫌疑人、被告人的基本诉讼权利，是指被指控者有权拒绝回答警察、检察官和法官的讯问，而且不因此受到追究或产生不利后果的权利。其权利内容是：①供述必须是基于犯罪嫌疑人、被告人的完全自愿，且其明了供述的法律后果；②不得强加有罪供述的义务于犯罪嫌疑人、被告人，他们对于自己的有罪、无罪不负举证责任；③犯罪嫌疑人、被告人的沉默，不得被用作证明其有罪的根据，不得以犯罪嫌疑人、被告人沉默为由推导出对其不利的结论；④违反以上规则的司法行为归于无效。

沉默权，今天已为世界上绝大多数国家的立法所确认，并作为一项独立的诉讼权利和司法公正的最低标准载入国际文件，如《公民权利和政治权利公约》第14条第3款规定，受刑事追诉的人所享有的最低限度的保障之一，就是"不被强迫作不利于自己的证言或强迫承认犯罪"。此项公约之规定，亦为诸多国家接受。英国法官规则确定，当犯罪嫌疑人被警察讯问时，可以拒绝回答，只要制定法无特别规定，不得因其沉默对其追究；警察讯问之前，必须告知犯罪嫌疑人享有沉默的权利。《日本刑事诉讼法》第311条第1款规定："被告得始终沉默或各个讯问拒绝陈述。"《德国刑事诉讼法》第136条第1款规定，应当告知被指控人"依法有对指控进行陈述或者对案件不予陈述的权利"。美国第5宪法修正案规定，仼何人"不得在刑事案件中被迫自证其罪"。加拿大《自由权利宪章》第11条规定，被告人有权在对自己的刑事指控中不被强迫作证等。

## 二、杜绝刑讯逼供，是从源头上实现刑事司法公正的时代要求

（一）从推出"零口供"的首创精神说起

辽宁省抚顺市顺城区检察院推出"零口供"，成了当前刑事法学界争论的热点。其规则是这样的："当侦查机关将犯罪嫌疑人的有罪供诉呈至检察机关提请批捕时，检察机关视其有罪供诉不存在，即为零"（该规则现改动为：审讯时已不再是允许保持沉默，而是在鼓励其如实陈述的同时，不强迫其做不利于本人的陈述，口供不再视为零，而是把对口供的依赖降到最低点①）。对于这种做法，会引起诸多争议，这是必然的。其中，对《法治拒绝"首创"》②一文，笔者尤其想谈点看法。该文指出"零口供"的做法，违背了现行刑事诉讼法的有关规定，这显然是对的。但提出对一个基层检察院"首创"并推出"零口供"有否资格的质疑，笔者就不敢苟同了。第一，科学、文化（包括法文化）的创造，国家的宪法和法律没有规定哪些人应该有，哪些人不应该有；第二，中华人民共和国最高人民法院原院长董必武早在50年代，在谈及立法的来源时，就明确指出要从司法实践中来；第三，以"口供"断案在中国的法文化中源远流长，尤其是在对"逼供"禁而难止的情况下，某些司法部门针

---

① 《零口供被重新定义》，载《百姓信报》2001年4月3日。
② 李曙明：《法治拒绝"首创"》，载《百姓信报》2001年2月27日。

对"纯口供"案采取堵源截流一法，又为何不可？而且率先提出某种法律思想或者采取了某种法律行为，总是带有探索的性质，不应当理解为经过立法机关而立的法。把首创思想或首创行为从根本上加以否定，是不可取的。总之，笔者以为《法治拒绝"首创"》的主张是有害无益的。仅就该问题而言，也无益于推进《中华人民共和国刑事诉讼法》对其立法进行修正。没有首创精神，法律制度的科学创新也无从谈起。因此我们应当肯定其科学精神。

（二）举案说法：中国传统法文化中的"刑讯逼供"是在源头上对刑事司法公正的严重危害

在中国刑法史中，单就刑讯逼供问题就可以写一部专史，对于材料的收集完全不用发愁，丰富得很。本文且以《戴就无辜受酷刑》[①] 一案为例，供读者们深究一下个中的法学哲理吧。

> 戴就字景成，会稽上虞人，在郡里当一名管仓库的吏。一次，扬州刺史欧阳参上奏皇帝，弹劾会稽太守成公浮犯有贪污罪，还为此派了部属薛安追查仓库账簿，把戴就捕入钱塘县监狱，囚禁拷打，用遍了各种酷刑。戴就慷慨陈词，神色不变。狱吏又把斧子烧烫，让戴就夹在腋下。戴就却对狱吏说："你把斧子烧得更烫些，可别让它冷了。"每次拷打时，戴就都不吃饭，捡其坠落在地上的焦肉吞下去。审讯者用尽毒刑，实在想不出别的花样了，就将一只船翻过来，让戴就躺在下面，用马粪的烟熏他。两天一夜后，人们都以为戴就已经死了，翻开船一看，戴就依然瞪大眼睛骂道："怎么不把火烧得更旺些，却让它熄灭了？"他们又把地面烧热，用大针刺入戴就的指甲中，让他抓烧烫的泥土，结果指甲全部掉了下来。审讯仍然没有结果。薛安把戴就召来问他："太守贪污无度，我奉命追查赃情，你为什么要以血肉之躯抗拒呢？"戴就坐在地上回答："太守是朝廷的命官，必定以死报国。您虽然是奉命行事，也应该明断冤屈，怎么能够诬陷忠良，酷刑逼供，让下属诽谤上司、儿子告发父亲！你薛安又愚蠢又恶劣，我被拷打致死的那一天，一定要告到天老爷那里，和群鬼一起把你杀死在驿站中！"薛安深深地钦佩他的壮烈气节，就打开械具，和他畅谈一阵。然后上书报告了戴就的言辞，撤销了郡里的案子。成公浮被召回首都，后被免去官职放回乡里。

从历史上的刑讯逼供到现实中的刑讯逼供，总有某种相似之处。且看《震惊辽宁的沉冤奇案始末》：[②]

> 1986年10月29日下午，辽宁省营口市大石桥，一个怀有身孕的妇女邢伟在家中被歹徒杀害。案发后，警方开展了"地毯式"排查。1986年12月19日上午8点半，公安局专案组组长孙某派人叫来了刑伟的丈夫李化伟。以他的衣领上有血为由，认定就是他做的案。几个办案人员对李化伟进行了残酷的逼供。整整三天三夜，李化伟就吃一个馒头、一个窝头，喝了几口剩汤。那么冷的天，李化伟低着头，汗如雨水，浸湿了地板。李化伟的母亲杨素芝也被抓到公安局审讯。杨素芝遭到这样的恐吓："你儿子杀害刑伟，他已经交代了，说杀完后回家对你讲了，你怎么还不交代？"杨素芝哪里见过那样的场面，头也不敢抬地说："我真的不知道。"办案人员一拍桌子："不知道这个词不准你说！你再说不知道就送你去看守所！"从当天下午两点半一直审到深夜一点多钟，杨老太太在极端的恐惧下，被迫按办案人员的口吻编出了儿子杀死刑伟后到家里跟她说了的口供，她才被放回了家。在另一个审讯现场，孙某和他的手下对李化伟说："你杀人后回家同你妈讲了，你妈已经交代了。"根据案发现场的情景，办案人员又诱供李化伟编造了"怀疑妻子刑伟婚前与他人有越轨行为，嫉恨在心，并因生活琐事而杀死了妻子"的犯罪动机。1989年12月4日李化伟被法院判处死刑缓期两年执行，在沈阳第二监狱服刑。

---

① 辛子牛主编：《中国历代名案集成》（上卷），复旦大学出版社1997年版，第226页。
② 《报刊文摘》2001年3月8日。

事隔 14 年后的 2000 年 7 月 3 日，一个石破天惊的消息传出——抢劫、盗窃、杀人犯罪嫌疑人江海说："1986 年 10 月 29 日的杀人案是他干的，很对不起李化伟。"整个案发的经过是这样的：住在李化伟斜对面的江海那年刚满 17 岁，还在读职业高中。10 月 29 日上午，他在同学家看黄色录像，回到家后见邻居只有邢伟一人在家，便溜了进去。邢伟见江海欲行不轨，尖叫着拼命反抗。江海挥拳就打，并调大了录音机的音量（留下指纹），然后使劲用手掐住邢伟的脖子，直到邢翻白眼，再从碗柜（在门把手上留下指纹）里抄起菜刀（再次留下指纹），朝邢伟的肚子、脖子上连砍数刀致死。当年的办案人员，也问过他 3 点钟左右的去向，他撒谎说在一个同学家里。公安人员没有提取他的指纹和足迹，也没有找他的那位同学核实。侥幸过关的江海长大后娶妻生子，还混进了派出所的协勤员队伍，开起了警车。只因恶性难改，一起又一起地制造命案，直至被揭发。在案后的供述中，他才道出了自己才是当年杀害邢伟的真凶！

同样是面对刑讯逼供，前后两案当事人的态度却大有不同。前案的戴就拼死抗争，致使嫌疑人成公浮免遭了冤狱。后案的李母在威吓中招供，致使自己的儿子被判了死刑。所以，对刑讯逼供的抗争，是完全必要的，是天经地义的。这是问题的一个重要方面。问题的另一个重要方面，还在于无论是古是今，刑讯逼供都具有两面性：可能逼真凶招供，也可能逼假凶遭冤。但不管处于哪一方面，"刑讯"都是对人身权利的侵犯，都是进步文明的对立面，是从源头上对司法公正的严重危害。尤其当社会已经发展进步到 21 世纪的新时代了，"刑讯逼供"还存在，这显然为时代所不容。所以根除"刑讯逼供"这一落后的反文明的法文化，势在必行矣！

### 三、中国刑事侦查工作的现状与确立适应现状的"抗供权"制度

在中国不断推进的刑事司法制度的改革进程中，一些学者主张尽快确立沉默权制度，即在刑事诉讼中，应当赋予被告人和犯罪嫌疑人保持沉默，拒绝供述的权利；一些学者表示反对或认为应当缓行。[①] 对此，笔者也发表一管之见，与同仁们共同探讨。

（一）中国刑事侦查工作的现状

目前，我国刑事侦查的基点是否仍旧放在审问（讯问）犯罪嫌疑人，获取口供还是应将基点转移到应用刑事科学技术，搜集非口供的证据上来呢？笔者认为应当逐渐实现基点的转移。当然，要实现这个转移，并非容易之事。第一，需要更新观念。这就要求我们的侦查人员、司法人员从传统法文化的影响中解脱出来，根除刑讯意识，增强人权意识。第二，需要大大提高刑事科学技术水平，拓展自身的知识能力结构和改善现代化技术装备。第三，在全社会要建立起有利监控的必要的网络体系，特别是要从源头上把依法进行网络监控的基础工作做好。这些都是实现基点转移的必备条件。而且这些条件也只能是逐步实现。中国这么大，地区与地区之间的经济、文化、科学技术的发展水平，差别也较大。因此，对这些条件的达到也不能强求一律，而是应当在承认差别的基础上，逐步缩小差别。换句话说，对基点的转移，也不能强求一律，有的地区可以率先转移，有的可以逐步转移。但不能一点不转移。

（二）"抗供权"制度的提出

在 18 世纪英国产生的沉默权制度，现已为世界许多国家所采用。换句话说，沉默权的源头在英国，现已流向了世界各国。然而在今天的中国，是否就能完全照搬照用呢？笔者认为，应采取鉴源别流，审时度势的态度。第一，沉默权制度的基本思想是人权保障思想，具备科学性和先进性。作为法文化来说，为了贯彻国际公约中规定的任何人不被强迫自证其罪的原则，因此对该权利的实现也是

---

① 张保平：《从犯罪预防角度看沉默权制度应当缓行》，载《江苏公安专科学校学报》2000 年第 3 期。

当今世界法文化的要求。从尊重科学和符合时代精神的角度而言，我国应当确立这一基本制度。第二，沉默权概念的内涵与外延，在各国的立法上基本一致，但也不完全等同。也就是说，各国都考虑了自己的国情实际。第三，从中国的现实出发，宜把问题聚集在杜绝刑讯逼供上，不宜作过于宽泛的解释。鉴于此，笔者认为采用"抗供权"的提法更为适宜。

### （三）应先由地方立法确立"抗供权"制度

"抗供权"，顾名思义，是对刑讯逼供进行抗制的权利。采取一些什么形式对刑讯逼供进行抗制，这可以由省市地方立法机关，在对审讯（讯问）问题作专门研究剖析其全方位要素的基础上，从本省市的实际情况出发来制定。笔者在此认为，应从三方面着手规定：一是预防监视刑讯发生的规定，二是对刑讯及时采取抗制措施的规定，三是对刑讯口供作为无效证据的规定。具体如：①像陪审员一样，尝试设立陪讯员，监视刑讯问题的发生；②设立刑讯举报专线；③装置审讯室专用摄像等等。

关于"抗供权"制度的立法，根据中国国情，最好由地方人民代表大会常务委员会立法。因为我国地区差别较大，这样可以根据不同地区的不同情况，能做到什么程度就立到什么程度。在积累丰富经验的基础上，在整个国家各方面条件都比较成熟的情况下，再由全国人民代表大会常务委员会进行立法，并随着发展进度逐步完善这项权利制度。

### 四、确立首判至要的思想，提高原审的公正程度和效率

我们国家的审判制度是两审终审制，当然还可以申请再审，但从司法实践来看，对刑事审判，我们完全有必要确立首审至要的审判思想。所谓"要"，就是指至关重要。这是从源头上保障审判质量的问题。因为刑事案件，特别是人命关天的重大刑事案件，往往审理期限较长，首审的质量保证最为关键。这是因为：第一，铁案的基础是铁证。只有首审才能在证据上敲得"铁"。如果说缺某种必要的证据，补充侦查、搜集、完善还可能有适当的条件。到了二审甚至再审，因时长事易，往往无法再行补救。第二，纠错之难难于上青天。首先是发现错判并非易事；其次，改判对原审法官必然会带来某些影响，因而往往会增大改判的阻力；再次，就算改判了，又涉及国家赔偿的诉讼。因此纠错十分不易。第三，减少诉次，最大的降低司法成本。司法成本的计算是国家成本、当事被告和被害人成本的计算，同时也是经济成本、精神成本、时间成本、精力成本的综合计算。增加诉次，要么就是不负责任，使法律文书走过场；要么就要花大力气进行全方位审理。这样一来诉讼成本必增加无疑。

基于上述，笔者认为应当着力强化基层法院的刑事审判，第一审的刑事审判应当把优秀的刑事法官相对地集中起来，采取循环法院制度，对重大刑事案件进行一审，努力提高原审的公正程度和效率。

（原载《浙江公安高等专科学校学报》2001年第3期）

# 第六十九篇　论证券法与刑法的接轨机制

我国目前证券市场上的违法犯罪现象是相当严重的，加大处罚的力度，是十分必要的。其中，对违法行为的处罚依据，是证券法；而对犯罪行为的处罚依据，是刑法。因此，证券法与刑法需要接轨。在司法中刑法与证券法如何接轨呢？这是一个从理论上与实践上都需要探讨的问题。笔者在此发表一管之见，与同仁们共研究。本文着重谈以下四个问题。

## 一、证券市场违法犯罪的源头问题

证券市场上的违法行为是多种多样、五花八门的。从目前来看，既有法律明确禁止的内幕交易、操纵市场、虚假陈述、欺诈客户等行为，又有法律没有明文禁止的场外交易、改变募股资金用途、转配股提前上市流通、回购本公司股票、超量持股等行为。违法行为来源于市场主体。从目前违法主体的范围来看：有上市公司及其董事、监事、高级管理人员等，有证券经营机构，也有会计师、律师事务所等中介机构。可见，违法源头是多样的。如果单就公司而言，其违法源头的产生，在一定程度上与"公司治理结构"[①] 不无关系。为了从源头上治理违法行为，对"公司治理结构"的改进，就显得至关重要了。违法行为是犯罪行为之源。因为诸多证券犯罪，都是违法达到了严重程度的结果。相对而言，可谓源头在违法，源尾在犯罪。从这个意义上说，减少了违法也即减少了犯罪，加大对违法行为的处罚，是有益于减少犯罪行为的形成的。

## 二、稽查证券违法犯罪的有力举措

中国证监会要与司法携手，严厉查处证券犯罪。有力举措的出台，就是目前成立了中国证监会新稽查二局，即证券犯罪侦察局。这个新局的成立对遏止中国证券市场的违法行为，打击证券犯罪有着重要的作用。我国香港的证监会就有法律授予的搜查等强制手段，可以独立查处证券市场的违法事件。中国证监会也需要完善这方面的权利。笔者认为，目前成立的新稽查局，应当是兼顾违法与犯罪二者的稽查局。因为证券违法行为有一大特点，即各种违法行为之间的关联性及传导性非常强，一个案件往往包括数个违法行为。其中有的行为尚未达到犯罪程度，而有的行为却已达到了犯罪的程度。所以稽查工作不能不既涉及违法行为也涉及犯罪行为。我们应当二者兼顾，并且充分发挥稽查的材料证据作用，属于行政处罚的违法行为，移交行政部门坚决予以行政处罚；属于刑事处罚的犯罪行为，起诉到检察院，坚决予以判刑处罚。作为行政管理机构的中国证监会，如果不与司法联手，对证券市场的相当一部分违法行为，是很难查究到位的。而与司法联手了，情况就会两样。比如对交易中违法犯罪嫌疑行为的查究，就将不仅限于查交易账户和交易记录，还可以拓展到查封、冻结银行账户、盘问等。这些都加大了稽查工作的力度，为搜集材料证据提供了有力的保障。

## 三、刑法与证券法在立法上的脱轨现象

我国的新刑法已经增加了关于证券犯罪的条款，而在证券法中对犯罪问题也有所涉及。这说明了

---

① 周小川：《上市公司治理结构的改革——在"中国上市公司治理研讨会"的讲话》，载《投资与证券》2001 年 7 月 1 日。

证券法与刑法的接轨已是大势所趋。然而从立法角度看，证券立法与刑法的立法，既反映出了接轨的一面，同时也表现出了脱轨的一面来。这里不妨略举几例如下：

例一：对内幕交易、泄露内幕信息的处罚。

证券法：没收违法所得，并处违法所得 1 倍以上 5 倍以下的罚款。构成犯罪的追究刑事责任。

刑法：情节严重的处 5 年以下有期徒刑或拘役，并处或单处违法所得 1 倍以上 5 倍以下罚金；情节特别严重的，处 5 年以上 10 年以下有期徒刑，并处违法所得 1 倍以上 5 倍以下罚金。

例二：对编造并传播虚假信息的处罚。

证券法：处 3 万元以上 20 万元以下罚款。构成犯罪的追究刑事责任。

刑法：处 5 年以下有期徒刑或拘役，并处或单处 1 万元以上 10 万元以下罚金。

例三：对操纵证券市场的处罚。

证券法：没收非法所得，并处 1 倍以上 5 倍以下罚款。构成犯罪的追究刑事责任。

刑法：情节严重的处 5 年以下有期徒刑或拘役，并处或单处违法所得 1 倍以上 5 倍以下罚金；单位犯此罪的处罚金，并对直接负责的主管人员和其他责任人员处 5 年以下有期徒刑或拘役。

例四：对提供虚假财务会计报告的处罚。

刑法：主管人员和其他责任人员处 5 年以下有期徒刑或拘役，并处或单处 2 万元以上 20 万元以下罚金。

例五：对欺诈发行股票、债券的处罚。

刑法：处 5 年以下有期徒刑或拘役，并处或单处非法募集资金 1‰～5‰的罚金；单位犯此罪的处罚金，并对直接负责的主管人员和其他责任人员处 5 年以下有期徒刑或拘役。

例六：对诱骗他人买卖证券的处罚。

刑法：处 5 年以下有期徒刑或拘役，并处或单处 1 万元以上 10 万元以下罚金；情节特别恶劣的处 5 年以上 10 年以下有期徒刑，并处 2 万元以上 20 万元以下罚金。单位犯此罪的，并对直接负责的主管人员和其他责任人员处 5 年以下有期徒刑或拘役。

我们从以上六例，就不难看出在立法上有这样两个问题：

第一，证券立法与刑法在对某些违法犯罪行为的处罚上，存在脱轨现象。如上面列举的：对提供虚假财务会计报告的处罚；对欺诈发行股票、债券的处罚；对诱骗他人买卖证券的处罚等，就都只有刑法对其犯罪行为的处罚规定，而没有证券法对其违法行为的处罚规定。可见，其对违法犯罪的处罚规定在立法上显得并不周延，无疑放过了诸多违法行为，从而使这些行为没有得到应有的行政处罚。

第二，证券立法与刑法在对某些违法犯罪的处罚上，虽然有了接轨，但是接得概念化，并没有给人把"轨"接上的感觉。实际操作起来，也往往出现脱节的现象。如上面列举的例一、二、三，都是以"构成犯罪的追究刑事责任"一句话来接的"轨"。由于行政部门往往对构成犯罪问题难以把握，这对移送司法部门处理构成了犯罪的行为，产生了很大的障碍；同时，由于司法部门对违法与犯罪的认识标准差异甚大，因而定罪不准或量刑过重的现象也时有发生。

## 四、刑事处罚与行政处罚在处罚上的接轨机制

前面讲到，新的稽查局的成立，可以把稽查违法与犯罪二者结合起来，就这个衔接上看，稽查局在其诸多作用中，也发挥了衔接的机制作用。但在处罚上是必须分清行政处罚与刑事处罚的界限的。换句话说，是必须要分清违法与犯罪的界限的。而且这种划分的界限，必须是由行政部门和司法部门都能共同掌握的认识标准才行。那种认为划分罪与非罪界限，是刑事法官的陈旧观念，应当更新一下了。纵观古今，横视中外，划分违法与犯罪的学说，都很难统一。其中有：①以量为划分标准之说；

②以质为划分标准之说；③以量和质相统一为划分标准之说。① 但不管哪一说，在立法和司法的操作上都有相当的难度。我国立法通常用"情节严重"一词，来标明构成了犯罪。但什么是"情节严重"？在行政长官和法官看来，也是很难一致的。有了共识的标准，才有利于行为的协调配合。为了达到统一一致的基本认识，笔者主张以对"度"的划分作为划分标准，把行为具象和违法后果统一于一体，法定为"度"的划分。以"度"作为划分的机制，可以分为轻度违法、重度违法、严重度违法、特别严重度违法。根据市场违法行为变化的状况，针对不同时空可以对违法与犯罪在界限上作"度"的调整，使行政部门和司法部门达成共识，从而有利于行政部门适用行政处罚，司法部门适用刑事惩罚，二者都能各自到位。同时接轨好移送案件的尺度，切实做到既不漏掉违法处罚，也不把违法错定为犯罪，使证券法与刑法避免脱轨现象，真正做到两法互补，通畅接轨。部门法间的接轨机制问题，远非如证券法与刑法之间那么简单。如果要真正解决这类问题，不设立法际法学进行理论研究，不设置处理这类问题的法制机制，只停留在空喊接轨的口头上，是不可能在实际操作中有良好的实际效果的。

（本文与上海证券交易所夏雪同志合作）

---

① 林山田：《经济犯罪与经济刑法》，三民书局 1981 年版，第 110~120 页。

# 第七十篇　论适用刑法学的建立问题

## 一、关于建立法律适用学问题的提出

在 2003 年 12 月的中旬，我去北京办事期间，适逢四川大学向朝阳教授一行先在上海交通大学参加一个刑事一体化的国际学术讨论会，后去北京参加北京大学储槐植教授倡导的刑事一体化在北大召开的同样会议。在上海和在北京与向朝阳教授交谈四川大学刑事法学的教学科研中，向朝阳教授谈及在川大也要成立一个刑事一体化研究中心，由于我平时向刘家琛副院长请教刑事方面问题较多，比较熟悉，于是向朝阳教授请托我随京向家琛副院长就川大成立刑事法学研究中心事宜请教其指导。同时希望家琛副院长能兼职该研究中心主任。在我向家琛副院长的请教中，家琛副院长着重谈了对我国法律适用问题的意见。他说，我国的法律体系已经基本建立起来了，各门类的成文法也基本制定齐全，至于不断完善和修订问题那是贯穿依法治国历史长河的始终的。法学理论研究问题，在国家法学研究机构和社会团体中的发展都十分蓬勃、成绩可观，法学理论知识也有着一定的普及程度，形势是很好的。但是，我国法律适用问题的研究，还是一个薄弱的环节，处于一个缺乏实证的层面。为什么要对法律适用问题提出专门的研究呢？其一，从法律适用的对象来看，我们国家之大，其地域差别也很大；我们国家的人口之多，其人口层面上的差异也是很大的；我们司法的庞大队伍的成员不是很整齐，而司法水平也参差不齐。其二，从法律产生的传统渊源来看，我国是成文法的制法传统。而且从我国国情出发，所立之法也不可能立得很细，要使国家的立法更能贴近社会生活的适用，在法律条规与面临对象之间，就需要有一个契合性研究。法律适用的研究，就是缩短二者距离的研究。就是对号入座的研究，反过来也是有座求号的研究。现实生活中往往是出现了新的"座位"，可是在条规中却没有相应的"座号"，有了这种研究，就可以时常促进法规制定与时俱进的发展。有法律适用的专门研究与没有法律适用的专门研究是大不一样的。法律适用研究能不能成为一个专门的学科，我看是可以的，可以称之为法律适用学。当然作为一门学科要界定出学科研究的对象和研究的方法，可以先从刑法适用学上开个头。法律适用学是大有作为的，希望川大法学院在这方面搞出一点特色来。

## 二、关于适用刑法学的建立问题

我国现阶段刑法学的研究，是新中国成立以来发展势头最好的，研究成果的硕大，是尽人皆知，有目共睹的。首先是党和国家对这门法学的高度重视为学者们的研究开辟了相应的研究环境，提供了相应的条件。老一辈革命家的司法实践和理论制造，为后辈的研究工作打下了良好的基础。作为当代的作出重大贡献的一大批刑法学家，如高铭暄老师、马克昌老师等更是德高望重。他们的学术研究都将为我国刑法学的发展产生重大的影响。当然他们的学生已是青出于蓝而胜于蓝，将会更好地创造出刑法学术的现实和辉煌的未来。在这里我从现阶段刑法研究的内容角度把刑法学划分为这样三个层面。我国现实阶段的研究状况，这三个层面都已具有，这体现了在客观上的研究融和。当然，由于各个学者着眼点和用力点的差别，在这三个层面中所体现的侧重也显然不同。这三个层面主要表现为"三学"：一是刑法条规研究学，也称注释刑法学；二是刑法理论原理研究学，也称刑法哲学；三是研究如何制定刑法成文法，即刑法立法学。上述这三个研究层面都十分明显地有研究的依托点或者叫出发点，从而决定了相应的研究对象。注释刑法学的依托点是已经制定出的刑法条文，刑法哲学的依托点是法的一般哲学原理，刑法立法学的依托点是国家对于制定刑法的立法权和立法对象。

（一）适用刑法学的研究对象

要成立一门刑法学的分支学科，就必须要有这门学科存在的依托点和相应的研究对象。适用刑法学的依托点和相应的研究对象是什么呢？笔者认为其依托点是刑事司法权力机关，即刑事公安机关、刑事检察机关、刑事法院机关、刑事监狱机关，以及与刑事司法有关的辅司机关。因为它们要解决的问题是法律条规与法律对象之间的问题。如果从矛盾角度来看，就是解决法条与对象之间的矛盾，条规是否与对象相适，对象是否适用条规。这就是这门学科在哲学意义上的研究对象。而在这对矛盾中有诸多的具体表现层面，这些层面也就决定了它研究的具体对象了。为了说明相关对象，笔者在此不妨提出相关的新的名词概念来，以便论及的问题更到位。

1. 社会危害性载体是具体的研究对象之一

刑法适用涉及的一个首要问题是行为的社会危害性问题。因为定罪量刑在哲学意义上的确定的底线，是行为是否具有社会危害性。然而社会危害性在适用中如何界定其大小程度，涉及的因素实在太多。但我们只能在条规与对象之间、对象个体行为破坏社会对象的关系上来界定。而个体行为与破坏社会对象的影响究竟有多大，这仍然是一个很难确定的因素。因为定其罪在社会危害性，量其刑也在其社会危害性，所以在这个意义上称其为首要问题。为了在估量或者设计上有确定的依据，我们即提出社会危害性，载体的概念来。所谓社会危害性顾名思义，是行为对社会对象的破坏和影响的危害性。所以社会危害性的第一个载体或者说中心载体，就是主体的行为和行为破坏对象的影响的结果。就行为与结果而论，不应涉及非破坏对象的影响，因为这间接影响难以确定。但我们对行为结果的产生必须溯一下源，从源头上研究一下载体的危害程度，不能就行为结果的环节认定到此为止。源头是实际存在的，是社会危害性的一个载体。从个案犯罪产生的源头上我们应分辨出社会本身对犯罪形成的作为与不作为所产生的作用，个体本身因素对犯罪形成的作用，从而界定出个体本身的主观的社会危害恶性的大小来。

除此以外，我们应对行为结果后的行为人态度进行研究，这个态度既包括最后的悔罪行为，即对破坏对象的挽救，也包括自身的伏法的表现。其态度显然也是确认社会危害性的一个载体。用案态图像表示，其研究对象的全过程乃为："罪因源头—行为结果—罪后态度"。

2. 犯罪案态是具体研究对象之二

笔者在这里把"行为结果"称之为犯罪案态。为什么称之为案态呢？因为万物具象千姿百态，在犯罪的世界里也如同万物，种类繁多，进化不息。用"行为结果"来表述他们很难达其生态，故称其为"案态"。对犯罪"案态"的研究是一种双向性研究。一是在法律条规与"案态"之间作对号入座的研究，这当然是条规本身在已经涵盖了"案态"之座的情况下所进行的研究，我国法律条规要适用到法律"案态"，是要作出大量的司法解释的，因而有大量的研究工作。适用学可以为司法解释工作做好助手。二是当条规未能涵盖新产生的"案态"时，必然形成有座无号的空规，就自然应推进法律适用上的依座制号制度。双向研究缺一不可。

3. 刑罚设置是具体研究对象之三

刑罚方法的变化是随受罚对象的变化而变化的，受罚对象又是随时代的变化而变化的。因此，刑罚的设置应适应时代的变化而变化。从刑罚种类的相对单一，走向刑罚种类的相对多元；从绝对不重视罪犯人权走向相对重视罪犯人权；从绝对重罚走向相对轻罚；从绝对封闭监管走向相对开放监管；从刑后社会绝对歧视走向社会相对善待等等，这些都是在适用上应加以研究的具体研究对象。而且这种研究同样是双向的，即从现有刑罚的规定中进行对号入座的研究，同时也应从受罚对象的社会环境生存状况和有益社会的方向中，进行新的刑种及其适用的研究。①

4. 确定现有刑法的量刑基准，以及现有刑法多种量刑情节的适用方法规则是具体研究对象之四

例如，多个同向量刑情节并存时的适用方法规则，多个逆向量刑情节并存时的适用方法规则，数罪与减轻处罚情节并存时的适用方法规则等等。把这些规则方法的研究作为研究的具体对象，即可提高量刑适用的科学性与精确性程度。②

现有刑法适用的"量刑基准"问题，是一个普遍关注的问题。什么是量刑基准？在日本的刑法理论界有其广义与狭义的划分。广义说是将量刑时所应考虑的所有情节都纳入量刑的范畴。狭义说认为量刑基准是指量刑幅度上的变化值，并不包括所有要考虑的量刑因素。我国学者在其狭义说的基础上，提出了内涵更为具体、外延更为明确的概念，即是指排除各种法定和酌定情节，只对一般状态的构成犯罪的基本事实所作出的基本刑罚量。为了确定量刑基准，我国学者提出了诸多的确定法。诸如："中线法"、"分格法"、"主要因素法"、"重心法"等等。量刑基准的命题与刑罚个别化命题是一个相对合理的命题。遵循量刑基准，是为了避免适用法律的畸轻畸重。遵循个别化原则是为了适用法律更贴近个案的实际本身。在多大程度上强调遵循基准，在多大程度上达到个别化要求。这是一个始终与时俱进的研究的永恒课题，也是刑事法制的永恒的主题。③

5. 对国家刑事政策的研究，是具体的研究对象的精要所在

我国古人就有平时用轻典，乱时用重典的用典原则。这就涉及用法的时空观。时空相对论，即对不同时空的犯罪与对应的刑罚是有着"值"的差别的。在时间无价的条件下，在人权不受重视的条件下，刑期长短的关系似乎不算太大；相反，在时间值钱，人权受重视的条件下，刑期长短的关系就显得重大了。由于我国经济文化在时空上的相对差异、加害人的相对差异、受害人的相对差异，同一年的刑期也存在着刑期值上的差异。数学上有一个"位值制"，如"1"在个位上就是一个，而"1"在十位上，就是 10 个，其值就大 10 倍了。我认为刑罚在适用上也有一个"位值差"问题，可以用这个数学原理对刑事政策的适用作细化的研究。

刑法适用的问题，既是一个分别性研究的问题，也是一个整合性研究的问题。

**（二）适用刑法学的研究方法**

（1）适用研究的基本方法自然是实证的方法，是大量研究实际判例的方法。美国的《量刑指南》④ 的问世，就是刑法适用研究的一个好的范例。我们自然要根据我国的司法理论和司法经验，研究出中国式的量刑适用指南来。我们有诸多很好的刑法适用的司法解释，这也为其研究提供了重要的渊源。

（2）适用的研究，是相关学科知识和经验的嫁接研究、整合性研究，包括刑事法学的整合，刑事法学与社会学、经济学、政治学，乃至相关自然科学知识方法间的有机整合。因为适用问题是一个"全息性"问题，单一地去研究适用，不整合协调地去处理适用问题，不是顾此失彼，就是轻重无序，其整体性效果是不会令人满意的。

（《学习笔记》）

---

① 福建省高级人民法院刘炎：《关于刑罚价值论问题的思考》。
② 上海高级人民法院黄祥青：《多种量刑情节的适用原则与方法探讨》。
③ 浙江省高级人民法院孙公幸、管友军：《量刑基准对于刑罚裁量的实践意义》。以上三篇文章均为 2002 年 11 月最高人民法院在上海召开《刑罚适用及其价值取向》研讨会的会议文稿。
④ 美国量师范委员会编撰：《美国量刑指南》，王世渊等译，北京大学出版社 1995 年版。

# 第七十一篇　论建立从源头上避免冤假错案产生的必要机制

对于刑事司法流程而言，立案侦查是源头，审理判决乃是相对的源尾（因最终是行刑），对于绝大多数刑事案件都不存在从源头到源尾有冤假错案产生的危险问题；但有极少数刑事案件，却有这样的问题存在。因为刑罚的适用，上至剥夺人的生命的存在，一般也要剥夺人的自由和政治权利，下至对财产刑罚的适用。特别是人命关天的问题，就一个冤假错案的产生，对预防而言都是百分之百的重要的。因此我们有必要把源头、源尾上的预防问题提上研讨的议事日程。

## 一、从流尾上阻断冤假错案产生的问题

我们知道，法官在刑事案件审理中，首先是解决构不成犯罪的问题，其次才是对构成犯罪的依法量刑问题。而对不构成犯罪的则是"宣告无罪"。

根据我国刑事诉讼法及最高人民法院有关司法解释的规定，人民法院对被告人"宣告无罪"有两种情形：一是案件事实清楚，证据确实、充分，依据法律认定被告人无罪的，应当判决宣告被告人无罪；二是证据不足，不能认定被告人有罪的，应当以证据不足，指控的犯罪不能成立，判决宣告被告人无罪。

我们知道第一种情况是：被告人被指控的某种行为有事实存在，但这种行为事实根据法律的规定，还构不成犯罪。而在第二种情况中，是指被告人在事实上是否实施了犯罪这一客观事实的本身而言，并不能作出肯定或者否定的结论。在这种情况下作出的判决，乃是一种附条件的推定。而这种推定又有两种方向：一种是推定"从有"，另一种是推定"从无"。按照过去的司法习惯及1979年颁布的我国的刑事诉讼法，是推定"从有"。但在1996年3月17日，我国的刑事诉讼法作了重大的修正，即确立了"疑罪从无"这一原则。从此就把"从有"改变成了"从无"。而"从无"的附加条件一般明确表述为"证据不足，指控的犯罪不能成立"。因此，判决宣告被告人无罪。

"疑罪从无"原则的确立，是我国刑事司法的一大进步。这个原则直接阻断了在相对源尾上冤假错案的产生，防止了把无罪的人关进监狱。但是在贯彻上还很缺乏有效的法制机制，面对疑案往往兑现不了这一原则。这是由于既存在着刑法观念上的问题，更存在着利害得失的问题。改革开放之前，对那些犯罪事实似真似假，证据似有似无的案件，总是宁可信其有信其真，不可信其假信其无。放纵是立场问题，冤枉是方法问题，结果造成了不少冤假错案。现在，还时常听到有的法官讲："这个案子太棘手，定也定不了，否也否不了。"这有何难？法律有明确规定，定不了，就得否，疑案从无。当然，我们知道，事情并没有那么简单，否掉了，领导批评，媒体指责，"兄弟部门"不饶。多数能够严格依法，宣告无罪；少数却疑案从有，量刑留有余地，或者放一放再说，超期拘押、久拖不决。在有些人心目中，疑案从有，稳妥保险；疑案从无，风险太大。尽管嘴上不这么说，实际上却这么做。现代法治思想要想普及并转化为司法实践，确实还需要一个艰难的历程。

对贯彻该原则存在问题的解决，除从解决刑法观上着手（从对法官的执法保障权着手）外，还有必要从设定对"疑案"进行科学评鉴的法制机制着手的问题。

## 二、从源头上避免冤假错案产生的问题

刑事司法的起始源头，是对刑事案件的立案侦查。对于自然犯的普通刑事案件来说，立不立案的界定比较明确，一般也不会发生什么争议。然而由于经济纠纷和经济犯罪之间容易产生界限模糊问题：是以经济纠纷立案，还是以经济犯罪立案；在处于管辖中，甲地以经济犯罪在公安机关立了案，而乙地却以经济纠纷在法院立了案，于是产生了谁也说服不了谁的立案纠纷。但凡是说服谁，就得说出个道理。于是甲方拿出了"刑事优先"，而乙方也来了个"先民后刑"。要解决司法实践问题，首先得解决司法理论问题。因此首先有必要就这个理论问题，请各部门法的法学专家们来讨论讨论，[①] 请看讨论：

"刑事优先"原则通常是指因同一案件事实引起刑事程序和民事程序交叉并存的情况下，优先进行刑事程序，待刑事程序终结后再进行民事程序。对于我国法律是否规定了"刑事优先"和应否确认"刑事优先"原则，与会专家形成了三种观点：第一种观点是肯定说。该观点认为在刑事和民事程序并存时应当实行"刑事优先"原则，因为刑事程序代表国家利益和公共利益，民事程序代表个体利益。第二种观点是否定说。该观点认为根据现有司法解释的规定，我国并没有确立"刑事优先"原则。刑事优先原则作为一种司法惯例，是国家本位主义的反映，它显然是受到了我国传统的重刑轻民观念的影响，它的存在不利于对公民、法人民事、经济权益和被害人权利的保护，在市场经济体制下，民事司法程序和刑事司法程序都是维护社会秩序的法律手段，二者并不存在谁优先的问题。第三种观点是折衷说。该观点认为"刑事优先"和"先民后刑"都不是绝对的，应当根据诉讼案件的具体情况区别对待。

与会专家学者虽对"刑事优先"原则的界定存在争议，但在以下问题上达成了基本共识：①"刑事优先"原则并没有法律的明确规定，作为一个司法惯例，它的适用是有条件的而不是绝对的；②"刑事优先"原则是国家利益本位观念的体现，而市场经济体制和法治国家提倡人权保障，要求法律优先保护个体权利。因此，我们在处理公权和私权的关系时，应当更新观念，破除传统的重刑轻民思想，树立权利本位观念。③由于经济纠纷和经济犯罪之间容易产生界限模糊的问题，基于刑法的谦抑原则，为了防止刑事司法权力的误用，必须禁止有关机关以"刑事优先"为借口，越权干涉经济纠纷案件。

在研讨中，专家们虽然对"刑事优先"原则的概念和适用存在一些争议，对最高人民法院相关司法解释是否就体现了"刑事优先"也有些分歧，但在公法和私法、人权保障和秩序维护关系上还是达成了共识：强调要优先保护个体利益，合理控制国家权利。现在的主要问题是我们在实践中如何切实贯彻这些现代法治理念，以免"刑事优先"原则的误用；要通过制度设计，尽力防止刑事权利干涉民事、经济纠纷案件的审理，防止误用"刑事优先"之名，破坏个人正常的民事、经济关系。

从司法的源头上不立错案，就是从源头上避免冤假错案产生。偶尔听到这样的说法：逮捕错了也不要紧，最后有法院把关，还有国家赔偿嘛！当然，有的案子立错了，的确也在所难免。但是，对于立案上本来就发生了重大分歧问题的案件，笔者认为还是应当持慎重的科学态度为好，尤其是对甲乙两方认识上分歧很大的案件。因为在这种情况下更要避免冤假错案的产生。如何才能有效地解决这类问题呢？

第一，要从法学理论上解决。每一个部门法都有其自身的部门本位。某一类型的法律关系乃是某一部门法的必然对应。刑法是如此，民法是如此，其他各部门法也都无不是如此。从这个意义上说，部门本位并没有什么不对，然而各类型的法律关系，不可避免总有某些层面上的相互交叉或融混。在这种状态下，部门本位显然就不能与之对应，这也表现出司法部门的"各自为政"。笔者认为"交叉

---

融混"法律关系是有别于单一类型法律关系的，因此应当有其自身的对应部门法。该部门法的名称，笔者命名它为法际法，而建立一个部门法学的学科，就叫法际法学。建议国家有关领域设定一门法际法学。

第二，要从立法和司法解释上解决。各部门法都立得有自己本部门的法律规范，刑法有、民法有，其他各部门法也都有。然而对于各法之间的交叉、衔接、兼容方面的立法也散见有之，但都系概念化，并未能具体化和细化，难于操作。最高司法机关的相关司法解释往往也缺衔接，而且往往导致不同的理解。因此有待从法际法领域，在立法上和司法解释上下大工夫。

第三，要从法制机制的设定上进行解决。司法行为是法的行法行为，它不能停留在理论研究上，停留在对立法和司法解释的不同理解上。它必须作出行法即司法决定。为了从机制上解决"民说民有理，刑说刑有理"的问题，这就应有一个界际机构，而且这个机构是不能附属在公安机关或法院机关哪一边的。否则，就会丧失界际判断的功能机制作用。有了这样的机构的机制作用，对于重大立案分歧等问题的解决，就自然会收到较好的效果。

（《学习笔记》）

# 第七十二篇 金融犯罪能废除死刑?

## ——在服务与管理上强化"未罪"治理

2010年8月28日结束的全国人大常委会会议审议了刑法修正案草案,调整了死刑与无期徒刑、有期徒刑之间的结构关系,是这次刑法修改的重点。在削减死刑的先河中,涉及金融犯罪的,有票据诈骗罪、金融诈骗罪和信用证诈骗罪三罪名。本次修正草案如能获得通过,那么属于金融领域犯罪的所列的三种罪,亦开了削减死刑的先河。一般认为,削减死刑无疑就削弱了刑罚的威慑力。威慑力的削弱在社会心理上,是否会产生犯罪人就不怕犯罪的心理,进而导致犯罪事件的增长呢?这的确是一个人们应当关注的社会问题。不过,我们有必要在对我国金融犯罪立法演变进行回顾的基础上,作出有可能比较科学的回答。

## 一、对金融犯罪立法演变的回顾

自新中国第一部刑法典即1979年颁布的《中华人民共和国刑法》诞生以来,我国金融犯罪的立法经历了由单一到多元、由零散到集中、由不完善到比较完善的过程。从罪名、犯罪对象、主体范围等规定情况来看,1979年刑法仅仅规定了三个罪名即第122条伪造国家货币罪、贩运伪造的国家货币罪和第123条伪造支票、股票等有价证券罪,犯罪对象仅涉及国家货币和有价证券两种,犯罪主体仅限于自然人。1988年1月21日全国人大常委会《关于惩治走私罪的补充规定》第9条增加规定了套汇、逃汇罪。这是关于金融犯罪的第一个单位犯罪罪名。1995年2月28日全国人大常委会通过的《关于惩治违反公司法的犯罪的决定》中,又增加了擅自发行股票、公司、企业债券罪。但当时还不是作为金融犯罪进行规定的。1995年6月30日全国人大常委会通过的《关于惩治破坏金融秩序犯罪的决定》(以下简称《决定》),针对当时金融领域中伪造货币、金融票据诈骗等犯罪比较突出的严峻形势,增加规定了一系列新的金融犯罪罪名,着重规定了金融诈骗罪。主要包括:擅自设立金融机构罪、非法吸收公众存款罪,伪造、变造金融票证罪、集资诈骗罪、金融票据诈骗罪、信用证诈骗罪、信用卡诈骗罪、保险诈骗罪等新罪名。《决定》还对原刑法规定的伪造、贩运伪造的国家货币罪进行了重大修改:①将伪造货币罪的对象由人民币扩大为人民币和外币,并增加了单位犯罪主体,加重了法定刑;将贩运伪造的国家货币罪修改为购买、运输、出售、伪造货币罪,使该罪的罪状表述更为明确详细,便于理解和司法操作;增加了变造货币罪,非法持有、使用伪造的货币罪、金融机构工作人员购买或兑换伪造的货币罪。这样,有些违反货币管理的犯罪由原来的两个变成一个系列罪名,体现了对货币犯罪的打击力度。②《决定》把金融犯罪的对象由货币、有价证券扩大到汇票、本票、支票、信用证、信用卡等金融票证。③把利用金融票证进行的诈骗犯罪,从侵犯财产性质的诈骗罪中分离出来,明确地作为金融犯罪性质进行规定。④把金融系统的工作人员违反规定向关系人发放贷款罪、票据业务渎职等犯罪,从国家工作人员渎职犯罪中分离出来,作为金融犯罪的一个类别,使金融犯罪的立法由零散向集中迈进了一大步,同时也突出了金融犯罪行业化的新特点。《决定》是对原刑法的突破性补充,为修订刑法时进一步完善金融犯罪立法并进行科学分类奠定了基础。

1997年修订后的刑法在第三章破坏社会主义市场经济秩序罪中第四节和第五节分别对破坏金融管理秩序罪和金融诈骗罪作了规定,其中第四节从第170条至第191条共22个条文,规定了24个罪名,第五节从第192条至第200条规定了8个罪名。修订后的刑法在《决定》的基础上,一是增加了高利转贷罪、内幕交易、泄露内幕信息罪、编造并传播证券交易虚假信息罪、诱骗投资者买卖证券罪、操纵证券交易价格罪、用账外客户资金非法拆借、发放贷款罪、洗钱罪、有价证券诈骗罪 8 个新罪名。二是将金融犯罪零散的立法内容集中起来，形成了金融犯罪立法上的系统性。例如，把擅自发行股票、公司、企业债券罪从违反公司法的犯罪中调整吸纳进来，与其他证券犯罪放在一起。又如，把原单行刑法中规定的为毒品犯罪分子提供账号等毒品犯罪帮助行为，由原来的毒品犯共犯按照国际上该类犯罪的立法惯例和趋势进行修改并充实内容后，成为现在的洗钱罪这一新罪名，并放到三十章金融管理秩序罪一节。三是对金融犯罪进行了科学的分类，即按照行为侵犯直接客体的主要方面的不同，把金融犯罪分为三十章金融管理秩序罪和金融诈骗罪两大类，并作为两个专节进行立法。这样，我国金融犯罪立法，以修订后的刑法为标志，结束了零散纷乱的状态，形成了一类相对独立的系列的犯罪，存在于刑法典之中，构成了破坏社会主义市场经济秩序的一项重要罪名。

1998 年 12 月 29 日，中华人民共和国第九届全国人民代表大会常务委员会第六次会议正式通过了《关于惩治骗购外汇、逃汇和非法买卖外汇犯罪的决定》（以下简称《决定》），《决定》针对实践中常发多见的骗购外汇罪这一新的金融犯罪的罪名，使我国金融犯罪的体系更加完善。

1999 年 12 月，第九届全国人大常委会第 13 次会议通过了《中华人民共和国刑法修正案》，此次修改补充的内容主要涉及金融领域。具体修改、补充包括：①修改补充刑法擅自设立金融机构罪的罪状；②修改补充伪造、变造、转让金融机构经营许可证、批准文件罪；③修改 1997 年刑法、刑法典关于危害证券管理市场的犯罪，增加期货犯罪方面的内容；④增加证券交易所、证券公司、期货经纪公司、期货交易所、保险公司的工作人员构成挪用公款罪的规定。

2001 年 12 月 29 日，第九届全国人民代表大会常务委员会第二十五次会议通过《中华人民共和国刑法修正案（三）》，对洗钱犯罪进行了修改，扩大了与洗钱犯罪有关的上游犯罪的种类，将刑法第一百九十一条修改为：明知是毒品犯罪、黑社会性质的组织犯罪、恐怖活动犯罪、走私犯罪的违法所得及其产生的收益，为掩饰、隐瞒其来源和性质，有下列行为之一的，没收实施以上犯罪的违法所得及其产生的收益，处五年以下有期徒刑或者拘役，并处或者单处洗钱数额百分之五以上百分之二十以下罚金；情节严重的，处五年以上十年以下有期徒刑，并处洗钱数额百分之五以上百分之二十以下罚金；（一）提供资金账户的；（二）协助将财产转换为现金或者金融票据的；（二）通过转账或者其他结算方式协助资金转移的；（四）协助将资金汇往境外的；（五）以其他方法掩饰、隐瞒范围的违法所得及其收益的来源和性质的。"单位犯前款罪的，对单位判处罚金，并对其直接负责的主管人员和其他直接责任人员，处五年以下有期徒刑或者拘役；情节严重的，处五年以上十年以下有期徒刑"。

2005 年 2 月 28 日，第二届全国人民代表大会常务委员会第十四次会议通过《中华人民共和国刑法修正案（五）》，增加了妨害信用卡管理方面的犯罪规定，修改并完善了有关信用诈骗罪的规定，规定："有下列情形之一，妨害信用卡管理的，处三年以下有期徒刑或者拘役，并处或者单处一万元以上十万元以下罚金；数量巨大或者有其他严重情节的，处三年以上十年以下有期徒刑，并处二万元以上二十万元以下罚金；（一）明知是伪造的信用卡而持有、运输的，或者明知是伪造的空白信用卡而持有、运输、数量较大的；（二）非法持有他人信用卡，数量较大的；（三）使用虚假的身份证明骗领信用卡的；（四）出售、购买、为他人提供伪造的信用卡或者以虚假的身份证明骗领的信用卡。窃取、收买或者非法提供他人信用信息资料的，依照前款规定处罚。银行或者其他金融机构的工作人员利用职务上的便利，犯第二款罪的，从重处罚。"同时将刑法第一百九十六条修改为："有下列情形之一，进行信用诈骗活动，数额较大的，处五年以下有期徒刑或者拘役，并处二万元以上二十万元以下罚金；数额巨大或者有其他严重情节的，处五年以上十年以下有期徒刑，并处五万元以上五十万元以下罚金；数额特别巨大或者有其他特别严重情节的处十年以上有期徒刑或者无期徒刑，并处五万元以上五十万元以下罚金或者没收财产：（一）使用伪造的信用卡，或者使用以虚假的身份证明骗领的信用卡的；（二）使用作废的信用卡的；（三）冒用他人信用卡的；（四）恶意透支的。前款所称恶意透支，是指持卡人以非法占有为目的，超过规定限额或者规定期限透支，并且经发卡银行催收后仍不归还的行为。盗窃信用卡并使用的，依照本法第二百六十四条的规定定罪处罚。"

2006年6月29日，第十届全国人大常委会第22次会议表决通过了《中华人民共和国刑法修正案（六）》。该修正案共有21条，其中大部分涉及金融犯罪。通过这次修订，一方面增加了对一些新的金融犯罪的犯罪构成进行了调整，进一步总结了司法实践中的经验，对一些金融犯罪的犯罪构成进行了调整，进一步明确了构成犯罪的要件，增加了执行中的可操作性。现将其中的主要修改内容介绍如下。

1. 增加了虚构事实隐瞒真相骗取贷款的犯罪

该修正案第十条在《刑法》第一百七十五条后增加一条规定："以欺骗手段取得银行或者其他金融机构贷款、票据承兑、信用证、保函等，给银行或者其他金融机构造成重大损失或者有其他严重情节的，处三年以下有期徒刑或者拘役，并处或者单处罚金；给银行或者其他金融机构造成特别重大损失或者有其他特别严重情节的，处三年以上七年以下有期徒刑，并处罚金。"

2. 增加了擅自运用客户信托资财的犯罪

擅自运用客户资金的犯罪，以及住房公积金管理等机构违规挪用资金的犯罪修正案第十二条在刑法第一百八十五条后新增加了一条，作为第一百八十五条之一，规定"商业银行、证券交易所、期货交易所、证券公司、期货经纪公司、保险公司或者其他金融机构，违背受托义务，擅自运用客户资金或者其他委托、信托的财产，情节严重的对单位判处罚金，并对其直接负责的主管人员和其他直接责任人员追究刑事责任"。社会保障基金管理机构、住房公积金管理机构等公众资金管理机构，以及保险公司、保险资产管理公司、证券投资基金管理公司，违反国家规定运用资金的，对其直接负责的主管人员和其他直接责任人员追究刑事责任。

3. 扩大了洗钱罪上游犯罪的范围

该修正案第十六条对刑法第一百九十一条第1款进行了修改，规定：明知是毒品犯罪、黑社会性质的组织犯罪、恐怖活动犯罪、走私犯罪、贪污贿赂犯罪、破坏金融管理秩序犯罪、金融诈骗犯罪的所得及其产生的收益，为掩饰、隐瞒其来源和性质，具有法定行为之一的，构成洗钱罪。

4. 修改违法发放贷款罪

刑法第一百八十六条规定"向关系人发放贷款罪"和"违法发放贷款罪"。《刑法修正案（六）》将刑法第一百八十六条改为违法发放贷款罪一个罪名，将"向关系人发放贷款"的犯罪行为作为违法发放贷款罪的加重处罚的情节。

5. 修改违规出具金融票证罪

刑法第一百八十八条原规定银行或者其他金融机构及其工作人员为他人出具金融票证造成较大损失的，才构成犯罪，造成重大损失的，处加重法定刑，把构成犯罪的标准只限定在损失结果上，如果没有造成损失结果，即使其他情节严重的，也不构成犯罪。《刑法修正案（六）》将原规定的"造成较大损失的"和"造成重大损失的"改为"情节严重"和"情节特别严重"，既包括损失情节，也包括其他的情节，扩大了惩治范围。

6. 修改操纵证券、期货市场犯罪

《刑法修正案（六）》对刑法第一百八十二条增加了"操纵期货交易价格的犯罪行为"。为了与修订后的证券法相衔接，《刑法修正案（六）》又进一步修改为"操纵证券、期货市场"犯罪，最高处十年有期徒刑，并处罚金。[①]

上述立法演变的回顾，充分体现了我国金融犯罪的刑事立法已经形成了适应金融犯罪处罚的刑罚体系。具体表现为确立了30余个金融犯罪的罪名。在其中规定了21个罪名可以由单位构成，规定对单位判处罚金，需明显地注意经济制裁。

---

① 赵志华、鲜铁可、陈结淼著：《金融犯罪的定罪与量刑》，人民法院出版社2008年2月第2版，第1~6页。

## 二、在金融服务与管理中强化对金融"未罪"的治理

### (一)金融危机背景下美国治理金融犯罪的态势

从 2007 年中开始,因受次贷危机的影响,在美国爆发了 21 世纪以来最为严重的金融经济危机。这次金融危机对美国金融犯罪产生了极大的影响。金融犯罪之总体数额呈现上升的特点。且观以下三个图示(如图 1、图 2、图 3 所示):[①]

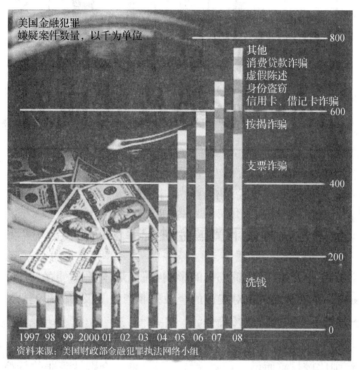

图 1　各类金融犯罪数量变化

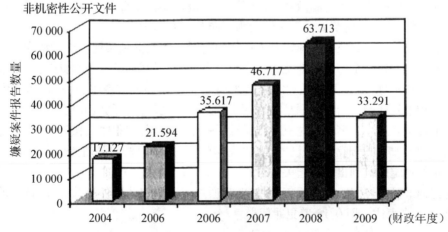

图 2　涉及抵押诈骗的案件:从 2004 年度到 2009 年 3 月 31 日报告的嫌疑案件

---

① 顾肖荣主编:《经济刑法》,陈玲《金融危机背景下美国金融犯罪的新形势及其对策》,上海社会科学院出版社 2009 年 11 月第 1 版,第 092~093 页。

非机密性公开文件

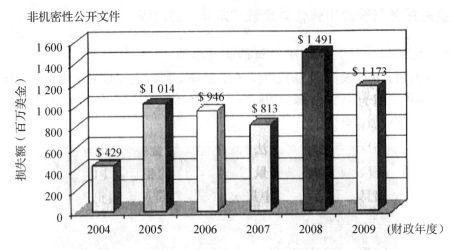

图 3  2004 年度到 2009 年 3 月 31 日报告的抵押诈骗嫌疑案件损失额

犯罪对策总是犯罪原因的对应之策。在美国的这次涉及全球的金融危机中，即使发生了像麦道夫案那样震惊全球的金融诈骗案件，美国政府及民众也不认为是由于金融犯罪法网不严和处罚不苛的原因，因此，在刑法对策上与危机前相比并没有在法律上发生大的改变。美国政府和民众都认识到仅从立法上严密法网以及事后严厉惩罚是不够的，应当逐步从事后惩罚转到事前预防上来，要尽可能从源头上治理犯罪发生的可能性。一方面减少犯罪形成；另一方面才能最大可能地减少金融犯罪给正常的金融秩序和金融活动带来的损失，减少受害者的经济损失。在所采取的对策上，除了从惩罚上设置"法律框架"，合力司治上设置"组织框架"外，还大大强化了金融监管的计划。美国财政部 2009 年 6 月 17 日颁布了金融监管改革的实施计划方案。[①]

（二）对经济金融犯罪而言，最有效的治理是制度、机制的控制与防范设置

对任何犯罪的形成而言，都是有"源头—流程—终端"的行径的。只不过有些犯罪的行踪比较隐蔽，而有的犯罪的行踪则比较显露而已。相对来说，经济性、金融性犯罪的行踪是属于比较显露的类型。因为从源头到流程至终端都往往是与经济活动、金融活动的规范性运行相伴随的。按照活动运行途径来设计防范制度、机制，从源头上和流程环节中治理违法与犯罪行为，从而达到减少犯罪的产生或者减少小罪成大罪的结果，是可能做到的。问题的关键是要转变观念，要从"无限刑法功能"转变为"有限刑法功能"，要从"防范无作为"转变为"防范大有作为"。

当然，除了观念的转变，还得选择好具体操作的途径，才能落到实处。笔者认为，遵行的途径就是部门法的法律规定。每一个部门法都是为社会某一方面服务的服务法，同时亦是规范违法犯罪行为治理的防治法。法律本身，就是要求在"服务中监督管理，在管理监督中服务"，达到依法开放又严谨管理，以实现和谐发展的目的。问题是在适用中，人们关注的是法的服务功能，而很不关注其法的防治功能。为了提醒其关注，笔者在这里专门设计了一个警示词："犯罪门槛"。凡越轨违法进入了犯罪门槛的，谓之"已罪"。而刑法学乃已罪学矣！没有进入犯罪门槛的越轨违法行为，谓之"未罪"。现将我国证券法的法定门槛列出以引起关注。

《中华人民共和国证券法》于 2004 年 8 月 28 日通过。其中违法责任条款有 36 条，涉罪的条款有 16 条。用术象语言来表达，即有 16 道犯罪门槛。

犯罪门槛：

第一百七十五条  未经法定的机关核准或者审批，擅自发行证券的，或者制作虚假的发行文件发行证券的，责令停止发行，退还所募资金和加算银行同期存款利息，并处以非法所募资金金额百分之

---

① V. S. Department of Treasury：Financial Beyulatory Betorm：A New Foundation，2009.

一以上百分之五以下的罚款。对直接负责的主管人员和其他直接责任人员给予警告，并处以三万元以上三十万元以下的罚款。构成犯罪的，依法追究刑事责任。

犯罪门槛：

第一百七十六条 证券公司承销或者代理买卖未经核准或者审批擅自发行的证券的，由证券监督管理机构予以取缔，没收违法所得，并处以违法所得一倍以上五倍以下的罚款。对直接负责的主管人员和其他直接责任人员给予警告，并处以三万元以上三十万元以下的罚款。构成犯罪的，依法追究刑事责任。

犯罪门槛：

第一百七十七条 依照本法规定，经核准上市交易的证券，其发行人未按照有关规定披露信息，或者所披露的信息有虚假记载、误导性陈述或者有重大遗漏的，由证券监督管理机构责令改正，对发行人处以三十万元以上六十万元以下的罚款。对直接负责的主管人员和其他直接责任人员给予警告，并处以三万元以上三十万元以下的罚款。构成犯罪的，依法追究刑事责任。

犯罪门槛：

第一百七十八条 非法开设证券交易场所的，由证券监督管理机构予以取缔，没收违法所得，并处以违法所得一倍以上五倍以下的罚款。没有违法所得的，处以十万元以上五十万元以下的罚款。对直接负责的主管人员和其他直接责任人员给予警告，并处以三万元以上三十万元以下的罚款。构成犯罪的，依法追究刑事责任。

犯罪门槛：

第一百七十九条 未经批准并领取业务许可证，擅自设立证券公司经营证券业务的，由证券监督管理机构予以取缔，没收违法所得，并处以违法所得一倍以上五倍以下的罚款。没有违法所得的，处以三万元以上十万元以下的罚款。构成犯罪的，依法追究刑事责任。

犯罪门槛：

第一百八十一条 证券交易所、证券公司、证券登记结算机构、证券交易服务机构的从业人员、证券业协会或者证券监督管理机构的工作人员，故意提供虚假资料，伪造、变造或者销毁交易记录，诱骗投资者买卖证券的，取消从业资格，并处以三万元以上五万元以下的罚款；属于国家工作人员的，还应当依法给予行政处分。构成犯罪的，依法追究刑事责任。

犯罪门槛：

第一百八十三条 证券交易内幕信息的知情人员或者非法获取证券交易内幕信息的人员，在涉及证券的发行、交易或者其他对证券的价格有重大影响的信息尚未公开前，买入或者卖出该证券，或者泄露该信息或者建议他人买卖该证券的，责令依法处理非法获得的证券，没收违法所得，并处以违法所得一倍以上五倍以下或者非法买卖的证券等值以下的罚款。构成犯罪的，依法追究刑事责任。

证券监督管理机构工作人员进行内幕交易的，从重处罚。

犯罪门槛：

第一百八十四条 任何人违反本法第七十一条规定，操纵证券交易价格，或者制造证券交易的虚假价格或者证券交易量，获取不正当利益或者转嫁风险的，没收违法所得，并处以违法所得一倍以上五倍以下的罚款。构成犯罪的，依法追究刑事责任。

犯罪门槛：

第一百八十五条 违反本法规定，挪用公款买卖证券的，没收违法所得，并处以违法所得一倍以上五倍以下的罚款；属于国家工作人员的，还应当依法给予行政处分。构成犯罪的，依法追究刑事责任。

犯罪门槛：

第一百八十六条 证券公司违反本法规定，为客户卖出其账户上未实有的证券或者为客户融资买入证券的，没收违法所得，并处以非法买卖证券等值的罚款。对直接负责的主管人员和其他直接责任人员给予警告，并处以三万元以上三十万元以下的罚款。构成犯罪的，依法追究刑事责任。

犯罪门槛：

第一百八十八条　编造并且传播影响证券交易的虚假信息，扰乱证券交易市场的，处以三万元以上二十万元以下的罚款。构成犯罪的，依法追究刑事责任。

犯罪门槛：

第一百八十九条　证券交易所、证券公司、证券登记结算机构、证券交易服务机构、社会中介机构及其从业人员，或者证券业协会、证券监督管理机构及其工作人员，在证券交易活动中作出虚假陈述或者信息误导的，责令改正，处以三万元以上二十万元以下的罚款；属于国家工作人员的，还应当依法给予行政处分。构成犯罪的，依法追究刑事责任。

犯罪门槛：

第一百九十三条　证券公司、证券登记结算机构及其从业人员，未经客户的委托，买卖、挪用、出借客户账户上的证券或者将客户的证券用于质押的，或者挪用客户账户上的资金的，责令改正，没收违法所得，处以违法所得一倍以上五倍以下的罚款，并责令关闭或者吊销责任人员的从业资格证书。构成犯罪的，依法追究刑事责任。

犯罪门槛：

第二百零二条　为证券的发行、上市或者证券交易活动出具审计报告、资产评估报告或者法律意见书等文件的专业机构，就其所应负责的内容弄虚作假的，没收违法所得，并处以违法所得一倍以上五倍以下的罚款，并由有关主管部门责令该机构停业，吊销直接责任人员的资格证书。造成损失的，承担连带赔偿责任。构成犯罪的，依法追究刑事责任。

犯罪门槛：

第二百零四条　证券监督管理机构对不符合本法规定的证券发行、上市的申请予以核准，或者对不符合本法规定条件的设立证券公司、证券登记结算机构或者证券交易服务机构的申请予以批准，情节严重的，对直接负责的主管人员和其他直接责任人员，依法给予行政处分。构成犯罪的，依法追究刑事责任。

犯罪门槛：

第二百零五条　证券监督管理机构的工作人员和发行审核委员会的组成人员，不履行本法规定的职责，徇私舞弊、玩忽职守或者故意刁难有关当事人的，依法给予行政处分。构成犯罪的，依法追究刑事责任。

（原为上海市法学会诉讼法研究会 2010 年 9 月主办的《金融服务创新——风险防范法治建设论坛论文集》论文）

# 第三章　监狱学：狱治人文论

拍摄、采访监狱（所）审批单　　№ 0000373

| 拍摄、采访单位名称 | 《法制与社会》采编 | | |
|---|---|---|---|
| 拍摄、采访单位联系人姓名 | 夏吉先 | 职务 | |
| 拍摄、采访的用途： | 采访所把好的建制报道事宜 | | |
| 拍摄、采访监狱（所）的主要部位和人物： | 夏吉先指挥 | | |
| 被拍摄、采访监狱（所）需配合的工作： | 请当班接待采访的同志以适当的配合 | | |
| 拍摄、采访单位进入监狱（所）的设备 | | 人数 | 四人 |
| 局宣传中心经办人签名 | 苏一林 0年 2月10日 | | |
| 监狱管理局审批意见 | 门芒 0年（公章）2月10日 | | |
| 备注 | | | |

说明：1、审批单两联，一联交被拍摄、采访单位办公室，一联留存局宣传中心。
　　　2、拍摄、采访单位联系人进入监狱（所）时，应按规定出示有关证件。

# 第七十三篇 对宝山监狱的采访

2009 年的春节，当华东政法大学的韬奋楼钟声悠扬的响彻之际，笔者从媒体又听到宝山监狱用"弟子规"教育犯人的新闻报导。监狱是失去自由的人们的所在之处。这些人为什么失去了自由呢？因为犯了罪！想到此，于是引发了笔者对上海市宝山监狱进行采访与考察的打算。作为《法制与社会》杂志新闻中心的特约记者和主任编辑的笔者，经上海市监狱管理局办公室的批准，于 3 月初即带上一位学生赖毅敏先后对宝山监狱进行了三次采访，以及收集相关狱政资料。

对笔者来说，采访、集资和思考是三位一体的。

## 一、面对监狱的思考

由监狱场所引发的人生思考，从哲学高度而言，莫过于对人生境界的感悟了。

丰子恺[①]说：人生有三层楼。第一层是"生存"，第二层是"学术"，第三层是"宗教"。并说他的老师李叔同就是这三层楼的真正践行者。

冯友兰[②]说：人生有四大境界。第一是"自然境界"，第二是"功利境界"，第三是"道德境界"，第四是"天地境界"。

三层楼也好，四境界也好。对监内之人和监外之人来说，都可以说是三面镜子和四面镜子在对所有人的人生观照！

## 二、面对监狱的考察

从学术研究出发，笔者已笔耕论述了"防治制度论"、"刑治科学论"，现在是面对监狱——这个改造罪犯的大墙环围的社会——还会得出什么结论呢？通过数次的考察，总算得出了又一理论，即"狱治人文论"。可是"狱治人文论"不是由笔者能够笔耕得出来的，而是只能由监狱官员们在监狱的治理实践中生长出来的。正因为如此，笔者没有由自己写什么，而是直接采用宝山监狱工作官员写的经验文章与媒体方式的相关报导，从而完成该论述的。这种方式亦为《未罪学》一书的编著方式开上了端。

## 三、面对监狱的采访

既然作为记者，总归要履行到一定的采访职责，目的就是将《上海宝山监狱探索矫正罪犯新路子》作一个报导，这就不用多说了。本章亦将发表的报导转载了。

## 四、犯罪源流机制全图

从大千社会中产生的犯罪者，经过公安局破案——检察院起诉——法院判决——监狱改造的流程，最终又返回到大千社会中去。回去的人还会不会再犯罪呢？这是监狱机构——服刑人自身——大千社会三

---

① 丰子恺：著名中国画画家。
② 冯友兰：著名中国哲学史家。

者都十分关注的问题。如何关注？这得深刻解析犯罪是如何产生，又怎样做到才不会再产生。而"犯罪源流机制流程全图"乃是研究的路径，且须按照形成犯罪的各项要素，着力反其道而为之，下足工夫的。请见下图。

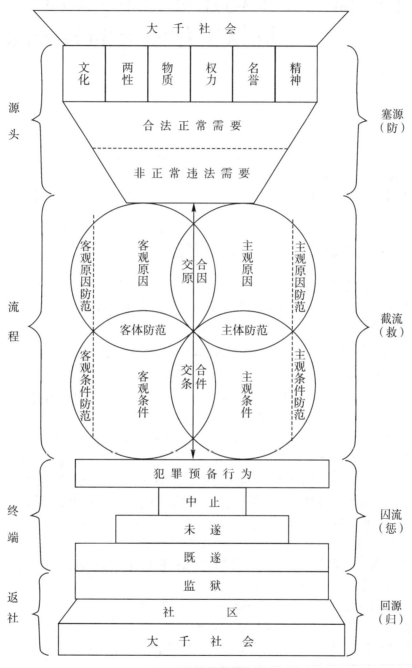

**违法犯罪源流全图**

# 第七十四篇  关于构建社会主义和谐社会与监狱工作发展的若干思考

陈耀鑫[①]

国家已经进入制定"十一五"规划的筹划阶段，就监狱工作而言，宏观上有部局级的发展规划，微观上有某一个监狱的具体规划。如何把这些发展规划融入构建社会主义和谐社会的目标与过程中去，是一项关系到监狱工作能否健康有序发展，能否真正发挥职能作用的重大课题。笔者结合近年来从事监狱工作的实践进行了若干思考。

## 一、构建社会主义和谐社会与监狱工作发展的一致性

某些工作的推动和某项事业的发展，首先要有一个稳定的、完备的发展规划。缺乏规划意识，工作的前瞻性和发展的科学性是很难体现的。充分认识构建社会主义和谐社会与监狱工作发展的一致性，对于制定监狱工作规划，谋划监狱工作发展十分重要。

### （一）构建社会主义和谐社会理论为监狱工作发展指明了方向

胡锦涛总书记指出，我们所要建立的社会主义和谐社会，应该是民主法治、公平正义、诚信友爱、充满活力、安定有序、人与自然和谐相处的社会。从这一精辟论述中，我们领悟到，构建和谐社会与监狱工作发展方向是高度一致的。它的一致性表现在下述方面：

1. 党和国家以发展为中心的战略和监狱工作致力于服务大局上的一致性

发展是时代的主题，是党执政兴国的第一要务。围绕中心、服务大局是做好监狱工作的方向。监狱体制改革的实践证明，监狱工作的发展（主要是指硬件的发展）有赖于国家厚实的物质基础，没有国家的发展也就没有监狱工作的发展。只有充分认识国家发展与监狱工作的一致性，才会自觉地从服务大局中去思考监狱工作，准确把握局部与全局的关系。

2. 构建安定有序的和谐社会与履行监狱工作职责上的一致性

监狱工作的本质职能就是教育改造罪犯、维护监狱稳定，进而维护社会的稳定。和谐社会要以稳定为前提，它与监狱工作职责是完全一致的。

3. 构建民主法治的和谐社会与实施依法治国方略上的一致性

民主法治的社会是要靠完备的法制和全体社会成员知法、懂法、守法意识作保障的。实施依法治国方略，完善监狱的法制建设、发挥教育改造功能也是构建民主法治的重要基础。

4. 构建公平正义的和谐社会与维护司法公正上的一致性

公平正义的实现，首先在于司法公正，而司法公正离不开法制和规范。监狱作为刑罚执行机关，通过规范执法行为来确保司法公正，从而实现公平正义。这既是对监狱工作的要求，也是构建社会主义和谐社会的需要。

### （二）以科学发展观统领监狱工作的发展

一个监狱的发展规划，一般要管三、五年。没有经过集思广益，没有经过论证过程，是很难保证

---

① 陈耀鑫：宝山监狱党委书记、监狱长。

规划的符合性和科学性。在制定监狱工作发展规划中，首先，要注意"不为积习所蔽，不为时尚所惑"。一是打破习惯思维。习惯思维也是一种思维定势，几十年监狱工作形成的习惯思维，既有正确的成分，也有保守的成分。打破习惯思维，就是打破一种思维定势，摒弃墨守成规，创新才能真正成为题中之义。二是立足工作实际，不搞不切实际的"花架子"。把工作创新、制度创新和追逐时尚的短期行为区分开来，致力于长效机制的构建。其次，要进行整体设计，改变把条线计划拼凑起来的习惯。监狱工作有一个比较明显的特点，就是以条线划分工作内容。这有体制方面的因素，也有习惯方面的原因，利弊兼有。有些简单的工作被机械地划分，形成了简单的事情复杂地做；有些工作不清，政出多门，工作落实"打水漂"的现象。设计就是要克服这些弊端，不是简单的拼凑，而是合理的揉合。整体设计的落脚点就是要使条线工作围绕监狱中心工作而公转，又要结合自身的工作实际而自转。监狱的发展规划必须提出整体的工作要求，明确主责和次责部门，具有层次清晰、综合性的特点。再则，要重视事前论证和过程评估。制定发展规划要抱着严谨、求实的工作态度，经过调研论证、上下反复听取意见的过程，每一个工作环节都不能省略。在实施规划的过程中，可分时间段对规划进行评估，有利于及时纠错，有利于丰富和完善规划的内容，真正体现科学发展观。

（三）监狱工作的发展要与构建社会主义和谐社会保持一致

这是监狱工作发展的基本要求。在谋划发展中，首先，要注意把握国家、行业、地域、上级工作的发展方向，包括国家制定的依法治国方略，司法部提出的法制化、科学化、社会化的目标，市委提出的构建法治政府、责任政府的目标，市监狱管理局提出的监狱工作与城市地位相适应、与国际行刑趋势相衔接的目标。虽然，这些发展战略、发展目标都有各自的侧重点，却反映了国家、行业、地域、上级工作的发展方向，是构建社会主义和谐社会的组成部分。编制监狱工作发展规划必须体现发展方向上的一致性。其次，要善于结合本单位的工作实际，分析优劣势，确定监狱自身的发展战略。每个监狱都有自身的发展轨迹和工作特色，呈现出发展上的多样性。结合本单位的工作实际，就是要把一致性和多样性有机地结合起来，在多样性中体现一致性。分析优劣势，就是要求在"解剖麻雀"、去伪存真的基础上，对监狱状况进行综合分析，使监狱发展规划符合监狱工作的实际。

## 二、构建社会主义和谐社会与监狱工作发展的协调性

构建社会主义和谐社会的目标反映了全社会的共同意志，而目标上的一致性并不能反映发展中的协调性。因此，在构建社会主义和谐社会的过程中，需要不断解决发展中的协调性，这是构建和谐社会的要求，监狱工作也要重视解决好发展中的协调性。笔者认为，解决好监狱工作发展中的协调性，必须正确确立监狱的发展定位、发展目标、发展主题、发展道路、发展精神，系统思考监狱工作的发展。

（一）发展定位决定监狱的发展水平

监狱的发展定位受限于社会、经济、文化的发展水平，用发展阶段论来确定监狱的发展定位是比较合适的。因此，实事求是，根据具体情况确定监狱的发展定位，有利于监狱工作的健康发展。近年来，有些监狱把发展定位确定在创建现代化文明监狱上。目前来看，这是很好的选择，有利于提高工作水平。创建工作从层次上来讲，有省（市）级、部级之分，从结构上来讲，对硬件和软件均有不同的要求，符合梯级发展的一般规律。但是，部级现代化文明监狱不应该成为终结目标，它同样有一个不断完善、不断提高的过程。现代化文明监狱的实现程度是与监狱的发展水平相适应的，有了正确的发展定位，才能不断提高监狱的发展水平。

（二）发展目标体现监狱的工作追求

监狱的发展目标应该订得比较全面、准确，从整体上体现一种工作追求。一个全面、准确的发展目标，有利于目标的分解，有利于凝聚人心。监狱的发展目标，一般可对建设怎么样的领导班子、培养怎样的警察队伍和争创怎么样的工作业绩进行设定，体现一种崇尚法制，忠于职守，争创一流的工

作追求。同时，监狱的发展目标，也可对监狱发展要达到的程度和标准进行设定，使目标的内涵更加具体。比如，提出法治化的目标：建立行为规范、运作协调、公正透明、廉洁高效的管理体制。比如，提出标准化的目标：按照 ISO9001－2000 质量管理体系的先进理念和方法，制定监狱的质量方针、质量手册、程序文件、工作指导书，对监狱工作实行质量管理。比如，提出数字化的目标：根据信息资源数字化、信息传输网络化、信息管理智能化和信息技术普及化的要求，确定按照何类等级标准，进行信息化建设。比如，提出园林化的目标：按照省（市）或国家园林建设标准，加强环境美化和景观建设，培育监狱文化，体现人文关怀，实现人与环境的和谐相处。

### （三）发展主题是监狱工作要求的集中概括

监狱的工作内容和工作要求很多，也很繁杂。确定发展主题，有利于理清工作脉络，突出工作重点，它是监狱工作要求的集中概括。比如，有的监狱把"安全、公正、效率、发展"作为发展主题，反映了全面、概括、鲜明的特点，朗朗上口，力透纸背。安全是监狱工作的基本职责，公正是对监狱人民警察执法的要求，效率与发展是互为作用的，没有效率免谈发展。发展主题在监狱工作中起着担纲的作用，有一个鲜明的体现时代特征的主题统领监狱工作的发展，对实现监狱工作的发展目标是不可或缺的。

### （四）发展道路决定监狱的发展方向

每个监狱走的发展道路可能不尽相同，而构建社会主义和谐社会的方向应该是一致的。因此，确定一个监狱的发展道路也是十分重要的。市监狱管理局提出与城市地位相适应、与国际行刑趋势相衔接的目标，对于探索监狱之路具有指导作用。其一，城市地位是指区域定位，它与监狱工作的发展息息相关。目前，我国正在以大中型城市为中心，形成珠江流域、长江流域、环渤海流域等一批发展迅速的经济带。比如，上海正在建设国际经济、金融、贸易、航运中心，其特大型城市的区位优势正在显现。城市的区位决定了其对监狱工作的特殊需求。加强对城市区位功能和区位需求的研究，使监狱工作与当地经济社会的发展相协调、相适应，是监狱工作的发展方向。其二，与国际行刑趋势相衔接，既是监狱工作走向现代文明、现代法制的一种标志，也是构建社会主义和谐社会的方向。因此，走与城市地位相适应、与国际行刑趋势相衔接，具有中国特色、时代特征、城市特点的监狱工作品牌的发展之路，可以作为监狱发展道路的重要选择。

### （五）发展精神是促进监狱工作的动力

提炼和倡导精神文化是监狱工作的传统。新时期精神文化的导向作用越来越重要。监狱工作所要倡导的发展精神有其特定的内涵，它应该成为振奋警察精神、促进监狱工作的动力。因此，监狱的核心价值观既是形成发展精神的基础，也是构建和谐监狱工作的基础。核心价值观的形成，要从警察的职业道德教育和职业操守教育做起，在警察队伍中倡导"诚信、自律、务实、真诚"的风尚。在此基础上进一步提炼监狱精神。比如，有的监狱提出"汇源聚能、登高望远"的精神。他们认为，通过汇源聚能，把宝贵的社会资源、人才资源、改选工作传统之源、创新工作之源汇集起来，凝取能人、能力、能量，为监狱的发展提供源源不断的智力支持和组织保证。他们认为，登高望远就是要以站得高、看得远的胸怀，攀登山峰的勇气，谋划监狱工作的发展。这类监狱精神是与"海纳百川，追求卓越"的城市精神相吻合的，有利于凝聚全体人民警察，实现监狱工作的发展愿景。

## 三、构建社会主义和谐社会与监狱工作发展的实践性

构建社会主义和谐社会是 13 亿中国人民的伟大实践，没有现成的模式和答案。通过反复的探索与实践，寻找适合于行业特点的发展模式同样也是监狱工作的不懈追求。司法部提出的监狱工作"科学化、法制化、社会化"的目标应该得到完整体现。

### （一）构建完整的监狱工作体系，体现监狱工作的系统性

监狱工作有纵横交错的特点，一个监狱要体现出工作的系统性，建立完整的工作体系不失为一种

选择。监狱可建立的体系有：制度责任体系、安全防控体系、教育改造体系、人力资源体系、创新功能体系等，它的完整性体现在对监狱工作内容的全覆盖，它的系统性表现为五个相对独立的体系能够相互支撑，互补性得到充分发挥。它们之间的关系可表述为，制度责任体系是基础，安全防控体系是前提，教育改造体系是核心，人力资源体系是保障，创新功能体系是动力。①制度责任体系：一是通过制度的修订，实现制度对工作的覆盖。二是通过制度合理划分事权，界定分工，制定工作流程，理顺部门、监区之间、条块之间以及行政层级之间的关系。三是明确执法岗位分权职责和执法依据，按照权利和义务，分清决策、管理、执行层的责任，切实解决工作由谁做、责任由谁负的问题。②安全防控体系：主要是建立组织在监狱、支撑在部门、工作在监区、落实在警察的四级连动机制，形成"大安全"的新格局。监狱的职责在于定期分析、深入排查、科学决策、组织协调，确保经费、警力、警戒设施的正常到位。部门的职责在于相互配合，做好分析、预警、督查、保障等工作，主动帮助监区、分监区解决安全隐患问题，为安全稳定提供有力支持。监区和分监区的职责在于按照规范化标准，组织、安排、检查、考核，落实各项安全制度，通过加强罪犯教育管理，消除安全工作的"盲区"和"盲点"。主管警察要以监组承包责任制为基础，运用有效方法和手段，使安全工作得到根本落实。③教育改造体系：重在改造罪犯的手段、方式、方法上的创新，对教育改造工作实行项目化管理，树立改造工作的过硬品牌。比如，开展以塑造罪犯人格为内容的主题教育，形成递进式、系列化的特色。比如，根据押犯结构特点，探索行刑个别化模式，进行分类管理、分类教育；比如，建立以个别教育能手为主的工作室，发挥"指导、示范、攻坚、科研"的作用，完善个教网络和工作机制；比如，在行刑教育化中，开展职业技术、文化、法制教育和现代生活常识教育，发挥劳动的矫正功能，培养罪犯健康的人格和技能，提高教育社会化程度，建立和完善教育改造质量评价体系等。④人力资源体系：重在警察队伍的政治素养、业务能力培养和使用。一是组织实务能力培训，形成开放式、分层级、精细化的培训机制。可采用"走出去"方式挂职锻炼，参加公务员双休日培训；采用"请进来"方式，让社会上的专家学者来监狱辅导，有重点地培养专业人才和后备干部。二是实行人事制度的改革，推行机关管理岗位和中层干部岗位的竞聘。三是探索警察分类管理制度，建立与绩效挂钩的激励机制，使工作成绩和精神、物质奖励相对应。四是聘请监狱顾问，利用社会人才资源服务监狱工作。⑤创新功能体系：重在理念更新，形成工作创新的机制和活力。比如，开展创建学习型组织活动，破解难题，促进人的素质提高；比如，搭建信息数据、分析研究、网上办事的服务平台，运用高科技的手段为监狱工作服务；比如，重视科研工作，把握改造罪犯工作的规律；比如，注重制度创新和工作创新，探索监狱工作发展的模式等。

（二）把制度责任构建作为工作体系运作的关键，体现监狱工作的"法制化"

把制度责任体系放在五大体系的首位，这样排位有着特定的含义。制度化程度是社会良性运作的必要前提，同时也是社会文明程度的重要标志。抓制度责任体系建设，就是为了更好地体现监狱工作的"法制化"的精神，它可以解决好监狱工作体系相互运作中产生的矛盾和问题，抓住了制度责任就是抓住了监狱工作的关键。首先，要做到制度设计与责任落实相结合。制度构建是监狱工作发展中带有根本性、全局性和长期性的事情，程序上和内容上要体现制度设计的规范性、权威性、稳定性的特征。比如，制度的立、改、废必须由监狱长办公会议审议通过；比如，每项制度规范都有工作指导书相配套，对制度的适用范围、职责和工作流程做出明确规定；比如，由制度明确主办者和协办者的职责权限，使办事"走程序"成为一种习惯，减少"扯皮"现象。解决好缺乏组织协调、找不到责任人的现象。其次，要做到制度管理与完善管理方式相结合，建立监狱工作管理方式。比如，按照ISO9001－2000标准对监狱工作进行质量管理，从文件受控、考核流程到绩效评估，都要体现贯彻标准的工作要求，制度与贯标相衔接，使监狱的管理水平与社会上通行的先进管理方式接轨。再次，要做到制度执行与严格考核相结合。为了确保各项制度落实到位，提高制度执行的效能。监狱可以推行总值班日检查、职能条线月考核、监狱考核领导小组季度督导的考核工作模式。日检查解决即时纠正问题，月考核解决条线工作要求的落实问题，季度督导主要是通过情况通报和工作点评，为规范化建设绩效评估提供依据。

**（三）把先进的理念作为构建工作体系的指导，体现监狱工作的"科学化"**

理念属于文化范围，社会主义和谐社会需要先进的理念支撑。引入和培育先进的理念，指导和推动监狱工作的发展，这正是监狱工作"科学化"的体现。针对传统管理中出现的职责不清，工作粗放，效率低下，决策不科学，评估机制不科学，喜欢就事论事，运动式地推进工作，注重短期行为，忽视长效管理的情况，而建立起来的监狱工作体系，它需要有先进的理念来指导。这些理念必须与监狱工作的特征、监狱工作的性质结合起来才具有现实的指导义。在体系构建中可以分别确立制度建监，责任建监，制度高于一切，责任重于泰山的理念；以人为本，人才资源是第一资源的理念；科教兴监，科教激发创新活力的理念。通过先进理念的导入，从制度文化和行为文化两个方面着力，逐步实现理念与工作的融会贯通，使监狱工作体系始终保持先进文化的特征。

**（四）把提高社会公认度作为工作目标，体现监狱工作的"社会化"**

由于社会主义国家的监狱不仅仅是刑罚的执行场所，而且承担着维护监狱安全、教育改造罪犯的职责。它在构建社会主义和谐社会中的作用最终是由社会来评价的。把提高社会公认度作为工作目标，面向社会，主动接受社会的监督和评估是监狱工作"社会化"的必然发展。在实现社会公认度中，监狱可致力于下述工作：一是设定评价指标。比如，公正执法指标（警察的违约率），"三防"事故指标，罪犯的改造指标（改好率、文化技术教育程度、刑释后的社会生存能力、重犯率），降低行刑成本指标。二是完善监督机制。比如，狱务公开与办事透明度，建立检察院联席会议制度，实施行风监督员制度。三是建立沟通平台。比如，建立新闻发言人制度，推行监狱社会开放日制度。四是实施向外延伸战略。比如，接茬帮教、亲情帮教、法律援助、组织被害人控诉，综合治理的社会参与度、形式多样性等。监狱工作的作用，决定了监狱工作的发展，监狱工作的发展将在构建社会主义和谐社会中实现。

（原载《监狱理论研究》2006 年第 2 期）

# 第七十五篇　现代化趋势与监狱价值重塑

## ——从社会转型背景下的我国监狱现状谈起

宋　烈　周先水　叶　斌

## 一、问题的提出

对国家而言，21世纪的发展无疑是全面的发展。"当代中国正在发生广泛而深刻的变革。"[①] 变革必然衍生各种碰撞，开启新的思考空间。正如，当前学者围绕我国现代社会发展提出社会转型的研究课题一样，[②] 关注社会转型所涉及结构转换、机制转轨、利益调整和观念转变等各个方面，深入探索在社会转型时期，人们的行为方式、生活方式、价值体系所发生的变化及影响。对于监狱理论研究而言，我们无须扎根、沉湎于命题是否精准的讨论中，但是学界关于"社会转型"含义的各种论述，对监狱工作者基于社会转型期背景下的新形势和新任务，进行科学思考与正确把握，无疑有着现实、重要的意义。

改革开放20多年来，我国社会结构所呈现的多元化的现象已是不争的事实，利益多元化、价值多元化和生活多元化等特征日益明显。人们在变化与发展的时代经受着思想、社会等各种观念的冲击。[③] 在这种社会转型环境背景下，监狱的现状和发展不可避免地受着影响。在全国监狱系统范围内，从纵向看，监狱工作取得了许多成绩和突破；从横向比，仍存在不少问题。主要表现在以下方面：

(1) 在监狱体制方面，改革稳步推行，但狱内经济主导思想仍占相当比重。监企分开、监社分开；把监狱企业定位为专为罪犯提供劳动场所、劳动手段的特殊企业；监狱企业的产业结构逐步向有利于罪犯劳动改造、提高罪犯改造质量和有利于监狱企业可持续发展的方向调整和发展等，是当前司法部监狱体制改革的重点和推进方向，然而部分监狱工作者在新形势面前，不能有效认识和解决监狱管理体制，与加强刑罚执行职能不相适应；监狱硬件设施落后与安全稳定要求不相适应；监狱管理能力与鲜明的工作任务不相适应的问题与矛盾。[④] 主张监狱经济第一，变相通过经济数据论民警工作实绩。

(2) 在监狱改造环境方面，部分监狱工作者对改造对象的认识不足和问题的片面理解，对营造和谐稳定的监狱环境造成影响。应对西方敌对势力分化、西化的图谋以及国内安全稳定的要求，监狱通过不断提高文明执法水平和提高罪犯改造条件（重视人道主义与改善改造环境），促进了社会主义和

---

① 胡锦涛：《在中国共产党第十七次全国代表大会上的报告》，2007年。

② 我国关于"社会转型"说主要有三种论述：一是指体制转型，二是指社会形态变迁，三是指社会结构变动，他们认为："社会转型的主体是社会结构，它是指一种整体的和全面的结构状态过渡，而不仅仅是某些单项发展指标的实现。"参见：http://www.zj.xinhuanet.com/magazine/2005-11/01/content-5480841.htm。

③ 传统的社会阶层结构发生了深刻的变化，社会结构将逐渐出现两头小中间大的橄榄型结构。主体多元导致社会资源占有的多元，社会意识多元及权力多元。参见陆学艺：《当代中国社会阶层研究报告》，社会科学出版社2002年版；段若鹏：《中国现代化进程中的阶层结构变动研究》，人民出版社2002年版。

④ 所谓"鲜明政治任务"，即政法机关作为中国特色社会主义事业的建设者、捍卫者，必须把政法工作放到中国特色社会主义事业发展全局中来谋划、来推进。参见周永康：《在全国系统学习贯彻党的十七大精神和胡锦涛总书记重要讲话专题研讨班上的讲话》，2008年。

谐社会建设。但是，由于执法过程中不能有效处理文明管理和严格管理的关系，放松警惕，滋生了麻痹思想，罪犯中出现责任与义务观淡薄，利益诉求和表达方式不当等现象，对监狱和谐稳定的改造环境构成新的挑战。

（3）在监狱科学管理方面，监狱管理水平与改造罪犯、预防犯罪的根本宗旨尚有距离。监狱从粗放走向精细的管理过程对当前监狱管理水平有了促进和提升，但是由于缺乏统一管理标准，管理手段不尽科学，特别是传统的经验型管理在监狱还有一定市场，部分监狱工作者管理意识尚未转变，导致管理追求"不出事、不逃跑"的功利价值，忽视对罪犯管理教育的终极价值——改造罪犯，预防刑释后再次违法犯罪。

（4）在监狱教育改造方面，以提高教育改造质量为中心的意识的缺乏，导致教育改造流于形式，改本造成浪费。尽管围绕教育改造质量，监狱三大改造手段互相补充、协调发展、产生合力，发挥了巨大作用，但不容回避的是，以教育改造质量为中心的目标未能落实，教育改造机制缺乏创新，改造手段落后，教育改造缺乏针对性和有效性。

上述种种矛盾和认识冲突表明，在监狱理论探索和工作实践互动中，监狱工作者正在逐步树立和形成多元的思想观念，这些观念、认识将左右和影响监狱工作者对现代监狱工作的理解和实践，究其原因，关键在于思想上和认识上对我国现代监狱的价值未能理解和统一。[①]

## 二、监狱价值：监狱工作者追求的专业理念

### （一）价值与监狱价值

"价值"是近代人文科学中普遍使用的概念，国内外对"价值"一义有多种解说，本文不做赘述。[②] 我们认为，价值就是以人为主体并用以表示事物（客体）具有满足主体需要的性状、属性功能的概念，也就是指"客体的性状、属性对人的作用、效用"。[③] 作为国家刑罚执行机关，监狱无疑具有价值。监狱工作是"坚持惩罚与改造相结合、以改造为宗旨"的活动。从工作目标而言，这是一项特殊的教育工作，所谓特殊是因为接受教育的主体，不同于社会自由人，而是由一群暂时被剥夺人身自由的罪犯组成。向他们实施教育管理，除了把强制性作为手段之外还要结合其他手段才能达到目的。因此，对于罪犯没有关注、鼓励，人格上的尊重是不可能实现的。所以，监狱工作者需要科学认识监狱价值并切实履行监狱工作独有的价值理念。那么究竟什么是监狱价值？我们认为监狱价值除了其在法律意义、本质属性上被赋予的一般价值之外，监狱还具有其独特的价值，它表现在价值主体的主观指向意义上对监狱所应当具有的性状、属性、作用的探索。现代监狱价值应当是监狱工作者追求的专业理念，[④] 用 Aptekar 的话说："社会工作的基本框架就是一套价值观所组成。"[⑤] 监狱价值是监狱工作的灵魂，它决定着监狱工作理论的构建、方法的选择和科学具体的实际操作，决定着监狱工作者对监狱的心理态度、性质理解和理想追求。对于我国监狱价值的论述，我们将其归纳为下述三种：第一，从本质属性上表述。有监狱法指出的监狱是"国家的刑罚执行机关"的基本论述等揭示了监狱

---

① 笔者的观点受张富教授"价值"阐述的启发，他认为："价值是价值主体所追求的一种应然状态，它反映了人们关于价值客体的希望和理想、信仰和依托。"参见张富：《公共行政价值评价：标准、矛盾及困惑》，载《理论探讨》，2006 第 2 期，第 113～115 页。

② 哲学界对"价值"的含义有多种解说，其中主要有"属性说"、"关系说"和"举说"。（注：关于价值的解说另一种区分方法是：1. 观念说；2. 实体说；3. 属性说；4. 关系说。参见李德顺主编：《价值学大词典》，中国人民大学出版社 1995 年，第 8～9 页。参见张恒山：《法的价值概念辨析》，http：//www. 51zy. cn/s115025205. html？q=%D5%C5%BA%E3%C9%BD。

③ 关于"价值"概念，参照《新华字典》的注释，我们认同价值是"客体的性状、属性对人的作用、效用"的描述。参见袁贵仁：《价值学引论》，北京师范大学出版社 1991 年。

④ 我们认为，理念的产生和确立是实践活动的正确思想指南，应当与其存在的社会制度、历史传统、法律文化和价值观相适应。这个专业理念应该被社会主义法治理念所统领。社会主义法治理念这一命题，体现了中国国情和政法工作指导思想的本质。社会主义法治理念概括为依法治国、执法为民、公平正义、服务大局、党的领导五个方面。

⑤ FredericG. Reamer：《社会工作价值与伦理》，香港：洪叶文化事业有限公司，2000 年。

的性状、属性价值。第二，在属性具体化的价值名目上。黎赵雄指出"人本主义"是文化监狱的核心价值，张晶在《当代监狱的价值解析》中提出"法治、权利、科学"等关于监狱价值的观点。[①] 第三，从主体的态度和客体的性状、属性出发。胡锦涛指出："政法事业是中国特色社会主义事业的重要组成部分"，"政法机关既是中国特色社会主义事业的建设者，又是中国特色社会主义事业的捍卫者"。周永康对政法工作提出要"着力把社会公平正义的首要价值追求更好地体现在执法办案中"，[②] 从而站在主观指向意义上，提出监狱的"中国特色社会主义事业"以及"公平正义"等价值目标，统领了我国现代监狱价值。[③] 正是这些监狱价值，构成了监狱工作意义的部分乃至全部，也决定了在不同时期、不同情况下人们对监狱工作方法的选择。对于我国监狱工作者而言，全面、正确的监狱价值理念是他们职业发展与事业前进的支撑，制约与影响着监狱工作的进步与发展。

（二）监狱价值的不断完善和发展

监狱工作作为一个专业的发育、发展不是从来就有的，它随着阶级、国家的产生而产生，并随着阶级社会的发展而发展。我国监狱发展先后经历奴隶制监狱、封建制监狱、半封建半殖民地监狱、新民主主义革命时期人民民主政权监狱、解放后的新中国监狱。从"明德慎刑"到"以改造人为目标"，在这长达四千多年的中国监狱发展史中，无处不在的监狱价值闪烁、影响、推动着监狱工作。就西方社会而言，从"报应刑"到"修复刑"；从贝卡利亚对罪与刑的人性呼唤，龙勃罗梭的救治模式的提出，到霍华德监狱改革，边沁的圆形监狱设想；从刑事社会学派的康复模式的提出，到1870年纽约召开的第一届国际监狱大会，以及会议宣言所确认的实行犯罪人分类管理制度、推行矫正和假释制度等矫正基本原则，这一切具有文明、法治、人性等行刑和矫正制度的监狱价值观，无疑对世界大多数国家产生了巨大的影响。正如张晶先生谈到的"从传统走向现代的监狱制度，是以现代监狱制度理念为动力源的渐进嬗变的过程"。[④] 这恰恰揭示了监狱价值的不断发展与变化。当前，我国社会转型背景下的传统监狱制度和文化理念正经受着新制度和新文化理念的洗涤，陈旧的监狱管理体制逐步向"公正、廉洁、文明、高效"的新型监狱体制转变，[⑤] 社会主义法治理念逐步形成思想阵地，促进了监狱价值的健康、理性发展，我国现代监狱价值已逐步确立和形成。

## 二、现代化：我国现代监狱价值的构建基础

（一）"现代化"的内涵

后现代语境的浮现对于所有传统文明来讲都是一次极大的挑战，在全球日渐紧密的联系网络之中，全球化的格调将越来越具有普遍性，从中国社会历史角度来看，中国从封建、半封建社会通过系列革命与发展走到今天，在跨越千年之后使得当前社会更具现代化的特征。现代化是传统向现代社会的转变过程，是涉及社会生活各个方面的一种结构性的变化。概括起来，"现代化可以看做是经济领域的工业化、政治领域的民主化，社会领域的城市化以及价值观念领域的理性化互动过程。"[⑥] 从这个概念上说，忽视人的价值观念的现代化，则是片面的、不完整的现代化。我们认为，价值观念领域的理性互动实则是内、外部环境对价值存在的影响。现代化首先表现出外部趋势，它影响着价值的发

---

① 参见黎赵雄：《文化监狱》，民主法制出版社2007年；张晶：《当代监狱的价值解析》，载《中国司法》，2003年第3期。

② 胡锦涛：《在全国政法工作会议代表和全国大法官、大检察官座谈会上的讲话》，2008年。周永康：《在全国政法系统学习贯彻党的十七大精神和胡锦涛总书记重要讲话专题研讨班上的讲话》，2008年。

③ 张恒山认为，主观指向意义上的价值体现了人们在实践活动中的意志、愿望的内容的先导性特征。在这意义上所表述的价值，实际上是确定我们的实践目标，规范、引导我们的实践活动。主观指向意义上的价值又称"价值目标"。参见张恒山：《法的价值概念辨析》，[J/OL] http://www.51zy.cn/s115025205.html? q=%D5%C5%BA%E3%C9%BD。

④ 张晶：《中国监狱制度从传统走向现代化》，海潮出版社2007年。

⑤ 吴爱英提出我国监狱要"全面实行监狱体制改革，要建立公正、廉洁、文明、高效的新型监狱体制"。吴爱英：《在全国监狱体制改革会议上的讲话》，2008年。

⑥ 金耀基：《从传统到现代》，中国人民大学出版社2000年。

展与变化。其次，表现出人们对主体和客体的一个总的看法，这就是世界观，实现"国家现代化"①标志着当前我国处在现代化建设过程中，这种现代化趋势决定了与之相适应的思想、文化、价值观的现代化环境。在这样的情景下来思考监狱工作，我们要不断超越过去。如果离开全球化背景，就无法说明中国监狱价值的发展变化是伴随现代化的需要而变化的。美国丹尼尔·贝尔说过："思想和文化风格并不改变历史，至少不会在一夜之间改变历史。但是它们是变革的必然序幕，因为意识上的变革会促进价值观和首先伦理上的变革，并会推动人们去改变他们的社会安排和体制。"因而，我国现代监狱价值的诠释也需要围绕着现代化的问题来展开。

### （二）我国监狱的现代化特征

随着时代进程的推进，监狱现代化特征逐步明显。主要表现在以下几个特点：

1. 刑事法律的现代化特点

首先，我国宪法及刑法确立的法律面前人人平等原则，表明了我国刑事法律是以社会公共共同的正义为基点的。其次，我国刑罚以惩罚与教育相结合，以惩罚为前提，以教育为目的。教育的社会化和使人社会化的功能，表明了我国刑罚的社会化功能和社会化的目的，即刑罚不仅仅是制止、防御和惩罚犯罪的手段，而且是基于社会主义结构之上重新构筑社会关系和重塑社会人的手段。最后，在我国刑罚教育目的的要求下，我国刑法和刑事诉讼法允许公民对一些刑事案件自诉并在自诉中和解与调解，同时还规定了管制刑、缓刑和假释等刑种和适用制度，说明我国在求刑权上已有私权化倾向，在量刑和行刑权上已有社会化的趋势。

2. 监狱法的现代化特点

监狱法第3条规定："将罪犯改造成为守法公民。"这就是要求罪犯通过改造，不仅能自觉地用法律规范自己的行为，同时还应具有现代人生存和发展所必需的一定的法律知识和技能。为实现这一社会化的宗旨，监狱法同时规定："对罪犯进行思想教育、文化教育、技术教育。"监狱法还确认了管理、教育和劳动是改造罪犯的三个基本手段。很显然，我国监狱法所确认的教育的基本内容和改造的基本手段，无不含有自然与社会双重属性和相应的双重功能。可以说，我国的监狱是以罪犯的再社会化和社会化为出发点和归宿的。

3. 监狱实践的现代化特点

20世纪80年代初，我国监狱实践即表现出社会化的激情。社会帮教的实施，使我国监狱开始打开了封闭的大门，社会力量开始介入实证性的改造实践中。20世纪末，我国监狱实践性的社会化随着依法治监的推进而推进，狱务公开的实施，使监狱刑务活动处于社会监督之下；鼓励社会志愿者参与罪犯教育，利用社会资源改造罪犯，使监狱权有了一定社会化配置的倾向。同时，在罪犯处遇上，也有了有限的开放式处遇。尽管这些实践性举措还缺乏应有的理性完善，但对我国监狱现代化无疑将起到重要的促进作用。

4. 监狱理论研究的现代化特点

近几年，根据监狱实践中社会化举措和依法治监的法治要求，我国监狱理论中关于监狱社会化的研究，特别是监狱生产经营权和教育权的社会化配置等方面的研究数量大增。尽管这些研究还缺乏系统性、广泛性，甚至还带有对西方理论的不成熟的模仿思考性，但这些理性的积极思考必将对我国监狱的现代化进程起到积极推进作用。那么，现代化在多大程度上影响着监狱价值？现代化的多面特征已经内在地融入了监狱工作，并从根本上改变着监狱工作的内容和方向。监狱的现代化涵盖了"管理体制的现代化、狱政设施的现代化、刑罚执行的现代化、管理手段的现代化和队伍建设的现代化"。②这些内容是对现代监狱工作不同角度的理解和提炼，已成为我国现代监狱价值新的构建基础。

---

① "改革开放，目的就是要解放和发展生产力，实现国家现代化。"参见胡锦涛：《在中国共产党第十七次全国代表大会上的报告》，2007年。

② 李新民：《深入贯彻落实党的十七大精神推动四川监狱科学发展》，载《监狱理论研究》，2008年第2期。

#### 四、现代化语境下的监狱价值冲突

（一）价值冲突

价值冲突是一种现代生活景观，在资本支配劳动已经成为历史规律的社会条件下，人们依靠什么获利生存，人们就会信仰他所依靠的生存价值体系，即通过经济地位决定生活态度。所谓价值冲突（value conflice），就是指"社会成员彼此的价值取向发生矛盾，产生对抗的现象"。[①] 表现为人们在政治信仰、生活态度、职业理想、道德判断和处世原则等方面的内在对立性转化为或隐或显的社会行动。现代化最显著特点之一就是全球化，随着全球化步伐的加快和西方各种文化产品的纷至沓来，监狱工作者在进行多样化文化体验的同时，其承载的意识形态、价值观念和生活方式亦在潜移默化地影响着人们的思想观念。利益、价值、生活多元化等特征日趋明显，在社会系统的不断演化下，任何社会系统内部，都无法形成和维持共同和统一的价值观念系统，从而也不可能造就一个具有统一指导价值的规范体系。因此，面对社会与环境之间的各种变化状况，监狱工作者对监狱价值本身总是充满着各种想法与认识，这些想法与认识在当前形势下使得价值分化比以往任何时候都显得尤其明显。[②]

（二）监狱价值冲突的因素

我们认为，监狱价值冲突存在下述因素：

（1）监狱工作者日益增长的物质利益需求与经济发展、财政保障还不能完全予以满足的矛盾，是导致价值冲突的经济因素。对监狱工作者而言，他们对职业最根本的要求就是通过国家经济发展和财政保障来满足物质的需求。一方面，改革开放给社会各行业带来的最大变化就是人们对利益追求的自主性大大增强，人们要求改善生活的愿望随着社会发展的趋势也越来越强烈，社会利益需求呈几何增长的态势，但我们现有的经济发展速度和质量还不能够充分给予满足。另一方面，受经济发展总量和国情的制约，地方发展以及财政保障的不均衡，地方监狱系统为单纯追求经济利益，导致监狱功能异化，价值偏离。

（2）监狱执法个体的法治意识、法治能力与监狱管理部门依法执政、依法行政能力之间的矛盾，是导致价值冲突的法制因素。国家多年的法制建设使监狱工作由过去依靠政策向依靠法律的方式转变，这就要求监狱管理部门与监狱执法个体必须在法律的权限与范围内执行刑罚。从法制的角度来看，我们认为当前监狱管理部门与执法个体在履行法律和执法要求上还存在失衡情况。一方面，监狱管理部门在执法中有的还存在法律依据不足的问题，甚至存在有法不依、执法不严、违法不究的现象。这些问题的存在既破坏了法律的严肃性，又降低了法律在执法个体心中的权威，造成执法个体对监狱价值理解的混乱。另一方面，执法个体自身缺乏法治意识、法治能力，未能遵循法律程序准确执法，导致损害国家社会与人民群众的利益，影响了监狱价值的有效体现。

（3）监狱内部分工带来的利益冲突与管理部门协调不同利益主体能力的矛盾，是导致价值冲突的执政能力因素。伴随改革的深化和市场经济的发展而出现的社会阶层的分化是我国社会的一个突出特点，这种阶层的分化同样会给监狱行业内部造成分配的不均。分配不均的原因是多样的，既有分配的不公又有分工的不同等等。我们认为，分配不公导致的较大差距会带来执法个体对监狱管理部门的严重不满，造成对工作的懈怠；而对分工出现的分配不同，考验管理部门的协调能力，若处理不好，不利发挥执法个体的工作积极性，从而影响监狱价值的实现。

（4）监狱工作者对监狱的认知、情感、心态和评价与监狱价值现代化的矛盾，是导致价值冲突的文化因素。监狱文化是监狱历史积淀下来的被群体所共同遵循或认可的共同的行为规则，监狱文化随

---

① 彭克宏、马国泉等：《社会科学大词典》，中国国际广播出版社1989年版。
② 对于当前监狱所面临的政治、经济、文化等形势论述，可参照周永康《在全国政法系统学习贯彻党的十七大精神和胡锦涛总书记重要讲话专题研讨班上的讲话》，第二部分。

着监狱的发展而不断变化发展。不可否认，在现代化的趋势下，监狱文化正发生从传统走向现代的嬗变，以往的监狱文化虽然逐步消逝，但有的却以传统的方式留在监狱工作者的意识深处，并成为当代监狱工作者对监狱的认知、情感等生活和工作态度。这种历史的沉淀，有的经过积极的扬弃，已经完全适应现代监狱的发展和要求，也有的落后于发展而成为监狱现代化的阻碍。这些因素导致的传统观念、习惯认识与现代刑罚趋势、监狱工作要求格格不入，背离了当代的监狱价值。

## 五、现代监狱价值的理性及重塑

### （一）现代监狱价值的冲突解决

现代化不是某个社会侧面、某个社会领域的现代化，而是政治、经济、科学、价值观念等诸方面现代化在内的全面的现代化，是物的现代化和人的现代化的有机统一。在司法部提出监狱"三化"建设背景下，我国监狱价值追求清晰而富有内涵，它较好反映了时代发展的需要以及罪犯改造的需要，既体现了社会整体利益对监狱的要求，又包含了社会主义法治精神，对现代监狱活动起着导航作用。但是实践证明，科学的监狱价值理论，并不必然成为监狱工作实践的真实指导思想，科学的监狱价值追求，并不一定成为成功的监狱改造实践，它更多地表现了政府和司法管理部门对监狱工作的真诚期待。在监狱现代化进程中，监狱无法回避价值的冲突。要解决价值冲突，我们认为应采取以下措施：

（1）积极推进监狱体制改革，落实财政保障。监狱体制改革涉及监企分开、收支分开、标准化管理，有利于监狱集中精力做好监狱本职工作，地方应该在中央政策前提下落实财政保障。

（2）重视全方位大练兵，切实提高监狱执法管理能力。[①] 监狱管理涉及机关和基层，能力建设是全方位的。对于管理机关，重视作风建设，努力提高服务基层本领和办事效率；对于基层，要掌握政策，进一步提高教育改造质量。

（3）改善民生，从优待警，依法治警。落实科学发展观，要求切实关注民生。监狱管理部门要着眼于维护和发展广大民警职工的利益，统筹兼顾，协调好利益关系，针对矛盾现状，在改善民生的同时，依法加强对民警的管理与教育。

（4）加强思想政治建设，牢固树立社会主义法治理念。监狱的人民民主专政性质决定了监狱的政治方向。在监狱现代化进程中，牢固树立社会主义法治理念，正确履行宪法和法律赋予的职能，能保证监狱的科学发展，促进社会主义和谐社会的构建。就监狱价值冲突而言，现代化的进程与我国市场经济、民主政治、个人主义等概念紧密联系。基于监狱价值，监狱工作者作为社会个体，面对我国现代社会的系统整合机制，需要认真考量国家的政治理性与个人功利动机的关系，积极寻求对现代监狱价值的科学共识。

### （二）我国监狱价值的理性变革

国家的各项改革之所以能顺利推行，这和人们价值观念上的巨大变革不无关系。党的十三大报告郑重提出，要努力形成有利于现代化建设和改革开放的价值观念。党的十五大报告中也指出，要引导人们树立科学的世界观、人生观、价值观。价值观念的现代化已提上议事日程。正因为价值观念的变革对监狱现代化建设带来的重要意义，所以置身中国监狱改革和监狱现代化建设事业的监狱工作者更应该不断更新价值观念，深入思考和重塑社会转型背景下的我国监狱价值。新中国成立以来，我国监狱价值确立了两个基本的目的追求。第一，监狱是暴力机器，它要体现监狱原始价值，发挥刑罚功能。我国是社会主义国家，从根本上否定了报复主义的折磨肉体的惩罚，但对于罪犯的惩罚仍然运用国家的强制力，剥夺和限制罪犯一定的权益，使他们造成一定的挫折和损失，同时警戒那些可能犯罪的人，以达到预防和减少犯罪的目的。第二，我国监狱的工作目标是要把罪犯改造成为守法公民。马

---

① 周永康提出："执法能力是党的执政能力在政法机关的重要体现，是政法机关完成各项任务的重要保证。"参见周永康：《在全国政法系统学习贯彻党的十七大精神和胡锦涛总书记重要讲话专题研讨班上的讲话》，2008年。

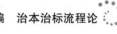

克思主义、毛泽东思想认为，罪犯是可以改造的。把绝大多数罪犯改造成为拥护社会主义制度的守法公民和社会主义建设的有用之材，是我国改造工作的根本目标，体现了监狱"惩罚与改造相结合，以改造人为宗旨"的方针。这两个目的是监狱价值的一般目的，是我国社会对监狱的一般诉求。从现阶段情况来看，随着人们对犯罪与罪犯认识的不断深化，治理犯罪的手段和方法也在不断的发展和更新，刑法和刑罚的理念随着人类社会的发展而逐渐理性化，刑罚执行的手段和方式也更加人道化。监狱作为国家最主要的刑罚执行机关，已由过去简单的监禁场所变成了讲究宽严相济的矫正犯罪的刑罚执行机关。但是，由于我国受重刑主义思想影响比较严重，重打击、轻预防的观念一方面导致了监狱羁押人数增多，增加了成本投入；另一方面在罪犯数量增多的情况下使得警力相对缺乏，影响了刑罚执行效益。近年来，监狱工作不断改革创新，实现了跨越式发展的重要时期。2004年党中央印发了《中共中央转发〈中央司法体制改革领导小组关于司法体制和工作机制改革的初步意见〉的通知》，2007年国务院下发了《国务院批转司法部关于全面实行监狱体制改革指导意见的通知》，种种现实表明我国监狱实现了历史性转折，步入了新的发展时期。

（三）我国现代监狱价值的重要内容

现代监狱价值是我国监狱当前在实现刑罚目标时的目的和追求，是监狱工作的"哲学"，它体现着监狱行刑的理想，对监狱的全部活动起着导向的作用。笔者前述监狱"中国特色社会主义事业"以及"公平正义"等价值目标，统领了我国现代监狱价值。结合当前监狱工作的形势和任务，我们认为现代监狱价值还应该具有以下内容。

1. 维护中国特色社会主义事业的安全价值

这里的安全价值不是监狱一般意义上的安全价值。对监狱价值的讨论必须明确我们以社会主义人民为主体。[1] 站在政法事业的高度上看，监狱是中国特色社会主义事业的重要组成部分，监狱及监狱工作者，既是中国特色社会主义事业的建设者，又是中国特色社会主义事业的捍卫者。[2] 监狱的重要作用是维护国内社会稳定，保障社会主义社会的和谐发展，服务、服从于中国特色社会主义社会的需要，服务、服从于社会主义人民的需要。

2. 以人为本的社会主义发展价值

党的十七大阐明了科学发展观在中国特色社会主义理论体系中的地位，并强调科学发展观的核心是以人为本。只有人们以个人本位为价值取向，才能完成独立人格的塑造，才能实现人的现代化和社会的现代化。当然，现代化进程中，监狱的价值选择既不是个体本位取代整体本位，也不是整体本位取代个体本位，而应该把整体和个体综合起来，使二者和谐统一，实现马克思所说的"每个人的自由发展是一切人的自由发展的条件"的原则。[3] 一般来说，监狱制度是监狱价值的外在表现，而监狱价值却是监狱制度的灵魂所在。坚持以人为本的价值取向，就是要以当前历史条件下，我国人民的整体利益的最大化和具体利益冲突的最小化作为价值目标来改革和设计制度。以人为本不仅体现在民警身上，还要体现在罪犯身上，科学认识和改造罪犯。

3. 一般预防和特殊预防相结合的改造价值

我们认为监狱有它独特的价值，即改造价值。我国监狱承担一般预防和特殊预防的任务，对于罪犯既要打击处理，达到震慑犯罪的目的，又要坚持与教育相结合，通过教育改造，使他们走向自新的道路。对于监狱，"要把改造人放在第一位，通过创新教育改造方法，强化心理矫治，提高教育改造质量，真正使他们痛改前非、重新做人"。监狱"要把刑释人员重新违法犯罪律作为衡量监管工作的

① 笔者的观点受张恒山教授观点的启发，他认为："讨论价值时要明确以什么人作为主体，否则极容易被自己的思考引向随意的歧途，从而使这种讨论不具有科学的性质。"参见张恒山：《法的价值概念辨析》，[J/OL] http：//www.51zy.cn/s115025205.html? q＝%D5%C5%BA%E3%C9%BD。

② 胡锦涛：《在全国政法工作会议代表和全国大法官、大检察官座谈会上的讲话》，2008年。周永康：《在全国政法系统学习贯彻党的十七大精神和胡锦涛总书记重要讲话专题研讨班上的讲话》，2008年。

③ 《马克思恩格斯全集》，人民出版社1972年版，第23卷，第95页。

首要标准,确保教育改造工作取得实效"。

4. 重视发展、尊重规律的科学价值

我们所要建设的社会主义现代化国家应该是一个科学昌明、文化发达的国家。监狱要发展必须重视科学、尊重规律。因为无数历史实践表明,社会的发展和进步离不开科学。现代社会,科学的价值与日俱增,知识经济已渐露端倪。在某种意义上说,哪个国家掌握了现代尖端科学技术,它就占领了社会发展的制高点。因此,对监狱而言,应该树立重视发展、尊重规律的科学价值,努力塑造监狱追求光明、反对罪恶的法治精神,追求"法制化、科学化、社会化"的现代科学精神。

5. 落实科学发展观的创新价值

江泽民指出:"创新是民族进步与发展的动力和源泉。"只有树立监狱的创新价值,才能不断地开拓现代化监狱发展的新局面。在现代化进程中,监狱管理工作新的领域需要开发、新的刑罚课题需要解答,改造罪犯出现的新情况需要处理,如果拘泥于传统的中庸守旧监狱价值观,"不为天下先",不求进步,不求发展,不愿接受新事物,按照监狱传统、粗放的经验管理模式进行监狱工作管理,那么我们的监狱发展就会停滞不前。

## 六、基本结论

第一,现代监狱价值在监狱工作者的专业活动中具有基础性的指导意义,对监狱工作具有指引、评价等功能。它不仅为监狱工作者提供了明确的工作目标,导引着实务工作的操作方式,而且决定着监狱工作者能否安心本职工作,长期坚守并不断奋斗。

第二,现代化的普世特征是法治社会的普遍价值追求。我国现代监狱从行刑理论到行刑实践,从现代化文明监狱创建到监狱体制改革,体现着现代监狱价值正发生从传统走向现代的嬗变。我们认为,除本文所述的监狱价值外,法治社会所追求的公平、正义、自由、平等、效率、秩序等都是构成现代监狱价值的主体元素。

第三,重新思考和塑造我国现代监狱价值,要充分认识现代化语境下的监狱价值冲突。监狱工作者必须正视我国社会转型背景下的监狱实际,监狱价值的塑造注定是艰难、深入而又壮丽的过程。为此,我们要在现代化的趋势下,以我国社会主义法治理念为根本,融合国际司法价值观念中的合理成分,提炼、塑造出切合中国国情,符合中国特色社会主义事业和文化特点的监狱价值,并在现代监狱工作中坚定不移地遵循。

(2008 年长三角监狱学(高峰)论坛征文)
(原载陈耀鑫主编宝山监狱建监十周年文集《创建与发展同行》)

# 第七十六篇　监狱管理智能化的应用与实践

周介昆

## 一、监狱监管安全工作创新的必要性和方向

监狱监管安全工作的创新是近年来深化管理工作的热门话题，也是监狱管理整体水平层次上的重要课题。近年来，司法部多次在电话会议上通报所发生的多起全国性重大、特大恶性案件时，反复强调了监狱监管安全的重要性。把确保监狱的安全稳定定位到既是工作指标也是政治指标，事关"稳定压倒一切"和与党中央保持一致的政治高度。这样，如何在监管安全工作上下一番工夫，探索监管安全工作的创新就显得十分迫切和必要。

监管安全工作的创新，就其内涵和外延来说，涉及的面很广。可以是管理体制、工作机制的创新，也可以是工作程序、方式方法的创新管理。笔者从上海市宝山监狱实践监狱管理智能化的角度，谈谈确保监管安全的对策，以望与同志们共同探讨在新时期创立和发展监狱智能化管理的运行模式，以谋求监管安全工作的高安全、高效率和低风险、低成本。

## 二、监管安全设施和手段创新的实践

监狱"三防"安全历来是监管安全的重中之重，加大"三防"的防范力度和有效性，是确保监狱监管安全这一关键性指标实现的重点所在。在人防、物防、技防三位一体所形成合力的安全防范措施中，技防是关键的一着。这就要求监管安全设施和创新手段的着眼点必须落在观念的转变上，锐意进取，大胆创新，敢于突破传统的监管模式，认识、掌握和利用高新科技，加大监管安全设施中科技含量的渗透，同时吸收采用相应的科技管理监狱的方法和手段。

改革开放以来，特别是近十多年来，随着国家综合实力的增长，各地监狱机关特别是大都市和沿海开放城市的监狱对高新科技融入监管设施都给予了很大的投入，有的增加监狱建造中科技资源的投入，有的在现有设施的改造中注入新科技的应用，有的则在新建监狱时起点高，瞄准国内外可运用于监狱的先进科技进行大胆借鉴、模仿乃至创新，向智能化监狱迈进。

从监狱监管安全角度考虑，解决好构成监管安全要害部位的物防、技防设施和装备（如监狱围墙电网、监狱门禁、干警值勤巡更、电视监控、警力布防调配、重要罪犯专控、预警等）安全可靠问题，将高新技术项目应用于这些设施和装备，就能解决许多因监管设施和装备落后而导致的一些棘手的监管安全隐患，大大增强监管安全的保障度和自动化控制程度。

1. 监狱围墙电网引入智能控制

监狱围墙电网及报警系统是监狱警戒设施中最重要的防线，传统的电网构造及报警模式较简单，不能及时、准确识别和控制触网等紧急警情，有必要将其更新为监狱围墙高压脉冲电网及报警系统，以改变这种被动状态。高压脉冲电网及报警系统具备触网报警、分段编码报警和触网自动升频等功能，使实施脱逃而触网的罪犯遭到强烈电击，丧失脱逃能力。高压脉冲电网还可根据监区或生产场地位置进行分段设置，一旦电网遭遇到触网或电网被非法切断等情况，可立即准确地判定事发地点，并在指挥中心的电子地图上反映出来，便于及时实施有效的紧急处置。

2. 门禁系统增设计算机识别和控制功能

由高墙、电网、铁锁组成的监狱，各道监狱门是重点防范部位。整个门禁系统的安全是防范罪犯脱逃的重要关卡，必须做到万无一失，形成坚不可破的"铁将军"把门。监狱建造坚实、牢固的铁门并上锁固然是前提，但把守的责任和能力更为重要。从罪犯侥幸脱逃的案例可知，对罪犯的识别相当重要。在监狱大门上引入识别系统和自动启闭可大大增加防范的可靠程度和方便操作，尤其对乔装后企图脱逃的罪犯更是有力的防范，同时也能有效防止罪犯脱逃中伤害干警等恶性事故的发生。我们可以在监狱的二道门（监狱主门）上安装掌型门禁识别系统，通过预先输入电脑的干警的掌型资料与进出人员掌型、密码对比，进行有效识别，严格"把关"。监狱围墙内则以分监区（中队）为单位，装备智能化电子门锁，各监组 IC 卡门与电脑终端连接，组成一个系统，设置"打开所有门"、"打开部分门"、"单独开门"等可选项目，干警可在值班室根据需要结合电视监控，运用电脑比较安全地开启监舍门锁，并且在计算机屏幕上显示监舍门开闭的实时情况及时间，这样一来可以基本上杜绝锁钥失控导致的监管事故。

3. 电视监控增大覆盖面和自动录像功能

监狱建有总监控室、监控电视和由光缆连通到罪犯监舍、劳动、教育等场所的摄像监控头构成远距离、全天候监控。带录像的电视监控能搜寻、记录、显示罪犯活动区域的危险信息，有利于及时准确发现事故苗子和安全隐患，还能起到事后重放证据的作用。为得到事后重放证据的录像，要改进滚动摄录方法，对监控的方位、时间和录像功能设置等逐步自动化，结合狱政管理，确定重点部位、重点物品、重点时段，再由电脑根据需要，合理地设置录像时间和摄像角度，不留死角。这样就可以填补因干警管理不周引起的真空。为使电视监控的效果发挥得更加完臻，电视监控工作要建立相应的规章制度，两者相辅相成可以构筑成全监狱范围内严密的立体交叉防范体系。

4. 引入 IC 智能卡管理督查干警夜值班、巡更情况

干警值班、"巡更"是安全不可少的环节。定时定点在犯人活动区域进行巡查，发现问题，及时处理，可将各种安全事故的苗子消灭在萌芽状态。由于干警当班的责任与能力不同，对安全事故的发生往往有直接关联，因此，有必要对干警的值班巡查情况进行督查。IC 智能卡监狱系统的运用，使干警值班的督查手段更为科学。如利用与电脑终端连接的"巡更"自动记录仪上拉一下卡即可。从实践来看，此项硬件设施与干警值班制度相辅，能起到依靠电脑客观、公正评价干警值勤巡查活动，为干警考核提供科学依据。

5. 用科技手段对重控罪犯监控，力求全方位、全时空

狱内安全事故往往发生在重控罪犯身上，若对其进行有效的控制，可以大大提高防范的针对性。在控制重点罪犯的问题上，传统的做法是采取"夹控"的做法。这些做法有一定的积极作用，但难免会有人为疏漏。为减少这种疏漏，可以以分监区（中队）为单位，将重点犯人集中于指定部位，由录像全天候定向监控，在监控中进行设定，一旦监控对象有"越界"行为，就会提醒值班人员注意防范。让重点犯人佩戴"电子跟踪仪"，划定报警范围，一旦超过规定的报警区域，就会发生报警信号。这种防范手段在预防危险罪犯脱逃方面有其独到的功能。

### 三、监管安全设施和手段创新的显著功能

综合以上所列举的一些在监管安全设施和装备上较为典型的应用，可以看出智能管理在这方面的运用主要有四大功能：

（1）实时监控。运用计算机及网络的管理，能迅速而准确地得到监控对象的实时状态，即时作出快捷反应。

（2）管理针对性强。由于判断准确，便于管理者作出准确的具体的决策，减少和避免决策失误。

（3）管理效率高。计算机及网络的运用，能最大限度地充分利用监狱的有效信息和资源，胜任大量的简单重复劳动，降低管理成本。

（4）有利管理的规范和水平的提高。高新科技在监管安全设施和装备上的普及、运用，迫使管理人员熟悉和掌握所接触到的先进科技知识，促使管理层次上台阶，监管安全工作的创新程度也从一个侧面反映了监狱管理主体所具备的基本素质和管理技能。

监管安全工作的创新是随着科技的进步而深入，随着应用领域的拓宽而发展的。从目前的实践得知，这些高新科技在监管安全上的应用，其发展前景是相当诱人的。监管安全中引入高新科技，能促进监管安全工作观念和思路的转变，促使监管安全工作的程序及模式由传统的经验防范向现代的科学防范转化，在确保监狱监管安全上靠科技领先一步，实现真正意义上的科技治监、科技强警，从而能更好地完成监狱的使命。

（原载《上海警苑》2000 年第 12 期）

# 第七十七篇 宝山监狱在分监区推行"细化分工、细化职责"工作

近年来，宝山监狱重视通过制度建监和责任建监，不断夯实监狱工作基础，特别是在分监区推行"细化分工、细化职责"工作，为加强分监区基础工作发挥了积极作用。

## 一、细化职责分解

分监区工作是监狱基础工作的重要载体。过去，由于职责比较粗放，责任不够细化，致使分监区工作中普遍存在忙闲不均、推诿扯皮现象。为进一步提高工作效率，监狱在制定干警岗位说明书和工作指导书的基础上，又在分监区进行了"细化分工、细化职责"的探索工作。

1. 明确工作内容

监狱把分监区各项工作，按日主要工作、周主要工作、月主要工作进行了梳理；把承包监组主管干警的工作内容，按主要工作和常规工作进行了分解；对值班干警工作内容，按日间和夜间提出不同的要求；对分监区门岗工作内容，按车间前岗、车间后岗、监舍门岗进行了划分，从而为细化分工创造了条件。

2. 制定工作流程

监狱根据分监区的工作内容，制定了狱政管理、狱内侦查、刑罚执行、教育改造、生活卫生、劳动管理、队伍管理及值班干警一日操作规程，为规范操作提供了依据。

3. 合理设定岗位

为了把分监区所有的工作都具体落实到人，按照职能分工，监狱将分监区工作岗位设定为 13 个。鉴于个别岗位需要兼岗的实际，监狱根据各分监区具体工作特征，确定了不同的兼岗方式，并在此基础上，与每名干警签约，使干警进一步明确分工后的工作职责。

## 二、加强分类培训

细化分工以后，对干警的业务能力提出了比较高的要求，监狱结合岗位练兵活动，对干警进行了系统的基本素质和业务技能培训工作。

1. 普遍性要求与专业性要求相结合

对于干警队列指挥、体能素质、处置突发事件这些共性的能力，组织全体干警进行培训，对于分监区内设岗位，进行专门的业务培训，体现了培训的专业化，增强了培训的针对性。

2. 大课培训与小班化培训相结合

大课培训时，参训人员不拘泥于岗位分工的范围，主要讲授岗位的基本原理和工作发展要求，体现培训的前瞻性、知识性和系统性特点。小班化培训时，参训人员为与本岗位相对应的干警，主要讲授岗位的基本知识、相关制度、操作技能，突出培训的操作性特点。

3. 书面考核与现场考核相结合

为了巩固培训成效，力求实现培训过程的互动，监狱不但组织了书面考核，还强化了现场考核力度，注重干警操作能力的培养。如在劳动管理培训中，通过对干警现场纠错能力的考核，既客观地评

价了干警的操作能力，又增强了干警对提高实务操作水平重要性的认识。

## 三、加大推进力度

"两个细化"对传统的分监区管理模式进行了大胆变革，是一项全新的工作推进方式，监狱坚持做到稳扎稳打，有序推进。

1. 以理念转变为先导

组织干警开展《公务员法》的学习和"两个细化"工作的大讨论。经过学习讨论，干警们充分认识到，分类管理是公务员管理的发展趋势，"两个细化"体现了现代的精细化管理理念，符合监狱工作的发展要求，从而增强了推进"两个细化"工作的自觉性。

2. 以绩效考核为支撑

在合理分工的基础上，监狱根据每名干警不同的岗位职责和工作任务，以权重比例来确定每名干警的岗位考核分值，建立了相对科学、合理的工作绩效考核机制。考核分为日工作、周工作、月工作、常规工作、临时工作、值班情况6项内容，采用日考评、月考核的方法，每月公布考核名次，并与评先创优、公务员年度考核相挂钩。

3. 以典型示范为动力

监狱十分尊重分监区的首创精神，集思广益，不断总结试点工作经验，不断完善工作推进方案。"两个细化"全面推行以后，各岗位上都涌现出一批业务精通、爱岗敬业、工作出色的岗位能手，经过层层考核，共选拔出13名岗位标兵。监狱及时召开表彰大会，介绍岗位标兵的工作经验和体会，为进一步推进"两个细化"注入了强大的动力。

（原载《上海监狱工作》2006年第30期）

# 第七十八篇 浅析监狱文明执法与严格执法之间的关系

胡修增

随着我国社会主义民主与法制建设的不断健全和加强，社会对监狱机关执法水平和改造工作质量有了更多、更新的要求，也为上海的监狱工作带来了更大的机遇和挑战。为此，监狱局党委提出了上海监狱工作要"与上海城市地位相适应，与国际行刑趋势相衔接"的工作要求，不断为加强党的执政能力建设，树立和维护党和政府的形象服务。监狱局于今年2月在全市各监所推行了"文明执法十项举措"，有力地推动了监狱执法水平的提高。但在具体操作过程中也产生了一些副作用，如犯人出现不服管、难管，干警出现不愿管、不会管等现象。有的同志甚至认为，现在犯人难管的重要原因就是实施了"文明执法十项举措"。下面，笔者在实践中就如何科学、辩证地来认识、理解和把握"文明执法和严格执法之间的关系"来谈几点个人的认识。

## 一、文明执法的现实意义

文明执法是依法治国，建立社会主义法治国家的必然要求。江泽民同志指出："加强社会主义法制，依法治国，是邓小平同志在建设有中国特色社会主义理论的重要组成部分，是我们党和政府管理国家事务的重要方针。实行和坚持依法治国，就是使国家各项工作逐步走上法制化和规范化；就是广大人民群众在党的领导下依照宪法和法制的规定，通过各种途径和形式参与管理国家，管理经济文化事业、管理社会事务；就是逐步实现社会主义民主的法制化、法律化。"这些话明确了依法治国和对建设社会主义法治国家的要求。监狱作为国家机器的重要组成部分，行使着刑罚执行权，监狱承担着教育、改造罪犯，帮助罪犯矫正恶习、回归社会，成为普通公民的重要责任，并且通过改造工作，能对数以百万计的家庭和更多的社会成员产生重大影响。因此，依法治监关系到依法治国方略的顺利实施，关系到建立和谐社会目标的实现。

文明执法是由监狱机关的性质所决定的。我国宪法第一条规定："中华人民共和国是工人阶级领导的，以工农联盟为基础的人民民主专政的社会主义国家。"我国人民民主专政的国体决定了监狱的政治属性是人民民主专政的工具，是国家机器的重要组成部分，需要通过"惩罚与改造"维护社会秩序和强化国家权威。近年来，由于少数干警不文明执法，执法不公，甚至执法犯法、出现执法腐败的现象，破坏了法制的尊严，损害了党和政府的威信。因此，提高监狱系统文明执法水平，有效防止不利于罪犯教育改造的各类现象和行为的发生，增强教育改造效果，起到特殊预防的目的，真正发挥监狱在维护社会稳定中的特殊作用。

文明执法是民主政治发展的必然要求。随着改革开放的不断深入，人类已进入21世纪，世界正在迅速发展，我国社会主义现代化建设事业也日新月异。罪犯也是人，在新的历史时期，充分认识"人文"在监管改造中的作用，努力创造有利于罪犯恢复自尊、增强自信、积极改造的人文环境，是实践"三个代表"重要思想的实际举措，是建设政治文明、保障人权的具体体现。监狱是国家机器的重要组成部分，是刑罚执行机关，监狱工作做好了，对维护改革、发展、稳定的大局意义重大。为此，更加要求我们在执法过程中注重文明执法。

### 二、正确理解文明执法与严格执法的辩证关系

理论是实践的向导，思想是行动的指南。文明执法与严格执法本身是一个事物的两个方面，两者是不可分割的。因此，强化干警的文明执法，并不是弱化严格执法，文明执法与严格执法是紧密联系的有机整体。所谓严格执法就是严格依照法律法规办事，做到严格、严肃、严明。①执法必须严格。要忠实于法律，正确理解法律精神，准确运用法律条文，杜绝"变通"执法、规避法规等行为，维护法律的统一性。②执法必须严肃。要对国家人民和法律高度负责，依法实行司法权力，不滥用权力。③执法必须严明。要旗帜鲜明地维护法律的最高权威，坚决纠正有法不依、执法不严的现象。所谓文明执法，从广义上讲，是法律要求、纪律要求、首先要求三者的统一。就狭义而言，文明执法是指监狱干警以人为本，依照法律规定的职权和程序，运用法律规范教育改造罪犯，坚持严格、公正、文明执法。总而言之，文明执法与严格执法两者是相辅相成，只柔不刚，法无权威；只刚不柔，难得人心。讲文明执法决不是单纯的放任、不管，而是要严格做到依法履行职责，科学、文明管理教育罪犯，体现法律的权威和执法公正；讲严格执法不是行为野蛮粗暴，而是敢于较真，规范程序，依法管理，公正处罚。每一名干警都应该清楚认识到，文明执法与严格执法是辩证统一的。严格是一切执法活动的前提，是文明执法的基础和保证；文明是严格执法的表现形式，通过文明执法更能表现出执法活动的公正性。因此，只有坚持两手抓、两手硬，才能有效履行职责，树立起干警队伍良好的执法形象。

### 三、当前监狱干警处理文明执法与严格执法关系上存在的偏差

从当前干警的实际情况来看，少数干警不能正确理解文明执法与严格执法的关系，导致在实际工作中遇事推诿，不敢管、不愿管、不善管等，并将自身主观上的不作为归咎于文明执法。主要表现在以下几个方面：

（1）少数干警法制意识不强，法律素养不高。对文明执法的认识不足，认为文明就是不讲原则，一味迁就、放纵，对罪犯的无理需求尽量予以满足。出现了以文明为借口，不按规章制度处理罪犯违纪事件；同样的违纪事件，在同一个监狱，甚至同一个分监区，由于不同的干警处理，往往处罚结果相差甚远；讲究文明，就放弃严格。

（2）执法素质与执法要求尚有较大差距。"文明执法"完全取决于管理者的水准和管理对象的服管意识。一些干警执法业务技能不强，执法水平不高。一是执法不作为。个别干警思想上不思进取，精神萎靡，怕苦畏难，工作消极，得过且过。有的干警弄不清文明执法与严格执法的关系，不敢大胆管理，怕出事，怕罪犯写信上告，执法失之于软、失之于宽，甚至抱着多一事不如少一事的态度，对罪犯违纪行为熟视无睹。二是工作中被动应付。工作作风不踏实，被动应付得多，主动应对的少；强调客观多，强调主观少。

（3）"特殊"罪犯影响监狱文明执法。近几年来，贪污、受贿、挪用公款等被揭露的职务犯罪在押犯结构中的比例呈上升趋势。由于职务犯罪，其过去在社会上都掌握一定的权力，其社会关系相对复杂，一旦投入服刑改造，他过去的老下级、老朋友，有的还手握重权，便纷纷登场打招呼要求给予一定的照顾。为此，除了来自上级的关照外，还有来自亲情、私情的影响，碍于情面，照顾亲戚、同学、朋友、老乡等人情，从而使他在狱内劳役安排上以及奖励方面必定会给予适当的照顾。造成了执法不公正，可以说在一定程度上影响了执法质量。

（4）封建残余思想作怪，执法理念偏差。由于受传统"官本位"思想影响，一些干警一朝穿上警服，就觉得自己成了"官"，面对那些罪犯，手中掌握的执法权很容易让他们滋生"大堂逞威"的感觉，以管人者、领导者，代表政府自居，盛气凌人。执法时淡化改造的宗旨，将个人情感因素融入执法过程，觉得"我讲你得听，我管你得服，我罚你得从"，主观上造成不文明执法。

（5）客观上，少数罪犯以文明执法为由"钻法律空子"，给干警工作带来一定难度。众所周知，罪犯法律意识、文明程度的提高与干警严格执法是一个互动过程。我们不能否认随着文明执法的深入，少数罪犯对干警文明执法的错位，忘记了身份，举起文明大旗大谈特谈自己的权利，服刑意识淡化，气焰嚣张。甚至少数干警一时无所适从，管理上出现了缩手缩脚、"不敢为、不愿为"的现象。

### 四、正确处理"文明执法与严格执法之间关系"的有效途径

第一，加大普法宣传、加强法制建设，营造一个利于执法的环境。

加强普法教育，提高罪犯的法律意识。文明执法必须普遍提高罪犯素质和对监狱工作的认识，使罪犯在行使权利的同时愿意承担法律义务。通过普法教育提高罪犯遵守监规纪律、依法服刑的素质和自觉性，在监狱内形成学法、懂法、遵法、用法的良好风气，从而使罪犯能够自觉地理解、支持、接受、配合干警的教育管理，从而促进监狱工作的严格、公正、文明。加强法制建设，树立法律至上的思想。我们要重视严格、公正、文明执法，理解其内涵实质。干警的一切行为都必须在法律允许范围内执行，罪犯的一切合法权利都必须一视同仁地加以保护。坚定不移地树立起法律面前人人平等、法律至上的权威，干警处处以法律为镜，鞭策自己的行为，从而为严格、公正、文明执法提供了一个良好的环境。

第二，端正执法思想，增强法治观念。执法思想是执法行为的先导，没有正确的执法思想，就不可能产生正确的执法行为。执法思想的核心问题在于执法的目的，也就是要解决为谁用权、为谁谋利的问题。监狱干警执法工作说到底是为了保护犯人的各项合法权益不受非法侵害，特别是保障犯人的人权不受来自于行刑机关的侵害。同时为罪犯创造一个积极、健康的改造环境，最终将罪犯改造成为守法公民。因此，我们在执法活动中，决不能以"安全压倒一切"为借口，侵犯罪犯的合法权益。决不能以牺牲罪犯的合法权益为代价，来换取监管改造场所的一时安全。监狱干警必须树立"坚持执法为民、确保司法公正"的理念。法治观念是个人或社会对法治的认知、评价和感情体验，是一种带有基本倾向的法律意识。法治观念的核心问题是法律权威观念。法律是连接国家与社会、政府与个人的桥梁。作为执法者来说，法治观念的确立具有特别重要的意义。只有执法者真诚信仰法律，才会无限忠于法律，自觉遵守法律；只有执法者尊重法律的权威，才会严格依法办事，公正执行法律；只有执法者充分理解法律的目标价值，才会正确地实施法律。

第三，提高执法素质，规范执法行为。古人云："徒法不能以自行。"法律是靠人来执行的，法律秩序也是靠人来维持的。素质建设是执法队伍建设的核心问题，没有高素质的执法队伍，就不可能有高水平的执法工作，严格公正文明执法也就是一句空话。当前监狱执法工作中存在的所有问题，几乎都与干警的素质具有直接或间接的关系。在各种素质指标中，法律素质是最基本最重要的素质，这也是执法者个人素质区别于普通公民基本素质的主要标志。如果执法者不知法、不懂法、不会运用法律，那他就没有资格从事执法工作。衡量一个执法者是否具有较高的法律素质，不仅要看他能否熟练地掌握法律、正确地运用法律，而且更重要的是要看他是否具有把法律当生命、为法律而献身的崇高职业道德和精神品质。而这样的职业道德和精神品质是我们的一些执法者最欠缺的，因而也是我们需要大力提倡和弘扬的。提高执法素质一靠外在压力，二靠内在动力。为此，在提高执法素质的同时，要把执法工作纳入法律化、制度化、程序化的轨道，使执法都有法可依，有章可循。严格公正文明执法，不仅需要从实体上规范执法行为，而且更需要从程序上规范执法行为。而程序意识的淡薄，恰恰是当前干警执法工作最致命的弱点。从这个意义上讲，规范执法行为首先要解决规范执法程序问题。其次，严密的程序是防止权力滥用、确保执法质量的保证，但是程序的严密并不等于程序的繁琐。过于繁琐的程序不仅会影响执法的效率，而且会影响执法的公正。因此，科学的执法程序必须在公正与效率之间寻找最佳的契合点。

第四，严格执法责任，维护合法权益。责任不仅是执法者分内的事情，而且还有没做好分内之事所应当承担的后果。在哲学和法学范畴中，责任与权力相对应，权利与义务相对称，前者适用于国家

机关及其公职人员，后者一般适用于普通公民。没有无权力的责任和无权利的义务，也没有无责任的权力和无义务的权利。在通常情况下，权利可以放弃，但义务必须履行。但就执法权力与执法责任的关系来看，执法权力在一定意义上讲也是执法者的义务。因此，对于执法者来说，权力必须行使，放弃权力就是失职渎职；责任必须履行，逃避责任就必须受到制裁。执法责任不仅需要解决执法者应当做什么、不应当做什么的问题，而且还需要解决不履行和不正确履行职责所要承担的后果。从责任的设定、责任的划分、责任的追究来看，当前监狱既要解决个人责任虚无化的问题，也要解决集体责任模糊化的问题，还要解决领导责任扩大化的问题。解决这些问题的根本出路在于牢固树立法治观念，在法律的框架内把执法者个人的责任具体化，把集体和领导者的责任明晰化。确定和划分责任要坚持"谁执法，谁负责；谁当班，谁负责；谁主管，谁负责；谁签字，谁负责；谁制规，谁负责"的原则，既不能放过有过错者，也不能株连和冤枉无辜。在强调责任的同时，还要注意维护干警合法权益。要理解基层一线干警因工作负荷重、常常连续作战、有家难顾、有时受到不公正对待深感委屈等现象产生的各种复杂心态。监狱领导一方面要注意引导消除和化解这些心态，另一方面要关爱干警身心健康，用科学的工作方法和运作模式来取代目前大多是不讲科学、不讲成本、不看效果、"跟着感觉走"、"跟着批示走"的陈旧滞后工作方式的模式。

第五，加大监狱力度，推行狱务公开，严格执法程序，进一步执法监督机制。失去监督的权力必然产生腐败。建立和完善干警执法监督机制，一是要建立执法防范机制，纪委围绕签订党风廉政建设责任书，抓住《局规》和违纪案例的学习教育。二是要建立执法责任机制，落实执法的监督责任。①建立执法监督责任制；②实行执法过错责任追究制；③强化监督部门的责任制。三是要建立执法监督制约机制，加强执法环节监督。①建立和完善干警督察制度，对干警的执法活动进行督察。②建立执法行风监督员制度。聘请社会有关人员为执法行风监督员，定期或不定期到各监狱进行执法监督。③进一步实施和完善"狱务公开"。对罪犯的减刑假释、计分考核等敏感环节，坚持条件、程序、权限和结果的"四公开"。此外，在利用电子屏幕、触摸屏、狱务手册、致罪犯家属一封信等实施狱务公开外，还开通了监狱电子邮箱。自觉接受社会和罪犯亲属的监督，赢得社会对监狱工作的理解和支持。四是要抓住文明执法的核心和关键，将"三个坚决杜绝"落到实处。也就是坚决杜绝打骂、体罚、污辱、虐待罪犯的现象，坚决杜绝罪犯超时超体力劳动现象，坚决杜绝监狱乱收费现象。这"三个坚决杜绝"着眼于进一步端正监狱执法指导思想，着眼于更好地维护罪犯的合法权益，着眼于更加规范监狱的管理，维护监狱的执法形象，抓住了监狱文明执法的核心和关键，是对监狱是否文明执法的最直接的检验，也是刚性的要求。通过严格执行"三个坚决杜绝"，有效遏制和消除各种不文明执法的现象，在整个监狱系统形成文明执法的良好习惯。

第六，要着手建章立制，进一步建立起确保严格、文明执法的长效机制。文明执法与严格执法本身是一个事物的两个方面，文明执法是严格执法的内在要求，严格执法是文明执法的前提和保障，两者是不可截然分割的。因此，要进一步强化广大监狱人民警察的法治观念和严格、文明执法意识，增强严格、文明执法的自觉性，提高严格、文明执法的能力和水平。同时我们必须要为严格、文明执法提供健全的制度和机制保障。建议监狱上级主管部门对涉及严格、文明执法中带有全局性的重大问题，可根据职责和权限，单独或与有关部门共同出台相应的规范性文件，从制度上来保证。监狱自身要通过深入的研究和实践，把各种好的经验和做法上升为制度，从而加强规章制度建设，努力形成确保严格、文明执法的长效机制。

综上所述，在国家民主法制建设和政治文明建设的大背景下，面对文明执法要求高、难度大的现状，我们必须进行一场执法思想、执法观念、执法制度和执法行为的革命。这是监狱法治化的希望所在，也是彻底实现严格、公正、文明执法的必由之路。

（原载陈耀鑫主编宝山监狱建监十周年文集《创建与发展同行》）

# 第七十九篇  科学改造罪犯与行刑个别化

史月有  陈永琳  叶 斌

行刑个别化是现代刑罚执行的一项重要原则和发展趋势，主张"人格不同处遇不同"。说明特质不同的对象，应当采用不同的方法，来加以区别对待。一般来说，除服刑人员在受刑这个共同点上无差别外，其他部分则会表现出鲜明的独特性，即所谓推上性特质，主要表现为受刑对象的刑种、刑期、犯罪种类、犯罪动机、认罪悔罪态度、文化背景、所处服刑的各个阶段、心理生理状况等差异性，个别化则是根据上述种种的差异采用与之相适应的教育、生活待遇、管理措施、劳动要求、活动范围等，而这些都是行刑个别化的集中体现。同时行刑个别化也只有在科学改造罪犯的理念指导下才会有正确的方向和存在的价值，因为罪犯在服刑过程中除了法定的统一性的外壳之外，对正确认识和评价蕴含其内的特质只有运用科学的方法进行深入的分析，制定出科学有效的措施，才能达到稳定有效的改造效果。因此，科学改造更多地表现为方法论和认识论的抽象性，而行刑个别化则更侧重于表达和科学改造运用的具体化。

## 一、行刑个别化是科学改造罪犯的必然要求

第一，科学化一直是监狱提升改造罪犯质量的努力方向和追求目标，我国从提出劳动改造、开办特殊学校，到80年代实行分类改造，都对科学改造罪犯做了许多有益的尝试，也取得了较好的实践效果，但都是在以往的改造工作客体的基础上进行的。我们对罪犯的改造往往是由干警决定改造工作的内容、方式和目标，没有考虑到罪犯的现实改造表现和改造过程中可能出现的改造问题，很难体现同一级罪犯的改造表现差异和待遇差异，缺乏公平性、科学性，可谓千人一面，罪犯只能被动地接受和投入，极大地抹杀了罪犯内在的巨大的自我改造潜动力，从而影响到监狱改造工作的提高和发展。

第二，科学改造罪犯是行刑个别化的前提和基础。科学是发现规律、运用规律最有效的工具，科学认识罪犯是科学改造罪犯的必然要求。改造罪犯应当建立在规律的基础上，为各类罪犯的改造寻求最佳方案。

第三，科学改造罪犯，进一步推进对罪犯是改造主体的认识。19世纪英国监狱工作者马可诺也曾说过："假如让犯人自己拿着监狱的钥匙，他将努力来开启监狱之门。"他认为：假如我们鼓励罪犯成为自我改造的主人，运用信任和激励等手段，就能使每个罪犯树立改造主体意识，掌握和改变自己的命运。那么，在新时期我们如何围绕"罪犯为主体"、"罪犯改造为中心"来开展监狱工作，以达到提升罪犯教育改造质量的要求？笔者以为对罪犯开展个别化改造不失为一种有益的尝试。

第四，行刑个别化反映了科学改造罪犯的内涵。行刑个别化业已成为当今世界刑法发展的重要理论之一，对改造的个别化是改造工作发展的必然趋势。个别化改造是行刑个别化的具体表现，这要求监狱针对不同罪犯的不同危险性程度，改造需求及个性特征，运用科学的管理、教育等手段实施有差异性的改造。个别化改造要求监狱根据罪犯的成长经历、生活环境、社会危害性程度、个人性格气质，以及不同改造需求，对不同罪犯实施不同时间、不同内容和不同方法的改造，因人施教，以期最大限度地实现刑罚所追求的价值和目标。因此，因人施教、因材施教是个别化改造的理论依据。

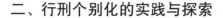

### 二、行刑个别化的实践与探索

行刑个别化是科学改造罪犯的重要发展阶段，是实现改造目的的有效手段，行刑个别化理论的提出已近百年，在国外已有大量的司法实践，积累了比较丰富的经验。我国近十多年来对行刑个别化的认识也逐渐深入，从个别教育入手寻找突破口，经过规范实践、科学指导，行刑个别化工作的运行已初显模式，目前已在管理、处遇、教育、考评奖惩上有所体现。

1. 行刑个别化认识的发展

科学改造罪犯需要行刑个别化的理论和实践，从改造的粗放型向分类型、精细型转变；在解决罪犯共性问题的基础上，突出消除个性症状，行刑个别化是适应这一转变的有效载体。对行刑个别化的认识是一个动态的过程，因时间空间的不同，现阶段对"个别化"的认识已经超出了仅限于罪犯个体的范畴，对不同的时期、不同的罪犯群体，从监狱的整体到罪犯的个体，因情况的不同而采用"个别化"的措施，有向宏观和微观两极发展的趋向。行刑个别化的实践已远远超出了个别教育的范畴，成为综合、规范、协调和有序的行刑系统。

2. 行刑个别化运用

宝山监狱对行刑个别化在监狱工作中的实践，注重个别化的内涵和实质；组织上有推进个别化的保障，如个教工作室、培训心理咨询师、开展兴趣教育培训。模块化设计以个别教育为主，配套设置日常管理。

近年来宝山监狱在改造实践中贯穿科学改造罪犯的指导思想，着力推进刑个别化的探索，从改造个体上升到改造群体，再由宏观回到微观，不断提高改造工作的有效性和稳定性。

监狱对于行刑个别化的认识已经从一般意义上的行刑个别化上升到大个别化的范畴。所谓大个别化是相对于传统意义上个别化而言的，是针对特定群体或某一类人群的改造需要而制定和运用的行刑方式和手段。依靠行之有效的方式、方法在更大的范围内解决带有共性的和普遍性的问题，形成点的塑造与面的改造相互推进，进而带动监狱改造工作的整体。监狱已经开展并取得阶段性的成果，如在全监狱范围内调节罪犯情绪的工作，对近期犯非宽即严的管理原则，对有特定症状罪犯群体进行心理团训。又如，罪犯个别化教育管理工作事例，田康的家庭亲情教育，问题犯的化解等内容。

3. 注重行刑个别化的实质推进与内涵提升

在行刑个别化的探索中，坚持以科学分析，把握对象的思想认识、心理状态、实际表现的特质，使制定出的个别化方案能切合改造规律。比如，如何从失败中找出成功的道路，主要归纳为科学分析罪犯的思想心理的主要病状，以特殊对特殊把握个体的差异性，用针对性措施化解症状而取得成功。

### 三、对行刑个别化的思考

1. 发挥狱内外优势

如成立个别化改造工作小组，由干警、罪犯家属、社会帮教志愿者、罪犯多方共同完成。指导小组的任务主要是协调、指导和咨询个别化改造计划的制订和实施。在这个过程中，干警负责对罪犯日常管理和检查督促，指导罪犯的改造进程，解决罪犯改造中遇到的困难和疑惑，为罪犯改造提供必要的条件和服务；罪犯家属和社会帮教志愿者则协助干警稳定罪犯改造情绪、督促罪犯完成改造目标；罪犯之间可组成改造互帮小组，通过开展交流讲座、"一帮一"、相互鼓励、批评和自我批评等活动和形式来相互督促、扶持，共同进步和提高。

2. 坚持改造现实性评估，确保个别化改造目标的完成

评估是一种连续不断的修正或设计罪犯个别化改造方案的过程，通过对罪犯改造情况的收集，来判断和确定改造方案是否可以继续实施。实施改造方案前对罪犯进行评估，是为了确定改造基线，作为制订个别化改造计划的依据。在改造过程中进行评估，对罪犯每日的改造表现或在改造活动中所观

察的纪录进行检查考核。这种状态就像一个展示的平台，让罪犯在展示自己的同时，对周围产生积极的影响，关键是让罪犯明白命运靠自己掌握，让罪犯在实际的改造中看到希望，树立信心。

3. 做好对刑释人员的个别化社会帮教工作

相同的监狱工作，不同的罪犯个体、不同的自觉改造程度，其改造效果和质量不尽相同。所以，在罪犯刑满释放之前，监狱要对所有罪犯进行改造质量和成果的评估，客观分析改造成功或失败的原因，对罪犯指出相应的指导意见。同时，针对不同罪犯存在的改造问题及刑释后自觉守法的不同程序，监狱要主动联系罪犯所在地的社会综合治理部门，提出对罪犯帮教的个别化建议和措施，保证个别化改造措施和方案的延续性，以达到巩固监狱改造效果的目的。

4. 行刑个别化与行刑社会化相结合

社区矫正尝试把罪行较轻的或社会危害性较小的罪犯刑罚执行场所由监狱转移到社会，这样，一方面可使这些罪犯免予监狱恶性环境的交叉感染；另一方面，可使他们尽快地适应社会。在我国监狱服刑的罪犯中，有前科的罪犯占近五分之一，对社会造成的危害性极大；同时他们回归到社会后，就像"流浪的孤儿"，不同程度地受到社会的歧视，如：找不到工作、家庭的歧视、无法生存等，以及社会上一些不良习气的影响等，都不同程度地促使他们重新犯罪。因此，个别化要充分考虑这些因素，前后合理配合，共同促进刑罚工作的健康进步发展。

同时，在探索行刑个别化工作中要注意以下三个问题，提高行刑个别化水平。

（1）罪犯情况复杂。改造罪犯就必须调动罪犯内在的改造积极性，使罪犯"要我改造"变为"我要改造"。个别化改造要求监狱根据罪犯的成长经历、生活环境、社会危害性程度、个人性格气质及不同改造需求，对不同罪犯实施不同时间、不同内容和不同方法的改造，监狱在改造罪犯过程中必须认识到不同罪犯之间客观存在着改造的差异性，如改造需求、自我改造意识等，并应该积极利用罪犯中存在的差异性，针对罪犯的不同行为习惯、学习兴趣等情况，分别采取不同措施或方法，促进不同罪犯按照各自的实际情况进行自我改造，以达到最佳的个体改造效果。而这一点很难做到。

（2）干警水平限度。个别化改造，或称个体化改造，是指监狱干警在全面准确掌握罪犯的个体特点和个性差异的基础上，以罪犯为中心，系统采用分级管理、个别教育、心理矫治、劳动改造等改造手段，指导和督促罪犯自我改造，适合于满足罪犯改造的个体需求，促使罪犯朝成为社会守法公民这一目标转化的各种改造方法的方向发展。这一点必须要求干警业务能力的坚强保证。

（3）罪犯自身素质缺陷。个别化改造的基本特征："罪犯为中心"，改造对象的个别化。罪犯的独立性是个别化改造的基本特性。在个别化改造模式中，罪犯不是以监组、监区等集体的形式出现的，而是以个体的形式出现的。也就是说，罪犯在参加各类改造活动的过程中（包括改造内容、接受干警的管理和教育、个人改造目标、改造时间跨度等）都是以独立的形式而存在，与以往的改造形式相比显得非常灵活，非常自在。同时，改造活动是以罪犯的个性要求来驱动的，罪犯可以根据个人的能力和需要去选择和决定个人所需要学习和矫正的内容、方式和过程，在改造形式上不拘泥于个体自学，更多时候表现为小组协作学习和改造，包括与干警交互沟通交流等形式。但是这种合作改造、交互学习是以个性需要和独立为前提和出发点的。这方面罪犯自身难以保证。

（本文获宝山监狱 2007 年度论文评选一等奖）

（原载陈耀鑫主编宝山监狱建监十周年文集《创造与发展同行》）

# 第八十篇　兼顾监狱执法效益和执法成本的思考

胡炎荣

进入新世纪，监狱价值的实现，成为监狱工作者研究的课题。对监狱价值的实现进行多视角的探讨，有助于厘清监狱的管理思路，树立监狱价值追求，提高社会对监狱工作的认同感。笔者想以兼顾监狱执法效益和执法成本为切入点进行一些探讨。

## 一、兼顾执法效益和执法成本是监狱价值实现的基础

在实际工作中，有的监狱提出安全、公正、效率、发展为监狱的发展主题，并积极地予以丰富和实践，体现了对监狱价值的理解和追求。在实现监狱价值的过程中，明确地提出兼顾监狱执法效益和执法成本的观点是对上述主题的一种深化。

### （一）效益是监狱执法的基本追求

什么是监狱的执法效益，对监狱来讲，维护安全、改造罪犯是主要职责，监管安全和教育改造的成效，就是监狱的执法效益。监狱执法所追求的不是一般的经济效益，而是一种以维护社会安全稳定为内容的社会效益，这是由监狱的特定的职能所决定的。因此，在组织罪犯参加劳动生产时，不能以简单的方式来看待罪犯劳动中产生的经济效益，而要把这些经济效益看成是罪犯的改造成果，是一种物化了的社会效益，这样就会自觉地把劳动作为一种矫治罪犯的手段，重视罪犯劳动技能的训练。从维护社会安全稳定的角度来认识监狱的执法效益，需要正确把握监管安全和教育改造之间的关系。现阶段，基层监狱普遍采用严防死守来维护监管安全，这种方式仅仅是满足监狱工作的基本要求。如果把教育改造罪犯作为维护监狱安全、社会稳定的延伸，使教育改造工作服务于监管安全工作，服务社会主义和谐社会建设，就会更加自觉地实践以改造人为宗旨，把罪犯改造成守法的公民，支持社会主义和谐社会建设的宏伟目标。效益或称之为有效性是监狱执法的基本追求。

### （二）公正是监狱执法的价值指向

在我国，监狱属于国家行政机关序列，监狱人民警察是国家刑罚的执行者。政府行使的权力是人民赋予的，监狱执法的价值指向必然是秉公执法、公平正义。为了确保监狱人民警察公正行使执法权，维护社会主义社会的稳定，必须建立公开、透明的执法制度。通过推行狱务公开，运用多种形式将罪犯权利、义务和监狱有关执法标准、程序、结果向罪犯、罪犯家属及社会公开，使公众了解罪犯的奖罚制度、狱内生活卫生标准、劳动时间的规定等，增加社会以及罪犯对监狱执法措施的预测力，扭转罪犯在服刑改造中被动、消极的状态，将罪犯纳入监狱管理的互动体系之中，并建立相关的执法监督机制。公平正义是建立在正确执行刑罚基础之上的，监狱中关押对象来自不同的阶层，不能因为其身份特殊，而法外施恩。刑罚执行过程是伸张正义的过程，不仅罪犯家属会关心，而且被侵害人以至整个社会都会关心。如果，刑罚执行中不能做到公正，就难以完成惩罚和改造罪犯的任务，在社会中就会产生负面影响。因此，公正执法体现的是一种执法效益。

### （三）效率是监狱执法的重要标杆

《监狱法》规定，国家保障监狱改造罪犯所需经费。监狱的人民警察经费、罪犯改造经费、罪犯生活费、狱政设计经费及其他专项经费，列入国家预算。监狱体制改革以后，这一类的保障更加完

善。监狱经费编入国家预算之后，还要不要讲执法成本？结论是明确的？办企业要讲成本，监狱执法同样要讲成本。对于监企没有分开的监狱，管理者的成本意识相对浓厚一些。监狱体制改革以后，再强调成本意识，尤其重要。这里所讨论的效率，就是指监狱在执法过程中的办事效率、工作效率，它同样与执法成本有关。办事拖拉，效率低下，必然导致执法不彰。把效率作为监狱执法的重要标杆，就是要让监狱的工作效率适应执法的需要，适应服务人民的需要。提出标杆的概念，就是讲这种工作效率应该是可测量的。比如，某项工作的办结时间，对工作质量的具体要求等等。有些重要事项还需要向社会作出承诺，由社会对监狱工作进行评价。同样的工作质量，同样的资源耗费，办结时间的快慢所体现的就是效率。因此，效率实际上是相比较而存在的，效率应该是可测量的。把效率作为监狱执法的标杆，通俗地讲，就是少花钱多办事，少花钱办好事，少花钱快办事。

（四）兼顾执法效益和执法成本是深化监狱管理的需要

监狱价值的实现是多方面的，上述所涉及的效益、公正、效率，其实也是一事物的两个方面。究竟是偏重于执法效益，还是偏重于执法成本，两者何为主次，如何取舍，能否实现完美统一，均关系到监狱价值实现的界定。由于监狱工作中比较关注或强调社会效益，执法成本往往退居其次，有时两者之间的统一较难实现。比如，有一名学金融管理的罪犯，其家属提出要为该罪犯创造深造的条件，完成硕士学位。现阶段，监狱要为这名罪犯提供其所需要的深造条件，显然是很难做到的，且于法无据。罪犯教育经费是为全体罪犯设置的，主要是完成《监狱法》所规定的，对罪犯进行扫盲教育、初等教育、初级中等教育及职业技术教育。让全体罪犯受到相应的义务教育及职业技术教育，这体现的是监狱的执法效益。在安排教育、医疗等改造经费、生活经费中，要兼顾执法效益和执法成本。在监狱管理中，问题的视角是很重要的，不能脱离社会经济发展阶段，而片面追求狱政设施的完善，造成罪犯生活待遇与普通老百姓的生活之间不应有的反差，引起社会尤其是"苦主"（被害人）的不满，不利于社会的稳定和对罪犯的改造。如有一监狱就遇到一起因被害人认为法院判决畸轻，进而导致对罪犯在监狱的服刑待遇不满，长时间上访造成一定社会影响的案例。监狱要避免这类负面的执法效益，就必须从社会大背景下，深化监狱管理，做到执法效益和执法成本的同时兼顾。

## 二、兼顾执法效益和执法成本必须重视深化监狱管理

监狱工作是政府工作的组成部分，多年来，在监狱管理中，形成的行政模式与国际通行的行政模式相距甚远，它不习惯把执法效益和执法成本结合起来统筹思考。因此，结合监狱管理的现状，对深化监狱管理进行一些思考，有利于监狱工作的长远发展。

（一）监狱管理中应当重视的问题

1. 角色定位

监狱是刑罚执行机关，以改造罪犯为主业。如果价值追求多元，社会化的外延又缺乏界定，有些工作就会超出监狱的职责范围。比如，罪犯家庭的帮困，罪犯民事权利的追偿，社区矫正等，这些工作似乎与改造罪犯有关。其实，这些基本的职责归属在其他政府部门或社会组织。监狱越俎代庖，大包大揽，就会削弱监狱的主要工作，造成执法成本的上升。

2. 成本控制

监狱经济体制改革以后，监狱的行政开支依赖于国家拨款，自然地希望多从国家财政中"分蛋糕"，这容易形成扩大监狱建设规模的冲动。日常工作中，不太重视成本与"收益"的关系，成本控制的意识比较淡薄。

3. 资源配置

基本建设中存在相互攀比的现象，资源配置多多益善。某些基础设施过于超前，与当地的社会经济发展水平不相适应；有些配置不尽合理，不能发挥最佳效能。比如，在信息化建设中，大量的硬件投入，在某些方面的实际效能不甚理想，且需要花费大量的维护成本。

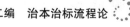

4. 专业化管理

监狱民警的分类管理滞后，管理型和专家型的民警缺乏。管理型民警需要与监狱管理职业相匹配的技能，其中，缺乏监狱发展企划、成本核算（精算师）、绩效考核等方面的管理人才。

5. 竞争意识与竞争机制

竞争是形成活力的一种表现形式，现有的监狱工作体制，整体上尚没形成竞争机制，抑制了监狱工作者丰富的创造力，民警中竞争意识弱化，容易导致故步自封、效率低下。

6. 工作评估

现行监狱的工作标准和评估方法不一，工作评估基本上是通过内部循环实现的，从公共服务的角度来观察，科学的、系统的绩效管理和评估方法尚不够完善。

（二）深化监狱管理的背景

深化监狱管理是符合国家行政管理改革趋势的一种思考。首先，党的十七大提出建立一个"权责一致、分工合理、决策科学、执行顺畅、监督有力的行政管理体制"。实现政府职能转变是国家行政管理体制改革的首要前提，建立服务政府、责任政府、法治政府是实行国家行政管理体制改革的基本目标。这就意味着政府职能必须以向社会提供公共产品和公共服务为己任。其次，怎样评价20世纪末在世界范围内兴起的一场"重塑政府"、"再造公共部门"的"新公共管理运动"的积极意义。"新公共管理运动"更加注重管理绩效，更加注重管理的弹性而不是僵化，通过引进企业管理方法，采用企业管理理念来重构政府部门的组织文化等成功的做法是否值得学习和借鉴？在转变政府职能中，监狱工作需要进行哪些改革和调整？均是深化监狱管理的思考方向。

（三）深化监狱管理的一些思考

兼顾监狱执法效益和执法成本这个命题，并非凭空而来的，它是建立在服务人民，实现监狱价值的基础之上的。从实现政府职能转变的角度出发，可从以下几个方面进行深化监狱管理的思考与实践。

1. 决策、执行和监督的分离

决策、执行和监督的分离是国家行政体制改革的重要目标。深化监狱管理，同样需要逐渐实现三者分离的目标，首先在职能上实现分离。监狱管理中的决策层是指部、厅级监狱管理机关，主要行使掌舵性职能，如拟订政策、规章，为提高效率建立适当的激励机制等，引导监狱为实现公共利益的崇高目标服务。监狱管理的监督层，其外延比较宽泛，可由系统内外的机构或人士担任。其主要行使监督职能，如进行绩效评估，包括对执法效益和执法成本的评估，对执法过程的监督等。监狱管理的执行层是指基层监狱以及由其管辖的监区、分监区，其主要是通过履行相关职能，满足国家、上级机关及相关方对监狱适用法律法规所提出的要求。决策层应思考监狱工作发展的整体规划，为提高效率提供合理的资源配置和有效的激励（精神的、物质的激励）。执行层应思考以最小的耗费获得最大的效果。决策、执行和监督职能的分离，能够使监狱的执法效益和执法成本在决策环节或执行过程中产生的不同反映，通过有效的监督得到客观的评价。

2. 管理理念的导入

西方国家在"新公共管理运动"中，广泛引进企业管理方法，用企业管理理念来重构政府部门的组织文化。基于管理具有相通性这一认识，在深化监狱管理中，有的监狱进行了这方面的探索。通过导入GB/T 19000：2000质量管理标准，形成规范的监狱管理文件，建立符合监狱管理实际的质量管理体系。明确提出监狱质量管理体系的有效策划和应用，包括质量管理体系持续改进的过程以及符合监狱适用法律法规的要求，旨在增强监狱"顾客"的满意程度（"顾客"主要指国家、上级机关及相关的政府部门和人民大众），监狱的管理职责、资源管理、管理与服务的控制评价、持续改进得到充分的体现，人力资源开发、过程控制、业绩评估等管理方法的普遍采用，实现了监狱管理与企业管理在理念和方式上的融合。此工作案例说明，在深化监狱管理中，可以从"新公共管理运动"中吸取营养，导入一些先进的管理理念，建立和完善监狱工作标准，在理念和方式上为兼顾监狱执法效益和执法成本奠定基础。

3. 人才战略的布局

人才是发展的关键，在进行人才战略布局中，要重视解决好监狱工作的专业化管理；在高级警官和中级警官中，按管理型和专家型进行分类。管理型民警是指分布在监狱管理不同层面中具有现代管理技能的领军人物或组织者，专家型民警是指适合监狱工作需要的技术人才，围绕这些人才组建工作团队，尤其要重视管理型民警的专业化建设。这里所指的管理型民警已不再是传统意义上的擅长"粗放型"管理的民警，而是善于运用现代行政管理知识，推动监狱管理深化，以满足 21 世纪监狱工作发展需要的民警。有些专业团队可以成为监狱管理的智囊，参与监狱工作发展战略的企划，有些专业人才本身就能够担任监狱工作的行政领导，用专业化知识，对传统的监狱管理模式进行改革。因此，必须以发展的眼光进行人才战略布局，形成以人力资源开发为基础的良性的工作竞争机制，调动监狱民警丰富的创造力和竞争意识，使兼顾监狱执法效益和执法成本获得人才保障和智力支持。

4. 绩效管理的施行

监狱应当改变通过内部循环实现的工作评估方法，代之以科学的、系统的绩效管理和评估方法。绩效管理是设定在公共服务绩效目标基础之上的，主要包括工作效率、服务质量、执法成本、执法效益、社会满意度等方面。在倡导绩效管理中，尤其要重视过程控制与目标预期，这是兼顾执法效益和执法成本的重要之举。目标预期是一种"倒推"的成本控制法，把执法成本分解到监狱工作的整个过程之中，谋求执法效益和执法成本的统一。由政府主管部门、社会公众对监狱工作的全过程进行跟踪监测，并做出科学的、系统的绩效评估，这是监狱工作评估的发展方向。应当逐步建立科学考评监狱工作纯净的氛围和环境，鼓励有关专家学者对监狱工作绩效进行科学的诊断和评估。同时，深入开展公民评议活动，将管理和服务对象纳入评估体系，促进评估主体的多元化，为社会各界评估绩效创造条件。有些监狱建立了社会行风监督员制度、社会开放日制度，邀请第三方认证活动，这些都是开展绩效评估的有益尝试，有待总结和深化。服务人民是国家行政机关工作的出发点和落脚点，监狱工作同样必须以服务人民为己任，在具体工作中，做到执法效益和执法成本同时兼顾，实现监狱自身的社会价值。

（本文获上海市监狱学会 2007 年度论文评选鼓励奖）
（原载陈耀鑫主编宝山监狱建监十周年文集《创建与发展同行》）

# 第八十一篇 关于构建监管安全长效机制的若干思考

薛 涛 杨 斌

党的十六届四中全会明确提出将"提高构建社会主义和谐社会的能力"作为我党执政能力的一个重要部分，监狱作为国家刑罚执行机关，如何正确认识和把握构建社会主义和谐社会的深刻内涵，并运用这一科学论断来指导具体监狱工作实践，促进监狱工作全面、协调、可持续发展，意义深远。而提高监管安全防范能力就是监狱党委实践这一能力的具体体现之一。虽说近几年，从上级业务部门到基层监狱都在花大力气积极探索建立监管安全长效机制。但从目前情况看，只能说仅处于初步探索阶段，为此，笔者就如何构建监管安全长效机制粗浅地谈点个人思考。

## 一、关于监管安全长效机制的内涵

虽说对监管安全长效机制从实践到理论都有不少专家学者在进行探究，但可谓见仁见智，莫衷一是，它的内涵到底由哪些要素构成，目前尚无权威解释和科学定论。所以，在构建监管安全长效机制时，首先要正确解读监管安全长效机制的基本内涵。尽管监管安全长效机制伴随着认识、思考、提升、实践，再认识，再深化，有一个不断发展完善的过程，目前，还很难完整地对其下定义，但我们不妨从以下几个方面来解读。监管安全长效机制是一个具有多层面内涵的范畴机制，泛指一个工作系统的组织或部门之间相互作用的过程和方式。长效是指持续长久有效，长效机制就是运用一系列规则、制度等确保各部门及时有效地将各工作要素落实到位。监管安全长效机制是指监狱多个部门共同参与协同作战的体系，通过制度、责任、考核、监督、激励、保障、预警等机制建设等，明确各责任主体，依其定位、各守其责、各司其职、各尽其用，有效运行，从而实现一个时期或更长时期内监管安全稳定，不发生罪犯脱逃、重大恶性事故和非正常死亡等重大事故。

## 二、关于构建监管安全长效机制的思考

我们在深刻理解和全面把握构建监管安全长效机制的内涵基础上，按照整体性、科学性、规范化原则来构建监管安全长效机制，改变由过去依靠经验、依靠活动推动监管安全的方式为依靠法律、依靠机制来谋求长效安全，改变由非常态的、阶段性的工作推进方式为常态的规范的工作推进方式，形成大机制，从实体、程序等多个层面保障监管安全，为服刑人员提供和谐、安全、健康的改造环境。

（一）以规范化建设为重点构建监管安全长效管理平台

1. 建立三个层面规范化建设工作标准

开展规范化建设是上海监狱工作在 20 世纪 80 年代就创建的一大工作经验，是推进监狱工作法制化、科学化、社会化建设的重要载体，也是新的历史条件下进一步提升监狱管理水平与执法执纪水平的必然要求。根据上海监狱工作的改革发展成果，以加强基础工作和构建长效机制为目标，按监狱、监区、分监区分别承担的职能任务，注重各因素内在的逻辑性，注重监狱工作的过程管理和自我完善，先后出台了《监区规范化建设标准》、《分监区规范化建设标准》和《监狱规范化建设标准》，把监管改造工作分为"必须为"、"禁止为"、"鼓励为"和"可以为"四种类型，形成相应的不同要求和政策导向。"必须为"是法律法规和政策文件明确规定要实施和作为的，监狱、监区、分监区要根据

自己承担的职能不折不扣地加以贯彻和落实，没有做到就是法律意义上的不作为；"禁止为"是指法律和政策明文确定不能做的事，不论以何种理由都不能去做，也就是我们平时所强调的"高压线"，防止"滥作为"；"鼓励为"是指符合党的路线方针政策，符合监狱工作发展方向，具备现实工作基本条件的，要大胆探索，勇于实践；"可以为"是指符合党的文件精神，与现有法律不相违背，或现有法律没有明文禁止的，监狱在请示汇报的前提下，在一定范围内可以先行试验。"三个标准"的形成和进一步完善，从机制方面保障监狱进一步凸显执行刑罚的本质职能，在强调安全稳定的基础上，注重教育、劳动和监管三大改造手段功能的充分发挥。

2. 完善规范化建设工作机制

为了使各项规范要求能够真正落到实处，进一步加强规范化工作机制建设。我们要做到：一是加强制度建设。通过立、改、废，完善了监管改造各项工作制度，并从 2001 年起，每年进行制度汇编。为方便基层干警在日常工作中依法行刑，照章办事，我们选取自 1994 年 12 月《监狱法》颁布以来本局所制定的各项规章和部、市下发的规范性文件，编成了一套《监狱执法手册》。同时，健全和完善了监狱的执法程序、内部工作程序和事务性管理程序，确保各项主要工作流程的公正性、公开性和规范性。二是完善工作责任制。从机关职能部门入手，进一步明确可操作、平时能考核的工作职责，编订了岗位工作手册，使各项业务工作标准要求显现化。各监所健全和完善了各级各类岗位责任制、过错追究制和检查责任制，分清监狱、监区、分监区的不同责任主体，落实"责任田"的精耕细作。三是建立督导评估制度。改变了考核办法，改革了评判标准，变要素考核为结构考核，从制度覆盖、工作周延、自我纠错、持续改进、责任主体五个视角，评估机制的运行状况。2003 年在周浦监狱和提篮桥监狱的一监区先行进行了评估试点，2004 年又对北新泾监狱进行了督导评估，在此基础上形成了《关于规范化建设检查督导工作的指导意见》。宝山、青浦等监狱以督导评估活动为抓手，按照"指定达标"和"积极达标"要求，制定工作指导书，使监区自查自纠、持续改进能力得到了加强。

（二）建立分析预测机制，从源头上消除安全隐患

安全责任重于泰山，我们要从构建和谐社会的高度，加强对监管安全治本之策的研究，力求从源头上防范安全事故的发生。建立分析预测机制，对日常涉及安全各种信息进行收集、整合、分析和预测，采取相应对策，从源头上来消除安全隐患和把握安全防范重点。安全事故的发生，通常都是多种因素长期作用的结果。看不到这一点，我们就只能停留在痛定思痛的肤浅层面，很难从本质上、根本上解决问题。对看似偶然的事故，实则是安全意识淡漠、责任心缺失使然。德国人帕布斯·海恩提出："一起重大的飞行安全事故背后有 29 个事故征兆，每个征兆背后有 300 个事故苗头，每个苗头背后还有 1000 个事故隐患。"这就是著名的"海恩法则"。这一法则虽然是针对航空界飞行安全而言的，但它所揭示的"事故背后有征兆，征兆背后有苗头"，对于构建监管安全长效机制具有同样重要的警示意义。几乎所有的事故都是多个疏漏的叠加。东汉政治家荀悦在谈到安全工作时，划分了防、救、惩三个层次。他说："先其未然谓之防，发而止之谓之救，行而责之谓之戒。防为上，救次之，戒为下。"以此反思构建监管安全长效机制时，就要牢牢把握"防、救、惩"三个关口，做到防得稳、救得上、惩得严，尤其是做到未雨绸缪，预防为上，不放过任何一处事故隐患、问题苗头。为此，我们在立足"战术性"防范的同时应当从"战略"上思考，从源头上防范。主要做法为：一是根据监狱、监区、分监区三级狱情、犯情分析，评估安全形势与预测安全防范重点，并通过建立统计分析制度、情况通报制度，及时予以发布。二是根据日常安全检查发现的隐患和事故苗子，及时采取相应措施进行整改。三是对一些外部突发因素导致罪犯思想不稳定的，在教育疏导的同时，力争从源头上、根本上帮助罪犯解决。四是根据押犯的不同年龄、生理、心理及家庭等因素进行综合分析，准确判断某类罪犯的危险程度及建立重点监控制度和动态分级预警机制，确保防范科学性和有效性。五是增强主管干警在日常工作中捕捉安全信息的意识，提高识别安全隐患的能力，及时发现蛛丝马迹，运用科学方法进行研究和分析；启动信息联动机制，及时落实各项防范措施，切实盯着问题做工作；牢牢把握安全工作的主动权，尽量把矛盾解决在萌芽状态，认真从源头上控制事故发生，消除安全隐患，实现治

本之策，确保监管改造秩序的稳定。

（三）强化三种机制，促进责任落实

1. 强化责任落实机制

严格依据相关的法律法规以及《监狱规范化建设标准》、《监区规范化建设标准》和《分监区规范化建设标准》，明确监狱、相关部门、监区（分监区）的责任主体，实施分工负责制，切实解决工作由谁做、责任由谁负的问题。首先，分监区是实施罪犯改造的最基本单元，是监管安全工作中最直接、最根本、最重要的责任主体。它在安全工作中所能做、所应做和必须做的工作，是其他部门和人员无法替代的，必须认真加以落实。其次是业务部门对监管安全工作监督、检查、指导、服务不到位的负有间接连带责任，不应以分监区是直接的责任主体而虚化、淡化应负的责任。再次是监狱领导依据分工应承担的责任主体，即一把手对监管安全工作负全面责任，分管安全工作的领导负具体的领导责任，其他领导在分工范围内负相应的责任。

2. 强化安全工作过程管理机制

突出安全工作的过程管理，涉及安全的每一项工作都应该有制度与之相对应，明确监狱、部门、监区（分监区）、主管干警等不同责任主体的岗位责任制，促使各责任主体更好地履行职责，同时也有利于对各责任主体进行考核、评价、检查和监督。政工部门负责对监管安全所需的人力资源进行科学配置，以及组织干警进行监管安全工作业务培训等；刑务处负责对监管安全制度的制定、修改、完善，对各监区进行检查、指导、服务、监督等是否到位；财务部门负责对涉及安全问题的资金进行安排，以及后勤保障对监管设施的维护和发送是否及时等。

3. 强化检查奖惩和责任追究机制

抓检查，促责任落实。在强调监区、分监区安全工作日检查的基础上，坚持业务部门每天督查一次，重点时段突击检查，发现问题及时通报整改，并落实"谁检查、谁负责"制度，促进安全工作的逐级落实。对各层次责任主体在监管安全工作中的考核指标尽可能量化，尽可能客观、公正，具有操作性。特别要克服那种头痛医头、脚痛医脚，依靠突击式、运动式的方法来抓安全工作。虽说这种方式，在一定时期内、一定范围内很有必要，也能够收到一些成效。但难免顾东顾不了西，顾头顾不了脚，按下葫芦浮起瓢，时紧时松，处处被动。因此要努力消除安全工作出了问题时紧，不出问题时就松；年初年尾各级领导强调时紧，领导不说时就松；节假日前突击检查时紧，日常检查时却松；口头上时时强调紧，在实际落实时却松的情况。根据事故责任倒查机制对因工作推诿、落实不到位，不落实或玩忽职守的，分清责任主次和档次，依法追究责任人的行政，甚至刑事责任，充分实现监管安全责任传递，发挥责任追究制度的教育和警示作用。

（四）建立组织在监狱、支撑在部门、工作在监区、落实在干警的四级连动机制，形成"大安全"新格局

1. 组织在监狱

这是指监狱党委的决策机制，监狱党委处于最高层，直接影响甚至决定着整个监管安全长效机制能否正常运转和发挥作用。构建必须突出党委的权威性、决策的科学性，以及决策贯彻的及时性、准确性。对策主要有：一是监狱党委统揽安全工作全局，始终把以监管安全为中心的各项工作放在重要议事日程，发挥党委组织的协调作用，根据狱内安全动态，确定不同时期的防范对策，积极化解监管安全重大的不安定因素，帮助基层解决监管安全中的难点问题。二是党委坚持定期研究安全工作的正常机制，对安全工作的总体状况、突出问题和主要成效进行分析与评价，并进行协调，通过一定的规则、方式、制度等，将涉及"人防、物防、技防"的警力、经费等工作全部保障到位，确保安全工作顺利开展。

2. 支撑在部门

这是指将涉及安全工作的力量和资源依据工作要素进行某种形式的有效整合，使各种分散的力量

转化为整体的合力，发挥整体力量，实现齐抓共管，为安全工作提供支撑。一是建立各部门联席会议制度，定期召开会议，对关系安全工作带有普遍性、规律性、倾向性的问题进行分析研究，为监区、分监区提出具体的应对措施；二是联合协作机制，各部门按照安全工作的责任制，落实监狱党委的要求，相互配合，做好分析、预警、督查、保障等工作，主动帮助监区、分监区解决安全隐患，切实承担安全职责，为安全稳定创造必要条件，提供有力支持。

3. 工作在监区

监区（分监区）是监管安全工作的主要载体。监区、分监区是监狱工作的基层单元，执行的内容要多于决策内容。监区和分监区按照《监区规范化建设标准》、《分监区规范化建设标准》，组织、安排、检查、考核干警落实安全各项制度和规定，加强罪犯管理教育基础工作，注意工作环节的衔接，消除安全工作的"盲区"和"盲点"。监区、分监区在坚持三级排查制度的同时，注重在监管安全科学性上做文章，充分运用计算机系统和狱政管理信息，对重点对象和各种事故趋势进行数理分析，对那些事故易发人群可能出现的情况按照危险程度和级别，从高到低分红、黄、蓝三色进行网上提示，从而使当日值班、值夜班、监控干警及时准确地掌握防范重点，做到分职责、分区域、分时段，保证人员到位，措施到位，监控到位，防范到位。并从真正意义上实现职责联动、信息联动、上下联动、左右联动。

4. 落实在干警

这是指监管安全各项工作最终由主管干警负责落实。主管干警是现场管理的最终组织者和实施者，为此要以监组承包责任制为基础，通过对罪犯的学习现场、劳动现场、生活现场的直接管理，做到人头清、工具清、犯情清，罪犯的"三联号"、"四固定"等安全措施得到落实，运用有效的方法，调节罪犯情绪，稳定罪犯思想；同时排摸出各种异常情况，及时化解事故苗子，使监管安全工作得到根本保证。为了确保干警将安全防范工作落实到位，必须加强监督检查工作。一是在组织上，采取整体和分散相结合。整体检查由监狱、监区定期组织共同实施，分散检查由监狱业务部门、监区条线平时自主实施。二是在方法上，采取平时和重点相结合，面上和专项相结合。平时检查以现场管理为主，重点检查以整改复验为主。面上检查以大排查为主，专项检查以落实制度为主。三是在安排上，采取事先设定和突出重点相结合。即确定检查项目，整体安排，分阶段实施，同时突出制度落实、工作环节和重点单位。四是在反馈上，采取鼓励推广和提醒通报相结合，以激励为主，做到有成绩就鼓励，有经验就推广，有问题就指出，有隐患就消除。在自上而下检查监督的同时，应当建立自下而上的监督，定期由基层对上级履行职责，对需帮助解决的困难和问题的落实情况进行反馈，提出意见和建议，使检查监督通过双向互动来促进安全防范工作的落实。

（五）建立信息防控机制

当前，随着监狱社会化建设进程的加快，监狱已不再是一个封闭的系统，罪犯在监狱获取社会信息的渠道越来越宽泛，如广播电视，报纸杂志，亲属接见、亲情电话等。无论我们干警是重视还是漠视，社会信息对罪犯产生的影响已经成为一个不争的事实。社会信息给监狱安全稳定工作带来一定难度是个亟须研究和解决的问题。为此，一要建立社会信息分析系统，研究分析社会形势的发展变化和社会重大事件的发生可能对罪犯产生的影响度，并及时对罪犯加以教育引导。如某项法律法规出台或修订可能对某类罪犯产生较大影响。某区域发生特大自然灾害对属地罪犯的影响等，通过多种途径在第一时间内帮助罪犯了解家人在当地的实际情况，切实解决罪犯思想疑虑和后顾之忧。二要建立罪犯家庭信息预警系统，对罪犯家庭变故或遇到困难时，罪犯产生的思想波动和可能采取哪些极端举动，而采取防范措施来避免事故的发生。三要建立多层次、全方位狱侦信息网络，增强监管安全工作的敏感性，全面搜集可能危及监管安全稳定的深层次信息，及时掌握犯情动态，提高预警的灵敏性、准确性、牢牢掌握维护稳定的主动权。四要注重对各类信息的综合分析、科学判断和甄别，不断提高干警驾驭信息的能力，为监管安全提供有力支撑。五要建立应急机制。主要是指根据安全危险程度建立不同等级的应急预案，健全应急体系，准确规范应急处理程序，适当进行预案演练，进一步强化和提高

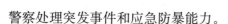

警察处理突发事件和应急防暴能力。

（六）建立全天候、全方位的技防、物防、人防相结合的立体化安全防范保障系统

人防、物防、技防是监管安全防范的基本形态。物防、技防立足于治标，基本上处于被动防范，人防立足于治本，处于主动防范，但由于干警能力和责任心等原因以及罪犯自身存在的隐蔽性，警方对一些隐患的查找与分析有时不到位。因此要从物防、技防等方面进行补救。因此，三者在安全防范中的作用都无法替代。随着监管设施投入的加大，技防、物防比较到位，但是技防、物防是要靠人去掌握和操作的，不能因为监管设施条件好了，技防力量强了而忽视人防，我们一定要处理好技防、物防和人防这三者之间的关系，进一步加强人防，不断总结监管安全工作经验，针对安全工作的重点、难点问题，未雨绸缪。一是坚持全面、协调、可持续的发展观，注重安全规律的研究探讨、注重把人作为安全工作中的第一要素和决定性因素、注重安全装备水平的发送提高。二是切实抓好安全教育各项措施的落实。进一步强化干警安全意识，加强安全措施的落实，即落实制度，落实责任。三是建立"网格化"夜巡查机制，以监区为面、分监区为线、监组为点（包括重点部位、重点对象）对网结、夜值班进行全程流动巡查，夜看守限时（一小时不少于一次）督查，监区值班、监狱总值班不定时检查为网线的多层次巡查，形成立体式、全方位防控体系，切实做到"以防为先，以控为主，防控结合"，实现预警和督查联动。

（七）体现以人为本，注重发挥罪犯这一特殊主体在维护安全稳定中的作用

在监狱现实工作中，安全防范工作耗费警力过多已是不争的事实。而罪犯是监管安全各类事故的始作俑者，监管安全防范的最终落脚点是罪犯。因此，在监管安全防范工作中，应当加强对罪犯的教育、引导，将罪犯的消极因素化为积极因素，让罪犯共同参与，积极维护安全稳定。不能把罪犯整体都看成监管安全的不稳定因素，毕竟真正制造监管安全事故的只是罪犯中的极少数人。为此，我们决不能受传统观念的束缚而盲目排斥，全盘否定罪犯在安全中的作用，也不可一味地依赖罪犯来开展安全工作。按照"以我为主，为我所用"的原则，调动绝大多数罪犯在安全防范中"唱主角"，积极协助干警寻找和化解安全中的不稳定因素，将安全稳定工作的触角延伸到罪犯之中，充分发挥罪犯改造的积极力量。如在罪犯中开展"安全稳定靠大家"主题教育活动，激励罪犯积极参与、宣传、关心和共同维护身边的安全稳定。在目前基层警力相对有限的情况下，可以促使干警将更多的精力投入教育改造中去，不断提升改造质量。

在做好上述各项工作的基础上，我们并不认为，监管安全工作就可高枕无忧，万无一失。要理性地来看待监管安全工作，切不可盲目乐观。监管安全百分百，是我们的需要与追求的，但因受各种因素的制约，最完善的长效机制也很难保证监狱不发生任何事故，在现实的条件下，我们所能做到的是应当尽可能控制安全问题的发生，而不是一厢情愿地指望全面杜绝所有的安全问题。在实际工作中通过长效机制建立起来的安全网络来发现和维护薄弱环节，并能够采取相应措施。同时更要清醒地看到构建监管安全长效机制是一项系统工作，需要长期的、艰苦的、不懈的努力，不可能一蹴而就。而且，社会在发展，监管改造新情况也在不断发生变化，要求也在不断提高，因此，我们需要适时地对已经建立起来的机制进行不断改进和完善。

（本文获宝山监狱 2006 年度论文评选一等奖）

（原载陈耀鑫主编宝山监狱建监十周年文集《创建与发展同行》）

# 第八十二篇　浅谈对外省籍犯的管理教育

唐礼华

当前，外来人口的犯罪问题，正成为城市建设过程中的重大社会问题之一。以上海市某监狱外省籍罪犯数据统计为例，外省籍罪犯 1379 人，占总人数的 69.3%，由此可见，外省籍犯近年数量骤然增多，且社会危害愈来愈大，已经成为我们不得不面对的一种现实。该类罪犯的教育问题已引起监狱干警的高度重视，如何开展有效地管理教育，通过实践与分析，我们探讨如下。

## 一、当前外省籍罪犯突出特点及分析

### （一）罪犯大多是农村人口，以进城务工为目的

上海市某监狱外省籍罪犯的个人成分是农民的占调查对象比例的 81.89%。根据调查，犯罪人员全部来自外省，其中以河北、安徽、湖南、湖北等省份经济相对落后的农村居多，最近的来自广东、广西等省份，最远的来自黑龙江、辽宁、山东等省份。根据该监狱问卷调查，有 60.94% 的人是为了打工挣钱，还有 8.59% 的人没有明确目的。从分析来看，外省籍罪犯大部分来沪的主要目的是为了打工挣钱，一是为了满足自身生存和消费的需要；二是为了碰碰运气，希望能改善自家的生活状况，甚至还带有"衣锦还乡"的意念。总之，在外省籍罪犯中，多数人都是以追求物质财富为目的，以捞到金钱的多少作为衡量自己打工成功与否的标准。

### （二）犯罪人员中青壮年占绝大多数

从该监狱提供的资料分析，外省籍罪犯的犯罪年龄集中在 25 周岁至 35 周岁，占到调查对象的 63.55%。其中年龄最大的 35 岁，最小的 16 岁，绝大多数是涉世不深的青少年。如抢劫犯刘某，高中毕业后无学可上、无业可就，怀着"到外面闯一闯"的心理，轻信同乡的鼓动来沪打工，在极度诱惑的城市里，刘某感到"一无所获，无颜见家乡父老"，于是铤而走险，走向犯罪。而该阶段的人处于青壮年时期，正值人生的黄金时期，精力充沛，思想活跃，这也势必造成这类人的流动性很大，个人的需求颇多，一旦他们产生了不切实际、不正当的需求，而自己通过合法手段谋取的财富无法满足其需求时，这就容易导致违法犯罪事件的发生。

### （三）接受文化教育较少

在押外省籍罪犯中，文盲占有 15.54%，小学文化程度的占有 38.95%，初中文化程度的占有 34.19%。由此可见，在外省籍罪犯中，初中文化程度以下的罪犯达到近 90%，这足见外省籍罪犯接受的文化教育较少。由于他们文化程度的低下，导致他们辨别是非的能力偏低，适应新生活的能力偏低，掌握技术本领的能力偏低，自我调节的能力偏低。该类人员在遇到问题后特别容易走极端，从许多案件中也可以发现，文化程度的低下是导致外省籍罪犯犯罪的一个十分重要的因素。这类问题主要集中在外省籍罪犯不能很好地理解和掌握当地政策和国家规定的相关法律、法规，对事物不能运用常识做正确判断，容易人云亦云，以至在有的案例当中，外省籍罪犯连自己为什么进监狱都感到糊涂。

### （四）犯罪类型集中在财产型犯罪

该监狱调查表明，其中盗窃、抢夺、抢劫等案件约占 60% 的犯罪动机是为了得到不法钱财，而

由此引发了一些盗窃、抢夺、抢劫、贩毒、绑架、强迫卖淫等类型案件，从犯罪的智力等级以及技巧来讲，均属较低层次的犯罪，体现了外省籍罪犯犯罪目的的单一性，即主要为了进行对他人私有财产的非法占有，从而满足自己的物质需求，犯罪技巧简单的特点也反映出外省籍罪犯的犯罪智能不高和综合素质的低下。因此一部分外省籍罪犯看到城市物质生活的丰富，感到自己囊中羞涩，心理上失衡，又因法制观念淡漠，临时起意，导致犯罪。还有部分人因为在我市人生地不熟，交通费、住宿费、伙食费占据他们现有资金的一大块，一旦不能尽快找到工作，生活就无着落，迫于生计从而导致犯罪。

（五）以共同犯罪、团伙犯罪居多

从一些犯罪案件中研究发现，由于大部分外来人员到沪工作和生活，基本上都是结伴同来或投靠老乡、朋友的，加之对当地环境不熟悉，一旦遇事多为共同商量处理，特别是大部分抱有老乡观念、哥们义气，如有犯罪意图时一般能够相互商量、相互壮胆，使犯罪极易形成共同犯罪和团伙犯罪。许多个省籍罪犯认为"在家靠父母，在外靠朋友"，常使他们误入带有不良倾向的群体或是犯罪团伙，受他人教唆、指使，常常成为共同犯罪中的从犯。据分析，有60.09％的罪犯在沪期间沾染如吸食毒品、赌博、出入色情场所等恶习，而且这些来沪不久的罪犯一旦和不良货币团伙或是犯罪团伙接触，就会陷进泥潭，走上犯罪之路。

（六）适应性及人际协调能力欠缺

除了侵犯财产案件以外，外省籍罪犯还实施了一些其他类型案件，如故意伤害等案件。该类案件主要是暴力案件，一般是罪犯对被害人有仇恨，或者报复、拉帮结派，遭受侮辱等而实施犯罪行为，因此，该犯罪类型可体现出外省籍务工人员遇事缺乏理性思考，不善于正确处理矛盾以及人际关系，通过暴力解决问题的人格特征。随着团伙犯罪的增多，我们发现团伙成员中以外省籍犯偏多，该类罪犯一般团体观念较强，偏重地域观念和江湖义气，犯罪手段较凶狠，实施计划比较周密。一般出现的暴力犯罪往往造成对社会的极大危害。

（七）具选择性，多抱侥幸心理

外省籍罪犯的犯罪区域主要集中于城郊结合部的居民区、市郊城镇、内外环线之间。据调查统计，作案地离其居所通常较远，距离3公里以上的占到48.49％。由此可见，外省籍罪犯的犯罪地与其日常生活的区域在环境上较接近，而距离上却较远。此种在犯罪地选择上的特点体现了外省籍罪犯在对犯罪的思考上具有较多的侥幸心理，一方面认为在较为熟悉的地方作案，成功的可能性较大；另一方面认为犯罪地距离自己的居所较远，逃避打击的可能性较大。

## 二、管理教育的切入口

我们认为管理教育应从犯罪源头着手。对犯罪源头，从内因上分析，我们大致可以归纳为以下几点：

（一）生活目标缺失，内心悲观失望

莎士比亚这样说过："人的生活必须要有一个目标，只有在实际生活和过程中努力达到目标，才能最终实现志向。"而许多外省籍犯却认为："对于生活，我不知道前面是什么，偷、骗、玩，得过且过，这是我的全部。"有些罪犯迷恋不劳而获，对社会不良风气耳濡目染，跃跃欲试。而入狱后，内心严重失衡，对未来悲观失望，对生活丧失信心。

（二）价值观的严重背离

大多数外省籍犯认为："金钱至上，有钱就是有面子。""没钱什么都不是，所以我做事情不会跟钱过不去。"只要口袋里不干瘪，自己就能在人群中有头有脸。他们信奉"拜金主义"，金钱是他们衡量真善美，衡量是与非的唯一标准。他们的头脑里整天想到的就是如何通过走"捷径"不惜利用一切手段，以最快的速度，最小的代价，获得金钱。

### （三）对法律意识淡薄

通过对部分外省籍罪犯调查，他们认为："法是什么东西？金钱就是法！"存在法律可有可无的法律虚无主义心理。没有感受到法律的威严和震撼，也没有树立必备的法律意识和法制观念，对法律的漠视，使他们的犯罪成为必然。

### （四）严重的犯罪侥幸、投机心理

外省籍罪犯犯罪无不怀有严重的犯罪侥幸、投机心理。他们认为在第一次的害怕之后，就不再有这种感觉。"一人做事不要紧"，"周密安排，不会出事"，甚至还抱有"抓住了算倒霉，没抓住就是运气"等想法和心理，导致犯罪的方法和手段不断升级，胆量也越来越大，逐步形成一种特殊的罪犯心理素质。

### （五）自我控制的能力差

行为规范意识差是外省籍罪犯较为普遍存在的行为表现，这主要是由其自我控制能力低下所造成。由于农村独生子女家庭逐步增多，加上封建思想的余毒在农村蔓延更甚，家庭教育的约束力日渐势微，农民的文化程度也普遍偏低。上述因素的存在严重影响了外省籍罪犯对自我控制能力的培育。因此在遇到困难和矛盾时，控制不好自己的情绪和行为，一时冲动，临时起意，导致犯罪。

### （六）具有一定的反社会倾向

部分外省籍罪犯觉得官司吃得"窝火"，因而怨气冲天，并把矛头直接指向社会，把一切的损失归咎于"社会的不公"，不是因为社会的问题，自己也不会犯罪，因此自己的犯罪是向社会索取补偿，从一定程度上表现出反社会倾向。

从外部因素上分析，归纳为以下几点：

### （一）家庭因素

许多外省籍罪犯出生农村，父母经常外出劳作，由于缺乏与家庭的沟通，没有共同语言，致使他们与父母的距离越来越远，逐步形成"自我"、"任性"的性格。加上家庭又听之任之，疏于管理，这使他们逐步摆脱家庭的束缚，开始遂愿从事，广交"狐朋狗友"，穿梭于社会。这一系列因素在客观上促成了外省籍罪犯走上犯罪的道路。

### （二）教育因素

由于受读书无用论以及家庭经济状况等原因的影响，部分外省籍罪犯没有接受到正常的教育，加之缺乏家庭约束，迟到、早退，甚至逃学在外游玩，养成了逞强好胜，不学无术，贪图享乐，好逸恶劳的恶习。来沪打工后生活在流动、不稳定的环境中，接触负面的信息较多。这一切为犯罪埋下了毒瘤。

### （三）经济因素

外省籍罪犯在沪生活无稳定职业，有的还嗜好赌博（作为业余消遣），口袋里的钱经常输个精光，且"负债累累"，常有人上门要债，使他们感到压力。这一切促使他们为了获取更大的利益，争取更多的不义之财，而不惜一切地去酝酿犯罪。

### （四）情感因素

外省籍罪犯多单独一人前往上海市，缺乏必要的交往，时感内心空虚，情欲压抑。即使结伴同来也是独身，这部分人独自生活，终日无所事事，无家庭约束，又在社会上结交了一群臭味相投的朋友，不时找机会发泄内心情感的孤独，行"江湖义气"，最终导致入狱。

### （五）社会因素

社会是个体共同组成的。社会和个体之间始终存在相互依存、相互影响的关系。上海市地处长江三角洲，是改革开发的龙头城市，经济发达，城市繁荣。而外省籍罪犯耳濡目染市场经济下的灯红酒绿，又得不到正常的教育引导和关心，罪恶的欲望容易在这样的环境下滋生、抬头。

### 三、管理教育的几点对策

英国学者约西亚·加兰德这样说道："问题不在于一个人知道多少，而在于他如何利用自己所知道的；不在于他得到什么，而在于他现在的情况怎样，以及他能怎么办。"通过对外省籍罪犯的分析，实践中我们总结了管理教育中的几点方法。

（一）缓解、解答外省籍犯的职业困惑

以某监狱分监区为例，外省籍服刑人员来沪后从事的职业依次为建筑工（47%）、餐饮业服务人员（22%）、娱乐等其他服务业人员（25%）、个体或其他（6%）。数据表明，外省籍犯在沪职业主要集中为体力劳动或服务业。这些职业本身的非稳定性和用工的非正规性，导致没有找到工作的食宿无着，日夜徘徊于城市边缘，容易造成精神、心理的非正常反应，继而实施犯罪。而且也会因工作变动大，不稳定，收入随行业效益起伏大，往往为追求一时利益而犯罪。这些人员往往容易脱离较为正规的管理体制，接受职业范围的监督性不强。据上述，我们应重点宣传、讲解当前职场、劳务市场现状，帮助他们确立合理的就业定位，结合监狱职业技术教育鼓励他们熟练掌握技能，为生存打下基础。

（二）宣传法律，强化自律

外省籍罪犯多以未婚或独身状况来沪。因借房、寄宿或租借方式状态下的生活容易产生疲惫感，缺乏家庭氛围，抱临时生活想法，心态趋向于赚到钱就走人等。对上海的社会治安、法规等漠不关心，自我约束力弱，缺乏来自家庭的监督和帮助，容易因为收入或其他问题不能及时解决而引发犯罪。所以法律教育是长期的，从法制宣传的层面上宜多层次、多角度进行，同时要不断巩固宣传效果。此外，利用监区文化，展开自律活动，对罪犯树立正确的法律意识和法制观念有重要作用。

（三）注重心理、行为矫治，加强性格、意志品质的培养

社会心理学家通过系列研究调查说明，人们心理的复杂力量取决于他们对生活的态度。在日常改造中，外省籍罪犯面对生活节奏变化感到明显不适应及紧张。通过测试结果表明，大部分外省籍罪犯紧张度强，敏感度强，已超出心理健康的正常标准，因而我们提出要针对性解决他们的心理问题。培养他们摒弃错误，认罪悔罪，对未来和现实抱以乐观的态度，并敢于面对挫折，争做命运的主人翁，不致重新犯罪。目前全市监狱已建立起罪犯的心理健康档案，包括已开展的心理咨询等。此项工作我们还将深入执行，并有针对性地重点分析心理原因，找到矫正办法。

（四）探索管理新路子，加强规范执法

在对外省籍罪犯进行管理的时候，要注重针对罪犯个别情况进行教育，注重解决实际问题，不能"一刀切"，对罪犯整体和个体管教要由刻意追求罪犯规矩听话向注重调整罪犯心理的方向转变。对罪犯"只许老老实实，不许乱说乱动"那样的教育方式都已过去，我们认为干警自身的执法形象确实重要，它关系到外省籍罪犯能否对干警产生信任感的问题，如果管理不建立在信任的基础上，那么教育效果将无从谈起。

（原载《上海警苑》2007 年第 4 期）

# 第八十三篇　宝山监狱重视做好有海外亲属罪犯的教育改造工作

　　目前，监狱中有海外亲属的罪犯尚属少数，但这些罪犯与海外亲属仍然维系着天然的血脉亲情，他们的服刑状况和改造效果，直接反映出我国监狱执法的公正文明程度和教育改造的工作水平。近年来，宝山监狱重视做好有海外亲属罪犯的改造工作，赢得了良好的赞誉，一些亲属还通过海外来信的形式，感谢祖国的监狱干警对他们亲人的教育挽救，这使人们从一个侧面看到了罪犯改造工作的价值所在。

## 一、帮助罪犯融入改造主流

　　在这些罪犯中，有不少人已全家移居海外，也有很多人由于缺乏亲人的直接关怀，在改造生活中表现得比较孤独。监狱重视根据这部分罪犯的思想状况和改造特点，开展针对性的教育改造工作，通过正确的思想引导，帮助他们学习劳动技艺等，丰富和充实他们的改造生活，使他们能够尽快融入健康的改造主流。如罪犯郭某某的父母双亡，姐姐早年移居加拿大。入狱后，姐姐只能委托国内的朋友代为探监，由于刑期较长，郭某某的自卑情绪比较严重，且曾因违纪而被禁闭。干警并没有用"有色镜"来看待郭某某，从分监区区长到主管干警多次找他谈话，帮助他克服自卑心理，鼓励他树立改造信心，终于使他从意志消沉的泥潭中摆脱出来。

## 二、帮助罪犯解决实际困难

　　由于亲人大多远在海外，不仅沟通交流不便，而且生活中一旦遇到一些实际困难和问题时，也无法得到更多的帮助。为了使有海外亲属的罪犯能够安心地服刑改造，干警总是尽心竭力地帮助他们解决面临的实际困难，解除他们的后顾之忧。如罪犯钱某某原居住的房屋需要动迁，上海又没有一个亲人能够帮助他进行处理，心中十分焦急。征得钱某某同意后，干警经过多方奔走，终于圆满解决了房屋动迁和日后的户口安置问题。钱某某的母亲得知这一消息后，从美国寄来了感谢信，发出了共产党伟大和祖国温暖的真诚感叹。

## 三、做好亲属来监探视工作

　　监狱十分重视海外亲属探监活动的管理，要求干警从规范执法行为、传播公正文明，为国际人权斗争服务的态度高度认真地做好这项工作。由于有些亲属长期侨居海外，对祖国的监狱管理、执法环境不熟悉，甚至误信海外媒体对中国人权的种种歪曲报道，因而对我们的监狱和监狱工作存在莫名的恐惧和疑惑心理。对这些远涉重洋前来探视的海外亲属，干警总是充满热情地做好接待工作，主动介绍罪犯的改造情况，同时做好法律政策的宣传教育工作，体现出了对海外亲属应有的热情和尊重。如定居在新西兰的崔先生曾两次前来探望服刑的父亲，刚开始，他对监狱有关不允许给罪犯带物品的规定不甚理解，对干警的政策宣传也将信将疑，甚至认为亲人在狱内会挨饿受冻。当崔先生来监探视被获准，亲情会餐时又看到父亲穿着国家提供的厚厚的棉衣和绒衣绒裤时，疑惑感顿消。他在来信中对监狱严格规范执法表示理解，主动要求父亲端正思想，认真对待改造生活。他还表示："（在中国）犯

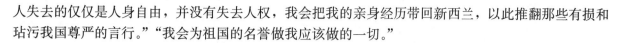

人失去的仅仅是人身自由，并没有失去人权，我会把我的亲身经历带回新西兰，以此推翻那些有损和玷污我国尊严的言行。""我会为祖国的名誉做我应该做的一切。"

（原载《上海监狱工作》2006 年第 6 期）

# 第八十四篇　探索我国的半监禁制度

陈忠信　陈永琳

对判处有期徒刑罪犯的监禁方式是刑罚执行制度的重要组成部分，它与社会文化传统、经济发展程度、政治文明水平具有十分密切的联系，尤其是司法文明的发展对刑罚执行方式的进步有着直接的推动作用，而司法文明又反映着一国政治文明的发展水平。当今刑罚有向轻刑化发展的趋势，这就必然要求更新刑罚执行的观念，寻求和探索新的刑罚执行方法，具有极为深远的现实意义。因此，探索半监禁制度在改造工作中的运用，对于推动刑罚执行方式的发展，特别是对于我国正在构建和谐社会，推进政治文明的大背景下，将有相当大的前瞻性价值。

## 一、半监禁的概念

半监禁制度是一个相对的概念，是相对于传统的全监禁（自由刑）而成立的一个衍生概念。因此大致可以对半监禁作如下定义：经过一定的审批程序，特定的服刑人员在法定的监禁场外，按刑罚执行机关指定的地点、时间和活动内容进行学习、劳动或处置其他合法事务，并定期返回监禁场所的监禁方式。因此，半监禁的概念依然从属于监禁的范畴但又有其自身的特点。

半监禁制度的特点是区别于全监禁制度而言，但又与全监禁制度有密切联系的一种监禁方式。它与全监禁制度的共同点主要有以下几点：

（1）半监禁制度的被监禁人的身份性质仍然是服刑人员。监禁方式的变化对服刑人员的身份性质不会改变。因为不涉及对原判决的任何更改，仍然处在在刑过程中。其所享有的权利和承担的义务也不会有变化。

（2）半监禁教育管理的主要职责仍然由服刑人员所属的监禁机构承担，这种职责是法定的，并不因为监禁方式的变化而变化，但是教育管理职责又与全监禁有所不同，主要是社区矫正力量介入的方式和强度与全监禁有所不同，分担了一部分监禁机关的职能，特别是教育的职能。

（3）半监禁以全监禁为基础，从属于整个刑罚执行体系，是对全监禁方式的补充和完善。

与此同时，半监禁又有着与全监禁完全不同的特性并成为其存在和发展的依据，半监禁主要有如下特点：

（1）半监禁扩大了服刑人员的服刑空间，使传统意义上的监禁场所外的地方有可能成为刑罚执行的潜在地点。

（2）服刑人员在经许可的社会场所从事规定的事务，在特定的时间、地点，人身自由得以有管理的部分恢复，自由度明显加大。

（3）服刑人员与社会有更为密切的接触，有能力处理自己的事务。

（4）监狱管理延伸至社会，教育管理社会化程度明显增强。

## 二、我国的半监禁制度

半监禁的行刑方式在中国是一个新的尝试，突破了传统意义上的全封闭监禁模式，是一种开放式的监禁模式。这种监禁方式在西方等国家已经产生并有了一定程度的实践。美国自1913年首先在威斯康辛州成立了"工作释放中心",该中心把轻刑犯人限制在一定的范围内活动,只让罪犯白天在社会上从事正常的工作,晚上回到他们的监禁地。其目的是使被监禁的犯人在监禁过程中得到积极成功的矫正,为适应社会而在监狱与社会之间有一个交流的通道。至 1965 年美国在《在监人复归社会法》中规定,准许把这一制度运用到联邦的犯罪人。70 年代中期,美国的多数州已实行这一制度。我国自 80 年代后期也开始对半监禁方式做了有益的探索,如上海对少年犯的试读、上海市女子监狱的周末监禁等形式的探索已初步显示了半监禁方式的大致轮廓,并因此而积累了有益经验。

(一)我国半监禁制度产生的条件

1. 社会条件

当前我国的社会已初步具备半监禁探索的条件。首先,在中国共产党领导下的各级政府有能力协调各方利益,达成共同目标,具有化消极因素为积极因素的能力和丰富的成功经验,这是实施行刑方式变革的组织基础。其次,政治文明建设已经在有序推进,文明、规范、公正、公平司法理念已被社会普遍认同。现代行刑理念对我国行刑观念产生了直接而深刻的影响,改造工作社会化的趋势已具备了一定的思想观念基础。再次,社会防范机制进一步完善,社区矫正机构已经建立,专业化队伍正有效工作,对社会稳定起着越来越重要的作用,已经产生良好效应。最后,改造工作的发展加剧了对社会优势资源的依存度,单一依靠狱内管教已无法适应社会发展,社会化大改造的要求已势成必然。因此,客观上要求有新的监禁方式来丰富和发展行刑制度和方式,而半监禁行刑方式的探索正是在这样的发展要求下应运而生的。

2. 实践条件

在我国改造工作的历史上,历来重视社会力量的作用,可以说社会力量参与并伴随着改造工作的发展。特别是改革开放以后,改造工作社会化有了更为明显的发展。服刑人员的家庭亲属、社会组织、企事业单位等积极而有序地参与对服刑人员的帮教工作,绝大多数监狱与社会组织、志愿者、家属都签订了帮教协议,成为当代改造工作一支稳定而有效的力量,积累了丰富的经验,有无数的成功个案。但是社会的参与往往以单向形式即社会力量进入监狱,在大多数情况下监狱只是在狱内吸纳和运用社会力量;对于将服刑人员主动送入社会改造,从实践和思考上却明显滞后,互动性不强。随着改造工作社会化的发展,改造工作需要新的管理方式来适应新变化,服刑人员进入社会改造已经具备条件,开放式的改造尤其是半监禁成为一种切合实际的改造管理模式。这种模式最大限度地扩大了服刑人员与社会的交流面,为回归社会打下了更为扎实的基础。

(二)我国半监禁制度的运行方式

半监禁相对于全封闭的监禁,其运行方式有其自身的特点:

第一,在审批程序上无须开启司法程序,仍属行政审批的范畴。因为监禁方式的变化并未涉及罪犯的刑期、刑种、罪名等司法裁定的范畴,改变的只是监禁方式。从权能划分上看,属于监狱行政管理。对于符合半监禁条件的对象,由所在监狱审批后报上级有关部门批准方能实施,若对象出现不符合半监禁的情况,监狱单方面就可以变更监禁方式,恢复全封闭。

第二,是关于半监禁对象的条件。半监禁的性质不是奖励性的措施,而只是管理方式的变化,但必须有严格的条件,这些条件应包括如下要素。一是认罪伏法,狱内服刑无违纪;二是有减刑或假释可能,提前释放的;三是初偶犯、少年犯、三年(含)以下的轻刑犯;四是有社会单位愿意接受且有管理条件的;五是经测量重新犯罪可能性微小的。同时也应当有否定性条件,只要有下列情况之一的就不得适用半监禁方式:一是不符合减刑假释条件的;二是涉毒、涉黑、犯罪集团成员、暴力犯、多次被刑事处罚的;三是近两年内有行政处分以上违纪的;四是外省市服刑人员。在试行半监禁初期,应当在市改造积极分子中选取,取得经验并形成成熟管理方法后稳妥推进。

第三,对半监禁对象要建立保人和保证金制度。半监禁对象相对于狱内而言,有一定的自由度,管理力度比狱内有所降低,潜在的危险性较大。有鉴于此,建立与之相配套的保证制度是必不可少的，其目的在于加大服刑人员在半监禁期间重新犯罪或违纪的成本。

第四，半监禁制度的特点在于既有监禁的法定性，又体现改造工作社会化的发展趋势。因此，半监禁制度对服刑人员的管理教育成为重点。半监禁制度的对象应当在监狱指定的地点（狱外），从事监狱同意的活动，服从监狱或监狱指定、委托的管理人员教育管理，并严格按照规定的时间返回监狱。因此，半监禁对象在服刑过程中有相对于全封闭监禁的自由，又不游离于全监禁方式管理。

半监禁的方式可以是昼夜制的，即白天在狱外服刑，在指定社会单位服刑，夜晚回监狱汇报思想接受教育；周末制，即周一至周五在监狱服刑，周六、周日可以在狱外指定地点服刑；月半制，即半个月在指定社会单位服刑，再回监狱集中教育服刑二至三天。运行方式因人因时而异。但对半监禁对象的适用应严格循序渐进，从周末制到昼夜制直到月半制。对对象可以采用考核积分的办法来确定半监禁的等级，不宜越级。对有违反半监禁管理的人员，则应立即收监，确保半监禁制度的安全性。

第五，狱外指定地点的监控。半监禁对狱外指定地点有其特定的要求，主要是能对半监禁对象实行有效控制，这是半监禁工作成败的关键。目前具备对半监禁对象控制能力的单位不多，尤其是企事业单位。要解决这个问题主要有两种方法：其一，可以选取管理规范、党政力量较强、有强烈社会责任感的企事业单位，与之签订协议作为半监禁的狱外执行基地；其二，也可在监狱系统内纯企事业单位确定半监禁工作托管单位，通过以上两项措施解决半监禁对象的社会性事务。

第六，半监禁制度与假释制度相配套。半监禁制度与全监禁管理相比，服刑人员有一定的自由度，基于这个特性就应当成为假释制度的配套制度。对有可能获得假释的人员，在正式假释前先实行一段时间的半监禁管理，以检验服刑人员在狱内改造的有效性，通过后再向法院呈报，提高假释工作的质量。

半监禁的运行按照：确定对象——审批程序——保证制度——接受单位——半监禁时间等要素来运行，保证半监禁工作有序、安全地进行。

（三）与保外就医、假释、减刑的区别

半监禁与保外就医的区别。保外就医是以服刑人员患有不宜继续在狱内服刑的疾病为前提的，出狱的主要目的是给予服刑人员以更有利的治病条件，是体现人道主义的救援制度，对保外人员的教育监狱负有主要责任。半监禁是以改造人为唯一目的，使服刑人员在监狱指定的范围内活动，并定期、定时收押的监禁制度，监狱对此负有管理教育的主要责任。

半监禁与假释的区别。假释是对确有悔改表现，不致再危害社会的服刑人员的一项司法奖励措施，主要目的在于调动服刑人员的改造积极性。获得假释的服刑人员将返回社会，由公安机关负责对其进行教育、监督，未服完的刑期作为考验期，有一定的自由。半监禁对象有一定的时间在社会上，由监狱管理教育为主，社会性机制管理为辅，按时按期返回监狱，是对服刑人员的一种管理方式的变更。

半监禁与减刑的区别。减刑是一种司法奖励制度，对各类表现积极的服刑人员进行奖励的司法行为，通过一定程序缩短原判所确定的刑期。而半监禁并不改变服刑人员的刑期，是对特定对象重归社会的准备。

## 三、我国半监禁制度探索的意义和价值

我国的半监禁制度是在中国刑罚执行制度的基础上产生的，必然带有中国社会发展的烙印，其发展方向与中国社会的主流相映衬，并必然服从服务于主流的发展方向。它的意义在于揭示了行刑方式发展的方向。

（1）加大了监狱工作社会化的步伐。半监禁制度是在以往综合治理的基础上产生的，是综合治理工作在新形势下的重要发展，扩大了社会与服刑人员的接触面，从时间上、空间上实现了与现实社会的无障碍联系，随着半监禁实践的深入，这种联系将会有更为广泛的发展。

（2）加深对现代行刑理念的理解和实践。公开是现代行刑理念的题中之意，而其中必然蕴含着开放的改造观念，半监禁制度正是这种观念在实践中的产物，通过半监禁制度的实践使社会力量更多地渗透到改造工作中，加速服刑人员再社会化的过程，巩固狱内的改造成果，降低重新犯罪率。

（3）推动行刑制度的改革。目前我国行刑制度已经历经几十年，基本保持稳定不变。这种特质是由国家的司法制度所决定的。但是国家司法制度也必定会随着我国政治文明的进步而进步，也必然汇入国际行刑的发展趋势，其中一个鲜明的特质就是行刑的社会化态势将向趋强的方向发展。司法部提出的"三化"发展方向，其中重要的组成部分就是社会化，社会化的提出不会停在概念上，更需要具体的实践，因此开放式的行刑方式将会有一个大发展的前景。

（4）加速服刑人员再社会化进程。由于半监禁对象与社会具有较大的接触面，在半监禁期间根据其本人的改造和重归社会后的自立需要，进行技能培训、工作劳动。对家庭有特殊困难的，半监禁对象还可以有限地照顾家庭，减轻对社会的压力。

（5）有利于构建和谐社会。对轻刑犯、初偶犯、少年犯、老年犯给予半监禁的管理，更有利于激发其自身的认罪、悔罪和赎罪感，其本人和家属也更容易产生对社会的感恩心理。同时，由于轻刑犯、初偶犯、少年犯和老年犯罪行比较轻，后果也不严重，也容易取得受害人的谅解，消除负性心理，有利于和谐社会的构建。

（6）降低执法成本。与全封闭的监禁方式相比，半监禁的管理成本相对较低，其中有一部分管理教育的成本由社会和其家庭来承担，减少了财政支出，随着半监禁管理的发展，这种优势将会越来越明显。

## 四、风险评估

半监禁行刑方式是一种全新的管理模式，在我国没有现成的经验可供借鉴。它需要与传统的行刑理念融合，其社会认可度的提高是渐进的过程，法律法规滞后于探索实践。因此半监禁制度在探索中，限于主客观条件，是有一定风险的。

（1）安全上的风险。安全是半监禁行刑方式最主要的风险，因为服刑人员有一定的时间是在社会上服刑，扩大了与社会的接触，脱离了监狱的直接管理，半监禁对象在一定的诱因下对社会稳定有潜在的危害。

（2）社会舆论的风险。半监禁对象的身份都是服刑人员，曾给社会、集体或个人造成损害，而他们在相当长的时期对服刑人员有一定的排斥。这种现象是属于社会正常的反应机制，必然对服刑人员在刑期内到社会上服刑有心理和认识上的抵触，进而对主流舆论形成影响，对半监禁行刑方式的顺利推进产生扰动。

（3）法律上的风险。首先，法律上的风险主要在于半监禁制度的探索在法律上未能得到确认，因为半监禁管理涉及多个环节，如保证人和保证金、审批程序、接受单位资格认定等均要有所依据，如果未能作出一定的规定，半监禁管理就难以规范有序运行。其次，要明确半监禁管理的法律地位，对于涉及此项工作的各个方面的权利和义务从法律法规的高度进行规范，不仅仅是出于一般社会责任感，而是法定的义务。否则将使此项工作难以为继。

半监禁行刑方式是一种全新的行刑理念，其本质要求是加大改造工作社会化的力度，加速服刑人员再社会化的过程。但是要顺利推进半监禁行刑方式，目前在监管安全、教育管理、责任承担，以及与社会有关各方的协调等方面仍有大量的问题要加以研究，但这些并不妨碍对此项工作的探索性实践，在改造工作中还有巨大的发展空间和作用。

（本文获上海市监狱学会 2005 年度论文评选三等奖）

（原载陈耀鑫主编宝山监狱建监十周年文集《创建与发展同行》）

# 第八十五篇　宝山监狱在监管改造中重视发挥综合治理的作用

为确保监管场所持续安全稳定，提高教育改造质量，降低罪犯回归社会的重新犯罪率，宝山监狱紧密结合罪犯改造实际，积极拓宽综合治理工作渠道和空间，坚持把综合治理作为一项长期性基础工作认真抓实抓好。

## 一、坚持服务于罪犯思想改造

社会综合治理部门作为罪犯帮教安置的专职机构，与社会各界联系比较密切，拥有比较丰富的社会人力资源，而且不少社工或帮教志愿者与罪犯是街坊邻居，由他们进行帮教更易为罪犯所接受，有时比干警教育效果更明显。为此，宝山监狱积极拓展综合治理工作外延，充分借助社会综合治理资源做好罪犯思想稳定工作。一方面，通过签订帮教协议找寻监狱内外沟通桥梁。监狱经常邀请社工、帮教志愿者等社会人士走进大墙，主动介绍需要帮教的罪犯的情况和改造表现等，提高帮教协议的签订率。2008 年以来，监狱共有 120 名罪犯得到签约帮教。另一方面，重视发挥社工、帮教志愿者的工作积极性。监狱认真做好志愿者每次来监狱帮教的活动安排，并努力为帮教人员定期走访罪犯家庭、书信往来、面对面帮教等工作提供方便，还与帮教人员共同分析罪犯改造情况，研究制定帮教措施，增强帮教工作的针对性和有效性。如罪犯陈某某因杀害妻子判刑入狱，为此十分自责，在看守所曾有过两次自残、自杀行为，改造情绪极不稳定。为稳定陈××的情绪，监狱与社会综治人员共同分析研究，由社工专门拍摄陈××母亲有关情况的录像片，对陈××进行"重建亲情"教育，使陈××的情绪逐渐稳定下来，改造态度也有了明显转变。通过扎实细致的工作，罪犯认罪、悔罪意识普遍增强。近三年来，已有 910 名罪犯主动履行罚金义务，监狱还根据罪犯自主意愿建立了犯罪忏悔金，不少罪犯用自己的劳动所得向受害人赔偿，争取社会的宽恕。

## 二、坚持着眼于罪犯顺利回归

监狱坚持从为罪犯顺利回归社会创造条件和预防罪犯重新犯罪出发，进一步完善综合治理工作网络，充实专职队伍力量，通过综合治理渠道，着力帮助罪犯解决改造中面临的实际困难和即将回归社会需要面对的实际问题，如子女教育、户口申报、就业安置等，较好地解决了罪犯回归社会的后顾之忧。如罪犯谭某，捕前系"袋袋户口"，父母离异后，父亲不知去向，继母又不准其入户。为解决谭某户口申报问题，监狱经过多方奔走和联系，最终为其申报了集体户口，落实了低保救济。再如罪犯林某某，离婚后居无定所，在狱内改造情绪极不稳定。为此，监狱积极与地方有关部门协调，提前安顿好了该犯回归社会后的住所，并为其自主就业创造了条件，林某某假释后多次来监狱表达感谢之情。据统计，宝山监狱罪犯回归社会后五年内的重新犯罪率为 5.59%，在监狱系统处于犯罪率较低位置。

## 三、坚持致力于维护社会稳定

在综合治理工作中，监狱以服务社会稳定的大局为己任，针对不同对象，采取不同措施，加大对有报复社会等危险倾向罪犯的管理和控制。特别是在 2008 年奥运安保期间，监狱更是加大了工作力度。一方面，监狱要求干警对临近释放人员进行重点分析和摸排，对其回归社会后的稳定状况予以评估，制作了《奥运保卫期间刑释人员情况预报表》，对其中 6 个家庭、社会矛盾尖锐的罪犯重点加强了监控。另一方面，监狱及时向地方有关部门通报即将刑满释放且具有一定危险性罪犯的信息，并提出化解建议和具体控制措施，强化罪犯回归的社会衔接和预警。如罪犯刘某某入监改造以来，被害人频繁上访，直至奥运安保期间仍赴京上访，造成较大社会影响。针对刘犯刑满释放后社会矛盾可能激化的实际，监狱提前向地方政府进行了书面通报，同时安排监狱综合治理、心理咨询干警对刘犯进行专题教育，地方综合治理部门也积极落实好"出狱必接"措施，做好控制和化解工作。监狱的这些做法得到局业务部门的充分肯定，并将其工作经验向其他监狱进行了介绍。

（原载《上海监狱工作》2008 年第 37 期）

# 第八十六篇　宝山监狱努力拓展新时期教育改造新途径

如何在监狱教育改造工作传统特色的同时，适应新形势下社会发展的新要求，把罪犯作为教育改造的重要主体，把提高改造质量作为监狱工作的终极目标，是宝山监狱一直在努力探索的问题。近年来，监狱牢固树立大教育理念，努力拓展教育改造的新途径、新方法，注重多层次、多角度地提高教育改造的针对性、有效性，大大激发了服刑人员的改造积极性。

## 一、让学有所长者有充分施展才能的机会

知识是人类共有的财富。我们在实践中发现，有一技之长的服刑人员都有着发挥自己特长的强烈愿望。为此，监狱因势利导，根据罪犯不同的专业基础，分别成立了电脑软件制作、CAD（计算机辅助设计）、绘图、外文翻译等组，并配备了电脑、书籍等专用的设备、工具。这一做法不仅仅是变换了这些罪犯的劳动岗位或工种，而且体现了监狱对知识的重视和保护。对人才的需求和使用，更是为罪犯充分发挥改造主动性创造了良好条件，为学有所长的罪犯发挥特长提供了新的空间。通过努力，近年来这些罪犯已完成了多项电脑软件开发任务，还有罪犯为单位翻译外文资料 300 余万字，CAD 绘图 1600 余份。同时，通过专业实践，他们的技术能力和知识水平也得以不断提高。几年中，已有 16 人考取了 CAD 操作证书，有 17 人通过了通用英语初、中级考试。如罪犯曾×× （因诈骗被判服刑 14 年）毕业于南京航空学院，捕前供职于工商银行青岛分行计算机室，因伪造信用卡骗取钱财被判刑。曾犯被安排到电脑软件组后，先后编制了计分考核、大账管理、监听录音等专用软件，其中大账管理软件获上海市 2000 年优秀发明选拔赛"金点子"二等奖。由于表现突出，曾犯先后获得两次减刑。

在狱内掌握的一技之长也为他们刑释就业打下了扎实基础。原服刑人员费某刑释后，凭着在狱内练就的电脑技能，考取了微软公司颁发的网络工程认证证书，现在上海一家合资企业任职。在典型的示范带动下，大多数服刑人员都能够立足岗位学技能，外语、电脑已成为相当一部分服刑人员学习的热点。

## 二、用现代技术手段拓宽教育领域

随着监狱智能化管理水平的不断提高，运用现代科技手段对服刑人员进行教育已成为行之有效的教育方式。监狱利用网络技术，在家属接见室配备了触摸屏信息机，设置了监狱概况、法律法规、教育改造、生活卫生、大账余额、改造积分等与罪犯改造密切相关的内容。家属只要点击相关栏目或输入番号，希望查询的内容就立刻呈现在眼前。大多数家属通过触摸屏了解了罪犯的表现情况或减刑、假释等有关奖惩的程序、条件后，都及时利用接见之机对罪犯进行教育，取得了良好的帮教效果。监狱对触摸屏内容及时更新、调整，使家属的帮教能够与监狱教育改造的主要内容相衔接。监狱还充分利用现代技术手段，帮助服刑人员解决后顾之忧。如罪犯周×（因盗窃被判服刑 10 年）投入改造后，与妻子离婚了，儿子被判给女方。周犯思子心切，但一次次希望接见儿子的信件被退回，以至于情绪十分低落。干警赶到奉贤，做通了其前妻的思想工作，并当场安装了可视电话，让周犯通过电话与儿

子"接见"。当周某在屏幕上看到很久没有见过面的儿子时，情绪十分激动。他说："我无法用语言表达对政府警官的感谢之情，今后只有努力改造，才能报答政府对我的关心。"从此，周犯的改造表现有了明显变化，2002年被减刑一年二个月。监狱还为每个监舍配置了大屏幕电视机，使罪犯在监舍就能获得大量的教育信息。例如，监狱开展的"百日无违纪"，"做人有德，改造有道"等主题教育活动，从动员、总结到表彰的每一个环节都是通过闭路电视系统向服刑人员进行宣传教育的，充分体现了电视教育方便快捷的特点。监狱还注重用服刑人员身边的事教育身边的人，电视片《黑客改造记》就是根据一名转变典型拍摄而成的，播出后反响良好。

### 三、用法律武器保障罪犯合法权益

宝山监狱在坚持严格规范管理的基础上，重视对罪犯合法权益的维护，重视运用法制的力量发挥教育改造的综合效应。监狱注重依靠社会力量建立新的教育平台，于1999年建立了罪犯法律服务基地，将律师信箱设立到了分监区，由律师事务所派遣律师对罪犯开展包括房产、经济、婚姻家庭等方面的各类法律服务活动，至今为服刑人员解决的案例纠纷总案值已达120多万元。服刑人员翟某的父母在上海打工期间，突遇车祸，母亲当场死亡，父亲伤重不省人事。监狱一方面做好翟某的抚慰工作，派专人参与事故的处理；另一方面根据翟某有二三十名亲属聚集在上海，容易引发暴力冲突的特殊情况，积极引导翟犯通过法律途径解决问题。征得翟某同意后，监狱通过宝山区法律援助中心办理此案。经过律师艰苦细致的谈判、协商，肇事单位终于在赔偿协议书上签了字，并当场交付了10万余元的赔偿款。翟某非常激动，他说："没有监狱干警为我奔波，这个案子不可能处理得这么好。我要对得起监狱，对得起社会，在这里好好改造。"事后，翟某的家属给监狱送来了"秉公执法，勤政为民"的锦旗。

（原载《上海监狱工作》2003年第9期）

# 第八十七篇　宝山监狱积极开展艺术矫治探索和实践

近年来，宝山监狱重视将艺术矫治作为教育改造罪犯的手段之一，与上海民间文艺家协会联手，围绕"学艺做人"的主题，以民间艺术学习为载体，在监狱建立了民间艺术培训基地，先后开办了瓷绘、吹塑版面、剪纸等培训班，开展了系统的艺术矫治探索与实践活动。

## 一、精心组织，规范管理

监狱将"传统文化对罪犯的矫治作用"作为专项课题进行研究，对文化矫治的工作定位、发展方向等进行了系统思考和规划，并通过目标管理的方法稳步推进艺术矫治工作的开展。一是制定制度，落实管理措施。监狱制定了民间艺术培训管理办法，对罪犯的学习、考核、奖惩等做出了明确规定。培训时要求干警必须坐堂，并对学习用品和有一定危险性的工具进行编号，做到交接清楚，确保安全。二是自愿报名，严格筛选学员。监狱根据罪犯刑期、改造表现和对民间艺术的兴趣爱好程度的不同，在引导罪犯自愿报名的基础上，再进行严格筛选。对学员的学习情况进行跟踪考核，教学过程中发现有不适合继续学习的及时予以淘汰。三是配备器材，提供物资保障。监狱多次购置烧炉瓷器、细木工板等原材料，保证了培训所需要的材料和学习用品的及时到位。

## 二、不断探索，勇于实践

艺术矫治是在传统的思想、文化和技术教育基础上提出的一项新的课题，它在传播知识技艺的同时更注重对罪犯心灵的净化。为此，监狱进行了多方面的探索和实践。一是重视教育方法的探索。为了充分利用社会教学资源，监狱先后与市文联、市民间文艺家协会建立了密切的合作关系，并邀请市文艺家协会的李瑞昌等资深艺术家担任老师，为罪犯传授民间艺术的基础知识和传统技艺。根据民间工艺学习的特点，监狱改变了以往单纯由老师授课，学员被动听讲的教学模式，让学员更多地进行艺术的实践活动，使他们的动手能力大大增强。监狱还定期开展评比、交流活动，让学员在交流中寻找差距，不断提高知识和技艺水平。二是重视营造浓郁的监狱艺术氛围。为了扩大传统文化的影响力，监狱在开办培训班的同时，还邀请复旦大学郑土有教授等开设了"中国民俗吉祥图案漫谈"、"民俗风情"、"中西传统文化比较"等传统文化系列讲座，使更多的罪犯能够了解和喜爱我国的传统文化，营造了良好的艺术氛围。有的罪犯还把自己的习作挂上墙，不仅美化了环境，也使以往比较单一的监区文化活动有了新的载体。三是重视扩大教育矫治工作的社会影响。在请进来的同时，监狱还积极创造条件，让这些出自罪犯之手的艺术作品有机会走向社会。2005 年 11 月，监狱应邀参加上海民族民间艺术博览会，在监狱罪犯作品展区，有 50 余件民间瓷绘、吹塑版画、剪纸等作品，令参观者感到十分惊奇。

## 三、注重实效，重塑人生

学艺做人，在艺术熏陶中净化心灵，这是艺术矫治的根本目的的所在。监狱在开展艺术矫治过程中，始终把教育人、改造人作为出发点，取得了良好成效。一是提高了罪犯的艺术修养。中国的民间艺术博大精深，为监狱开展矫治工作提供了肥沃的土壤。特别是瓷绘、剪纸这些民间艺术，有着悠久的发展历史，通过学习，有利于提高学习者的艺术修养。经过一年多的学习，培训班涌现出一批优秀作品和优秀学员，个别学员的瓷绘作品甚至达到二至三年的训练水平，如学员姚锋的吹塑版画作品《家乡的炊烟》被列入上海市第十三届"江南之春"（敏之杯）画展作品集。2005年，在上海监狱系统第五届服刑人员书法、绘画、工艺美术展览中，宝山监狱布置了6个展台，参展作品达到133件，有10件作品获奖。二是增强了罪犯的改造信心。参加培训的学员刑期都在5年以上，其中10年以上占60%，还有一部分原判刑期为死缓或无期徒刑的。通过艺术学习，不少罪犯急躁冲动的个性得到了收敛，服刑意识、人际关系得到了较好改善。如罪犯陈某性格暴躁，曾因打架被警告处分，尚在减刑考察期内。陈某进了瓷绘艺术班后，从开始画一根线条手就抖得厉害，到后来创作出"牡丹图"，人的精神面貌也发生了很大的变化。三是为罪犯将来就业谋生创造了条件。监狱组织罪犯学习民间艺术和工艺，重视让罪犯掌握更多的技能。闵行区教师进修学院的帮教志愿者赵老师看到监狱陈列的罪犯创作的作品时，十分赞赏，认为已经达到相当水准，可以进入市场销售。罪犯家属也纷纷感叹：监狱坚持让罪犯学艺做人，不仅有利于他们的服刑改造，更为他们将来更好地适应社会打下了良好基础。

（原载《上海监狱工作》2005年第19期）

# 第八十八篇　宝山监狱运用中国优秀传统文化改造罪犯显成效

中国传统文化博大精深，为罪犯的教育改造工作提供了肥沃的土壤。近年来，宝山监狱把中国优秀的传统文化引入罪犯的改造工作中，围绕民间艺术、民众文化、民族文化，设计开展了一系列丰富多彩的文化活动，取得了良好效果。

## 一、民间艺术：罪犯矫治的新载体

根据市监狱管理局提出"要注重发挥文化艺术改造人的作用"的精神，自2005年起，监狱与上海民间文艺家协会一起开办了民间艺术瓷绘班、吹塑版画班、剪纸培训班，邀请市文艺协会艺术家李瑞昌、中国美协会会员龚赣弟、市剪纸协会秘书长李守白担任老师，传授民间艺术的真谛。瓷绘、剪纸这些民间艺术，有着悠久的历史，有些艺术濒临失传的危险，让更多的人掌握这些艺术，有利于传承文明。在艺术矫治的实践中，先后有116名罪犯参加培训，这些罪犯刑期都在5年以上，其中10年以上的占60%，还有一部分原判刑期为死缓或无期徒刑的，人格缺陷比较明显。从事民间艺术需要专注的神情、细腻的技法，对罪犯性格矫治很有帮助。参加培训的罪犯在学艺中感悟做人道理，急躁冲动的个性得到了收敛，服刑意识得到了增强，人际关系得到了改善。学员彭某、王某是长刑犯，人生挫折感特强。通过学艺，改变了他们空闲时间无所事事、缺少精神寄托的现象，增强了改造的自信心。在专业老师的指导下，罪犯的艺术技能日渐精湛，创作作品达到500多幅，部分原创作品在市级博览会、美术展上频频获奖。"撕纸"《接见路上》采用独特的手工技法，反映罪犯改造生活，获得上海市民族民间艺术博览会银奖，吹塑版画《家乡的炊烟》被收入上海市第十三届"江南之春"（敏之杯）画展作品集。市人大常委汤兆基、市工艺美术学会会长朱玉成等知名人士参观后欣然留言："以艺铸魂，重新做人。"

## 二、民俗文化：丰富狱内文化生活

民俗文化与民间艺术相亲，其授众更加广泛，互动性更强。监狱邀请复旦大学郑土有教授等作了题为"中国民俗吉祥图案漫谈"、"中国地方民俗风情"、"中西传统文化比较"等讲座，让更多的罪犯了解和喜爱民俗文化。在此基础上，以监区为单位组建了具有江南丝竹韵味的笛子队，展现西部风情的腰鼓队，欢腾喜庆的舞龙舞狮队，中西式合璧的口琴队、合唱团，开设故事员培训班，教会学员将身边的新鲜事、感人事、发人深省的事进行创作，以民间故事的形式进行巡讲。为培育民俗文化项目，监狱聘请社会专业人士前来培训和指导，提供人力、财力上的保障。在团队形式出现的民俗文化项目，丰富了狱内文化生活，发挥了寓教于乐的作用，使一些有心理问题、有自杀倾向的罪犯得到了调节，罪犯参加监狱文化活动的积极性高涨。

## 三、民族文化：注重罪犯的情操培养

民族文化是传统文化的精髓，监狱对社会上的"论语热"作了冷静思考，把民族文化教育引入教育改造实践。一是开展面上教育。通过播放《于丹〈论语〉心得》、《于丹〈庄子〉心得》讲座录像，培养罪犯的学习兴趣。二是组织观后调查。召开不同文化层次罪犯参加的专题座谈会，掌握罪犯的接受和理解程序。三是成立学习组织。监狱成立读书会，监区设读书分会，分监区设读书小组，指导读书活动，组织学习交流。四是扩大教育效果。运用视频开辟学习专题报道，通过跟踪访谈，使一部分罪犯的学习体会得以扩展。有些罪犯表示，《论语》劝导大家与人为善，是传统文化的精髓，我们要从内心去感悟古人的为人之道，文明改造，和谐相处。罪犯宋某某认为，参加《论语》学习小组，提高人的品格修养，充实了自己的精神生活。民族文化在教育罪犯中发挥了潜移默化的作用，罪犯中动辄打架的现象减少了，认罪悔罪的意识提高了，缴纳罚金（附加刑）的罪犯增多了，罪犯谭某某就主动缴纳罚金 20 万元。

## 四、注重实效：发挥熏陶与教化作用

传统文化的三种教育形式各有侧重，监狱把它融入社会主义荣辱观教育之中，发挥对罪犯的熏陶与教化作用。一是内容上贴近实际。监狱在传播优秀传统文化中，把学习、习练、娱乐融于一身，培养罪犯的学习兴趣、艺术技能、健康心态。教育内容的选择上，侧重于罪犯人格的重塑，比较符合罪犯改造规律。二是形式上丰富多样。监狱每年组织一届文化节，集中展示文化建设和罪犯改造取得的成果，其中有不少传统文化形式。例如，书画、编结、方言说唱、民族舞、原生态的山歌、民谣等等，有些是老师传授的，有些是自我发掘的。2007 年，监狱组织罪犯参加"我型我秀——才艺 PK"活动，为期半年，优秀传统文化形式得到充分展示。三是效果上比较明显。监狱以诚信教育和感恩教育为主线，把传统的劝学、守礼、尊长、知耻的道德要求，与遵守行为规范、认罪悔罪教育结合起来，组织感恩演讲，开展感恩征文，在母亲节、父亲节写感恩家信，用传统文化、传统美德影响罪犯的思维方式、行为规范、言行举止，使大部分罪犯懂得直面挫折、积极改造、善待他人的道理。在认罪悔罪教育中，有 1828 名罪犯自愿从其个人劳动报酬中捐献"忏悔金"，用于对被害人及其亲属表达忏悔之意。

（原载《上海监狱工作》2007 年第 27 期）

# 第八十九篇　上海宝山监狱探索矫正罪犯新路子

夏吉先　潇　于

　　上海市宝山监狱是上海监所布局调整中新建的监狱，1998年12月正式启用。监狱拥有现代化的办公场所，宽敞明亮的教育习艺楼、医疗所和购物超市等，是上海市市级花园式单位。建狱十余年来，该监狱实现了无罪犯逃跑事故、无重大狱内事故、无重大安全生产事故、无重大疫情发生的"四无"目标，被司法部命名为现代化文明监狱。

　　近年来，宝山监狱在教育、改造、矫正罪犯方面，贯彻落实科学发展观，开创了一条符合中国国情的新路子。

## 一、犯人入监先学《弟子规》

　　为了提高对罪犯的教育改造质量，宝山监狱运用科学发展观，对犯罪行为进行了分析。他们认为：相当一部分罪犯犯罪，不是本身主观恶性极大，而是需要对他们进行有效的道德教育。中国传统文化中有许多精华是很好的教材，系统地组织罪犯学习中国优秀传统文化，一定会收到教育改造的效果。在这一科学观点的指导下，一场学习中国传统文化精髓的活动在宝山监狱蓬蓬勃勃地开展起来了。对孔儒等中国传统文化采取一分为二，学其精华，弃其糟粕。对所学教材无一例外。

　　教育的内容以学习《弟子规》为主，同时结合学习《孝经》、《论语》、《朱子治家格言》等经典著作的内容。用中国传统的伦理道德、为人处世的基本要求，例如孝道、仁爱、廉耻、诚信等来教育服刑人员。"百善孝为先"，服刑人员所接受的第一堂传统文化教育课，便是有关孝道的内容。"服刑人员由于失去人身自由，亲情常常是牵绊和困扰他们心灵最敏感的因素，通过孝道教育，可以直捣他们心灵中最柔软、最脆弱的部位，从而产生共鸣，激发内在改造动力。"

　　"一个小学毕业的犯人，也是《论语》兴趣小组成员，喜欢说'三人行，必有我师'，'读了《弟子规》，行为有规矩'等。通过学习，他对其他犯人多了些尊重，少了些挑剔和争斗。"警官马骐介绍说。近三年来，宝山监狱所有6个监区都成立了《论语》兴趣小组，不只是要读，更要学会每日"三省吾身"，还要慢慢习惯"知行合一"。

　　"用人物，须明求，倘不问，即为偷。借人物，及时还，后有急，借不难。"马骐说有一天一个犯人报告说被子不见了，狱警召集大家进行询问，这个犯人随口引用《弟子规》，后来，那被子就自动被送回来了。

　　宝山监狱通过对罪犯开展《弟子规》的学习活动，罪犯的违纪率得以明显下降。以五监区为例，该监区是从2008年10月开始组织罪犯学习《弟子规》的。学习前的第三季度，全监区扣分人数达143人次；而学习后的第四季度，全监区扣分人数是108人次，罪犯的违纪率下降了24.5%。

## 二、开拓创新"学艺做人"

　　教育罪犯"学艺做人"是宝山监狱在改造罪犯方法上的另一大创新。十余年来，宝山监狱求真务实，开拓创新，不断探索教育改造罪犯的新方法，终于走出一条以民族文化、民俗文化、民间艺术为载体，以"文化铸魂、艺术教治"为目标的新路子。

2004年宝山监狱与上海民间文艺家协会建立起合作关系，通过几年来的努力，建立起了宝山监狱"民间艺术培训基地"。培训基地先后开设瓷绘、吹塑版画、剪纸等民间艺术培训班。监狱先后聘请了上海民间文艺家协会美术专业委员会主任李守白、原宝山文化馆馆长龚赣弟等专家担任培训教师，还邀请复旦大学郑土有教授开设了"中国民俗吉祥图漫谈"、"民俗风情"、"中西传统文化比较"等文化讲座。

　　宝山监狱党委书记、监狱长陈耀鑫在庆祝宝山监狱建狱十周年大会上说："文化建设是宝山监狱发展的制高点，建设一流班子、培养一流队伍、争创一流业绩，离不开监狱文化的全面繁荣。加强文化建设，必须致力于政治建警、素质建警这一基本方向，不断提升民警队伍的文明素质、执法素质、技能素质。同时，通过文化建设，致力于罪犯的人格改造，引导罪犯建立与重返社会相适应的行为模式。"

　　从艺术治疗的实践效果来看，宝山监狱在为罪犯提供培训的同时，使罪犯的个体人格得到完善、个体伦理得到健康发展、智力得到开放、创造能力得到培养、人际情感的能力得到有效表达，从而使服刑人员获得一技之长，为回归社会、回报社会做好了准备，打下了基础。实践证明，科学地运用中华民族优秀传统文化对服刑人员进行思想改造、道德教育、价值观培养，以及行为矫正，是切实可行、行之有效的，它将给监狱工作带来深远影响。

（原载《法制与社会》2010年第6期）

# 第三编

## 源头研究学步论

# 第九十篇　论源头防范价值与源头研究学步

从治本上预防犯罪，从治标上惩罚犯罪，其价值取向虽各有不同，但都是为了达到共同的目的。这就是保障对法治社会的公共安全和对法治社会的个人自由权利的保护。为了实现这种价值，中外犯罪学的各大流派，都以各自的犯罪原因理论为基础，阐述其犯罪的预防对策和方法。我国历史上虽然没有形成犯罪学的具有体系性的理论流派，至今也只能是在西方理论基础上的学步，但毕竟也是脚踏在中国国情的土地上，所论自然带上中国的特色。

## 一、犯罪预防的价值取向

古典犯罪学派创始人切萨雷·贝卡里亚基于犯罪是由于社会不公平的原因所致的理论认识，认为犯罪是行为人在特定环境影响下趋利避害的必然后果。因此，贝氏提出犯罪预防与控制的主要对策是：制定明确和通俗的法律。因为明确的法律可以使人们在打算犯罪时就想到犯罪带来的不利后果，从而打消犯罪的念头，预防犯罪的发生，这是其一。其二是思想启蒙完善教育。其三是防止司法腐败。其四是奖励美德。

犯罪人类学派基于犯罪是由人类学因素、自然因素、社会因素三因素所致的理论认识，因而提出犯罪预防的基本对策是：第一，在社会方面消除犯罪流行的条件；第二，在个人方面则注重心理及行为的矫正。创始人龙布罗梭的早期对策是针对不同类型的犯罪人实行不同的处遇，即预防犯罪人的产生、治疗犯罪人、隔离犯罪人三部曲。而其后继者学生菲利精心设计了在政治领域、经济领域、科学领域、立法和行政领域、教育领域五个方面的刑罚替代措施。

犯罪社会学派着重强调犯罪是基于社会原因所致，认为犯罪是社会异化的产物。李斯特认为："刑事政策为社会政策的有组织的一部分（实证主义）。"[①] "最好的社会政策就是最好的刑事政策，强调不专用刑罚来预防犯罪，而是通过社会改革来预防犯罪，以改革来达到预防再犯和保卫社会的目的。"犯罪社会学派从社会和犯罪人两个维度上来研究犯罪预防对策，既注重犯罪的一般预防，又注重犯罪的特殊预防。一般预防注重对公民自由的保护，特殊预防注重对罪犯自由的保护。

犯罪源流学派是具有中国特色的犯罪社会学派。它同时重视犯罪形成的社会原因和犯罪人原因的重要性。在犯罪对策上：第一，强调体制创新，从源头上预防和治理腐败及其犯罪；第二，强调法治与德治相结合的预防犯罪的综合治理；[②] 第三，强调治本与治标相结合，即治源与治流相结合；第四，强调从基础理论上对治本规范的研究，强调犯罪学与刑法学等刑事法学学科群体的协调发展。我国预防犯罪的理论在不断的丰富和发展，犯罪预防的实践经验在不断的总结和完善。

## 二、从研究源头上防范的学步

### （一）从"体制"源头上研究防范的学步

体制创新是从源头上防治犯罪的关键所在。创新所展示的新面目，乃是从"人治"创新为"法

---

① ［德］汉斯·海因里希·耶塞克、托马斯·魏根特：《德国刑法教科书》，徐久生译，中国法制出版社 2001 年，第 92 页。
② 《江泽民论有中国特色社会主义》，中央文献出版社 2002 年版，第 336 页。

治"，从"官本位"创新为"民本位"，从"大政府小社会"创新为"小政府大社会"。这是我国新世纪需要建设的社会系统工程。

江泽民同志指出："好的体制，可以有效地预防和制止腐败现象的发生。反之，不好的体制，则会导致腐败现象的滋生和蔓延。"预防腐败的滋生是如此，预防整个犯罪的产生也是如此。

国家和社会的管理体制涉及方方面面。在我国体制转轨的过程中，旧体制和旧机制在去除，新体制和新机制在建立。如何创新体制以有利于预防犯罪呢？这就是要研究从体制的源头上来减少犯罪产生的问题。体制的机制涉及的方面很多，这里不可能一一涉及，只能略举一二以对其源头进行研究。

1. 从源头上规范职权的研究

职权，也可通俗地称为办事权。为了从源头上预防和治理职权上的腐败和犯罪，就必须从规范职权、改革行政审批制度入手，构筑适应社会主义市场经济发展要求的行政审批体制和运行机制。其关键所在，就是要把政府的职能从过去主要依靠行政审批实施管理转型到搞好经济调节、社会管理、市场监管、公共服务、营造公平竞争的市场环境上来。把妨碍市场开放和公平竞争的审批事项予以取消；凡可以用市场机制运作代替行政审批的事项，采取公开招标、拍卖等方式进行；对保留的审批、核准事项，简化审批程序，形成有效的审批制约机制和事后监管机制。以更新其办事权规范机制，从源头上制约腐败和犯罪现象的产生。

2. 从源头上规范财权的研究

为了从源头上预防和治理财权上的腐败和犯罪，就有必要从规范财权着手，构筑科学的财政管理体制和运行机制。"不做假账"，[①] 取消"小金库"、"账外账"，实行收支"两条线"管理。实行收费统一管理、财务统一核算、会计统一派遣、分配统一标准的"四统一"管理机制。实施国库集中收付制度，制定政府采购办法，推进税费制度改革，加强公共财政建设，建立规范的公共财政运行体系。财权的规范，首先是对"财"的本身的规范，这就有必要建立科学的统一的会计核算体制。再则就是对用"财"的规范，这就必须建立严格的用"财"的权限和监督体制。以利于从源头上制约腐败和犯罪现象的产生。

3. 从源头上规范用人权的研究

干部的选拔和任用问题是廉政的关键问题。要从源头上预防腐败和治理犯罪，就必须建立健全科学民主的干部选拔任用和管理监督机制。中心问题是要淡化历史性遗风"官本位"，要建立起现代社会的"民本位"，完善干部民主推荐制度；凡未经民主推荐和多数群众认同的，一律不应提拔重用；改进考核考察办法，注重对干部"八小时"以外的表现的考察措施；强化廉政鉴定，实行干部提拔任用党风廉政"一票否决"，防止"带病"上岗；推行无记名投票决定重要干部制度；推行党政干部公开选拔和竞争上岗制度；开通不称职干部的出口渠道。事权、财权，最终还是归结到用人之权。从源头上研究选人制度、用人制度，是制度中的制度。这种研究不应只是组织人事部门的大事。从源头上研究人事制度的创新，是各种创新制度研究的首要创新。

制度创新在国家和社会管理的各个领域和各个部门展开，因此，将全方位地涉及从源头上研究防治腐败和预防犯罪的问题。仅本文不可能对这一系统工程具体展开下去，只好到此为止。

（二）从"人源"上研究防范的学步

在社会的"人源"群体中，最为"源头"的群体，可算是青少年群体了。因此，我们就把这一群体作为研究的一种学步，而且把研究定位在对不良行为的"早期发现"上。请见《青少年犯罪的早期预防》各独立章节，本文即到此。

（《学习笔记》）

---

① 参见朱镕基总理 2002 年为会计学校的题词。

# 第九十一篇 论"职权分解,以权制权"的创新防范体制

在犯罪源流的分类中,笔者把它分为人本源流、经济源流、意识源流、制度源流四大类型。其中制度源流,所涉及的制度层面也十分多样,而最为核心的莫过于权力制度。在现阶段,从制度上的治腐防范已经成为党和国家以及各阶层人士的一大共识。因而对各个层面上的原有制度的不断改革,亦纷纷启动,形势喜人。

胡锦涛同志在中纪委第三次全体会议上向全党发出号召:大力弘扬求真务实精神,大兴求真务实之风,并强调指出全党要不断求我国社会主义初级阶段基本国情之真,务坚持长期艰苦奋斗之实;求社会主义建设规律和人类社会发展规律之真,务抓好发展这个党执政兴国的第一要务之实;求人民群众的历史地位和作用之真,务发展最广大人民根本利益之实;求共产党执政规律之真,务全面加强和改进党的建设之实。[1] 这"四求四务",对于我们推进各项工作的发展,其中包括治腐防范工作的发展,具有重大的现实意义和深远的历史意义。我国目前启动的《行政许可法》,对我国政府贯彻"公开、透明、程序、规范"原则,推动其职能转变起了实质性的突破作用。我国审计工作从对某些大单位违法行为的睁只眼闭只眼走向大胆"曝光",从暗箱操作审计走向公开化审计。政府官员职务消费从原来"实报实销",到目前有的地方也启动了规范职务消费举措等,已不胜枚举。这里对规范职务消费的举措作为一个案例列举如下。

湖北有一个经济不发达的县级市——老河口市,其财政供养人员一年的职务消费在 3500 万元以上,成为该市的一个沉重负担。两年前,湖北省以该市为试点,对职务消费进行规范,规定职务消费为招待费、通信费、交通费、差旅费和培训考察费五大类,并核定各岗位的职务消费标准,最终实行货币化。如今,该市除招待费暂行记账式管理外,其他项目基本实现货币化发放,去年节约了 100 万元以上的行政开支。这一职务消费制度上的变革,对于预防贪污和浪费行为的现象,其效果是显而易见的。[2]

从权力制度源来看,权源过分集中、缺乏制衡在我国已有几千年来的历史。旧社会绝对权力观念向新中国涌来,在一定程度上影响新中国的权力制度建设,这自然也是难免的。在当今社会,举国上下都已清醒地认识到这一法则:绝对的权力导致腐败,不受监督的权力要导致腐败。正因为我们具有了这一条真理性的认识,其廉政建设的反腐思路,已由原来的只注重查处转向现在的标本兼治,转向从源头上治理腐败和预防犯罪上来。"分权"的举措,就是现实的一种有益的探索。据报道,某市已建立一种叫做"职权分解,以权制权"的防腐反腐新机制。在该市的公安、地税、规划建设、国土资源、房产等 12 个直属机构进行,一年来的进展很大,效果明显。"分权",即实行职权分解,以逐步改变权力过分集中的现象;以权制权,即建立相互制约的权力运行体系。因此是一种值得我们关注的举措。怎么分呢? 某市的做法是:在市地税局上,就打破了原有的征收、管理、稽查三位一体的税收管理体制,而改为严格实行选票、稽查、审理、执行四分离,各机构间既各自独立又相互制约的机制。实施一年来,全市地税收入大幅度增长,全系统受党纪政纪处分的人数明显减少。再如,该市公

---

[1] 《胡锦涛总书记 2003 年在中纪委第三次全体会议上的讲话》。
[2] 《规范职务消费》,载《文汇报》2004 年 2 月 2 日。

安局出入境管理科，针对过去经办民警一竿子插到底，工作业务混合交叉等问题，把办理护照的主要工作流程分解成派出所审查、一级审核、二级审核、三级审核、发放护照等五个阶段，有效地避免了腐败现象的滋生。

"职务分权"是权力设置的一个方面。而权力设置的另一个方面，乃是"以权制权"。如何以权制权呢？总的来说，就是要做到分权后权力制衡。制衡的机制有很多：实施"阳光操作"，公开办事规则，除必须非保密不可的以外，都必须公开，把权力的施行置于相对权力机关的监督之下。目前，我们党已出台的《党内监督条例》，就是举国注目的权力监督的重大规章。有了权力的监督，才能减少权力的违法滥用，才能减少腐败现象的产生。

2003年已过去。但它还是值得我们回忆的一年。因为2003年是一个让贪官们心惊肉跳的一年。刘方仁、李嘉廷、程维高、王怀忠、田凤歧、田凤山……或被开除党籍，或被撤销职务，或上法庭受审，或被中纪委"双规"，有的甚至被判了死刑。这一年，我国省级高官因"贪"落马的至少每月一名。他们的落马，一方面可以看出我国党和政府对反腐败的"紧箍咒"念得很紧。另一方面我们也不能不看到他们走向堕落、蜕变的过程中，有一些规律可循。概括起来可以分为这样的几个层面：一是"贪"不离"地"，即利用手中权力，紧紧抓住土地使用审批权不放，实行土地审批"一支笔"，视土地为私有财产任意处置，或从中直接受贿，或充当某利益集团代言人，变相地将土地变成个别老板的"钱袋子"，回头再捞取"好处费"，进而完成自己的"原始积累"。二是"贪"不离"色"。也可以说为了色欲而大贪特贪。三是官"款"相傍，政商结合。一方面是贪官与有"共同喜好"的商人结成利益共同体，另一方面是"买官卖官"。四是管不好身边人、"枕边人"。五是披着廉政亲民的外衣，背后干着龌龊的勾当。六是落马后忏悔起来，一个比一个彻底。七是与迷信结缘。八是为了能将黑钱"洗白"，送子女到国外"留学"等。这些规律特点之所以能发生实际的作用，关键全在于他们把手中握有的公共权力，异化为了自身谋私的杠杆，并利用这个谋私的杠杆随意而转。从权力制度建设来看，他们握有集中的权力，而没有相对的分权；他们所握有的权力是绝对权力，而没有相对的监督。为了从源头上治理腐败和预防犯罪，我们不难看出"职权分解，以权制权"举措，在权力制度建设上的重大作用了。

（《学习笔记》）

# 第九十二篇　论从制度源头上治腐防范的决定性作用

治理腐败和预防犯罪，首先要从源头抓起，在我们国家已经形成了一种共识。笔者为了研究的方便，曾经把源头大致分成了四种，这就是：人源、意识源、经济源、制度源。也就是说要从这四方面着手，而制度的作用居于首位，所以最为关键。随着人类社会的不断进步，我们也要求着制度的变革，所以与时俱进的创新又是关键的关键。

## 一、从多项源头抓起，发挥多方位治理腐败和预防犯罪的作用

我国反腐倡廉形势很好，好就好在从制度建设上加强了反腐倡廉的力度。正如吴官正同志在《努力完成今年反腐倡廉任务》[①] 中所要求的："中央和国家机关要发挥从源头上预防和治理腐败的优势，通过深化改革，创新体制机制，加强对权力运行的制约和监督；坚持标本兼治，逐步建立起教育、制度、监督三者并重的预防和惩处腐败的体系。"从教育体系创新的源头抓起，从制度体系创新的源头抓起，从监督体系创新的源头抓起，其力度都在逐步加大，必然会发挥出从源头上预防腐败和治理犯罪的良好效果来。如在教育体系创新上，加强了素质教育的力度。这里尤其要指出的是，过去只重视对学生要拥抱社会这一目标的实现，但现在需要看到社会中存在的阴暗面，从教育的源头上，就对学生进行防范意识的教育、自卫能力的教育，特别是对女生进行有针对性的防范意识和特别能力的教育。再如，在监督体系创新上，在国务院机构中强化了国家监督机构，不仅有证监会，还建立了银监会和保监会等，这是就金融领域而言的。其他各领域的监督机制也在新建和完善，都在切实加强对领导干部的监督，围绕廉洁自律和党风廉政建设责任制的落实及其监督检查，把监督的关口前移，力争把违纪违法问题解决在萌芽状态。

尽管治腐防范的形势很好，但必须看到其任务的艰巨性和长期性。腐败问题世界各国都有，但中国有中国的特征。

第一，中国是一个先入封建社会的前发展国家。但后来却长期滞留且欠缺资本主义社会民主的进程，世系、宗族、官本位观念非常厚重顽固。中国的上述观念，决定了中国社会中必然会出现"红楼梦"家族式"一荣俱荣、一损俱损"的腐败现象。

第二，中国现阶段仍处于改革开放的社会主义初级阶段，且公有制是主体，这种特质他国不具备。假借国有经济改革之机来侵占国有资产，是腐败中最大的问题。有一部反腐剧中的国办主任说了一句话，可谓准确形象地表述了这种腐败的严重性。她说：贪污只是对国有资产的"蚕食"，而假借改革转制的名义侵占国有资产则是"鲸吞"。[②]

这些特征乃是笔者所称的犯罪源流规律的具象表现。这些表现非一般社会现象，而是制度性现象。要消除这些制度性的存在问题，谈何容易？对于旧的国家制度性的腐败，只能以新的国家制度创新，才能使其得以根本性的解决。然而国家制度的创新远非一朝一夕的事情。所以治腐防范的事情不能不说是任重而道远的事情。

---

① 吴官正同志关于《努力完成今年反腐倡廉任务》的讲话，载《解放日报》2003 年 6 月 26 日。
② 孙焕英：《要研究腐败的中国特色》，载《社会科学报》2003 年 7 月 10 日。

## 二、制度建设的过程，就是从源头上预防和治理腐败的过程

从制度建设上预防和治理腐败，所起的作用是全局性的，这是把腐败的滋生预防和治理在源头上的根本。但制度建设总有一个过程，随着制度建设力度的加大和完善，腐败的滋生必然受到制度的严格制约，因丧失其产生的制度生态环境，腐败必然会大大的减少。而有着这种功能作用的制度体系，我们则谓之为廉政制度体系。我们国家自然应当加快步伐构建国家廉政制度体系。其体系主要包括以下方面的内容要求：[①]

第一，中国建立民主制度首先有赖于建立党内民主制度，因而需要进一步强化党内自上而下与自下而上双向民主监督制度。

第二，不断完善人民代表大会制度，保障人民民主决策，可以大大缩小政府腐败范围，有效控制政府体系中的系统性腐败。

第三，建立相对独立的司法体系，使司法体系拥有独立编制，独立国家财政开支。

第四，强化国家各项行政权的监督制度。特别是加强国家审计监督功能，提高审计体系效率和审计力度，建立规范的公务员制度，强化对职务行为的透明力度，减少其腐败的机会。制度建设旨在做到预防腐败为先，而不是依靠事后的惩罚。

## 三、立法是制度产生之源，因此应与时俱进不断立出好法

2003 年 6 月 22 日，经国务院第 12 次常务会议通过的《城市生活无着的流浪乞讨人员救助管理办法》（以下简称"新办法"）正式公布并将于 2003 年 8 月 1 日起施行。1982 年 5 月 12 日国务院发布的《城市流浪乞讨人员收容遣送办法》同时废止。"新办法"公布后，引起了广泛的社会反响，舆论普遍认为，中央政府在如此短的时间内废止了不适应形势需要的旧法规，颁布反映时代要求、人民意愿和人权保障的新法规，感到十分的欣慰。

从实施了 21 年的《城市流浪乞讨人员收容遣送办法》的废止，到《城市生活无着的流浪乞讨人员救助管理办法》的正式出台，从"收容遣送"到"救助管理"法律的修改，词语的变化，体现了政府职能的转变，也体现了国家对公民权利的保护。这无疑是一个相对的好的立法。

相对好的立法确立相对好的制度，有利于从源头上对犯罪行为进行防止；相反，相对较次的立法确立相对较次的制度，就有可能从源头上诱导或误导犯罪的产生。在我们对"收容遣送"与"救助管理"的比较上，就可以看出这一点来。因为孙志刚这位无辜公民的被害，使人们感到，收容遣送制度本身具有诱发侵害公民合法权益的倾向，这使先觉者许志永（北京邮电大学教师）、俞江（华中科技大学）、藤彪（中国政法大学）联名致函全国人大常委会，提请对《城市流浪乞讨人员收容遣送办法》进行宪法审查。的确，案件严重侵犯公民合法权益的问题，不仅与收容工作人员履行职务有关，而且与收容制度这个制度本身有关。如果就只对职务人员因触犯刑律的行为而加以处罚，不改变其制度本身，那么类似侵犯公民合法权益的现象，不可避免地还将发生。因为改变制度是从源头上避免对公民合法权利可能遭受侵犯的改变，同时也是从源头上避免职务工作人员再犯类似之罪的改变。

在此，只举一立法例而已。我们自当举一反三，思考曾经的各种立法，对于不合时宜的旧有立法，都应及时废止和修改，及时立出更合时宜的新的好法来。

（《学习笔记》）

---

① 胡鞍钢：《反腐败本质上是一个制度建设过程》，载《大经贸》2003 年第 5 期。

# 第九十三篇 论从源头上对青少年犯罪的早期预防

## 一、青少年犯罪早期预防的重要性

众所周知，希望子女成才，是每一个做父母的良好愿望。子女违法犯罪，没有一个当父母的不痛心疾首。那么怎样才能尽可能避免子女违法犯罪呢？这是当前每一个做父母的人都十分关心的问题。俗话说："冰冻三尺非一日之寒。"孩子走上违法犯罪的道路，也不是一朝一夕的事。因此，父母是至关重要的人，要提早发现孩子的犯罪征兆，采取预防办法，才能收到事半功倍的效果。这是因为在青少年犯罪的治理工作中，从某种意义上看，预防是比矫治更为重要的方面。预防比矫治的收效也更为明显，所以早发现早预防是很重要的。

那么，你孩子的犯罪征兆能不能早发现、早预防呢？

犯罪学研究告诉我们：青少年的犯罪行为绝大部分是自己从前不良行为的延续和发展。也就是说，犯罪行为是不良行为的衍生物，或和他以前的行为方式有着密切联系。

由此可见，绝大部分犯罪青少年最终产生犯罪行为，主要是由于犯罪心理逐步形成的，由微不足道的不良行为逐步演变而成。青少年犯罪的形成原因是有迹可寻、有征兆可供发现的。

第一，应引起我们重视的是青少年的不良行为或可称之为"行为偏差"，这是行为科学必须研究的一个重要组成部分。

青少年行为偏差的发展可分为三个阶段：

（1）社会角色方面的行为偏差：就是一开始就表现出不符合他们这一年龄的各种社会规范要求。如在校不好好学习，上课时不专心听讲，不认真完成作业。纪律松懈，迟到早退；对老师的关心、教导不耐烦，反感；疏远求上进的好同学，同一些品德、学习双差的学生谈得投机。简言之，就是在校不像个正常的学生。同样在家庭里，对兄弟姐妹态度粗暴，缺乏爱护之心，不尊敬父母长辈等等。

（2）社会道德方面的行为偏差：就是在上述行为的基础上，逐渐产生了种种不道德的行为。如在校顶撞谩骂老师，殴打、侮辱同学，故意捣乱，搞恶作剧；伪造假条，涂改成绩单，撒谎吹牛，欺骗师长；喜挥霍乱花钱，抽烟酗酒赌博，以致小偷小摸；追逐异性，结交一些不三不四的人鬼混等等。

（3）社会法律方面的行为偏差：就是不断堕落直至破坏法律规范，违法乱纪，受到刑事处分。如偷窃拦抢，行凶伤人，聚众滋事扰乱社会秩序，贩卖票证，诈骗钱财，乱搞两性关系，甚至强奸、卖淫等等。

第二，社会心理学认为，人的社会行为就是满足需要的活动，行为的发生必定与个人的需要相连，从需要的产生到需要的满足就是一个行为过程。

犯罪是一种社会行为，它与人的异常需要结构有密切关系。因此，异常需要也是我们发现青少年犯罪的一项主要征兆。青少年异常需要结构一般情况下有三个层次：首先是始于低级庸俗的兴趣嗜好的异常需要；进而形成希望得到满足的欲望；最后当自身不能遏止冲动时，就形成犯罪的动机，而采取非法的手段来实现满足。

因此，我们不可低估任何一种异常需要的作用，不可忽视任何一种出现在青少年身上极微小的不良动机倾向，我们可以借此估测个体犯罪心理发展的程度，进而探索其形成的原因。

一般说来，青少年犯罪动机大致由三类异常需要发展而成，即贪图物质享受，追求吃喝玩乐（物欲类）；对异性好奇、追求乃至冲动、玩弄（性欲类）；拿能逞强或为义气、图报复等满足精神上的异常需要（狂欲类）。

也有些青少年是由于幼年时依赖父母来满足自己过分的需要，随着年龄的增长，仍然没有学会按照社会的要求和家庭条件、个人能力来调节、控制自己的需要，相反还是依恋儿童时靠成人的力量，可以随心所欲地拥有希望得到的一切。这样，他的不合理的需求，特别是伴随着进入青春期而产生的对异性强烈的欲望，一旦受到限制不能满足，就容易畸形发展而形成犯罪动机。

因此，青少年的异常需要也是预测犯罪的重要依据。

那么，为什么要提倡早期预防呢？根据我们对上海两个区198名失足青少年的调查，看到这些人中有90％以上的人有一年以上罪错史，这反映了大多数犯罪青少年从开始犯错误到最终犯罪作案有一个渐变过程。而心理学研究和教育实践告诉我们：初犯之后的青少年，一般都有一段抑止期。在这段抑止期内，初犯者会"观察"家庭、学校、社会是否发觉，待他们觉得"平安无事"以后，就有可能再犯，从而形成恶习。而我们如果抓住早期预防教育，就能中止他们"恶变"，而且所花的力量远比养成恶习后再矫正要小得多，同时也减少了对社会的危害，收到事半功倍的效果。

因此，对青少年犯罪征兆的早期发现、早期预防，做父母的、做老师的以及除此之外的每一个社会公民均对此负有不可推卸的责任。

## 二、青少年子女在吃、穿、用等家庭日常生活中的不良行为的早期发现、早期预防

### 1. 孩子饮食中出现的反常现象

现在的城市家庭，一般都是双职工，特别有些家庭，做父亲的常常出差，做母亲的与孩子共餐的时间更多一些。用餐时间是家庭生活中很重要的场合，平时很少与家人谈话的孩子，在用餐的时候，却一定与父母及家人面对面地坐在餐桌上。当然很多父母在餐桌上也没有办法与孩子深入地谈话，沟通彼此的思想，但是他们仍然可以从儿女用餐时的举动了解到孩子内心的变化。

生理学家有这样的说法，人们的食欲与性欲并列为人生最基本的欲求和属性。因此从一个人的饮食情况也可以看到一个人的个性。一个人在吃饭的时候，最坦率无隐，最容易显露出他的本性。一个人的饮食生活对他的精神状态有很大的影响。例如，有心事的人，平时虽极力掩饰，但在他用餐的时候，却最容易表露。对于涉世未深的孩子来说，往往会很明显地表露无遗。

有犯罪倾向的孩子，在精神上当然会显出紧张、烦恼、坐立不安。而这种心情最容易在用餐的时候表现出来。各人的表现方法不一，最明显而共同的，就是既没有什么病症，而食欲突然不振，或者狼吞虎咽，不把食物当一回事的粗俗吃相。

有一个初中一年级的学生，因在小学里就喜欢贪玩，上初中以后，对他们的班主任管教甚严很是反感。他老是在想办法要去报复一下这个老师，连吃饭都没有忘记这件事。原来这孩子吃饭是很有兴致的，却突然变成无心用餐的样子，吃起饭来慢慢吞吞的。父母以为他生病了。经医生诊断，没有病症，母亲放心了。可是几天以后，他的班主任老师收到了一封恐吓信，说她的住宅里被埋上了一个土制炸弹。这事已经惊动了派出所，经查笔迹和各方面情况了解，最后才弄清了是这个学生所为。

由此可见，用餐情形和孩子的行为有很直接的关系，他们因为某种原因而想得到某种满足，便想恶作剧，因为想恶作剧，便缺乏食欲，很快就出事了。这是十几岁的少年最常见的现象。

在一个春节前夕，某市发生了一起一群小孩去某家爆竹商店偷爆竹的事件。这些小孩事先有商量，确定晚饭后几时在商店附近的某个僻静巷里等候，集体行动，他们要求每个人按时到场，谁迟到了，偷得的爆竹就少分给他。这些参加作案的孩子，晚饭的时候都有紧迫的反映，有的狼吞虎咽，有的吃三两口就放碗了，说肚子不饿，有的拣了一点自己喜欢吃的东西，就敷衍了事。做家长的只觉得自己的孩子晚上没有吃好，究竟是什么原因，却没有在意。当案发以后，孩子们的家长给派出所同志述说孩子的案前征兆时，大家才恍然大悟。

从上述两个典型例子可以得到这样的启示：如果某家长能独具眼光，进而注意到孩子的行迹，那

必然能发现孩子的不良征兆了。

一般心理学家都认为，小孩子有心事，或是需求得不到满足，就会带给自律神经反常的现象，引起食欲缺乏，只吃自己喜欢吃的东西，不喜欢的东西简直难以下咽。因为没有食欲，吃起饭来好像做苦工一样，有时就干脆不吃，而有时又狼吞虎咽。在这个阶段，小孩只是呈现初期需求不满足的心理症状，他们还没有发现解决需求不满足的直接方法。

如果这种状况持续下去，孩子就会找到发泄的方式而容易走向歧途。

为人父母者，只要在与孩子共同进餐的过程中稍有留心，就不难发现不良征兆，进而及时采取补救措施。

2. 孩子养成在外贪食不良行为的早期发现

初、高中学生对包含的需求很旺。几个好朋友有时在外面搞点小吃，一道玩玩，这也是很平常的事情。但是，如果孩子养成在外贪食的习惯，就值得父母警惕了。因为在外面买东西是很费钱的，钱从哪里来？再说，常在外面吃东西，也容易同不良青少年走到邪路上去，特别是女孩子更加危险。

有这样一个初中生，喜欢用零花钱在外面买东西吃。母亲对孩子比较娇惯一点，既然孩子喜欢吃零食，总是多给他一点零花钱。孩子有时不回家或晚回家吃饭。母亲问，孩子就回答："刚才在外面吃过了。"而且有时说自己买吃的，有时说朋友请吃的。母亲尽管责备过不能随便吃人家的东西，但是也并没有进一步追究。结果这个孩子与一个盗窃团伙吃喝上了。吃了人家的东西，就得帮人家干事。因为他在团伙中年龄最小，又是新手，所以"哥们儿"进屋偷窃，他就在外望风。一次偷窃案发，他也在逃跑中就擒。

还有一个女中学生，也是因为在外贪食，认识了一个男朋友。她事先不知道这个男朋友是一个团伙的"引线"，结果上钩了。反过来，她也被迫充当了这个团伙的色情"诱饵"。一天晚上，她以谈恋爱为由勾上了一个男青年，把这个男青年带入胡同里的时候，她的哥儿们就一哄而上，把这个男青年仅有的二十来元钱和一只手表一抢而空。

在某市有一个女孩子，年龄才 14 岁，却发育得像一个大姑娘，因父母的关系不太融洽，女儿爱站在母亲边跟父亲顶嘴，父亲也对女儿特别生硬。时间一长，她和家人关系疏远，不愿与家人共餐。但她又是一个贪吃的孩子，为了美食，终于与不三不四的人搭上了。后来竟得上了"高压线"的绰号。意思就是，凡男性必须远离，否则就被她搭上。她从 14 岁开始就不断和陌生男人发生性关系，到了 18 岁时，已经达到二十多名，并且堕胎了两次。

为人父母者，如果你的孩子为了躲避父母，或不喜欢在家里，而总是在外用餐，不愿意回家和家人用餐，那么你就应该检查自己与孩子之间的关系，并积极设法改善。如果孩子在外面吃饭所花的钱，超过了他所有的零用钱时，就应该要追问他是和谁一起吃饭的？如果发现可疑之处，就应立即追根究底，并设法引导孩子归回正道。

3. 孩子追求过分打扮不良行为的早期发现

赶时髦的心理人人皆有，小孩也不例外，因此是不必大惊小怪的。衣饰个性化，是人追求"差异性"在生活上的一个反映。在发式上，在烫发、染发和蓄长发等修饰打扮上，也表现出这种"差异性"。

所谓"差异性"，乃是一种因为别人不这样，所以我偏要这样的心理，或称之与众不同。这种情形往往发生在固执而又大胆的孩子身上。当然，对这种"差异性"的追求，常常是没完没了的。因为就算今天他有一个差异于众人的发型，但等到大家争相仿效之后，又不足为奇了。于是他又得挖空心思去想新发型。尽管这种追求与犯罪并无必然联系，但这对初高中年级的学生来说是不适合的。容易分散学习精力，于学习和成长进取肯定是不利的。人在青少年时期，有强烈的模仿倾向，每一个过来人都有过这种体验，尤其是初、高中年级的学生更容易模仿。如果把追求"差异性"的模仿，倾注在衣饰、发型上，而不是在学习、工作和聪明才智的发展上，这就是一种不好倾向。

另外，也不能不看到，专注于某一种"差异性"，也难免是为了迎合某种特定对象的需要所致。

如有的女孩子为了男朋友而特别注意自己的体态、衣服、发型等，常常想些新花样。

作为女孩子，家里有钱供其适当地打扮这自然是无可非议的。但有的女孩子为了自己的需求不断索取，而家庭又无这样的经济条件，于是与男朋友合伙作案盗窃。就有这样一个女学生她为了想使自己打扮得漂漂亮亮，与男朋友在一间高级服装店偷窃了100多件衬衫和毛线衣。最后，她被公安人员逮捕时，还毫无愧色地自我辩白。

过分打扮导致的恶果是十分严重的。有一个女孩子找到了一个漂亮的对象，她感到自己要注意打扮才能般配，否则会被男方抛弃。为了筹措自己漂亮的衣饰和化妆费用，便不惜去出卖色相。

为人父母者，对孩子的适当打扮，当然应该允许，应该做好参谋。但是对孩子的过分打扮追求就不能不加以注意。由此而引起的不良的征兆，必须尽早纠正。

4. 孩子的花用来源不正的早期发现、早期预防

1986年夏天，某中学的五个初中生结伙犯了一起偷窃拎包案。包内有现款1万元，每人分得了2000元。这起案子之所以会被发现，是因为其中一个学生的母亲对自己孩子的行为产生怀疑："为什么我只给他一点零钱，而他的身上却藏有那么多钱呢？"她想孩子可能犯了盗窃、恐吓等不法行为，并向校方作了反映，使该案得以及时破获。

据某市对中小学生抢劫犯罪的调查显示，也是因为许多家长反映有些孩子花用的来源不正当而引起重视的。

因此，家长们要特别重视的就是要经常注意孩子的花用，如果发现孩子的花用超过了你给他的零用钱，就应该询问孩子钱的来源是否正当，切不可有丝毫的疏忽。如果发现来路不正，就应该把来源搞清楚，一旦发现是违法犯罪行为所得，就应该及早让孩子向司法机关自首。

5. 孩子"喜好"化妆打扮、奇特穿戴不良行为的早期预防

孩子的爱打扮心理始于初中二年级，这个心理的典型表现，在女孩子是口红，在男孩子是吹风机。近来在有的城市，男生参加毕业旅行，携带吹风机，已成一股风气。高中以后，情形更加严重，男孩子除了吹风机以外，还要求购买吉他或机车。女孩子则喜欢穿高跟鞋，涂指甲油，甚至使用眼影。

但是对于初中学生来说，他（她）们还是不敢公开地在父母师长面前化妆或携带化妆品的。为了防止受到责骂，他们只好采取秘密行动，将那些化妆品藏起来或发明各种障眼法，把自己装扮起来。目前，市面上的亮光唇膏受到中学生喜爱，因为它是口红的代用品。一般中学生都会有使用口红的欲望，但是由于学校禁止，所以只好用彩色亮光唇膏来代替。由于这种唇膏主要作用是防止嘴唇干裂，而且擦上之后又看不出来。有的中学生先将化妆用品藏在书桌或书包内，课后才躲进车站或公用的盥洗室，换下制服，将自己装扮起来，到闹市逛街，之后再卸装回家。

孩子们过分追求外表美，多半是因为不想读书，对学校厌烦，而想逃避现实所促成的，一旦她开始化妆，生活的浮华，会使她的成绩日益退步；同时，奢侈的欲望，也会使她导向作恶而犯罪。

例如，有一个初中三年级的女学生，在某市的百货公司偷窃，被当场抓获。据她的一位老师说："这个孩子扒窃的动机，是因为看见朋友们使用成人化妆品，就跟着学习。起初她只偷偷拿母亲的化妆品来用，可是她的欲望逐渐提高，慢慢地产生用流行的化妆品的念头，由于新潮的化妆品价钱昂贵，她不敢向母亲要钱去购买，最后在朋友的唆使之下，走了扒窃的路。"

孩子浓丽、奢侈的打扮，不仅因超过自身的经济能力，易导致违法犯罪；同时也易刺激不良分子的感观，使他们感到有机可乘。

某市曾发生这样一起案件：一个艳妆丽服的女学生，同时吸引了几个男青年的追求。在这种情况下，她妆饰自己的欲望又步步提高，几个青年投她所好，来了一个暗中的相互竞赛。其中一个不良青年求助于一个流氓团伙做后盾，一面给这女生送流行化妆品等物，同时提出与她的对手一个一个展开决斗。这女生对18世纪欧美小说中的决斗方式也颇为欣赏。于是就向她的恋友们提出一决雌雄的要求。结果其中的不良青年吃了大亏，立即纠来他的流氓团伙小兄弟参加争斗，酿成伤害恶果。该女生

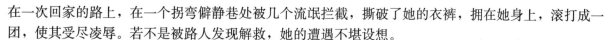

在一次回家的路上，在一个拐弯僻静巷处被几个流氓拦截，撕破了她的衣裤，拥在她身上，滚打成一团，使其受尽凌辱。若不是被路人发现解救，她的遭遇不堪设想。

所以，孩子们不断使用超过自身经济能力所负担的奢侈品，这一问题应引起家长及学校的重视。

6. 孩子乱花钱不良行为的早期预防

"案态"：（1）孩子随意要求增加零用钱行为的早期预防。

笔者曾到某少年犯管教所调查，并与一犯有盗窃罪的少年犯交谈。这个少年犯心情沉痛地向笔者讲述了他走上犯罪的经过。

"我小时，有一件事到现在还留下深刻的印象。有一天，我家的一个邻居对我父亲说：'现在做人难，办任何事情都要人民币铺路，否则就什么事也难办成。就拿我这次工作调动来说，要不是父母花了许多钱铺路，我至今恐怕还在种田。'听了他的话，我有些茫然，知青上调是国家政策规定的，为什么还要花钱铺路呢？当时，由于年龄小，思想单纯，对事物的复杂性认识不足，但对金钱在社会中的地位和作用却有了比以往更深的理解。随着年龄的增长，接触社会面的扩大，我对金钱有了浓厚的兴趣。我学着摆阔气，经常把从父母要来的零用钱和买文具用品的钱用来买食品分给同学。嘿，谁知这一招还真灵，很多同学对我产生了好感，认为我大方，有男子汉气概，于是不少人时常跟在我后面，听我的话，我要他们干什么，他们就干什么，无形中形成了以我为中心，对我唯命是从的状况。这样，我的自尊心得到了某种满足。这更使我坚信钱的巨大魅力。

由于我上课时不好好听讲，想入非非，作业做不来，旁边的同学就主动帮我做，上体育我爱玩什么，同学就迁就我，奉承我给我玩什么。为了取得他们的好感，就得买更多的东西给他们分享。这样，父母给我极有限的钱就满足不了我'交际'的需要了。于是，我采用两个办法来弥补：一是我经常以多种理由向母亲要钱；二是父母叫我买东西后剩的钱放进自己腰包，有时还在我父母口袋里拿些零用钱。可是欲壑难填，这些当然满足不了我的需求。而使我失足的最重要因素，是在人生的青少年期，我不自觉地交上了一些不三不四的'朋友'，它是我走向堕落的媒介。自从交上了新朋友以后，他们经常出入咖啡馆、西餐厅，大吃大喝。酒醉饭饱以后，有时我想，他们这些人一不是资本家，二又没有工作，哪来这么多钱供他们挥霍？如果是父母给的，那家里肯定是财主。我这样想，与其说是对他们猜疑，不如说是对他们的羡慕；他们的气派多大，我要是也有这么一天该多幸运啊！到那时，友人们也一定像我今天羡慕他们一样羡慕我。

一天，有个朋友说：'人无外财不富，如靠父母，靠低工资挣钱，是过不了好日子的，只有通过其他途径，才能得到更多的钱。'当时，我反应不过来，不懂他指的是什么，又不好意思去问，怕在朋友面前丢丑，嫌我是个还没出道的小弟弟，但觉得他讲得有道理。

随着接触的增多，我和朋友的关系逐渐熟络起来。一次，那个说'人无外财不富'的朋友，带着老大哥的口吻对我开门见山地说：'你要知道什么是外财吗？'还不等我回答，他就从口袋里摸出一付新的扑克牌并得意地说：'这就是外财的来源之一，我就是靠这玩意赚钱的。'我有些迷惑不解，赌博有输有赢，怎么能算外财，靠这玩意怎能赚大钱？万一输了，怎么办？我又没有'后盾'。这位朋友似乎看出了我的心思。他吹着口哨，摇晃着脑袋，随手把牌一张张地拿出来，做了几次示范动作，表示这牌里有'机关'，又有他那熟练的技巧，是永远不会输的。起初，我感到这样'赚钱'是不道德的，良心上受到谴责，可是，时间一长也就司空见惯了；而且我整天的与他们泡在一起，吃用都是他们的钱，已经产生一定的感情，感到不好意思；而更重要的是，金钱对我有着巨大的吸引力。同时，为了过舒服的生活，我不考虑什么好或不好，反正赚的是赌徒的钱，没什么不光彩。于是，在他们的指导下，我也加入他们的行列。只要能捞钱，我就拼命去干，根本没考虑会产生什么样的后果，就这样，我一步步地迈向罪恶的深渊。从此，我的足迹遍及闹市区的影剧场、咖啡馆门口，赌注从几元钱、几包外国香烟到几十元、几百元，终于走上了违法犯罪的道路。"

上面这个少年犯自诉自己的失足经过，会启发每一个做父母的人去思考很多问题。就其中从他向父母讨钱的办法来看吧。他在自诉中说道："当父母给我极有限的钱满足不了我'交际'的需要的时候，于是就采取两个办法来弥补。一是经常以各种理由向母亲要钱；二是父母叫我买东西找的钱就放进自己的腰包，有时还从父母的口袋里拿些零钱。"的确，小孩子刚开始觉得零用钱不够用的时候，会以买学习用具或其他借口，向父母要求增加零用钱。很显然，他所得到的零用钱，还是不够他花用。尤其是所需求的金额越来越大的时候，他就会以"反正开口要求，父母也不会答应"为借口，编造各种谎言来骗取父母的钱花用。所以，如果孩子经常以各种理由要求增加零用钱，就应当察究其原因，观察他是否用在正当之处，甚至还得细心了解他是否从别的不正当途径弄钱花。

应当看到，现代消费文明给予孩子们的诱惑是很大的。十几岁的孩子在街上闲逛，看到五光十色、奇形怪状的橱窗陈列品，很容易受到它的诱惑，购买意识不断提高，内心的需求也跟着无限增强。即使是成人，看到电视广告里形形色色的新产品，也会忍不住有购买的欲念，何况是十几岁的孩子，他们根本无法顾及自己的购买力，只是一味地随欲望所驱，想办法取得。这时他大概已开始陷入不正当需求的深渊了。接下来，他为了满足自己的需求，违法犯罪行为就很可能发生。这是家长们不能不注意的早期防范的征兆。

（2）孩子在同伴中乱花零用钱，并自称"老大"不良行为的早期预防。

在某市一个中学，有一个不良少年，他想得到其他不良少年的拥戴。但是，他的功课不好，而且没有一点突出的地方，他唯一能做的，就是请大家吃东西，来吸引他人的注目和关心。他的钱从哪儿来呢？起初主要是向家长要，并常编造些借口。他家的生活并不富裕，父亲都忙于工作，几乎没有教育孩子的时间，也缺乏教育的能力。从小，他的父母便放任他，不施管教，只是定时地给他零用钱。他的钱不够用，便以各种借口向父母讨要。父母给他的零用钱满足不了他的欲望，于是他想出歪门邪道来，这就是常常恐吓、勒索低年级学生。在他邻近学校的低年级学生中，有相当比例的学生都被威吓、勒索过。

某市教委有关部门在1972年下学期中，对两千多个初中学生的抽样调查，有相当一部分学生受到同年级的初中学生恐吓、勒索。受害的学生中，男生占20.3%，女生占17.3%。受害人当中，男生有50%会向朋友说出受害经过，女生有79%会向朋友道出受害经过；但是会对家长提起的男生只有30%，女生中只有39%；向老师报告的，男生中只有10%，女生中只有12%。另外，有15%的男生与3%的女生一句话都不曾向别人透露。就其威吓、勒索的手段来看，也是五花八门的，有的直接威吓讨要；有的以借的名义弄到手；有的说自己肚子饿了，强求别人请他吃饭等。

如有一位高一住读的学生，一天到闹市区闲逛。不料，遇到几个蛮横的学生纠缠，把他口袋中几十元钱都勒索去了。这是一个月的伙食费啊，母亲已给过伙食费了，是不可能再给一次的，何况自己是因为去闲逛被勒索的，也不敢再向家里要钱，他非常烦恼。终于在三天后，他在同一个闹区，找到比自己更懦弱的学生，正在勒索时，碰上了警察，结果被带进了派出所。

被勒索的学生大多数抱着不了了之的态度，主要原因是因为孩子们认为讲出来也没有用，弄得不好还会遭到报复。而在被人勒索了之后，一般只有无可奈何地向父母要钱。如果父母问："零用钱不是刚给你了吗？"孩子们通常的回答都是："路上丢掉了。"或"朋友借去了。"当然像前例那样受害之后又加害于人的也有。

通过威吓、勒索低年级学生的零用钱，而又在自己同伴中请客乱花，借以树立自己在同伴中的"老大"地位，这无疑是走向违法犯罪泥潭的危险举动。为人父母者，需早点明察，及时帮助自己的孩子改邪归正。

### 三、孩子对父母不理不睬等不良行为的早期发现、早期预防

1. 孩子对父母言行持嗤之以鼻征兆的早期预防

家庭是社会的细胞，家长是孩子的第一个启蒙老师。家长对孩子的成长的作用，愈来愈引起人们的重视。家长对孩子的教育主要有两种方式：一是家长直接灌输，二是家长通过自己的思想作风、行为举止的潜移默化来影响孩子。俗话说，父母是孩子的样子，孩子是父母的镜子。在一个家庭中，一般说来，父母亲的文化程度较高、有教养，兄弟姐妹成绩都很优异，而父母对孩子的教育有方，一般不会出现有问题的少年。但是有时候父母的"显赫"，却成了孩子犯罪的原因。在这一类型的家庭中，如果父母遇到孩子有了困扰，还不知抽时间与儿女倾谈，那么，当父母的缺点无意间暴露出来时，亲子之间的感情就会崩溃无遗了。在干部家庭中，产生犯罪子女的实例也不只一、二。某市"三宋"犯罪团伙就是一个典型的例子。"三宋"团伙文化较高。他们自以为是，有文化、有教养、有社会地位、洋气、洋派的"上层人物"。他们还看不起那些弄棍使棒、寻衅闹事、称霸街头的"土流子"。他们有借以作案的宽敞的单人住房，有易于吸引女青年的个人身份，有举行淫乱舞会的场地和进行无度挥霍的足够的资金。"三宋"犯罪团伙，他们自以为有各种不同的保护伞保护他们，认为他们的父母手中有权，手下有人，资格老，熟人多，以为他们即使干了奸淫女青少年的坏事，犯了罪，受害人也不敢揭发；即使揭发了，也不一定会处理；即使受处理，也不会重。究其犯罪原因可以说上许多条，但其中与父母没有当好第一个家庭教师，是不无关系的。

有一位高中女学生，她因参加了犯罪团伙，被送到了少管所。她的母亲是一位思想较为开放的女性，平时最喜欢讨论新女性问题，对孩子的教育也一向很有自信。但是，在她的儿女们中，还是有一个不听话，那就是这位高中生。也不知道从何时起，她一直对母亲采取轻蔑的态度。这位女生说："以前母亲对我非常生气，其实，我不过是很难得地放荡了一次，妈妈年轻时还不是做同样的事情，有什么好生气的？"她的态度，表现出对母亲强烈的反感。

在某市，前几年曾发生一起儿子强奸母亲的事情。儿子平时对父母还是百依百顺的，在高考落第后，待在家里闷闷不乐。母亲是位医生，平时梳洗打扮比较考究。父亲是一位工程师，是时正好去武汉某大学进修去了。儿子还在不大懂事时，就听人说起母亲的"风流"韵事，可未曾眼见。父亲进修去了。一天，他发现一位陌生男人在他家里和他母亲……他很生气，对母亲的蔑视可想而知了。没过几天，母亲和儿子去看了日本影片《野麦岭》回家后，刚洗完澡穿上衣服，儿子就拦腰抱母亲置于床上，母亲的反抗也无济于事了。

另外，有一位高一女生朱某，因为夜游不归，也曾被训教过。她曾说了这样一段话："我爸爸和我妈妈可谓是高级知识分子，在社会上具有相当的地位。但是，在我看来，他们是最无聊的人了。他们一点都不知道自己的女儿，只会自以为了不起，其实他们是最可怜的人。"朱某的父亲是一家大企业的经理，母亲是一所著名女子大学的高材生，哥哥就读高三年级，成绩优异，这是一个充满智慧的家庭，然而家庭内的感情却很淡薄，朱某在家中常觉得孤独。母亲很担心她爱打扮而忽略了功课，所以成天叫她："念书啦！念书啦！"朱某在哥哥面前很自卑，父母亲又对她大施压力，她干脆成天在外游荡，乃至连晚上也不回家。

前面几个例子里，父母都有共同点，他们都是有知识、有教养的人，对教育也很关心，只是喜欢用自己的想法来逼迫孩子就范。可是他们没有注意到自己的思想作风、言行举止对自己子女的影响。这种教育方式，很容易使孩子对父母产生蔑视的心理，父母应小心谨慎才是。

如果家庭内真的发生了上述情况，除了非依法处理不可以外，父母应以婉转温和的手腕来处理，不可正面责怪孩子，否则只会适得其反。

有同志曾经作过家长的文化素质对青少年成长的影响的调查。调查单位有上海五爱中学、建庆中学、卢湾工读学校。调查表明，五爱中学有一些初中和小学文化程度的家长，却把孩子培养成了求知欲高的好孩子。而工读学校中，某些大专文化程度的家长的孩子却走上了违法犯罪的道路。这是什么

道理呢？显然，文化程度高，并不完全等于文化素质就高。其实家长的文化素质，应该包括两个方面的内容：一是家长的文化科学知识，二是家长的品德的修养、治家育人的素质。有些家长虽然文化知识达到了大专水平，可是他们在后者却很平庸，甚至低下。有些家长虽然文化知识只有初中水平，甚至小学水平，可他们因有纯朴的思想品行，有治理家庭、管教孩子方面的丰富经验，从而弥补了他们文化知识的不足。当然，比较理想的是两方面都有较高的素质，才能做好孩子的第一个家庭教师。

2. 孩子不正视父母眼神反常征兆的早期预防

我国大教育家陶行知先生，在他的教育思想中，有个解放孩子的教育思想。归纳起来，大体有"六个解放"。这就是"解放脑"，要让孩子多想；"解放眼"，要让孩子多看；"解放耳"，要让孩子多听；"解放手"，要让孩子多做，"解放腿"，要让孩子多行；"解放口"，要让孩子多说。一句话，就是做父母的要让孩子充分发挥这六种器官的功能作用。同时，也不可忽视这六种器官发出的不良征兆。就以父母和孩子在交谈中的神态来说吧，人们常说：眼睛是人的心灵的窗户，孩子观察父母的眼神，父母观察孩子的眼神，应该看成是必不可少的。

有一个高中三年级的女生，在暑假即将结束的时候，与父母交谈的次数突然减少，而且有意回避父母的视线。这个少女的父亲，生气之余，加以严厉的责问。但这位少女对父亲的盘问，态度强硬且不愿将她内心的想法告知于父母。不久以后，这个女生便因犯盗窃案而被逮捕了。

据了解，这个女生的父亲是一位生活严谨，不抽烟、不喝酒的人。这位辛勤工作的父亲，由于薪水较低，难以较好地改善家庭生活，使他的女儿没有办法购买满意的新装，穿着去参加约会。故使女儿蔑视父亲的无能，而不愿多与父亲交谈，且回避父亲的视线。终于导致这个女学生自甘堕落，而沦为窃盗集团的一员。

有这样一个做父亲的，一天看到自己的儿子从枕头边的一个盒子里拿出一张存款单在看。他知道儿子是没有存款的，便问儿子："哪来的存款单?"儿子根本不理睬父亲的质问，就随口一答："是我同学的，他要我帮他保存一下。"父亲想，你同学哪来的存款单呢? 就是有，为什么要由你保管呢? 心中一团疑虑，于是仍两眼直勾勾地望着儿子。儿子更加不敢正视父亲的视线，借故有事就离开了。可这位父亲始终没有寻根究底。三天以后儿子被捕了。原来他的儿子某天早上去一街道处买豆浆，发现一家小货店存有香烟，看见店内没有人，便用一块砖头把锁砸开，去偷香烟，当时就见一案头处有一个盒子，打开一看内有 2000 元钱的存折，便偷了条香烟，拿上存折夺门而去，没有被失主和他人发现。香烟抽了，存折就放在自己枕头边的盒子里。究竟去取款还是不去取款，他始终犹豫不决。就在他父亲质问的第二天，存折被他姐姐的男朋友发现，去银行取款时案发，而供出了是他枕头边得来的存折。

诸如此类的例子不少，孩子与父母交谈的时候，若不正视父母的脸，一般来说，就有潜意识"拒绝沟通"的心理。这个时候，彼此间的沟通极可能已经产生了心理的障碍。一般情况下，进入反抗期的青少年，常容易将父母视为与自己平等的人，而不把父母看成自己的长辈，故而容易发生眼神上的变化，这是孩子成长过程中的一种自然现象，并不足以造成问题。但如果发现某种征兆，就不仅是自然变化，当有故意回避父母的视线的时候，就已经不再是反抗时期的单纯意识了，而是存有不可告诉父母的某种隐秘。作为父母，就不可不察，不可不寻根究底，把事情问个明白，弄个清楚了。

当孩子表现出回避的态度的时候，父母亲若只知一味地责骂，反而有加深亲子之情破裂的危险，更有甚者，孩子将会因此而走上犯罪的道路。因此，父母与子女交谈的时候，应当与子女面对面地畅谈，态度不可过分严厉，应建立彼此间沟通的桥梁，且避免孩子有意识地避开视线。就是发现子女有可疑的行迹，也不可急躁行事，更不可打骂相逼，而是应该从深切的爱护的情感出发，晓知以利害，明知以道理，在打通感情和思想认识障碍的基础上正面引导子女走出危险的境地，就像前面举的那个例子，如果那位父亲能采取正确的方法，让儿子把存折的来源讲清楚，随即带着儿子到司法机关自首，这样不是在处罚上也可以从轻吗?

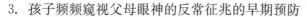

3. 孩子频频窥视父母眼神的反常征兆的早期预防

我国云南省，在解放前盛产鸦片烟，号称"云土"；解放后因禁止种这种烟毒，基本绝迹了。这几年那儿种鸦片、吸鸦片的现象又死灰复燃起来。吸烟毒的现象不仅在成人中大有人在，而在少年中也时有发现，老师和家长们对这种不良现象都引起了高度的重视。一位家长介绍了他是如何发现孩子吸鸦片的，至今还记忆犹新。借此把这个经验介绍给大家。

他的孩子是一个高中二年级学生，暑假期间，有一天与朋友相约一道去看电影。在回家途中，碰到了不良少年姚某，姚某怂恿他一起去一僻静街道一户人家的地下室玩。他们看到有人在那儿吸毒，他们怀着好奇的心理，也想试一试，但因未带上钱，就想算了，可是房东说可以照顾他们试一试，于是两个人就试上了。最初他感到一阵不适，其后，却有朦胧飘浮的感受，最后，他上瘾了，便弄来烟土在家瞒着父母偷吸起来了。他儿子吸毒的事之所以会被发觉，是因为他儿子过去一向是以明朗大方的态度与他交谈。可是，最近他突然有意躲避，且时常窥视父亲。这位细心的父亲发觉了此种现象后，便搜查他儿子单住的小房间，发现了儿子藏匿在一个瓶中的烟毒。

由上述的例子可以得知，个人的心理变化即使未表现于脸上，也会流露于眼神中。因此，"眼睛为灵魂之窗"的说法，实在是一点也不假。据一位警察同志说："欲知犯人是否尚有其他罪行，只消观察其眼神，便能一目了然。"眼神是传达意志与感情的无声语言。因此，您的小孩，若有异于往常而有意回避您的视线之情形，此时，您应该对孩子的心理变化有所警戒。通常，偷看的行为被称为一种"逃避沟通"的形态。据调查，心中若有心虚或害羞的意识时，则会不敢正视对方的视线。如上面举的一例，因为深恐父亲洞察其吸毒的实情，而无法像往常一样与父亲坦然相对，此种心理，自然而然地就会流露于自己的眼神之中了。

这里再举一个有趣的例子吧。这是武汉市某大学一位班主任老师提供的。这位班主任平易近人，工作也很细致，学生喜欢和他谈心说理，他对学生的性格特点也很了解。一天，学校发现某教室里大家公用的一架收放机不见了，各班级都在询问查找。这位班主任就发现平时不大吱声的一位男同学，老是在频频窥视他的脸色，却不吐露言语。这位细心的班主任也不露声色，采取适当的方式去这位学生住家的周围人家去调查、查访。结果得知这位同学家原来没有收放机，近来有了一架收放机，也不知是什么时候买的。这位班主任把这一情况仔细分析后，和这位同学进行了交谈，这位同学仍频频窥视班主任的眼睛。班主任从自己的眼神里向他发出了"知情"的信号。这位学生自己终于谈出了收放机是他拿去了，是为了便于自己学习外语。这位学生主动交还了学校的收放机，于是就自救了。

无论做父母的，还是当老师的，当您察觉孩子的眼神有所变化时，若当面责问其原因，孩子也不会轻易地将其心事透露于你。尤其是正值叛逆期的中学生们，更不易对父母倾吐其内心的思想。因此，像前述二例的父亲和班主任老师那样，查看孩子的房间和询访学生的家庭变化是否有异常之处，此种做法，往往能将孩子拯救出来。

上例中的父亲和老师能做到的，其他父母和当老师的也能做到。只要有关心爱护孩子的高度责任感，加上平时的细心观察和对不良征兆的微细分析，并采取良好的预防方法，就能办到。

4. 孩子说话支吾其词征兆的早期预防

有时做父母的会发现孩子说话，支吾其词。当然支吾其词有多种情况，有的是想要给父母说什么话，而不敢说；有的是想请父母给个什么的，怕父母不给；有的是因自己与同学朋友关系不好了，怕父母责备自己的不是等等。总之心里有矛盾。不过孩子因这些原因说话支吾其词还是比较好办的，比较麻烦的是，有的孩子说话支吾其词，是开始在父母面前撒谎的一种表现。

孩子从小就应该学会诚实，不讲谎话。不讲谎话是对社会充满信任心的表现，也是个人立足社会的基础。不少孩子从小都被长辈告诫："不要讲谎话，因为说谎是欺骗的行为，是不对的。"可是有的孩子还是学会了谎话。

如果说谎成了习惯，就破坏了社会互相信任的依据，甚至很可能会使这个人走上犯罪的道路。虽然偶尔说谎不会与犯罪行为扯上关系，但至少那是孩子做错事的第一步。一旦孩子将说谎看成三餐便饭，毫不在乎，那么他的内心就无所谓是非曲直了。

说谎话说明律己不严，律己不严的人很容易从事不法的活动。有一位同志曾经对××县××乡青少年的诈骗犯罪活动作了一次调查。全乡 56780 人，有青少年 17000 余人，占 32.2%。从 1981 年到 1984 年，全乡约有 3000 人外出进行诈骗活动。全乡 20 个行政村，村村都有诈骗犯。就是 1983 年"严打"以后，仍然有 600 多人顶风作案。在全乡的诈骗犯中，青少年占 72.7%，有 2182 人，占全乡青少年总数的 12.8%，占违法犯罪青少年总人数 2295 人的 95%，可见，这个乡诈骗犯罪是相当严重的，其中最小年龄的才 13 岁，是多么令人惊叹。如果我们把这些诈骗犯罪的心理结构特征作一个比较分析，不难看出，他们有：①情感低级，利己贪欲的心理；②"不费力气，生财容易"的心理；③后果不重，"责任不大"的心理；④不易暴露，过于自信的心理；⑤投其"所好"的投机心理等。如果把这些犯罪行为的结构特征作一个比较，就会分出这样一些类型：①虚构型；②冒充型；③假造型；④迷信型；⑤骗婚型；⑥"助乐"型等。

青少年的诈骗犯罪，毫无疑问，主要是因为受到社会不良风气的影响，但这也与某些小孩从小就养成撒谎的不良品行有着密切的关系。这里有这样一个惯性作用必须看到：因为讲了一次谎话，就得用一千次、一万次的谎话来遮掩它，所以谎言与非法行为常有连带关系。有一位做母亲的曾经谈到她家一个孩子撒谎的一件事。她的孩子把收音机带出去，不慎遗失了。母亲问他收音机哪里去了，他却回答说："朋友借去了。"母亲接着问："你那位朋友什么时候还给你？"于是他又撒谎说："他说还要借给另外一个朋友用一下。"隔两天母亲又问的时候，他还是一样的问答。但是这终究不是长久之计，因他老拿不回来收音机，最后他的谎言被母亲戳穿了。如果这个孩子还要进一步掩盖谎言，可能就会进而发展到上去社会偷钱，来买一架同样的收音机，甚至去偷一架同样的收音机。当然，这就走上犯罪的道路了。

还有一种人，喜欢说大话。有这种倾向的孩子虚荣心都特别强，他们无法忍受自己比别人差。如果偶尔得不到朋友的关注，就会闷闷不乐，于是自然地说起谎话来了。然后，为了遮掩他的谎言，他必须绞尽脑汁使自己的谎言实现，所以很容易走上犯罪的道路。

有一个初中女生，她平常就是一个好说大话，爱出风头，以女王自居的人。可是有一天，班上新转学来了一位女生，头脑既聪明，长得又漂亮。她怕对方抢走了她在班上女王的地位，就开始偷钱，买东西送给朋友，同时也为自己买很多高级化妆品和服装，最后终于被人发现而案发。这就是说大话、爱虚荣而导致的恶果。

对于当父母的人来说，如果小孩子偶尔说谎或许是很自然的事，但如果说谎成了习惯，父母就要特别注意。要提防小孩假借谎言的掩盖，在外面干坏事。要经常认真仔细地观察孩子的言行，一旦发现有说谎行为，要多从正面教育入手，做好早期预防工作。

5. 孩子不向父母介绍自己朋友的奥秘与不良征兆的早期预防

有一个孩子的父母亲经常对人说："我们的孩子不会走坏道，因为孩子结交的朋友都是经过我们允许的。"一般说来，这话是很对的，但是也不尽然。因为孩子到了初、高中年级存在有不太愿意将自己的朋友介绍给父母的倾向。这一方面是初、高中孩子已有了个人隐秘的意识；另一方面是父母认可的朋友已经定型，不会得到父母好感的朋友，就更不愿意介绍了。

有一个高二学生曾某。这孩子的父母亲对他的教管一贯是比较严厉的。他的朋友要来他们家，首先都要告诉他的妈妈，待允许后才能请朋友来家玩。因此凡来过家的朋友，他的父母亲都是一清二楚的。可是没有来过家的呢？他父母就不清楚了。就是这个曾某同一个少女交往密切，该少女也愿意同他交朋友，因此经常邀请他到自己家玩。久而久之，曾某要求同少女发生性行为，可少女认为自己年龄还小，不同意。虽曾某多次提出，但该少女也多次拒绝，并感到这样下去要出事情，所以提出不交朋友了。而曾某认为她对他变心，一次又去缠着该少女不放，该少女心烦即要驱赶他出门。正好那天只有少女一个人在家，曾某气急，趁少女家中无人，顿即将她勒死。曾某的父母对儿子恋爱中的不良征兆一点也未发现，一听儿子因恋爱杀人简直把他们吓呆了。曾某在自己的供词中说："我从没有把

自己的女朋友带到自己家里去过，因为父母亲会认为我们是早恋，也就不会欢迎我的女朋友。"

还有一个性格开朗、好交朋友的少年。原来，每当有朋友来访时，他都主动将朋友介绍给父母，可是后来很多从来没有出现过的朋友来家里找他，他总是和他们站在门口闲聊。尽管父母亦曾开口邀请他们到房里坐坐，可是他们都不进屋。父母追问他，他也不肯说出那些朋友是什么人。案发后，才弄明白他们是一个偷窃团伙。

像这一类的朋友，与双亲根本就不可能有共同感兴趣的话题，甚至连最基本的好感也建立不起来，孩子可能也料到这一点，所以才不将这些朋友介绍给父母。在孩子的想法里，他认为自己有自己的想法，未必事事都要得到父母的认可，父母也确实没有必要事事干涉。不过，当孩子瞒着父母和某些朋友交际时，也许是已经有了不良行为发生，父母怎可视若无睹呢？

6. 孩子借口到同学家温课应试，却不给父母明确交待同学家的地址的不良征兆的早期发现

孩子的升学考试是家庭中家长和孩子都最为重视的一件大事。特别是初中升高中，高中升大学。正因为如此，只要孩子谈到是温习应试的功课，一般家长总是支持和放心的。当然温习应试功课，从总的说来，思想都是集中的，一般不会发生什么问题。但是也有例外。作为孩子的家长和学校的老师也不可掉以轻心。

某市有这样一户人家，他们生有一对双胞胎女儿，长得挺漂亮的，逗人喜爱，父母亲也把她俩视为掌上明珠。她们一道初中毕业了，父母亲都希望她们能考上高中，因此也非常支持她俩复习功课。她们说要在同学家温习功课，母亲也一口答应，而且放心她们外出。这是一个工人家庭，生活水平中等。其实，这两个女儿对于升高中并不是太迫切的希望，她们很少到同学家去温课，而是经常到繁华的商业区去逛。一天，有一个她们认识的女伴引诱她们说："只要和大人应酬应酬，就可以赚很多钱，买很多漂亮的衣服。读书很辛苦，就是读出来也没有几个钱。你们不妨试试看。"于是，在对方的介绍下，她们便和某大公司的经理认识，每星期两次，到一个大饭店去，不久母亲看到自己的女儿打扮华丽入时，大大超过了给她的零用钱所能负担的价格。就开始暗中注意，果然发现女儿有不轨的行为。

为人父母者，如果孩子要外出时，父母应记下他朋友的详细地址及其他联络方式，以便在适当时间进行查询，亲临看望。学校组织学生温课也应加强管理，以防止不良现象的发生。

7. 孩子反感父母进入自己房间与不良征兆的早期发现、早期预防

随着独生子女家庭的增多和住房条件的逐年改善，初高中生有个人房间的渐渐多起来了。孩子在家里拥有自己的房间，从一个方面说，对培养孩子料理自己的房间，逐步培养自己管理自己的生活的能力和对于集中精力学习功课，都是很有好处的。当父母的，不要随便进入孩子的房间，或动用孩子的东西。但是，也必须注意，如果孩子很反感别人进入他的房间，就不能不引起父母的警惕了。

某中学有一个初一学生，男，15岁，叫崔某某。崔的家中有父母和姐姐，他的父母对崔十分宠爱，给了他一人一个房间。崔的父母平时不注意管教孩子，总是百般迁就。崔某小学时就对女生动手动脚，老师对他进行教育，他竟用刀子吓唬老师。他的爸爸因对他溺爱，对他的这种行为还进行开脱袒护。崔进中学以后，越加胆大，旷课、逃夜，用手抄本勾引女生，带男、女生到他的独用房间里搞淫乱活动。到了这种程度，他的父母才感觉到是一个问题，注意观察自己孩子的房间了。可是崔某对父母平时观察自己的房间表示非常反感，且听不进父母的教育。崔某因以自己的房间提供作流氓活动的场所，而被工读学校收留进行强制教育。他进了工读学校仍拒绝接受教育，乃至逃出校外继续引诱和奸污女生，终于走上了违法犯罪的道路。

某高中二年级男生于某某，他也是一个有自己独用房间的孩子。虽然有属于自己的房间，但他的房间门上并没有装锁。在他升上高三以后不久，开始极力地要求他的父母替他装锁。当时，母亲认为这个孩子"真的长大了"，因此便答应了他的要求。一天，母亲为他整理房间时，看到眼前的景象顿时怔住了，原来，在孩子衣橱的一角，有几十件穿过的女人内衣，而且在一个抽斗里还乱七八糟地放有好些春宫照片。当晚于某某受到父母严厉的责问。终于，他坦白地承认了是因为读书不顺利，好几

次考试成绩不好，心情烦乱，为了消遣，才从几处公寓屋檐下偷来女人的内衣，当初所以要求装锁，就是为了隐藏这些见不得人的东西。

一般说来在孩子们还没有自食其力以前，除非必要，他的房间最好是不要装锁的，但是，尽早给孩子安装书桌上的钥匙，以培养孩子写日记的习惯，训练孩子客观地检查自己，是有必要的。因为孩子的收藏所就是书桌，让孩子要想写什么就写什么。如果没有"无论写什么，别人都没有办法看到"的安全感，就无法写日记了。

在欧洲，只有在孩子被认为真正长大的时候，才给他装置房间的锁，所以，安装锁含有庆祝成年的意思。

一般说来，孩子反感父母进入自己的房间，以隐藏自己不良行为后果的还是少数。而较多的还是"精神上离家"的心理所致。什么是精神上的离家心理呢？心理学家认为，孩子虽然没有离家的行为，但是不能认为没有离家的心理，更有甚者，是因父母亲与子女关系上的隔膜，形成精神上的逃家现象。孩子因为拥有了自己的房间，就有条件以某些借口把自己关在自己房里，足不出户，或整日不与父母交谈，不出来吃饭，此种现象谓之"精神上的逃家"。孩子们都想走进方便自己生活的世界里，这心里的冲动，使他们企望逃家，远离父母的管教和师长的严训。

所以，即使是父母眼光中的乖儿女，也会有这种离家的冲动心理。从这种意义上说，父母是应当不以为怪的。但是也应看到，在这种现象的发生中，亲子关系的不协调也占了相当大的比例。如果亲子关系长期得不到改善，就会有由"精神上的逃家"发展成为行动上逃家的可能。

有位少女逃家的原因，就是由于微不足道的争吵。她的父亲因为她关在自己房里，不愿意出来与家人共进晚餐，而将她严厉地斥责了一番。这位17岁的少女与父亲发生口角以后，怒气冲冲地离家。她一离开就受到流氓的诱惑，乃至后来竟与男流氓结成团伙，共食同宿。流氓为防止她逃跑，在她的大腿内侧刺上了流氓的名字。

从上面的实例分析，我们可以看出，当孩子有了一个自己的单用房间以后，做父母的既要尊重孩子的独用权，不宜像自己的房间一样，随便进入，甚至轻易乱动孩子的东西，但是也千万不能疏忽大意，不要以为"我们家的孩子是用不着担心的"，而就此撒手不管，要注意孩子的小天地里，有没有不良征兆，如果一旦发现就要很好引导，及时矫治。

8. 孩子对父母过分顺从的反常征兆的早期预防

我们平常会听到很多父母很骄傲地说："我家的孩子很乖巧听话，从来不会和父母顶嘴。我们从不担心他会做坏事。"乖巧听话，是不是就一定不会做坏事呢？并不尽然。

子女，特别是进入青年时的子女，若始终不会对父母的话产生抗拒心，倒也是违背常情的。只要我们去读一读心理学方面的书籍，就自然会懂得其中的道理了。孩子自少年期进入青年期的这一段时间，是反抗期。一般来说，这时期的心理特征是，对任何事物都有反抗的意念。喜欢故意做出与长辈的指导相反的事，甚至很单纯地为了反抗而反抗。等度过了这段时间，孩子就会成长为大人了。有些观察孩子成长非常细心的家长，也是会感觉得出来的。

可是，在家庭教育中，由于父母管教过严，或过于溺爱，管教方式失当，小孩子表面可能看不出有反抗的行为，但是他们在心理上仍然会有反抗的意念，时间久了，沉积在心底的意念过多，反而给孩子的心灵带来更大的压力。一旦内心的不满达到饱和点时，便会如决堤般地喷泻出来，如果发泄的方法不对，也许就会作奸犯科。此时，父母如果还深信"他是好孩子，不会做坏事"，只有使事情愈来愈严重，终至无法收拾。

曾经有这样一个典型的例子，某少年生长在一个很普通的家庭，父亲是一个老实巴交的泥水工人，对孩子的管教十分严厉，常常怒声责骂孩子。可是孩子在父亲面前不仅不会回嘴，反而十分顺从，表现得很顺从。当孩子就读高中三年级时，偶然间和一个同学为一件小事而发生了争吵，便把从前因父亲管教太严而积压在心中的反抗情绪都爆发出来，一股脑发泄在同学身上，把同学打成了严重伤害。当他被移送去少管所时，凡是认识他的人，莫不同声惊叹："这么善良的孩子，怎么会打伤人呢?"其实,那些人看到的都只是他的表面而已。

以上事例都告诉我们,当父母的对子女的听话、顺从也要留心观察,要注意看看是否有过分的反常征兆,是表里一致的真心听话呢,还是内心不服的被迫顺从。如果子女有话要讲,应该让他原原本本地说出来。就是说得不对,也只能从理开导,不能以力压服。因为压而服,其实是压而不服的。这对子女的身心健康既没有任何好处,也使得问题难以发现。征兆既不能早期发现,又何谈早期预防呢?

### 四、子女在学习与社交活动中的不良行为的早期发现、早期预防

1. 孩子厌学征兆的早期预防

第三次"读书无用论"浪潮冲击着学校教育,有一些青少年不想读书,说什么"读书不如当个体户,不读书也能当万元户"。的确,学生在对待读书的态度上,最容易表现出不良行为的征兆。最重要的表现,就是不喜欢读书和不爱上学。孩子在家里不读书,又不想上学,自然地就会想到在学校以外的社会,寻求能满足自己的事物。于是,与校外的人和事接触增多,而问题丛生。

我们把所谓不用功读书的学生,一般分为两类,一种是"厌弃上学型",是指那些不喜欢上学或害怕上学的学生;另一种是"不上学型",是指那些逃学的学生。厌弃上学的学生多半心理有问题,这种现象多见于性格内向的孩子,他们很害怕上学,喜欢把自己关在家里。因避学在家,一般认为与具有社会性的少年犯罪行为,没有直接的关联。与犯罪行为有直接关联的是第二类型的学生。那些学生逃学的行为是出于自己的意愿,很可能经常与社会上的犯罪行为有接触。在"不上学型"的学生中大多属于我们经常所说的"双差生"。根据对一项抽样调查的统计,在136名有违法犯罪行为的中小学生中,学生成绩差和比较差的占72.8%,因违法乱纪受到学校各种处分的占43.21%。由此可以看出,在校学生中的违法犯罪人员,主要是学生成绩差、道德品质不良的"双差生"。据美国少年犯罪行为研究专家克陆科夫妇的调查,逃学与犯罪行为有非常密切的关系。大约500名犯罪的少年中,偶尔逃学的有32%,经常逃学的占63%;相反的,克陆科夫妇调查没有犯过罪的少年,发现其中曾经逃过学的只占31%。美国的希里博士调查显示,逃学与离家出走、结交不良朋友、盗窃,以及与不良异性交游等行为有密切的关系。所以,希里博士把逃学称为"犯罪的幼稚园"。

在孩子走上逃学之路以前,孩子很可能会有不喜欢上学的思想倾向的现象。也许他嘴上不会说出来,但他每次上学前都会显得无可奈何,在拖拖拉拉之中就迟到了。父母要是见到孩子有这种表现,应该要仔细观察,找出其中的原因来。

容易表露出不想上学的孩子,是否都是"双差生"呢?是不是都因成绩不好、品德欠佳才逃学的呢?是否因他们逃学而使得他们的成绩更加不好呢?在过去,逃学确实是老师心目中的坏学生的代名词,其实不尽然。因为逃学中也是有优等学生的。他们多半是心理有缺陷的孩子,虽然在学校的功课很好,可是却很缺乏忍耐力。

下面这个例子,就是这类的典型:

某学生就读中学时,经常在班上保持最好的成绩,父母对他的期望也很高。后来,这个学生考上了一所著名的重点中学,可是考取以后,第一次测验成绩,竟在500人之中,落到200名。这样的成绩使父母和同学大吃一惊。经过了很久一段时间,某学生仍然无法忘记这个打击。于是,便开始不想上学。不久,便经常无故缺课,最后,被学校退学了。后来他在咖啡馆工作,学会了吸食毒品,从此就一直沉沦下去。

这种典型的例子,不仅在中学中有,而且在大学中也有。在漫长的人生旅程中,连功课不好这点芝麻小事都无法看开,耿耿于怀,这种学生实在值得同情。而他的父母也有失职的地方,为什么不及早发现,适时的诱导,引导他走向正路呢?

那么如何早期预防"双差生"的违法犯罪呢?这里向家长、老师和社会提出下面几点建议:

(1)要求适当,循序渐进。

改变"双差生"的不良行为习惯,提高他们的学习积极性,不能操之过急,如果一下子要他们成为努力学习,具有良好道德品质的学生,对他们来说,这个要求太高了,他们是很难接受的。因此,我们要提高"双差生"的学习积极性,改变他们不良的行为习惯,应该分层次、分阶段,从低到高有目标地制定教育计划。例如,先培养他们爱护公物,讲究卫生,尊敬师长,用心听课,及时完成作业等习惯。然后再教育他们遵守纪律,团结同学,热爱劳动,助人为乐等,直到对他们进行"四有"、"五爱"教育。这样每个阶段所提的要求,都能使他们感到能够做到,当第一步目标达到以后,再提第二步要求。这样,循序渐进,逐步提高他们的学习积极性,改变他们不良的行为习惯。

(2)正面引导、耐心悦服。

在对"双差生"教育的过程中,我们不仅要给他们改正错误和缺点的勇气、力量、希望,而且要坚持循循善诱、以理服人,切忌讽刺挖苦,打击歧视;要动之以情、晓之以理,切忌动辄批评,粗暴压服;要针对事实,敢于引导,切忌不负责任,放任自流;要像及时雨那样"随风潜入夜,润物细无声",使他们逐渐改变原来的不良习惯,成为学习用功、思想健康的学生。

(3)多方协作、共同努力。

教育"双差生",教师、家长以及社会各方面人士都有不可推卸的责任,多方协作,紧密配合,共同努力,建立起管、帮、拉横向联系网。学校教师应当承担起教育"双差生"的主要责任,并经常进行家访,主动向学生家长介绍学生在校的表现,以便家长配合好教师的教育。家长应当理解教师的辛劳,积极配合教师加强对自己子女的教育。学校领导、所在地基层组织都应主动关心这项工作,并全力给予支持。这样,各个方面联合起来,对"双差生"的学习、生活严格管理,以及思想上及时给予帮助,发现有违法乱纪行为的时候,及时拉他一把,形成一个教育网,从而预防、控制违法犯罪行为的产生。

2. 孩子成绩突然下降征兆的早期预防

孩子虽然每天上学,但成绩却突然退步时,父母就应该特别注意。

孩子学习退步的原因很多,根据我们的调查,归纳起来大体有这样几种:①老师指导方法不好;②害怕批评;③在校园中发生纠纷,或孩子交上异性朋友,或有孤立感;④双亲不和,家庭生活不正常或家庭关系发生变化;⑤在校外从事个体或集体犯罪行为;⑥对于人生和读书的价值观改变了;⑦受了社会上某种不良意识或行为的影响和诱惑。

当然,如果成绩的退步是起因于前面第⑤项的集体犯罪的时候,就不能再称之为"罪行的前兆"了,因为那已经是实际的犯罪行为了,结果才反映出成绩的下滑。其他各项原因也都是导致无法用功读书的因素,都可能与罪行发生连带的关系。就以第⑦项原因来说吧。

某中学有一个叫张×的学生,1978年她进入这个学校初中时,二年级各科成绩一直均在80分以上。可是当她看了《少女之心》以后,精神恍惚控制不住自己,成绩显著下降,她的心放在哪里去了呢?她醉心于勾搭异性,她把勾搭异性叫做捉"跳蚤",捉到一个,至少5元钱。有一次,一个新疆人要给她10元钱,她因故没去成,竟感到后悔。

还有一个高中三年级的学生,原来很喜欢看书,而且很用功,希望能考上一流的大学。后来,他看到他拿薪水的父亲,每天按时上班,按时回家,吃过晚饭后,喝点酒就上床睡觉,无所事事,他觉得这种生活毫无意义。因此就想,就算自己考上大学,将来还不是过着和父亲同样的生活,有什么意思呢?与其努力了多年,跟父亲一样,还不如现在就去做自己喜欢的事。于是,他开始不喜欢读书,成绩一落千丈。成绩一退步他就更不想读书了,后来成了不良少年。

这是发生在初、高中生身上的一些例子。从这里我们可以看,现在的小孩子已经开始看得到成人生活的世界,人生的价值观也开始变化了。这两个例子中,孩子堕落的原因一是受《少女之心》这株毒草的诱惑而下水,一是对成人行为的反感而未能分清良莠的界限,所以对读书失去兴趣。

中学生这个年龄段正是独立心非常强烈,渴望脱离家庭,创造自我的时期,这段时期中,他们最重视的人际关系不是家庭,而是同学。他们很重视朋友之间的戒律。一旦他们在学校与同学发生不愉快的事时，就会将注意力转到校外去寻找朋友。在校外游荡的朋友多是被学校退学的不良少年，大家同病相怜，极易一拍即合。如果孩子们在这种情况下参加不良行为的团伙，事情就麻烦了。例如，一个16岁退学的女学生孟××，在校时就与男同学谈恋爱，退学后更是经常出没于舞会、溜冰场等处。在一次溜冰时她认识了男流氓邓×，三天后就在一起发生两性关系。后来她遇到女同学吴××和宋××，在她的介绍下，吴、宋两人就认识了三个男流氓。溜冰结束以后，天色已晚，他们一起到一处防空洞过夜，鬼混到天明。

为了防患未然，如果孩子在校成绩突然发生急剧变化时，父母应该检查学生生活上的细节，找出原因，以便对症下药。

3. 孩子对"性"镜头的兴趣与不良征兆的早期发现

初中时期，是孩子在性方面渐渐趋于成熟的时期。因此，在朋友之间互相谈论男女关系的事多起来了；更多地注意自己的容貌，关心异性朋友胜过同性朋友；更加留意电影、电视和杂志上出现的性方面的事情等。对一般孩子来说，这些行为表现都是正常心理活动的反映。

但是如果你的孩子专注于对"性"的兴趣，就可能是一种不良的征兆了。

有一个孩子朱某，十二三岁时进入青春期发育阶段，有了性的朦胧意识，对异性萌生好奇心理。朱的父母只注意给自己的儿子增加身体上的营养，对他迅速发展的性意识却未给予正确引导。朱家居住的地区风气不好，朱自幼耳濡目染，在思想意识上留下痕迹。有一次，朱某在弄堂暗角看见一对男女动作亲热，感到很新奇，当晚向母亲谈起，母亲没给他讲解应该怎样认识这种现象，只是给了他一顿训斥。母亲这样的反应，反而激起了孩子更强烈的好奇心理。每当电视里出现男女接吻的镜头时，他特别爱看。上课时思想集中不起来，学习成绩每况愈下，先后两次留级，同学歧视他，老师批评他，父母责骂他。这样更使他丧失了读书的兴趣，出现了逃学，去社会上游荡的现象。

1984年春，朱某逃学在外闲荡，遇见了原邻居，初一女学生王某。因王在13岁时曾被他人奸淫，导致她思想堕落，作风败坏，先后与多名男少年发生性关系。王把朱带到郊县亲戚家去玩，趁朱午睡之机，王摸弄朱身体，把朱惊醒后，进一步向朱挑逗，之后，王又与朱发生了性关系。致使朱生理和心理发生了急剧的变化。认识能力仍十分低下的朱某第一次体验到异性刺激后，就开始走上邪路了，从此后对电影上的"性"镜头尤其感兴趣，有露骨镜头的电影，看了一遍又一遍。同年五月的一天，他在一个公园内拣得一份小报，看了载有一个歹徒强奸少女的文章后，使他头脑中的不良思想更加强化起来，性欲冲动难以抑制，于是开始了强奸少女的作案行径。

对于处在性的朦胧意识阶段的初中学生来说，为人父母，为人师长者，都应特别注意对孩子们在视听上的调整。绝对让孩子们闭目塞听是办不到的，也不是积极的办法。可以有选择、有层次地给孩子们提供视听物像，并疏导和引导孩子正确对待有关"性"的视听读物，要有符合他们年龄的正确认识，并非是一件易事，但是也并非办不到。如果一旦发现孩子有"性"方面的偏差思想或行为，就应及早纠正。

4. 孩子与以前交往密切的朋友突然疏远征兆的早期发现

朋友是人际关系中不可缺少的一个重要组成部分。在人的成长过程中，往往具有很大的影响力。就孩子的人际关系来看，是从幼儿期开始萌发，发展到初中二年级时有朦胧的初恋之情。随着年龄的增长，朋友的对象一直在改变。尤其到了青春发育期间，更是对异性特别的关注，并且也有了可以倾吐胸中烦恼苦闷的亲密朋友。

青春发育期间，自我意识还在萌芽阶段，开始关心周围的社会环境，并渐渐有倾诉心曲的朋友。而情绪上特别的不安与不稳定状态，是成长期的特征。在这段期间他所交往的朋友，与幼年时期的小伙伴也有所不同。这说明交友上的变化是客观的必然，只要没有不良的征兆，那是不足为怪的。许多调查材料表明，一个少年，如果在该有朋友的时候却没有朋友时，他的烦恼、不安就无法倾吐，渐渐地情绪会变得不稳定，个性内向，害羞。很显然的，不停地交换朋友和没有朋友，都会造成少年情绪不安。但是，如果发现孩子与以前交往密切的朋友突然发生变化，乃至疏远和离开，这就不能不引起注意了。

在一个妇女教养所，有一个初中三年级的女生，在她交代自己是怎样失足的过程时，谈了这样一段话。她说："一天，偶然碰上一个女人和我搭讪说，你干哦，一个钟头就可以赚得 200 元钱，只要你按照我说的去做。我听了很动心，就照她的话去做了。结果第一次交易，我就赚了 500 元钱。因尝到甜头了，以后就常常去做色情交易。以后觉得以前在学校和同学玩的事都没有意思。这样一来，不仅和以前的一般朋友，甚至关系很密切的朋友都疏远了。"

在青少年中，团伙犯罪的形成，往往是由于孩子们渐渐形成了疏远自己以前亲密朋友的一个很坏的离心力。无数调查材料一再表明：青少年犯罪团伙是靠封建性的"哥们义气"的思想来维系的。如某县公安局曾经破获了一个五人抢劫团伙，他们交代形成团伙的情景，是碰在一起吃一顿饭结拜为弟兄。他们发誓说："今后我们要有福同享，有难同当，来，为我们结拜为兄弟干杯！"并且还在一个黄土山上举行了一个仪式。五人各抓一把土堆在一起，然后，各自点燃一支香烟插在土上，单腿下跪，齐声说："我们要同甘苦，共患难，虽不同年同月同日生，但愿同年同月同日死。"这样一来，他们同以前自己要好的纯洁朋友都疏远了。其实他们也是在偶然的机会凑合下，为了各人的私利，互相利用而已。当然他们自认为这样有价值。

有类似体验的孩子，在他加入的团伙中，自然有他新的价值体系。因此，与从前的朋友的交往也就变得无聊了。

在这里，我们必须注意的是，孩子究竟体验了什么，会突然与老朋友疏远呢？那些体验是否会变成他们习惯性的反社会行为呢？

当然，孩子也会为了打架，感情不睦而疏远好朋友，不一定有学坏的行为。

如果，你的小孩渐渐不与小学时期的小伙伴来往，而喜欢和社会中的朋友交际时，就表示他已成长了。不过，如果孩子交际的方法与从前不同，一个接着一个地换新朋友，而且好像对父母有什么秘密似的，父母就应该要慎防他交上坏朋友了。应早发现征兆，早注意预防。

5. 孩子使用暗语征兆的早期预防

语言是交流思想、表达感情的工具。不同的思想感情，用不同的语言方式来表达。用语的文雅或粗俗，既反映一个人的修养，也体现一个人的某些性格特征。无论是对成人还是孩子，听其言、观其行，都是必要的。

有一位不良少年的母亲说，她之所以会怀疑孩子参加了犯罪团伙，就是注意到孩子开始使用粗暴的语言。她的孩子自上高中后不久，就常因一点小事和父母争论，有时争得面红耳赤了，就出言不逊，使用一些下流粗俗的话，甚至对其母亲说："你这样怎么配做人家的母亲呢？"他母亲听到这话感到吃惊。就连他妹妹也说："哥哥简直像个流氓。"他妹妹的话的确说准了，他与一些人搞在一起，纠结成为一个团伙，逃学在外，流里流气，正共谋抢劫计划。他与朋友通电话时，也与以往大有差异，几乎都用暗语。

各种行业都有各种行业专用的语言，不良团伙也是一样，在他们的组织下，有他们特殊的语调和语言。他们使用暗语是为了遮人耳目，强调"团体意识"，表示自己是团伙中的一分子，对团体忠心耿耿。而且，用暗语对他们彼此间的勾搭也有好处。他们不仅面谈用暗语，进行所谓的"业务"活动使用暗语，就是有时在打电话中，也用起暗语来。尤其是新加入团伙的少年，为了表明他们对不良团伙的"元老"的忠实，就特别喜欢使用暗语。有的不仅在家中说暗语，甚至还用这种怪腔怪调的语言恐吓路上的行人。由于这种暗语是局外人所无法了解的秘密，所以特别能加强"团体意识"，而且对少年们来说，更会觉得讲这种连父母都不懂的话，是一件很神气的事。

据沿海某省的一个调查材料表明，近年来由于外来污染影响严重，有的青少年犯罪团伙仿效港澳地区黑社会组织的做法，成立组织，推举头目，订立"帮规"，甚至制作统一的制服，规定统一的集合的活动时间，分工负责，有组织地进行打架、斗殴、抢劫盗窃、流氓骚乱等犯罪活动。近几年随着港澳地区的广播和电视的收听和收看，入境犯罪的增多等。港澳地区黑话又重新在社会上流行，尤其在犯罪分子中大量使用。这是值得注意的。

我们自然不能肯定地说："讲暗语的孩子都已经加入了犯罪团伙。"可是，那毕竟是一种外人不能了解的语言，父母是否应该想到："孩子到哪儿学来的这种语言呢？"尽管暗语较受某些少年们喜爱，但身心健康的少年，仍然会觉得说暗语不是一件光彩的事。如果经常使用不良帮派的暗语，久而久之，就会潜移默化，步入歧途。做父母的在这方面应高度重视。

6. 孩子从补习班回来时间天天不一样的不良征兆的早期预防

每一个做父母的人都希望能了解孩子的行踪，以求得心灵上的安全感。但是，在很多情况下，孩子的行踪不是父母的眼光所能看到的，即使父母随时观察孩子的去向，但是孩子办完正事以后，至返家前的这段时间，就成为一个父母能力所无法顾及的死角。这个死角就是小孩最容易受人诱骗而发生危险的一段时间。现在的学生，外出的机会已大大增加，父母也不可能常常看得见他们的行动。例如，现在的孩子们上这样或那样的补习班日渐多起来，这就是父母增添心思的一个方面。如果做父母的一旦对孩子关心不够，就有可能发生某种问题。

举一个例子来说吧，朱某是某学校高中一年级的女生，她家有父亲、母亲、姐姐四口人，住在一个镇上。父亲开了一个成衣店和一个小杂货店，店内生意十分兴隆，她的姐姐除了读书，还经常帮父母做生意，待人热情，服务又周到。很受顾客青睐，父母也很喜爱她。朱某和姐姐相比之下，能力、姿色都不如她，成绩也比姐姐差，而家里生意很忙，也无暇指导她做功课。到了高中一年级时，父母便花钱叫她参加补习班补习。起初生活还很正常，可是到了二年级以后，返家的时间便开始没有规律了。父母询问她晚归的原因时，她就说是补习的时间延长了。观察她一段时间的行动后，父母发现她回家愈来愈晚了。有一天，父母便打电话去补习班查问，才发现补习班一直都是按照正常时间下课的，于是，便严厉追问女儿，结果才知道她在补习班下课以后，常与一位高中男生一起回家，二人已经发生了超友谊的关系。全家人都为此大吃一惊，尽管严加责备，但事情已经发生。

青春发育期的少年男女，对异性发生兴趣，是很自然的现象。因为不论是在心理上或生理上，他们都已经渐渐由小孩变成了大人了；但是，如果要与异性发生关系，那么除了心理上的成熟与精力上的充沛外，还要有经济上自主的能力。所以，较为年长的青年，每考虑到这些，便会压抑性的冲动，而使男女关系维持于某一种限度。作为年纪还很轻的朱某，本来成绩不太好才参加补习班学习的，却对学校的课业没有兴趣，且家中生意又忙，得不到父母的关心爱护；再加上她对于自己的外貌、能力比不上姐姐，感到自卑，因为这些因素，使她精神上十分饥渴，急盼能从那个高中男生身上得到安慰，于是，便不知不觉与他发生了关系。

这件事的发生，朱的父母也该负责任。他们应该及早对自己的女儿不按时回家的情形有所警觉，善加引导。如果是这样，就不会发生朱某那样的事了。

某市一个叫小孟的姑娘，因高考落第而上了××大学附中开办的一个学习班。小孟的父母也很支持自己女儿参加备考补习班。但小孟姑娘早有找一个华侨伴侣、以便出国的念头。事又凑巧，一天傍晚，小孟从补习班听完课回家，在等车处碰上了一个外国留学生，他主动与小孟搭起话来，这样他们就认识了。原来小孟回家总是按时的，从这一次以后，回家时间总不大一样，往往是很晚才回家。父母问，她就说是补习时间延长了，或者说老师迟到时间很长，顺延补上就回家晚了。事实并不是这样，而是小孟常常陪那个留学生上街溜达或逛公园去了。而且有许多次是留学生带她到自己宿舍去玩，他们也早发生性关系了。做父母的哪里知道女儿的所作所为，直到留学生所在的大学，发现该留学生带姑娘到宿舍过夜的不体面行为，父母知道这个情况后，才大吃一惊。

现在，社会上的青少年借上学、补习，而外出游荡的情况，引起了许多家庭的关切。父母送孩子去补习，是一番爱心，希望孩子功课进步，能如愿升学或能更好胜任工作。但如果放任自流，就可能使有的孩子有机可乘，沾染一些不良的行为。作为家长，如果发现孩子有反常行为，也不能只听子女的简单回答就了事，而应该深入细致地查明真实原因，以便及早做好预防工作。

7. 孩子每当晚上同一个时间外出征兆的早期预防

在一个闷热的夏天，某街道接连几个晚上，都发生丢失晾在竹竿上女性内衣的事件。多的时候，一个晚上丢失了好几件。但奇怪的是，同样晾在竹竿上的衬衫却没有被偷走。这是怎么一回事呢？

经街道派出所的调查，终于发现了住在附近的形迹可疑的一位中学生。这个学生就读初中三年级，他在一年前就曾连续犯下盗窃罪，所偷来的内衣已达到100件以上。从这方面看来，他好像是个不正常者。但是，另一方面，他又是一个成绩优异、评语颇佳的学生。开始，他的母亲不相信自己的儿子会做这种事情。她说："孩子读书挺用功，也不会与我们顶嘴、很温顺。只是，每天晚上八点钟例行外出，说是散散心。所以我们也就不把它放在心上。"的确，这孩子读书是用功的，但每天晚上书读累了，作业做累了，就按时借口散散心，利用30分钟空闲去偷拿女性的内衣裤去了。为什么这孩子干起这种事情来了呢？从生理上看，这孩子正值青春发育期，生殖器官明显地显示出男性特征的时候，客观上难免会有性冲动，所以对女性的内衣感兴趣，并引起他的幻想，借此行为达到"自慰"。

从目前激烈的升学竞争看，学校、家庭所给予孩子心理上的压力，致使孩子的正当欲望被压抑。尤其是优秀学生，心里的压迫感更重。在青春发育期中，对异性无法抑止的仰慕，及内心无尽的欲望，随着时间的过去，受压迫的感觉愈来愈深，逐渐形成不正常的行为。

还有，这是否是一种变态人格的表现呢？的确也值得研究。变态人格中，有一种就表现为"意物癖"。意物癖的人往往把目光转移到异性身体的某一部分或衣着上，其行为表现为剪发辫、偷窃女性内衣裤、乳罩、卫生带、鞋袜、化妆用品等等，甚至在偷窃以后还加以珍藏。有的表现为用化学药品或刀片等破坏女性衣物，特别是裤子的某一部分，从而得到一种象征性的性态满足感。

上例的情况，不仅在学生中有发现，在青工中也有发现。有一个青工，他的父母原在一个镇上住，后来搬到乡下去了，但在镇上还有一间房子，这是为了使儿子能到镇上找个工作而留的。儿子高中没有读完，就让他进了一个工厂。青工一个人在镇上住家，父母仍在乡下，父母是没有办法多照管儿子了。这个青工工作得不错，总是早上班晚下班，很得老师傅的喜爱，连续三年被评为车间班组的先进生产者。但就是性格比较孤僻，除了与班组同志搭搭腔外，不多和人交谈。他的住处也少有人去。从某年夏天开始，小镇上老是发生女性内衣裤不见的事情，开始没有引起人们的注意，时间长了，镇上的人都觉得是一种奇怪的现象。是谁偷这种东西呢？偷去干什么呢？当然也从来没有人怀疑到他的头上。可是就是他偷的，而且他还把偷来的衣裤藏放在自己那间屋子的一个阁楼处，放得整整齐齐，还按照时间顺序编好号码。若不是一个老师傅去他住处而偶然发现，可能还不知要到什么时候哪？案发后他交代都是晚上去干的，而且是"兔子不吃窝边草"，所以不易发现他。

孩子们既无法适时发泄性方面的冲动，内心的症结便愈积愈深，一有机会就会爆发出来。所以父母应该特别留心孩子在这方面的行迹。当然我们并不是肯定夜间外出的孩子都有问题，而是劝告父母，对那些每晚定时外出的孩子，应用冷静的心情去分析他的行为。如果一旦发现有可疑行迹，就应该细心查访，以便对症下药了。

8. 孩子常常送小物品交朋友与不良征兆的早期发现

孩子间的交往、友谊，是大人不可忽视的。孩子对自己的好朋友有时相互赠送一点小东西，这对培养孩子们的良好交往，也并不是没有益处，因为这是一种感情交流的方式，但这要父母好好参谋，如果听之任之，后果是不堪设想的。

孩子间要送送小东西，就得有点儿钱。钱给多了，孩子乱用显然不好，一点钱都不给也不一定好。这个钱需先答应给孩子，东西最好还得由家长参谋一同去买为好。

有一个小学三年级的男孩，从某乡镇来到一个大城市借读，吃住在他的姨妈家里。孩子天性好动，对飞机、轮船之类的小玩具很感兴趣，因此在节假日里，姨妈、姨父也买一些这类小玩意儿送他。可是有段时间，发现他的小玩具突然增多，竟还有一只四、五元钱的小坦克。这些东西是从哪儿来的呢？在大人的一再追问下，这孩子只说是别的小朋友送的，却连这些小朋友的名字也说不清，说话支支吾吾的自然令人难以相信了。直到有一天同班同学发现他用10块钱买东西，才告诉了老师。

这样，在老师和家长双方配合下，他才交代钱是从家里偷的，而且平时也有小偷小摸的现象，前后总额有 50 元左右。他的交代令家里人大吃一惊，感到要及时纠正这孩子的偷窃行为，同时也感到应很好地把钱保管起来。

近几年来，一般家长对少年儿童行窃的行为都极为重视。可是，家长给不给孩子零用钱或零用钱是否给得恰当，都有可能导致行窃行为，然而这却很少引起家长们的注意。有这样两种倾向：一是给孩子的零用钱太多，使孩子可得到任何自己所需要的东西；另一种情况是，给孩子的零用钱过少，使孩子一般应该得到的东西都不能得到满足。前一种情况容易导致孩子过多地用小东西去交朋友。当然，客观上也是这样，有钱的孩子容易交上朋友，因为有东西做赠品，因而也易受到朋友的拥护成为"孩子王"。后一种情况，因为自己交往的东西太缺乏，因而很难与其他的小朋友交往，而在心灵上产生了一种自卑的心理，不利于孩子身心的健康发展。为了能满足孩子交朋友的需要，有的孩子有时可能不会发生偷窃行为。当然，如果前者由于称"王"的恶性膨胀，为了维护"王"的地位，有时也会行窃。

还有十一、二岁的孩子偷拿家里或人家的钱或东西，有两点是他们还认识不清楚的。一是没有明确的偷窃意识，往往把这看做像吃饭一样理所当然的事；二是他们还不懂得金钱的可贵，因此乱花钱也不感到什么。

所以为人父母者要特别注意小孩子的零花钱、玩具及小东西、小物品的使用情况。如果一旦发现有不良征兆，就应当仔细询问清楚，予以恰当的纠正。

9. 孩子对名片的兴趣与被骗征兆的早期发现

孩子处在初中时期，还是一个混杂着孩子似的要素和即将成为大人的要素的时期，在玩的表情上和说话的内容上还完全是一个天真而幼稚的孩子。但就在这同时，他们对父母的依附性逐渐淡薄起来，开始思考自己本身的事情了，对自己的未来尽管还有些茫然，但也开始动脑筋了。而进入了高中，这种脑筋就自然更多地动了起来。其中结交新的朋友，也是他们很感兴趣的事了。

作为高中孩子，对名片识友已开始涉足。一张陌生人的名片，会引起他们的兴趣，在他们看来，名片是成人的象征，尤其是有名望人士的名片更代表着权威。因此，虽只是一张小纸片，在他们的感觉里却是有着莫大的欣羡，以至希望能攀结其人成为自己的好朋友。作为家长，特别要留心孩子在名片中识友上当。

某市曾经发生过这样一个案子。一个高二的女生，一天在一个街口的拐弯处，被一个风度翩翩的青年拦住，说："恳求您和我交一个朋友。"同时向她出示一张名片。这个青年的礼节使这个女生产生了好感，于是便认识起来。一个星期后，女学生去上学时照例像往常一样给妈妈打了一个招呼，说："我上学去了。"可是晚上妈妈却不见女儿回来。第二天，这个女生的妈妈接到了一个陌生男人的电话，说："你的女儿在我这里，你拿两万元钱来领，地点在××公园的×亭子间，时间下午四点半，过时不等。"于是女孩的妈妈报告了派出所后就依约前往，但挟持犯似乎已察觉有人埋伏，始终未去约定地点。为了寻找抓捕罪犯，民警搜查了这位女学生的日常用品，在她的一个日记本里发现夹有一个陌生男人的名片。结果在罪犯被捕时，那女生还在他的魔掌里。

前两年，北方某城郊有一个初中女生失踪了，当时年龄只有 13 岁。这个女孩长得比较高大，看上去像是成年人。这个女孩到哪里去了呢？两年后找到她时，她已和南方某村办企业的一个采购员结了婚，而且已生下了一个小女孩。事情的原委是这样的，这个采购员到那城郊附近采购颜料，当时在路上碰到这个放学回家的女学生，同路中，就向女生随便问起附近有关原料的情况。采购员见女生比较大方，就递上了一张名片。这女生见上面的头衔还不少，人也还像个样儿，就产生了好感。加之这女孩前天与妈妈顶了嘴，萌发了离家的念头，于是少女和这个采购员一见钟情了。本来嘛，采购员此行也有找老婆的打算。于是女孩第二天早晨借上学之机不辞而别，离家与采购员同行了。在途中他们就以夫妻名义同宿，可是女孩一直没有向采购员吐露其真实年龄。到了男方家里，以男 25 岁、女 20 岁领到了结婚证。后来这少女发现自己的丈夫并没有名片上那么多头衔，家里也不算好，可是生米已成了熟饭，受了骗又怎么办呢？何况自己已怀有身孕了。当她的父母两年后寻到她的婆家，揭露她丈夫的骗人行径后，她这时才感到问题的严重性。

如果是一位富有社会经验的成年人，就不会轻易相信那名片上的头衔，而更注意的是在交往中的相互观察、了解。而对于纯真的少年男女，一张名片便会导致他们走向受骗的陷阱。

近年来冒牌的名片也多，他们对青春期的少年男女很有诱惑力。少女的社会经验又十分缺乏，所以在接到一些"名人"的名片时，更要特别当心。

一般说来，小皮包、小皮夹代表孩子们的神秘世界，是不容许家长随便翻看的。如果孩子的皮夹内装有连父母都不认识的陌生人名片，那么这个陌生人很可能已经进入孩子的生活领域，做家长的对这种征候更不得不察，而且非及时采取安全防卫措施不可。

10. 孩子没有"同伴"意识与不良征兆的早期发现

很多父母在自己的孩子有了非法行为时，常常会认为是孩子的朋友不好，而把责任推卸到别人身上。是的，孩子交了不良朋友，易误入歧途。可是交不上朋友，找不到和自己玩耍的伙伴，因而感到孤独，也易萌发出不良行为。

观察小孩子的成长过程，在小学中年级以前，可以说是"受保护时期"。在家庭里有父母、兄弟姐妹间的保护，在学校有老师、同学保护。因此，一般说来，在一个幸福和睦的家庭和一个较好的学校里，孩子们都可以生活得很快乐和舒适。如小学前期，同伴之间偶有争执，只要父母、师长介入调停就可以解决了。可是到了小学高年级以后，再也无法过着像以前那样无忧无虑的日子了。这是因为，现在一切都要自己动手去干。再因相互间自我意识的冲突，便使得同伴间时而争吵、打架。如果这时能够学会尽其本分，而且能学会忍耐，设身处地为别人着想，便会了解到个人在所处团体或人际环节中应尽的责任和义务，也就是说，做人的道理。那么他也会得到自己所处团体的保护，因而也可以过得比较舒适的。

如果一个人没有经过这个儿时的"同伴期"，也就无法深入领悟做人的含义，也永远无法成为一个成熟的人。所以儿时的"同伴期"对少年儿童来说，是至关重要的。

可是现在有些家长就不注意让自己的孩子过好"同伴期"，特别是独生子女尤为娇惯，因而酿出了不少苦酒来。有一个14岁的少年惯犯，他也是家中父母的宝贝。他从小好"强"，欺负自己的小同伴，他的父母也总是讲人家的孩子不好，后来很少有小同伴跟他玩了。他自己感到很孤独，手也发痒，就去偷拿人家的东西，慢慢地变成了一个盗窃惯犯。而且在他做过的十几起盗窃案中，多数是由他的父母亲自出面偿还赃款，私下和解的。这样就使得他在邪路上越走越远了。

有一个家长说：他的那个小孩从小就有个脾气，有什么不顺心的事时，就非常生气，无法控制自己，常常做出令人难以意料的事。这个做家长的对他儿子的任性，总是一味地顺从，从未给予应有的纠正，这叫"父母的过度保护"。"过度保护"的恶果，是使孩子养成对己宽，对人严的毛病，无法找到同年的玩伴。虽然他在年幼的同伴面前，俨然兄长的姿态，实际上他并未成熟，被人称做是长不大的孩子。

还有这样的孩子，看上去很文静，可是过分的"静"，养成了静而不动的劣习，也难找到同伴，甚至产生孤独厌世的情绪。

有这样一个女大学生，她本是父母抱养之女，在后来，她父母生了她的弟弟。本来父母对她姐弟俩都是很喜爱的。长大后，父母希望他们姐弟俩能成亲，可是这女孩不愿意和自己的弟弟成亲，父母从此对她冷漠下来，她也产生了寄人篱下之感。她本是一个文静的孩子，这样就显得更加文静了。实际上她的心绪已进入孤僻的境地，什么话都不想同人讲，心中苦闷时，就吹起口哨来，以此来排解自己的忧虑。开始，老师和同学都尽可能热情地和她接近，可是她已孤僻成疾，时间一长不见效果，人们都各有自己的烦锁之事，渐渐地也就忽视了她，并且也认为她不会发生什么事情，因为她的父母也改变了原有的初衷。可是她始终没有同龄的同伴，孤寂得不能自拔，最后还是厌世轻生了。

从小学高年级到中学是一个小孩逐渐成熟的阶段。这是每个人都须经历的一个时期，如果在这段

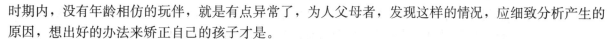

时期内，没有年龄相仿的玩伴，就是有点异常了，为人父母者，发现这样的情况，应细致分析产生的原因，想出好的办法来矫正自己的孩子才是。

11. 孩子在舞厅里的不良征兆的早期发现与早期预防

在某些城市里，可以看到衣着华丽的男女青年在舞厅里翩翩起舞，其中也有少数男女中学生。有的舞厅是文明娱乐的场所，有的就不尽然了。作为父母，应该关心孩子去什么地方跳舞，参加舞会是否有利于孩子的身心健康。

有的学生在舞场上，明显表现出一种强烈的虚荣心，参加舞会的青少年都将俭朴的便服改换为华丽的服装。在那里，每个人都在互相比赛，以最流行的服饰，配着衬托个性的妆容，以显示出自己的魅力。为了使自己更引人注目，他们不断追求服饰的时髦，并跳一些最新颖的舞步。从这些孩子的价值标准来看，外表就是个人价值的判断。他们追求时髦，在舞池里进行个性竞争。有的还超出了单个竞争的范围，而是一对一对地相互间暗暗比赛。比谁的衣着时髦，比谁的舞姿新颖，比谁的舞伴漂亮。

应该说这是一种逞强的不良征兆。因为他们初时可以从父母亲处要到零用钱来应付竞争，等到入不敷出时，只好仰赖男朋友的供应，甚至以扒窃、恐吓、出卖色情来满足这种虚荣心的要求了。

有的青少年在舞厅里不文明礼貌，表现出一种流氓习气。某市一舞厅里就发生过这样一件骇人听闻的事情。一个小青年邀请舞池外一位女青年跳舞，女青年很礼貌地谢绝了。他再次邀请，女青年讲明自己身体不适，再次谢绝。可是这个小青年仍要纠缠这女青年跳舞。这时在旁边的一位男同志干涉了，说你这样纠缠有失礼貌。小青年不服气说："我请她跳舞，管你屁事。"男同志上火了，给了这小青年一记耳光，说："她是我的爱人，你知道吗?"小青年没有还手，便神不知鬼不觉地出了舞厅。不一会，一伙小青年来到舞厅，拦住了这一对正要出舞厅的夫妻。首先，就向其妻子发难，丈夫还没有来得及动声色，两个小青年的举动就受到了在场人的干预。于是，发生了扭打，他们中的一个小流氓偷偷拿出匕首，当即把那干预者戳死，女的上下衣都被撕破，其丈夫也被戳了一刀。原来这个小青年系某中学高三学生，是一个个性很强的人，女青年没有应邀，他感到下不了台，而造成如此后果。

为人父母者，应该引起重视：如果你的孩子也开始拒绝穿普通的便服，而改着华丽的服饰，那么你可以考虑你的孩子是不是已开始加入虚荣的行列，追求时髦了。如果你的孩子个性很强，出入舞厅，要当心他出言不逊，行为不雅。发现有什么不良征候，要及时纠正才是。

12. 孩子借口参加校内外社团活动而外出玩耍的不良征兆的早期发现

现在，校内外组织的社团活动逐渐多起来。事实上，目前很多初、高中学生确实都喜欢参加社团活动，而且以运动和文艺项目居多，健康的适当的社团活动也可以说是学生的第二课堂。所以学生因参加健康的社团活动而回家得晚一些，也是正常的现象。但是，现在有些孩子想去别的地方玩，都会想尽所有的借口，其中以参加学校或校外社团活动是最为常见的借口了。为人父母者，最怕的就是孩子利用这种普及的活动，来掩饰自己的不良行为。

在目前情况下，在住房还比较紧张的城市里，孩子活动的场所还不太宽松，提供活动的临时租赁的房间也还少见。因此，孩子不良行为选择的场所，在家庭残缺的小伙伴家里最多。

牛××，男，15岁，是某市中学初三学生。1984年12月因提供犯罪场所并参与流氓活动，被某区工读学校收留进行强制教育。牛××10岁时，父亲因打砸抢被判刑，母亲随后发病不回家居住，两个单间留给牛××和比他大一岁的姐姐独居。牛的姐姐智力差，常在小学补习功课，由于家中无大人，没人管教，一批流氓阿飞及成绩较差的中小学男女生旷课、逃夜至他家，其中也有不少借口参加学校社团活动而常常晚归的不良学生。他们集聚在一起，从谈朋友猥亵发展到淫乱，牛××也从为人提供场所发展到参与流氓活动，甚至牛××的姐姐也没有逃脱流氓的奸污。

据查，陷入这个黑窝的孩子，有相当一部分都是以参加校内外社团活动为借口，来骗过父母的盘问的。其实，社团活动多是在老师的监督下进行的，所以时间应该不会太没有规律性，更不可能进行太长的时间，通常都是固定在每星期的某一天，几点到几点。所以孩子返家的时间不固定，父母观察他迟回的情况，就可以大略看出他是否参加学校社团活动，或者另有去处。尤其是迟回的次数太多，时间太长时，父母应仔细想想，是否学校以外另有某个地方，由于某个原因使孩子耽搁了那么久的时间才回家呢？如果父母有时间多观察孩子行动，很容易就可以发觉孩子是不是真的参加了学校的社团活动，或是到别的地方去了。偏偏大部分现代父母只会关心孩子的课业情形，而容易忽视孩子的课外活动。父母多认为社会是学校教育的一环，没什么好担心的。因此，就算孩子晚一些回家，他们也会不放在心上，这就是为什么孩子喜欢用社团活动作为外出借口的原因。为人父母者对此应该引起足够的重视，一旦发现有可疑的迹象，就应当及时弄个明白，以便早期预防不良行为的发生。

13. 孩子打电话给人家约"丧葬"与道德偏差行为的早期预防

孩子的恶作剧行为，往往从游戏的偏差上开始。如在夏天午睡时，小学生中的"调皮蛋"就喜欢在男同学的脸蛋上画只猫咪，或把女同学的小辫儿用一根小线绳儿套在坐椅上等等。这幕恶作剧容易逗得大家哈哈大笑。但被逗的小孩子会感到不快，因为有被人取笑的感觉。因此说这种游戏一开始萌发就有道德上的偏差，尽管还不会叫它恶作剧。

孩子进入初中、高中后，道德偏差的恶作剧行为，一般是会被父母、师长注意的。如在夏日里，把带有刺毛虫的树叶塞进同学的背心里。如果这也是开玩笑的话，也就不能不说是恶作剧的举动了。

近几年来，某市常发生恶作剧的事情，有的甚至发展成人命关天的大事，而且大多是青少年所为。有的中学生打电话假报火警，逗消防队以乐。有的跟火葬场挂电话，假称某某人家丧葬日期，弄得人家非常气愤。甚至还有的中学生把自己的同学假装扣起来，却打电话给这位同学的家长，说你的孩子被我们扣在某某地方，你几时几刻拿多少钱来领。搞得这家家长惶恐不安，乃至惊动了公安局，结果是一场虚惊，弄得哭笑不得。更为严重的是，有些地区发生了用绳圈套人取乐的事件，有的造成了重大伤害。如某市的街头，一辆载货汽车上的几个小青年，把一根又粗又长的麻绳的一端系在车栏上，而把另一端做成一个圈套，向两旁的行人抛去，几次落空都不肯罢休，终于套在一个骑自行车的女工颈上，把女工拖上两三百米后才解开系着的绳，停止作恶。结果造成了该女工腿部、颈部几处伤害。以此等恶作剧寻欢者，当然要受到应有的刑事制裁。

我们应当看到，有些恶作剧只足以表现出孩子的天真烂漫，以及充沛的活力和机智。然而，一旦骚扰了社会的安宁，就须由父母及时地予以矫正，否则后果不堪设想。

总之，为人父母者应该认识到，孩子的恶作剧行为是一种偏差行为，要分清情况予以矫治。但是矫治时不能以命令的方式，最好站在他们玩乐、兴趣的角度上，慢慢地给他们分析，哪些玩乐方式对自己有益，哪些对人对己对社会都有害。这样晓之以利害，明知以事理，耐心细致地加以正面引导，孩子恶作剧的不良行为定会逐渐得到纠正。

14. 男孩子在讲话中常有轻视女性的言词与不良征兆的早期预防

一般说来，男孩子到了初中一年级是性心理觉醒的重要时期。但是在性的成熟上，个人的差异是很大的。在形态特征上，主要分为两种类型：一是所谓的逃避型。即由于性的急剧成熟而感到不安的羞耻，认为这是见不得人的，所以故意躲避女孩子。二是所谓的粗暴型。即因为对自己喜欢的人不能明言而感到烦躁，所以用管闲事乃至淘气的方法来引起对方的注意。这两种形态都是性心理的正常表现。但是除了正常的性心理之外，还有不正常的性心理，这在少数中学男生中也有表现。

在某市，曾经发生多起小姑娘的花衣花裤被剃须刀划破的案件，这一度使女孩子上街都产生一种恐慌不安的心理状态。一天，一个交通民警发现一个小青年在一个女孩子的屁股上划了一下，这女孩子立即惊叫起来，于是这小青年被捉拿归案了。这小青年是什么人呢？原来他是某某中学高三学生，因与女生谈恋爱，花了一些钱，结果却吹了。同时，学习放松，大学也未能考上，一肚子的怒气，没有地方去出，就在女性特别是在小姑娘们的身上来发泄。从他的交代中看出，他认为姑娘们身上的花衣服都是来路不正的，是同人家谈恋爱骗来的钱，或与人家发生关系赚来的钱。于是他认为女人只不过是向男人要钱的"玩物"。他常使用的口头禅，就是称女性为"玩物"，所以他在行为上的表现，是十分蔑视女性。在电车上，在人群拥挤的公共场所，他只要看到穿着漂亮衣服的女子，就用剃须刀划

人家的背或屁股，借以发泄对女性的轻蔑和愤怒。

另据一位中学老师反映，他们学校初一年级中，有一个男生，进初中后，还经常到小学去盯梢六年级的一个女生，并用从家里偷窃的钱来给这个女生使用。他还带这个女孩到苏州河边，威胁说："你不与我交朋友，我就跳下去。"继而又跪在这个女生面前求爱。这个女生对他的软硬兼施没有办法，只好由家长向这个中学的老师反映。男生知道这个情况后，恨死了这个女生，扬言有朝一日把她弄到手后，她就不得不乖乖的成为自己手中的"玩物"了。

通常，男性的缺点是漠视女性的心灵感受，有的只将对方视为"玩物"，用粗暴的语言来对待她。即使他对异性有强烈的感情，往往也不知道如何表述，乃至于扼杀了自己的深情。

在少年犯罪中，有一个时期多是团伙性犯罪，在流氓团伙中，他们大多先诱拐女性，再加以伤害。他们的想法是，女性只是物质，并不是一对一、人对人的关系，女性只是很多男人轮流使用的东西罢了。男性这种歪曲了的心理形态，就往往是性犯罪行为的症结所在。

做父母的人，一旦听到自己孩子有轻视女性的口头禅，切不要听过了事，一定要加强引导，尽可能让孩子说清楚，他为什么要使用这样的语言。如果在孩子的思想上确有把女性当做"玩物"的看法，就一定要好好纠正他的思想认识。如果在行为上有不良征兆，更要细心地帮助孩子进行矫正，以免自己的孩子滑向违法犯罪的深渊。

### 五、残缺家庭与其他因素对青少年产生不良影响的早期预防和矫治

1. 残缺家庭——缺父家庭孩子的不良征兆与"社会家长"的早期发现

晓玉是一个14岁的初中学生，在她10岁时，她爸爸因病突然去世。晓玉自小得到父亲的宠爱，对她爸爸的死，非常伤心，有时在睡梦中，都"爸爸，爸爸"地叫出声来。晓玉的妈妈是一个漂亮的女人，与她爸爸感情很好。但是她婚前有一个男朋友与她非常要好，婚后也有一些来往，但没有影响过他们的家庭关系。晓玉的爸爸死后，他更频繁地和晓玉妈妈接触起来。晓玉对妈妈的这个男朋友很不喜欢，因为这人不像她爸爸那样宠爱她，他到她们家来，只喜欢在她妈妈周围转来转去，谈笑风生。一天晚上，晓玉半夜突然醒来，发现妈妈的朋友在妈妈床上过夜，这使她更加讨厌和反感了。晓玉在她妈妈面前哭过，她妈妈给她讲什么，她也没听得进去。她有时想起她妈妈那个讨厌的朋友，上课听讲都听不进去，时间一长，对她妈妈也反感了。

晓玉从"精神逃家"走上了行为上的逃家，开始不回家过夜。她妈妈想，孩子讨厌目前这个家，慢慢地就会习惯起来的，故也不太在意。因为亲戚朋友都远在外地，也没有什么地方好去。因此孩子到同学家暂时居住也好。可是这个做母亲的也没有亲自去看看这个同学的家是什么样的家。这个同学的父亲在外地工作，母亲上下班很远，在路上，一天来回要4个小时，因此也很难照管好这个孩子，家里常有不三不四的孩子来玩，这个做母亲的也顾不上来管。晓玉从同学家的孩子们中得到了一些温暖。这些同学都常在咖啡馆玩，她也跟着去。朋友们到热闹的百货市场去，她也跟着去。为了有好吃好穿的，一伙朋友学起了扒窃来。

晓玉的妈妈最终与她的朋友断绝了关系。因为她发现这个朋友脚踩两只船，因而感到很失望，同时她在知道晓玉因参加了偷窃团伙而被送到派出所时，更是感到痛心疾首。

残缺家庭的孩子需要社会更多的关心，缺乏父爱的孩子希望能得到更多的父爱。邻里的男性长辈，学校里的男性老师，社会上的男性公民，希望能更多地了解这类孩子的心理，能给他们健康的"社会父爱"的爱护，这对于发现孩子的不良征兆，以及矫治不良习惯都是很有帮助的。

2. 无家孤儿的不良征兆——偷窃行为——与"社会家长"的早期发现和矫治

某市某区青少年违法犯罪调查人员在1986年底对该区的64所小学、23所中学（包括一所职业学校，一所工读学校），共计48187名学生作了调查。

在孤儿、离婚、再婚家庭子女、非婚生子女中，不良行为发生的比率都比较高。调查统计表明，非婚生子女中有不良行为的占50%，孤儿中为29.73%，再婚家庭子女中为15.57%，离婚家庭子女

中为 9.04％。这四类学生不良行为按发生比率由高到低排列依次为旷课、逃夜、偷窃、早恋。这个顺序说明了这四类学生不良行为产生发展的一般过程。

教育者的无权威性和遗弃是造成上述四类学生不良行为的家庭方面的主要原因。其中由于遗弃因素造成不良行为的，孤儿为 27.27％，非婚生子女为 22.22％，离婚家庭的子女为 20.41％，再婚家庭子女为 8.47％。由于家庭教育无权威性因素造成不良行为的，再婚家庭子女占 27.12％，离婚家庭子女为 22.49％，孤儿为 18.18％。交友和环境因素是引起上述四类学生不良行为的主要原因。其中由于交友不慎因素引起的不良行为，再婚家庭子女为 25.42％，离婚家庭子女为 18.37％，孤儿为 9.09％。由于环境因素引起不良行为的，非婚生子女为 44.44％，再婚家庭子女为 20.34％，孤儿为 9.09％，离婚家庭子女为 8.16％，教育上的疏忽是学校方面存在的主要问题。

王××，男，15 岁，孤儿，初二学生。1985 年 7 月因偷窃，某区工读学校收留他进行强制教育。王××出生没几天，其母亲与人私奔。王至今不知母亲是谁，父亲在孩子一岁多的时候，因偷窃罪被判十年徒刑。此后，孩子的生活由其爷爷、奶奶照料。王××5 岁时，爷爷病故。1983 年，正当他小学五年级时，奶奶又不幸病逝。同年，刚出狱不久的父亲再次因偷窃入狱。从此，王××成为孤儿，生活、学习一切都由居委会和学校教师照顾，生活费用每月由国家补助。孩子心中现在唯一能记住的亲人是他的奶奶、居委会干部和两个曾做过他班主任的教师。平时在学校，由老师替他买饭，在教师办公室就餐，遇到寒暑假，也就到居民食堂吃饭。班级里外出集体活动，热情的班主任老师总帮他准备好一份点心。居委会干部也无微不至地照料孩子的生活，替他买新衣服，送好吃的菜给他吃，逢年过节请孩子到自己家里吃顿喜庆饭宴。这一切王××都记得清清楚楚。但是学校、社会给予他的照顾和温暖替代不了家庭的温暖。随着王××进入中学，年龄的增长必然带来物质要求的增长，然而，那种照顾的条件满足不了他的物质要求，于是，王××开始走上了偷窃的道路。

不过，他所在的学校、所在居委会以及社会上了解他情况的叔叔阿姨们，始终都对他伸出帮助之手。经过多种渠道的感化教育和实际生活问题的进一步解决，王××终于走上了正确的人生道路。

3. 残缺家庭孩子的不良征兆——酗酒、抽烟、偷窃——与"社会家长"的早期发现和正确矫治

周××，15 岁，××中学初三学生，家庭主要成员有父母及哥哥。周××初中一年级时，表现尚好，进入初二年级后开始发生变化。她在校内涂抹口红，衣着光鲜入时，在校外结交了一些流里流气的社会青年，她们经常聚集在周家酗酒，抽烟胡闹，引起居民不满，派出所多次上门教育，但没有效果。周××经常旷课，学习成绩急剧下降，学校老师对她的教育无效而感到束手无策。分析周××思想品德堕落的原因，很主要的一条就是她家庭结构的破裂。周的父母早已分居，她由母亲抚养，但母亲患有精神病，经常住医院，除每月给周××40 元的生活费外，无能力教育子女。周的父亲对孩子的问题也放任不管，周的哥哥本身也染上了不良习气。针对这种情况，居委会、派出所和学校各方面相配合，督促周的父亲要尽到教育孩子的责任。在家庭和学校、社会各方面的帮助下，周××才有了向好的方面变化的转机。

又如袁××姐妹俩是某小学辅读班学生。姐姐 1987 年 16 岁，妹妹 14 岁。6 年前，姐妹俩的父亲逝世，母亲被袁家赶出来，并于 1985 年改嫁。父亲去世后，祖父上诉法院请求裁决两个孩子的归属问题。经法院裁决，姐姐由祖父、祖母抚养，妹妹由母亲抚养，但姐妹俩相互不愿分开，只好暂时都住在祖父、祖母家里。由于祖父、祖母教育孩子时采取溺爱和放任不管的态度，两个孩子开始沾染了偷窃行为。她们从偷同学的文具用品和钱开始，一直发展到偷姑姑、母亲的钱。每当偷窃行为被觉察，祖母总是用一个"赔"字草草解决，久而久之，孩子的胆子越来越大，旷课、逃课的频率加快。最后，姐妹俩又偷了爷爷 20 元钱外逃，下落不明。糊涂的奶奶仍然欺骗校方说孩子病了。

对残缺家庭孩子的教养问题，实际上是一个非常值得重视的社会问题，"社会家长"对他们不管教当然不行，但管教不得法也不行。而且这种管教还要有必要的法律和规定，以保障其实施和生效。如法院在裁决离婚案件有关子女归属问题时，要充分考虑离婚父母双方的思想品德状况和健康状况，保证离婚后的子女有一个良好的家庭教育环境；对父母品行不端，道德败坏的，应考虑剥夺他们对其

子女的教育权，其子女可交其他亲属领养，并由他们承担起孩子的教育保护责任；在法律上被剥夺对其子女教育权利的家庭，应向接受子女的家庭交纳教育费用。教育费的支付，由国家有关部门监督执行；对失去双亲的孤儿和被遗弃的非婚生子女，应由国家专门教育部门收留，负责对他们的教育。

4. 残缺家庭孩子的不良征兆——经常出入咖啡馆、跳舞厅——与"社会家长"的早期发现

肖青和肖英是兄妹俩。当肖青15岁、肖英13岁时，他们的家庭发生了变化。父亲因犯罪判刑劳改去了，母亲随后发精神病，有时在娘家居住，有时在医院治疗，有时游荡在外，只有外婆和姑母来看看这兄妹俩，但是也不常来，因此这两个孩子实际处于无人照管的状态。

肖青初中毕业后未能考上高中，和几个待业青年常有来往，他们常去某咖啡馆闲逛。一天，这个咖啡馆里来了一个像老板模样的人和肖青搭讪起来，说他开办有一个服务项目，需要几个男女孩子，特别是女孩子。不几天，肖青就作了自我介绍，并把她的妹妹和另4个曾经认识过的女孩子介绍给了这个老板。开始，这个老板安排了些门面性服务工作。他们在这儿做事，看到有些高中生放学后也到咖啡馆来，其原因多半是因为无法专心读书，所以三五成群，颇有志同道合、心心相印之感。这些学生将不满的情绪发泄出来，然后互相宽慰，像获得了暂时的充实一样。肖青他们来这里做事，在其纯真的心灵上蒙上了一层阴影，而看到人家都这样，他们也就心安理得了。一个星期后，这个老板另作了安排，叫几个女孩子到跳舞厅去见习服务，随后就把她们安排在一个地下室接待客人了。肖青也帮助老板当了"皮条"。原来这个老板是专门从事色情生意的老"蚂蟥"。

一天傍晚，肖青在该市的某某江边公园处拉上了一个外国人。这外国人来到地下室，见到两位女郎在"值班"，外客与她俩攀谈起一些情况。其中一位作了全面介绍，说她们一共有12个女伴，平均每晚每人可以得百十来元钱，大部分钱都被老板拿去了。当这位外客问及她们为什么要到这里来干时，"值班员"之一的肖英就谈了自己的家庭情况和自己怎样被引诱而来的经过。原来这个外籍客是为了了解情况而来的，没有入寝就告别了。

肖青和肖英的外婆、姑母有时晚间来家看望，但有好几次都扑了个空，没有见到孩子，不知他们到什么地方去了。一天，外婆上午来家看望，才发现肖英和一个男人在睡觉。是不是她有朋友了，外婆心里一震。经慢慢查问，才知道俩兄妹被"蚂蟥"拉下水，肖英出卖色情已久了。

由此，我们可以知道，孩子经常出入咖啡馆是一件很危险的事。孩子们哪里知道社会的复杂，等他们了解时，已经无法自拔了。尤其是残缺家庭的孩子，因为缺乏父母亲人的抚爱和管教，更容易上当受骗，被社会中的不良分子引下水。所以这种孩子们的远亲近邻，希望他们都作一个"社会家长"，多关心点这些孩子的行为活动，一旦发现有不良征候，即应及时帮助纠正或报告有关方面协调解决。

5. 残缺家庭——有父无父爱孩子的不良征兆与"社会家长"的早期发现

在某一个乡镇有这样一户人家，丈夫在城里做工，妻子在城郊种田，生活过得不错，而且养有一儿一女。女儿在初中上学，儿子在小学读书，这个家庭是挺幸福的了。

但是在这个幸福的家庭里，却又发生了这样的荒唐事情。某一年，丈夫得了肝炎，可是不知怎么性功能减退，妻子身体很好，丈夫心里很清楚，而且也很同情妻子。丈夫有一个男朋友，他们很要好，经常来他家玩，妻子一直是热情接待，而且也知道这人是有妻子的。大家似乎也没有什么非分之想，可是这个荒唐的丈夫却主动向他妻子提出与他的好朋友互通"有无"。妻子开始感到很恶心、很反感，但丈夫是真心关心她的需要的，经过一再劝说后，她也就同意了。后来，丈夫和自己的好朋友，签订了一个"协议"，这就是他好朋友可以和他妻子互通"有无"一年，但是不能妨碍他家庭里的正常生活秩序。

一年过去了，大家都做得不错，没有发生什么摩擦。可是这男朋友还要坚持继续赴约，妻子也是这样要求，于是摩擦开始了。事也凑巧，这个男朋友的妻子因车祸致死，这更为这场摩擦增加了催化剂。于是，妻子提出离婚，这个荒唐的丈夫无可奈何，只好同意离了。可是男朋友家也有两个孩子，何况自己的孩子一个也不愿跟妈妈去，于是法院就把两个孩子判给了他。

这个荒唐的爸爸在工作上应该说还是在行的，可是照顾孩子却很不在行，任其"放鸭子"，尽管

他也是出于慈爱的意识。孩子日渐大起来了，用钱也多一些了，同时他的开支也紧起来，因为他确实需要再找一个妻子来管家。就在这种他无时间照管孩子，又缺钱给孩子花用的情况下，他的孩子被人拉下水了。为了吃和穿，他的孩子和一伙男流氓混在一起，为了实施抢劫，在黑夜里多次充当色情诱饵，最后被送到了工读学校。

一个家庭因为各种各样的原因而破裂，而受害的莫过于孩子了。这两个孩子，有父亲却没有得到真正的父爱，家庭、邻里、学校、老师和社会公民应该多关心一些这样的家庭，使这些孩子受到一份"社会家长"的爱。这样也才有可能发现孩子的不良征兆，以达到早期预防的目的。

6. 残缺家庭——缺母家庭——孩子的不良征兆与"社会家长"的早期发现

金兰和哥哥金谷两兄妹原来都是天真无邪的孩子。他们家住某小镇城郊，父亲是石工，常外出做活，母亲在某乡镇企业干活。母亲既能干，又很疼爱孩子们。金兰是1984年进校的初一学生，在小学得到手抄本《少女之心》后，先是惊奇、羞愧而偷偷地看。随着年龄的增长，心理、生理也起了变化。第二年春天，他们家请来木匠做点家具，父亲又外出做石活去了，母亲仍旧上班。金兰一天中午翻找东西，无意中又翻出了《少女之心》，她控制不住自己，就趁父母不在，与来家做活的青年木工发生了两性关系。但事后又感到十分的羞愧和悔恨，可从来没和任何人谈起这件事。

1986年金兰的母亲因工伤去世。金谷小时读书不用功，只读完了小学后就随父亲去做石工。金兰母亲的去世，不仅使兄妹俩失去了母爱，而且给他们的家庭生活带来了变化。她的父亲回家更少了，而且在外染上了搞女人的恶习。父亲不回家则罢，而且一回家往往总要带一个女人回来同居。而且这种女人又不顾廉耻，金兰好几次在大白天就发现这女人和她父亲在床上睡觉。金兰上高中时，因坐骨神经瘫痪而卧床不起，一切生理行为都需家人料理才行，她的父亲也因在外生活不顺心，就干脆待在家里侍候女儿。一天，这个石匠父亲酒后作恶，强行与瘫痪的女儿发生了性关系，之后就再也不可收拾了。金谷回家休息的一段时间，发现他父亲与妹妹有这样的关系，感到恶心、反感，斥责了他的父亲，从此父子俩矛盾尖锐起来。一天晚上，金谷与几个朋友喝酒，无意中把这件丑事泄露了出来。案发后，老石匠才受到了严厉的处罚。

像金兰家的家庭变化，金兰母亲的原单位以及村舍邻里都知道，可是大家对这个残缺的家庭过问得很少。像这样一个缺乏母爱的家庭，尤其需要邻里的长辈女性，学校的女性老师，社会的女性公民，给金兰、金谷这类孩子以"社会家长"的爱抚，发现家庭中的不良征兆，以利做好早期预防工作。

7. 用棍棒教育孩子的危险与不良征兆的早期发现

有的孩子确实淘气，家长发起火来，往往施以棍棒教育，还说这叫孩子不打不成器。但要知道这种教育方法实在需要改变一下，否则最容易造成孩子这个"月亮"脱离父母这个"地球"的吸引，离开轨道运转了。

孩子的成长是有轨迹的，首先孕育于像宫殿一般适宜的子宫，脱离母体后又吸母乳而成长，接下来是从依附家庭向着独立于家庭的方向发展了。有的学者把这个时期的孩子与父母的关系比做"月亮"和"地球"的关系，这是很有道理的。从教育的角度来说，家长对孩子首先要有吸引力，而不是排斥力，才有可能收到使孩子按照正常轨道运转的效果。一般说来，棍棒是排斥力而不是吸引力，最易把开始萌发独立意识的孩子从既想依附又想离开的状态中生硬地被排斥出家庭，因而产生不良的效果。

1975年，某厂职工因妻子多年不育，抱养了江某。孩提时代的江某天资聪颖，活泼伶俐，学习成绩优异，深得他父母的宠爱，并对他寄予了莫大的希望。到了二年级下半期，江某忽然变得好动起来，上课手脚不停地做小动作，学习成绩开始下降。根据老师反映的这一情况，其父加紧了对儿子学习的督促和检查。然后江某在做功课时仍然手脚不停，心不在焉。面对这种情况，其父带儿子去儿童医疗就诊。经医生诊断，确定为小儿多动症，经服药，稍有改善。老师见江某的成绩继续下降，便主动上门介绍情况，要求家长配合。当老师上门或自己去学校接儿子听到老师的反映后，其父显得很不耐烦，对江某进行责备，继而对江某拳打脚踢，试图以惩罚的方式来消除儿子的贪玩心理，使其学习成绩提高。在这种情况下，江某看到一向对自己宠爱信赖的父亲，竟然会对自己大打出手，在感情上就难以承受了。过了几天，当他又在课堂上调皮捣蛋受到老师批评后，便联想起自己的行为老师肯定要向他的父母告状时，因惧怕皮肉受苦，便开始了第一次逃跑，以后又多次逃跑。逃跑期间，当身边无钱而又饥饿难忍时，他就畏畏葸葸地去水果摊旁伸出小手，偷拿水果充饥。第一次得手之后，他尝到了甜头，以后逃跑，一感到肚饿，就照此方法去偷，逐渐养成了偷窃恶习。

1987年，才刚满13岁的江某，竟犯下了偷窃杀人罪。情况是这样的，某日上午上语文课时，老师叫江某背文言文，江某对老师停讲要他背书的做法有意见，就不肯背。下午上课时老师又找他谈话和叫他背书，并要他转告他父亲第二天来学校。他害怕，又逃离了学校。在外东躲西藏，江某又想去偷点东西了。他忽然想起父亲曾带他到住在某路一幢高层建筑里的一个朋友家去过，那家的家具都是全新的，摆设也十分漂亮，估计很有钱，而且白天只有两个女儿在家，比他还小4岁。他来到这人家时，见屋内只有他们的大女儿在家，便借口替父亲来取药，进入房内。后来，将那年仅9岁的小女孩骗到小房屋里，以做"游戏"为名，将她的手脚用纱绳捆扎起来，企图去房间行窃。当小女孩因害怕哭叫起来时，江某怕别人发现，用一块毛巾捂住她的嘴，并且用手勒她的头颈，以致小女孩窒息而死。为了不被人发现，就将尸体塞入小房间的衣柜内，便去大房间，从写字台抽屉里攫取了人民币、国库券、粮票、手表、电子计算器等物，然后逃离现场。

年仅13岁的江某，原先还是一个天真无邪的孩子，怎么在短短几年里蜕变成了一个盗窃杀人犯呢？原因固然是多方面的，但父母对孩子的教育缺乏耐心，由恨铁不成钢的情绪到施之棍棒教育，更是最主要的。所以为人父母者，应戒棍棒教育的方法！

8. 对独生子女教育的偏差与孩子不良征兆的孕发

随着独生子女率的不断增多，独生子女在青少年中所占的比例的增长，出现了一些不容忽视的问题。而其中的核心问题，就是把"独生"变成了"特生"。

应该说，独生子女家庭的物质生活条件相对地较为优裕，而且受父母教养的机会也较多，这是有利于他们健康成长的因素。但是在有的家庭中却使子女成为生活中的"小太阳"、"小皇帝"。父母把他们视为"传宗接代"的命根子，特别地喜欢、偏爱。在这些独生子女身上，家长耗费了全部的心血，希望自己的孩子能比自己过得幸福快乐，缺乏原则地极力去满足他们的各种要求。其结果使独生子女成了家庭中的特殊公民，享受着家庭中的特权，同时也滋长了他们的一些不良习性。这主要有以下两个方面：

一是有娇、骄二气。

由于独生子女在家庭中，长辈、父母都护着他们，即使是不对的事情，只要他们硬坚持，加上一吵闹，父母、长辈也就让步了。对家务事他们从不沾边，自理能力极差，离开长辈、父母一步，他们几乎就无法管理自己，从而形成了娇、骄二气。

二是有任性、自私的个性。

由于独生子女从小就独自享受着吃、穿、玩的特权，以致使他们形成了自己要吃的东西，不给别人吃；自己要玩的东西，不给别人碰；自己想要的东西，非要得到它不可。父母、长辈把自己的情爱毫不吝啬地给了孩子，总是迁就满足孩子的各种欲望，生怕孩子受到一些委屈。他们以孩子的喜为喜，以孩子的忧为忧，致使孩子"以自我为中心"的观念滋长起来，稍不称心就哭闹，而结果又总是得到满足，这样逐步养成了他们任性、自私的个性。

这种任性、自私、娇、骄个性的形成，既与独生子女的家庭结构分不开，又是与这种结构下的家庭教育分不开的。这种结构本身不能改变，只有通过与社会条件相结合，才能改变某些功能作用。这就是一个教育方式的选择问题。若只顺着独生子女家庭结构的优越性去施行教育，就不可避免地培养出孩子那种不良的个性。这种偏差的个性实际就是顺行教育超过了一定的"度"，而滋生的偏差教育的结果，所以必须掌握好"度"。如果确已超过"度"了，就要进行"反差教育"；否则孩子的不良个性，就得不到纠正。

因此，独生子女的家长应该对"三好"、"三差"的"度"把握好。这就是：

（1）生活条件好。但由于家长缺乏科学的育儿知识及孩子偏食，造成身体素质差。因此，要注意做好身体素质上的"反差"教育。

（2）学习条件好。但由于家长缺少科学引导及孩子的娇、骄二气，造成了他们学习习惯差。因此，要注意学习习惯上的"反差"教育。

（3）个性自由发展的条件好、灵敏度高。由于家长缺乏培养，造成了孩子遵纪守法能力差、动手能力和劳动习惯差。因此，要注意孩子动手能力、劳动习惯和遵纪守法的"反差"教育。

9. 好孩子的"偏差行为"与不良征兆的早期发现

在青少年中，有一种具有"偏差行为"的好孩子，因为他们表现好或某些方面很突出，而慢慢滋长起来的偏差行为就被掩盖住了，往往不易被家长、老师和邻居发觉。

有一个叫朱某的少年，自幼天资聪慧，在小学读书的时候，成绩一直很好，在同学中有一定的威信，曾被选为学生代表。升到初中后又连连被选为学生班长。老师、同学和家长都很喜欢他并重视他，这使得他更加重视外界对他的评价，于是便在外面广交朋友。偶然间，他和校外的不良少年交上了朋友。上高中时，他考上了一所重点中学，更加忘乎所以了，和几个异想天开的伙伴离家出走，在路途中因偷窃作案而犯罪。像这样一个在小学、中学都名列前茅的好学生，竟有如此行为，这使得他的父母、老师和邻居都感到十分震惊。

另有一起女大学生被杀而男研究生自杀的案件，这是怎么一回事呢？某某大学的研究生原系某某大学的毕业生。毕业后被分配到实际工作部门干了三年以后，又考上了这个大学的研究生。在一次校际舞会上，结识了某大学的一个女学生。这个女学生聪明、漂亮又活泼，喜欢男学生的沉稳和能力，而男学生喜欢女生的活泼和聪明。但这个男学生比女学生大10岁，而且是离过婚的，这一点女学生倒不介意。但男方不喜欢女方在其他异性面前的活跃表现，并多次向女方提出。女方不同意这个"戒规"，因而发生争吵。尽管男方曾经多次威吓，如果不同意他的"戒规"，则要杀她，可女方碍于面子从来没有向老师、同学表露过不祥之兆，只是在自己的日记本上有所记载。在逼不得已的情况下，这个女学生表示俩人断绝关系，可是男生坚决不肯，一定要对方遵守他的"戒规"，女学生当然不从。一天，俩人约会时又争执起来，男生恼羞成怒，当即把女生杀死，紧接着就逃往某站附近，卧轨自杀身亡。而这位研究生和女大学生就成绩来说，都是学校的佼佼者。对这样的人才的毁灭，无论家庭、学校和社会都无不为之叹息。据查，这个男生中学时代老师的评语，就指明他有好强不纠的行为偏差，并已根深蒂固了。

青年期的心理特征之一是对强者的憧憬，对自己表现欲的发泄等。而对强者的憧憬，有两个方面的倾向：一是憧憬善行，二是憧憬恶行。而对抽烟，对性行为的憧憬，一般都是对恶行憧憬的表现特征。由于这些行为不被社会认可，所以就难免有反感社会的现象的出现。而某种行为偏差严重的人，尽管在成绩上是优等生，也难免会产生犯罪的现象。

再有，少年时期养成的"偏差行为"，如果得不到纠正，到了中、青年时期难免有发展的可能，它不从一种形式表现出来，也将从另一种形式表现出来。所以作为父母者，早期发现自己孩子的行为偏差，予以纠正，是显得多么的重要。

10. 孩子的顺手"牵羊"与犯罪征兆的早期发现

要说小孩子的玩耍，乡村的小孩比城市的小孩往往玩得更有趣味。比如几个孩子结伴去邻家西瓜田里偷吃西瓜，像小猴狲一样爬上邻居的梨树上偷吃梨子，在树上的伙伴摘，在树下的伙伴接，轻得听不见声响。更为有趣的是，几个放牛的小伙伴去偷摘人家山坡地里的豆荚来烧，没有顾上看管牛。结果三头牛的头角都掉了一支，三头牛都成了独角牛，吓得几条小牛乱跑起来。其中一个偷摘豆荚的孩子还被主人抓着了。可是孩子并不把这当做一回事，被偷的主人也不当回事，最多是吓唬吓唬孩子了事。家里人也不当回事，因为都把这些事看成是闹着玩的。

孩提时代过去了，这些事也不做了。进入了少年时代的孩子情况就两样了。但其中也有那么少数少年，把孩提时代闹着玩的某些做法延续下来，进而发展成为"顺手牵羊"。这种"顺手牵羊"当然不是事先有预谋的、有定向性的去偷东西。而是见着别人的什么东西，只要方便，就随便给别人拿去。而且在某种意义上，还有一种职业性的习惯，如所谓读书的人，随手拿书不算偷，学厨的人，顺吃顺拿不算偷，往往没有一点犯罪感。如果自己的孩子这样做了，有些做父母的，也不认为孩子做得不对，对"顺手牵羊"的东西也毫不介意。可是与此相反，不少孩子和家长都能明确地意识到，这种"顺手牵羊"至少接近了偷窃罪行的边沿。按照学者们的看法，也可称得上"潜意识的偷窃"了。因此，有些家长是很警惕孩子这种偷窃行为的。

有一位女学生，差不多每天在黄昏时一定要外出。她的母亲感到很奇怪。一天，母亲追问她常外出都是到什么地方去，女儿只是回答说："我去散散步而已。"母亲见问不出个所以然来，于是，便趁她一次外出之时，偷偷地从后跟踪。结果发现，女儿竟然与一群同学溜进附近的一个很热闹的市场，顺手牵羊偷一些东西，后来，经过家长们对自己孩子的查问，他们都供认了之所以选择黄昏时分去这个闹市，是因为那是一段最紊乱、最易下手作案的时间。就这个案子来说，其实已经不是"顺手牵羊"，而是定向性的偷窃了。因为在主观上她们对偷窃的环境和条件已经有自己明确的选择，尽管还是用"顺手牵羊"的词语来搪塞。另据某某百货公司的经理反映，每年到了年终，来顺手牵羊的特别多，几乎每天都有相当大的损失，而且大多是一些青少年干的。为什么他们都要选择这样一些环境、时间和结伙成群地去干呢？一是人多拥挤容易下手；二是相互之间容易掩护；三是并非大盗而是小偷，就是被抓着了，有的大年龄的孩子还可为小年龄孩子装着"正经"，说说情，或向有关家人通风报信；四是成群结伙，还可以冲淡他们犯罪的心理意识。所以为人父母者，如果能够早些对孩子的"顺手牵羊"行为有所警觉的话，就能防患于未然了。

11. 离婚家庭子女教育中的不良征兆和矫治

以某县的某镇为例，1984年度共有离婚案件10起：共有子女12名。年龄在4～5岁的有3名，6～10岁的有3名，11～17岁的有6名。由母方抚养的有6名，其中抚养得好的有5名，一般的有1名；由父方抚养的有6名，其中抚养得好的有3名，一般的有2名，抚养较差的有1名。抚养教育好的和较好的共11名，占91.7％；抚养教育得较差的有1名，占8.3％。

从该镇10起离婚案件看，子女抚养好的和较好的占绝大多数，这从一个侧面反映了我们社会的风貌。但是，对子女抚养教育较差的虽是极少数，但对子女成长和社会产生的影响却不能低估。从调查中发现，没有抚养教育好子女的有以下几种情况：

只养不管，不履行责任。如该镇××村瞿×和朱×离婚案。瞿×因不堪朱×的虐待而起诉离婚，判决时大女儿由母亲瞿×抚养，小女儿由父亲朱×抚养。朱×经常早出晚归，家里不烧饭，小女儿的生活起居没有保障，加上朱有外遇，对小女儿生活漠不关心，影响了女儿的健康成长。小女儿得了肾炎，朱也不给医治。瞿×得知后急忙为女儿安排就医，精心护理。朱×却说："我抚养的女儿，用不着你管。"又说："你有钱就替她看病。"朱×不愿承担女儿的医疗费用。

把子女看做再婚的累赘，随意"处置"。如某县的黄××和马××离婚时，两人都不愿直接抚养儿子，怕因此而影响自己的再婚。根据双方的抚养条件，法院把孩子判给女方马××抚养。马××怕儿子影响自己重建家庭，就把儿子送给他人抚养了。

又如某县的张××离婚时，女儿由他抚养，但张××再婚后很少回家，把女儿推给祖母（系哑巴），其女儿在思想上和生活上不能约束自己，又缺乏家长管教，经常与一些不三不四的人鬼混，有时深更半夜才回家，老祖母也管不住她，只得听之任之。对这种子女，如不采取措施，很容易陷入泥坑，甚至走上犯罪道路。

所以，任何把子女作为再婚的累赘，或是再婚后放弃对子女的抚养教育，都会对子女成长带来消极影响。针对离婚后子女抚养教育中出现的一些问题和不良征兆，每一个公民从关心全社会孩子健康成长的角度出发，都应尽到一份"社会家长"的职责，帮助解决某些实际问题，及早发现某些不良征兆，以利矫治，有些问题，应在法律、法规中作出规定，以利督促执行。

12. 越轨"镜头"对孩子的不良影响与"社会家长"对净化社会环境的责任

所谓"越轨镜头"是指那些在电视频道以外的，在公园等地现实生活"屏幕"上经常可以看到的男女之间行为越轨的"镜头"。据统计，某市市区共有 51 个公园，在 1985 年一年中处理了各种事件（包括偷窃、打架、贩卖票证、赌博、破坏公物、逃夜、迷路）1432 起，2575 人，其中属于越轨行为者 589 起，1178 人，分别占总件数和总人数的 41％和 46％。有些青少年看了这些"镜头"后，受到不良影响，以致发生性罪错。除公园以外，车站、码头、菜场、绿化地也是青少年看越轨"镜头"的地方。某市火车站这个人口出入集散地，1986 年以来，平均旅客日流量在 10 万人次左右，高峰时达到 16 万人次。其中有很多旅客，由于种种原因露宿街头，有时一日高达 1595 人（其中男 1381 人，女 214 人）。船舶码头和火车站的情况差不多，这些露宿者，男女混杂，有的自称夫妻同被共枕，旁若无人地过着"夫妻"生活，以致有一次一个青年在一旁看得出神，引起冲动，控制不住自己，居然钻进一位单身女性露宿者的被窝里。××中学学生蒋某（12 岁），由于看到越轨"镜头"——性行为的镜头，受到刺激，诱发出试一试的冲动，于是他就找到邻居一个 8 岁的女孩，以"给糖吃"为诱饵，将小女孩骗至新工房无人处，肆意猥亵。

某小学紧靠某公园的围墙。公园的僻静处和树丛中，男男女女的不雅的举动，实在难以入目。开始，学校没有注意到。二楼教学室的小学生，常常偷偷窥探这种现象。后来发现他们看了这种越轨"镜头"，因受其不良影响，有的已做起"小夫妻"来了。学校针对这种情况，采取了加高学校围墙，挡住视线的措施，解决了该校学生受不良举动影响的问题。为了净化环境，防止青少年受到不良影响，每一个家长、每一个老师、每一个社会公民，都应当从关心爱护孩子出发，尽到"社会家长"的责任，提倡行为文明，劝阻、制止有伤风化的行为。治安管理部门对露宿现象也需进行必要的限制和严格管理。

13. 不文明的舞厅、音乐茶座的不良影响与"社会家长"对教育孩子的社会责任

据调查，某市的音乐茶座和舞厅是从 1984 年 7 月开始兴办的，到次年春节，音乐茶座发展到 70 多家，舞厅达 158 家，由于发展速度快，在认识和管理上都不能与之适应，曾经一度处于失控状态，出了不少问题。如：场内秩序混乱，谩骂起哄，讲粗话，侮辱女演员的现象时有发生；有些演员水平低下，作风不正，靠乱扭狂跳，卖弄风情，以迎合某些观众的低级趣味；有些茶座舞厅还发现有赌博、卖淫活动；而有些举办单位不顾社会效益，单纯追求赚钱，对那些有伤风化的行为置若罔闻，以至推波助澜。这一新情况、新问题的出现，引起了有关部门的重视。某市文化局、公安局、工商行政管理局及时采取了措施，制定了管理办法，进行了整顿。目前音乐茶座、舞厅的台风和场内秩序有了明显的好转。

但在个别地方，还发现有跳"三贴"（贴面、贴胸、贴腹）舞的，吹口哨起哄的以及借机搭识搞淫乱关系的。这样的音乐茶座不能给人以休憩、愉快的娱乐或艺术欣赏，它不是青少年陶冶性情、增长知识，提高欣赏水平的场所。

可是现在有些中学生也出入于这种场所。有的晚间借口到同学家去复习功课，其实是三五成群邀约一起去舞厅、音乐茶座。他们为了使家长不产生怀疑，离家时还是穿着普通衣服，可是进舞厅、音乐茶座前，就在近处借用人家的"宝地"，换上自己早已准备好的舞装。女孩子们还备有随身带的化妆品。这种化妆品，往往是藏在书包里。父母一般当然认为书包是装书的，不会怀疑藏有化妆品。孩子们的这些行为，单从家庭中的父母角度比较难于发现，而作为关心孩子成长的"社会家长"来说，这就是可以亲眼目睹的了。

音乐茶座、舞厅适应了当前一些群众的业余生活需要，可以存在，但要加强管理，积极引导；对于中、小学生和未成年的社会青年在这方面更应该严格管理。

### 六、青少年犯罪的产生、形成及家庭早期预防的特殊功效

早期预防犯罪的最佳标准，对于社会中的个体来说，就是防止个体不要产生犯罪行为。这种防范，虽然对整个犯罪的群体来说，是不可能做到的，但如果做到了，那就等于彻底消灭犯罪了。但是就个体来说，是可能做到的。而且应该做到最大限度地减少个体犯罪的产生。

人的个体是从家庭中产生出来的，尽管试管婴儿诞生于试管之中，但也可认为这是一种现代化了的特殊的家庭模式。既然人首先是以家庭的方式而产生而存在，因此人的善行与恶行自然在家庭的模式中发端出来，而且得以孕育或者得以止息。

犯罪行为当然是整个社会所生的恶胎。但社会是由各种细胞组成的，家庭自然是社会中不可缺少的一种细胞。因此，我们有必要把家庭防范放在十分重要的地位来研究。而对于早期防范来说，则更是如此。

不过对家庭孕育犯罪的研究，不能脱离社会总体来孤立的研究，而必须纳入社会的总体之中；否则这种研究，会变成无源之水，无本之木。

#### （一）青少年犯罪产生的源与流

少年儿童虽然幼小的生活圈子主要在家庭中，即植根于家庭。但是他（她）们的犯罪之源，从宏观的社会因素来说，却并不在家庭，而是在于整个社会。

什么是犯罪的社会之源呢？人类的社会需求与社会满足之间产生的这种矛盾运动，产生出了以私人占有为手段而达到目的满足的社会方式，我们简单地把它概括为私有制的满足方式。很显然，这就是以一部分人的满足来剥夺另一部分人的不能满足。很显然，私有制就成为犯罪之源。从奴隶社会到资本主义社会，其犯罪之源都源源不断，那么社会主义社会还存在犯罪之源吗？社会主义是从旧社会脱胎出来的，带有资本主义、封建主义的痕迹和影响。如我国的社会主义也就是在这样的社会基础上的产物。因此，社会主义的初级阶段，不可能彻底消灭私有制；相反，在一定意义上，私有制经济在这个阶段内，还需要有相当程度的发展。显然，不可避免地还要存在着一定程度的犯罪源。

所谓犯罪源，是指在私有制存在的前提下，因私有制生产关系而导致产生的"源发性"犯罪的代称。与此相应的概念，就是犯罪流的概念。所谓犯罪流，是指新社会脱胎于旧社会之后，旧社会的某些犯罪因素，必然流入新社会的一种历史现象。这些犯罪因素，与现实的某些条件相结合，而导致"流发性"犯罪的产生。所以犯罪流也就是"流发性"犯罪的代称。

犯罪流按其种类来分，可以分为以下四种：

（1）"人流"

一个新社会从旧社会脱胎诞生出来，并不等于从旧社会来到新社会的人都脱了胎，成为一代新人。某些在旧社会的渣子，来到新社会后并没有改恶从善，而是继续其犯罪活动；随着时间的推移，旧的犯罪分子虽在不断消失，但新的犯罪分子也在不断地滋生出来，因而形成犯罪的人流，犯罪人流与一般人流既相联系又相区别。所以要对犯罪人流进行研究，也离不开对一般人流的研究。

（2）"意识流"

在我国，社会主义的意识形态虽然占主导地位、统治地位，但是并不等于就排除了流入新社会的封建的和资本主义的"意识流"。因为意识形态具有相对的独立性，它并不随着自己赖以存在的经济基础的消失而立即消失。例如，几千年来，从意识长河中流下来的在中国历史上占统治地位的封建专制思想、特权思想、家长制思想、男尊女卑思想，以及资产阶级的货币（商品）拜物教、投机诈骗、唯利是图思想等，时至今日仍对我国的政治、经济以及整个社会生活的各个方面起着严重的腐蚀作用，成为滋生犯罪的意识形态。"意识流"是意识流动的简称，因为犯罪意识流与一般意识流既相联系又相区别。所以，我们要研究犯罪意识流的流动规律，也就不可能不对一般意识的流动规律有所研究。

（3）"经济流"

虽然经济关系中最根本的关系是所有制关系，但是经济运动的发展规律，也不是所有制层次就能代替各个层次的运动的。上一社会经济运动层次中的弊病流向下一社会中来，这是不以人们的任何主观意志为转移的。纵然我们可以说，社会主义以公有制代替了私有制，但是也代替不了生产力自身的发展水平。比如从我国的社会主义现状来说，它就改变不了旧社会遗留下来的社会生产力发展不足的问题，而造成人们在社会政治、经济地位上的巨大差别，和社会事物中严重的不公平现象。本来在公有制的旗帜下，劳动是唯一的经济来源。但是，由于旧社会遗留下来的各种弊端像绳索一样缠绕着人们，因而新社会对劳动的开发并没有能与社会发展的进程相适应，没有能把劳动由"体力型"推进到"智力型"的发展进程中来，而且也没有能把适应社会需求的各种形态的劳动置于社会公平的地位上来。那种独尊从事政治职业的劳动，压低其他所有各种社会形态的劳动价值的恶习，这本来是封建历史长河中行政官职独尊的恶习，却并没有在新社会断绝，因此把一代一代人的注意力引向政治舞台的争名夺利的拼搏中去，因而严重阻碍了社会生产力的发展。由于发展社会经济的各种劳动形态的价值地位的低下，也就自然抑制了各种劳动形态源泉开发的活力，因而也就抑制了社会经济按其自身规律发展而由此跟不上时代的步伐。长期以来，抽象地讲调动积极性较多，很少着眼于解决劳动的价值地位问题，因此，这种劳动积极性，也始终没有变成真正被调动起来了的积极性。然而党的十一届三中全会后实行的一系列的重大方针政策，开始了对这种中国历史上几千年来，解放后几十年来的经济弊端的医治。这在某种意义上来说，也是对经济犯罪流恶习的清洗，它必将促进社会各种劳动形态取得自身应有的价值地位，也必将抑制某些劳动自身本来价值的"超价值"地位，更会抑制惟官独尊、官贵民贱的已经远远过时了的阻碍社会前进的社会价值观。经济犯罪因素的流动与一般经济发展因素的流动是既相联系又相区别的。所以，我们要研究经济犯罪流的流动规律，也不能不对一般经济运动的规律进行研究。

（4）"制度流"

旧的国家制度被摧毁之后，新诞生的社会主义政治制度，表现出了强大的生命力和极大的优越性。但旧制度的某些"碎片"，仍然没有以人们的意志为转移地流到了新社会，而且附生在新制度的肌体上，随着新生的社会制度机器的运转而运转。比如在我国，几千年来的封建世袭政治制度虽然被粉碎了，但是受这种世袭观念的影响，而且由此自然形成的干部终身制度，却在新诞生的中华人民共和国的干部制度体制上附生了三十多年。又如官僚主义制度本来是封建国家政治制度的恶性肿瘤，其工作取向是只对上司负责，因为官的权柄是上司授予的，如果说某些当官的人对老百姓还办一点事情，那也是良心发现而对老百姓的莫大恩赐和施舍。由于这种恶性肿瘤的细胞流入了新的社会主义政治制度中来，且某些干部身上又患上了这种难治之症。几十年下来，在不同程度上又渐渐滋生起制度上的官僚主义，人民无权制约干部的为所欲为，致使权力大于法律的悲剧在"文化大革命"中上演，并达到了登峰造极的程度，而且这种制度至今也并不可能就流尽了。由于旧的制度流与新的社会制度既相联系又相区别，因此在研究社会主义制度本身发展规律的同时，决不可忽视研究酿造犯罪的旧制度"碎片"的规律性的流动。

在我们党和国家的领导下，现阶段所进行的重大的经济、政治以及相应的各方面体制的重大改革，无疑将对各种流弊进行逐步的革除，从而使社会主义的新生机体按照自身的规律得以健康的发展。

从纵向看，我国有这样四种犯罪流的流动。从横向看，国际上也有四种犯罪流的流动，只不过其内容和形式不完全一样罢了。而纵向四流可谓"内流"，横向四流可谓"外流"。在当今世界因"内流"与"外流"的交汇作用，而导致各种犯罪的产生，也是不以人们的主观意志为转移的客观规律。

社会中存在的犯罪的源与流，即是整个犯罪赖以产生的源与流。毫无疑问也是青少年犯罪赖以产生的源与流。然而人是有年龄段之分的，在分段研究犯罪产生的问题上，少年段乃是最基础的一段。因此，少年段犯罪的产生与青年段犯罪的产生，中年段犯罪的产生与老年段犯罪的产生，在梯级层次

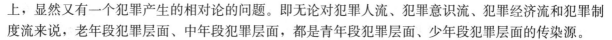

上，显然又有一个犯罪产生的相对论的问题。即无论对犯罪人流、犯罪意识流、犯罪经济流和犯罪制度流来说，老年段犯罪层面、中年段犯罪层面，都是青年段犯罪层面、少年段犯罪层面的传染源。

关于犯罪源流的相对化，既可以从纵向的相对源流来研究，又可以从横向的相对源流来研究。具体落实到犯罪实体来说，既可以从一国之内的微观比较犯罪源流来研究，也可以从国际范围内的宏观比较犯罪的源流来研究。

（二）一般犯罪形成结构

青少年犯罪的源与流和青少年犯罪的形成结构有着密切的关系。这就是指源与流的因素，在犯罪形成结构中是一种决定性的因素，即它是犯罪形成结构中客观因素的基本内容。

一般犯罪的形成是多因素综合性组合的结果，而不是由单因素决定的。其组合方式，可以以横向面与纵向面的交合构成来表示。

1. 个犯综合结构形成的横向方式

（1）犯罪因素。

犯罪因素，是对犯罪的成因和犯罪的条件的总称。所谓犯罪原因，是指直接引起犯罪者的动机和目的的那部分因素。所谓犯罪条件，是指犯罪者赖以实现其犯罪动机和目的的另一部分因素。犯罪形成条件的科学的分类是两大类，即犯罪的客观因素和犯罪的主观因素，并按其性质的不同和作用大小，又具体地分为以下四种：

①犯罪客观原因。犯罪的客观原因，就是各种犯罪流的客观存在，其中包括作为先进的社会主义制度的内体本身，在胎孕中得来的和本身功能还不完善产生的导致犯罪产生的因子的所在。

②犯罪主观原因。犯罪的主观原因，就是主体自身潜藏着（指犯罪"意识流"内化成主体的意识及其积淀）的某种反社会的犯罪心理意识。在我国社会主义条件下，就是违反社会主义法规，蔑视甚至反对社会主义秩序的某种心理意识。

③犯罪客观条件。即有利于犯罪行为得逞的某种人为条件或自然条件。

④犯罪主观条件。即是指主体自身的生理特点和身体素质的条件。

（2）犯罪主观原因与客观原因的相互交合。

在个犯形成的两种原因、两种条件中，首先的也是具有决定意义的是两种原因的结合。所谓两种原因的结合，也就是犯罪客观原因与犯罪主观原因的相互作用。恩格斯指出："相互作用是事物的真正的终极原因。我们不能追溯到比对这个相互作用的认识更远的地方，因为正是在它背后没有什么要认识的了。"[①]犯罪主观原因与犯罪客观原因相互结合，其方式为：①主观不良因素主动地与客观不良因素相互结合；②客观不良因素主动地与主观不良因素相互结合；③主、客观不良因素各自都主动地相结合。这种结合，是"同性"结合，而不是"异性"结合。这种同性选择结合方式不仅表现在不良因素与不良因素之间，也表现在良好因素与良好因素之间。因此，这就不可避免地会产生良好因素的同性选择结合与不良因素的同性选择结合之间的对立面的斗争。而斗争的结果，必然产生三种不同情况：①良好因素的结合战胜不良因素的结合；②不良因素的结合战胜良好因素的结合；③良莠二种因素结合斗争的胜负暂时难分。从主体的行为表现来看，第一种情况不会产生出犯罪行为，甚至有的还表现为同犯罪行为作斗争；第二种情况，则具备了产生犯罪行为的必然性；第三种情况，因结局未定，故既存在产生犯罪的可能，也存在不产生犯罪的可能。综上所析，个犯的形成，首先必须要有犯罪交合原因的形成。

（3）犯罪交合原因向犯罪行为的转化。

犯罪交合原因的形成，则具有产生犯罪的必然性，但是必然性并不等于现实性。要将必然性转化为现实性，就要有转化的条件。对于个犯形成的结构来说，这个转化条件就是犯罪客观条件与犯罪主

---

① 《马克思恩格斯选集》（第 3 卷），人民出版社 1972 年版，第 552 页。

观条件的具备，也就是说必须形成交合条件。当然，对于已经形成了交合原因的个体来说，总是会去寻找交合条件的机会的。反过来说，也只有交合原因与交合条件相互交合，才能最终实现犯罪行为的产生。

2. 个犯综合结构形成的纵向过程

（1）需要，在犯罪因素的作用下会形成犯罪的动机。我们知道，需要在不同因素的作用下，就会形成不同的动机。在我国，主体如果是在社会主义的道德规范和法律规范的作用下形成的需要动机，是正确的动机；在犯罪交事原因的作用下形成的需要动机，则是犯罪的动机。

（2）犯罪动机。犯罪动机决定了犯罪故意，而犯罪故意又决定着侵犯客体的性质。行为侵犯某一个客体（即某种社会关系），是由相应的犯罪目的决定的，而犯罪目的同犯罪动机又是紧密相连的。如主体非法的金钱动机，就决定了实施行为是将公私财物占为己有；主体的强奸动机，就决定了实施的行为是侵犯妇女性的自贞权利；主体的杀人动机，就决定了实施的行为是剥夺他人的生命等。所以，什么动机决定什么故意，就决定行为侵犯什么性质的客体，也就产生什么性质的犯罪。

（三）青少年犯罪的形成结构

青少年犯罪的形成结构与一般犯罪的形成结构相比，从构成要件的能动过程来看，是完全一样的。但是，在同样需要构成要件和能动过程中，因青少年的生理条件、心理因素与中、老年人相比还是处在未成熟阶段，即处在相对的低级层次阶段。因此，少年犯罪结构的形成，就有重大的层次上的区别。这主要表现在以下方面：

1. 从形成犯罪的横向层面上看

（1）犯罪的主观原因与其自身知识的贫乏，不成型的思想意识观念，对社会的无知幼稚，独立意识的萌发，与自我独立条件还不成熟的矛盾等等，有着密切的关系。

（2）犯罪的主观条件与自身的生理发展阶段密切相关。衣、食、住、行、学、乐的各种生活学习环境和条件，都主要受其家庭和所处的小社会环境的安排和制约，自身刚刚具备或不完全具备或根本不具备改造环境的行为能力，往往模仿好的则好，模仿坏的则坏。

（3）上述犯罪客观原因和客观条件，对青少年犯罪形成的作用，较之中、老年人犯罪就大得多。青少年犯罪的形成，其主观原因、主观条件与客观原因、客观条件所起的作用相比较，往往是客观原因（即客观存在的犯罪源流规律的作用）和客观条件起着决定性作用。

2. 从形成犯罪的纵向层面上看

青少年阶段在人生的各种需要上，都是从"零"开始向着1，2，3，4，5……的数列，不断增多、增强和发展的。尤其是对衣食的质和量的需求、娱乐活动的数量和质量的需求、性意识的开始萌发和达到需要，求知的欲望和人际交往的需求等等，表现更为突出。这四大供与求的矛盾，如果处理得不好，一旦受到横向层面犯罪交合原因的作用，就可能产生犯罪的动机；加之人在青少年阶段，其情绪的特征，既丰富多彩而又变化多端，且自身又缺乏一致性和抑制性，自然属性较之中、青年人所占成分更多一些。因此一般说来，其感情与理智相比，感情往往比理智起的作用更大。

上述分析表明，青少年犯罪的形成结构与一般犯罪的形成结构，既有相同的结构要件，又有不同的结构层次。因此，治理青少年罪错的问题，既是一个与成人相同的问题，又是一个与成人不同的问题，不能一锅"煮"。

（四）家庭在青少年犯罪早期预防中的特殊功效

青少年犯罪的形成结构与青少年犯罪的预防有着密切的关系，因为产生犯罪的条件与治理犯罪的条件，总是同存在于一个社会的系统之中。每一个犯罪主体都是把供自己犯罪的条件结合起来，为自己所用，以形成其犯罪实体。治理犯罪就是把这些条件给分离开来，而且是一一加以消化其害的结果。而犯罪预防工作，就是消除这种弊害的重要手段。早期预防就是对其弊害的早期消除，青少年犯罪的早期预防，是对青少年犯罪因素或者说条件的早期消除，是减少青少年违法犯罪的有效途径和基本的手段。

所谓青少年犯罪的早期预防，是针对青少年犯罪形成的特点，抓早、抓小，并对青少年的违纪违规、劣迹、轻微违法等行为，发挥家庭、学校、单位、社区、政法等各个部门各个方面的力量，发挥教育、文化、行政、法律、经济等职能的多功能作用，并采取相应的措施，矫正、抑制、转化、疏导、防范青少年劣迹和违法行为的严重化，把青少年犯罪消化于发端之时，从而达到预防和减少的效果。

在青少年犯罪的早期预防中，各方面的社会职能都能发挥出自身所能发挥的功效。而家庭职能在青年段尤其在少年段犯罪预防中，无疑能发挥出特殊的功效。这是因为有以下几方面的关系：

1. 早期预防的功效，与预防主体同被预防客体之间的相距的亲密程度有着密切的关系

家庭是建立在婚姻和血缘关系基础上的亲密相处的共同生活的社会基本单位。我们的数亿家庭，不仅抚养、教育了广大青年，为社会输送了有生力量，同时为保障社会生活的正常进行，发挥了重要作用。大量事实表明，家庭教育的好坏和家庭结构弊端的有无，是青少年有否产生违法犯罪行为的重要的原因之一。

从预防主体父母及长辈，与被预防客体孩子之间的关系来看：一是相距的距离最近；二是相互的关系最为亲密；三是这种预防主体本身具有血肉相连荣辱与共的无限责任感；四是因为父母子女的关系至亲，因而感染力和接受力也最强。

2. 早期预防的功效，与预防主体同被预防客体之间所能达到的防微杜渐的密切程度，有着密切的关系

家庭与学校、社会的不同之处，在于成员间有其朝夕相处的寓所，是以息息相关的大量日常生活来相互联系着的。这往往是在不知不觉的、间接的、潜移默化的情况下，起到教育作用的，如它灌输行为准则，指定生活目标，进行社会规范教育，培养社会角色，都是以不同于学校、社会教育的形式进行的，它具有熏陶性、早期性、天然性的特点。对于早期预防来说，它能起到学校和社会都难于起到的防微杜渐的作用。

3. 早期预防的功效，与预防主体同预防客体之间所能达到的最大限度的早期程度，有着密切的关系

犯罪青少年中不少从小沾染恶习，这或与父母兄长的不良熏陶有关，或与家长未能及时发现，未能有效地防止、制止有关。而这种恶习一旦自小形成，其后的改正便有很大的困难。因此，对违法犯罪的征兆来说，发现得愈早愈好，能做到最大限度地早发现、早预防的，对孩子来说，莫过于父母兄长了。

那么，家长在青少年犯罪早期预防中，如何发挥其特殊功效呢？这主要从以下三大作用上来发挥：

（1）发挥预测子女是否可能犯罪的特殊功效。

子女在家庭中生活、学习，与父母朝夕相处，其一举一动、一招一式都在父母的视线之内。子女在违法犯罪前一般都有征兆，在认识上、情绪上、行为习惯上，父母就要抓在前面，做好教育疏导工作。但要注意的是，正因为父母与子女朝夕相处，可能会忽视子女的一些反常行为，或采取简单的常规的教育方法，这就很难发挥特殊的功效。

在方法上，采用观察法、谈话法、调查访问法。所谓调查访问法，即在观察和谈话中发现子女有反常现象，即对子女所在的学校、教师、同学或小伙伴进行调查访问，进行综合分析，发现问题，以利于及时采取预防措施，做好预防工作。所谓谈话法，即父母可以经常与子女有目的地谈谈学习、生活、交友、理想等方面的内容。从谈话中可以了解到子女的想法、情绪和行为倾向；同时对这些想法和行为倾向进行预测性分析，如有不良行为产生的可能，则应及时做好疏导工作。所谓观察法，即指父母在日常生活中，要细心体察子女在言论、表情、行为、习惯和人际关系等方面有无反常现象。当发现其有反常现象时，就应该细心地分析原因，以针对问题进行妥善的解决。

（2）发挥干预、控制和制止子女犯罪的特殊功效。

当其子女的不良征兆和劣迹行为被发现以后，做父母的应该有一个正确的态度。这个态度就是要做到"三要"和"三不要"。所谓"三要"，即要冷静对待、要耐心帮助、要措施有效。所谓"三不要"，即不要听其自然、不要隐瞒庇护、不要棍棒从事。具体说来，应从这样几点着手做好干预、控制、制止子女犯罪的工作：①做好思想疏导工作。犯罪总是有动因的，思想工作要针对犯罪的动因进行，把子女不正当的需要和欲求引导到正当的需要和欲求上来，并且在可能满足的条件下尽可能地给以满足。②做好行为引导工作。当子女思想还不稳定的情况下，要引导子女不要跟不三不四的朋友交往，要遵守作息制度，要加强良好的亲友和良朋之间的往来。③做好子女起居环境的净化工作。要尽可能给子女提供健康的书籍阅读和陶冶性情的良好环境，对于身边的不健康书刊要收缴起来，对于可能引发暴力的物品要及早收缴。④如果子女已开始预备或着手进行违法犯罪，父母就必须依法从事。首先应立即制止犯罪，接着应劝其子女或带上子女去司法机关自首。从根本上来说，是父母对子女的爱，而不是对子女的害。

（3）发挥促使子女转化、更新、改邪归正的特殊功效。

子女违了法、犯了罪，作为家中父母来说，没有不感到难过乃至痛心疾首的。但既然已经如此，从遵从国家法律和爱护子女的角度来说，父母都应该做好子女的转化、更新和改邪归正的工作。而且家庭的亲情血缘关系，对于做好这一工作是会起着特殊功效的。作为青少年违法犯罪的轻重程度的不同，在处置上也是各异的。对一般城市来说，一般违法送工读学校，轻微犯罪交少年犯管教所，严重犯罪的判刑入狱。面对这三种情况，家庭作用发挥的大小及其所采取的方式，显然是不可能一样的。应该针对不同类型不同对待。但是功能作用的发挥也不乏共同之处。这起码有三：①建立信任。父母应该相信违法犯罪的子女能够改好，并以实际行动为孩子的改邪归正创造出良好气氛。②启发自觉。转化工作的重点是思想转化，父母对违法犯罪的子女要通过各种方式动之以情、晓之以理，以促成转化。③持之以恒。转化工作是一个痛苦的长期的转变过程，从思想转变到行为转变并非轻而易举，做父母的不能操之过急，必须持之以恒，才能最终奏效。

总之，家庭在青少年犯罪早期预防中特殊功效是很大的，所以要将其功效充分地发挥出来。

（《论青少年犯罪的早期预防》系作者 1985—1989 年在华东政法学院青少年犯罪研究所、上海人民广播电台、四川人民广播电台开设讲课和讲座的教材）

# 第九十四篇　　"理"与"实"之间的飘渺

## ——与王牧君共品犯罪学之"茶素"

### 肖剑鸣

（福州大学法学院教授）

注：奔津门赴"海河论坛"之约前，突获"犯罪学茶楼"楼主皮艺军教授约稿，并叙及《青少年犯罪问题》主编姚建龙君催稿，于是匆匆翻阅了几份载有当今"中国犯罪学研究会"领军主帅王牧会长的文章，[①] 顿生与王牧君共品犯罪学"茶素"之念。无奈行色匆匆，只好招来亲授弟子翁连金趋舍下共品其味，并叙其将鄙见与共识形成如下浅识，可视为离开犯罪学科坛十年、复出之后在国内犯罪学重量级刊物上向犯罪学诸君先"露个脸"，请学界同仁赐教，并期待王牧君的回应。

犯罪学研究必然要处理好理与实的关系。在这一对关系上，倘释理为上、为理而理，抑或为实而实、以实代理，都将陷入理实不符的陷阱，令读者遐思冥想也无法感受、认同。由此，笔者生发出如下五个问题，以求释疑。

## 一、"求真"还是"追新"？

"追新"精神诚然可贵，但学术研究"求真"方为根本，"追新"的前提只能是"求真"，否则一味"追新"，甚至步入"险奇"之境则不见得是好事。"新"有两类：一是具有生命力的新事物，二是徒有其表的新花样。对于学术而言，前一种是具有科学内涵的，后一种不具有科学内涵，而且可能是谬论。不具有生命力的"追新"显然是不值得推崇和倡导的！况且作为"一个认真的学者"，其真正具有科学价值的探索本身就是一个过程，不存在所谓"新"与"旧"之分。既然是过程，其中也就必然夹杂着新与旧两种科学意识、观念、理论和方法的相伴相生，既有新的思维萌生，也会有旧的僵尸之复活，并于一科，以"新的面孔"呈现。所谓"新的探索"和"新的过程"是在探索中自然证伪之后的产物，而不应是人为牵强的廉价的吹捧。

## 二、犯罪学是对刑事学科起"指导作用"的"源头学科"吗？

若如此，那便意味着犯罪学乃刑事学科的"马克思主义"了。然而，犯罪学岂能担当得了指导刑法学之重负？犯罪学与刑法学、其他刑事学科之间并非指导与被指导的关系，而实乃交叉渗透、相互支持之关联。也就是说，犯罪学是刑法学的交叉学科，刑法学也是犯罪学的交叉学科。犯罪学对于刑法学的作用大概就在于其对犯罪本质和规律的揭示为有关犯罪化与非犯罪化、刑罚轻重设计的刑法学研究提供了理论支持。因此，要说犯罪学与刑法学的关系如同"经济学和经济法学之间的指导与被指导的关系"，那显然是站不住脚的。值得说明的是，即便在经济学与经济法学的关系上，二者之间也不是指导与被指导的关系，经济法学仅乃法学与经济学的交叉学科矣！

---

① 文内所涉王牧先生文字，均见诸《刑事源流论》（夏吉先著，法律出版社2005年版）之"序二"；《青少年犯罪问题》2011年第1期，编辑部文章：《犯罪学期刊的使命与担当》与岳平：《功利追逐与价值回应》。

### 三、"犯罪学是刑法学之外的东西"吗？

如前文所言，犯罪学与刑法学关系甚密，它们之间交叉渗透、相互支持。换句话说，犯罪学既在刑法学之内，又在刑法学之外。一方面，犯罪学不但要研究犯罪原因这一学科重要乃至核心的问题，同时也要思量既定犯罪、法定犯罪、对犯罪人量刑惩罚等诸多刑法学领域的问题。从这个视角看，可以说犯罪学是在刑法学里面的。另一方面，犯罪学不仅要研究对犯罪人定罪之后如何处置，还要研究为什么会犯罪，以及对犯罪的预防、对犯罪现象的社会调控。这是刑法学所包容不了的。在这个意义上讲，犯罪学又是在刑法学之外的。

### 四、犯罪学存在边缘化的问题吗？

从犯罪学的内容和方法上看，犯罪学是一门涉及法学、生物学、心理学、社会学、经济学等多学科的边缘学科。作为一门独立的学科，犯罪学在整个学科之林中无所谓边缘化的问题。若要说边缘化，犯罪学学人倒存在被边缘化的窘境。这恰恰是值得犯罪学学人深刻反思的。要摆脱被边缘化的局面，就要看犯罪学学人是否能拿得出犯罪学研究精品，拿得出被社会广泛认同的成果，为犯罪学创造一个良性的生存空间。

### 五、犯罪学的学科定位应是"研究整体犯罪现象的科学"吗？"犯罪现象"能够成为"犯罪学对犯罪规律的全面研究"吗？

大体上讲，犯罪现象、犯罪原因及其规律和犯罪防控对策构成了犯罪学的研究范畴。犯罪现象是犯罪学研究的起点，然而，犯罪学难道仅止步于犯罪现象的描述足矣？透过犯罪现象找寻先在的犯罪原因，揭示犯罪现象的本质和规律，才是犯罪学的根本。倘若仅仅研究犯罪现象，恐怕不足以使犯罪学成为一个独立的学科吧！再者，犯罪规律是潜在的，而且往往潜得很深，所以毕竟还是要在透过犯罪现象深入揭示犯罪本质后才能获得的。①

---

① 注：据编者所知，王牧未对肖剑鸣回应。

# 第四编

## "源流论"对自然、社会、人生研究中的身影

【案语】案语系案头语的简称。一年一度的韬奋（邹韬奋）作文大赛，已成为华东政法大学学子们的笔铸春秋，书写青春的平台。笔者的书案上，摆着《华政报》2012年10月31日出刊的第248期（总570期），专载《第十九届"韬奋奖"作文大赛的题目是"流"，获奖者们对"流"的解读和描写，可谓力尽文学百态。然而，笔者从36篇一等奖、二等奖、三等奖的文章中，读到了很多内涵，特别是作者们对自然、社会和人生感悟的火花很是得益，因此也尤为高兴！同时，他们的感悟亦与笔者产生了某种思想层面上的共鸣，且与《华政报》主编、党委宣传部欧亚部长商量，把他们的文章转编为本书的"第四编"了。

可说是在三十年前，笔者时在上海市高级人民法院（地处上海外滩福州路宝地）工作之时，工余间常去外滩观看黄浦江流，引发其溯源的思路，结合作法官、教授、律师的工作实践，形成"源流论"概念用于专门研究犯罪层面的问题，历时数载，今日可谓有其一得。然而"源流论"从理论上言，它并非只适用于犯罪层面上的研究，更广阔无限的时空还是在自然、社会、人生的层面和领域。换句话说，用"源流论"去研究自然、社会、人生之哲理，乃是更为壮观无限的。

为此，现将《第十九届"韬奋奖"作文大赛获奖名单》、《第十九届"韬奋奖"作文大赛优胜奖名单》及其相应的作品列后（文章标题为编者所加），以餐广大读者。

# 第九十五篇 安丽论"流"

安 丽

在这繁芜世界，时间是一切事物背后静静涌动的暗流。它低调地华丽，低调地残忍，从不多说什么，偶尔张牙舞爪吓唬路人，权当永恒之中转瞬即逝的水珠溅出罢了。不说，不代表不知道，不代表不掌控。

昏暗光线，颓靡音乐，艳俗妆容，谄媚舞步，疯狂从每根发丝进出，向着这欲望都市做出诱惑和隐隐的无力的挑衅。时间流到这里，染上了艳丽的，倦怠的，污浊的色彩那是盲目而无奈的，空虚却得过且过的，舞娘在阳光灿烂的日子里拉紧窗帘，劣质的化妆品下粗糙、麻木、孤独、衰老。城市的热闹，插着翅膀的资本、金钱挨个敲门道早安，但这一切与她们何干？生已至此，源已断流，困于此潭，颓靡得望不到前方。

狭小车厢，红灯绿灯刹车方向盘，永远是看着前方，身后的客人换了一批又一批，各式各样的人生似乎都品尝了一通，只见得一样的倦！直道弯道大路小径，走过 N+1 公里，却永远走在别人的路上，去别人的彼岸，然后他们下车，然后他们离开，然后又放空自己。出租车司机们，时间流过时你们看见了吗？还是你只是在看着红绿灯和计价器？卑微让前方不过是他人的前方。

写字楼里西装革履、颐指气使的人又如何？不过是高调的时间杀手罢了。时间之流在人间晃荡，探头探脑，只觉得自己愈发地浊了、钝了。人类依靠化学药品，依靠厂房设备让污水变清澈，或者说貌似清澈，但时间这大河却只愿人类的灵魂抚慰而已，许是来错了地方吧！

没有征得我们的同意就让我们来到世上，没有征得我们的同意就塞给我们一生的时间，没有征得我们的同意就让花花世界瞎了我们的双眼、聋了耳朵、残了手、跛了足、障了智、浊了心，像这样蛮横无礼地赐予！即使每一个夜幕降临、月满中庭的日子里也听得见血液在体内轰隆隆浩荡流过的声音，摊开手心掌纹绵延也看得见前世今生时光牵起的传承，但天性的默默无闻、追逐身外物的麻木孤独……时间流过我们的双手，我们看见皮肤枯黄、皱缩，血管暴起，我们痛，可我们在被一股更强大的流推着、冲刷着，跌进万劫不复。

人之初，性本善。性相近，习相远……时间不说，可是它知道，它掌控。疏忽间沧海桑田，无视这滔滔大流的，都被它吞没在无人关切的曾经了。

这绝望的流。

**评语：**

*二十岁左右的年纪，却有如此细腻的情感和通透犀利的眼光，在时间之流中，她分明想要把握住自己，把握住自己的人生，所有才有面对现实的伤感和沉痛。跳动的思维和笔调却透出活跃的生命脉动，如同青春的舞步。好文章！*

（王晓骊）

# 第九十六篇　严文君论"流"

严文君

生命是动态的，因为血液在流淌；生活在前进，因为时间在流淌。无论我们承认与否，我们每天都跟着一股暗流飘向不同的方向，正是因为这样，流动的生命才充满生机，流淌的生活才丰富多姿。

"流"本身就是一种状态，若说我们每个人都在漂流，那么每个人方向各有不同，有些人试图去控制自己的流向，每一天的流动都为了最后唯一的终点，这些人有目标，有干劲，生活却缺乏随意性；有些人则从未注意过自己的流向，但并不意味着他们的生活可以随意支配，他们知道什么使自己愉悦，只要放松自由地流淌，没有明确的目标和方向，都是绝对的自由。我们中大多数人的生活都在以上三类内，每一类人看另一类人都可以报以羡慕之情或者干脆嗤之以鼻。其实我以为，没有哪一种生活方式是错误的，我们也没有任何理由去对别人的状态指指点点，因为历史本来就是一股洪流，我们每一个都会被淹没、掩埋。谁能去界定成功与失败的边界，既然不能，我们也不能界定谁的生活状态是对是错。

所有，当目前的社会提倡的主流思想是设定目标，早做准备，那些没有目标，不做准备的人就被认作是没有上进心的"失败"的人。虽说"预则立，不预则废"，但并不意味着我们就要按设定的方向走，正如之前所说，生活是一种向前流淌的状态，无人可知未来是什么，往往设定太多，就是违反了生活自动漂流的本质。最尊重生活自动流淌本质的那些人，他们的精神为我们所欣羡，如不受世俗所锢的李白，"明朝散发弄扁舟"；看穿苦闷生活的苏轼，"我欲乘风归去"；还有只愿归隐田园"采菊东篱下"的陶渊明，他们都没有按时俗设定的那样决定自己的生活流向哪个固定方向，但都有一个特点，就是任由自己随生活的流淌而流淌，不强求，却懂得了生活的本质。

有人说，活着只是一种状态，本来就没有特定的意义，只是我们刻意地给它冠上一个名义，才失去了许多乐趣，也使它原本的含义模糊不清。我们欣羡溪水清澈能自由自在的流淌，也赞美百川归海时那浩瀚的气势，其实我们忽视了自己的生命也和它们有一样的特性，那就是动态、流淌。如果我们正视自己的生命流淌的本质，让它顺其自然地流动到该去的地方去，它的活力便不会被扼杀，生活也将变得更加多彩美好。

**评语：**

流，是生命的状态，不管是随波逐流，追求绝对的自由，还是严格控制流向的生命流动，亦或是看似有意实则无意的肆意流淌，都是合理的，是符合生命存在和流淌的形态的，作者指出了生命流淌历程的多样性，也为我们指明了真正应该追求的目标。

（胡淑慧）

# 第九十七篇　石飞燕论"流"

石飞燕

流，是一种智慧。

流水不腐，因为流动所以永生。将流动作为自己的生活方式，才得以永葆活力与生命力，这是水的智慧。禹的治水经验告诉我们，对于流水只能疏导而不能堵塞，因为水在流动中产生力量。不能流动的水，如死海，是无法感受波浪冲击悬崖的美与欢乐的。一如空气，只有流动才能带来风的力量与快感。在没有商品流通的时代，自给自足的生活是单调而缺乏生机的。

流，是一种美。

岁月的极美之处在于它的必然流逝。春花，夏日，秋月，冬雪。时钟嘀嗒嘀嗒，对时光的脚步做出拙劣的模仿，它不懂得流年的美不是重复的嘀嗒。每个今天都是昨天的延续，每个明天都是今天的展望，每个昨天都是逝去的今天，人生拥有无数的昨天、今天和明天，流年最美妙的地方在于无数的昨天、今天、明天都是无可复制的孤本。因为岁月的流动，我们才有春天的山花烂漫，才有了仲夏的繁星点点，才有了秋天的天高云淡，才有了冬天的寒江白雪。因为时间一分一秒流逝，所以每一个明天都是没有剧本的舞台剧，充满了未知与期待，每一个故事都充满悬念与好奇，每一段插曲都是宝贵的记忆。

流，是一种哲学。

流，看似是一种消极，软弱的妥协，但蕴含巨大的能量。流有多种姿态，小桥流水，流的诗意；花自飘零水自流，流的潇洒；大江东去，流的豪边；野渡无人舟自横，流的自在；小舟从此逝，江海寄余生，流的洒脱……

佛家说从善如流，接受善意的规劝如同流水那样自然。水往低处流，是一种低调的姿态，但不代表任何的妥协。在往低处流的过程中，积蓄了极大的能量，一旦爆发，势不可挡。海啸的力量便是最有力的证明。或许，这无欲则刚。

流，是一种包容。

罗素说，参差多态才是幸福本源。街上人来人往，带着不同故事，彼此擦肩而过，陌生的笑容音貌匆匆掠过视线，然后继续陌生。每个人都处在人流之中，都在人流中匆匆，又是谁的倩影让人顾盼流转，一转眼又消失在人流。也许下一站会有交集，也许这样错过。人流里包含了每个人的独特的故事。

放一叶扁舟，且随波，且随流。

**评语：**

有没有情感的数据库？当要发挥铺陈时，便随手取用之，组合之，铺陈之。但是，自己独特的情感存在哪里呢？

格式化的生活早就格式化的情感，但是，究竟谁有勇气，又那么幸运，能走出那么条独特唯一的人生与情感之路呢？

作者用美丽的词句在追问和感悟，这就够了……

（罗云锋）

# 第九十八篇　王恩泽论"流"

王恩泽

蜀弦秦柱不关情，尽日掩云屏。已惜轻翎退粉，更嫌弱紫为萍。东风多事，余寒吹散，烘暖微醒。看尽一帘红雨，为谁亲系花铃？——清·纳兰性德《朝中措》

若说，每个人的生命都是一条静静长流的河，那么世间鲜有流向缓急皆相同的。如同面向春天，有人见春则喜，有人当春则忧。

于某个暮春之际，见蝴蝶退粉，杨花逐水，顿生伤感，竟至蜀弦秦柱之声于听亦觉刺耳，更兼谓东风多事，本欲令人间温暖，却更催动落红，反至伤春。可见，并非一切乐音皆能悦耳，也非所有暖风都让人心醉。

悦与不悦，醉与不醉，只在一念之间。

这一念，就是佛家常说的翻云覆雨之境界。昔时佛祖拈花，见者皆不解其意，惟迦叶微笑，既而步往极乐。迦叶能登极乐，乃是因为他明白了佛祖的深意，那就是"一花一世界，一木一浮生，一草一天堂，一叶一如来"。对修行之人，每个念头，都是一个自求解脱到达清净自在的契机；对凡尘俗子，则每个念头，都是一个悲欢的源头。因而，翻手为云覆手为雨，有人见春则喜，有人当春则忧。

这是一种不被束缚的自由方向，或悲或喜，或哭或笑，你纵然可以奔泻千里，当然也能涓涓细流；你可以选择汇入主干驰骋千里，但始终是少了些生趣。在灯火阑珊之际，俯瞰城间斑斓，心思会像一泓深潭，忽然起了无法名状的涟漪，这种涟漪在人生每个繁华尽处都会油然而生，它往往代表着幸福的不可捉摸和人世永远不可解除的幻灭感，在心灵质朴的幼年，它常常会不期而至，掠过或偶尔驻足敏锐的神经，水至清则无鱼，心思单纯无暇，再为细小慎微的感情也能体会，但在经历了俗世浮云之后，人们便学会用各种世俗的充盈来填塞或阻止它的蔓延。因为，它仿佛一个最冷酷的审判，历数我们人生的失却，检点我们费尽心机甚至生命去保存的众多毫无意义的人或事，它直指心底的本性，像一根恶毒的尖刺，嘲笑我们的盲目和追逐，只有少数人，会乐意它的陪伴，因为只有少数人肯始终面对人世的荒诞和真实。

实践的灵魂总是相似，只要前行，相逢的人会再相逢，所有逝去的不复重来，但长长的生命里，我们却会同过去的自己一再相遇，只是不知道，人生所流，何去何从，是否已被波浪淹没了属于自己的点滴，不甚辨认，亦或是汇会死湖，风平浪静却庸碌无为；只是不知道，"看尽一帘红雨，为谁亲系花铃"？只是不知道，在那奇迹般的重逢里，我又是谁？谁又是你？

子非鱼安知鱼，各有各的不同，各有各的生趣。

**评语：**

文字很美，也有一份敏感，但敏感的背后，是否亦有成见？成见深的人生执著而坚定，是悲是喜，都会那样走过。

需要的是生活，以生活修正成见，或者，走进以往未曾造访的世界。我想，作者有的不仅是美丽的文字。

（罗云锋）

# 第九十九篇　黄玲论"流"

黄　玲

女孩，一群感性的动物，正由于她们的感性，所以她们常常会挣脱身体的束缚，让自己的思维如风般流走于世界的各个角落，去领略别样的风情。

她们在爱情里流连。爱情是每个女孩的梦，她们向往如电影《泰坦尼克号》中男女主人公之间那份坚贞不渝的爱情。她们渴望触碰恋人衣角的温柔，渴盼与自己心爱的人儿在爱情的国度里相知相许，即使自己遍体鳞伤，却仍会如飞蛾扑火般地奔向爱情。她们享受恋爱的过程，留意恋爱过程中的每个细节，尽管其中会有分歧，会出现争吵，但她们却甘之如饴，舍不得放手。所以有人说："恋爱中的女孩都是蠢女孩。"但这也许就是宿命，她们总是会不知不觉在爱情里流连忘返，无法自拔。

她们在亲情里流走。血缘将她们与亲人紧紧地连在一起，她们关心亲人，逢年过节总爱走访亲人，交流感情，话话家常。亲人间出现矛盾，她们也毫不犹豫地东奔西走去劝解、开导，以期大家和和睦睦，团团圆圆；她们体谅亲人，对于亲人的不理解她们选择宽容，不为亲人的过失而喋喋不休；她们希望让自己的亲人们过得更好，于是经常早出晚归，努力工作，希望改善亲人的物质条件，同时，她们亦不吝啬关怀，对亲人嘘寒问暖。她们犹如润滑剂，流走在亲情之间。

她们在友情中流浪。朋友是不可或缺的，是他们成长中的伙伴。在与朋友相处时，她们细心、热情、健谈。但却总是会不经意间伤害了朋友，双方的心里逐渐产生芥蒂，这也导致了她们知心朋友的匮乏。她们也会为此懊恼，为此伤心，但却于事无补。而在友情与爱情之间，她们往往会忽略了友情，从而错失了许多朋友，留下遗憾。由于缺乏更好的协调、相处之道，所以她们常常在友情中流浪。

然而，无论思想如何感性，在冰冷的现实面前都会夭折，感性的思维会被理性思维逐渐吞噬。面对如今求职、买房、上学等各种压力，女孩们经常省吃俭用，节衣缩食，时刻减肥，经常把自己打扮得花枝招展，对同事和上司谄媚调情，为了升职加薪不择手段，费尽心机，置颜面于不顾，只相信有钱才是硬道理，由此各行各业的"潜规则"、"暗箱操作"层出不穷，在此，我不由得想问一句："感性的女孩们，面对现实，你们为何如此不堪一击？"

夜微凉，女孩们被卷入现实的洪流无法自拔，难道我们真的可以袖手旁观？那么，我们又该拿什么来拯救她们与现实一同流失的美好和感性呢？

**评语：**

"爱情里流连"——"亲情间流走"——"友情中流浪"，作者在我们面前展开了一副清新的动态画面，最后，情感中流走的女孩也不得不汇入现实的洪流。文章紧扣主题"流"，构思独特，文字优美，也不乏对现实的深度思考。

（王智群）

# 第一百篇  李倩论"流"

李 倩

流沙、流水、流云都流走。流光，你怎么不等等我？

孩提时代爱不释手的洋娃娃哪里去了？是不是被你悄悄藏着呢？青春期暗恋过的男孩长什么样？莫非你连回忆也忍心偷走？那些暖色调的镜头在眼前一一重现，我太迟钝，来不及按下暂停键，可是流光，你怎么不等等我？

在那段旧时光里，我珍藏了多少美好，你偏要让它流走。流光，你不是在荷叶上流走的晨露，别想一点痕迹都不留给我。我知道，你先用岁月刻刀来雕琢我们的容颜，然后再慢慢改变我们的内心。我不害怕韶华易逝红颜苍老，我怕的是遗忘，忘了在最好的年纪里，我们曾怎样活过。你安静地流淌着，如同一条寂寞的河，沉默地聆听着我的喋喋不休。你不发一词，我却能感受到你的脉搏，还有你的"砰砰"的心跳如鼓。当某一天我们渡过河的彼岸，会发现最舍不得的，放不下的居然都忘在了河的那一岸，可是那一天我们早已来不及回头。

这时候，我恍然明白，流光，你不是小偷，那些被我们遗忘的东西你没有偷走，是我们不小心自己弄丢。正如流沙，带不走滩岸低徊的白鸥；正如流水，冲不走河畔轻摇的柳影；正如流云，卷不走天际缠绕的晚霞；流光，你掠不走我们生命中流光溢彩的瞬间。误会你了，真是抱歉。你仍然不停不歇地流淌，对我的道歉不置可否。这样不累吗？你从未停止过奔跑，从不为谁驻足，走过的路还记得吗？不会某天突然厌倦了吗？你不回答。我却看见了你的回答。

你不累，你把峭壁冲刷成坦途，你在万里风沙中浇灌出依米花，你用三月的烟花替换腊月的风雪，你为每一个疲惫的流浪者沏一壶热茶。你从未停止奔跑，那是因为你带着我们奔跑。你从不为谁驻足，却为每一个人祝福。你希望看见我们成长，不但是眼角长出细密的皱纹，更是磨砺出一颗足够强大、足够勇敢的心，来应对这多变的人生和飞逝的你。不犹豫，不慌张，用坚定的清澈眼光望着你，从容地走过河的彼岸。会有那么一天，流光，我们会像你希望的那样。我们会带好行囊，如同带着无价的宝藏，不怕你会偷，反正你偷不走。至于忘在对岸的那些，没关系，虽然已经来不及回头，流光，你可以替我保管么？

我看到那白鸥在滩岸低徊，划出绝美的弧线；我看见翠柳在河岸摇曳，时而清楚，时而朦胧；我看见晚霞在天际缠绕，绽放出最璀璨的光芒。

流沙，流水，流云都流走。流光，请带走我。

**评语：**

流，是一个带着点玄意的话题，很多同学都把它和时间联系在一起。而李倩同学对流光的体会却比一般同龄人要深一点，除了感叹流水易逝，更有一份对好时光的呵护珍惜之意。作者文笔清浅，如溪流一般，你可以惋惜其尚缺老到，但必须承认，依然有动人之处。

（王晓骊）

# 第一零一篇 张静娴论"流"

张静娴

流，急不得，慢不得，就连写这个字的时候，也是要从从容容，不急不缓，不慌不忙。就像溪水，它不是瀑布，没有从高而下一泻千里的澎湃与汹涌。它不是一潭死水，没有积冗在池中一成不变的静止与呆板。溪水是那样不急不缓地流淌，风乍起可以掀起一串波纹，却改变不了它流淌的步伐；礁石挡之可以激起一个小水涡，却依旧改变不了它流淌的步伐。岁月亦是如此，一江春水向东流，岁月如流，它是那样的从容，不管你的生活是多么的大起大落，不管社会是怎样的日新月异，不管原始农耕是多么的简陋，工业信息时代是多么的高效，一切都改变不了岁月，改变不了时间那不急不缓的步子，它静静地流淌。

冯骥才曾在其《感谢生活》一书中提到过，生活就像是一个大匣子，不论是什么奇形怪状的东西，都要往里塞，塞不进也要塞，最后，一切都会被塞进去，并且习以为常。之所以会这样，也无非就是岁月如流。不论你的生活带给了你多少麻烦，时间就在那里走着，不会停下来等，就算是再大的石块也不会阻挡住溪水的脚步，它只会用它那不急不缓的速度一遍又一遍地冲刷，打磨石头的尖角，最后再大的石块也会被一起冲下。我们所谓的困难、挫折、不遇，在岁月的冲刷下，显得那样的无力而渺小。岁月会用它特有的从容告诉你，挣扎无用，要么继续消沉，最后让岁月洗刷得遍体鳞伤，要么及时转变，让温润的水流带着你继续向前。

岁月如流，一去不返。它静静地流淌，潜移默化地改变着我们的生活，而当我们发现时，再多的挽留也只是徒然。

龙应台在《目送》中提及父母的离开，孩子的成长，也是不由感慨，在望向亲人们远去的背影时，不必追。因为我们不用追，也追不了，这些渐行渐远的背影不过是岁月带走的小沙砾，我们只能目送这些身影的离开，但别指望岁月会再返回来。生活中的变数令我们惋惜，无奈，悲痛，伤心，但岁月从它沉默却坚定的步伐告诉我们，事情过后，消沉无用，生活还是在继续。

流，不是一个激烈的字，亦不是一个消沉的字，但却能给我们一种沉稳的感觉，让我们感受到它无与伦比的坚定，这是一件很神奇的事。溪水，岁月，它们看似默默无声，却是我们所改变、掌控不了的。

流，其实比静止还沉静，比激涌还坚定。

**评语：**
喜欢第一段的文字感觉，幽幽无力，不着痕迹，但却从容。
一切不需要用力的东西，包括文字，我都喜欢。因为在生活中，我们常常要用很大的力，累。
再动一点，就更美。

（罗云锋）

# 第一零二篇　钟瑜婷论"流"

钟瑜婷

初春，午后。

在淅淅沥沥的小雨中，我撑着伞，踏着青石板铺成的小路，于平江路的粉墙黛瓦间漫步。

平江路位于苏州的右城区，是一条历史悠久的老街。她承载的是两千五百多年流传下来的姑苏文化精髓。一条清澈的小河隔开了两边的民宅，隔不开的是河两边对生活态度的一致性。夏天，在平江路走一走，你会看见大家伙儿搬着小矮凳，拿着蒲扇，磕着瓜子，操着那好听极了的吴侬软语和对岸聊着大。偶尔河中间驶来一艘乌篷船，摇着橹的大娘还会哼唱几句吴语的歌谣，那歌谣悠扬婉转，与北方的信天游不同，别有一番江南韵味。这就是苏州人那悠闲淡然的生活态度。

呼吸着蒙蒙细雨中那夹杂着青草香的空气，我感到了莫名的安定。上一次来平江路那还是在儿时，当年的我是那么的不懂事，吵闹着，嫌这里无趣，丝毫未能有所体会。而今多年后的故地重游让我拾起了那段记忆，重新回味。

"咙咚……想当初……"耳边传来了那熟悉的声音。三弦与琵琶，再加上吴侬软语的唱腔，没错，那就是著名的苏州评弹。寻着声，我来到了这家茶馆。茶馆门口，那面写着"茶"字的旗子在微风中飘扬。简易却又充满韵味的舞台上，一男一女两位年轻的评弹演员正专心致志地演出着。那身旗袍，那件青布衫，那盏桌上的碧螺春，无不勾起我的回忆。记得当年大家都是从家中自带凳子，摇着蒲扇，端着茶杯，围着两位评弹演员开始看表演。那时，演员也好，观众也罢都是以老年人居多。现在，茶馆里已经搭起了舞台，也提供了八仙桌和椅子，我环顾了四周甚至大厅里还装上了空调，唯一不变的是大家喝着的还是西山洞庭产的碧螺春。台上的演员年轻了，台下的观众也年轻了，观众里甚至还多出了几张洋面孔。

带着笑容，我走出茶馆，继续在青石板蒲城的小道上行走，在细雨朦胧中行走，在江南雨巷中行走。终于，我暗自松了一口气。其实来平江路之前，我的心情是忐忑不安的，一方面憧憬着，一方面担心着，我害怕平江路成为下一个周庄，一个流失了原有韵味和传统文化精髓的空壳子。但是今天的平江路并没有令我失望，依然是小桥流水，粉墙黛瓦，依然是古色古香，更重要的是那传统文化流传着，那份悠然、淡然的生活态度流传着。

随着我的渐行渐远，耳边评弹声渐渐淡去，但我知道平江路的这一切不会流失，她会一直流传下去，一直！

**评语：**

文字自然，意境悠远。字里行间流露出对传统文化与自然生活的珍惜与向往。语言风格与主旨表达均十分契合一个"流"字。

（侯迎华）

# 第一零三篇　王丝雨论"流"

王丝雨

是时间在流逝，还是我在前行？

——题记

静静等待天亮，是件很美好的事。

那日，在舟山的东极岛，蓦得就被幽暗树影中的一声鸟鸣唤醒了轻梦。索性无事，便起身打开窗户，环臂远眺窗外的风景。说是风景，其实不过只是一团团浓密的黑色罢了。可这黑色却是层次分明的，那远山是重重复复的浓墨的晕染，那丛林是高高挑挑的纤细的勾勒，更妙的还有声音的点缀：轻灵的鸟鸣、树叶沙沙的触碰和露珠滴落的刹那。光是一点一点地溢出来的，天亮了，而我的心境清明。

我惶恐地珍惜这般的清明。

记得小时候，有篇文章叫做《与时间赛跑》。小男孩每日追赶着缓缓下落的太阳，希望在日落之前可以回到家，可以做好作业，可以帮母亲做好家务。当时的手艺无非是鲁迅先生的"时间海绵论"，以为只要跑快一点，再跑快一点，就一定可以拥有更多的时间，做完更多的事情。于是，我们就在这样与时间赛跑中匆匆忙忙地长大。上学，毕业，工作。结婚，生子，到暮发苍苍，颐养天年，这大概就是每个人预定的人生轨迹，心安理得地奔波、忙碌，只为能够拥有得更多。

可不知何时起，似乎有一种"来不及"的可怕生物侵入我们的生活之中。那是在茫茫人潮之中与挚爱错失的守；那是在渐渐长大之中与双亲拉远的背影；那是儿时的闪亮梦想被现实无情地掠夺；那是心中最后的良善被威胁狠狠地退至墙角，隐忍不发。来不及，是无可奈何的错过，是想却不能的遗憾，更是痛彻心扉的失去，于是，我们渐渐懂得，这世上有些事情，不是争取就可以获得，不是努力就可以拥有。在永恒流动的时间面前，我们更要懂得的是如何面对必然的失去。

十年生死两茫茫又如何？十年过往，依有贴心人相伴左右。常常感叹"物是人非"的人，常常停留在过去无法自拔的人，在时间的流水面前，缘何要跳上两岸，只因失去，便不敢与之前行？是怯懦吧，是恐惧吧。殊不知那固执坚守的脚下方寸，却早已不是当年的桃花笑春风。与时间抗拒的人，必然也要为时间所抛弃。

真的勇士，敢于直面惨淡的人生，敢于正视淋漓的鲜血。时间之流既不惨淡也不淋漓，可是它足够真实。我愿用一整个天亮的时间，于黑暗中等待我的清明。

天总会亮的，因为我与时间同在。

**评语：**

虚则实之。面对这样一个普泛而又似无可说的题目，写出心中对时间消逝的清晰感受，简单而又真切。

（金国正）

# 第一零四篇　宋其昊论"流"

宋其昊

记得有这么一个故事：一个人问一名智者，如何使一滴水不干涸？智者考虑了一会儿，说："把它放进大海里。"或许从第一反应来看，那滴水是得以永恒。可是几经思考之后，我又开始怀疑，永恒的不过是大海，水滴又能如何代表大海的存在而称其为永恒？或许对于永恒的渴望是一种变相对自身渺小感的一种诠释。没有人会称其为海洋，而每个人都有着或多或少如同水滴般稀薄的存在感，于是人不约而同地拥向了所谓的大海，形成了一股又一股的"流"，对于这种身处于"流"的感触无处不在。

有时身处于人群中，你会很容易辨识出人流运动的规律，而这种规律简直是一种约定俗成。地铁中川流不息的人群，你知道他们是为了上班下班而来回往返。但有时身处于这样的人流中，我可能会不禁思考，这种仅为生存的忙碌又有何其他意义呢？虽是这么想，可是步伐还是追随着人群。四川的同学说，上海的生活节奏太快了，他甚至为这种忙碌而感到诧异，而我们却觉得这是大惊小怪，认为生活本该是这样的。这不是麻木，这是归同，这是习惯。

或者换一个层面，当我们以"局外人"的眼光去看待朝鲜人的生活时，我们也会感到惊愕。所谓的局外人只不过是因为你并没有处于他所在圈子的范围，你只是站在了你所在的范围。广博、强大只是一个相对的概念，于是，将目光放开了，你所追求的广博、所认知的广博只不过是另一个眼光定义里的一种局限，一种狭隘。

有时候盲目的趋同和跟随只是暂时的"明哲保身"，因为你只要屈服便获得了看似比自己更强大的力量，你甚至不需要思考。电影《浪潮》中，一个讲社会学的老师仅用了20多天便让自己的学生服从了自己，学生拥戴他，甚至建立起了"浪潮"组织，学生们无疑见识到集体主义对于自己的好处，可他们却未曾发现他们自由的思想却在一点点地消失，甚至实践课的老师直到最后才清楚了自己的错误。

同样地，水流会将你带到更远的地方，让你见识更广，但有时，水流也会将你带入一片污浊的区域，而你却浑然不知，迷茫并不能成为让自己放任自流的理由。

人的一生充满了局限，有时你需要"水流"将自己带的更远，有时你需要用自己积累的力量去开辟新的河流。

有时会想，人走那么多路不是回到终点了？若是那颗水滴蒸发了，它是不是便会走得更广？变成水汽看遍江河湖海？当然这只是我的揣测，或许无限才是真理的奥秘呢？可我们谁又能达到那个无限？

流，只是一道微光，但它却照亮了黑暗，让我知道了它的广阔和自己的广阔。我知道，没有一个人会有答案。

**评语：**

作者首先提出疑问，然后娓娓道出自己对生活的看法，既扣住了"流"，又不仅是"流"，颇有见解。叙述从容、自然，而且不把自己的见解强加于人，只是提出某些看法，引导读者去思考。

（倪　平）

# 第一零五篇 张哲渝论"流"

张哲渝

喜欢坐在绍兴沈园的小戏台子下面，就着略昏黄的月光，听一出《钗头凤》。青衣舞着水袖，那温软的唱腔就如同三月的细雨打湿了古旧的雕栏。老黄酒的香味伴着二胡的琴音淡淡地流进我的心房。爱着越剧，爱这江南。

小时候，奶奶对我说，在戏里，有一种唱腔叫"流水"。唱的时候，并不需要加上太多的修饰和花腔，宛如流水，简单纯粹。"天上掉下个林妹妹，似一朵青云刚出岫。"简简单单的一句唱词，只一下，便把宝玉初见黛玉的欢喜活脱脱流泻了出来。"凤凰山上百花开，独缺芍药与牡丹。"那是《十八相送》里山伯的唱词，他爱惜牡丹却又不解风情，这"百花开"的风流景致真真衬出了他内心的单纯明净。我想，如此婉约动人的唱词也只有在这小桥流水的江南烟雨之中才能写就吧。

有人说："越剧啊，太软了，就像梨膏糖，听多了腻得慌。"他们不知道，在花红柳绿和烟雨濛濛之外，江南，还有另外一番景象，就如同水流，可以平缓，也可以湍急。浩浩荡荡的钱江大潮便是例证。站在六合塔之上，看那江水从东奔腾而来，雷霆万钧。如果你也曾看过越剧《白蛇传》中素贞怒斥法海，如果你也曾听过越剧《西厢记》张生智破围困，如果你也曾在宝玉哭灵的那一场戏上认真听过，那么，你也必定会理解，这一种来自江南的深沉与澎湃。

其实，认真去听戏的人已经不多了。生活在快节奏大都市的人们无暇去欣赏这些古老的艺术。年轻人拿着iPad，听着摇滚和饶舌。"戏曲"这两个字似乎就代表着冗长、沉闷和拖沓。记得曾去天蟾剧院听一出折子戏，坐在我周围的，竟都是外国友人。他们好奇地问我："你会唱吗？你们教越剧吗？"我迟疑了一下，不知道该怎么说。学校的剧社排演着《哈姆雷特》和《麦克白》，而中国传统戏剧永远只是"红五月"闭幕式上时长不超过十分钟的龙套嘉宾。外国友人有模有样地唱起"叫张生"，而我们却只知道把《最炫民族风》拿来改编，填上哗众取宠却无内涵的词句。有的人，竟然还把这说成是"文化创新"，何其可悲！而沈园，那个曾经上演过动人爱情故事的地方，竟也开始在近几年大肆加入流行元素，在每场演出后面加上了《千年等一回》这样的歌曲。一个文化圣地，也要靠这样谄媚才能度日，何其可哀！

一曲清歌传皓齿。越剧以它最本真的形式，从古流传至今。那么是否，我们要看着这艺术的水流被与它本身格格不入的庸俗物件堵塞断流呢？流，是一种最自然的表达方式，它顺理成章，它无须矫饰。听惯了电子合成的管弦，乘惯了飞驰的现代交通工具，看惯了每秒几百帧的三维动画，人们如何能慢下来，去听听最初的流水般的声音？

越剧是轻灵也是端秀的。要唱好一出戏，必得几个小时的上妆更衣，翠玉钗、黄花贴面，紫木簪、苏绣云锦。青衣软软的台步必得是经过悉心磨炼，方能姿态唯美；女小生淳厚的唱腔必得是经过累月的苦修，才能出神入化。在这个讲求效率与高产出的时代，又有几人愿意单纯地因为喜欢，不为赢利，去唱好这一出戏？上个月，越剧女小生茅威涛在北京和杭州进行了《西厢记》的封箱典例。这位小百花越剧团的团长已经年近五旬。而当年，陪着她的"崔莺莺"和"红娘姐"有的移居国外，有的已经转行。老一辈的人都说："现在的年轻人啊，不爱听啦！"也许若干年后，这份文化瑰宝也将随着时间的流逝而消失。

一曲一江南，一舞一江山。当曲罢无人听，舞罢无人识的时候，恐怕也是最寂寞的吧！而这个时候，我们的江南也将成为一个永远的传说，那些曾经动人心弦的音符也随着日益浑浊的江南流水一并浑浊了吧！又或许，终有一日，人们会慢下脚步，回过头去，看断桥的残雪、苏堤的翠柳和烟雨中穿行的红蜻蜓。只要这份纯真如流的心还在，那么越剧便不死，江南便依旧，文化便永存。

**评语：**

这是一篇值得一读的佳作，字里行间流露出作者对越剧的由衷喜爱。江南烟雨中流水般的唱腔，令人沉醉和向往。

在当今快节奏且功利浮躁的社会，如何进行文化的传承和创新，确实是一个令人深思的问题。本文视野独特，文笔优美流畅，惜结尾略显仓促。

（杨　民）

# 第一零六篇 李云论"流"

李 云

曾经恋平静的湖面，因平则生慧；曾喜爱幽旷的平原，因幽则生智；曾思念安谧的月光，因静生美。我喜欢直线，总希望人生能一帆风顺，却不止一次的发现自己错了。人生本该是抛物线，历经起伏跌宕才能感受到流之美。

如今，已不再喜欢平、静、直，我喜欢流动。那蜿蜒曲折的山丘，那挺立俊俏的葱郁，那缠绵渐进的小溪，不都是流动的美么？

流，川流，似水之柔美；流动，若云之漂泊；电流，如鹰之迅速。缓缓流过的光阴里，红了樱桃，绿了芭蕉。成败荣辱皆如流，时光容易把人抛。成，如朗月照花，深潭微澜，不论顺逆，不论成败的超然，是扬鞭策马，登高临远的驿站；败，仍滴水穿石，汇流入海，有"穷且益坚不坠青云"的傲岸，有"将相本无主，男儿当自强"的倔强；荣，江山依旧，无形喜色，风采犹然，恰沧海巫山，熟视岁月如流，浮华万千，不屑过眼云烟；辱，胯下韩信，雪底苍松，宛如羽化之仙，知退一步，海阔天空。

流动意味着变数、机遇、挑战。人生，因为流动，才显得多姿多彩。因为心的流动，你的人生会揭开神秘面纱大放异彩。

流动的美汇成了流动的爱，生活中若有无爱的流动，试想会是怎么样的黑暗。车厢里，炙热的气息四下蔓延，再躁动的情欲也会被给老奶奶让座的小男孩的笑声打破。这满满的车厢，洋溢着的全是爱，它的流动足以抚慰那颗疲惫的心，足以平静那份躁动的情。

你到达了目的地，可曾记得沿途流动的风景？青春的旅途，不乏意志的血滴和拼搏的汗水酿成的琼浆，不缺不凋的希望和不灭的向往织成的彩虹，不少永恒的执著和顽强的韧劲筑起的铜墙铁壁。它们是比最后到达的地方更重要的风景，它们在我们身上呼啸而过，留下的只在沿途。

流，成就了美，也衍生了"随波逐流"。这是缺乏主见，随大流的盲从。河中的浮萍顺水漂流是一道亮丽的风景线，细心的人才会发现的，没有根的浮萍随波逐流早已失去了自我。我们每个人都有自己的选择，倘若哪种选择只是盲从下缺乏自己的思考，必定是"流"入失败的"流"。

流，代表了人生的曲折，象征着无尽的挑战，书写着坦然的流动之美，彰显着温暖的流动之爱；同时也给你出了一道人生的选择题，决定权始终在自己手中，只是，追逐梦想的大流，才可收获成长。

流于心，显于外。

**评语：**

有时，华丽的文字会遮蔽掉自己本真的个性、真是的情感。有时为求深意强铺衍，亦可能失却自家面目。文字背后，"你"在哪里？在娟秀清晰的字迹中，倒更愿意从中猜测作者的从容不迫。

（罗云锋）

# 第一零七篇 邵树杰论"流"

邵树杰

此刻我在教室的最后一排俯视着所有考生，他们正十分痛苦地对付着这个故弄玄虚的"流"字，似乎无论怎么苦思冥想这篇叫"流"的文章终究"流"不出来，即使最终硬憋出来它也只是个流产的死婴。

为什么这个题目让我们有流产般的痛苦？难道我们不认识这个字吗？我想，问题在于我们只认识这个字，而没有试图将这个字化为一种个人感受。

我问过曾任武警队长的外公最怕什么事，他的回答很干脆："脱下裤子发现尿流不出。"对于一个前列腺炎的患者来说，他对"流"字的理解与感受比我们周围的一百多名同学都要深刻，虽然他是个大老粗。所以，刚才那位尿急了出去上厕所的男生比我更好地体验了什么叫"流"。

我们常常被框在文体、概念之内而忘记了它们的真实所指，所有现在抓耳捞腮的应考者都会分明地体验到自己之前遇见得心应手的题目时文学如流的快感——其实，也并非是忘记了感受，而是出现了概念同感受的脱节。诚如韩寒所言："我第一次撒谎就是小学第一次写作文。"因为自身无法将所感同文字符号建立合适恰当的联系，于是我们往往出卖了自己的体验，进而最终导致蒙昧了这项天才。

依据马洛斯的人才主义观点，人并非存在于客观之中，而是生活于主管经验之内——好比当我说"流"，我会立马浮想起自己横渡闽江时江水同我肌肤的温柔触觉，仿佛纤纤酥手的擦拭，而对于一个未被女人抚摸过的"旱鸭子"来说，我的感受就是不可理喻的。但为了使人之间的交流成为可能，我们放弃了部分个人的独特感受，并创造了基于大部分人共同点的文字和概念，于是人类拥有了理性，完成了文明的创造。可是物极必反，当机械理性正吞噬着、侵略着人类的切身感受，并试图消解它时，我们看见了一个符号，仅仅想到了另一群符号（比如从"流"字想到"流水"、"流动"等等），而非感受到它的本源（比如撒尿瞬间顺畅的快感）。这已不只是我们不能掌控文字这种工具，而是我们制造的工具正在疯狂地奴役我们自身。

难道人类的前途真就这么暗淡吗？我们就没有别的出路吗？

尼采在《悲剧的诞生》卷首就说："古希腊人不是以概念，而是以其神祇世界的清晰形象来昭示它们的思想。"以形象对抗概念，以丰富对抗简单，以感受对抗知识。虽然以全方位的体验来指导人类不具有普识性，因为这种非公式化的方式需要人们有非凡的悟性，可是将诗意同理性结合，相互中和对方的偏激、娇妄之处，或许能让人类取得更适宜的沟通、理解方式。也就是权衡生活与文本，拒绝纯粹。

这又让我想到了这个"流"字。思想、文明的流驶岂非亦由两股势力共同作用？若没有适度的简化，而一味保持个体自身的独立性，就好比水聚于低洼而不加疏导，最后因不流动而化为死水；若过渡剔除了主观感观的多样性，则宛如逆于天数的运河，终以无源而枯涸。可见，惟有尊重体验与简化情感相互抗衡，进而至于动态平衡、对立统一，人类文明之水方能永流。

好个"流"字，一个深刻的双关。

（作文好不容易写完了，我也去厕所体验一个"流"舒畅）

**评语：**

嬉笑怒骂的语言似乎"流里流气"，细读下去，你却发现本文没有一般年轻作者所惯常体现的强赋新词的感觉，似乎本文作者年轻的身体上装着一个三十岁的脑袋，有匪气，更有才气。

（侯迎华）

# 第一零八篇　曲姝怡论"流"

曲姝怡

"流水落花春去也，天上人间。"滚滚东流的水中，不知有多少哀叹失去的悲凉。我们这些站在青春尾巴上的人，也有样学样，惋惜着童年，怀念着初恋，张口便用"那些年"。

然而时光有情，则时光亦老矣。流，是岁月的姿态，有着亘古不变的方向。但是，岁月绝不是窃贼。人世间太多的规律都像那一轮太极，有得有失，相生相伴。

我们常常在意的，是岁月带走了什么，却很少感恩岁月留下了什么，时光的洪流洗尽铅华，才能让余下的一切活色生香。

我也曾是感叹青春短暂的烦恼少年。一点挫折，便会觉得世不容我；一点希望，又会激动得走路都要快了许多。但经历了更多的人情冷暖，才知道是自己太过冲动、太过执念。知晓了什么是责任，什么是担当，就知道了人生该稳重时稳重，该理智时理智。岁月已将要或已经带走了青春，同样也洗去了幼稚和叛逆。也许你说岁月偷走了率真和激情，但其实是这两种品质你不配有。如果有一天你在茫茫人海中庸碌一生，那只怪你，没有努力活得丰盛。

我们都以为是岁月冲淡了曾经珍贵的情谊。可是，回想起来，是淡忘破坏了美好的一切。一周一通电话，变成了一月一条短信，真的想念变成假的寒暄。感情变成了人情，朋友变成了"关系"。岁月错了，还是我们错了。至少我想，是我喜新厌旧了，是我没有经营真挚的友情。岁月流去，带走了那些不愉快，留下的是催泪而美好的回忆。所以，也许本不是世态炎凉。人情冷漠，而是我们自己选择孤家寡人。

"时间偷走如果，只留下结果……"

如歌所唱，如前所言，岁月不是窃贼，它只希望那些浮华不要干扰了我们的视线。它想看到每一个人认真地生活，认真地去爱。

太阳依旧在明珠楼升起，在五时落下。岁月静好，唯美如斯。那45度仰望天空的少年，早已学会了怎么做富豪，我们便也不要再去复制他俗套的"青春是一道明媚的忧伤"。不如有空去喂喂华政园里的猫，学会善良、乐观而有追求地活着。

一切才刚刚开始，在时间的洗礼中静静成长，为了那朴素而遥远的梦想。

相信时间会偷走不好的结果，留下该有的结果。

# 第一零九篇　冯颢宁论"流"

冯颢宁

帕斯卡尔说："认识一颗有思想的苇草。"每个人其实都像周国平所说的，"是一个宇宙"。内心复杂多样的心理活动是一个人思想的灵感与火花在流转，形象地说，每个人也是一条河流，一条有深浅的河流。

人之流，宜深不宜浅。深则或有刘禹锡之深涧之潜蛟，或有酝酿排山倒海之气概。若不幸为人之为浅疏，一如乡下的小溪小涧，一有外扰便天翻地覆，不可再循平静之原。如此这般，此人便可能惶惶如丧家之犬，嘻嘻如跳梁小丑，抑或是呼天抢地，绝望哭泣，亦或是哗众取宠，卖脸求荣。上述种种，皆因流浅之故。湖水的深邃才致湖面寂静如镜，思维之深刻才致表面平静如水。因为流浅，所以一搅便须哗哗响应；因为流浅，所以一浑便难沉淀至清；因为流浅，所以一遇到障碍便只得蜿蜒夹缝，苟且偷生。视之于深流，则不可同日而语。平静之时不动声色，山崩地裂也不过微微一笑，淡淡涟漪。可一旦发力，便开山破土，势如破竹。浅流之辈只向往小潭小湖，贪图富贵安逸，绕不过大山也望不见远方，他只以为考个好分数，念个好学校，找个好归宿，这便是流之最终归宿。殊不知，思想之流的深度便决定日后成就之高度。既然前程是星辰大海，便做一条深流，厚积薄发，一日深流掀浪起，扶摇横扫九万里！须知，只有沙丘会随风变形，而沙漠却永远不会。

一如古之三国司马，鬼谋神机，韬光养晦。因为他知道，他这般深流，绝不仅止于区区都督一职，更要开国之一世。三起三落，他泰然处之，喜怒不形于色。有的任务，纵使内心澎湃着一条大河，涌出来的，也不过两滴泪珠。三十年之深流，司马定晋之江山，成比肩诸葛之就，不可谓非深流不能致也。

人思想之流且如此，国之流则如何？纳百川，立千仞，我泱泱大国，自有兼收并蓄之胸怀，自由忍人所不能忍之度量，自有星辰大海的思量。念无知小国，手舞足蹈，跳梁卖弄，动手动脚。既然国流之深，便该不动声色，而不应搅乱自己，迎合小人。河虫潼关，因为太行为隔，而水里益增其奔猛；风回三峡，因有巫山为隔，而锋利益增其怒号。因为深流，酝酿的是惊涛，氤氲的是巨浪。雄鹰不胜篱藩，英雄不惧小人。做大事要有做大事之思想，成伟业要有成伟业之谋略。流之远，必由于流之深。

所以，当司马仲达坚定地说："不，我和你们不一样"时起，结局依然注定。

所以，为人为国，流深而已矣。

# 第一一零篇    陈君论"流"

陈　君

意识是液态的，彷佛从其诞生至我们这一个个独立的生命体之时便一直流淌、缠绵着。以意识流动的世界观，再次审度那熟悉到没有风景的一切，是否能有绵绵不断，流转不息的液体之意味。

上善若水，河水哺育的人们，其自身的骨子里就已经进入一种氤氲的水汽，揉入骨髓，拭之不去，缠扯不清，随着血脉之流代代相承。这种水汽，是文化，也是一种意识，是一个文明流传了千年未曾息止的我们所共有的来自祖先的意识。

溯沿此流，看当年金戈铁马渐行渐远，听那时丝竹弦韵绕梁不绝，品彼处脂粉泪痕中尤残几许狼烟的滚滚。一脉相承的文化意识流中，包含了数不尽、道不清的讯息，寥寥几笔，轻描淡写怎能画得出意识流动的宏伟与久远？且让我们理出一缕柔情的细流，看如水柔情如何在历史的双瞳、时间的隙中，流成此世眼角的一抹泪痕。兼葭苍苍、白露为霜的年代里，这份柔情便如第一线微薄的晨光从带霜的芦丛中升起，落入荡篙弄舟的少年水手眼中化成伊人之影，染上村姑的眉尖荡出三千年难以释怀的柔柔忧伤。意识向前流淌，流出汨罗沉沉的悼念，流过汉服的裙裾，波光水影中，几人看见胡雁的叹息？流经魏晋，风流狂的时代里，寂寞衣衫难掩名师柔情绕指，路过盛唐，浮华旖旎，酒香肆溢，我却看见君王眼中的宠溺，还有精心剪制的花钿。当这种意识从宋朝的茶色之中漂流而出时，谁藏在春雨之后的深巷里卖杏花？谁和羞而过，怕被人猜？怪力乱神，蒲松龄笔下狐仙又几多妖娆。细流至今，又凝成我此诗，看季节里的容颜如莲花的开落，泪珠里过客没有牵挂的背影。

纵向看历史，意识流淌绵绵，勾连了整个时间，生生的不息，横向投眼四顾，另一种意识，在你我之间流动，这是感情，是人与人赖以理解、交流的我们所共识的来自本性的意识。

千缕万缕，从出生那天起便如此孤单，为了压制心中对落寞的恐惧，我们彼此交流，于是一种名为感情的意识之流开始流动。如果说文化的意识传承是细水长流、生生不息、缠缠绵绵、无止无休，那么感情的流是流动的丝，理不清，剪还乱，柔韧连接之流。它存在于一个回眸看似不经意，却练习期待很久的笑容中，藏在独自一人蜷缩在墙角忽然伸过来的一双手的温度中，隐于手牵手不再惧怕孤单时掌心之间那一段微妙的甜蜜距离。开心如是，伤心亦如是，失去所爱，内心空旷寂寞如一片绝望的旷野，这时候，我们只不过是淹没在自己的感情之流中，挣扎，沉沦，被自己的思、念扼杀。于是人与人的意识之流便不再流通，但是，我们每个人生来如此的热爱孤单，又如此的惧怕孤单，于是我们让意识流向环境，来满足人性交流意识的缺失。对花落流泪，因为意识让我们共鸣，至少有某种相似之处，让我不是一个人感到生命流逝；对月共饮，那么思念无处传达，至少有那么一物，让我假想成意识交流对象，得到心的安慰；执笔而书，总有太多意识压在灵魂深处不见天日，至少有那么一处让我腐化的灵魂吹吹风。

意识是液态的，也是有生命的，意识之流是如此的黏稠，跨越时间、空间，将我们所认识的一切都那么有机的粘连在一起，软化、向前、向远继续流动。

流，意识之流，不曾止，也不会止，自远古流至今，自我流向你，载承着所见此世的无限。

# 第一一一篇　牛玥论"流"

牛　玥

　　静澜不测池渊之深，池渊不知江河之远。人的一生，当如一条河流绵延而深情，静静穿过悲伤的茫茫原野、愉悦的层层山峦；穿过繁杂喧嚣的人世而不染，途径生命中那些漫无止境的孤独和寒冷，仍可不止息地流淌。或深，或远，每条河都有其适合的流发。无论何种选择，都会在流过的光阴平野上，留下愉耳叮咚。

　　是否该如静水流深，波澜不惊？做事的深度，决定了做人的厚度、做学问的人，便需流深。于是，陈寅恪潜心国学几十载，仍不断琢磨。博闻贯通古今，读书、作文、育人仍日复一日地恪守。于清华园的脚步被炮火所扰，也要南下千里守一隅致学；双目的光明被夺去，依旧倔强洞开如巨双眼，以口述耳闻继续在学术中遨游。漫长人生路上颇多艰险，仍未磨灭这位大师的骨气，未曾折断其人格的脊梁，遂也无法止息其渐流渐深，终沉淀出国学精神的人生之河。文化之河如实，科学之河亦如此。嗟叹当今中国无"大师"的钱学森钱老，也是静水流深的典范。受家中钱穆的影响，本应活学国学，正处家国危亡之险际，决然弃文从理，从此坚定执著于物理学。不必赘述留美生涯，也不必大谈家国情怀。大洋彼岸攻读艰深课题时，我想，他的眼镜里有海，深邃渺远，却也肯定执著。两颗黑瞳里泅泳着的小鲸，迎难而上，却深谙归途。求学科研的路上抛下了种种诱惑，欲流深，容不下一点狼狈，不允许掰下一块尊严，不允许停下流动的脚步，只为了妥协。于是，他成就了自己，成就了中国，也成就了留给后人那深流的轨迹。

　　是否也可绵延流远，轰轰烈烈？始皇威武大一统，后人褒贬评价从未平息，但至少他已被人铭记了千秋万代。当他弥留之际登高远眺时，面对满目疮痍的肩岸，尚未建成的阿房，心底一定澎湃如骇浪。风声撄走了他紧扯在手里的遗憾，流经百世之后，他不可一世的嚣狂犹然在你我耳边，让人赞叹不已。帝王将相如此，文人墨客也可活得放浪潇洒，轰轰烈烈。"力士脱靴，贵妃研墨"是笑谈，也是美谈。流不尽的缠绵一句三叠，李太白却甘愿丢掉乌纱帽，一把撕裂锦绣文章，只为寻一片梦土。活着，就要轰轰烈烈走一遭世间，昂着头迎接万箭钻心，犹能举头对苍天一笑。英雄般的气概让他们的生命之河注入热血，于是流转间的水声也如掷地金石，铿锵有利。河流向更远。

　　不要成为一潭死水。或深或远，总要开始流动才行。而你真的需要流经许多风景，才能成为一条河。

第四编　"源流论"对自然、社会、人生研究中的身影

# 第一一二篇　鲁强论"流"

鲁　强

我们，相爱如流，不知道下一刻彼此是否还深爱着。但我知道，走走停停，逃不过的，终究是君微笑如水的样子。

彼时的你尚是白衣年少，除了满腹的才情一无所有，而我新妇亡夫，归于绣阁，等待一人，白首相依。

于是你带着你的绿绮之琴来了，带着你的求凤之曲来了，带着你的满满当当的思慕来了，幽帘之隔，你挽袖抚琴，而我不言一语，只是心波已漾。君之琴声如流，停于妾之绣阁，这如流的琴声，可会再走？

我已不能在等待了，荣华富贵可以不要，声明礼节可以不管，哪怕和你当垆卖酒，亦有何妨。弹指红颜已老，刹那芳华已逝，在我尚有红颜和芳华之时，惟有与君相随，方不虚度。那夜酒垆之边，你的微笑含有几分醉意，融了皎皎清晖，恰似缓缓倾淌的流水，停在了我含羞低垂的眼睑之前，只是，君之如流的笑意，是否会有一天绕过我厮守的目光？奔流向前？

不久，你的声名随着大汉朝的江山一起走向了丰盛。你已不再是彼时弹琴作赋的落魄才子，不再是那个与我整日耳语的缠绵情郎。君之盛，一时无两。

你本就不是凡夫俗子，你有倾倒不绝的万世才情，有惊鸿难化的倜傥风流，这也正是我抛却所有与君相守的原因。我以为幸福咫尺之远，以为寻得一个不同寻常的男子，那日的幸福光艳如绚烂之流光，停在了我翘首相望的身前。只是那如流的幸福，在短暂的光耀之后，是否会留下冗长的、难以拂去的黑暗？

直到有一天，你托人传书："一二三四五六七八九十百千万。"

无亿，无亿。我懂了，曾经的琴声、微笑以及以君为荣的幸福，终究还是像不息的流水，不住的流水一样，宿命般地流走了。君有两意，我亦无可留恋，但我要告诉你："万语千言说不完，百无聊赖十倚栏，重九登高望孤雁，八月中秋月圆人不圆，七月半烧香秉烛问苍天……噫！郎啊郎！巴不得下一世你为女来我为男……"

既然相爱如流，我不会强求它为我停住不走。但我还会祈求，祈求下一世，你会在随着万古不灭的流年来到我的身边。那时，我若为男，当不相离。

当你憔悴地躺在我的怀里的时候，看着你苍老的干枯的面庞，我紧紧地握住你的手，只想抓住我们那如流的爱情，和你说一句：愿得一心人，白首不相离。

# 第一一三篇　邱志强论"流"

邱志强

流者，动也。风平湖静，水面清澈见底。此时的水固然宛若明镜，甚是绝美。然而万事万物都有其变，正如水之流动，时儿奔腾如猛虎，时儿细腻似杨柳。而正是水之流动才赋予了水更多的美。比之万物，理固宜然。

万事万物都在不停地变化，而不仅止于某一初态。因为流转，历史得以铭记；因为发展，文明就此传承。路边的街，途中的景，天空的云，风中的影，若隐若现，时断时连。时间哪有一尘不变？故曰：万物之变，始于流也。

可是，并非所有的变化都是好的。现如今，行色匆匆的我们早已看淡改变。城市的发展，文明的渐行渐远。灯红酒绿沉醉了我们流动的心灵。多数人选择了平淡地接受改变，或迷失或堕落。迷失了真正流转的方向，堕落于万千世界的尘埃当中。诚然，并非所有的改变都是"流"。

流者，必有其源。没有源，何谈其流。而源正是流的原始状态。因而真正要寻找流传下去的方向，追本溯源必然是不可或缺的。小时候，很向往古战场的金戈铁马，心想他日也能做一名古代的将军，驰骋疆场。胜如蒙恬，威武千秋，败如项羽，流芳百世。而恭读史册之时，也铭记了很多英勇事迹，或许很多的先辈，对于此刻的我来说，早已忘记如是，失去所爱，内心空旷寂寞如一片绝望的旷野，这时候，我们只不过是淹没在自己感情之流中，挣扎、沦陷，被自己的思、念扼杀。于是人与人的意识之流便不再惧怕孤单，于是我们让意识流向环境，来满足人性交流意识的缺失。对花落流泪，因为意识让我们共鸣，至少有某种相似之处，让我不是一个人感到生命流逝；对月共饮，那么思念无处传达，至少有那么一物，让我假象成意识的交流对象，得到心的安慰；纸笔而书，总有太多意识压在灵魂身处不见天日，至少有那么一处，让我腐化的魂吹吹风。

意识是液态的，也是有生命的，意识之流是如此的黏稠，跨越时间、空间，将我们所认识的一切都那么有机地粘连在一起，软化，向前，向远，继续流动。

流，意识之流，不曾止，也不会止，自远古流至今，自我流向你，承载着所见此世的无限。

# 第一一四篇 张石玉论"流"

张石玉

　　我漫步在松林间，阳光透过青云的隙洒落下来，轻轻软软，放佛穿越历史极光的空旷辽远，给人一种庞大却不自知的存在感。眼睛却忽地被光亮刺痛，小心翼翼地睁开眼，一枚亮晶晶的琥珀映入眼帘。

　　我拾起琥珀，仿佛触摸到被时光尘封住的生命的厚实感，那种力量从指尖穿越热血直达心底，湖泊里的小虫清晰可见，如初生时那般生动、灵活，触须间的挣扎依旧可见。我望得见那小小触角的根须，冰封在这深黄色琥珀的内里，如此地细腻而又充满力量。

　　或许千余年前的那个午后，依旧是浓烈得让人睁不开眼的太阳。小虫在松林间乘凉、嬉戏，享受着生命惬意自由的时光。而栖息的这棵松树也在太阳的炙烤下散发生命的力量，一滴松脂慢慢地聚合、膨胀，直至枝干逐渐承受不住而滑落，小虫还未来得及逃走便被这松脂包裹。继而便是倾尽生命的挣扎，须发间力量的迸发却也抵不过这大而黏的松脂。小虫的生命就这样被定格在历史的风尘里。而后经历了几千年抑或几万年，冰川融化、大陆板块漂移、洋流变化，小虫就这样一直存留下来。那些年生物或灭绝或进化，那些年的风景或沧桑或明媚，只有小虫，这样真是一如既往。

　　时光流逝了几万余年，只得些许存留。那年，贝多芬也在无声的世界里挣扎，留下了不朽的绝世佳作；那年，梵高也在贫穷的世界里艰难度日，创作出被世人敬仰的大作；那年，海伦·凯勒也在黑暗的世界里苦苦挣扎，给我们带来宝贵的精神财富……流光不宜把人抛，他们穿越了风尘，经历了时光。总有一些东西会随时光的流逝而逝去，比如生命、财富，也总有一些东西会被时光洗涤而不会流失，就像万余年的那个午后，所有的风景幻明幻灭，最终流逝消散，而只有被胖胖的松脂所包裹的小虫完完整整地保留下来，为我所拾。

　　琥珀被手心浸湿，我看着定格下来的正在挣扎的小虫，心里溢着慢慢地感动与勇气。历史的车轮滚滚向前，奔流不息，那些深的东西越来越深，那些浅的东西最终烟消云散。我们最终都会流于消逝，唯一能做的就是通过自己的努力做些什么让时光尘封，不随风景的明灭而流逝。

　　这是一颗琥珀告诉我的，我将一直践行下去。感谢在松林漫步的这个午后，以及被我拾起的这颗琥珀。

# 第一一五篇　杨梦萦论"流"

杨梦萦

流这个字，让人轻易想起流水。流年似水，承载回环往复代代传承的生命循环。随心所欲地洗刷去印刻于岸滩沙石上的足迹。流也使人记起流岚。"我们共享雾霭、流岚、霓虹"，这样飘渺虚无留不住的风物却成为美好的代表与象征……

流是一个动态的过程，而当人们静立、闭目，这样活蹦乱跳的鲜活生命似乎同一时刻沉默下来，只留存自身摩擦时沉闷的沙哑的声音——比如流沙。

指尖仅仅抓住却会颗粒不胜地流走，松松垮垮地捧起方能保有全态，全因一个"流"字。流动着的事物都有着独一无二的不羁生命，没有任何阻挡可以拦住它们动态的步伐，即使被截留在密不透风的玻璃瓶里，也要以"沙沙"之声证明自我的流动。流沙瓶中间有细小的开口，连着上下两头世界，当将其倒置，仿佛目睹一场限缩的人生。从生到死，永远是匀速而有条不紊地进行，这样不紧不慢的动静往往让人遗忘它的流动步调。然而，最为可怕之处莫过于此，人为对此无从干扰，生命的限度与容量总是这样，时间绝不可能拉长。

与"流"有关的大多都与"时间"有着千丝万缕的关系：流沙用以计时，流年用以怀念过去，流量用以言其短暂，流光叹其一是炫目。也是因此，"流"与"尽"似乎总是形影不离，似乎凡得流动之物，必有穷尽，有时是百川到海，有时是山穷水尽。总归是有个悲观的尽头。事实的确如此，万事万物都有期界，永恒不灭也阻挡不住时间流动的步伐，但在另一方向上，又有不断新生的事物代替老化死亡的陈旧，继续着新一轮的流淌，人之代际延续，河之循环流动无不体现其理。而若将整个流动着的历史、现在与未来人为地划分成细微生物体一个个短暂的生与死，将这样看作穷尽与终结，那么也许我们的生命不过方生方死，方死方生，人的价值又何在呢？

"流"与"留"同音，流出的往往也是千方百计希望留住的。然而世界虽不会终结，却也没有时光回溯这样的好事。我们常在流经一段追悔莫及的事件之后想：假使我回到那个时候省略号"流动"这一过程也许从无尽头，但它同样不可回还。我们心知它的绵长悠远，但在这样长久的流淌过程中，常常忘记自我的渺小与短暂。于我们每个人而言，没有谁能与世界一同流向永远迷蒙的未来，我们所能做到的，不过是当其流经自己面前时，紧抓当下，毫无畏惧。

# 第一一六篇　韦贝妮论"流"

韦贝妮

　　高蝉聒噪，一树秀色难见；静水深流，一路风光尽览。我一直把这句话当作佛家的禅语，希望可以在一个美丽的季节里静坐，细细地谛听那些关于记忆的足音，河流的故事啊，本就该是流失的岁月的故事。

　　又是一个春日的清晨，老房子的楼梯不知被谁踩得吱吱作响，楼下厨房里是喔喔的敲核桃的声音，我赶紧穿好衣服，从楼上下来，外婆见了，叮嘱我先去陪着外公，等会再一起吃早饭。天壁凉薄，春日的阳光本就稀疏，空气里有一些萌动的因子，和着淡淡的粥香，又让人觉得生活是如此的完满。老房子里的晨光早就流逝在岁月中，都市里快节奏的生活没有把这样一个舒缓优美的篇章放入其中。泰戈尔曾经有这样一句话：你微笑地看着我，什么话都不说，而我却觉得，为了这个，我已等待很久了。那么如今，如果我们连等待的力气都消失了，如果我们只能马不停蹄，走马观花，生活便不再可称之为生活了。

　　也许你曾有过这样的童年，芳草萋萋地蔓延过河堤，流水静静地流淌过岩壁，在此情此景之中，那个和你一起伸出手去戏水的孩子你还记得吗？榕树下，天井边，莺飞草长之日，那个和你一起避雨的孩子你还记得吗？雨水打在手心里，却融化了心中的坚冰。斜阳外，芳草边，一幅幅定格在秀丽景致中的童年之作，如今又有多少可以溢在你的心头。人总是会长大的，长大了就会生出三千烦恼丝。也许你说，我们再不是那个希望和手握薰衣草的王子牵手的女孩了，可是，我们也不能成为被生活所奴役之人。我一直以为，快乐可以很简单，穿着一件干净素雅的衣服，扎一条小马尾，轻松地走在街上，眉角间意气飞扬，一如我们年少的时间。那时我们奔跑在田野中，追逐风筝，放声大笑。唐七公子说岁月是朵两生花，总会带走一些什么，又总会新添一些东西。生活一直处在流逝之中。若你无法将曾经的美丽握在心中，你就难以找到一个随遇而安的季节，难以体味岁月静好的恬然。

　　岁月里，满是流逝的故事。那些瞬间的景致，就如老北京的城墙，一旦塌陷，便成残缺。以往我们总是自诩自己的强大，只消幸福露出一个线头，我们就可以把它拽出来织成一件毛衣。而今，我们站在时之洪流的彼岸，面对花开花谢却束手无策。我们以为张小娴说能夺走的爱人便算不得爱人是这世间的真理，却不懂如何抓住自己的东西，岁月里的故事，流逝的美与真，只由你自己追与溯。

　　蓦然回首，又有什么在你的灯火阑珊处？

# 第一一七篇　蒋曾鸿妮论"流"

蒋曾鸿妮

如果飞到亿万光年之外再看地球的旋转，是否就再也没有了所谓的四季，如果跳出了四季与光阴交叠而成的岁月，仿若宇宙之神一般俯瞰尘世之上的时间与空间，是否人类就再也不会因轰鸣着滚滚向前的岁月与物不是人亦非的悲哀向隅而泣？我不知道……

一个漾着微风与蛙鸣的澄澈夏夜，我坐在学校的喷泉旁，抚着如水的月色，我想起了那个故乡的夏夜，那样的微风吹拂着那个年幼的我，趴在窗台上一边听着阵阵蛙鸣一边望着黑压压的大山，那个爱天马行空地想象的女孩一遍又一遍地想着山的那边是什么？终于有一天，十二岁的我第一次走出了大山开始了漫漫的求学路，耳畔爸爸的声音依旧回响，他一遍遍地告诉我"要用力飞，不要回头"，而我亦不止一次地竭力逃离这山的束缚。《天堂电影院》里老人对年轻的孩子说："每天待这里，你会把这里当作世界的中心，你会相信什么都不会改变。当你离开这里，一年、两年……等你再回来时，一切都变了，牵挂已断，曾经属于你的也已消失。"也许就像老人说的那样，宁静闭塞又拒绝流变的小城是上帝的一种恩泽却也是一种诅咒，所以，也许正因如此，爸爸才会告诉我要用力飞，不要停下来。又或许正如韩寒说的那样，在这样流变的时代里，中国人是不配有故乡的。城市外的人拼命涌进城市，如此漂泊他乡，如流转的浮萍，如此再无故乡可言，城市里的人每天面对不断翻新的故乡，直到再也找不到所谓的故园。失去根而被时代迁徙，人口流动的大潮夹裹向前的痛楚是这个时代的阵痛，亦是一种痛苦的背叛，因为安土重迁像一粒百年前洒下的胚芽，让中国人永远缺少一种吉普赛人流浪的浪漫。故乡始终是一种神秘的宿命。在一个个夜晚里从我们血脉里复活，一声声都是蛙鸣，都是山的呼喊，那成片而茂密的榕树，巍然耸立的大山早已无可奈何地嵌进生命里，无法逃避。这个流变的时代里，寻不到根的我们唯一能够庆幸的也许即在于此，那故乡的印记时刻刻伴随着我们的灵魂，一呼一吸尽是故乡的脉搏。即便那座小城，只能化作一滴冰冷的泪，在我的睫毛上闪亮……

然而流浪着找不到根的又何止是中国人呢？整个人类又何尝不是如此？人类像上帝的弃儿，自从亚当与夏娃犯下不可宽恕的原罪之后便注定了人类将时代背负着欲望痛苦前行，因为欲望胜利者在擦拭干净带血的屠刀之后用赞歌粉饰历史，于是后人永远只能站在历史的废墟之上试图循迹着历史的痕迹找寻所谓的真相，却不知一切皆尽枉然。于是人类向后是虚伪不可寻的历史，向前是叵测不可知的未来，站在现在的时间结点之上，每踏出一步都是在不断流转的洪荒之中寻不到根的流浪，这种与生俱来的痛苦让昨日的历史和明日的故事都变成人类的悲歌。

流变的空间与时间中，人类该去向何方？

# 第一一八篇　罗带论"流"

罗　带

　　多年以来，我一直做着一个北方的梦。梦中的旷野苍茫，一刀刀风雪刻成沙雕，而我在梦中亦曾多次试图用指尖去感知它的坚硬和粗砺。但因缘巧合，十多年来我的旅程一直停留在南方，停留在大江大河流动的经验中。因此我不得不无数次从那固态的幻觉中挣脱出来，去抚摸一个奔流的真实。

　　您不能责怪我硬把"南方"和"流"字扯上关系，因为任何一个南方人都会告诉您南方是流动的。它具有生命，这生灵严格地存在于草木深深，林涛阵阵；存在于河流织就的霓裳，燕子肩披的羽衣；存在于南方人举火和歌的舞蹈中。南方有的是水，不论是江南水乡、云梦大泽，还是西南崇山间的骤雨，都让一个"水"字成了南方最响亮的标签。而水无疑是流动的，南方不存在固执而坚守一隅的死湖，而是无数的水如同血脉攀附于广袤的土地上，所谓"君住长江头，妾住长江尾。日日思君不见君，共饮长江水"。这是水幸福的流动，滋润了南方的甜美。

　　南方人总将"水"视作生命的意象，这固然是由于水对生命的养育之恩，但我想这恐怕是因为两者相似的姿态和情感。"逝者如斯夫"、"逝川"、"滚滚长江东逝水"……诗哲们总能发现水、时间、生命三者间神秘的联系与共性：奔流。这种姿态坚定，永远朝着一个方向从不回头；这种姿态近乎勇敢，它从不计较尽头是什么，只是承担起今生的重量，做一场单程的旅程。于是我们见着了这三者相交融了，充溢了整个南方的呼吸。绵密的雨从天上落下来，归于尘土，这大约是静止了吧？不然，南方人一指头将这滴水掸作三份，一份挥就了云过天青，一份织作了乌篷载信，还有一份溶在墨里，便是词赋满江，万古不息，依旧是个"流"字。

　　我印象中的南方人都像稻子，根茎扎在水里，头颅却顽强地向着太阳。南方不缺乏炽热的力量，但阳光也同样成了流体，一方方地溶入屋檐庭院，与影子饶有兴味地做着游戏。南方人有火，这火种传承自巫，传承自"高飞兮安翔，乘清气兮御阴阳"的人神之舞。千百年来，神灵隐退于历史的烟尘中，但人们依旧传承着火，和着山间的草木灰，将山河烧成了两方红色的瓷片，人立于天地间，一划指天而天涌血，一划指地而地出泉。在南方如果说水的流动孕育了生命和文明，那么火的流动，则照见了时代与变迁。

　　于是我的北方的梦终于渐渐隐于风雪，只剩下安静的雪地，南方却愈加真实，成了候鸟的皈依，我深爱着这奔流的一切，驰骋命运于掌心把我的旅程变成了故事，一页页写满了生命的壮丽。

# 第一一九篇　周轶男论"流"

周轶男

　　流者，动也。当你静静卧床冥想时，当你捧一卷书在温馨的灯光下沉思时，当你凝视着波澜不惊的湖面时，也许这时的世界静止了，至少是在你的小世界里。然而，这并不是一个静止的世界，你的眼睛欺骗了你。人类的肉眼凡胎将视野局限在一个看起来很宽广却忽略了诸多细节的宏观世界，人类中的大多数，他们总是忘了：自然界是变化着的，人类社会是变化着的，世界是流动着的世界。

　　世界是流动着的世界，你我身在其中。当生命呱呱坠地，无论是从性善论还是性恶论来看，内心的那份本真都一样。然而，由于阶级所处的等级不同、家庭环境的差异、受教育程度不同等因素，长大后的他们成了彼此完全不同的社会人，人际关系因此变得错综复杂。身在这个动态的世界，在潜移默化的影像中，在对环境的不断适应中，我们的社会身份变得大相径庭，有的人成了庄严的手握大权的法官，有的人则是身陷囹圄成了阶下囚，有的人蜕变成了道德大家，有的人则成了令人生畏的杀人狂魔……当我们站在现在的位置翻开发黄的相册，重新认识一下从前的自己，我们不禁感慨，自己真的变了好多。

　　世界是流动的，但命运不是一成不变的，你完全可以做自己命运的主宰。记得王小波曾经说过："我呀，相信每一个人看到的世界都不是眼前的世界。"也许他们这样的想法只是灵光一现，但他们的世界从那一刻开始流动，流向不同的方向。低智、偏执、思想贫乏的人，他们其中也许会有人认为自己会一辈子这样迂腐下去，然而他们想错了。看过《苏菲的世界》吗？小女孩苏菲经常收到神秘的信件，告诉她许许多多的哲学原理。长此以来，她日后很可能成为一位在哲学上很有造诣的大师！大自然为人类创造出一双眼睛，还为人类造出了聪明的大脑，告诉我们用大脑配合眼睛看到变化的世界，流动的世界！我们可千万别辜负大自然的苦心啊！

　　流者，动也。看到流动的世界，享受流动的世界，把握住流动的世界！流动世界的精彩不在于它的流动而在于你。

# 第一二零篇　包梦琪论"流"

包梦琪

张开手掌，指缝间露出破碎的湛蓝，流泻下来的，是五月天光。摊开双手，我试图捧住细碎的时光，明知这只是幻想，却还是念念不忘。流，流走了青涩和单纯，于是，习惯了每天想念，想念暖风过境的时光里，我们共筑的天堂和星光。

六月流萤，飘飞的光芒演绎着小小的梦想的灿烂。你说，每天每天都很快乐，因为你的身边有我。你说，下雨的时候，找我去给无家可归的蚂蚁搭建临时的住所。你说，月亮出来的时候，桃树睡了，她很恬静安详。于是，那么多个日日夜夜，不加掩饰的孩童的心，就在满天流萤的微光中，晶莹透亮。赤着脚跑过水塘，身后就有一路欢歌。没有压力没有烦恼没有牵绊，流萤星火，一场梦幻。

七月流火，天边的彩云装点了我们的笑涡。喜欢坐在你的脚踏车后边，搂着你的腰，欢乐地穿过曲折的胡同。头上有落叶飘下，抬起头，望见模糊的鸽群。抓着你的衣角，我偷偷地许愿，就这样一直骑下去，到海角天涯。喜欢听你弹钢琴，修长的手掌触碰黑白的琴键，音乐便如流水一般涌出。你说，我听得懂你的音乐，因为，我看得懂你的内心。小小少年的心事，冷暖自知。

八月流星，坠落到凡间的天使笑容明媚。一株华丽的藤蔓缠绕住挣扎的内心，你说，要好好的。夏日的北国，流星划过的夜晚，在我们曾经骑车闯过无数次的胡同里，你肩头落满星辉，眼里盛满笑意。现在已经二十岁的我，还时常回忆起那时你的怀抱，宽阔温暖，那么让人安心。一个拥抱，让我纷乱的心变得平静，让我有勇气面对接下来的分别。流星坠落，心却盈满希望和坚强。其实不得不向那句话妥协：分离教人成长。

暖风过境的夏日，一场盛大而漫长的离别，安静而美好。忽然有好多话想说给你听。现在很想一个人去流浪，带着等待的心收拾行装的过程美好得无法言喻。生命是一段充满未知的旅程，我是彼此旅程上温暖的过客。你留给我回忆，我留给你笑容。在漫长的等待之中，我在成长，你呢？想立刻开始一次流浪，因为流浪之中，等待会让人变得坚强。

流，流走了稚嫩和天真。人生本就如此，在流浪的旅程中，开始一场邂逅。翻开日记，黄昏的歌谣绵长而安稳。你说，等长大了，我们一起去看落日。那么现在时间将至，幻想你还是那个小小少年，身边流萤飞舞，肩头流星坠落。让我开始，这一场最美丽的单相思。

# 第一二一篇　邹培论"流"

邹　培

水的流动，贯穿着整部中国的文化史。孔夫子曾在川上叹曰："逝者如斯夫，不舍昼夜。"那是怎样的一番慷慨与激昂？碎玉般溅起的浪花中，渗透着怎样的智慧与隽永？当一江春水向东流去，不再西回，我们这些后人，又能从中感悟什么？

水的流动，给人聪慧。古代有多少文人骚客将自己的思想、愁绪抛洒到波光粼粼的水中。朱熹老先生的"问渠那得清如许，为有源头活水来"，便蕴含着丰富的哲理。世间万事万物都是处于不断的流动之中，只有不断的变化，才能保持新鲜血液的注入。老子的"上善若水"更是将水赞美到了极致。水的流动，为智者所取，为吸收。

我时常登高临下，望着浩浩荡荡滚滚流动的江水陷入沉思。是水的流动赋予了文人的不竭灵感，还是文人的才思夹杂在江水中导致了水的流动？然而，当我有一天站在江南小镇的青石板街上，看到一条条清澈的小河缓缓穿梭在宁静的古镇的时候，忽然间觉得答案并不重要了。因为我们已经在水永不停息的流动中领略到了诗情画意，看到了古代的辉煌，也邂逅了未来。

流动着的水迫不及待地带着飘落在上面的花瓣向前流去，永不停息，在与礁石的一次次碰撞过程中折射出中国文人的铮铮傲气，承载着中国文人的思想寄托。

流动着的水滋润着整片中华文化，并至今还在孕育着新的生命与活力。它在中国各地区扮演着不同角色。流淌在江南古镇中的水轻盈活泼如一首七绝，而流淌在西北塞外的水却古朴沉重得如一首五古。江南水乡的水不断汇集，不断流动，最终以一种极其低调的姿态汇入海洋，而发源于青藏高原的水夹杂着黄沙与泥土，它的流动多了几分野性与霸气，体现了人类原始的气息。

流动，是水的使命。否则会成为一潭死水，毫无生气。流者，动也。这是自然界千百年来的规矩，水善利万物而不争，这是其智慧的体现。流动着的水不会去理会世间的羁绊，它不会为世间任何事物停留，即使遇到礁石的阻挡它也会将其磨平，因为水明白，大海是它的方向，流动是它的使命，如果停留，只会耗尽生气。

日升日落，花谢花开，水就这样一直在流动，永不停歇……

# 第一二二篇 方俊论"流"

方 俊

个人一旦融入群体，则自然而然地被赋予群体的思想。群体心态表现为：不可置疑、非理智和一味服众。

——庞勒《乌合之众·群体的心态研究》

流，可以被理解成大流、主流。我们每个人作为一个群体性动物，由于生存、身心发展和需要等原因，难免要组成一个群体。著名社会心理学家庞勒认为：这种群体，把它放大了，就是国家。几千年来，中国就是一个强调集体主义的国家。儒家思想要求士大夫兼济天下，舍生取义；民国建立，孙中山仿效苏俄，也把"苏俄式集权"思想引入中国；新中国建立后，共产主义理想道德把集体主义推向高峰，服从组织奉献集体的"革命螺丝钉精神"盛行多时。

著名的"中国通"费孝德曾经说过："中国人向来不晓得自己本身是一个个人，他们只晓得集体，以至于全国只有领袖一个脑袋在思考。"话说得偏激，虽然有点道理，以至于经常被引用批评中国人盲从大流，但一经推敲，还是站不住脚的。

从大流从主流在某些时候是必要的。庞勒认为，人之所以要结合成一个群体，被群体思想影响甚至操控，是为了获得更大的力量，确保整个群体包括自己的生存和发展。历史上这种例子不计其数。抗日期间，"国家至上"的理念最大程度上团结了国人一致对外；"一五"计划期间，正是由于国人的高度热情和一直奋斗才有社会主义工业化的初步建成。就连强调个人主义的美国，每当国家受到威胁，又何尝不是扛出"国家"的大旗，要求美国人民服从国家利益？

但是，我们同样不可忽视从大流从主流潜在的威胁。由于群体心态会使个人理智湮灭，这就为个人崇拜和愚民政策提供了温床。纳粹希特勒、日本军国主义势力等在第二次世界大战期间就成功利用集体主义，操弄民粹，愚弄群众盲从"对外扩张"的大流。这不仅为别国人民带去灾难，也使本国群众利益受损。

当今中国处于社会转型期，存在着复杂多样的社会矛盾。民粹主义似乎有一股被操弄的趋势。以微博上流行的"是中国人就转"为例，这种要求别人转的微博，其内容大多涉及时事政策。因为一句"是中国人就转"而转发的群众，很容易就陷入骄傲的"爱国主义"的愉悦之中。殊不知，这些说出"是中国人就转"的人究竟是何居心？同样，网上"愤青"的一些高调激昂的言论也引人深思！

胡适曾经批评蒋介石"一个政党、一个主义、一个领袖"的说法，民主不可以一味从大流从主流。同样，在日益开放、日益多元的当下，面对各种思想和言论，我们更要学会独自思考，不可随波逐流。

# 第一二三篇　何丽琴论"流"

何丽琴

我们将流向哪里？

——题记

大学毕业后，我找到一间廉价的公租房住下，窝在狭小的空间里不断投简历，希望哪家企业会抛来橄榄枝。偶尔也去人才市场碰碰运气，往往这时，回来的路上都会经过小区前几排的房子。那些房子都很老了，墙灰一层层剥落下来，形成千奇百怪的形状。在黄昏的路灯照射下，一面面墙像一张张张大了的嘴巴，嘶吼着、狂叫着、扭曲着，像要把我整个人吞下去，不停啃噬、咀嚼，直到连骨头也啃烂了。我面无表情地盯着它们，想象自己被一点点撕碎、吞下，最后也变成了它们的样子。

我慢慢经过它们，怀着一种恐惧和激动的心情，我拒绝变成它们却又在变成。我依旧慢慢地走回去，穿过漆黑的楼道，回到自己的住处。等我平静下来，我就开始抽一支烟。我抽着烟，看它一直燃烧，烟灰一层层落在脚边，思考这样的生活。然而生活这个话题太大了，我努力想抓住其中的一点东西，但怎么也想不起来，这很令人苦恼。我于是决定放弃这种无谓的思考，躺到床上去。那些怪异的嘴巴再次闪过脑海，有那么一刹那，我以为自己抓住了一些重要的东西，但终于，我还是放弃了。

躺在床上，抬头看着天花板，我看到，它带着岁月的痕迹在嘲笑我，以孤高的姿态俯视着我，张开它的嘴巴，轻蔑地、不屑地、凶狠地对我说："你怎么能够看透生活呢？"就在这时，我想到了，生活不就是那些诡异的嘴巴吗？它总是无情地对待你，在你一无所有的时候，然而，这也是给予。我的迷茫是对未来的不确定，这是生活，也是我自己。

我想，也许我该收拾好自己的状态、心情，积极地生活下去。于是翻出很久不用的日记本，郑重写下：

生活是一次流浪，漫无目的，无拘无束。最后，它变成一场逃亡，我们急着逃离。

我们是最微小的尘埃，不知道将被生活的洪流冲向哪里，而在这洪流之外，了无生息。

流年、流光、流水，无一不在朝下一秒而去。而我们正流向未知的恐惧，我们的下一秒是恐惧。

可是，流亡也是流浪，如果是正确的心。而在洪流之内，不如好好生活。恐惧只是自己吓自己。

搁下笔，我安心地睡了过去。梦里，我站在那些墙面前，看见墙上刻下的字：我们，在生活；看见生活的痕迹停留在上面，变成了斑驳的墙灰；看见我自己欢快的影子，在做飞翔的动作。

明天，将是美好的一天。

# 第一二四篇 冯颖霞论"流"

冯颖霞

流，水流。"水能载舟亦能覆舟"。在中华几千年的历史中，关于水流的名言古文不胜枚举。水流，这一常见的自然景象却能给我们深入的领悟与思考。

水往低处流，人往高处走。

现代社会，人们面对纷繁的现状，往往总是随波逐流，顺应社会的主流，从而社会中就缺少了选择"逆流"的创新人才。面对这样的社会现状，我们应该有所思虑，面对主流，我们不该随意入流，而应该试着"逆流"，体现新的事物，创造新的领域。

大学中金融类、贸易类的专业大热，人们都认为只有做金融、贸易等类的工作才有更好的未来和可观的收入。社会中金融、贸易等行业的大热——高薪、好就业使得人们对这些专业热捧。学生们也随主流争相填选这些热门专业。让我们试着从反方向思考，其他专业就不好了吗？我认为各个专业都有它可观的未来发展，或许这些专业并不是社会的主流，可是你依然可以凭自己的努力创造出你在这一领域的成功。"八仙过海，各显神通"，大家应该选择适合自己的，才会创造未来的成功发展。就像古语道："各在其位，各司其职。"主流并不是最好的，有时候逆流而上反而有广阔天地。

现在社会中随主流的现象数不胜数。盲目追求名牌，奢饰品，以至于山寨品、伪造品到处都是。主流并不一定是最好的，人们疯狂追求 iPhone，还不如买一款 Nokia 既实用又实惠。

你的感觉只有你自己能体会，是自己舒适才是最真实的。盲目地跟随主流，只会损害了自己内心纯洁的感受。

人们总会想跟随主流是安全的，即使我或许不那么鹤立鸡群，但我也总有一份安全保底。何苦其要选择逆流？这样高风险的选择需要担的压力太大。可是不经历风雨，又怎能看到雨后彩虹的绚丽？或许有许多风险、挫折和困难在逆流中等着我们，可是我们只要坚强，意志坚定，那么它们又算什么，逆流而上，最终成功的阳光照耀未来。

水往低处流，最后流入大海，平平淡淡；人往高处走，逆流而上，广阔世界，绚丽的彩虹在风雨后等待着你的是美好的未来！

"主流"这艘大船可以保护你，抵御狂风暴雨，你却少了一份历练，乘着"逆流"的小舟，虽有风浪，只要顽强面对，总会到达风平浪静、美好的未来。丢掉"主流"，试着"逆流"去未来吧！

# 第一二五篇　王霞论"流"

王　霞

静水流深。

某日目光与这四个字偶遇的刹那，竟有一种相见恨晚的感觉。惊异于这短短的四字所带给我视觉的冲击与心灵的共鸣。时常漫步于桥上，喜欢驻足眺望被夕阳镀上一层金黄的湖面，然后骄傲地扬起依旧倔强的头，感受上海独有的湿润。在如此静谧中，惊觉大自然内在的张力。

鹰击长空的优雅如若没有恢宏的力量对比那或许不算一种美；路旁不起眼的小草如若忽略了它破土而出的艰辛，你或许意识不到那是一种美；鲜妍的玫瑰如果无视其从含苞到绽放的生命历程，那种美或许不够完整，不够深沉。当你不知道该何去何从，当你心中没有答案时，就停下来看看这个世界吧。自然会给你答复和力量。真的是这样，静寓于动。没有经历"动"的"静"，也只能流于肤浅与平淡。我们每个人的追求又何尝不是与这种自然规律保持高度的一致。

有多少人年轻时"披荆斩棘，乘风破浪"，只为在晚年时有份云淡风轻的生活。但也只有那些为梦想奋斗、追逐付出过的人才有资格在最后享有一种生命的高度与气度。而对于那些看似已看破红尘，过上与世无争的生活的人，他们所谓的经验之谈也不过纸上谈兵，空无一物。陶渊明写他期望"采菊东篱下，悠然见南山"；苏轼写道"我欲乘风归去"，所有古代的隐士凡想出世的，又有谁没有先入世，没有先尝尽人生百态呢？

猛然想到在网上看到的俞洪敏的演讲，看到他在台上从容地略带调侃地讲述他生命的流逝。佩服他功成名就后所透露出的沉稳和魅力以及平凡而朴实的智慧，但当他把昔日的艰难化作今天的幽默时，作为观众的我们是否意识到曾经的汗与泪早已化作其生命的积淀。"飞鸟不曾留下痕迹，但也已经飞过"，波澜不惊的湖面，或许下面是暗流涌动，尽管你观察不到，但它确实存在并向外散发着能量。

没有昨日的年轻气盛，又怎会有今日胸有成竹，宠辱不惊；没有昨日手忙脚乱，又怎会有今日沉着冷静，临阵不乱。试想巍峨的珠穆朗玛峰也是经历了漫长的板块运动所造就，试想"待到山花烂漫时，她在丛中笑"的梅花不也经历了一番"彻骨寒"么。

欲静必先懂，静寓于动。

# 第一二六篇　盛昳欣论"流"

盛昳欣

厦门之旅的最后一天，又去了一次白城沙滩。阴天的傍晚，些许的春寒料峭，只是单纯地静坐在沙滩上，看海浪急迫地冲上沙滩，再缓缓地退去。对岸的鼓浪屿在朦胧的雾霭中显得有些孤独。不变的景色，流动的游客，人来人往中，我们都只是过客而已。

不甘心在命运的长河中随波逐流，想到拥有属于自己的人生轨迹，无需光芒万丈般耀眼，却也要是世间独一无二。这是年轻时应有的梦想，年轻时应有的决心。经历过迷茫，才能不再耽溺于红尘。

也许生活就是从一个你厌倦了的城市到一个他人厌倦了的城市，这也被称作旅行，往往带着逃避的心。流动的时间难以抗拒，就像是永远无法平静的海。八月的青岛炎热渐消，我深爱这座沿海的城市，即使是打着伞坐在岸边，任由暖湿的风吹过脸颊，消磨一下午的光阴也觉得是人生中一件极美好的事。

如果想回忆当时这个闲暇的下午到底想了些什么，恐怕无论如何也想不起来了，完全放空的心感觉如释重负。功利化的心会变得无比沉重，思虑过多的脑会变得疲惫不堪。很多事并非付出即有回报，我欣赏的那位南宋词人有着"金戈铁马，气吞万里如虎"的英雄理想，却只有"忍将万字平戎策，换得东家种树书"的无奈命运，更何况还有那么多易老的冯唐，难封的李广。与其不甘，不如释然。

在不经意的瞬间，我们不再年轻。没有了太多的骄傲与冲动，只剩下几分静默。年少轻狂的锐气不见了，为梦想拔足狂奔的动力变淡了，这就是流年吧。

与好友聊天怀念的也竟是几年前的故事，仿佛回忆不曾前进过。昔日的同窗天各一方，新的生活环境，新的朋友，新的想法，一切都是流动的，瞬息万变的，就连曾以为能坚定不变的心也动摇过。

最终还是会叹口气，在心里默默地告诉自己，"就这样吧。"习惯了改变，适应了流动的生命，曾经年少轻狂过，如今也能甘愿静默。不强求，足矣。

# 第一二七篇　倪柳青论"流"

倪柳青

一抹流云，一湾流水，一曲流音，一段流年。世间美好的景致风貌，倒是大多在这一个流字上。多数婉转美妙的事物，若是少了这个流字，便同时也少却了那一份灵动与生机。

流是雅致，流是闲适，流是生生不息。昔日会稽山阴兰亭，一群闲适之人抱着雅兴，于崇山峻岭，茂林修竹处，曲水流殇，成就千古佳作，传为万世佳话。那便是何等诗意闲暇，领略无穷的自然力量。时隔千年，意境绵延。

流者，动也。世间万物，无一不是时刻运动与变化的。流动着的事物，大多饱含着生机，生生不息。水若不流动，便成了一潭死水；空气若不流动，便闷热难耐；音乐若不流动，便聒噪刺耳。最重要的是，时光不会不流动。我们常常感叹时光流逝之快。逝者如斯夫，这却是任谁也无法阻挡的了的。我们又常常将逝去的青春华冠以流金岁月，来祭奠逝去的美好时光。

岁月一轮一轮流转，历史不断向前，逝水东流。变化乃是流的核心。月盈月亏，运动是大自然的规律。一切腐朽的、麻木的、凝滞的事物终将被时代所淘汰。现代文明发展如此之快，没有人会愿意回到原始时代，落后被时光流走，先进却随着时光流过来。历史的洪流冲刷着一切，留下最珍贵的事物。

在当今时代，"80后"的尚未退下舞台，"90"后便已经开始初露头角，即将跨入社会，去拼搏去竞争。岁月流转，很快又会有新的一批人踏入社会，继续这自古以来的循环。当时光冲刷尽一切浮华，我们收获的是什么？倘若我们的所获通过了流年的历练，依旧存留，那么便也不枉年轻人的拼搏。

大江东去浪淘尽。流光是一块滤网。滤去的是浮华，留下的是至真至美。落第诗人张继枫桥夜泊，留下了短短28字，至今深入人心，我们只记住了当年那个船中的落第书生，又有谁会记住当年红榜上的状元是谁？浮华流尽，剩下的便是真。

无怪乎世间至真至美之物，流动婉转，如清流小溪，似云霞幻灭，若乐音悠悠。想来若是有一天，当年轻人经历一番磨练之后，不再年轻，倒不如仿照古人，静论诗书，畅饮美酒，笑谈人生，俯察世事，安享流年，岂非人生一大快事？

# 第一二八篇 何雨菁论"流"

何雨菁

问世间何物静而不流？恐圣人难以言之矣。时间在奔逝、流淌，前一秒钟的你已然不可能与下一秒钟的你重合；昨日的光景似无变化，但实际上物是人非事事休。"一个人不可能同时踏进两条河流"，从哲学上充分印证了万物都在瞬息万变的道理，而我以为"流"即暗示着"变"，只不过"流"是"变"的一种特殊情况罢了。

大自然便是一种奇特的流体，它的流动给人带来美感，令人赏心悦目。我们肉眼常见的河流、溪流、云的流动、风的流动，以及肉眼难见的海洋深处的暖流、寒流都是大自然动态的呈现。而大自然中相对静态的山脉、丛林也给动态的流体做了很好的参照物，把神秘的静态流诠释到了极致。我们置身于其中，怎能不放纵自己的情感跟随它们流向远方呢？水之流淌极易使人将其与"柔"相联系，它不似钢铁，因为它的流淌叫人惬意。与世无争，流去污秽，上善若水在很大程度上与它流动的特性有关吧。"流"在大自然中创造了动态的美感，"行云"和"流水"是大自然的绝配。

除了大自然的流动让我们愉悦以外，还有一种东西能刺激人们的神经，并且它时刻牵引着很多人的步伐，那就是潮流。"流"在社会生活中立即摇身一变成为"趋势"的代名词。当你前往理发店、服装店，店员总是会向你推荐近期流行的款型，为了时尚，你常常自然而然地向往着它们。当你听闻苹果手机，你又迫不及待地花钱买上一部过过"潮人"的瘾。当你们公司的产品在市面上生意渐冷，而顾客趋向于其他公司的新品并成为趋势时，你们公司一定即刻投顾客所好。也就是说，流行这东西就是有大生的魅力，它牢牢抓住多数人不甘落后渴望时尚的心理，从而大行其道，红遍大江南北。人们愿意追随潮流，"流"在社会生活中将人们带向一个方向，象征着势不可挡的流行趋势。

潮流在某些方面能陶冶人的情操，使人能更好地融入社会，但在某些时刻"流"不是件好事。"随波逐流"意味着对自己无欲无求，抱着消极无谓的态度随大众走，但这未必是正确的方向，很有可能将你引入歧途，完全丧失了自己的个性。"同流合污"更为贬义，专指人与狐朋狗友共同堕落，对他们和社会有害而无利。"流"成了消极的态度、污秽的同类，没有意识的"流"只能是颓废、堕落，逝去了它的积极意义。

"流"这个字本身就带给人无限的遐想，你希望它是流水、流星，它便可以给你美的享受；你希望它代表流行的元素，它就给予你时尚潮流。但是一旦"流"成为危险的高压线，它就可以摧毁一个人。积极的意识"流"乃万物之金。

# 第一二九篇 孟欣文论"流"

孟欣文

岁月静好，但流年似水度。我站在岁月河流的彼岸，回望韶华的匆匆离去，多希望时光的沙漏能停止流动。有人说没有比记忆里更好的风景，请不要重游。我们都希望美好常伴左右，所以总是用尽所有的力气，企图奋力抓住匆匆流逝的时光，然而到最后才发现，流逝的不仅仅是时光，更是我们自己。

想写点什么纪念那再也回不去的日子，却不知道该用什么样的文字去描绘曾经的生活，或许太多欢笑，或许太多泪水，或许太多无法表达的情感。缅怀或沉淀太多太多，随时光匆匆流去，我们也不再是我们。

越长大越孤单，越长大越流逝了曾经的无所畏惧。幻想，在现实里湮灭；梦想，在残酷中动摇，期待，始终在期望。原来，陌生的才会勇敢，遥远的才是美丽。不知道，从什么时候开始变得感性了，翻阅以前的文字会伤感，回忆以前的故事会感动，或许是因为我们想奋力抓住流逝的自己，在流逝的流年痕迹里寻找载体来放纵自己的感情吧。提笔忘字，其实是不知该从何说起吧，太多的话语，没有条理，却满是微妙。更多的话，会在黑夜，对着天空，在心里一遍一遍重复，却始终找不到自己想要的完美。在似水流年中，我们终究也把自己给流逝了。固守那骄傲的倔强，在自己的世界里过活，当初的自己又流去何地了呢？

生活真的是最好的导演，用我们不自知的方式演绎着荒诞，演绎着无常。从前在可以做梦的年纪里，一切都是浮云，用不甘的心拼搏着，现在，梦的泡沫映着七彩，却消失得那么不留情面，梦终究是梦啊，依然不甘心，依然还在为梦追逐，只是更多了一份理智，更多了一份莫名的恐惧。或许，我真的已经随着岁月这条河流在流逝。想过，自己改变了多少，若相逢，可相识？

流逝的就让它流逝吧，要挽回谈何容易，就对自己说声对不起，又一次听天由命吧。只是，让记忆深处的美好偿还这流逝，给自己一个安慰，往前走，脚步迈开的方向就会有路。

时光是一条无迹的河，潺潺地不断地流着，静静地伫立于岸滩，看日升月落。

常感觉自己就像一枚随波逐流的叶，随着时光慢慢地流逝着自己，激荡起的浪花，一切都是指向滑落的短暂。

如果，真的有如果，我想让流逝的流逝，而我，站在原地，与时光为伴。

## 《第十九届"韬奋奖"作文大赛奖》获奖名次

**一等奖**

安　丽　政治学与公共管理学院 1144 班

**二等奖**

| | |
|---|---|
| 严文君　法律学院 1104 班 | 石飞燕　经济法学院 1112 班 |
| 王恩泽　经济法学院 1115 班 | 黄　玲　经济法学院 1113 班 |
| 李　倩　国际法学院 1116 班 | 张静娴　国际法学院 1118 班 |
| 钟瑜婷　国际法学院 1121 班 | 王丝雨　国际法学院 1122 班 |
| 宋其昊　外语学院 1140 班 | 张哲渝　外语学院 1141 班 |
| 李　云　政治学与公共管理学院 1148 班 | |
| 邵树杰　社会发展学院 1152 班 | |

**三等奖**

| | |
|---|---|
| 曲姝怡　法律学院 1102 班 | 冯颢宁　法律学院 1103 班 |
| 陈　君　法律学院 1105 班 | 牛　玥　法律学院 1107 班 |
| 鲁　强　经济法学院 1109 班 | 邱志强　经济法学院 1110 班 |
| 张石玉　经济法学院 1111 班 | 杨梦萦　经济法学院 1111 班 |
| 韦贝妮　经济法学院 1111 班 | 蒋曾鸿妮　经济法学院 1113 班 |
| 罗　带　经济法学院 1113 班 | 周轶男　经济法学院 1114 班 |
| 包梦琪　国际法学院 1118 班 | 傅寅嘉　国际法学院 1119 班 |
| 邹　培　国际法学院 1124 班 | |
| 方　俊　政治学与公共管理学院 1146 班 | |
| 何丽琴　政治学与公共管理学院 1149 班 | |
| 冯颖霞　商学院 1134 班 | 王　霞　商学院 1137 班 |
| 盛昳欣　商学院 1138 班 | 倪柳青　商学院 1139 班 |
| 何雨菁　知识产权学院 1159 班 | 孟欣文　社会发展学院 1152 班 |

**第十九届"韬奋奖"作文大赛优奖名单**

| | |
|---|---|
| 罗丽娟　法律学院 1104 班 | 蒋　昊　国际法学院 1119 班 |
| 阎云迪　经济法学院 1110 班 | 王一帆　刑事司法学院 1125 班 |
| 朱陈嫣　经济法学院 1112 班 | 王思佳　刑事司法学院 1125 班 |
| 王思雅　经济法学院 1113 班 | 李　晗　刑事司法学院 1125 班 |
| 卢　笛　国际法学院 1117 班 | 谢舟丽　外语学院 1142 班 |
| 秦佳辰　国际法学院 1120 班 | 沈艳雯　外语学院 1143 班 |
| 解在梦　国际法学院 1120 班 | 李亚平　政治学与公共管理学院 1149 班 |
| 杨素玉　国际法学院 1121 班 | 吴文静　人文学院 1057 班 |
| 胡嘉旖　国际法学院 1122 班 | 盛　皓　商学院 1131 班 |
| 周子荣　国际法学院 1122 班 | 焦雅楠　社会发展学院 1150 班 |

本编转载的所有文章及名单等资料均来源于华东政法大学《华政报》2012 年 10 月 31 日第 248 期。

该报主管：华东政法大学党委，主办：华东政法大学党委，主编：欧亚。

# 第一三零篇　大众犯罪学

## ——兼谈"源流论"应用领域之视野

### 华东政法大学　夏吉先

中国犯罪学在长江大学（湖北荆州）召开第六届高层论坛，很有天时地利之感。借此机会，就我国犯罪学研究的大众化问题，谈谈下列几个问题，与同仁们共探讨。

## 一、从言不离"源流"说起

江苏警官学院学报主编卜安淳教授，曾对笔者说："夏老师总是言不离'源流'啊！"是的，自1987 年 8 月上海社会科学院出版社将我曾经发表的《犯罪源流规律的探索》等论文结集出版成《犯罪源流对策论》一书后。近三十年了，在言谈文论和不同场景中，总是难忘"源流"问题的。本人平常喜欢听歌，在"美声""民族""流行"三种唱法或者说唱式中，也最爱听"流行"。流行者，大众化矣！我们的犯罪学研究也可分类型的。是否可以分为"理论犯罪学（学院）""适用犯罪学（部门）"和"大众犯罪学"呢？笔者认为，犯罪学研究总是在学院小圈子里，不流行。原因就在于几十年过去了，直到如今还没形成大众化的类型。大众化的东西是看得见摸得着的东西。它要求所研究"对象""术语""方法"，都要与社会更贴近，与世人更切身。我以为"源"与"流"这对概念，作为研究"对象""术语""方法"的统一体，都是易为大众所吸收的，具有一定的普识价值，是形成大众犯罪学的较好的一种门径矣！再说，当今的时代，是人流、物流、信息流等万象奔流的时代。有"流"就有"源"。所以源流一词亦具有时代性特征。

## 二、"类学名"问题

2012 年第 4 期的《青少年犯罪问题》杂志，发表了笔者关于"类学名与学科名"一文。从有关资料了解："犯罪学"一词是法国人类学家托皮纳尔于 1879 年首次提出的。然而这个学术名是类学名还是学科名，130 多年来没得定论。从笔者观察下来看，绝大多数学者都是把它作为学科名来看待和使用的。笔者以为"犯罪学"是一个类学名。所谓类学名，即凡是涉及对犯罪现象的问题研究之学，在一定层面上，都可以归属为犯罪学。类学名只具有分类价值，而不具有别的价值作用。作为研究都只能是学科研究，而不是类学研究。因为只有学科才可能有实际的定位功能的，即才可能有实际功能的研究方向的定位，如"法学"是一个类学名，它的定位学科就是宪法学、民法学、刑法学、行政法学等。当然从哲理层面的研究看，还设置有法理学科。如何设置犯罪学的学科名？这既存在对已有学科的认同度问题，同时亦有对未成型学科的探索度问题。具体而言，犯罪学学科体系，有"双栖"和"单栖"两大平行系列的存在。就"双栖"，如刑法学，既属法学领域，亦属犯罪学领域等。而"单栖"，如正在形成中的《未罪学》《青少年犯罪预防学》等。从总体上看，犯罪学学科体系的构架还远未成型，尚待进行科学的探索矣！

### 三、从"自然"中寻"道"的探索

《老子》有四法：王法地①、地法天、天法道、道法自然。最终是道法自然。法，标准的样子，可以模仿的，含规则、规范、规律，也含必须如此；自然，自自然然，本来就是这个样子；道，"道"或者"道理"，是主导"事物"发展（前进、进化、倒退、退化或相对停滞）的必然原因，或者机理惯穿于具体事物发展变化的全过程；道法自然，就是按照客观事物本来的面目而效法。从宏观上讲，"道"贯穿于宇宙一切客观事物（前进、进化、倒退、退化或相对停滞）运动必然的全过程之中，虽然似乎并不显见，但它都起着制约过程的必然作用。

"道法自然"的关键，是要对"自然"有一个比较接近正确的认识。这里举几例来说。

（一）经济领域从"自然"中寻"道"的转型发展探索

近年来，由于空气中PM2.5（细颗粒物）浓度过高，我国区域性雾霾污染频发。2013年1月以来，长时间、大范围的雾霾天气更是横扫我国中东部地区，尤以京津冀鲁、三长角和珠三角地区为甚。

雾霾，既影响经济社会发展，也危害人民健康。"两会"期间，政协委员、国家电网公司总经理、党组书记刘振亚说："这已经是当前最大的社会矛盾之一，这是多年经济发展方式粗放、不科学，不可持续积累起来的矛盾，这个矛盾的表现形式就是雾霾。"治理办法，从能源角度，就是转变能源发展方式，并通过"以电代煤、以电代油、电从远方来"的举措进行治理。他的观点，引发了"两会"代表们的共鸣。② 总之，转型发展才是迎得金山银山和绿水青山的关键。

在十二届全国人大一次会议记者会上，新任总理李克强以"对环境政府要铁腕执法、铁面问责"回答了记者的提问。李总理从谈人生经历答记者提问时，更以"行大道、民为本、利天下"的九字箴言作答，掌声响彻会场，撼动人心。③

（二）城镇化：从"自然"中寻"道"的新理念表达

《全国促进城镇化健康发展规划（2011—2020年）》（以下简称《规划》）已经编制。据了解，《规化》是由国家发改委牵头，包括财政部、国土资源部、住建部等在内的十多个部委共同参与编制的。此次《规划》将涉及全国20多个城市群、180多个地级以上城市和1万多个城镇的建设，号称能拉动40万亿元投资。显然亦是"新四化"中的一大亮点。

如何推进新的城镇化？从"自然"中寻"道"，形成新的理念，这是一个关键性问题。

生态平衡观念：城镇化不是简单的人口比例增加和城市面积扩张，更重要的是实现产业结构、就业方式、人居环境、社会保障等诸要素的生态平衡，实现由"乡"到"城"的重大转变。

赋予农民三权三证，即承包土地的使用权、宅基地的使用权、农民在宅基地上所盖房屋的房产权，且需给三权发证。④ 曾经，一些外表光鲜亮丽的大城市是以牺牲农民利益造成的，甚至不惜以牺牲部分社会成员利益，增大社会不平等程度为代价的⑤行为传统，显然是强制的人为，不符合公正自然理念，自然是应当不允许重演了。

（三）防范理念的从"自然"中寻"道"：《犯罪源流匹配定律》的探索

防范理念如何"道法自然"呢？从宏观来说"道"，道统一管理着宇宙万事万物的一切。其中"天"统一管理着日月星辰风雨雷电之所有；"地"统一管理着生命万物山川河流湖海之地物；"王"

---

① 赵世勋、陈光柱：《归钰》，线装书局2008年版，第167页。由"人法地"校正为"王法地"。
② 2013年3月12日《经济参考报》专版。
③ 2013年3月17日十二届全国人大一次会议中外记者会见会。
④ 厉以宁《三权三证》，2012年12月11日。
⑤ 国务院发展研究中心农村经济研究部副部长刘守英语，2012年12月3日人民网——人民日报。

统一管理着文武百官黎民百姓之众生。具体到防范之"道"而言，在道法自然上，最为显目的当然是河流之道矣！东汉时期的政论家、历史学家荀悦在论治国方略的《申鉴·杂言》中，论道："进忠有三术：一曰防，二曰救，三曰戒。防为上，救次之，戒为下。"用今天的语言来表达就是：尚未发生之前要采取防范治理，制止已经发生的行为要采取挽救治理，追究行为结果的责任时要采取惩罚治理。在这个表达中似乎道出了既相联系又相区别的三个环节。用河流之"道"，即用源流视角察之，那就是源头环节重在防，流程环节重在救，终端环节重在惩。在客观与主观的对应上，就形成了匹配对应关系。借用数学（特别是几何学）的定理称谓，笔者把它称为犯罪源流匹配定律。匹配的要义关键在于对位，即既不可"缺位"，也不可"错位"。

### 四、"未罪学"的学科探索

犯罪学不能只蹲在学院里，必须要走到社会上去。要走到社会上去的犯罪学，必须是通俗的犯罪学，大众的犯罪学，即是要创建方便于社会大众学习、理解、接受和运用的犯罪学。只有这样才有可能成为为大众防范所运用的学问，也只有为大众所运用，才具有最强劲的学科生命力。所谓大众，这里主要指中国之民众。故该大众犯罪学，是必须具有中国文化特色，能为中国民众学习、理解、接受和运用的中国文化特定的大众犯罪学。鉴于此，笔者认为，《未罪学》就是具有中国文化特色的大众犯罪学之一。现在此就即将出版的《未罪学》的基本特点作一下简介。

（一）将"治未病"转借为"治未罪"

我国中医学经典《皇帝内经》中关于治未病，有多处论述。这里不详说，在中医领域关于治未病的地方立法和"未病医院"或未病诊所的建立，亦非鲜见了。社会的犯罪问题相对人体而言，也可以称谓为"社会病"。故将"治未病"转借为"治未罪"也顺理成章。通过"防"和"救"的治理，在一定"度"上实现其"三未"，即"未违法"、"未犯罪"、"未再犯罪"既是应当的，也是可能的。同时，《刑法学》可以别称为"已罪学"（已经构成用刑罚方法予以治理的学科），故《未罪学》亦是《刑法学》的对称学科。刑法学研究的相对被动预防与《未罪学》研究的相对主动预防，二者相得亦彰，对于大大改善犯罪问题格局的愿望是可以期待的。

（二）从"人治"防范提升到"法治"防范

凡人都有防范的本能。凡社会也同样有防范的本能。把"本能"转化为自觉乃是必然性的进步。这个进步具体体现在工具技术防范上，如用"锁"防盗，用"密码"技术防电脑犯罪等。从"治"的类型讲，乃是人治防范与法治防范的类型。人治防范有诸多的随意性，难已真正做到落实到位。在依法治国，建设社会主义法治国家的进程中，逐步把人治防范提升为法治防范，既是必要的也是可能的。中国特色的社会主义法律体系已经形成，各部门法的立法结构十分明确：在正面规制的同时，亦有负面规制。每一个社会角色在适用法律时，不能只适用正面规制，不理采负面规制。不能不具体实施防救制度措施。如果消极等待已经形成犯罪了才由刑法来制裁，不能不视为对负面法治的怠慢和失职。显然，依照法律规定的依法防范是法治防范，不按负面规定防治违法犯罪行为，显然是择"食"用法执法行为，是与法治防范相违背的。

（三）倡议"社会病防救医学院"的建立

人类社会自古至今的监狱都从未中断过存在。这对已罪者来说，是必需的不可缺少的机构。如果把犯罪问题在一定面层上看成为社会病的话，那就应该有治病救人、治病救社会的理念。从知行合一的思维出发，倡导创建"社会病防救医学院"乃不能说不是一种善举。其旨在培养人才，加强源头预防、流程救治的理论研究；预测未知，诊治已知，从而满足自然人和社会人"社会病"治理的现实需求，以达到尽可能减少违法、犯罪问题的产生和形成，在一定"度"上实现其"三未"愿望。此动议拟先在大学试点，在有经验后推向社会管理体系之中，承担其社会管理机制的一种制度。

### 五、漂载"习俗"的河流

"源流"运用于对犯罪学领域的研究，且如上述。现在把视野转向作为载体的河流，是如何被利用为对传统习惯危害的承载的，姑且简称为"习害"。

2013 年 3 月，上海的黄浦江上"猪漂流"的死猪事件，不仅向人们敲响了生态安全的警钟，也向人们提出了改变旧习转型为新风的警示。浙江嘉兴 13 万多户农民养了 700 多万头猪，"猪粪围城"成为当地最大的污染源，也凸显了粗放养猪模式之困。养殖过程也难避免存在一定比例的猪死亡现象，死猪数量每年都有十几万头，处理起来十分困难。对于死猪当然应是就地无害化处理。但把死猪置于河中，让猪尸浮流它方，据说是当地猪农中的一种习俗。这种习俗显然是一种有害习俗，既污染了河流，亦危害到它地的水域安全。以河流作为载体，让害习"漂流"他方，这显是需要易旧俗兴新风的。推而广之，节气里让空气升腾烟花的传统悖习，也有必要消减。再如，以街面为载体的"中国式"过马路行为等，也应当是改变的时日了。

### 六、人生亦如"流"

2012 年华东政法大学第十九届"韬奋奖"（邹韬奋）作文大赛的标题是"流"。获奖者们对"流"的解读和描写，可谓历尽文学百态。从 36 篇一等奖、二等奖、三等奖中，读到了丰富的内涵。作者们对自然、社会和人生感悟的火花尤多。记得 30 年前，笔者在地处外滩福州路宝地的上海市高级人民法院工作之时，工余间常去外滩观看黄浦江流，引发其溯源的思路，结合作法官、教师、律师的工作实践，形成了"源流论"概念，用于对犯罪问题的研究，至今仍记忆犹新，也感悟到人生也像一条河流一样的"流"着矣！

（此文系 2013 年 6 月 21—23 日在长江大学（湖北荆州）召开的第六届中国犯罪学高层论坛上的发言简稿）

# 后 语

我的后语由三个部分组成：一是对于我国刑事法学学术研究体制问题的思考，二是对于刑事法学源流研究问题的投石问路，三是关于人间善恶的辩证法简语。

## 一、对于我国刑事法学学术研究体制的思考

体制一词作何解，可以翻阅《辞海》而得知。在这里，笔者姑且把构成此词二字的排列位置互换一下，不就成了"制体"嘛！如果将"制体"用一句话来表达，就可以明白地称为制度的形体了。我们知道，任何制度都有其自身存在的形体（或者说存在方式）。不同的形体反映了不同的存在结构，而结构又与其功能作用有着直接关系。结构不同，功能作用也不同。换一个说法，就是不同的形式蕴涵着不同的功能。制度形式与功能关系存在着相应性，是一条不以任何人的主观意志为转移的客观法则。

任何体制与其功能的关系都是如此。而刑事科学（法学）学术研究的体制与其存在的功能关系的相应性，自然也毫无例外。

（一）我国现阶段刑事科学（法学）学术研究体制的状态

我国刑事科学（法学）的学术研究机构，既有国家设置的各种专门研究机构，又有大专院校依附其课程设置而建立的相应学术研究机构，还有各种形式的社会群众团体研究机构。应当说，研究机构设置的种类还是比较齐全的，其产生的相应功能作用也是比较齐全的。但是也应当看到，这些齐全的机构都是按各自的学科而建立的。如果从刑事科学（法学）的实际适用过程来考察，当然也是与过程的阶段性需要相适应的。这无疑也具有其相应的科学性。具体说来，犯罪学研究机构与犯罪原因及其对策研究是相适应的，刑事侦查学研究机构与其侦查理论及其侦查实务研究是相适应的，刑事诉讼法学研究机构与其诉讼程序诉讼证据理论及其实务研究是相适应的，刑事鉴定学研究机构与其刑事鉴定技术理论及其实务研究是相适应的，刑法学的研究机构与其刑法学理论及其定罪量刑司法实务研究是相适应的，监狱学研究机构与其监狱实务研究是相适应的，等等。但是我们也不能不看到这种分段的块状的各自为政的研究机构而形成的研究体制的局限性。这主要表现在：①难以形成协同发展的机制；②因局限在各自的范围而难以实现共用资源优势；③因缺乏相互的衔接机制，不可避免会产生研究的弱视环节或者环节真空；④对重大的带全局战略性的课题研究，难以达成共识形成合力。

（二）呼吁与重大战略课题相配置的刑事法学学术研究机构的产生

当前对刑事法学的学术研究，不应只着重于对"术"的研究，而还应当关注对"道"的研究。应当实现"术"与"道"的研究并举。前面已经说了，研究机构的体制与其功能作用是相适应的，换句话说是很难超越其自身限定的功能作用的。不可能把着重对"术"的功能研究机构，超越成着重对"道"的功能研究机构。反之亦然。所谓对"道"的研究，就是对具有战略性的刑事法学的学术课题的研究。在我国刑事法学（科学）学术界，有诸多属于战略性的研究课题，例如，从制度的源头上研究治理腐败，预防犯罪，减少犯罪产生的战略课题；刑罚适用及其价值取向的战略课题；刑事学科的研究资源互补及其协同发展战略课题；获取刑事犯罪证据，杜绝逼供；扩大社会化、技术化取证力度的战略课题；中国律师取证权理论及其取证规范实务的重大课题；对少年犯罪缩小监禁刑，扩大社会

化改造罪犯力度的战略课题；国际刑法文化的科学移植与我国传统刑法文化的鉴别等重大战略性课题。这些显然是属于高层次、大空间范围的课题。这里所指的研究层面或研究空间，也可称之为刑事法哲学的空间或层面。为了有助于研究，也可以专门组建一个刑事法哲学研究会。我们应当看到，对这些重大的战略性课题，这些年来虽然都有所研究，但都没有获得重大的实质性的学术进展。尽管原因是多方面的，但仅就学术研究的体制性原因来看，不能不说，我们缺乏配置常设的相应的学术研究机构及其有力推动，缺乏相应的强大学术研究队伍的推动，是起着决定性作用的原因之一。

当然也会有人说，没有这种相应的机构形式，不是可以照样写文章吗？写点文章固然不妨，但要形成一种研究力量以推进社会的观念更新，以满足社会实践的新的需要就很为难了。当然我们可以提倡一部分学者对刑事法学的多学科进行同步研究为己任，这可谓"通研"，以开通"闭门"研究的现状；也可以聚集各刑事学科中的部分学者参与战略性问题的集团军研究，以形成研究的实力，逐步推进相应研究机构的应运而生。

## 二、对于刑事法学源流研究问题我的投石问路

在 15 年前，我发表了《犯罪源流规律论》的论文。该论文虽然在当时获得了上海市哲学社会科学联合会的优秀学术成果特等奖，但随后的 15 年间却遭到不断的非难。这不由得使我常常自问——我的学术研究之路是"路"吗？这个理论的此岸可以达到实践的彼岸吗？所以我既是不断地在研究，同时也不断地在投石问路！

我遭遇的非难到底是什么呢？

其一，"源流论"算啥理论？对于偏重书本理论研究的理论家来说，这一种理论是"出格"。正如当年有人对我的《经济刑法》进行非难一样，说"刑法就是刑法，还有什么经济刑法"？他们自然认为《经济刑法》也是对《刑法》的出格了！

其二，这种研究不务正业？做教授的搞科研就主要是写好教科书。持有这种观点者，自然会对超出此范围的研究称为不务正业了。

其三，这有什么价值？作为联合国预防犯罪委员会的委员武汉教授曾经直言问我。我当时做了有"科学价值"的回答。价值就在于可以拓宽我们研究的视野，填补传统研究中的空白。

其四，源头在哪里？有的教授和社界人士则问："源头在哪里，查找源头谈何易？"其实客观存在的东西，只要主观能动作为总是有望发现的。

其五，说是不合规范？因为学校教学是规范教学，要研究也只能对规范之内的内容和问题做研究，否则遭遇否定就理所当然了。

其六，斥责为"锋芒毕露"。其实我是喜欢谦让、性格比较内向的人。所谓"锋芒毕露"无非是指在学术上不完全是一条道上的"车"罢了。

15 年来的学术研究历程，自然是十分艰辛的。研究工作只能零敲碎打，于是对这一研究课题，也只好采取写论文的方式进行。

自己所走的研究之路是否正确？自己难以作答。只能看社会是否认同，由实践检验下来是否正确来做回答。

"路漫漫其修远兮，吾将上下而求索"。[①] 在 15 年后的今天，终于渴望到了初步的答案。这就是：

第一，理论上的答案。

我们国家确立了从源头上预防犯罪的理论基石。党和国家领导人近年来都十分强调要从源头上防治腐败和预防犯罪的理论问题，这已成为全国上下的理论共识。而且自己在这样的理论指导和鼓舞下，也大大强化了原有理论问题研究的力度、广度和深度。已从原有的《犯罪源流规律论》出发，发

---

① 屈原：《离骚》。

展和完善成为《刑事源流论》的初步理论专著。

第二，实践上的答案。

因为自己生活和工作在上海，故就以在上海所见为例。其实全国各省市也只是有先与有后、有大同与有小异的差别。市政法委从今年3月开始在全市范围内进行了"构建预防和减少犯罪工作体系"的专题调查研究，并在部分地区进行试点的基础上，向市委提出了《关于构建预防和减少犯罪工作体系的报告》，把从源头上预防和减少犯罪正式列为战略措施。上海市委市政府要求"要实现理念创新、制度创新，走出一条具有上海特色的预防和减少犯罪的新路子"①来。从此预防减少犯罪的工作，从组织、责任和制度在各部门都初步建立起来，亦在试点区做到了启动稳步，进展良好。②

前人赐予我们的理论和实践的道路，我们不可能不走；为众人熟知易行的老路，也不可能不走。但是与时俱进地开辟新的理论和实践的道路，也不得不说是我们肩负的一项历史任务。希望在这条新的道路上能有更多的理论和实践的知音携手前行！

今写到此，不由得我要赋诗一首，名曰《登源头》：

前无古人，后有来人，

今日寡人，明日众人。

看地球上人流之悠悠，

望宇宙中日月之运行。

### 三、关于人间善恶的辩证法简语

人是什么？近现代不少的西方哲学家对于"人"的研究，都有比较科学的定见："半是天使，半是恶魔"。这与中国文字的两划很是契合。笔者以为：若分类予以考察，大约有50%的人，其善其恶都基本处于持平状态；35%的人，更趋向于善行状态；15%的人，更趋向于恶行状态。至于其中绝对善、绝对恶的人仅是一种个别现象的存在。

中国古代的孟子之说，把人定义为"善性"，思想家荀子把人定义为"恶性"。显然都是欠科学的两个片面的极端。而且这种思想理论桎梏着中国人的思维达几千年之长，实在令人慨叹！"善"与"恶"原本是相对论的范畴。张扬"德"以显其善，制定"法"以限其恶。二者本来是不应当偏其一端的，但是儒学为轴心的中国传统文化，往往是偏其"德"的一端。具体的表现就是以"德"挤法、以"德"压法、以"德"代法，而法最多也只能作为专制的工具作用而存在矣！偏其一端不仅盛行，而其源远流长，至今也难改。法治思维、法治方式，都难于在人们的头脑中形成，在行为中体现。

本来，凡人（自然人、单位人、法人、一切社会人）都是应当讲道德的，而且都是应当讲法治的（即自由与民主、权利与义务、公平与正义、惩罚犯罪与保障人权等），以一句话而言，都是应当"以德做人，以法治国"的。这原本是科学范畴的界定。由于几千年来形成的思维模式，国人往往分不清不同的范畴，总是非科学的混为一谈。其结果造成"人"既难于德行，"国"亦难于法治的不伦不类的格局。

凡文化都是生产方式、生活方式形而上的化生。因此从文化观而言，我们有必要将某些传统优良的德行上升为共同遵守的法律，但更主要的是应把现代法治文化的新元素彰显于制定的法律之中。我国公民社会——[自由（个体生存发展的主权空间）→民主（主体间对共同关注之事的民主协商意见）→法制（对达成共识的意志予以法定执行）]——因其有市场经济的基础而崛起，它将起到市场、企业、政府间的纽带作用。它是我国法治文化赖以生成的必要土壤。法治文化的发展，亦更会推动我国公民社会的成长，对于当今中国社会之重要，是具有里程碑的意义的。

人世间的善恶之论，既是以人性为出发点，以条件为转移器的，又是以主观为选择权的理论。因

① 《构筑预防减少犯罪工作体系》，载《解放日报》2003年8月20日。
② 《徐汇区昨召开动员大会开展预防减少犯罪试点》，载《上海法治报》2003年11月26日。

此不同类型的人在同一条件下，是善意善行，还是恶意恶行，就有了很大的差别了。在人类共生的环境中，以什么为善恶的相对标准呢？考虑他人多，为他人付出多且为善哉；相反，考虑个人多，为个人算计多，甚至不惜损害他人，乃为恶矣！人是可以教化的，但必须从小抓起才行。笔者从小受父母善教甚多。当然，父母之爱多多，但在教育方面，他们总以善教尤甚。父亲夏洪藻、母亲陈玉堂，他们二老的善良行为更影响着自己的整个人生，可谓爱中之魂了。母亲的知书达理，其教诲之言，至今还铭记心中，在耳旁萦绕。

人类的善意善行从人类产生以来，就存在了，且将伴随着人类的始终；相反，人类的恶意恶行，也是开始于人类的自身，免不了也要伴随着人类的整个历史长河！但人类始终怀有以善胜恶之理想，因此才对恶意恶行满怀着信心去治理。笔者作为其中一员，出于这样一种理念，近三十年时间，着力于对犯罪问题的点滴研究，不惜涓涓细流之水，才汇集成今天与读者见面的《源流论》一书。其研究目的是想从源头上尽可能减少犯罪的产生，即从源头上就尽可能转恶为善矣！这也可以算是一种理想境界吧！但在现实生活中做起来又谈何容易呢？尽管不易，但我们还是要尽可能去做才是。

人世间善与恶总是相辅相成、相对存在的，但也是此长彼消、彼长此消的。国家虽有强大的法律机构，但也还需要有社会的劝善功能才行。劝善不仅需要在小孩时就做起，而且在人生的整个履历过程中也是很需要的。社会的善意善行增多了，也会对恶意恶行起到一定的抑制作用。这也是善与恶中的一种辩证法。善行之人相对于恶行之人来说，总是免不了要吃亏的。那么，国家对恶行的惩罚就会尽可能做到有恶不漏，恶之人的"占便宜"也就不存在了，其社会心理和生存状态达到了平衡。这又是一种善与恶的辩证法，我们应当深信辩证法。

# 编后：能用"道法自然"观纠正学科倒置关系的学研误区吗？

华东政法大学　夏吉先

对于这个问题，还得从远一点儿说起。

从 1980 年开始，我国恢复参加联合国在司法领域的活动，派代表团出席了第六届预防犯罪和犯罪待遇大会。1982 年，我国政府推荐华东政法学院刑事侦查教研室主任武汉教授参加预防和控制犯罪委员会的竞选，并在当年的经社理事会常委会上顺利当选。

武汉教授不仅践行在联合国的职责，而且还在华东政法学院首建《犯罪学》系，开展教学。也曾在号称远东著名监狱的上海提篮桥监狱召开过全国《犯罪学》学术讨论会。至今我记忆犹新的是他在学术研讨会上要我回答的问题。这个问题就是："先有《犯罪学》还是先有《刑法学》?"其实，自法国人类学家托皮纳尔 1879 年首次提出《犯罪学》这个名称，后为加罗法罗、龙勃罗梭、菲利等著名学者所运用后，《犯罪学》与《刑法学》的先后之争，就开始了。迄至今日 135 年过去了，无论在世界范围还是在我国，始终都没有谁说服过谁，没有得出过真正有科学价值的学科关系的结论。鉴于本次由中国犯罪学会预防犯罪专业委员会和上海政法学院刑事司法学院举行《犯罪学的转型与发展》论坛，又着力在"犯罪学基础理论、实务研究以及反思与发展问题"的研讨。今借此平台，对学科关系问题从理论探索上发表一管之见，与同仁们共同研究。

## 一、《犯罪学》不是学科名

### （一）什么是《犯罪学》

笔者认为：凡是与犯罪现象、犯罪问题、犯罪原因、犯罪治理相关的整个社会领域，同时与之相应的自然科学、社会科学的学问学术研究，都可统称为《犯罪学》。显然，其内涵之丰富、外延因素涉跨自然、社会、人文各界领域，十分辽阔，不是任何单独的哪一门学科所能涵盖得了的。

### （二）《犯罪学》是类学名

类学的概念与学科的概念既有相同更有不同。学科是类学中的门科。类学涵盖的是一大空间层面上的同质性的若干门学科。例如《法学》作为类学，就涵盖了若干个部门法学。其中，《刑法学》研究的对象是犯罪问题（属已罪环节），当属《犯罪学》范畴；使用的研究方法是法学方法，当属《法学》范畴。所以《刑法学》既属于《犯罪学》又属于《法学》，是两栖性质的学科。

对"类"学而言，当然从"哲理门"，如《犯罪学通论》《犯罪学大辞书》《罪理学》等。从"史学门"，如"已罪学通史"：包括《刑事政策学史》《刑事侦察学史》《刑事证据学史》《刑事司法鉴定学史》《刑事审判学史》《刑法学学史》《监狱学学史》；"未罪学通史"：包括各领域门类、各历史阶段未罪预防的理论和防范行为史。在这些层面上进行研究是不可缺少的。但"哲理门""史学门"研究不能混同"实象门"研究，亦不能把不同"实象门"交织在一起搞一锅"煮"进行研究。否则"四不象"现象就不可避免了。仅管"四不象"现象亦有存在的自身理由。例如《法学》的"哲理门"就是《法理学》，"实象门"就是各种部门法学。2001 年，李鹏委员长在全国人大常委会工作报告中指出："关于法律部门，法学界有不同的划分方法，常委会根据立法工作的实际需要，初步将有中国特色的社会主义法律体系划分为七个法律部门，即宪法及相关法、民法商法、行政法、经济法、社会法、刑法、诉讼与非诉讼程序法"，同时把社会法界定为"调整劳动关系、社会保障和社会福利关系的法律"。然而学界从理论与适用结合的视角，把七个法律部门又细分为数十个"实象门"研究。当然对小"门"的研究，笔者称为是对"窗"的研究。因此没有必要和可能加上一个"学"的称位，就叫"××研究"吧了。还须注意的是，在研究中对"新门"的发现问题。例如，从"犯罪源流匹配定律"出发来观察已罪空间，早已有了《刑事侦察学》《刑法学》《监狱学》。相对"已罪"而言，《未罪学》就是被发现的一个新的学科门。对新的学科门的发现和培植研究，这是一个需要学人们众合努力来完成的。因为发现的东西毕竟还是梦想，还不是现实。把梦想变成现实，是要走艰辛的遥远的路程的。而这里必须指出的是："类学"繁荣发展的关键，更在于"实象门"的研究发展。作为《法学》的"类学"是如此，作为《犯罪学》类学，自然而然亦不可能例外于这一规律性认识的。

（三）把《犯罪学》作为一门学科来研究的尴尬和弊端

1."信息不对称"的长期存在现象

综观国际和我国的《犯罪学》研究状况，大都是使用的概念大大的，其研究中实际针对的对象又不可能是大大的。相对来说，只能是小小的。通俗的说法就是，往往是把一顶大帽子戴上一个小脑袋，很难相应吻合和对称，也显得很尴尬。

2."我思故我学"的无规范模式的弊端

法国大哲学家大数学家笛卡尔有一个著名的"我思故我在"的学术命题。借以比喻《犯罪学》国际国内的研究状态比较合适。不同的学人从自己的视角选择出发进行研究，这本是学术自由的反映，何尝不可。但是，缺乏基本范畴基本层面上的认同而"我思故我学"的研究的流行，自然也难产生为众学人所共识的具有规范性的学术价值体系，从而导致学术价值呈现"沙化"状态，自然亦不可避免！换句话说，就是应适度界定好研究"槽域"。在一个"槽域"里，应有基本的共识性的研究范式才是。

## 二、不是"先后"的关系

先有《刑法学》还是先有《犯罪学》这个命题，究竟准不准确呢？

笔者当然认为不准确。似像是先有"鸡"还是先有"蛋"的问题一样，难以回答。这里，还是让我们先读读中外学者中有关见解吧。

（一）《整体刑法学》的命题

德国学术大师李斯特指出："在现行刑事政策研究方面的一个重大成就是，最终达成了这样一个共识：在与犯罪作斗争上，刑罚既非唯一的，也非最安全的措施。对刑罚的效能必须批判性的进行评估。"因此，他提出了著名的"整体刑法学"的学术概论。如何解读"整体刑法学"呢？笔者想"整体刑法学"的内涵和外延，显然要比《刑法学》的内涵和外延都要大，换句话说，它不是以研究定罪量刑为核心价值的侠义《刑法学》吧！

（二）《刑事一体化》的命题

我国储槐植教授的"刑事一体化"，就是《犯罪学》《刑法学》《监狱学》的一体化。储教授的专著就是这样的成书结构。这里就不详述了。

从认识论上说，总是先有事实后才有概念的，先有具体后才有抽象的。大的概念亦大都是后于小的概念的。因为它是对具体概念的再抽象和再概括的。但这里所指出的概念的先后，并不等于客观存在的先后。《整体刑法学》《刑事一体化》并非主观概念，显然是对物象、事象客观存在的科学性表述。

（三）《犯罪源流匹配定律》的命题

老子是中国古代的哲学大师。他的"道法自然"观具有丰富的发掘宝藏。江流是自然观的具象之一吧。任何江流总是有源头，流程和出口即终端的。对犯罪问题的治理研究之"道法江流"，就是像治水一样，要注重对违法犯罪的源头治理，流程治理和终端治理。

再说东汉著名政论家荀悦的"防·救·戒"三字经也不失一大治术。他在《汉记·申鉴》一书中，提出了"事未发为防，事已发为救，事终结为戒"的理论。笔者即以从源头上预防，流程中救控，终端上惩罚与其相匹配，且称为"犯罪源流匹配定律"，主张在对整个违法犯罪的治理中应当遵循这一定律。

从《整体刑法学》到《刑事一体化》，再到《犯罪源流匹配定律》，看出一个什么问题来呢？

犯罪问题在不同环节上应当有不同匹配的学科定位。《刑法学》就定位在已经犯了罪采用刑罚方法治理的环节上的。笔者还姑且给了它一个别名叫"已罪学"矣！当然它是以方法论定名的显然正确，没有更名的必要。当然如果硬要讲"先后"，那就是从客观上论，一个环节在前，一个环节在后。

问题在于在现时实际学校教学中，把《犯罪学》作为《刑法学》的一个分支的定位，显然乃有学科关系被倒置的误区之嫌。是否可用《犯罪源流匹配定律》纠正呢？换句话说，用"道法自然"能否纠正呢？姑且打一个问号吧？

### 三、《犯罪学》不同研究"模式"的"该当性"

（一）初始阶段一般功效研究的"该当性"

回眸《中国犯罪学》的研究历程，《中国青少年犯罪研究会》（现已更名为《中国预防青少年犯罪研究会》）是开创新中国犯罪问题学术研究的先河者。几年后，《中国犯罪学会》成立。康树华老师作为首任会长，把学术研究对象定格为"犯罪现象，犯罪原因，犯罪对策"。这一宏观性的概念与《犯罪学》类学性质有基本上相适应之处。就初始阶段研究而言，其价值具有"该当性"的功效。但随着研究的发展进程，不适应的趋势就逐渐显现出来了。发展的进程要求具体功效而不是老是泛泛的一般功效。按照老模式就只能是老是泛泛功效了，尽管泛泛功效亦不失为一种存在。

（二）发展阶段学科定位与学科培植研究的"该当性"

《犯罪学》研究模式：从一般性研究转型为"门科性"研究的要求早已提出来了。但在学术活动中显然缺乏相应的对应。其实学科定位与培植的研究还是有较好的成功经验可以借鉴的，如《青少年犯罪学》《犯罪心理学》的学科研究等。把社会存在的实际对象分项的一项一项的研究透，产生出相应的学科功能，自然亦会为社会和国家职能部门所感同身受，从而亦为学界所公认，显然才是《犯罪学》这类学立足于学林之中的坚实基础。长期停留在信息不对称的赶"浪头"式的研究效应上，是难以支撑其类学之"大厦"的。

### 四、预防犯罪学科研究的现实迫切要求

（一）从非常式治理向常式治理为主的战略性转移

从古至今在犯罪治理问题上，都总是有常式与非常式（或者"准常式"）同时存在的问题。古人有"乱时用重典，治时用轻典"。今人有"从重从快""宽严相济"。这都属非常或说"准常式"式。笔者认为常式所遵循的应当是《犯罪源流匹配定律》规律，即从源头上预防，从流程中救控，终端上惩罚。

从现时社会情况来看，打击犯罪总处强势，预防犯罪显然处弱势。从认识上看，对"防范生产力论"认识不足。2013 年 11 月 12 日中国共产党第十八届中央委员会第三次全体会议通过的《中共中央关于全面深化改革若干重大问题的决定》中，关于"创新社会治理体制"问题，乃提出了"创新立体化社会治安防控体系，依法严密防范和惩治各类违法犯罪"。笔者认为相对于"打防并举"的方针而言，这更贴近了常式治理的表述。这里且就以下两点作个解读。

1. 从"打防"转换为了"防打"

尽管"防"也是一直在提的，但相对于"打"，落实程度总是较差。转换的本身将会将社会对"防范生产力"的认识的提高，从而产生行为力效果来。

2. 从人治防范转升为法治防范

防范从原始意义上说，这是人的本能和社会的本能，本能防范可称为"自然防范"。而依法防范，就把自然防范提升到了"自觉防范"的层面上；同时，把人治防范转升到"法治防范"的问题。所谓法治防范，就是依据国家宪法的总要求，按照国家制定的各部门法的各种禁止性（或称负面性）规定为依据的全方位执法防范。它要求社会各主体在执法用法监督法律的施行中，改变过去对各部门立法的习惯上重视正面规定，忽视甚至无视负面规定的思维方式、行为方式，倡导社会主体防范职能到位。故对于防范失职行为要求作出科学的鉴定，确定应当的是能实施到位的防范而未实施到位的要依法追究渎职问责处罚。如果依法防范能够涵盖到各个领域部门的话，那么减少违法、减少犯罪、减少再犯罪的梦想，显然就会成为社会现实，而不老是停留在梦想上了。

（二）加强预防犯罪学科的定位与学科培植的研究问题

《刑法学》是对"已罪"的空间行为进行定罪与量刑处罚研究的学科，即是"已罪学"。它对称的学科是未罪空间上的防控研究，名为《未罪学》。《未罪学》的研究，自然是以"已罪学"的研究体系为其参照系的。如果我们作一个溯源考查，显然可以发现，《刑法》的罪名体系，乃是各部门法负面禁止性行为规定发展的最终结果的表现。不过防范的广阔乃是整个社会空间，因此确定防范学科及其培植研究，必然除以《刑法》体系为参照外，还要考虑社会本身存在方式上的特点。鉴于此，我们大体可从这样三类视角上，进行选择矣。

第一，从社会总体视角：探索《未罪学》的学科定位及其学科培植的研究。

第二，从主体视角：探索《青少年未罪防控》《老龄人未罪防控》《公职员未罪防控》《企业者未罪防控》《金融人未罪防控》《普通公民被害防控》《儿童女性被害防控》等，社会各种主体角色的未罪防范研究。

第三，从物象事象视角：探索《心理行为未罪防控》《文化行为未罪防控》《生产行为未罪防控》《经营与受体行为未罪防控》《出行行为未罪防控》《食品安全行为未罪防控》《医事行为未罪防控》《金融行为未罪防控》《民事行为未罪防控》《社区行为未罪防控》《已罪再犯行为防控》等，社会种种物象事象的未罪防控研究。

从不同视角着手探索，形成预防犯罪研究的学术群体。群体的合力作用，付诸于社会践行，才会尽可能多地实现未违法、未犯罪、未再犯罪的"三未"梦想。

## 五、《未罪防控行为法》的立法

（一）《刑法学》的另学名

从总体上看，《刑法学》是建立在已然犯罪现象客观现实存在的事实基础上的学科。当然，《刑法学》同时又是以国家立法规定，确认其是否真的犯罪，谁犯了罪，犯了什么罪应受什么处罚的，既以事实为根据，又以法律为准绳作为学科研究的学科。

已经犯了罪怎么办？用"刑罚"的方法去制裁处理。《刑法学》是以方法论命名的学科，无疑是正确的，没有必要另换名称。但给它取一个别名，叫"已罪学"又是未必不可的。因为它研究的空间环节，是已经犯了罪的空间环节矣！再从防治犯罪的层面而言，国家制定的《刑法》在这一层面上，亦可叫"已罪防治法"。

（二）以"已罪防治法"推动"未罪防治法"的立法完善

《刑法学》既然亦可称为"已罪学"，其对称的学科也就是潜藏水底而渐出水面的"未罪学"了。如果说《刑法学》是研究"已罪空间环节"的学科了，那么"未罪学"就是研究"未罪空间环节"的学科。如果说《刑法学》的基本法源是国家制定的《刑法》规范，那么"未罪学"的基本法源，就是国家制定的各部门法中的警示法规定，即负面规定。在这里姑且就称它们为《警示法》。《刑法学》的法源与"未罪学"的法源二者有何关系呢？只要我们以溯源思维方式予以考察，就可发现《刑法学》的 300 来个罪名规定，都与数十个部门法的负面规定相关，也可以说是部门法中规定的应禁止行为未能得以有效禁止而产生量变、质变发展的最终结果！

我国《刑法》法律体系已比较完善，从防范层面而言，亦是比较好的"已罪防治法"了。而"未罪防治法"虽然位居于各个部门立法之中，但也具有基本的体系。笔者迄止 2010 年底前的相关统计列下，即可见一斑。[①]

1. 主要部门法统计列举

民法：共统计全国性法规 12 部，违法责任条款条文共 188 条，涉罪条款 7 条；

知识产权法：共统计全国性的法律法规 20 部，违法责任条款条文共 173 条，涉罪条款 43 条；

行政法：共统计全国性的法律法规 208 部，违法责任条款条文共 1522 条，涉罪条款 416 条；

经济法：共统计全国性的法律法规 129 部，违法责任条款条文 1229 条，涉罪条款 399 条。

商法：共统计全国性的法律法规 36 部，违法责任条款条文共 230 条，涉罪条款 55 条。

劳动法：共统计全国性的法律法规 18 部，违法责任条款条文 134 条，涉罪条款 55 条。

环境法：共统计全国性的法律法规 53 部，违法责任条款条文 490 条，涉罪条款 137 条。

土地矿产类法律：共统计全国性法律法规 43 部，违法责任条款条文共 280 条，涉罪条款 92 条。

司法职业：共统计全国性的法律法规 29 部，违法责任条款条文 122 条，涉罪条款 30 条。

其他类：共统计全国性的法律法规 10 部，违法责任条款条文共 75 条，涉罪条款 24 条。

2. 徒法不能自行

以上所列，系主要部门法律法规的不完全统计，其涉罪条款已达 1280 条。换句话说，社会各领域部门的涉罪禁止性规定已初具法律规模，显然，已为"未罪防治法"体系的完善奠定了坚实的法律基础。

如果说"已罪防范"的《刑法》是经过刑事司法，才得以施行而达到制裁犯罪的目的的，那么"未罪防范"的部门法的《警示法》，也要落实其防范职能才能达到未罪防范的目的的。然而，从现实状况而言，不重视乃至根本无视《警示法》的规定是整个社会执法用法主体的较普通现象。也就是"警示法"基本上还是一头没有睡醒的"雄狮"矣！要把没有睡醒的"警示法"变为未罪防范的"行为法"已向我们提出了立法任务。正如《刑法》要以《刑事诉讼法》来铺路一样，就很有必要制定能够推动"警示法"得以匹配施行的《行为法》的制定。笔者想这是整个社会都应当考虑的一件要事。而立法，司法部门亦自然无一例外的。笔者在此建议全国人大常委会制定一部施行其"实体内容"要求的未罪防范行为法。

---

[①] 夏吉先著：《未罪学》，四川大学出版社 2017 年版。参见《未罪学》卷十四"法律依据与法治防范"第一思"法律依据——部门法涉违法涉犯罪行为的立法统计"。

# 知行匹配主义哲学之问世

人类的生存和发展需要诸种学问，其中哲学应当说是普世的首要学问。哲学涉及的范畴有多种，知与行可说是其中之一种。笔者在编著《源流论》与《未罪学》的学术活动中，以及做其他工作乃至日常生活中，都深悟到这对哲学范畴的极端重要性。为了更能深邃地把握这对哲学范畴，就干脆命名它《知行匹配主义哲学》。强调知与行的匹配，旨在于我们的现实社会中，人们应当保持和提高知与行二者的吻合度。既实现知的作用又实现行的效果。而不是二者脱节，更不是二者背离。如果知指东而行在西，自然更是与匹配无缘的了。

知与行匹配主义哲学，其内涵笔者认为有着相互关联的五大要素。

## 一、知与行既是独立形态又是关联形态

"知"是指知识，"行"是指行为。二者显然是两个不同的形态。但知与行亦是互涵的，是你中有我，我中有你的。知是行的指南针，行是知的实体态。知既从传承和传播中而来，同时知亦会从行中产生，在一定意义上而言，行亦是知的发源地。

## 二、知是无疆域限制的软体形态

知在本质上是穿越任何的时间和空间的，如它可以从古到今，可以从中到外。从学习而言，人们吸取知亦是无疆域隔离的，学习的开放形态才是与知无疆形态相匹配的。

## 三、行总是有疆域限制的硬体形态

任何行在本质上都是遵循一定规则的，主要是指"三则"：一是"道德习则"。道德是通过教育和行为实践养习而成的，所以称为习则。二是"法律规则"。法律、制度是通过立法制定的，与道德习则比较而言，是属强制性的行为规则，它的触角纵横定格在社会的方方面面，是必须由人人、法人及任何单位都要一体遵行的。三是"无形铁则"。所谓无形指看不见的，摸不着的。所谓"铁则"是指像自然界的铁石一样坚硬，就比较而言，比法律制度还要坚如磐石。这个"则"究竟是什么呢？就是事物不以人们意志为转移的客观规律性。行为只要违背了客观规律性，迟早都是会暴露出严重危害结果来，乃至对事业的断送失败。这就是遭受规律惩罚的结果。总而言之，行为遵守"三则"才是与行为疆域限制性形态相匹配的。

## 四、知的价值作用在于指导行的正确性

什么行为用什么知，不同行为用不同的知。这是知与行、行与知的匹配性要求。所以对于用知而言，首先就在于鉴别知，选择知。这是保障行的正确性的前提条件。作为人类生存和发展的社会要求而言，鉴知、选知是具有明确的时代匹配性的。换句话说是具有时代标尺的。习近平总书记一而再、再而三地强调要传扬中华民族的优秀文化传统。摆在我们面前的首要任务就是要鉴别什么是优秀文化传统。笔者认为，鉴别的标尺就是时代精神、时代核心价值的要求。中国传统文化集中体现于"诸子百家"。如果用微观方法对学科加以细分，亦可称其为"学种百家"。对于当今的我国，概括说来在治

国上是要把"共和人治"转型为"共和法治",是要倡导"富强、民主、法治、文明、自由、平等、公正、爱国、敬业、诚信、友善"的核心价值观。因此我们对传统文种的选择,自然要与倡导的核心价值相关联、相接近,才具有匹配的性质。鉴于此,我们就必须斩断孔儒学种之内核——"等级爱"之传承,应当把被汉武帝"废除百家"废掉之一的墨子文化的内核"兼相爱"挖掘、释注、继承、传扬下来。因为它与当今的"法律面前人人平等"尚有关联接近之通的。其次,才是孔儒学种一般伦理思想范畴的改造运用。孔子学说的基石是"道德伦理"。孟子的某些学见与墨子有接近之通。对一般道德伦理范畴,我们可以以时代精神之刀法和现时通俗易懂的语言进行转换性改造,予以去粗取精,取其精华,去其糟粕,吸收到现代生活中来,而不是那种囫囵吞枣的生搬运用。因为语言如人着的衣裳,多少还是带有时代性。当然内涵纯正、晓畅通今可直用的词语例外。

"沉舟侧畔千帆过,病树前头万木春"。仿此诗今曰:"历史航船辞旧进,病学休随时代新"。孔儒学种的核心价值是"等级爱"。这是适合封建专制社会需要的产物。该学种的核心价值部分对于新的时代而言,显然是病学部分。它与专制政治匹配与民主政治就难匹配,与新的时代显然格格不入,怎能从旧变新起来呢?某些学人如果硬要从这只"母鸡"上,熬出社会主义民主、法治的所谓"鸡汤"来,其熬出的"鸡汤"也只能是骗人的"鸡汤"。[①] 传承优秀文化,要根据时代精神,考查好文化的种性,从源头上选好种文化乃是至关关键的!

### 五、"行"的效果,是检验"知"的科学性程度的试金石

知的科学性是由行的效果来检验的。因行是试验、是实践。当然行为亦受各种主观和客观各种因素的影响,因此有的行为要反复或长期坚持,才能反映出它的正确性来,即折射出知的科学性来。行的效果不仅是检验原知的尺标,在一定情况下,亦是推动新知产生的推动力。因为新的经验往往是升华为新的理论的源泉。

### 《知行论》用于未罪预防:犯罪信息预测(预报)职能的顶层设计

自有人类以来,本能预防就随之而来了。工具预防如用锁防盗之类已有几千年的历史。信息预防如"更夫"打更,"联防队"、派出所查巡警示之类至少也延续了百载。但这些基本上都属于本能预防的一定程度的延展,其"碎片"化行为并不成其为覆盖整个全方位社会预防的法律制度行为。从相对论而言,对已罪之惩罚犯罪有公安、检察、法院的国家职能机构相比,其全方位的未罪预防可说是机构缺位,职能亦显系边缘化的。犯罪信息的预测预报,对于现代国际社会与国内社会来说,笔者认为正如人们需要阳光和空气一样地不可缺少,这就不须多言了。谁来担当此项社会工作职能呢?就我国现实国情而言,笔者认为:政法委、司法部这两个现有党政机构合署担任此项犯罪信息预测预报职能,是较为合适可行的。于是作为顶层设计在此提出。

到此,笔者在《源流论——源流刑法学体系新构架探索》《未罪学——预防犯罪新学科结构探索》两书中的三个理论亮点:《源流论》《知行论》《已未论》之论述,就基本告一个段落了。

夏吉先

---

① 孔儒专制主义文化内核显然志在于"国",而置根却在于"家"。巴金的《家》是从根上对专制主义的控诉和批判。可见作品价值之伟大。专制的相对面是民主。所以"国"的民主亦应从根上——"家"的民主上做起才是。巴金在《"五四"运动六十周年》一文中说:"今天还应当大反封建,今天还应当高举社会主义民主和科学的大旗前进。"在此有必要劝告那些着力于熬"鸡汤"的人们,还是抽出点时间去读读作家巴金的《随想录》吧!

# 法治防范立法论

华东政法大学　夏吉先

法治防范是相对人治防范而言的。生存安全是人类的本能属性之一。换句话说，是与生俱来的属性，从自然人、社会人、单位人、法人、国家人都皆如此。既如此，从古到今，从外到中，一般的防范意识、一般的防范方法，可以说都是不教自知、自明、自为的。从分类学角度而言，可以将防范分为若干种类型，其中有人治与法治相互对应的类型。所谓人治防范类型，主要就是基于本能性的防范类型，一般都是个性化、个别化特征明显的，其自然是很必要，亦有一定防效的。然而相对人治防范的法治防范，就不止于本能性而要升华到社会性的防范，依据国家立法的法律规定进行一体遵行的依法防范。笔者在此将其命名为法治防范。且谈以下四个问题。

## 一、法治防范的必要性

中国共产党十八届四中全会在党的历史上树起了践行"依法治国"的里程碑和治国标杆。治理犯罪是国家治理的一个不可缺憾的重要组成部分。如果从环节的锁链关系而言，它包括预防犯罪、惩罚犯罪和改造犯罪。其中预防犯罪问题，根据依法治国的要求，亦应当从传统意义上的人治预防升华到法治预防的必要了。

社会犯罪的大大减少，是实现小康社会的不可或缺的六大标准之一。邓小平关于实现"小康目标的社会状况"的标准：第一，人民吃穿问题解决了，基本生活有了保障；第二，住房问题解决了，人均达到二十平方米；第三，就业问题解决了，城镇基本上没有待业劳动者了；第四，人不再外流了，农村的人总想往大城市跑的情况已经改变；第五，中小学教育普及了，教育、文化、体育和其他公共福利事业有能力自己安排了；第六，人们的精神面貌变化了，犯罪行为大大减少。[①]

"犯罪行为大大减少"，换句话说主要是大大减少犯罪的产生，而不是已经形成了犯罪去适用刑法。惩罚犯罪自然是必要的，预防犯罪显然更为必要。要实现小康社会的六分之一目标，仅就从学科功能作用而言，不仅需要惩罚已然犯罪的刑法学，更需要预防未然犯罪的功能学科——《未罪学》。[②]对于犯罪预防而言，不仅需要传统的人治预防，更需要依照法律规定进行防范的法治预防。然而《未罪学》就是专门研究按照国家法律规定进行预防犯罪的法治预防学。

## 二、先行的职务犯罪法治预防

党的十六大提出，在加强惩治腐败力度的同时，要更加注重治本，更加注重预防，更加注重制度建设，将预防工作摆在前所未有的重要地位。2000 年，最高人民检察院设立了职务犯罪预防厅，并发文要求地市以上检察机关亦必须设立预防部门，县一级检察机关有条件的亦要设立，一时设立不了的要有专人负责这项工作。显然先行的机构的设置，使具有制度性的职务犯罪的预防落到了实处。

职务犯罪预防是依法的法治预防。全国大多数城市都出台了预防职务犯罪的立法。由最高人民检

---

① 张爱茹：《邓小平小康社会理论的形成》，载《作家文摘》2014 年 8 月 8 日第 1758 期。

② 夏吉先著：《未罪学》，四川大学出版社 2017 年版。

察院和江苏省委联合命名表彰的南京市人民检察院职务犯罪预防局局长林志梅说："预防职务犯罪好比预防行人闯红灯：如果对面有交警，闯红灯的人肯定会很少。"[①]

尤其是党的十八届中央纪委正在进行着一场改革开放以来的最持久、最严厉、最广泛的反腐行动。其"'巡视'与'派驻'工作全覆盖、互为补充。与巡视制度专注'打虎'不同的是，派驻制度则派驻了'预防'，防范于未然。这是中纪委反腐体制改革的一组互为补充的制度设计，最终指向的是'标本兼治'"。[②] 这样的法治预防，从法律制度上就大大地强化了空前的治本之策。

中央的制度举措，在地方上的落实贯彻亦雷厉风行。《上海市预防职务犯罪工作若干规定（草条）》提交市十四届人大常委会第 18 次会议审议了。[③] 该规定立出了重点预防 9 个领域的职务犯罪。这就是公共资金管理领域、财政优惠领域、收费和罚没管理领域、政府采购和购买服务领域、国有企业和国有资产管理领域、规划和土地管理领域、工程建设领域的预防、金融领域、医疗卫生教育科研等领域的预防。

### 三、国家整全型法治预防问题的探讨

犯罪预防，除了职务犯罪预防外，自然还有广阔的领域范围。所谓整全型的法治预防，即是法治预防还需覆盖整个社会领域的所有方方面面。这里，我们可以用纵、横向座标方式来略以阐述。

（一）以"犯罪源流匹配定律"作为纵向座标的防范

我国东汉政治理论家荀悦说："先其未然谓之防。发而止之谓之救。行而责之谓之戒。"[④] 笔者乃以《源流论》相对应。故从源头上着手谓之预防，从流程中着手谓之救控，终端上着手谓之惩罚。不同环节采取不同的功能机制相匹配，环环到位，互不错位，从而收到优化性防范效果。不同环节如何做到不同的依法防范呢？按照《犯罪源流匹配定律》可以分为相互衔接、相互区别的三大时空。

（1）对已然犯罪的终端时空。对已然犯罪而言，当然是惩罚犯罪的问题。惩罚犯罪依据的是国家刑法，这里就不详说了。

（2）对未然犯罪救控的流程时空。如何救控呢？国家宪法有总的立法原则，而国家各部门法都有涉违法、涉犯罪的入罪门槛的"警示法"具体规定。

（3）对先其防范未然的设计源头时空。人类社会的万千事项，项项都有起始源头。源头预防的要义重在治理事项的设计上。无论经济、政治、军事、社会、文化、环境等领域之事均皆如此。而且在各种设计中，顶层设计又是设计中的设计，更是重中之重矣！

（二）以国家部门法负面立法为依据的横向座标防范

未罪防范的法律依据，当然要参照国家刑法制定的 400 个左右的罪名规定。但更直接的是国家各个部门法制定的各种"警示法"涉罪规定。仅笔者不完全的统计，已达到 1280 条。其中分布在[⑤]：

（1）民法：共统计全国性法律 12 部，违法责任条款条文共 188 条，涉罪条款 7 条；

（2）知识产权法：共统计全国性法律法规 20 部，违法责任条款条文 173 条，涉罪条款 43 条；

（3）行政法：共统计全国性法律法规 208 部，违法责任条款条文 1522 条，涉罪条款 416 条；

（4）经济法：共统计全国性的法律法规 129 部，违法责任条款条文 1229 条，涉罪条款 399 条；

（5）商法：共统计全国性的法律法规 36 部，违法责任条款条文 230 条，涉罪条款 55 条；

（6）劳动法：共统计全国性的法律法规 18 部，违法责任条款条文 134 条，涉罪条款 55 条；

① 《法制日报》2013 年 3 月 29 日报导。
② 郭芳：《2014 年中央"打虎"记》，载 2015 年 1 月 16 日《作家文摘》。
③ 上海市第十四届人大常委会第 18 次会议于 2015 年 1 月 6 日召开，2015 年 1 月 6 日《新民晚报》记者姚丽萍报导。
④ 荀悦：《汉记》中《申鉴》论。
⑤ 夏吉先著：《未罪学》，四川大学出版社 2017 年版。参见《未罪学》卷十四"法律依与法治防范"第一思"法律依据——部门法涉违法涉犯罪行为的立法统计"。

（7）环境法：共统计全国性的法律法规 53 部，违法责任条款条文 490 条，涉罪条款 137 条；

（8）土地矿产类法规：共统计全国性的法律法规 43 部，违法责任条款条文 280 条，涉罪条款 92 条；

（9）司法职业：共统计全国性的法律法规 29 部，违法责任条款条文 122 条，涉罪条款 30 条；

（10）其他类：共统计全国性的法律法规 10 部，违法责任条款条文 75 条，涉罪条款 24 条。

## 四、徒法不能自行——对未罪防控程序法的立法探讨

一个国家的结构有各种领域部门构成，根据不同的领域部门的性质和功能作用的不同，有着与之相适应的不同的部门法规定。举例来说吧，如社会治安领域与之相应的立法是《社会治安管理处罚法》。该法主要的执法用法的主体是相关自然人与公安职能部门。又如社会和国家的经济领域与之相应的立法就更是多元了。如公司企业领域，与之相应的立法就是《公司法》；金融领域，就是《银行法》等。其执法用法的主体是相关自然人与社会人以及职能主体工商、银行等行政管理部门。俗话说："隔行如隔山。"按照老子的自然观而言，就是"自己如此"。"自己如此"之意，强调的是万物不是依靠外在而是自己成就自己。[①] 万物的健康生存和健康发展，作为常态都皆"自然"，作为非常态才靠"他然"。宇宙万象，凡健康常态都系自身内在的"免疫力"，非常态"才靠外在力"的。人类社会的常态与非常态亦无以例外。社会的各个领域各个行业，以及各个社会主体，要做到少违法、少犯罪、少再犯罪，首先还得强调"自然"，其次才靠"他然"。

我们强调"自然"防范，当然是自然依法防范。限于文章篇幅，这里就略谈如下三层意思。

### （一）法治防范的共益自觉目标

法治防范不尽是"各人自扫门前雪，休管他人瓦上霜"，而是既要主动扫好"门前雪"，更要严管社会"瓦上霜"。它要求的是全体社会成员共同依法作为防范，从而达到整个国家和社会最大可能地实现"未违法、未犯罪、未再犯罪"。

### （二）法治防范的"防范现场菜单选项"

关于防范的路径和方法，既要继承优良传统，更需有适合时代特征的知识创新。如"大数据防范""地理制图防范"等。这里笔者选采了 8 对范畴作为菜单，以供参考：

| 人体 | 源头 | 自由 | 征象 | 找穴 | 加害 | 扶正 | 治标 |
|------|------|------|------|------|------|------|------|
| 社体 | 流程 | 法度 | 犯因 | 点穴 | 被害 | 去邪 | 治本 |

### （三）法治防范必须有程序法立法与实体"警示法"配套

各部门法立法中虽然已有一千余条警示法的立法规定，但任何的法律条款本身都不可能自行。如何把这一千余条警示法规定变为行为法的防范行为呢？我们知道：任何实体法都必须有程序法配套才行。正如《刑法》几百个罪名与刑罚相应的条文规定，而没有《刑事诉讼法》相配套，就不能自行一样。对于法治防范来说，探索"未罪防范程序法"的立法问题，就显得尤为必要了。这里特建议全国人大应将此项立法提上立法日程。

程序立法虽然涉及防范问题的方方面面，但总的精神还是确立防范主体的"自然观"。即国家与社会的任何单位或个人，首先都必须一体遵行的依法防范，而不是消极等待当犯罪形成后，由刑法去惩罚。这是一个防范责任上的根本问题。否则应根据失职者的不同情节列出细则分别予以不同的行政处罚，对构成犯罪的丝毫不可宽容地追究刑事责任。程序立法问题有待在大量调查研究的基础上予以大力推进。总之，立法必须做到充分规定国家与社会各主体主动依法防范，国家职能部门严肃监督防

---

① 张敏：《论老子自然观念的三重意蕴》，载《光明日报》2015 年 2 月 2 日。

范，行政机构要严肃处理防范失职行为，司法机关要严肃查办防范渎职犯罪。

众所周知，惩罚犯罪是国家的责任，理所当然，预防犯罪更是国家的责任。惩罚犯罪如果是"亡羊补牢"，那么预防犯罪就是"未雨绸缪"，两相比较，带来的"利"与"名"，自不待言。显然，预防犯罪是当今国家之天职之一，由此生发之费用，理应国家财政"买单"。然国家囿于人力，难以直接进行大规模之预防，只得求助于社会，而只能具体落实于千千万万的以单位为代表的各类社会单元。最后对于国家在预防犯罪中的切实行动方案，提出一点畅想。总体上国家不乏财力，通过各级政府与辖区各类社会单元签订详细明确可操作的行政合同，购买预防犯罪之行政服务，支付相应对价，从而在实质上形成预防犯罪之全国"气场"，是为"国家预防犯罪工程"。此不同于传统的媒体宣传与司法机关之个案宣传，想必对社会治安大有裨益，或可使焕然一新。当然，对国家和社会主体中依法防范做得卓有成效的应分别不同程度，予以广泛表彰和适度奖励。